U0833679

海源閣

全國高校古籍整理研究工作委員會直接資助項目（項目號0856）

海源閣善本叙録

丁延峰 著

國家圖書館出版社

圖書在版編目（CIP）數據

海源閣善本叙録／丁延峰著．--北京：國家圖書館出版社，2015.8

ISBN 978-7-5013-5516-7

Ⅰ．①海… Ⅱ．①丁… Ⅲ．①古籍—善本—研究—中國 Ⅳ．①G255.1

中國版本圖書館CIP數據核字（2014）第293243號

書　　名	海源閣善本叙録
著　　者	丁延峰　著
責任編輯	耿素麗　景　晶
封面設計	程　言
出　　版	國家圖書館出版社（100034北京市西城區文津街7號） （原書目文獻出版社　北京圖書館出版社）
發　　行	010－66114536　66126153　66151313　66175620 66121706（傳真），66126156（門市部）
E-mail	btsfxb@nlc.gov.cn（郵購）
Website	www.nlcpress.com→投稿中心
經　　銷	新華書店
印　　裝	河北三河弘翰印務有限公司
版　　次	2015年8月第1版　2015年8月第1次印刷
開　　本	710×1000（毫米）　1/16
印　　張	28.25
字　　數	375千字
書　　號	ISBN 978-7-5013-5516-7
定　　價	86.00圓

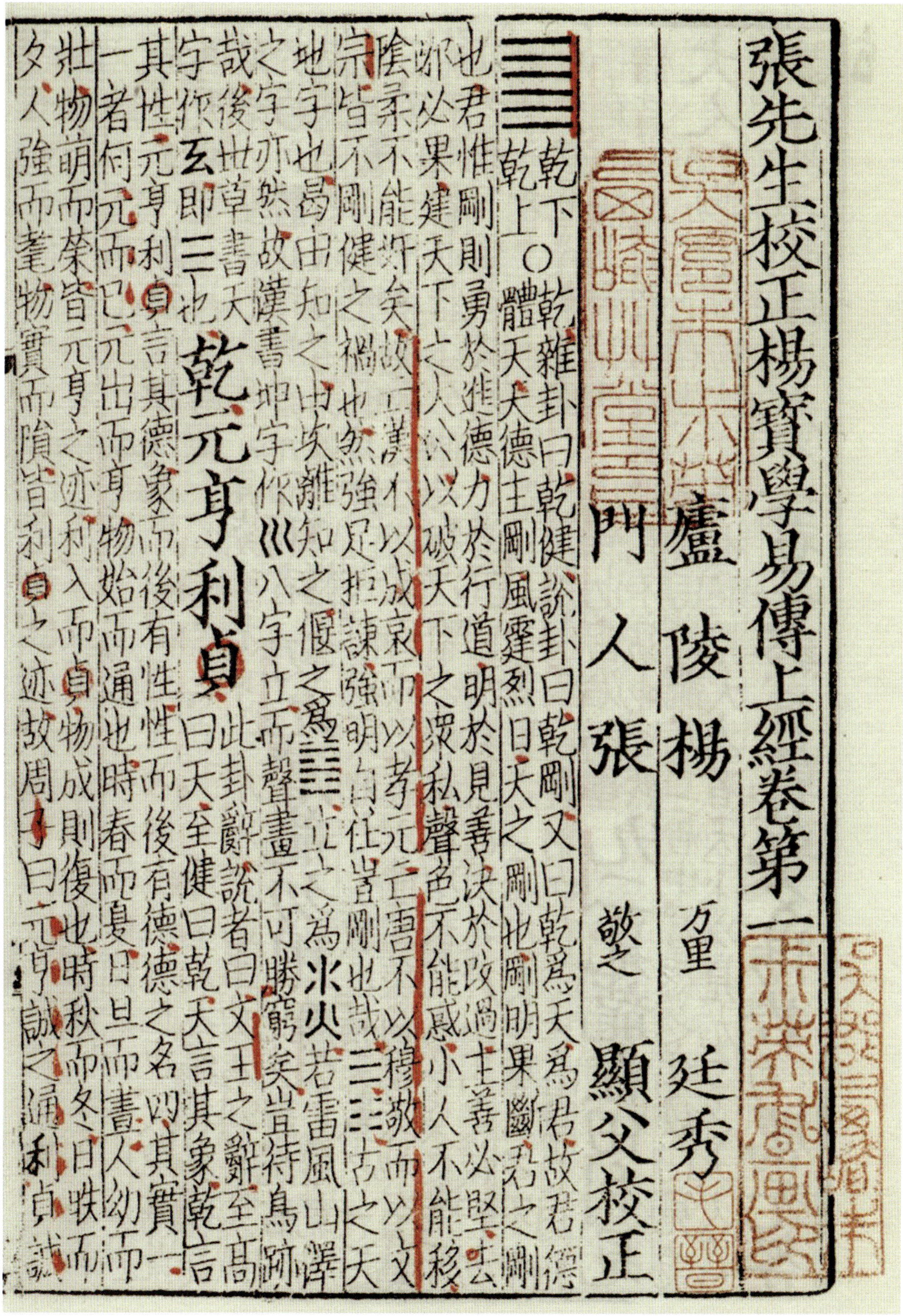

張先生校正楊寶學易傳上經卷第一

廬陵楊　萬里　廷秀

門人張　敬之　顯父校正

䷀乾下乾上○乾雜卦曰乾健說卦曰乾剛又曰乾爲天爲君故君德體天天德主剛風霆烈日天之剛也剛明果斷君之剛

也君惟剛則勇於進德力於行道明於見善決於改過主善必堅去

邪必果建天下之大公以破天下之衆私聲色不能惑小人不能移

陰柔不能奸矣故二漢不以成哀而以孝元亡唐不以穆敬而以文

宗皆不剛健之禍也然強足拒諫強明自任豈剛也哉☰古之天

地字也昜由知之也坎離知之偃之爲☵☲立之爲水火若雷風山澤

之字亦然故漢書坤字作巛八字立而聲畫不可勝窮矣豈待鳥跡

哉後世草書天字作云即三也

乾元亨利貞

此卦辭說者曰文王之辭至高曰天至健曰乾天言其象乾言

其性元亨利貞言其德象而後有性性而後有德德之名四其實一

一者何元而已元出而亨物始而通也時春而晝日旦而晝人幼而

壯物萌而榮皆元亨之迹利入而貞物成則復也時秋而冬日昳而

夕人強而耄物實而隕皆利貞之迹故周子曰元亨誠之通利貞誠

張先生校正楊寶學易傳二十卷

（宋）楊萬里撰　（宋）張敬之校正　（明）鄭希聖、朱良育跋　宋刻本

國家圖書館藏品

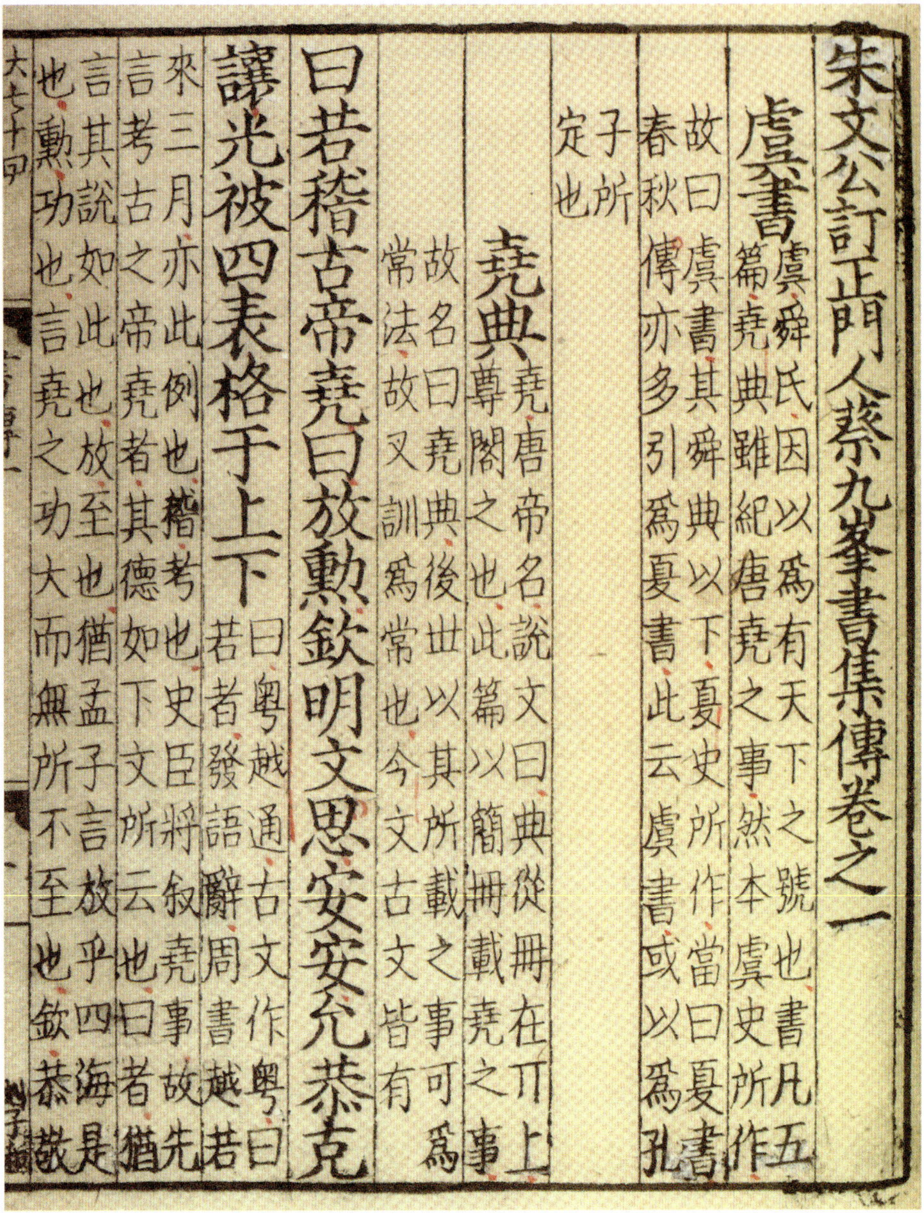

朱文公訂正門人蔡九峯書集傳卷之一

虞書 虞舜氏因以爲有天下之號也書凡五篇堯典雖紀唐堯之事然本虞史所作故曰虞書其舜典以下夏史所作當曰夏書春秋傳亦多引爲夏書此云虞書或以爲孔子所定也

堯典 堯唐帝名說文曰典從冊在丌上尊閣之也此篇以簡冊載堯之事故名曰堯典後世以其所載之事可爲常法故又訓爲常也今文古文皆有

曰若稽古帝堯曰放勳欽明文思安安允恭克讓光被四表格于上下 曰粵越通古文作粵曰若者發語辭周書越若來三月亦此例也稽考也史臣將敘堯事故先言考古之帝堯者其德如下文所云也曰者猶言其說如此也放至也猶孟子言放乎四海是也勳功也言堯之功大而無所不至也欽恭敬

朱文公訂正門人蔡九峯書集傳六卷書傳問答一卷

（宋）蔡沈撰　宋淳祐十年（1250）呂遇龍上饒郡齋刻本　國家圖書館藏品

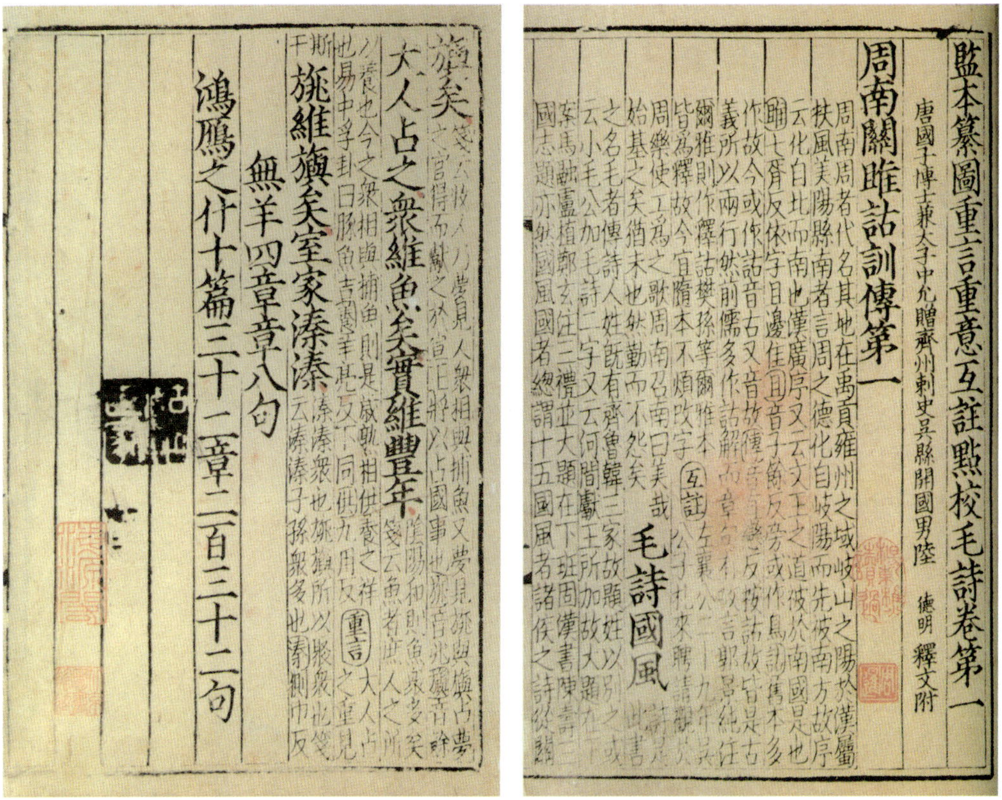
監本纂圖重言重意互註點校毛詩卷第一
唐國子博士兼太子中允贈齊州刺史吳縣開國男陸　德明　釋文附
周南關雎詁訓傳第一
毛詩國風
大人占之衆維魚矣實維豐年
旐維旟矣室家溱溱
無羊四章章八句
鴻鴈之什十篇三十二章二百三十二句

監本纂圖重言重意互註點校毛詩二十卷圖譜一卷

（漢）毛亨傳　（漢）鄭玄箋　（唐）陸德明釋文　宋刻本　國家圖書館藏品

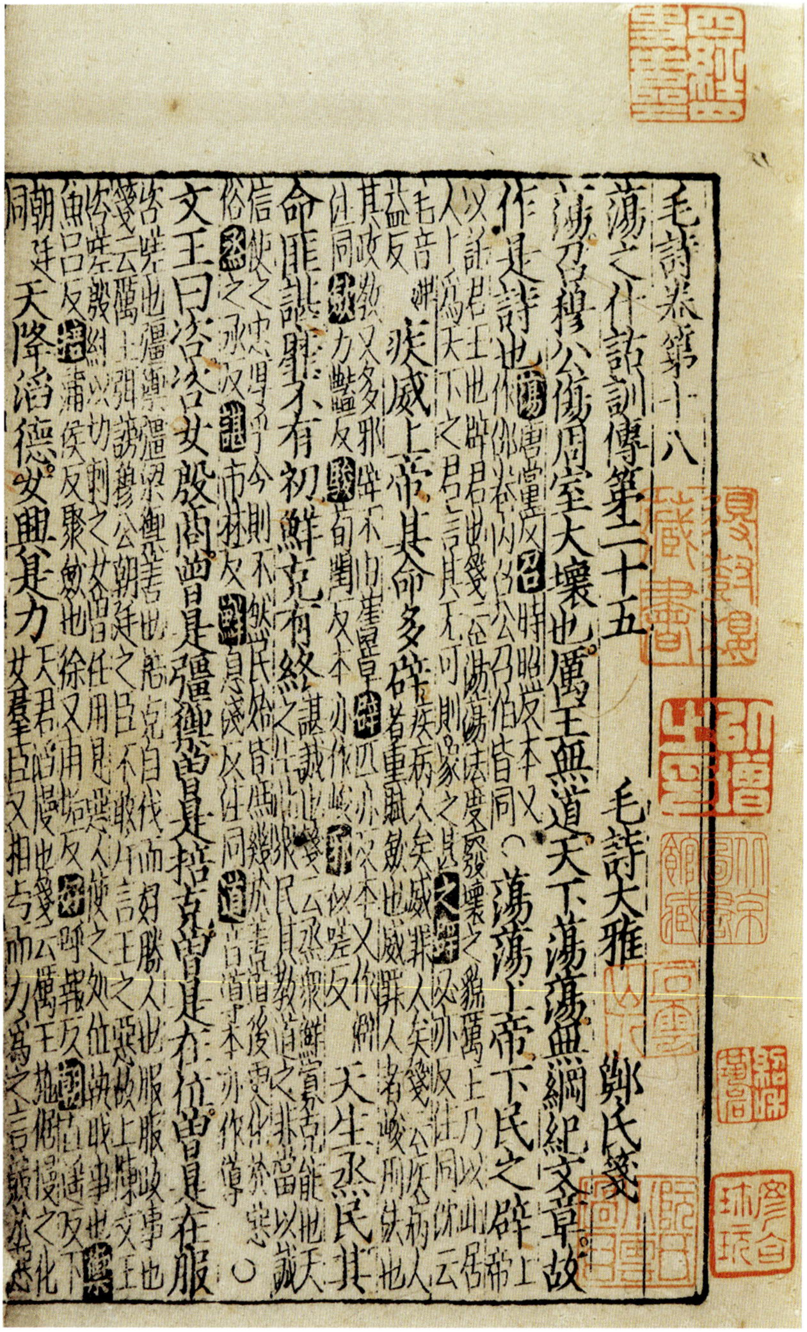

毛詩詁訓傳二十卷

（漢）毛亨傳　（漢）鄭玄箋　（唐）陸德明釋文　（清）查慎行、顧廣圻跋

（清）吴容光題款　宋刻巾箱本　國家圖書館藏品

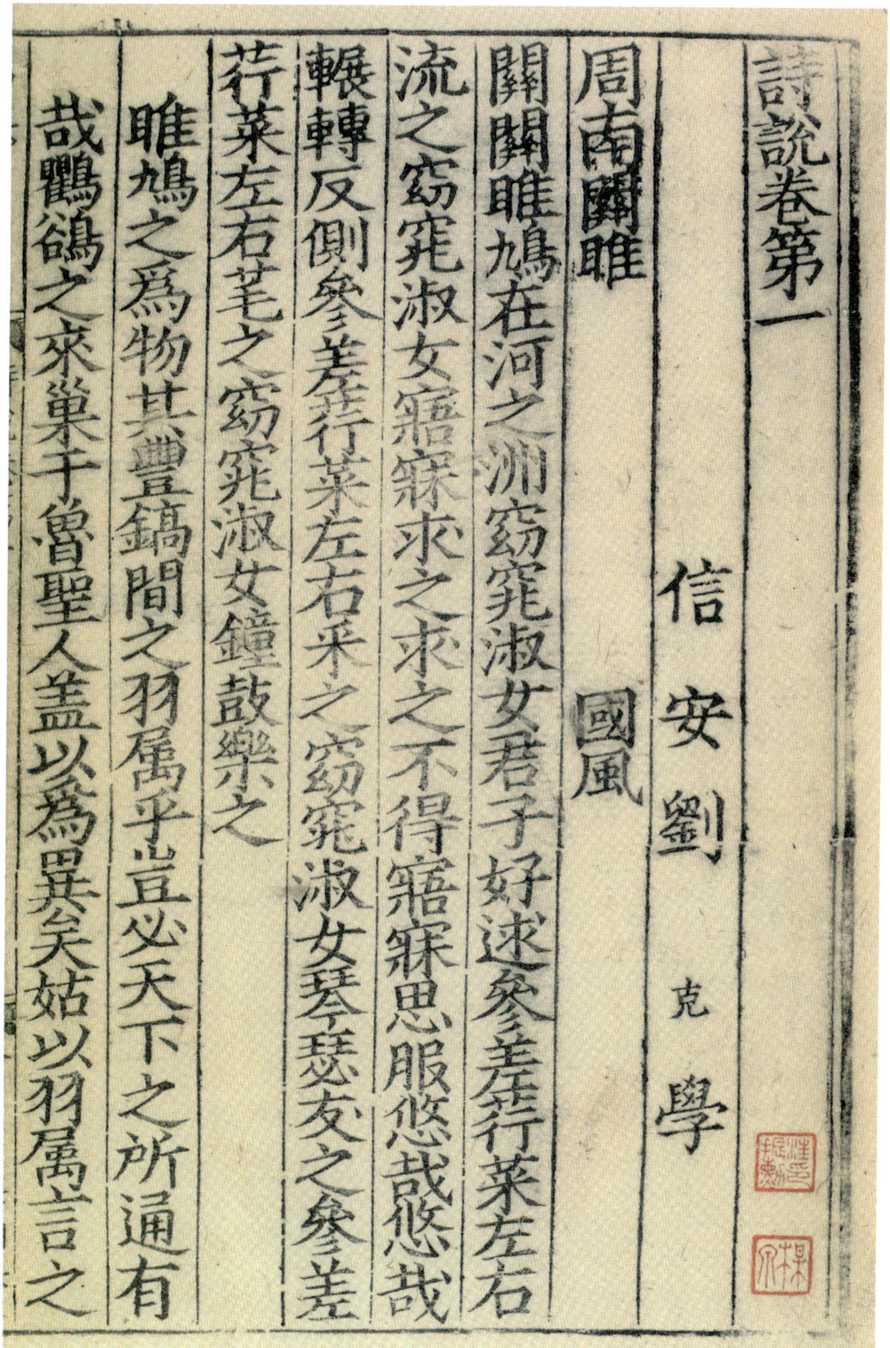

詩説卷第一

信安劉　克學

周南關雎　國風

關關雎鳩在河之洲窈窕淑女君子好逑參差荇菜左右
流之窈窕淑女寤寐求之求之不得寤寐思服悠哉悠哉
輾轉反側參差荇菜左右采之窈窕淑女琴瑟友之參差
荇菜左右芼之窈窕淑女鐘鼓樂之

雎鳩之爲物其豐鎬間之羽屬乎豈必天下之所通有
哉鸜鵒之來巢于魯聖人盖以爲異矣姑以羽屬言之

詩説十二卷總説一卷

（宋）劉克撰　（明）吴寬跋　（明）錢同愛題款　宋刻本　國家圖書館藏品

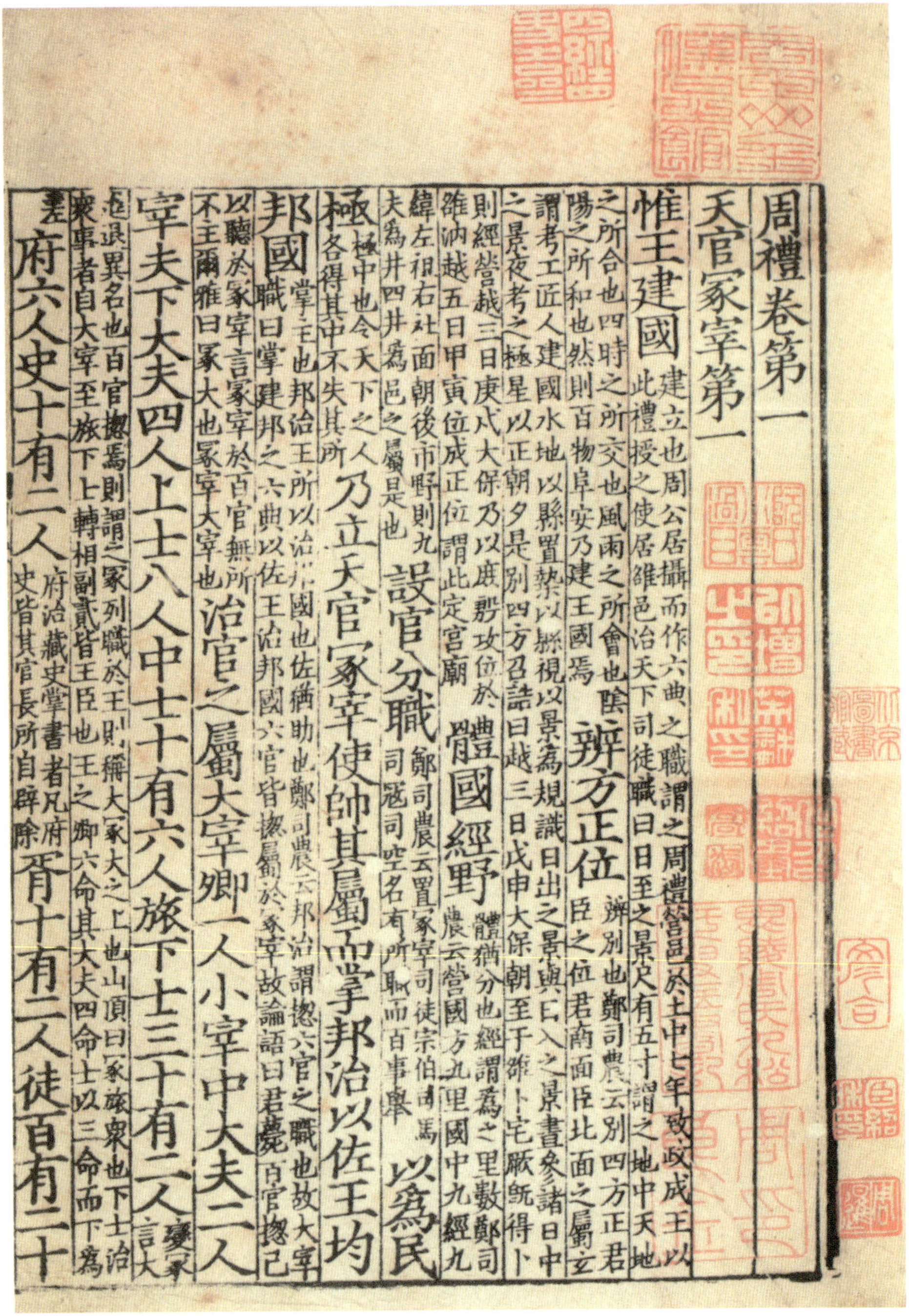

周禮卷第一

天官冢宰第一

惟王建國 建立也周公居攝而作六典之職謂之周禮營邑於土中七年致政成王以此禮授之使居雒邑治天下司徒職曰日至之景尺有五寸謂之地中天地之所合也四時之所交也風雨之所會也陰陽之所和也然則百物阜安乃建王國焉 辨方正位 辨別也鄭司農云別四方正君臣之位君南面臣北面之屬玄謂考工匠人建國水地以縣置槷以縣視以景為規識日出之景與日入之景晝參諸日中之景夜考之極星以正朝夕是別四方召誥曰越三日戊申大保朝至于雒卜宅厥既得卜則經營越三日庚戌大保乃以庶殷攻位於雒汭越五日甲寅位成正位謂此定宮廟 體國經野 體猶分也經謂為之里數鄭司農云營國方九里國中九經九緯左祖右社面朝後市野則九夫為井四井為邑之屬是也 設官分職 鄭司農云置冢宰司徒宗伯司馬司寇司空名有所職而百事舉 以為民極 極中也令天下之人各得其中不失其所 乃立天官冢宰使帥其屬而掌邦治以佐王均邦國 掌主也邦治王所以治邦國也佐猶助也鄭司農云邦治謂總六官之職也故大宰職曰掌建邦之六典以佐王治邦國六官皆總屬於冢宰故論語曰君薨百官總己以聽於冢宰言冢宰於百官無所不主爾雅曰冢大也冢宰大宰也 治官之屬大宰卿一人小宰中大夫二人宰夫下大夫四人上士八人中士十有六人旅下士三十有二人 變冢言大進退異名也百官總焉則謂之冢列職於王則稱大冢大之上也山頂曰冢旅眾也下士治眾事者自大宰至旅下上轉相副貳皆王臣也王之卿六命其大夫四命士以三命而下為差 府六人史十有二人 府治藏史掌書者凡府史皆其官長所自辟除 胥十有二人徒百有二十

周禮十二卷

（漢）鄭玄注　（清）汪喜孫題款　勞健抄補并跋　宋婺州市門巷唐宅刻本

國家圖書館藏品

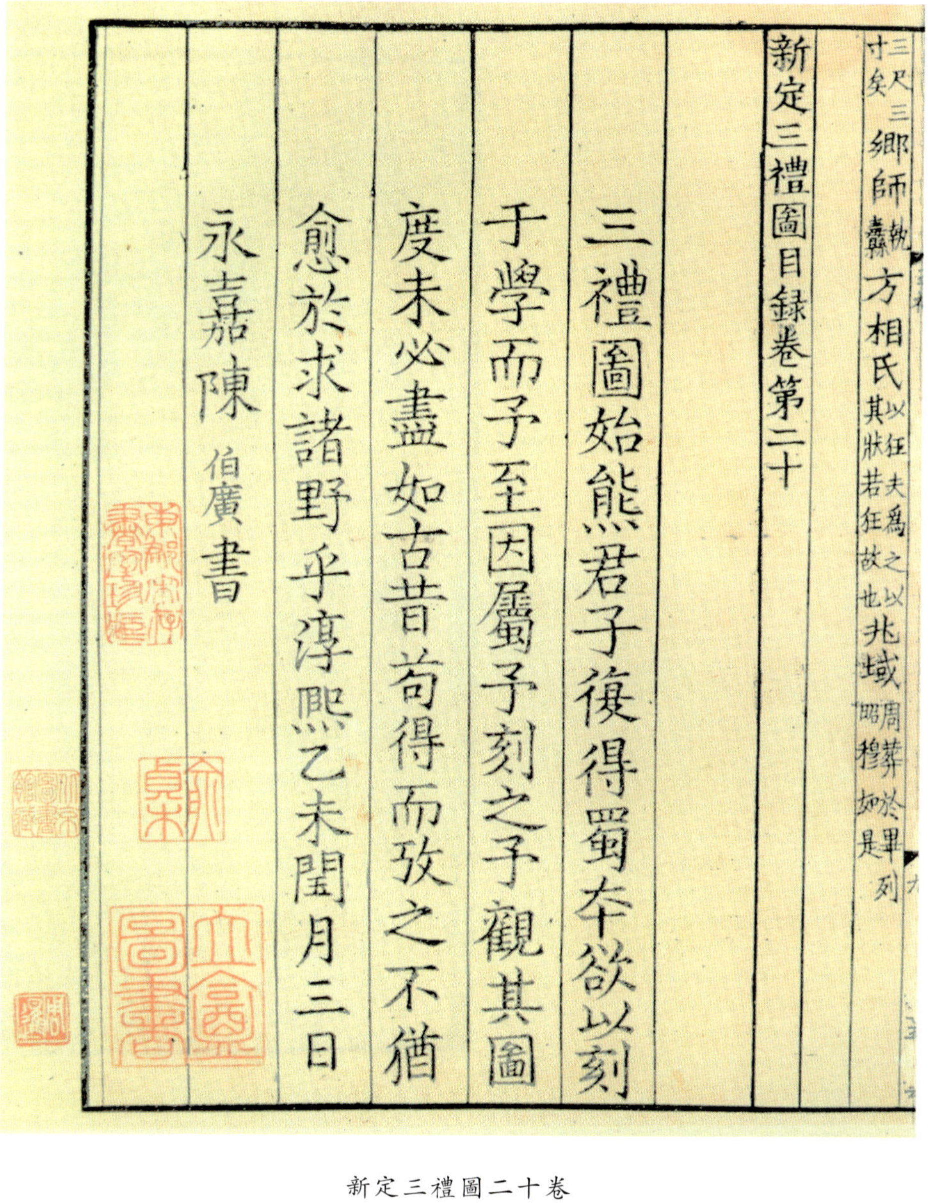
三尺三寸矣 鄉師執纛 方相氏以狂夫為之以其狀若狂故也 兆域周葬於畢昭穆如是列

新定三禮圖目録卷第二十

三禮圖始熊君子復得蜀本欲以刻于學而予至因屬予刻之予觀其圖度未必盡如古昔苟得而攷之不猶愈於求諸野乎淳熙乙未閏月三日

永嘉陳伯廣書

新定三禮圖二十卷

（宋）聶崇義集注　（清）錢謙益跋　宋淳熙二年（1175）鎮江府學刻公文紙本

國家圖書館藏品

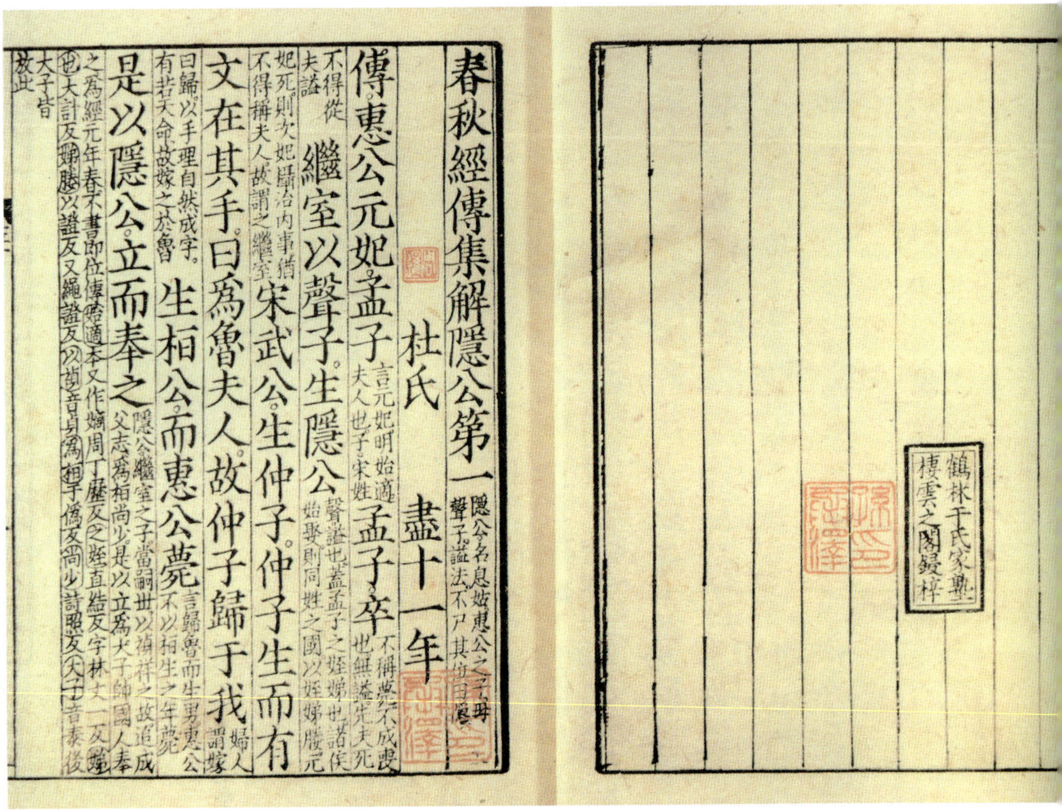

春秋經傳集解三十卷

（晋）杜預撰　（唐）陸德明釋文　（清）楊保彝木箧題款　李盛鐸、周叔弢跋

宋鶴林于氏家塾棲雲閣刻元修本　國家圖書館藏品

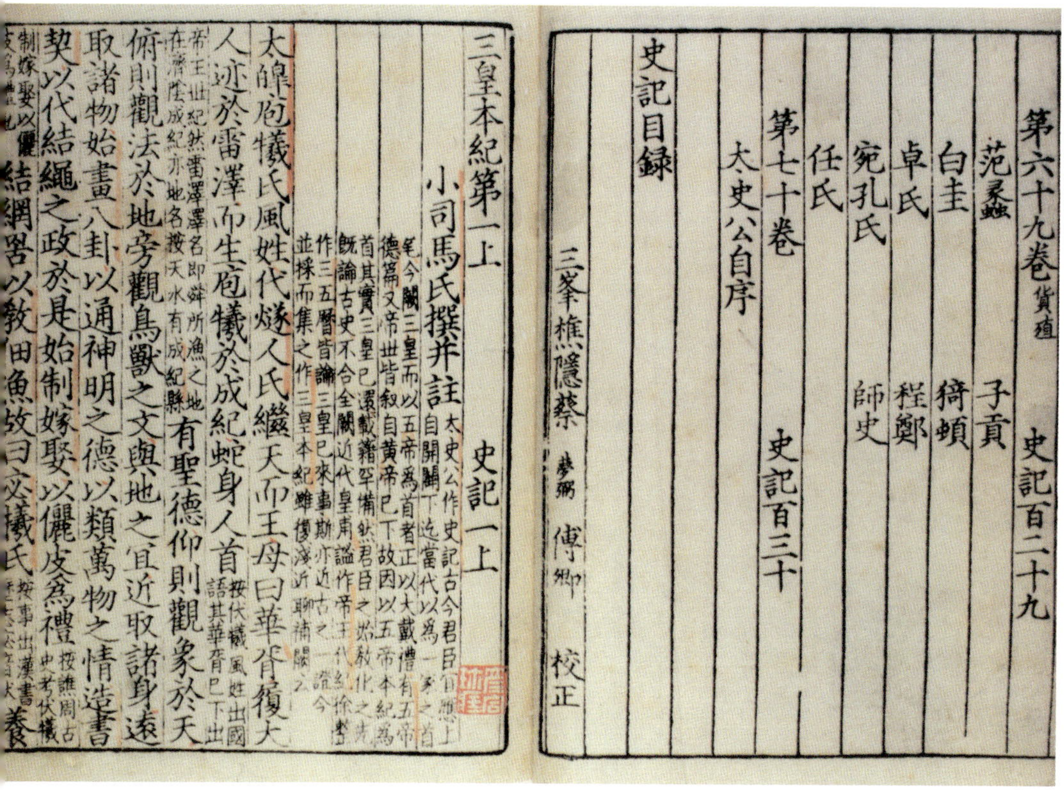

史記一百三十卷

（漢）司馬遷撰　（南朝宋）裴駰集解　（唐）司馬貞索隱　（清）錢謙貞、季振宜題款

宋乾道七年（1171）蔡夢弼東塾刻本　國家圖書館藏品

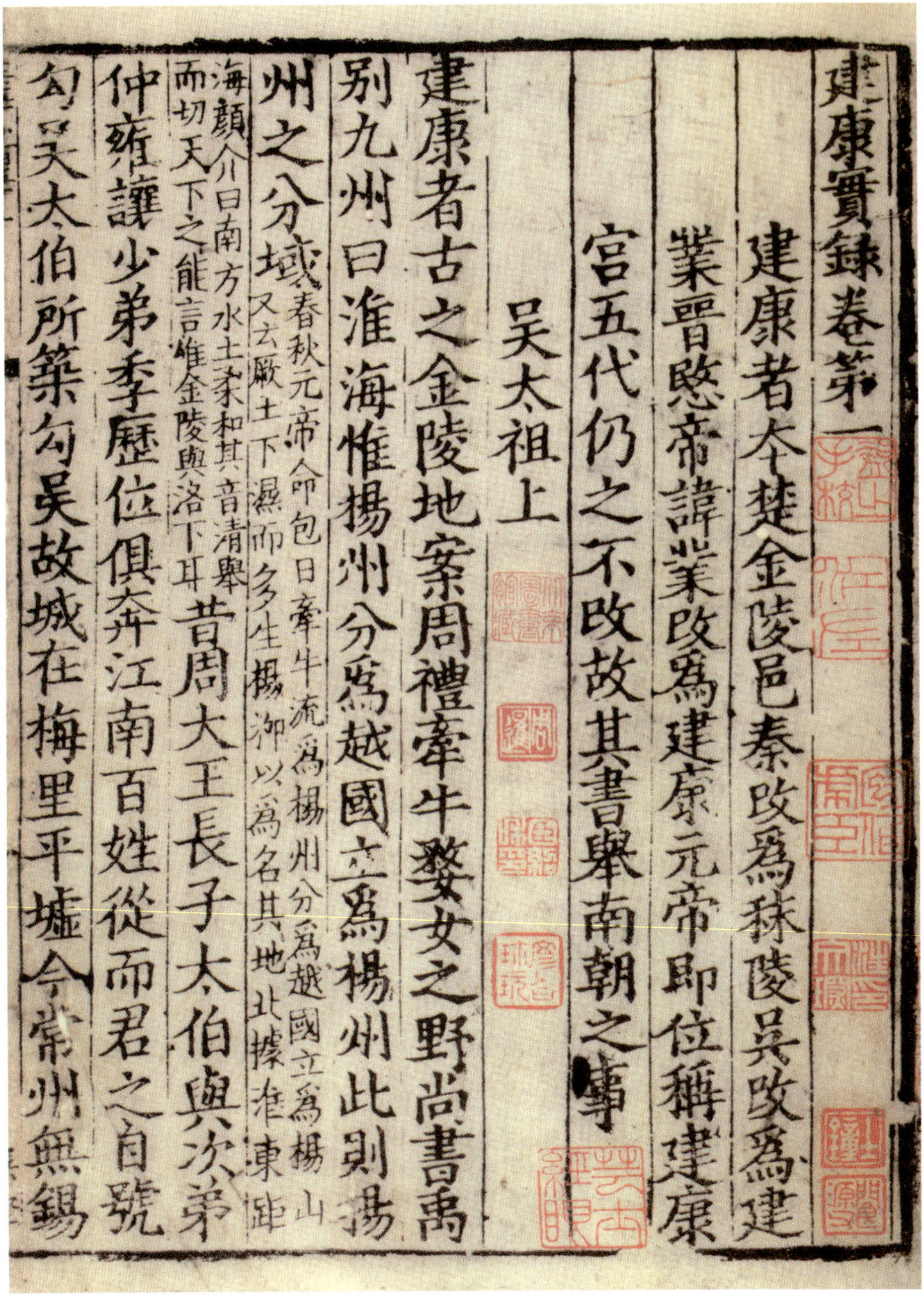
建康實錄卷第一

建康者本楚金陵邑秦改爲秣陵吳改爲建業晉愍帝諱業改爲建康元帝即位稱建康宮五代仍之不改故其書舉南朝之事

吳太祖上

建康者古之金陵地案周禮牽牛婺女之野尚書禹別九州曰淮海惟揚州分爲越國立爲揚州此則揚州之分域春秋元帝命包曰牽牛流爲揚州分爲越國立爲揚山又云厥土下濕而多生楊柳以爲名其地北據淮東距海顏介曰南方水土柔和其音清舉而切天下之能言惟金陵與洛下耳昔周大王長子太伯與次弟仲雍讓少弟季歷位俱奔江南百姓從而君之自號句吳太伯所築句吳故城在梅里平墟今常州無錫

建康實録二十卷

（唐）許嵩撰　宋紹興十八年（1148）荆湖北路安撫使司刻遞修本　國家圖書館藏品

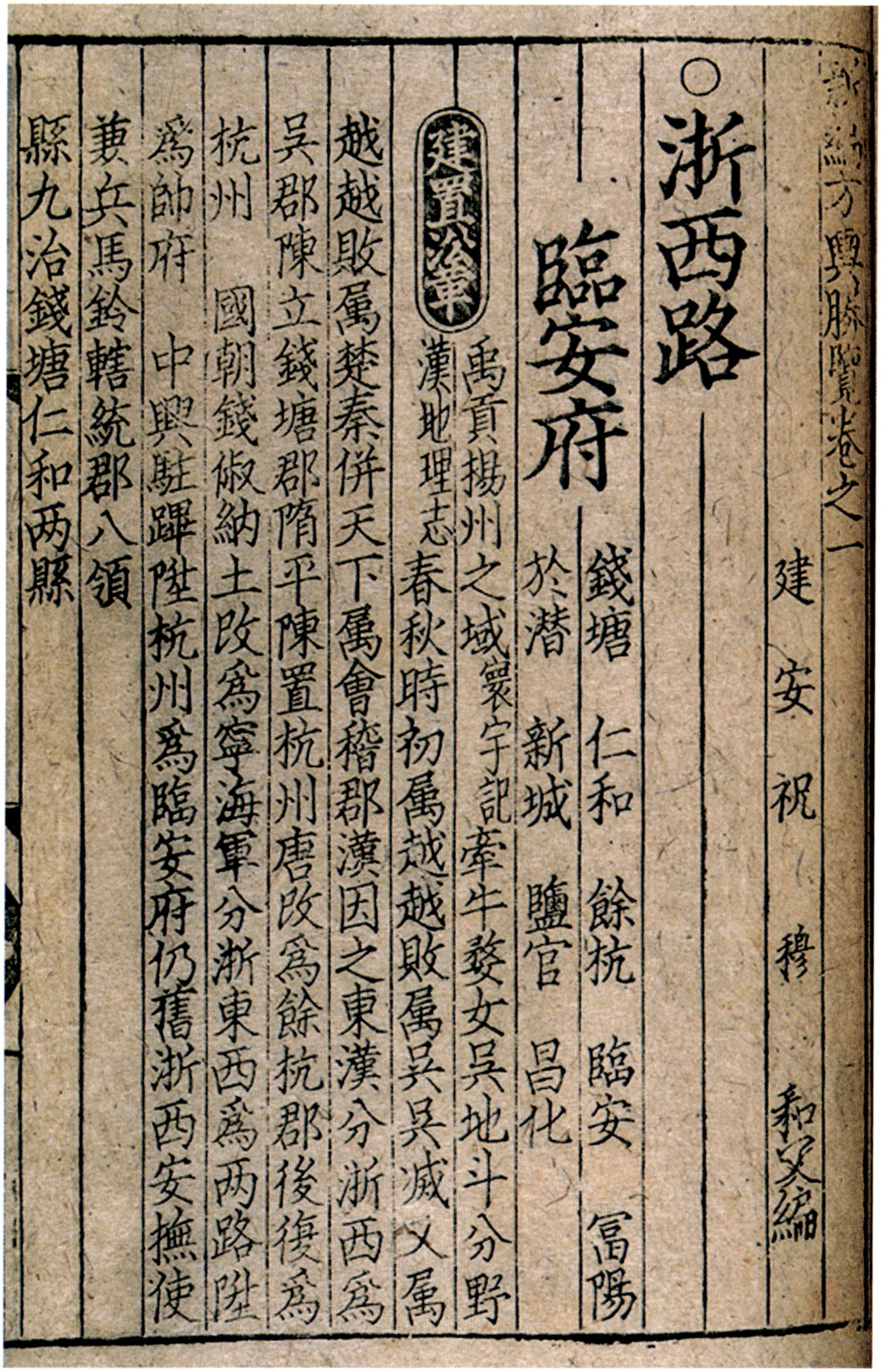

新編方輿勝覽卷之一

建安祝穆和父編

○浙西路

臨安府　錢塘　仁和　餘杭　臨安　富陽　於潛　新城　鹽官　昌化

建置沿革　禹貢揚州之域寰宇記牽牛婺女吳地斗分野漢地理志春秋時初屬越越敗屬吳吳滅又屬越越敗屬楚秦併天下屬會稽郡漢因之東漢分浙西為吳郡陳立錢塘郡隋平陳置杭州唐改為餘杭郡後復為杭州　國朝錢俶納土改為寧海軍分浙東西為兩路陞為帥府　中興駐蹕陞杭州為臨安府仍舊浙西安撫使兼兵馬鈐轄統郡八領縣九治錢塘仁和兩縣

新編方輿勝覽七十卷

（宋）祝穆輯　（宋）祝洙增訂　宋咸淳三年（1267）吳堅、劉震孫福建刻本　國家圖書館藏品

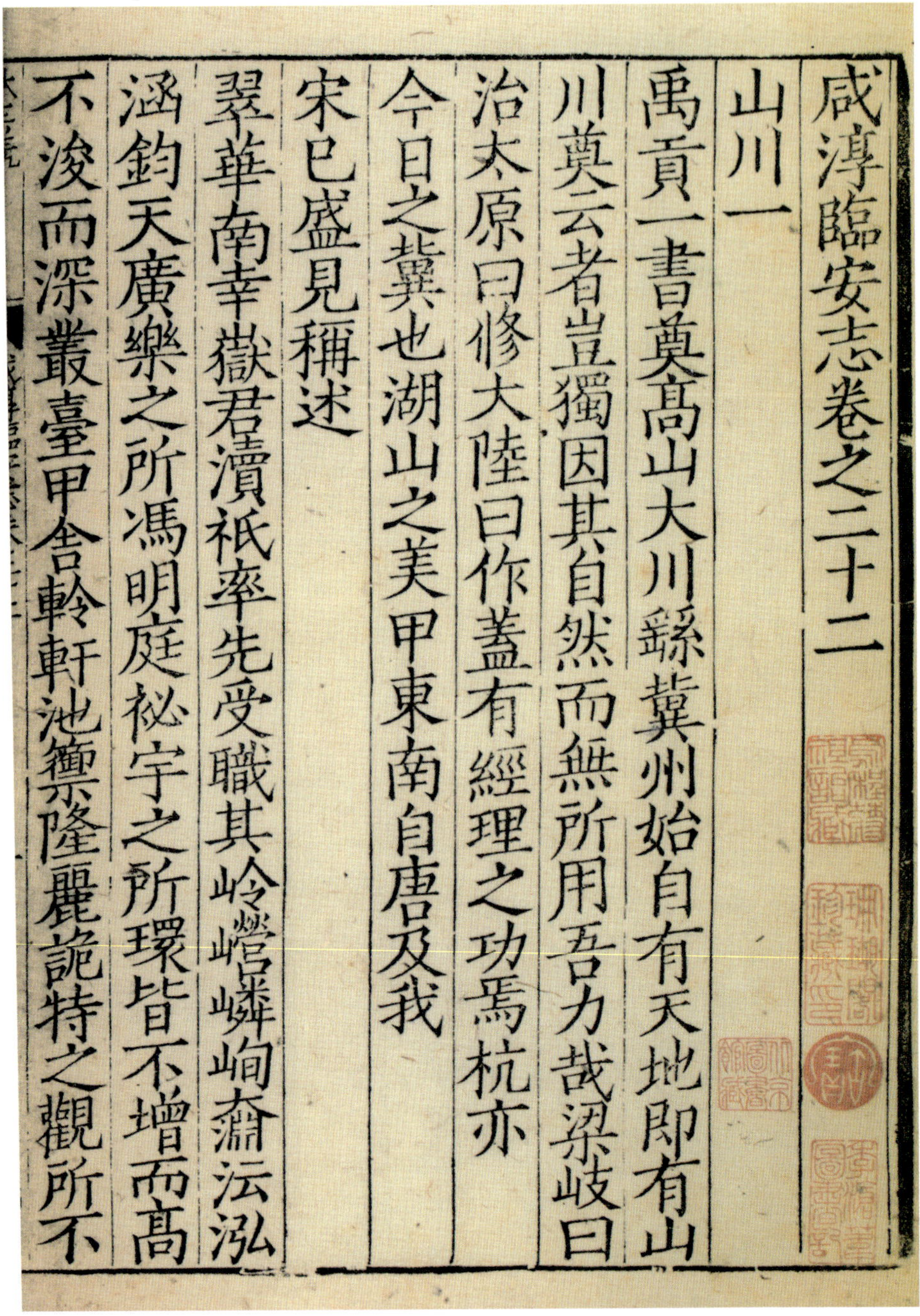
咸淳臨安志卷之二十二

山川一

禹貢一書奠高山大川繇兾州始自有天地即有山川奠云者豈獨因其自然而無所用吾力哉梁岐曰治太原曰修大陸曰作蓋有經理之功焉杭亦今日之兾也湖山之美甲東南自唐及我

宋已盛見稱述

翠華南幸嶽君瀆祇率先受職其岭巆嶙峋奫沄泓涵鈞天廣樂之所馮明庭祕宇之所環皆不增而高不浚而深叢臺甲舍軨軒池籞隆麗詭特之觀所不

咸淳臨安志一百卷

（宋）潛説友纂修　（清）季振宜題款　（清）傅王露、楊紹和跋　南宋末刻本

國家圖書館藏品

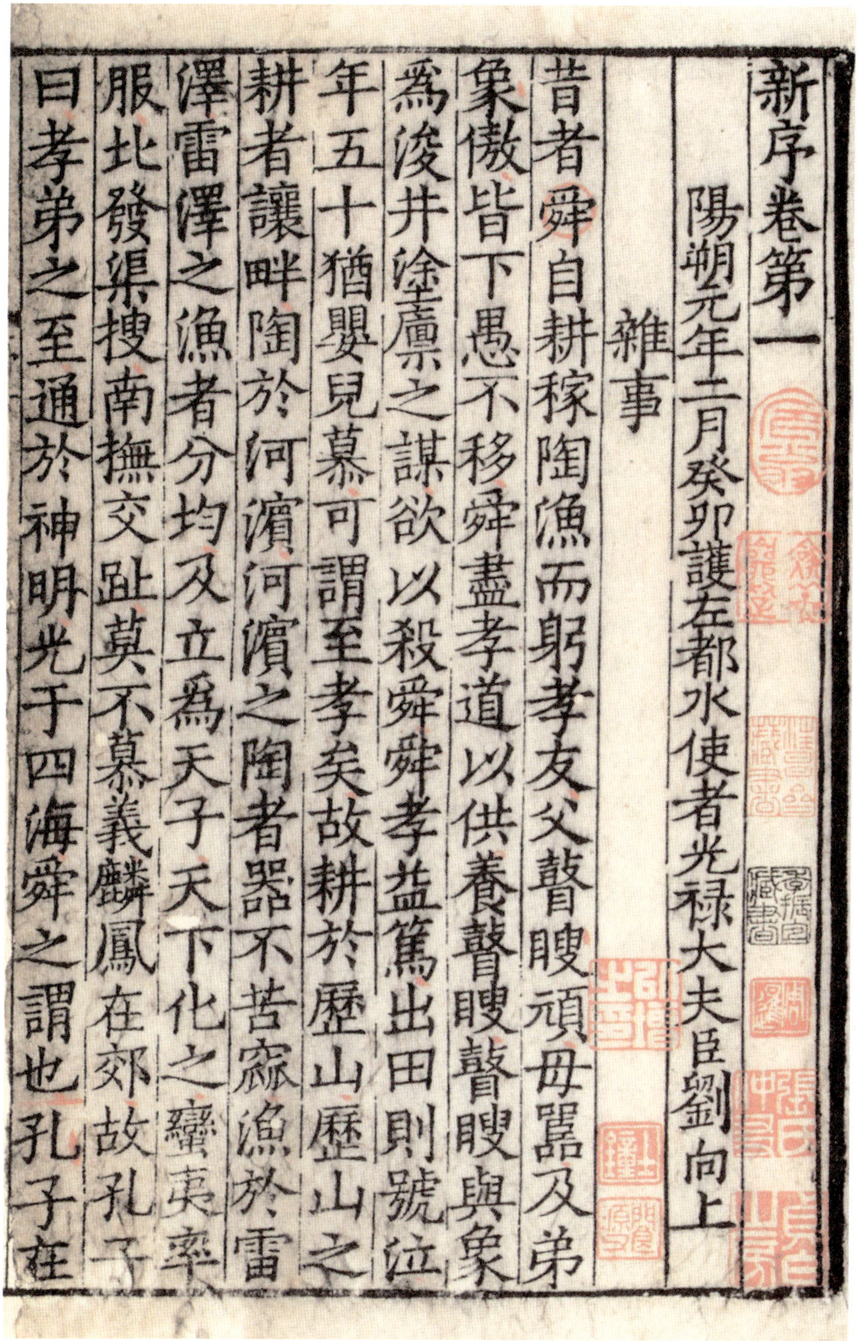

新序卷第一

陽朔元年二月癸卯護左都水使者光禄大夫臣劉向上

雜事

昔者舜自耕稼陶漁而躬孝友父瞽瞍頑母嚚及弟象傲皆下愚不移舜盡孝道以供養瞽瞍瞽瞍與象爲浚井塗廩之謀欲以殺舜舜孝益篤出田則號泣年五十猶嬰兒慕可謂至孝矣故耕於歷山歷山之耕者讓畔陶於河濵河濵之陶者器不苦窳漁於雷澤雷澤之漁者分均及立爲天子天下化之蠻夷率服北發渠搜南撫交趾莫不慕義麟鳳在郊故孔子曰孝弟之至通於神明光于四海舜之謂也孔子在

新序十卷

（漢）劉向輯　（清）錢謙益、黄丕烈、金錫爵跋　（清）孫延題款　宋刻本

國家圖書館藏品

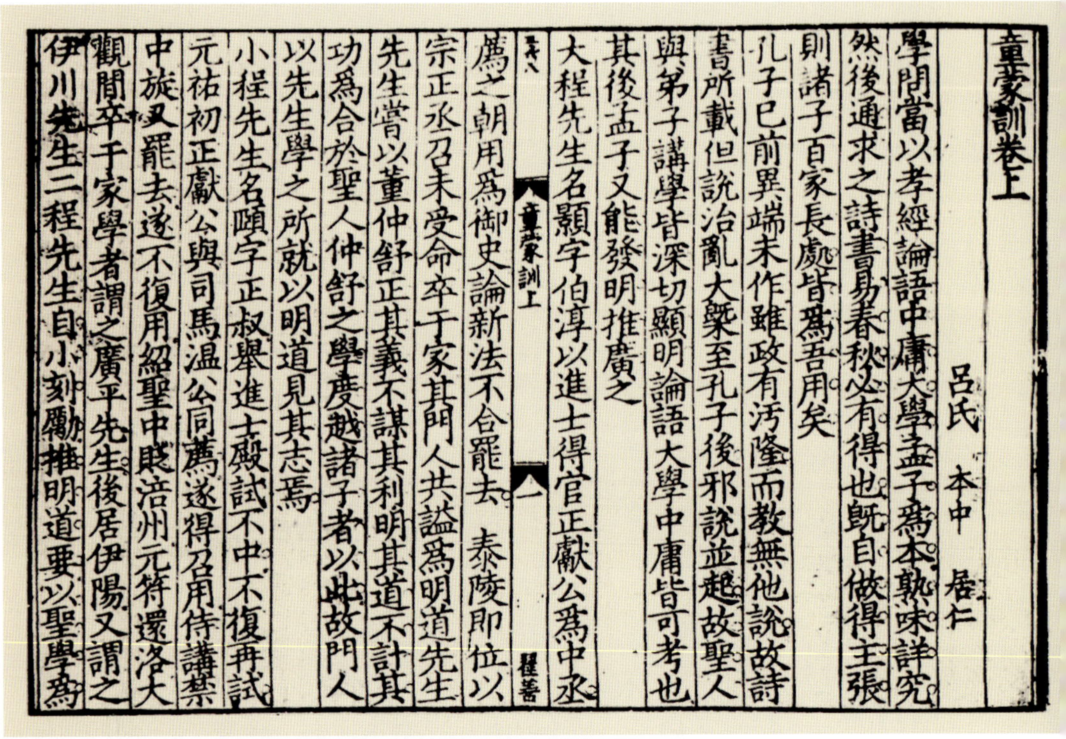

童蒙訓卷上

呂氏　本中　居仁

學問當以孝經論語中庸大學孟子爲本熟味詳究然後通求之詩書易春秋必有得也既自做得主張則諸子百家長處皆爲吾用矣

孔子已前異端未作雖政有汚隆而教無他說故詩書所載但說治亂大槩至孔子後邪說並起故聖人與弟子講學皆深切顯明論語大學中庸皆可考也其後孟子又能發明推廣之

大程先生名顥字伯淳以進士得官正獻公爲中丞

薦之朝用爲御史論新法不合罷去　泰陵即位以宗正丞召未受命卒于家其門人共謚爲明道先生先生嘗以董仲舒正其義不謀其利明其道不計其功爲合於聖人仲舒之學度越諸子者以此故門人以先生學之所就以明道見其志焉

小程先生名頤字正叔舉進士廢試不中不復再試元祐初正獻公與司馬温公同薦遂得召用侍講禁中旋又罷去遂不復用紹聖中貶涪州元符還洛大觀間卒于家學者謂之廣平先生後居伊陽又謂之伊川先生二程先生自小刻勵推明道要以聖學爲

童蒙訓三卷

（宋）呂本中撰　宋紹定二年（1229）眉山郡守李埴玉山堂重刻本　臺北"故宮博物院"藏品

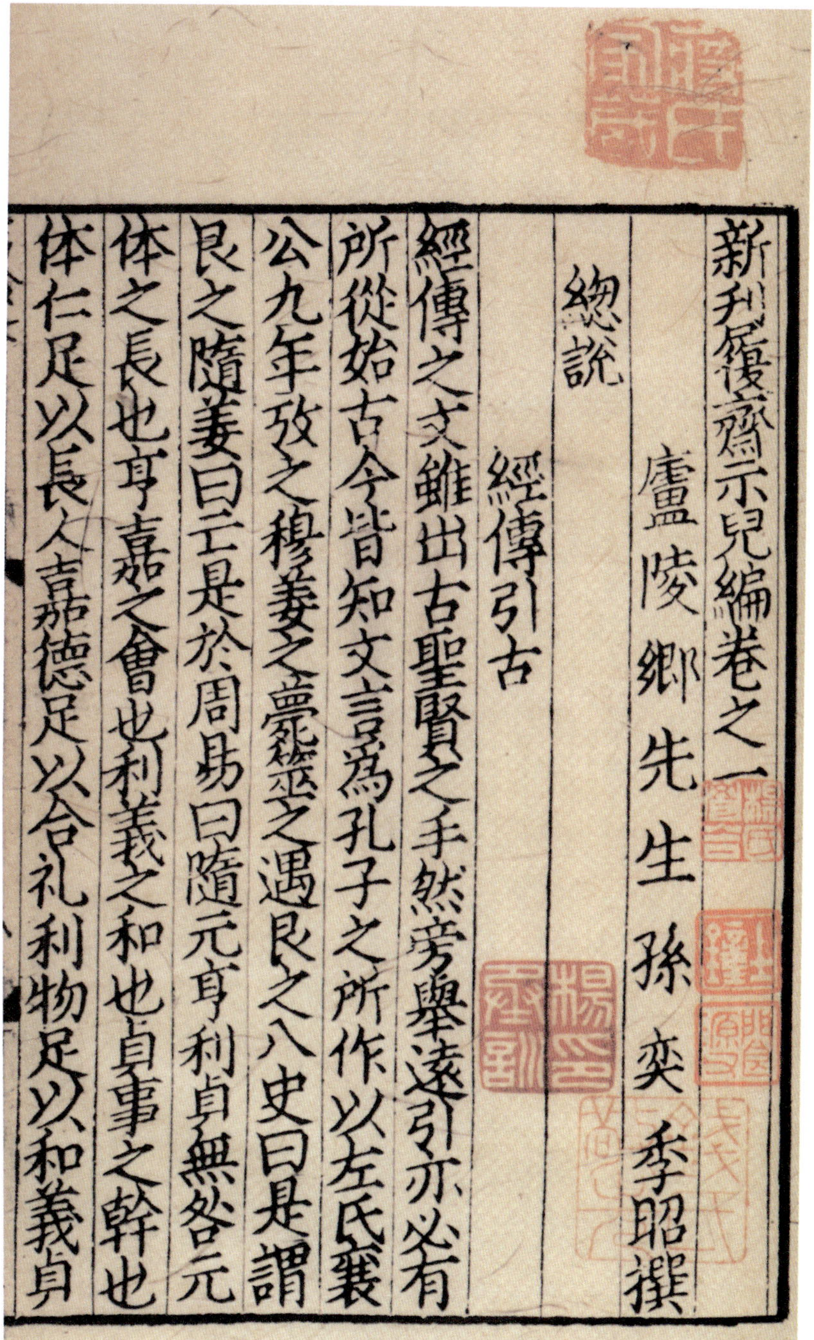
新刊履齋示兒編卷之一

廬陵鄉先生孫奕季昭撰

總説

經傳引古

經傳之文雖出古聖賢之手然旁舉遠引亦必有所從始古今皆知文言爲孔子之所作以左氏襄公九年攷之穆姜之薨筮之遇艮之八史曰是謂艮之隨姜曰亡是於周易曰隨元亨利貞無咎元体之長也亨嘉之會也利義之和也貞事之幹也体仁足以長人嘉德足以合礼利物足以和義貞

履齋示兒編二十三卷

（宋）孫奕撰　元劉氏學禮堂刻本　國家圖書館藏品

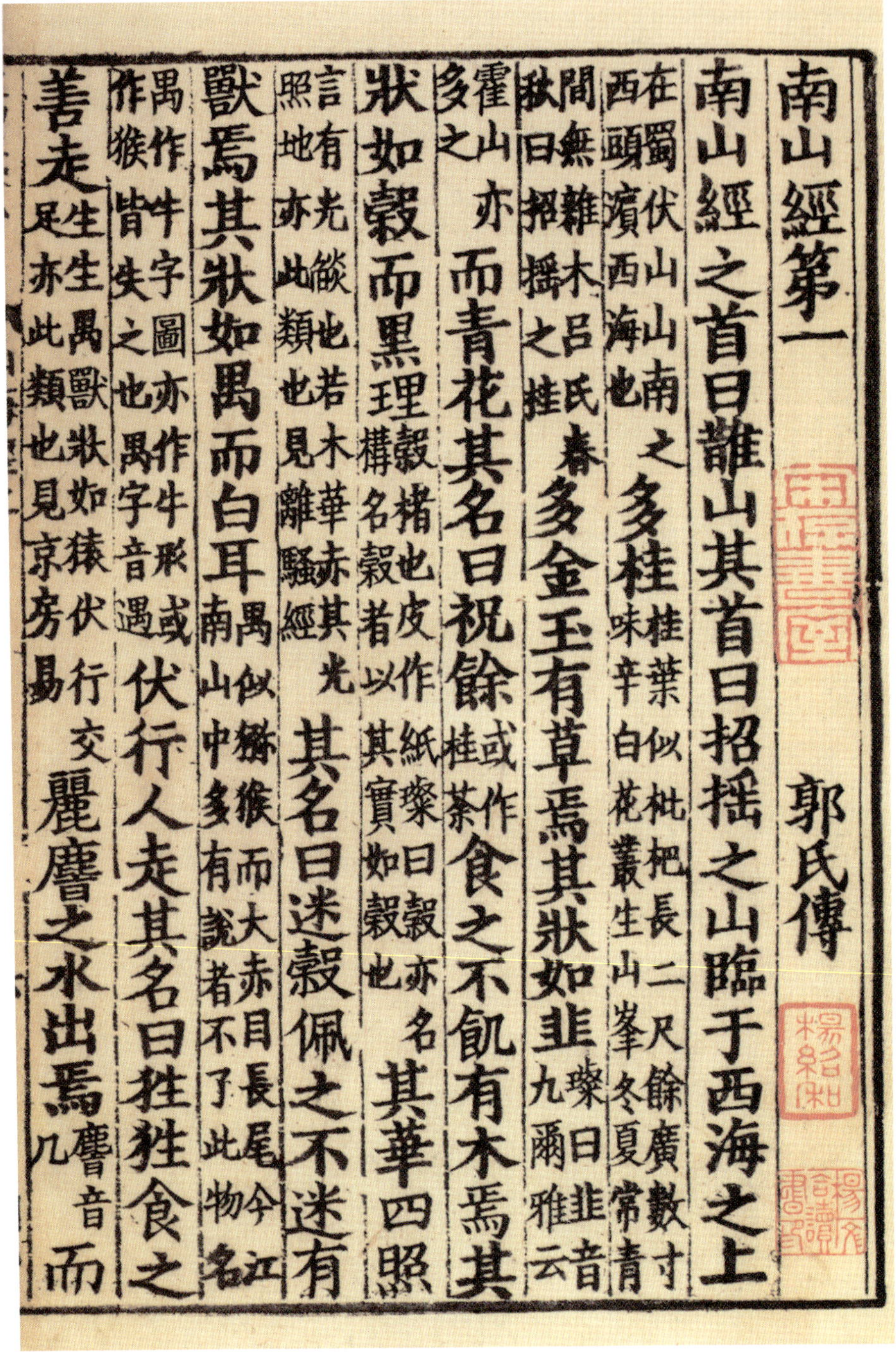
南山經第一　郭氏傳

南山經之首曰䧿山其首曰招搖之山臨于西海之上在蜀伏山山南之西頭濱西海也多桂桂葉似枇杷長二尺餘廣數寸味辛白花叢生山峯冬夏常青間無雜木呂氏春秋曰招搖之桂多金玉有草焉其狀如韭璨曰韭音九爾雅云霍山亦多之而青花其名曰祝餘或作桂荼食之不飢有木焉其狀如穀而黑理穀楮也皮作紙璨曰穀亦名構名穀者以其實如穀也其華四照言有光燄也若木華赤其光照地亦此類也見離騷經其名曰迷穀佩之不迷有獸焉其狀如禺而白耳禺似獮猴而大赤目長尾今江南山中多有說者不了此物名禺作牛字圖亦作牛形或作猴皆失之也禺字音遇伏行人走其名曰狌狌食之善走生生禺獸狀如猿伏行交足亦此類也見京房易麗麐之水出焉麐音几而

山海經十八卷

（晋）郭璞注　宋淳熙七年（1180）池陽郡齋刻本　國家圖書館藏品

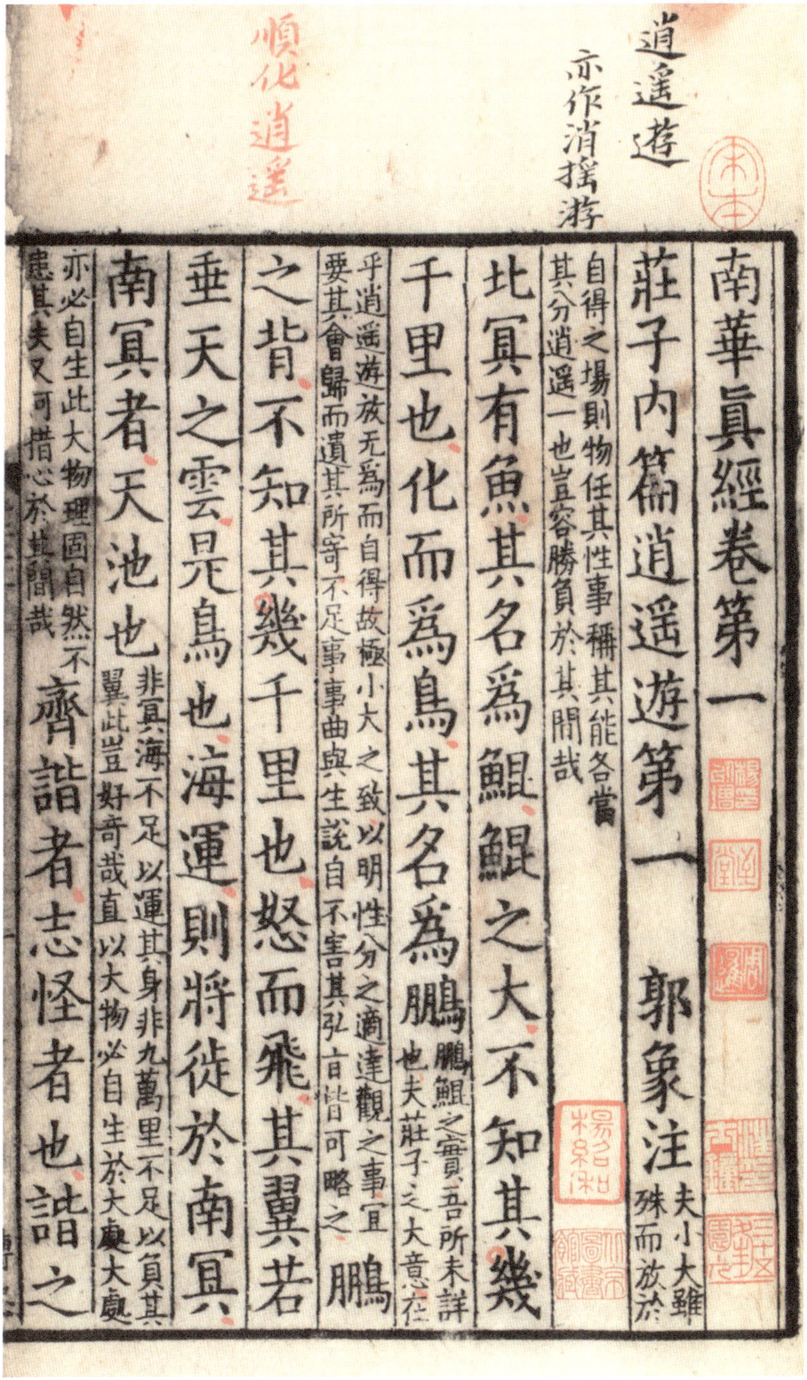

逍遥遊 亦作消搖游

順化逍遥

南華眞經卷第一

莊子内篇逍遥遊第一　郭象注　夫小大雖殊而放於自得之場則物任其性事稱其能各當其分逍遥一也豈容勝負於其間哉

北冥有魚其名爲鯤鯤之大不知其幾千里也化而爲鳥其名爲鵬　鵬鯤之實吾所未詳也夫莊子之大意在乎逍遥遊放无爲而自得故極小大之致以明性分之適達觀之事宜要其會歸而遺其所寄不足事事曲與生說自不害其弘旨皆可略之　鵬之背不知其幾千里也怒而飛其翼若垂天之雲是鳥也海運則將徙於南冥南冥者天池也　非冥海不足以運其身非九萬里不足以負其翼此豈好奇哉直以大物必自生於大處大處亦必自生此大物理固自然不患其失又可措心於其間哉　齊諧者志怪者也諧之

南華真經十卷

（晋）郭象注　（唐）陸德明音義　宋刻本　國家圖書館藏品

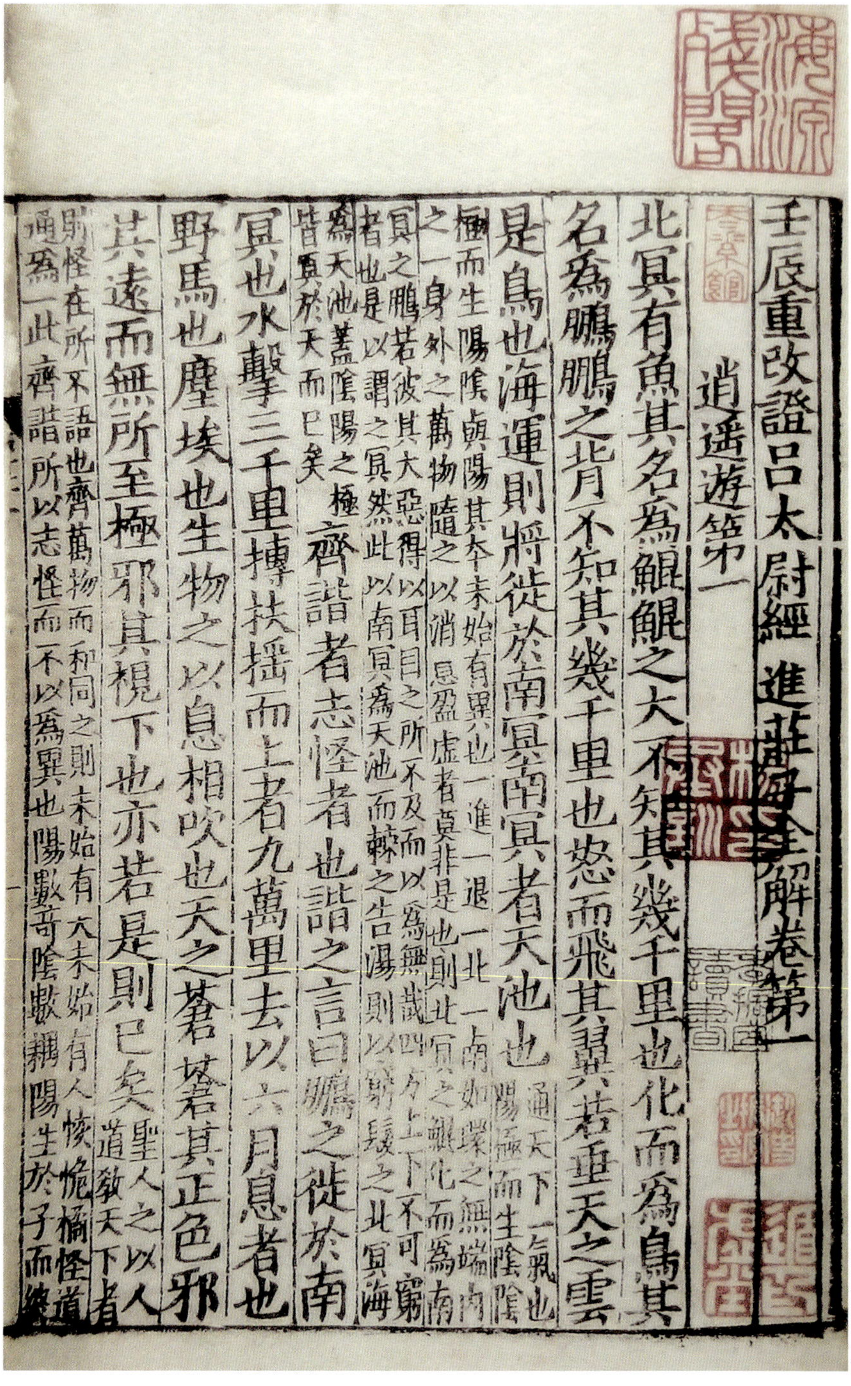

壬辰重改證呂太尉經進莊子全解十卷

（宋）呂惠卿撰　（明）文彭、吴元恭題款　金刻本　國家圖書館藏品

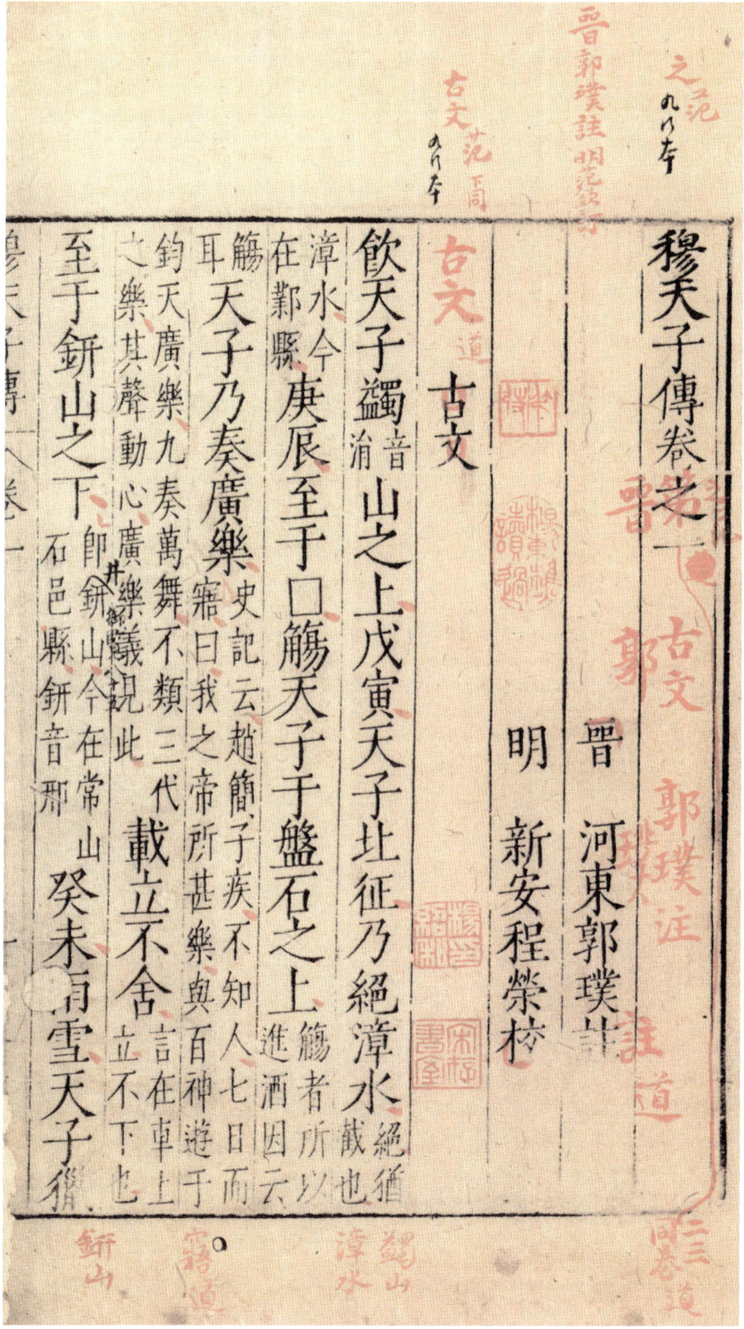
穆天子傳卷之一
晉 河東郭璞註
明 新安程榮校
古文
飲天子蠲音涓山之上戊寅天子北征乃絕漳水絕猶截也漳水今在鄴縣
庚辰至于□觴天子于盤石之上觴者所以進酒因云觴耳
天子乃奏廣樂史記云趙簡子疾不知人七日而寤曰我之帝所甚樂與百神遊于鈞天廣樂九奏萬舞不類三代之樂其聲動心廣樂蓋儀觀此
載立不舍言在車上立不下也
至于鈃山之下即鈃山今在常山石邑縣鈃音邢
癸未雨雪天子獵
穆天子傳卷一

穆天子傳六卷

（晉）郭璞註　（明）程榮校　（清）黃丕烈校并跋　明萬曆間程榮刻《漢魏叢書》本

天津圖書館藏品

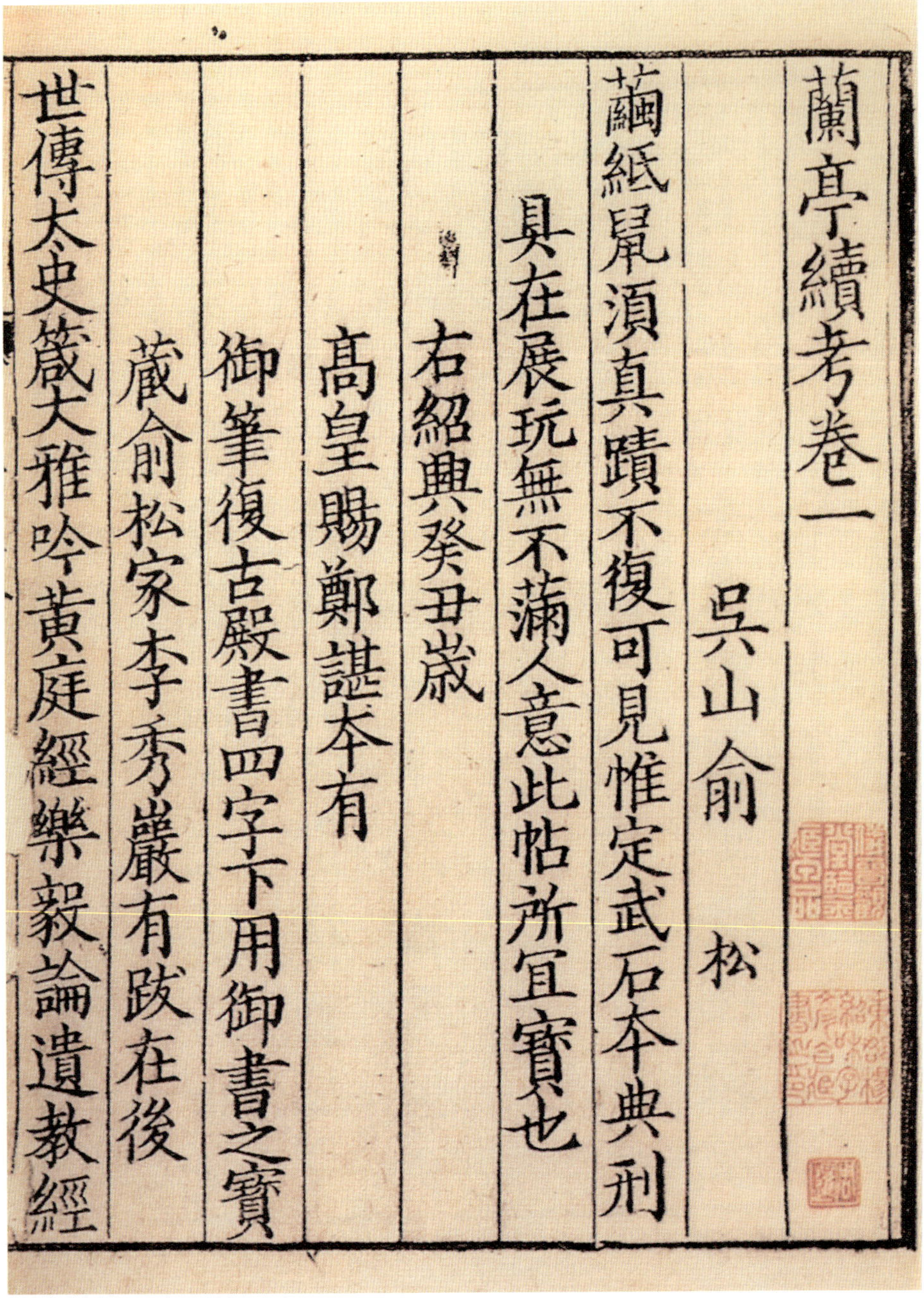
蘭亭續考卷一

吳山俞　松

繭紙鼠須真蹟不復可見惟定武石本典刑
具在展玩無不滿人意此帖所宜寶也

右紹興癸丑歲

高皇賜鄭諶本有
御筆復古殿書四字下用御書之寶
藏俞松家李秀巖有跋在後

世傳太史箴大雅吟黃庭經樂毅論遺教經

蘭亭續考二卷

（宋）俞松輯　周叔弢、勞健跋　宋淳祐四年（1244）刻本　國家圖書館藏品

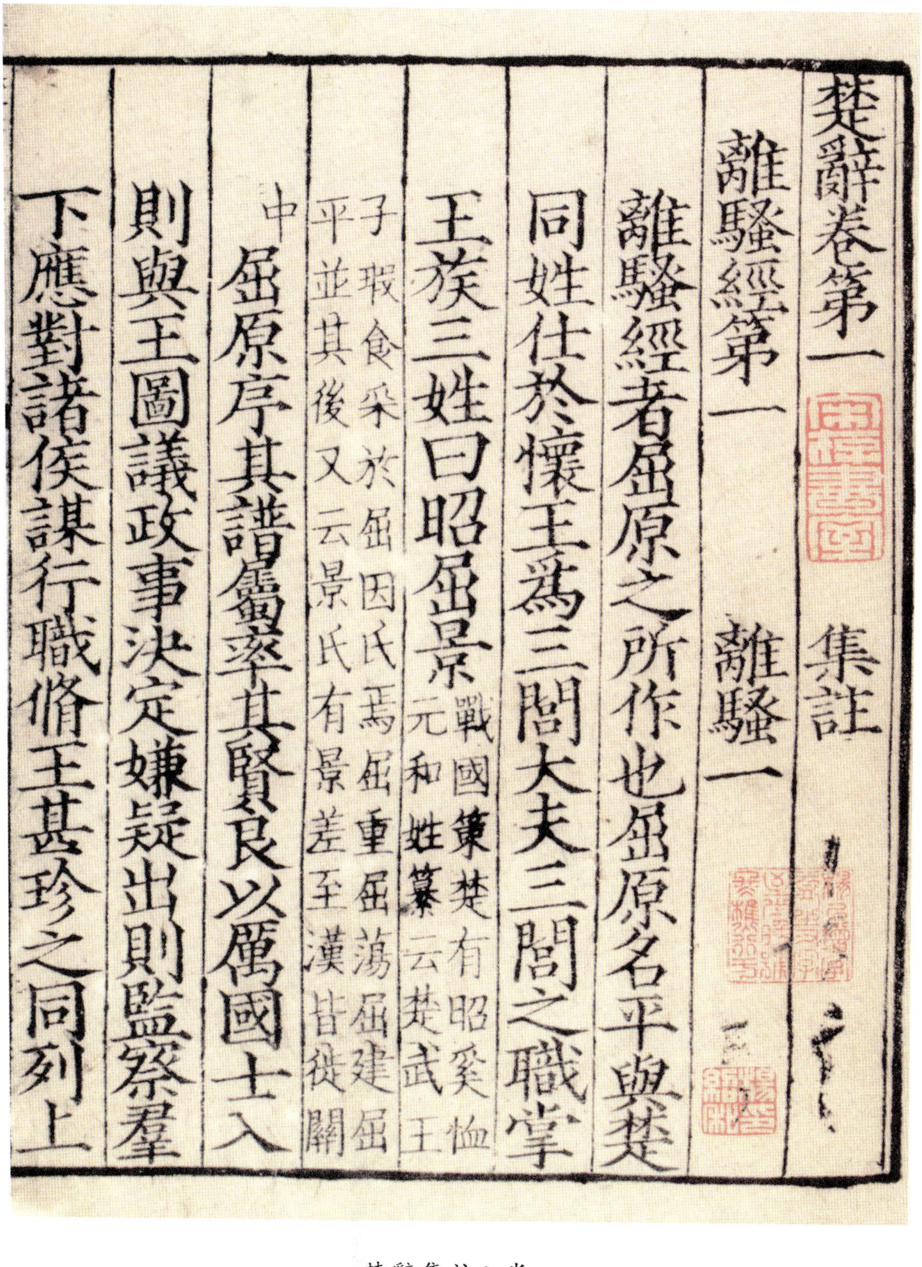
楚辭卷第一　集註

離騷經第一　離騷一

離騷經者屈原之所作也屈原名平與楚同姓仕於懷王爲三閭大夫三閭之職掌王族三姓曰昭屈景戰國策楚有昭奚恤元和姓纂云楚武王子瑕食采於屈因氏焉屈重屈蕩屈建屈平並其後又云景氏有景差至漢皆徙關中屈原序其譜屬率其賢良以厲國士入則與王圖議政事決定嫌疑出則監察羣下應對諸侯謀行職脩王甚珍之同列上

楚辭集註八卷

（宋）朱熹集註　辯證二卷　後語六卷　（宋）朱熹撰　宋端平二年（1235）刻本

國家圖書館藏品

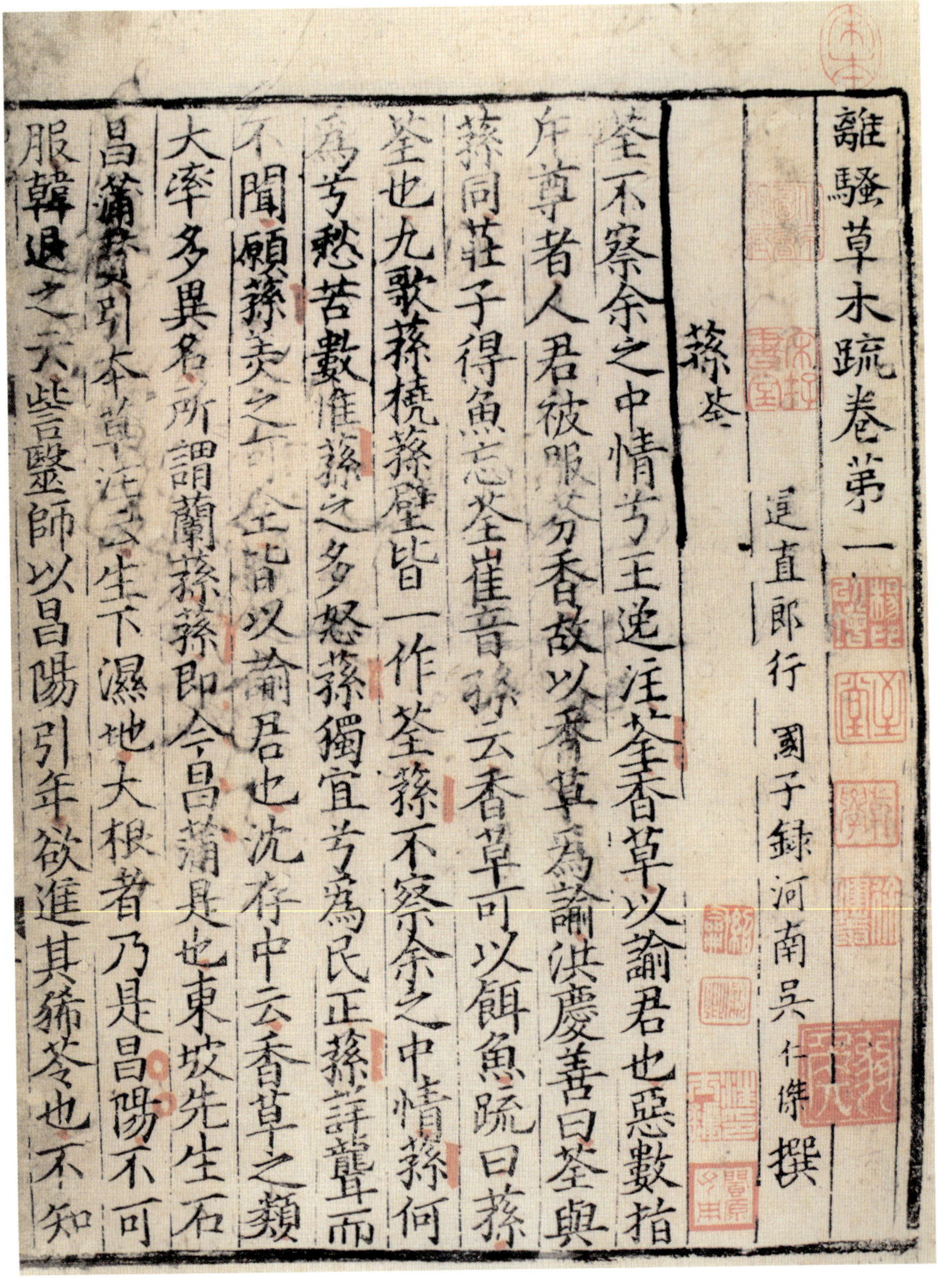

離騷草木疏四卷

（宋）吴仁傑撰　宋慶元六年（1200）羅田縣庠刻本　國家圖書館藏品

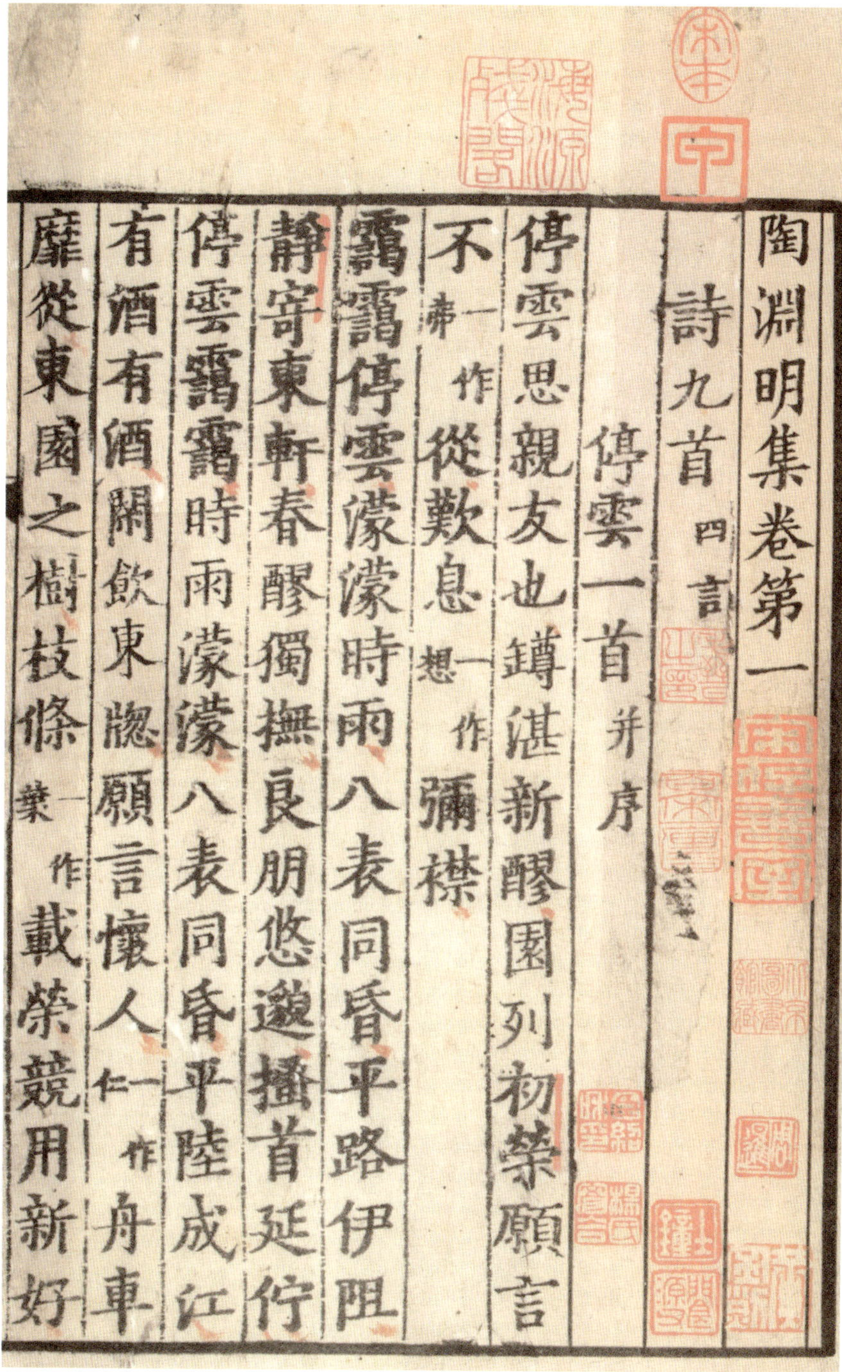

陶淵明集卷第一

詩九首 四言

停雲一首 并序

停雲思親友也罇湛新醪園列初榮願言不（一作弗）從歎息（一作想）彌襟

靄靄停雲濛濛時雨八表同昏平路伊阻靜寄東軒春醪獨撫良朋悠邈搔首延佇

停雲靄靄時雨濛濛八表同昏平陸成江有酒有酒閑飲東牕願言懷人（一作仁）舟車靡從

東園之樹枝條（一作葉）載榮競用新好

陶淵明集十卷

（晋）陶潛撰　（清）汪駿昌跋　（清）金俊明、孫延題款　宋刻遞修本　國家圖書館藏品

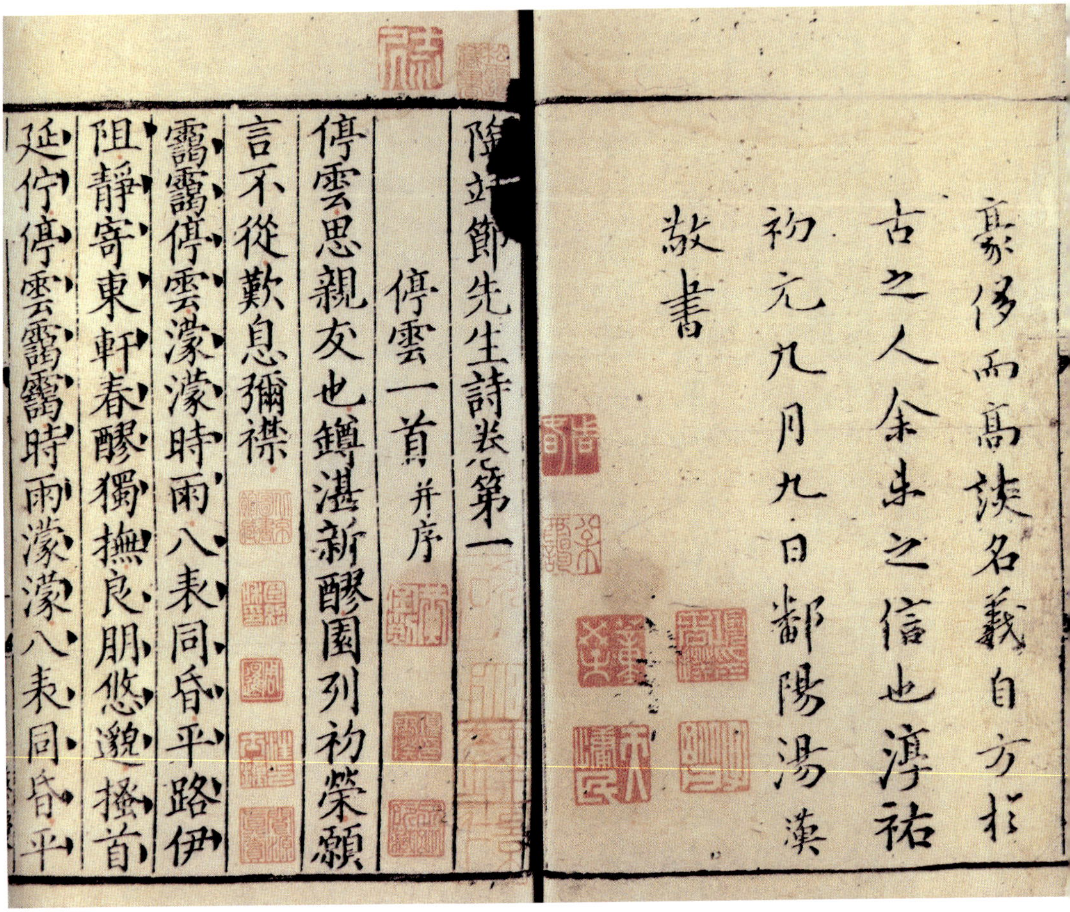

豪傑而高談名義自方於
古之人余未之信也淳祐
初元九月九日鄱陽湯漢
敬書

陶靖節先生詩卷之第一
停雲一首 并序
停雲思親友也罇湛新醪園列初榮願
言不從歎息彌襟
靄靄停雲濛濛時雨八表同昏平路伊
阻靜寄東軒春醪獨撫良朋悠邈搔首
延佇停雲靄靄時雨濛濛八表同昏平

陶靖節先生詩四卷

（晋）陶潛撰 （宋）湯漢注 （清）周春、顧自修、黄丕烈跋 （清）孫延題款 宋刻本

國家圖書館藏品

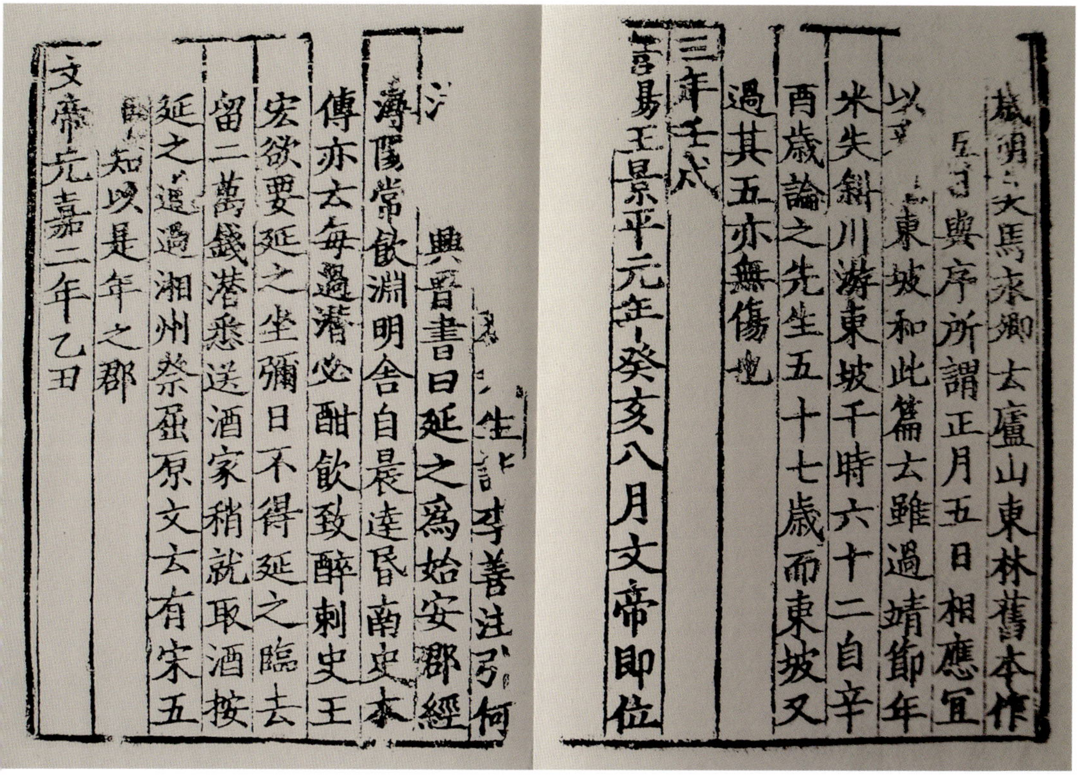

歲[illegible]文馬[illegible]去廬山東林舊本作
[illegible]與序所謂正月五日相應宜
以[illegible]東坡和此篇云雖過靖節年
米失斜川游東坡于時六十二自辛
酉歲論之先生五十七歲而東坡又
過其五亦無傷也
三年壬戌
[illegible]易王景平元年癸亥八月文帝即位

[illegible]生[illegible]李善注引何
[illegible]興晉書曰延之為始安郡經
潯陽常飲淵明舍自晨達昏南史本
傳亦云每過潛必酣飲致醉刺史王
宏欲要延之坐彌日不得延之臨去
留二萬錢潛悉送酒家稍就取酒按
延之遷過湘州[illegible]原文云有宋五
[illegible]知以是年之郡
文帝元嘉二年乙丑

陶靖節先生集十卷

（晉）陶潛撰　年譜一卷　（宋）吴仁傑撰　宋刻本　國家圖書館、上海圖書館藏品

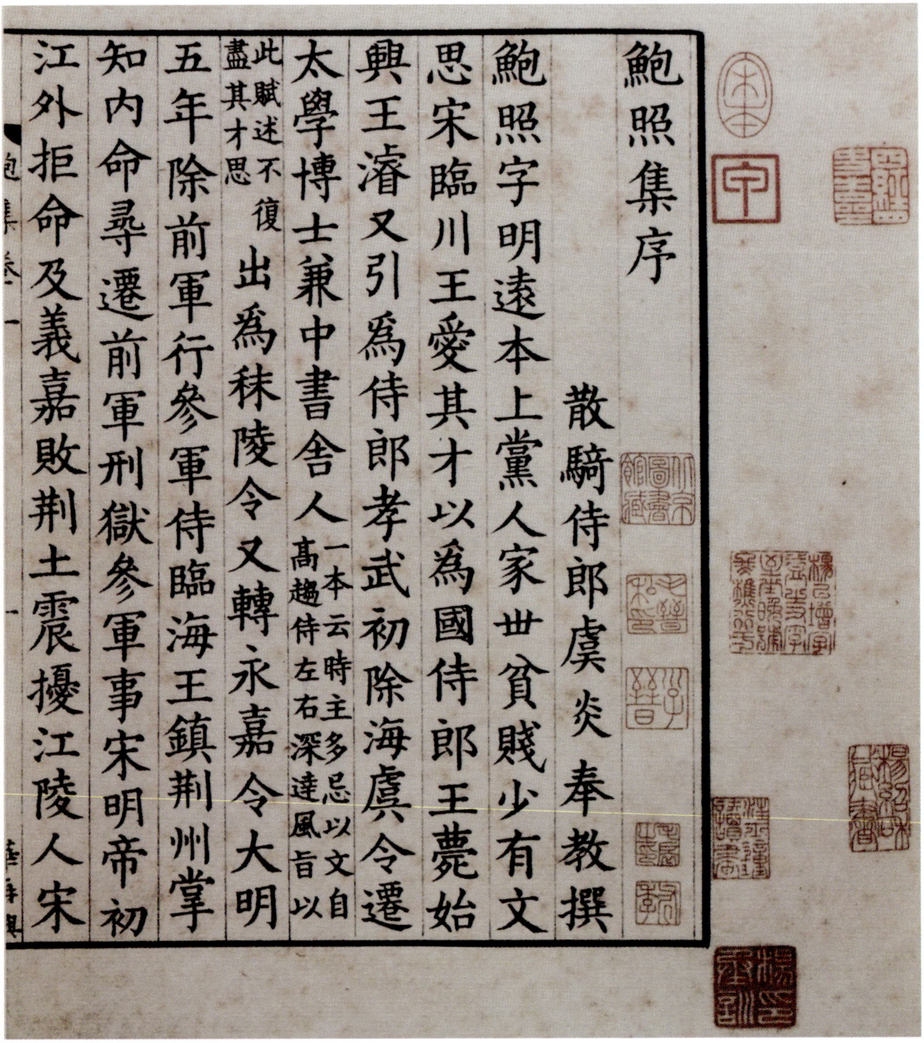
鮑照集序

散騎侍郎虞炎奉教撰

鮑照字明遠本上黨人家世貧賤少有文思宋臨川王愛其才以爲國侍郎王薨始興王濬又引爲侍郎孝武初除海虞令遷太學博士兼中書舍人一本云時主多忌以文自高趨侍左右深達風旨以此賦述不復盡其才思出爲秣陵令又轉永嘉令大明五年除前軍行參軍侍臨海王鎮荆州掌知内命尋遷前軍刑獄參軍事宋明帝初江外拒命及義嘉敗荆土震擾江陵人宋

鮑氏集十卷

（南朝宋）鮑照著　（清）毛扆校并跋　汲古閣毛氏影抄宋本　國家圖書館藏品

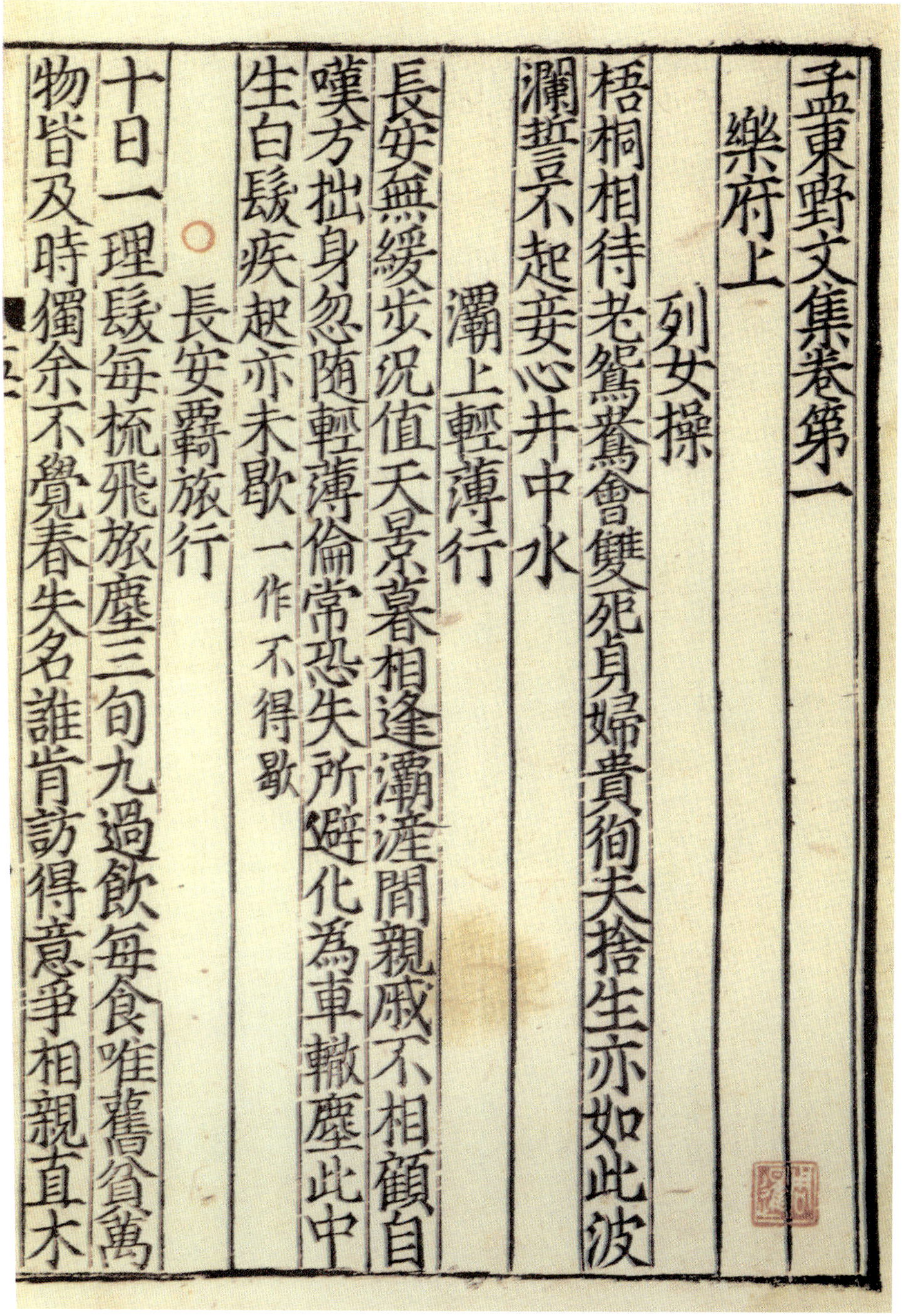

孟東野文集卷第一
樂府上
列女操
梧桐相待老鴛鴦會雙死貞婦貴徇夫捨生亦如此波
瀾誓不起妾心井中水
灞上輕薄行
長安無緩步况值天景暮相逢灞滻間親戚不相顧自
嘆方拙身忽隨輕薄倫常恐失所避化爲車轍塵此中
生白髮疾起亦未歇 一作不得歇
長安覊旅行
十日一理髮每梳飛旅塵三旬九過飲每食唯舊貧萬
物皆及時獨余不覺春失名誰肯訪得意爭相親直木

孟東野文集十卷

（唐）孟郊撰　（清）黄丕烈跋　傅增湘、勞健跋　宋蜀刻《唐六十家集》本

國家圖書館藏品

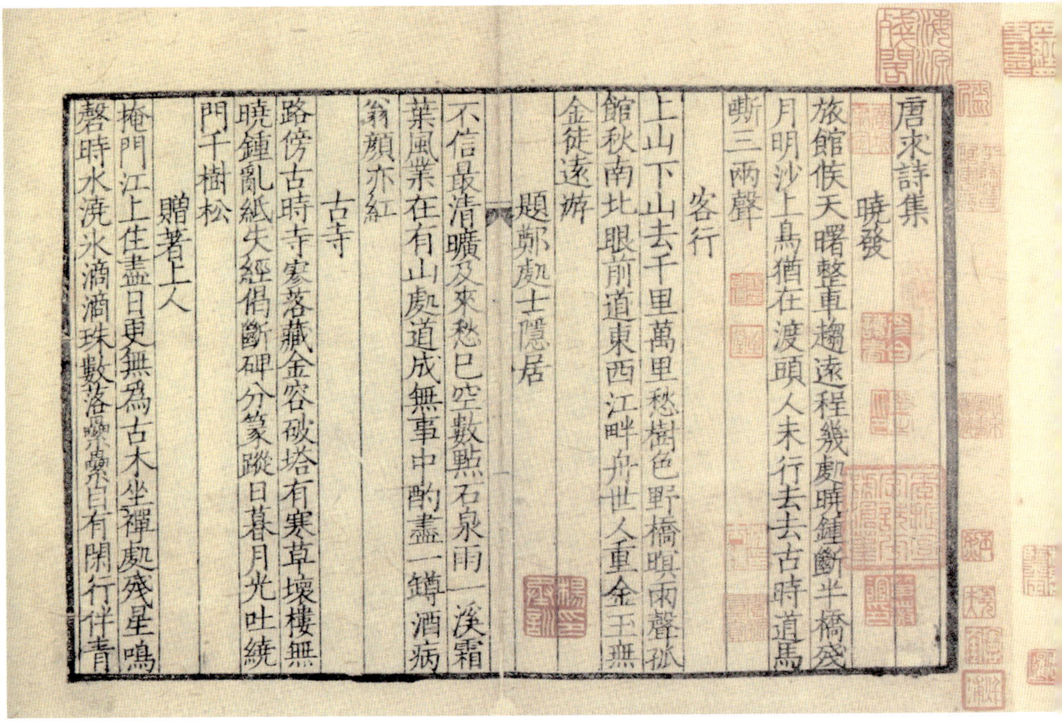
唐求詩集
曉發
旅館候天曙整車趨遠程幾處曉鍾斷半橋殘
月明沙上鳥猶在渡頭人未行去去古時道馬
嘶三兩聲
客行
上山下山去千里萬里愁樹色野橋暝雨聲孤
館秋南北眼前道東西江畔舟世人重金玉無
金徒遠遊
題鄭處士隱居
不信最清曠及來愁已空數點石泉雨一溪霜
葉風業在有山處道成無事中酌盡一罇酒病
翁顏亦紅
古寺
路傍古時寺寥落藏金容破塔有寒草壞樓無
曉鍾亂紙失經偈斷碑分篆蹤日暮月光吐繞
門千樹松
贈著上人
掩門江上住盡日更無為古木坐禪處殘星鳴
磬時水澆氷滴滴珠數落纍纍白有閑行伴青

唐求詩集一卷

（唐）唐求撰　（清）季振宜、顧莼題款　（清）黄丕烈跋　宋刻本　國家圖書館藏品

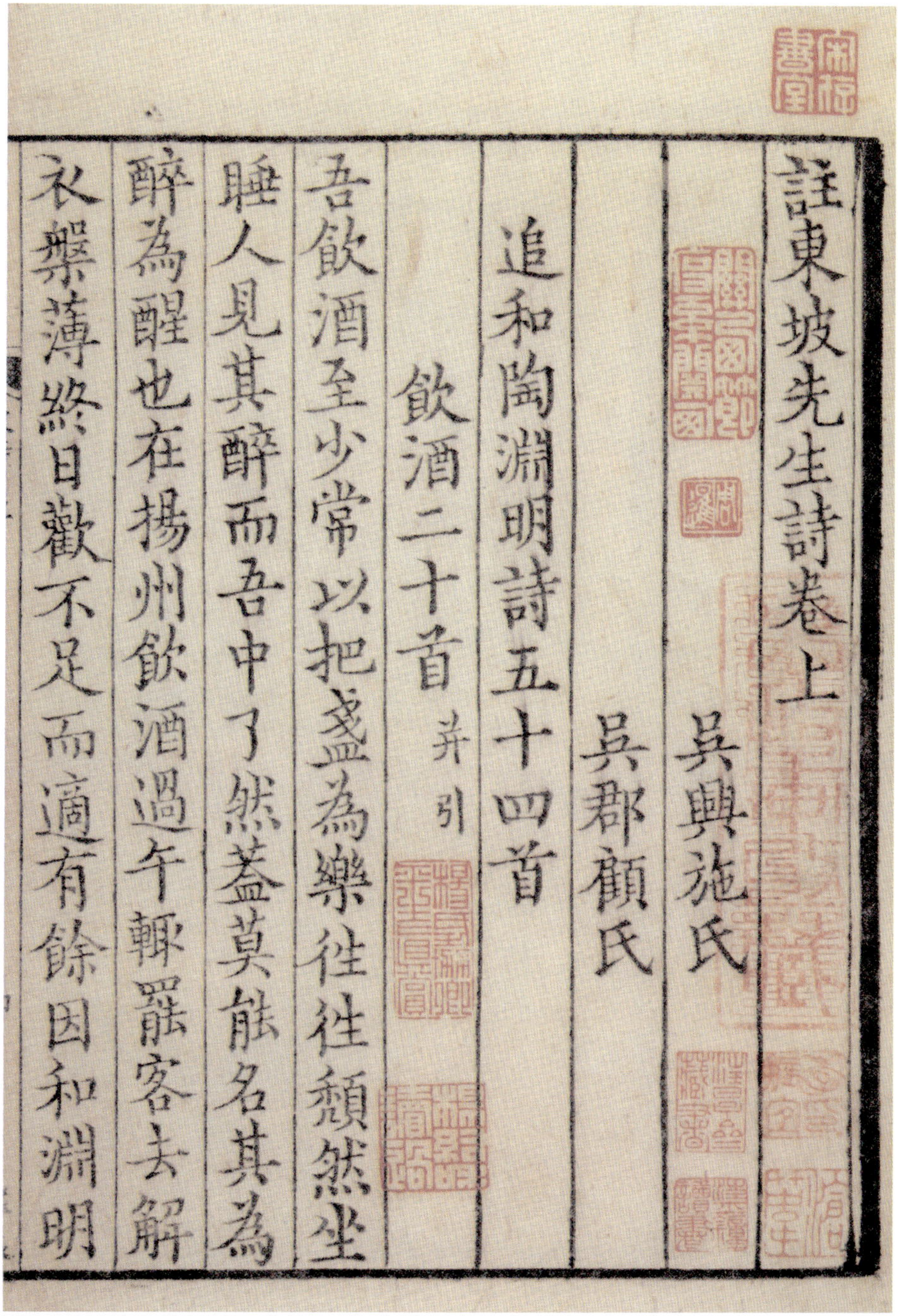
註東坡先生詩卷上

吳興施氏

吳郡顧氏

追和陶淵明詩五十四首

飲酒二十首 并引

吾飲酒至少常以把盞為樂往往頹然坐睡人見其醉而吾中了然蓋莫能名其為醉為醒也在揚州飲酒過午輒罷客去解衣槃礴終日歡不足而適有餘因和淵明

註東坡先生詩四十二卷

（宋）蘇軾撰　（宋）施元之、顧禧注　施宿補注　宋嘉定六年（1213）淮東倉司刻本

國家圖書館藏品

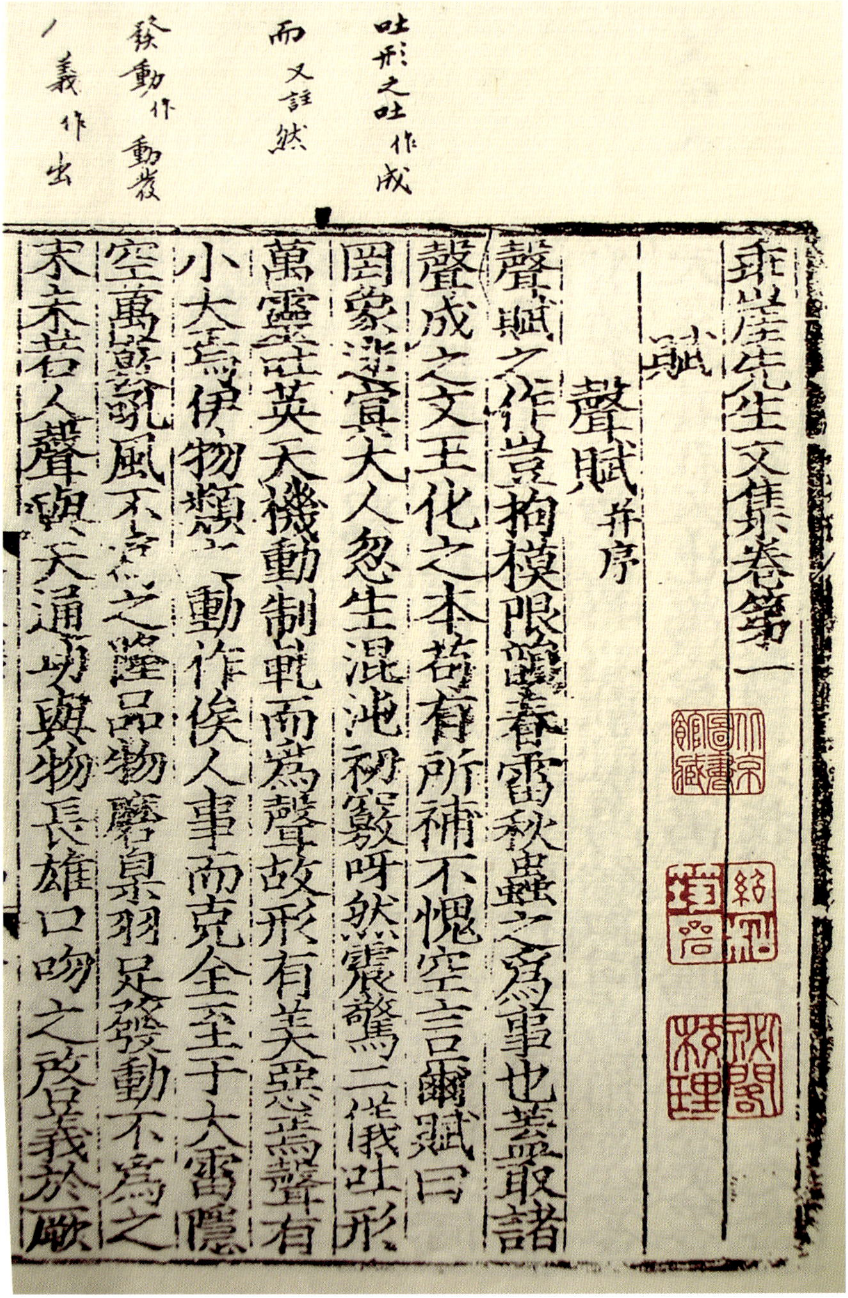

吐形之吐作成
而又註然
發動作動發
義作出

乖崖先生文集卷第一

賦

聲賦并序

聲賦之作豈拘模限蓋春雷秋蟲之爲事也蓋取諸聲成之文王化之本苟有所補不愧空言爾賦曰

罔象渫賞大人忽生混沌初竅呀然震驚二儀吐形萬靈吐英天機動制軋而爲聲故形有美惡聲有小大爲伊物類一動作俟人事而克全至于大雷隱空萬竅亂風不容之隆品物磨臯羽足發動不爲之不若人聲與天通與物長雄口吻之啓義於歐

乖崖先生文集十二卷

（宋）張詠撰　附録一卷　（清）黄丕烈抄補缺葉并跋　宋咸淳五年（1269）伊賡崇陽縣齋刻本

國家圖書館藏品

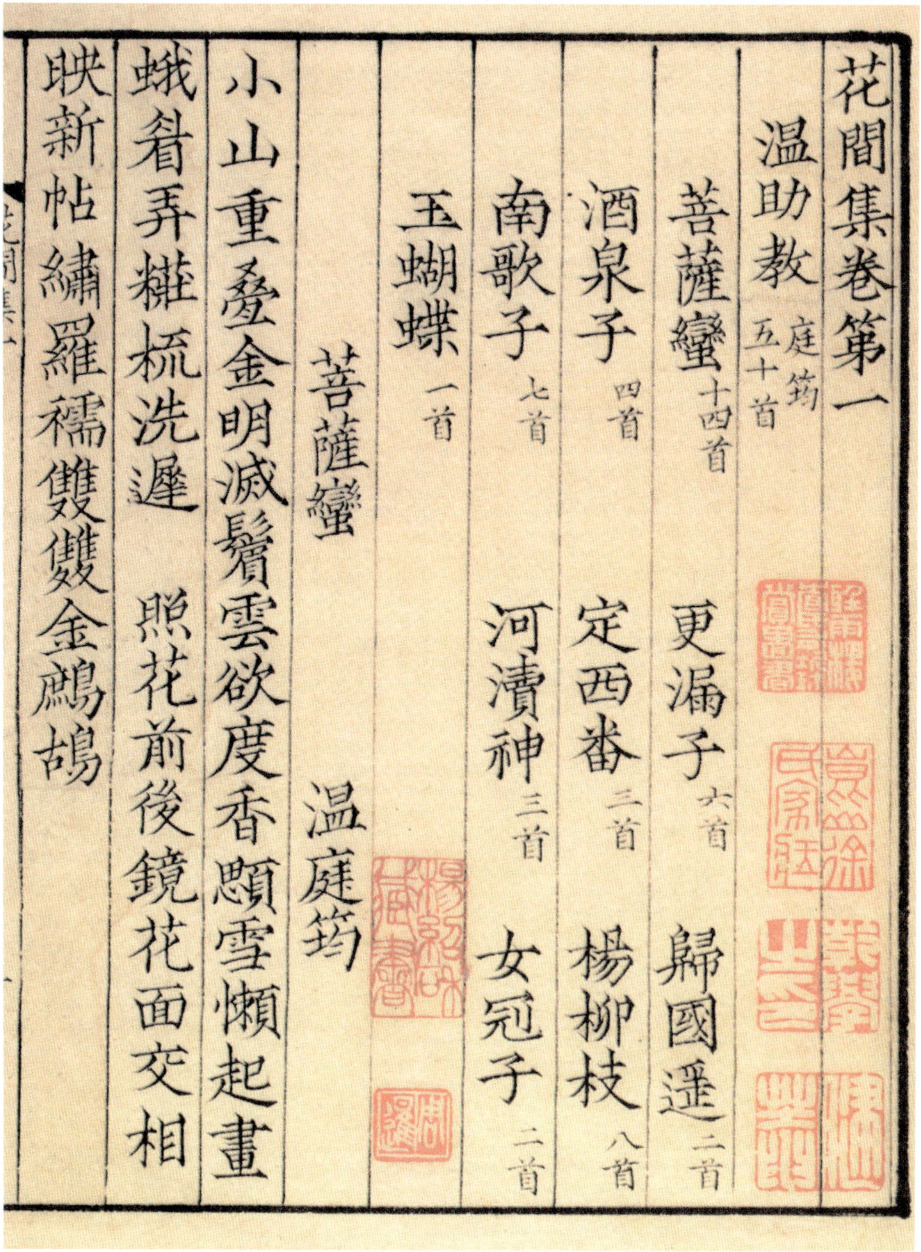

花間集卷第一

温助教 庭筠 五十首

菩薩蠻 十四首　更漏子 六首　歸國遥 二首

酒泉子 四首　定西番 三首　楊柳枝 八首

南歌子 七首　河瀆神 三首　女冠子 二首

玉蝴蝶 一首

菩薩蠻　温庭筠

小山重疊金明滅，鬢雲欲度香顋雪。懶起畫蛾眉，弄粧梳洗遲。照花前後鏡，花面交相映。新帖繡羅襦，雙雙金鷓鴣。

花間集一

花間集十卷

（後蜀）趙崇祚輯　（清）楊保彝題款　宋刻遞修淳熙十一（1184）、十二年（1185）鄂州公文紙印本

國家圖書館藏品

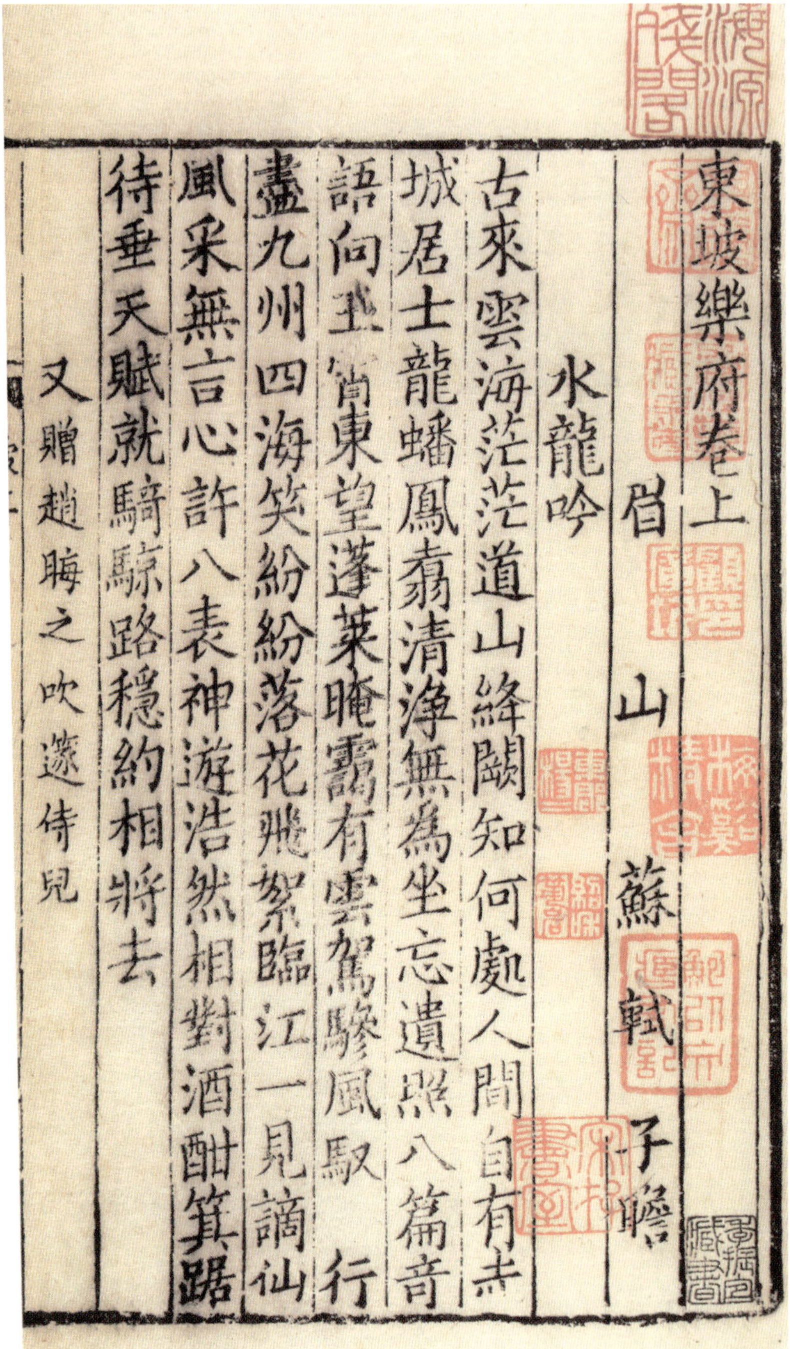

東坡樂府卷上

眉山蘇軾子瞻

水龍吟

古來雲海茫茫道山絳闕知何處人間自有赤城居士龍蟠鳳翥清淨無爲坐忘遺照八篇奇語向玉霄東望蓬萊晻靄有雲駕驂風馭行盡九州四海笑紛紛落花飛絮臨江一見謫仙風采無言心許八表神遊浩然相對酒酣箕踞待垂天賦就騎鯨路穩約相將去

又贈趙晦之吹篴侍兒

東坡樂府二卷

（宋）蘇軾撰　（清）黄丕烈跋　元延祐七年（1320）葉曾南阜書堂刻本　國家圖書館藏品

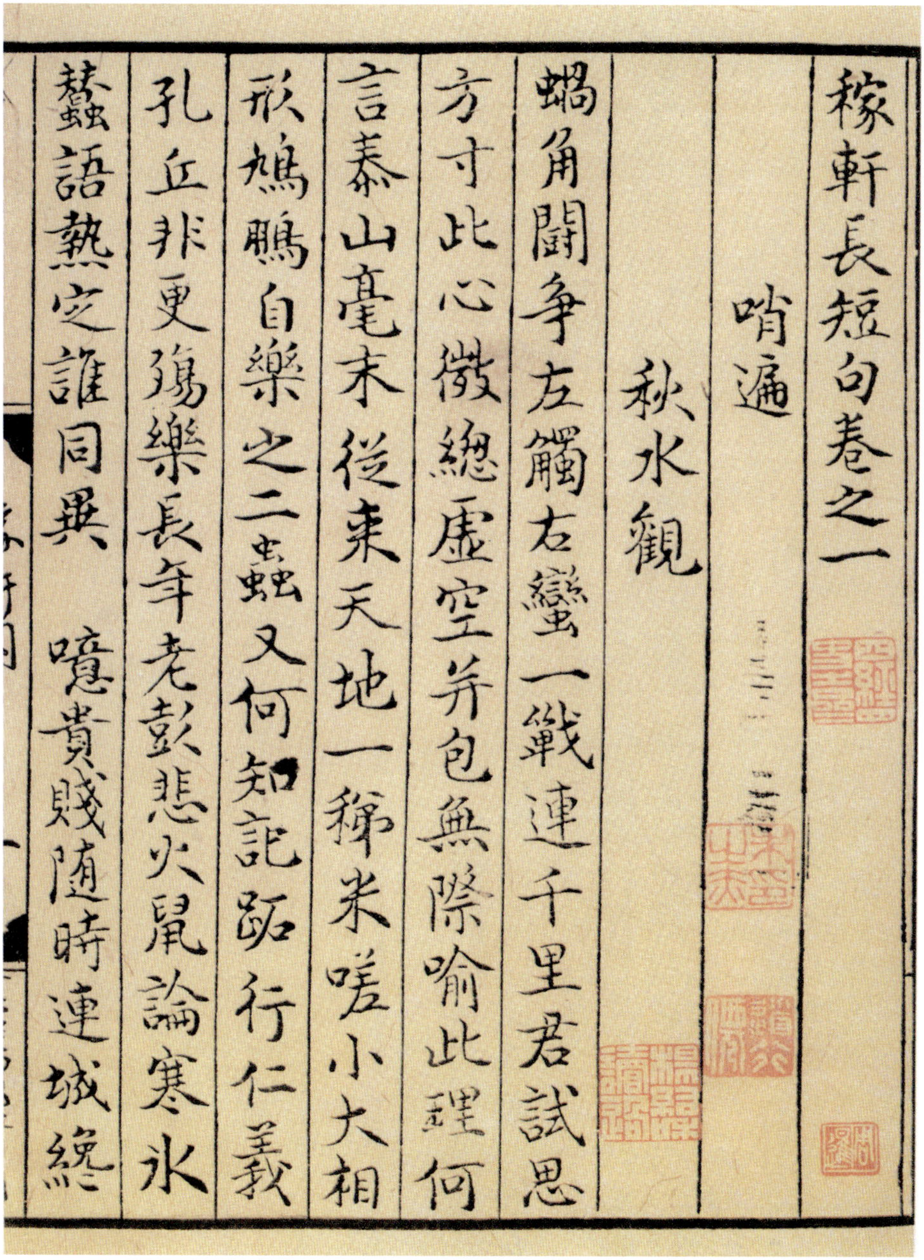
稼軒長短句卷之一
哨遍
秋水觀
蝸角鬬爭左觸右蠻一戰連千里君試思
方寸此心微總虛空并包無際喻此理何
言泰山毫末從來天地一稊米嗟小大相
形鳩鵬自樂之二蟲又何知記跖行仁義
孔丘非更殤樂長年老彭悲火鼠論寒氷
蠶語熱定誰同異　噫貴賤隨時連城纔

稼軒長短句十二卷

（宋）辛棄疾撰　（清）黄丕烈、顧廣圻跋　（清）陶梁、瞿中溶、汪鳴鑾、王鵬運、許玉瑑題款

元大德三年（1299）廣信書院刻本　國家圖書館藏品

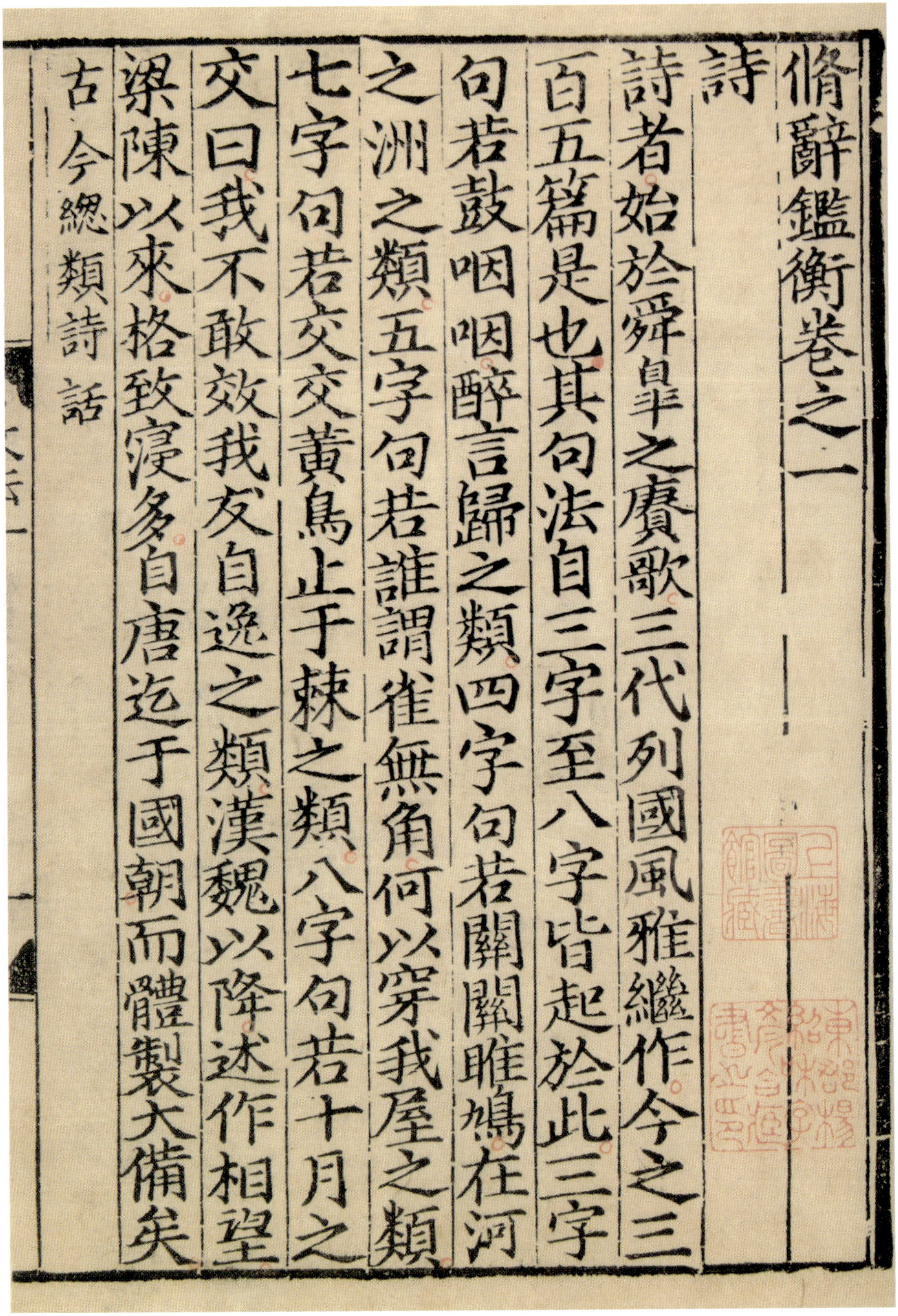
脩辭鑑衡卷之一

詩

詩者始於舜皐之賡歌三代列國風雅繼作今之三百五篇是也其句法自三字至八字皆起於此三字句若鼓咽咽醉言歸之類四字句若關關睢鳩在河之洲之類五字句若誰謂雀無角何以穿我屋之類七字句若交交黃鳥止于棘之類八字句若十月之交曰我不敢效我友自逸之類漢魏以降述作相望梁陳以來格致寖多自唐迄于國朝而體製大備矣

古今總類詩話

脩辭鑑衡二卷

（元）王構撰　元至順四年（1333）集慶路儒學刻本　上海圖書館藏品

海源閣藏書特色述略

海源閣藏書從大的範疇上來講，遵循的是"海源"思想。"海源"是楊以增用來比喻祭祀先人和治學欲以追遠之意的，其實這種思想也深深植根於楊氏的藏書觀念中。藏書之"源"，表現在版本上爲崇尚舊刻，内容上爲注重正"經"正"史"。其所藏宋版"四經四史"就是這種藏書思想的典型體現。楊氏治學畢生邃於經學，服膺北海，因而對鄭玄箋注的"四經"推崇備至，將存世的宋本鄭注"四經"全部收齊藏於閣中。楊氏治史以"四史"爲本，所以不遺餘力搜羅宋版"四史"；藏書之"海"，則是在追古的同時，又廣搜其他版本，即使明清版本、海外版本亦盡行搜羅。就内容而言則又不惟正"經"正"史"，對其他經史著作以及蓄藏極富的子集作品也极力囊括。因爲治學溯源，决定了楊氏藏書之精；又因治學求博，决定了楊氏藏書之廣。楊氏藏書既重質又求量，清陳康祺曾概括云："今天下藏書家博且精者，無出楊氏右者。"①故"精"和"博"是楊氏藏書的整體特色。

一　宋元舊刻與"四經四史"

楊紹和云："書以最古者爲可貴。"② 楊氏收書，尤重版本，對於舊

① （清）陳康祺：《楊至堂之事功學問》，《郎潛紀聞三筆》，中華書局，1984年，第704頁。

② （清）楊紹和：校明抄本《元音遺響》题識，《楹書隅録續編》卷四，光緒二十年（1894）楊保彝刻本。

刻，尤其是宋元善本，則更加看重，必多方搜求，得之而後已。紹和云："余性愛蓄書，於述古、佞宋之癖，尤竊慕之。"① 述古堂是清初大藏書家錢曾的藏書室，錢曾藏書講究版刻，對宋元舊刻多有收藏，自謂"平生所嗜，宋槧本爲最"②。"佞宋主人"是乾嘉藏書家黄丕烈的雅號，"佞宋"是其藏書的最大特點。"竊慕"錢、黄的楊氏對於宋元舊版書的嗜好，有過之而無不及。經過楊以增、楊紹和兩代人的不懈努力，海源閣所收宋元善本達二百多種。就宋版書來説，共收一百二十四種，金元本一百零五種，在晚清四大家中，數量僅次於常熟瞿氏，於北方藏書家中獨樹一幟。楊氏辟專室儲藏這些善本，曰"宋存書室"，又將宋本之最精者"四經四史"再以"四經四史齋"藏弆。這些善本至今有不少已成孤本，設非楊氏幾代人刻意搜求，或許早已永失人間。

楊氏選購圖書以宋元舊刻爲其主要目標，不惜斥投巨資，主要是因爲宋元舊刻更多地保存了古書的原貌，而後代刻抄則動輒妄改，致使真面盡失。紹和云："予謂宋槧各書有官板坊板之殊，其刻之精粗，校之詳略，原弗能一致。然彼時去古未遠，陳編具在，淵源有緒，付授匪誣，真面幸存，尚不至廬山罕見。即間或有譌誤，大都寫刊者無心之過，循文考義，亦易推求，非若後世謏聞小生，動輒率意妄改，遂令故步全移，迷津永墮。"③ 如宋本《脈經》八卷，明代雖有刻本，然已經面目全非，如"明趙邸居敬堂及吴勉學本多脱誤不可讀，袁景從校本稍善，而以意删改，彌非真面"④。武林趙意林有摹刻宋本《九經字樣》，"然意林校語皆附於每部之後，以致行式移易，殊失其真"⑤。明人刻書妄改頗多，致使原刻本來面目不存，紹和多次指出這一弊病。宋本《童蒙訓》三卷，紹和云："是書明時有覆本，行式無異，然較之原刻，則

---

① （清）楊紹和：宋本《脈經》題識，《楹書隅録》卷三，光緒二十年（1894）楊保彝刻本。

② （清）錢曾：《述古堂藏書自序》，《叢書集成初編》本，商務印書館，1935年。

③ 宋本《論語注疏解經》題識，《楹書隅録》卷一。

④ 《楹書隅録》卷三。

⑤ 《楹書隅録》卷一。

東施效顰矣。"[1] 可见，求古存真的思想是楊氏藏書"嗜宋"的根本原因。楊氏收書恰在道咸離亂之際，能於此時收集如此之多的宋本精槧實屬不易，其中尤以宋版"四經四史"著稱。紹和於《楹書隅録》卷二宋蔡琪家塾刻本《漢書》識云："昔王弇州《跋》自藏《漢書》云：'余生平所購《周易》《禮經》《毛詩》《左傳》《史記》《三國志》《唐書》之類，過二千餘卷，皆宋本精絕。最後班、范二《漢書》尤爲諸本之冠，桑皮紙，匀潔如玉，四旁寬廣，字大者如錢，絕有歐、柳筆法，細書絲髮膚致，墨色清純，奚潘流瀋。蓋自真宗朝刻之秘閣，特賜兩府，而其人亦自寶惜，四百年而手若未觸者。'今證之此本，正無毫髮異，重規疊矩，洵足焜耀前輝。而《周易》《禮經》《毛詩》《左傳》《史記》《後漢書》《三國志》之屬（原注：憔無新舊《唐書》），余齋亦皆有宋本，卷且過之，琅嬛之福爲何如乎？"能够藏有如此之多的精善之本，亦令楊氏足以稱傲。

"四經四史"共有十三種，全部是宋版書。楊紹和於《楹書隅録》卷二宋本《後漢書》題云："以四經四史齋所藏者爲甲觀。"可見，楊氏是把這十三種宋本以自己藏書中的最佳者視之。學者、藏書家亦對此有過高度評價，如傅增湘在《海源閣藏書紀略》中云："綜名家論定觀之，是海源閣藏書爲海内之甲觀，而四經四史又海源閣中之甲觀矣。"董康云："四經四史，卓然爲諸藏書家冠冕。"[2] 葉昌熾云："四經四史同一齋，望洋向若歎無涯。"[3] 所以"四經四史"不僅是海源閣藏書中最爲精善之本，也是諸多藏書家藏書之翹楚。"四經"是指宋建陽刻本《毛詩詁訓傳》三卷（殘）、宋建本《監本纂圖重言重意互註點校毛詩》（殘）、宋婺州市門巷唐宅刻本《周禮鄭注》、宋嚴州本《儀禮鄭注》、宋淳熙四年撫州公使庫刻本《禮記鄭注》。除"四經"外，尚有宋本《周易本義》、宋本《張先生校正楊氏易傳》、宋本《詩説》、宋本《文公家

---

① 《楹書隅録》卷三。

② （清）董康：《〈楹書隅録〉跋》，《楹書隅録》初續編卷末，宣統三年（1911）董康補刻本。

③ （清）葉昌熾：《藏書紀事詩·楊端勤以增》，《藏書紀事詩附補正》，上海古籍出版社，1999年，第627頁。

禮》、宋本《論語注疏解經》、宋本《孟子注疏解經》、宋刻元修本《説文解字》、宋本《三續千字文注》、宋本《附釋文互註禮部韻略》、宋本《朱文公訂正門人蔡九峯書集傳》、宋撫州公使庫本《禮記釋文》、宋淳熙二年鎮江府學刻公文紙印本《新定三《禮圖》集注》、宋巾箱本《五經》、宋本《春秋名號歸一圖》等。這些宋本傳至今日大多已成孤本。

史部“四史”是指宋本《史記集解》、宋乾道七年（1171）蔡夢弼東塾刻本《史記集解索隱》、宋淳熙三年（1176）張杅桐川郡齋刻八年耿秉重修本《史記集解索隱》、宋蔡琪家塾刻本《漢書集註》、宋刻元明遞修本《前漢書注》、宋王叔邊刻本《後漢書注》、宋刻元明遞修本《後漢書注》、宋本《三國志》。除“四史”外尚有許多宋本之至精者，如宋本《兩漢博聞》，紹和云：“《四庫》著録者，乃明時黄省曾刊本，此則南宋初胡元質之精雕也。”① 宋本《晋書》、宋紹興二年（1132）兩浙東路茶鹽司公使庫刻本《資治通鑑考異》，宋寶祐五年（1257）趙與篙刻元明遞修本《通鑑紀事本末》，宋紹興十年荆湖北路安撫使司刻遞修本《建康實録》，宋本《通鑑總類》，宋刻遞修本《輿地廣記》，宋咸淳三年（1267）吴堅、劉震孫刻本《新編方輿勝覽》，宋咸淳刻本《咸淳臨安志》，宋本《東南進取輿地通鑑》，宋刻元修本《會稽三賦》，宋本《通鑑釋文辯誤》，宋本《國語》，宋本《路史前記》，宋淳祐刻本《蘭亭續考》等亦多爲孤本。

經史之外，子部宋版佳槧亦是楊氏努力搜求的對象，因而所獲甚豐，有二十餘種，如宋本《荀子》、宋本《新序》、宋本《説苑》、宋刻宋元遞修本《揚子法言》、宋本《童蒙訓》、宋本《管子》、宋蜀本《證類本草》、宋本《淮南鴻烈解》、宋本《愧郯録》、宋刻元修本《十二先生詩宗集韻》、宋淳熙七年池陽郡齋刻本《山海經》、宋本《華南真經》、宋本《本草衍義》、宋本《西山讀書記》、宋本《大學衍義》、宋嘉定四年劉甲刻本《經史證類備急本草》等，其中不乏孤本秘笈。

楊紹和云：“予齋藏唐人集廿餘種，皆宋元槧之致佳者。”② 廣收宋刻唐集是海源閣集部之收藏特點，都二十二種。集部中有與“四經四

---

① 《楹書隅録》卷二。

② 宋本《孫可之文集》題識，《楹書隅録》卷四。

史”相媲美的“陶（丁案：此有兩種）、韋、王、孟”五種。楊紹和云：“今以集部之陶、韋、王、孟四者，又皆得此至精至善之本，洵可謂琅嬛奇福矣，世世其永寶之。”① “陶、韋、王、孟”是指宋刻遞修本《陶淵明集》十卷、宋本《湯註陶靖節詩》四卷、宋臨安府睦親坊南陳氏書棚本《韋蘇州集》十卷、宋蜀刻本《王摩詰文集》十卷、宋本《孟浩然詩集》三卷。宋代刊刻唐人集較多的主要有兩大家，一是宋蜀刻本，一是宋臨安府陳宅書棚本。楊紹和云：“南宋初刻唐人集，每半葉十二行，行二十一字之本凡數十種，與北宋蜀本，每半頁十一行，行二十字唐人諸集并稱，最爲精善。顧今世流傳絕罕，偶或遇之，率已損闕，求完帙不易得也。藏予齋者凡三：一《浩然》，一《可之》，皆完帙；一殘本抄補者，即此《孟集》與此。”② 紹和所指此四種實際上均爲宋蜀刻唐人集十二行本，含《孟浩然詩集》三卷，即“陶、韋、王、孟”五種之一；《孫可之文集》十卷；《孟東野文集》十卷（存五卷）；《昌黎先生文集》四十卷《外集》十卷（卷五至七、十七至二十四、《外集》卷一至十配清影宋抄本）。宋蜀刻唐人集十一行本兩種爲《駱賓王文集》十卷和《王摩詰文集》十卷。南宋中期刻大字本兩種爲《新刊經進詳註昌黎先生文》四十卷《外集》十卷《遺文》三卷《志》三卷和《新刊增廣百家詳補註唐柳先生文》四十卷。宋蜀刻本至今存世者都二十三種，而海源閣竟藏八種，除《孫可之文集》有復本外，其餘均爲孤本，足見楊氏在搜求宋蜀刻唐集方面所作的貢獻。

南宋臨安府棚北大街睦親坊南陳宅書籍鋪刊印唐集頗多，亦很精善，世稱“書棚本”。紹和云：“臨安陳氏書棚本，唐人集最多，在宋槧中亦最精善。”③ 楊氏曾著意羅致，終得七種。其中有四種合裝一函，爲《常建詩集》二卷、《杜審言詩集》一卷、《岑嘉州詩集》四卷、《皇甫冉詩集》二卷，紹和云：此四種“版刻頗精，古香可挹。”④《羅昭諫甲乙集》十卷，紹和云：“此本尤書棚本中上駟也。”⑤ 另有《韋蘇州集》十卷和《唐求詩集》一卷。

---

①③ 宋本《韋蘇州集》題識，《楹書隅録》卷四。

② 宋本《昌黎先生文集》題識，《楹書隅録》卷四。

④⑤ 《楹書隅録》卷四。

海源閣搜集宋刻《韓》《柳》兩集的成就也引人矚目。紹和云："予家藏舊槧唐宋人諸集善本頗夥，宋元刊《韓》《柳集》凡六，此爲《柳集》第一本。"其中宋版凡五：《柳集》第一本爲宋本《五百家註音辨唐柳先生文集》四十五卷《外集》二卷，第二本爲宋蜀刻本《新刊增廣百家詳補註唐柳先生文》四十卷，第三本爲宋嘉定間姑蘇鄭氏刻本《添註重校音辨唐柳先生文集》四十五卷；《韓集》第一本爲宋蜀刻本《昌黎先生文集》四十卷《外集》十卷，第二本爲宋蜀刻本《新刊經進詳註昌黎先生文》四十卷《外集》十卷《遺文》三卷《志》三卷，第三本爲楊保彝所得，即宋咸淳廖氏世彩堂刻本《昌黎先生集》四十卷《外集》十卷。這六種除《柳集》第一本下落不明外，其餘均存世間，成爲校勘韓集、柳集的最佳版本。

其他宋槧有宋端平刻本《楚辭集註》、宋慶元六年（1200）庚申羅田縣庠刻本《離騷草木疏》、宋嘉泰重修本《三謝詩》等均爲存世孤本。

宋刻宋集是海源閣集部的另一可觀群體，紹和云："予齋所藏唐人集多舊槧，而宋刻宋人集殊不多。"① 雖有遺憾，但仍有十二種。如被紹和稱之爲"第一銘心絕品"的宋本《莆陽居士蔡公文集》，宋咸淳五年伊賡崇陽縣齋刻本《乖崖先生文集》，宋建安蔡子文東塾之敬室刻本《康節先生擊壤集》，宋嘉泰淮東倉司刻本《註東坡先生詩》第四十一、四十二卷，宋乾道麻沙鎮南劉仲吉宅刻本《類編增廣黄先生大全文集》，宋嘉泰辛酉筠陽郡齋刻本《寶晋山林集拾遺》，宋本《後村居士集》，宋本《雲莊四六餘話》，宋刻遞修公文紙印本《花間集》，宋本《内簡尺牘》，宋婺州吴宅桂堂刻本《三蘇文粹》，宋本《放翁前集》等。另有總集一種，爲宋慶元三年書隱齋刻本《新刊國朝二百家名賢文粹》，亦甚珍貴。

舊刻善本中，首爲宋本，次爲元本。海源閣藏元本百餘種，數量雖不多，但其精善程度并不亞於其他三家。元本經部二十九種，善本極夥。元翠巖精舍刻本《韓魯齊三家詩考》，紹和云："元刻元印，楮墨絕

① 宋本《莆陽居士蔡公文集》題識，《楹書隅録》卷五。

佳。"[①] 周叔弢亦云："黄紙精印。"[②] 元至正七年（1347）福州路儒學刻明修本《禮書》一百五十卷和《樂書》二百卷《目録》二十卷《附樂書正誤》一卷兩種，紹和云："二書傳於今者，以此爲最舊矣。"[③] 楊氏治學首倡小學，故集得精善元本字書五種，元本《廣韻》五卷、《古今韻會舉要》三十卷、元至正十五年高德基等刻公文紙印本《説文字原》一卷，其中《爾雅》兩種尤爲珍秘，紹和云："余齋舊藏宋槧諸經善本頗夥。往歲於江南得汲古閣舊藏元刻《爾雅注疏》、元雪窗書院刻本《爾雅》三卷，皆精善之本。"[④] 還有一些元本未能收入《楹書隅録》，而衹收入善本簡目《海源閣宋元秘本書目》中，如禮類元翻宋十行本《周禮正義》、元本《儀禮圖》，其他尚有元本《書義矜式》、元翻宋本《尚書注疏》、元本《詩集傳》、元本《春秋經傳集解》、元翻宋本《春秋穀梁注疏》、元至正六年吴志淳好古齋刻本《復古編》、元本《六書正譌》、元本《書集傳》等。被《楹書隅録》和善本簡目所遺漏的元本七種亦爲今世不可多得，如元延祐五年（1318）余氏勤有堂刻本《書集傳輯録纂注》、元至正十二年劉氏日新書堂刻明修本《詩傳通釋大成》、元本《三禮考注》、元至正十一年虞氏明復齋刻本《春秋諸傳會通》、元大德九年（1305）刻明修本《白虎通德論》等。

史部元本都十六種，其中正史類有十三種，成爲宋本"正史"的有力補充。另有元本《資治通鑑》兩種、《宋季三朝政要》六卷及元元統二年（1334）范氏歲寒堂刊本《范文正公政府奏議》二卷均爲元槧精品。

子部元本共十四種，其中醫書類六種頗爲難得，如元至正二十七年書林劉克常刻本《新箋訣科古今源流至論前集》十卷《後集》十卷《續集》十卷《别集》十卷等，黄丕烈云："余素不諳醫，而喜蓄醫書，非

---

①③ 《楹書隅録》卷一。

② 《楹書隅録》批注，見王紹曾等整理點校本《楹書隅録初續編》九卷各書目補遺所引，《訂補海源閣書目五種》上册，齊魯書社，2002年。以下省稱爲《楹書隅録》批注。

④ 《楹書隅録續編》卷一。

真好也，好遺書之爲宋元舊刻者。”① 對復翁崇慕有加的楊氏購書似亦循此道。其他如元本《新編晦庵先生語録類要》十八卷、元至正本《玉海》二百卷、元本《事文類聚》六十册、元本《韻府群玉》二十卷、元至正七年釋念常摹刻本《佛祖通載》二十二卷、元本《注心賦》四卷亦爲元刻精槧。

集部元本最多，達三十一種，尤其是根據元人編注的前代作品以及元人著作所刊行的初刻本，海源閣收藏了不少，這些本子如同宋刻本一樣，保留了本朝人士創作及原刻的本來面貌。元至順四年（1333）集慶路儒學刻本《修辭鑑衡》二卷，元王構編。該書是我國第一部以“修辭”命名的修辭專著，其元至順四年本係現存最早刻本。元至大刻本《梅花字字香》二卷，是由元初郭亨豫采擷歷代詠梅詩句編集而成，成書於元至大辛亥年（1311），并刻於至大年間。元至正刻本《梅花百詠》一卷，則由元人韋珪撰。這兩部均爲初刻本，世無二帙。由元人蘇天爵編輯的《國朝文類》七十卷，元刊最著者一是元至元、至正間西湖書院刻大字本，一是劉氏翠巖精舍小字本，均爲初刻本。海源閣藏大字本和據小字本翻雕本，紹和就小字本翻雕本題識云：“此本雖不著刊書年月，而紙墨俱舊，鏤鐫尤工，决係元槧無疑，可與翠巖、西湖相爲鼎峙矣。”② 蘇辛詞的單刻傳世最早刻本爲元延祐七年（1320）葉曾南阜書堂刻本《東坡樂府》二卷和元大德三年（1299）廣信書院刻本《稼軒長短句》十二卷，均爲海内外孤本。元至正十四年劉氏翠巖精舍刻本《注陸宣公奏議》十五卷，爲傳世最早刻本，元本《注批點杜工部詩集》二十卷、元本《集千家注批點杜工部詩集分類杜工部詩》二十五卷《附文集》二卷均由宋黄鶴補注，劉辰翁批點，此二元刻均爲傳世珍本。其他佳刻有元本《朱文公校昌黎先生文集》四十卷《外集》二卷附《集傳遺文遺詩》一卷、元建陽書坊刊本《增廣註釋音辨唐柳先生文集》四十三卷《別集》二卷、元本《增廣音註唐許郢州丁卯集》二卷《續集》一卷（兩種）、元大德刻本《筠溪牧潛集》七卷、元本《文則》二卷、元元統

① （清）黄丕烈：宋刻本《洪氏集驗方》題識，《蕘圃藏書題識》，上海遠東出版社，1999年，第285頁。

② 《楹書隅録》卷五。

間刻本《中庵文集》二十五卷、元至元六年（1340）益友書堂刻本《范德機詩集》七卷、元本《伊川擊壤集》十八卷等。

從以上可以看出，廣購宋元佳刻是海源閣藏書的重要特點。就內容而言，“四經四史”無疑是楊氏藏書的重中之重。它包含十三經中的“詩”“禮”四經，以及十七史中的前四史。再括而大之，就是十三經、十七史，楊氏收藏的宋元版經史著作正是圍繞這個中心來進行的，如宋本經部中二十八種全部屬於十三經，宋本史部二十八種有十三種屬於正史十七史中的前五史。在宋版子部、集部中，子部以儒家諸子爲主，集部則以大家爲主，如“陶、韋、王、孟、韓、柳、蘇、黄”以及《楚辭》《離騷》等，所以在子集類中，仍有一個“源”。四部中均有精品，而正是這些精品構成了楊氏藏書的基礎。

二　明清佳槧與經史子集

如果説海源閣楊氏收書以宋元書版的經史著作爲主，重在一個“精”字，那麽，楊氏對明清版本以及其他經史子集作品也一概收入，則體現了一個“博”字，所以楊氏藏書在於“精”和“博”的結合。楊氏藏書相當開放，求廣求博，一是出於治學；二是楊氏對書籍保有存世的心理非常强烈。周少川云：“在私家藏書中，有一些藏書家出自對書籍保有的强烈興趣，以博采廣貯爲藏書目的，他們或由於時間、精力的關係，或由於學識的局限，未能對收藏的書籍作其他途徑的利用，但是却嗜書如命，廣收博采，以補石室金匱之亡缺，以備閑來流覽和鑒賞，從而成爲藏量極其豐富的藏書家。他們有的也刻印過一些書籍，但并未作過校勘考訂；他們有時也賞鑒圖書，但不是爲了著述和校勘，而是在休閒中欣賞。他們爲收藏而收藏，所以可稱之爲博采類藏書家。”[①] 周先生并把楊氏歸入博采類藏書家，這種概括雖未必完全符合楊氏藏書之客觀事實，但楊氏藏書的傳世保有的心態還是顯而易見的，我們從楊紹

① 周少川：《藏書與文化》，北京師範大學出版社，1999 年，第 203 頁。

和《楹書隅録》中很多祈禱獨家傳世之語就可見出。因而，廣收博采成爲楊氏的第二個藏書特色。

收藏之博，從内容來講，兼收并蓄，求藏書之豐富齊備，經史子集每個門類無所不包。就連不爲一般藏書家所重視的天文、術數、醫學、堪輿、小説、詞曲等類圖書，都盡力以求。以醫家類爲例，海源閣共收宋元明清刻本及抄本七十七種，如宋本《脈經》、宋蜀本《證類本草》、宋本《本草衍義》、宋嘉定四年（1211）劉甲刻本《經史證類備急本草》、元本《皇帝素問靈樞經集注》、元本《大觀本草》、元本《證類本草》、元本《世醫得效方》、元本《巢氏諸病方論》、元至正九年廬陵竹坪書堂刻本《纂圖方論脈訣集成》、明本《如宜方》、明高麗本《東醫寶鑒》和汲古閣精抄本《石藥爾雅》等都是醫書中的秘笈，這在一般藏書家中并不多見。楊氏藏書重實用，除以上所舉用於治學的經史子集精品外，楊氏還購藏了大量的史部方志類著作，這些書籍與楊以增的宦游閲歷有密切關係。方志類中除總志四十三種外，都會郡縣志一百三十九種，這些方志遍佈各省。饒有意味的是，作爲楊氏的家鄉，山東衹有九種，這與陳揆稽瑞樓、瞿鏞鐵琴銅劍樓以收本省方志爲主有很大不同。楊以增收藏方志以所歷宦地爲主，其宦游地主要有貴州、湖北、河南、陝西、江蘇等，而他所收各省方志數量較多者正是這些地方，其中陝西三十五種，河南三十一種，湖北十四種，江蘇八種，貴州七種，其他則與宦地臨界各省，如浙江、廣西、甘肅、寧夏、青海、廣東、四川、雲南、福建、北京、安徽、山西、河北等亦有收藏。楊以增愛讀書，但他把讀書與經世結合起來，每到一地必先搜求當地方志，這些方志幫助他瞭解了當地的風土人情、社會習俗，以使他能更快地融入當時當地的環境。楊以增注意爲官之術、爲民之道，亦可見他從所藏很多官箴書籍中汲取了不少營養成分。在毫無背景之下，他從一縣令升至從一品封疆大吏，不能不説是得益於他的酷愛藏弆和閲讀。楊以增是河道專家，曾因治河有方有功而得到咸豐皇帝的褒揚，这也與他收藏閲讀大量的河渠類著作有關。

古人藏書往往對本朝版本不以爲意，如宋人重唐寫本，葉夢得云："唐以前，凡書籍皆寫本，未有模印之法，人以藏書爲貴。人不多有，而藏者精於讎對，故往往皆有善本。學者以傳録之艱，故其誦讀亦精詳。五代時……自是書籍刊鏤者益多，士大夫不復以藏書爲意。學者易於得書，其誦讀亦因滅裂，然板本初不是正，不無訛誤。世既一以板本爲正，而藏本日亡，其訛謬者遂不可正，甚可惜也。"① 可見，舊寫本以稀有爲貴，藏書家益加珍惜，故而反復校讎，使内容更趨於正確無誤。刻本雖易生產，可一旦製成，錯誤也就流傳開去，不易更改。而刻本的速成易得，又促使寫本"日亡"，故而寫本尤顯珍貴。這也是宋人重前代寫本而忽略本朝刻本的原因。晚清藏書家對本朝版本亦多不重視，如瞿氏《鐵琴銅劍樓藏書目録》就一本也不收入，明本也是有選擇地著録。黄丕烈藏書不求品種之全衹求版本之善，因而尤重宋元佳槧。楊氏與瞿氏、黄氏等在藏書選擇上的最大區别就是，不僅對宋元等精善本加意搜羅，而且對這些明清時期的普通本、本朝的通行本也予收藏，并專門編輯普本書目予以著録，這在晚清藏書家中并不多見，這就體現出楊氏藏書貴古不賤今的思想。清本在本朝人看來多是"世間經見之書"，但在今天看來亦多屬善本，這説明楊氏藏書有着不同於一般人的預見性和觀念。

楊氏藏書如以地區來分，則浙本、蜀本、建本、平水本等均有收藏；以形式分，巾箱本、寫刻本、朱墨套印本等亦無不收入。以套印本爲例，如明萬曆四十四年（1616）閔齊伋刻朱墨套印本《檀弓》二卷、清康熙内府刻古香齋袖珍五色套印本《新刻袖珍御選古文淵鑒》六十四卷、清乾隆十五年（1750）内府刻四色套印本《御選唐宋詩醇》四十七卷《目録》二卷等都是套印本中的上品。

非雕印本分寫本和印本兩種，寫本又包括稿本和抄本，印本則包括各種活字本。海源閣藏稿本都五種，如何焯《手書八法》，清楚裳輯乾隆二十四年手稿本《隸辨摘要》二卷，林則徐、翁同書等撰手札《海源閣珍存尺牘》六册，清戴錫瑞撰同治七年（1868）稿本《音韻啓蒙》五卷，清江南司編稿本《江南司編案》二册等都爲孤本。抄本有三百餘種，又以富藏名家抄本最爲可貴。活字本有乾隆武英殿活字印《聚珍版叢書》本經史子集四十餘種，如清嘉慶十六年（1811）活字本《小雲穀詩抄》八卷《文集》八卷《名帖紀聞》一卷、清道光二十三年（1843）

① （宋）葉夢得：《石林燕語》卷八，中華書局，1984年，第116頁。

高承鈺等活字本《養一齋文集》二十卷《補遺》一卷、清道光二十六年白門倦游閣活字本《安吴四種》三十六卷、清咸豐三年（1853）仁和胡氏琳琅秘室活字本《琳琅秘室叢書》三十種一百五十七卷等。活字本如以材料來分有明銅活字本《蔡中郎集》《墨子》《開元天寶遺事》等，清道光二十六年涇縣翟金生泥活字本《僊屏書屋初集詩録》十六卷《詩後録》二卷等。其他尚有光緒十五年（1889）羅嘉傑鉛印本《離垢集》五卷、民國三年（1914）裘氏鉛印本《明秋館詩》二卷《詞》一卷《雜著》一卷等。

如以版本國别來看，域外書版也照收不誤，異域版本雖然所收不多，但説明了楊氏收藏思想是相當開放的。如明高麗本《東醫寶鑒》、明高麗仿宋本《全韻玉篇》。日本本《佚存叢書》三十册，該書由日本林衡編，日本寬政至文化間刻本，都十六種七十八卷。日本本還有日本國刻本《外藩刻群書治要》（唐魏徵等撰）五十卷、日本大正十年（1921）排印《滿蒙叢書》本《葡愧城賦》（清英和撰）一卷、《唐土名勝圖繪》六卷等，這些本子在中國大陸并不多見。

從文獻種類上，除書籍外，金石、碑帖、書畫、圖籍、端硯、秦磚、漢瓦等亦收集不少。如端硯有二百多方，商周銅器十幾箱，歷代碑刻拓片二十多箱。端硯中有不少是宋端硯，藏書印中有明代文彭、何震印，書畫中如南宋馬和之《九歌圖》、宋李伯時《靖節高風圖》，碑帖如宋拓《大觀帖》《爭座位帖》等都是文物精品。

海源閣藏書不但求善、求全，還追求異本。所謂異本就是稀見珍本，這裡的異本既指版本，也指内容。宋本《脈經》八卷，《四庫全書總目提要》不著録，自宋以來流傳極少，尤其是據此而出的《脈訣》流傳開來後，原本《脈經》幾乎絕迹人間，紹和於《楹書隅録》卷三題云："孔碩《序》亦有'《脈訣》出而《脈經》隱，醫者不讀，鬻者不售，板遂不存'云云。可知在宋時已極罕秘，故自明以來，數百年來絕少流傳。醫書中之秘笈也。"金刻本傳世不多，因爲稀少，故影金抄本也很珍貴，楊氏注意搜羅，所藏刻本及影抄本均極珍秘，如金本《新刊韻略》五卷，楊以增云："是書罕見著録，惟張氏《愛日精廬書目》中收之，乃黄復翁藏本，而月宵記之者也。金源人著述頗稀，而版刻傳於今者尤鮮，數百年來歷爲名家收弆，劫燼之餘，尤可珍已。”[①] 金本《道德寶章》一卷，紹和云：“金源舊槧，則致爲罕遘。”[②]影金精抄本《地理新書》十五卷，紹和云：“近來收藏者，則絕少著録，亦術數家之枕中秘矣。”[③]其他如明銅活字本《欒城集》，紹和云是書爲“稀有之秘笈也”[④]，蒙古憲宗三年（1253）至五年張宅晦明軒刻本《資治通鑑》一百二十卷、《丹淵集》四十卷《拾遺》二卷《附録》一卷、明抄本《李校書集》三卷等亦爲稀見之本，其珍貴自不待言。

自上可知，楊氏收藏可謂不拘一格，無所不包，其“海”之特點體現得淋漓盡致。

三　抄本

在海源閣所藏四千六百餘種古籍中，抄本計有三百四十二種，可以説，明清名家抄本以及影抄本大都有所收藏，成爲楊氏藏書之一大特色，這在清末藏書家中并不多見。其中明抄本五十九種，元抄本四種，餘多爲清初抄本。抄本是保存文獻除刻本之外最多亦是最有效的途徑。未有印刷術之前，文獻之傳播依靠的最主要方式就是抄寫，發明印刷術之後雖然大量刻印圖書，抄寫仍然是傳存文獻的重要手段。具體而言，第一，許多著作賴抄本以存。海源閣第三世主人楊保彝云：“書無舊刊，惟舊抄可貴。”[⑤] 尤其是有些抄本是據宋元孤本抄寫而來，如果原刻本已經不存，則獨賴抄本流傳。如毛氏汲古閣影宋抄本《鮑氏集》十卷，今藏國家圖書館（以下省稱爲國圖），原宋刻本失傳，現存最早刻本則爲明正德朱應登刻本。元本《字鑒》五卷無存，影元抄本是最早傳本，今存最早刻本爲清康熙四十八年（1709）張士俊刻澤存堂本。高誘注姚宏續注《戰國策》宋本有兩種，一爲南宋紹興間初刻本，因曾爲梁溪

①②③ 《楹書隅録》卷三。

④ 《楹書隅録》卷五。

⑤ （清）楊保彝：《抄本〈姜氏秘史〉題識》，今藏臺灣“國家圖書館”。

（今江蘇無錫）高姓藏書家收藏，世稱“梁溪高氏本”；二是南宋重刻本，因曾爲梁溪安姓藏書家收藏，世稱“梁溪安氏本”。楊氏所藏是據重刻本影抄的本子①，楊紹和於《楹書隅録》卷二題做“影宋精抄本”，并云：“乃影鈔之致佳者，珍之。”紹興本僅存一帙，重刻本則已經失傳，而楊氏所藏的這個影抄本就成了重刻本的唯一傳本。抄本還使僅存原刻本有副本流傳，這樣的抄本既爲治學提供了方便，又爲防止散佚留下了副本，有流布之功。如宋刻《三曆撮要》，現今存世者僅有一本（今藏國圖），海源閣曾據此影抄。第二，不少抄本比刻本完整，因而可補刻本之不足。如清嘉慶張敦仁影宋抄本《儀禮要義》五十卷，首尾完具，末僅缺一葉，楊紹和於《楹書隅録》卷一題云：“宋刊《儀禮要義》，藏武林汪氏欣託山房；宋景德官本《儀禮疏》，藏吴門黄氏百宋一廛，皆經學失傳之書。《要義》旋歸吴興嚴久能先生。此本即先生從宋刊録出而張古漁太守又依之傳寫者……近年吴越兵燹，兩宋刊恐已墮劫中，幸賴此本猶存真面，愈當拱璧視之矣。”今查宋本，國圖衹存一部，即宋淳祐十二年（1252）魏克愚刻本，但該本目録、卷一至六、二十五至二十八、四十一至四十三因缺配清抄本，而影宋抄本就可以將所缺補齊。第三，抄本往往是校勘的絕好資料。一些抄本，尤其是影抄本，實際上等於保留了原刻本。如用以校勘他本，則可正他本之訛誤。如顧廣圻就曾用清嘉慶張敦仁影宋抄本《儀禮要義》校勘他本，顧氏於卷第三十七後題云：“右三卷賴以正今本《注疏》之誤者特多，以下三卷差少於此，益惜單疏本之不完也。”楊氏所藏抄本價值自不待言，爲使人們對海源閣所藏抄本有一個大概瞭解，下面就以其精善程度和抄寫時代分類述之。

抄本如從抄寫時代、文物價值來看，當以清抄本、明抄本、元抄本次序爲珍。海源閣藏清抄本中以清初抄本居多，如《紹興十八年同年小録》《宋遺民録》《文房四譜》《霏雪録》《吕衡州文集》等等。明抄本中，如明天啓五年（1625）抄本《鬻子》一卷，紹和云：“寫校甚精，

① 王慧：《館藏高注〈戰國策〉版本源流考》，《山東圖書館季刊》2002 年第 1 期。

珍籍也。”① 明抄本《茅亭客話》十卷，紹和引黄丕烈題識云：“此抄本爲佳，往往與宋刻合，此本外又益一舊抄矣。”②《李校書集》三卷，惟明代有活字本，傳本絕稀，故明萬曆抄本則洵堪寶秘。其他尚有明抄本《開原圖説》《新編古今姓氏遙華韻》《硯箋》《李偉公文集》《寶刻叢編》《貞白先生陶隱居文集》《沈下賢文集》《不繫舟漁集》《鳴鶴餘音》等等。元抄本中，如《鄱陽集》四卷，紹和云：“此葉文莊藏抄本《鄱陽集》，元人手録者也。按《四庫全書提要》：《鄱陽集》四卷，宋洪皓撰，原本詩已佚，今從《永樂大典》録出。是此集無傳本久矣。卷中有元人原標款字數，每册題眉爲匏庵相國筆，蓋文定得諸南陽者。字法古雅，名蹟燦然，洵僅見之本也。”③《陽春白雪》十卷，紹和引密娛軒題識云：“此本抄手極舊，字蹟古秀，於信州本爲近。元人佳抄殊不易睹……尤足珍愛。”④

黄丕烈云：“大凡書籍，安得盡有宋刻而讀之？無宋刻則舊抄貴矣。舊抄而出自名家所藏，則尤貴矣。”⑤ 名家抄本與普通抄本的區別在於校勘精善，訛誤少，書寫極佳，因而尤爲藏書家所鍾愛，甚而以奇書視之。在海源閣所藏抄本中就有不少這樣的名家“奇書”。紹和題葉石君精抄本《漢簡》云：“予昔在江南得汲古閣主人舊藏《佩觿》《字鑑》，有斧季朱筆校正手蹟，精雅絕倫，得未曾有。近獲《龍龕手鑑》及此本，尤稱精善。《龍龕手鑑》爲子晋寫以贈敕先者。此本則葉石君由牧齋所藏舊本手寫而成，字體古秀，較馮已蒼本款式稍大，而點畫特爲精妙，勘校綦詳，洵奇書也。”⑥ 吴寬（1435－1504），明文學家、藏書家、書法家，字原博，號匏庵。長洲（今江蘇吴縣）人。成化八年（1472）舉進士第一，授修撰，官至禮部尚書。卒謚文定。工詩文，著有《家藏集》七十七卷；善書法，書法師宋蘇東坡，自成一格。明王鏊

---

① 《楹書隅録》卷三。

② 《楹書隅録續編》卷三。

③④ 《楹書隅録續編》卷四。

⑤ （清）黄丕烈：《校宋明抄本〈李群玉詩集〉三卷〈後集〉五卷題識》，《士禮居藏書題跋記》卷五，書目文獻出版社，1989年，第207－208頁。

⑥ 《楹書隅録續編》卷一。

曰："作書姿潤中時出奇倔，雖規模於蘇，而多取自得。"① 吴寬藏書以抄本見多，其自抄本用紅印格抄寫，以私印記之。時吴中藏書家多以秘册珍籍相誇尚，如朱存理、閻起山、都穆輩皆仿其抄書。葉德輝稱"吴抄"爲"明以來抄本書最爲藏書家所秘寶者"② 之一。孫從添曰："吴匏庵抄本用紅格，其手書者佳。"其藏書樓名"叢書堂"，有《叢書堂書目》一卷。海源閣藏有吴寬叢書堂抄本《學齋佔畢》四卷（存一至二卷），十行二十字，紅格格心有"叢書堂"三字，卷末副葉有"明吴匏庵先生手訂藏本"一行。此書爲宋史繩祖撰，爲傳世最早的本子。又如抄本《山海經》十八卷，是明成化元年吴寬從元本抄寫的，卷後有吴寬跋云："是書予手録，始於成化乙酉，畢於明年正月六日。"紹和云："匏庵以爲從元本録出也。楷法精雅，古香襲人，洵是匏翁手迹無疑，珍之珍之。"③ 周叔弢目驗是書後云"抄本書中上乘"④。其他尚有明怡顔堂抄本《建炎時政記》、明沈與文野竹齋抄本《畫鑑》、《西溪叢語》、明葉林宗抄本《經典釋文》、明嘉靖王臣抄本《李群玉詩集》、明謝氏小草齋抄本《後村集》、明一粟齋抄本《汪水雲詩》、明崇禎葉奕抄本《李群玉詩集》等等。名家抄本中，楊氏收藏最多的是清抄本，如清初錢曾述古堂抄本楮墨精良，下真蹟一等，較之汲古閣毛氏抄本亦無多讓，海源閣藏《呂衡州文集》五卷即是。其他如清順治六年張秀抄本《錢考功詩集》，清順治十七年葉時、葉疇抄本《汪水雲詩抄》，清何煌抄本《絳雲樓書目》，清康熙陸漻抄本《蜺庵詩集》，清康熙周榮起抄本《衍極》，清康熙間過録明嘉靖間王良棟抄本《雲溪友議》，清乾隆鮑廷博知不足齋抄本《拱和詩集》和《書林外集》，清苕溪漫士經鉏堂抄本《五禮新義》，清乾隆吴翌鳳抄本《江淮異人録》和《湖山類稿》，清黄丕烈士禮居抄本《馬令南唐書》和《鹽鐵論》，清彭氏知聖道齋抄本《昭忠録》，

---

① （明）王鏊：《資善大夫李部尚書兼翰林院學士贈太子太保謚文定吴公神道碑》，《震澤集》卷二十二，《四庫全書》本。

② （清）葉德輝：《明以來之抄本》，《書林清話》卷十，中華書局，1999 年，第 275 頁。

③ 《楹書隅録》卷三。

④ 《楹書隅録》批校。

清翁方綱抄本《莊子内篇》等都是清抄本中的珍品。

如果説抄本起到保存文獻的作用，那麽影抄本，特别是影摹宋元精抄本，在保存文獻的同時，還能使我們目睹原本的面貌。因而從版本意義上，藏書家對於抄本，常以抄本、影抄本、影元抄本、影宋抄本依次爲貴。而在影抄本中又以影宋刻者價值最高。海源閣共藏影宋金元抄本二十六種，其中影宋精抄本二十種。有十七種著録在《楹書隅録初編》中，兩種著録於《楹書隅録續編》。餘下七種可能爲後收，未能著録《楹書隅録》初、續編中。由此可以看出海源閣主人對影宋元精抄本徑以宋元本待之。如影宋精抄本《高注戰國策》，紹和云："乃影鈔之致佳者，珍之。"① 影金精抄本《滏水文集》，紹和云："微特金元精槧不易得，即舊抄亦殊罕遘。此本影寫極工雅，久經名流珍弆，殊可寶也。"② 其他還有影宋精抄本《六帖補》、影宋精抄本《輿地廣記》、影金精抄本《地理新書》、影宋抄本《史記法語》、影宋抄本《新儀象法要》、影宋抄本《歷代紀年》、影宋抄本《吕衡州文集》、影宋抄本《默堂先生詩集》、影元抄本《春秋權衡》、影元抄本《政府奏議》、影元抄本《丁鶴年集》，等等。

在影宋抄本中，又以名家影抄本爲珍。名家影寫更重品質，其影摹酷似原刻，在校勘他本時更能發揮作用。如清初席氏釀華草堂影宋精抄本《五經文字》三卷、《新加九經字樣》一卷，原武林趙意林有摹刻宋本，但用影抄本校之，仍有訛謬。紹和云："武林趙意林信有摹刻宋本《九經字樣》，《自序》曰'從姚懷祖獲觀趙氏學士樓所藏宋槧，凡十九葉，此顧亭林、朱竹垞俱未得見者，洵爲可貴。用手摹校定，重鏤板以行'云云。然意林所據雖出宋槧，亦未若此本之盡善矣。"③ 其他如清嘉慶十一年（1806）張敦仁家影宋抄本《儀禮要義》、顧千里影宋精抄本《和靖先生詩集》、海源閣影宋精抄本《三曆撮要》等殆與原刻本無讓。

名家影宋元精抄本中，當以毛氏汲古閣最爲精善。汲古閣抄本，世稱"毛抄"。毛晋藏宋本最多，其有世所罕見而藏諸他人不能得者，則選善本以最佳紙墨影抄之。毛氏抄寫工整，其字劃、紙張、烏絲、圖章

①③ 《楹書隅録》卷一。

② 《楹書隅録續編》卷四。

等無不追摹宋刻，非細審不能辨，如爲使圖章逼真，抄前先加臘，致抄本幾與宋刻亂真，使“宋槧之無傳者賴以傳之不朽”，被孫從添譽爲“古今絕作”[①]。正如紹和所言“毛氏影抄，藝林咸愛重之”。楊以增爲得毛抄，曾著力搜求數年。紹和於《楹書隅録》卷四影宋精抄本《鮑氏集》題云：

> 是書宋刻久稀，惟汲古閣影宋鈔本最稱精善，即盧抱經學士校本也。顧近世收弆者，大抵轉相過録，非復毛氏之舊。此本乃汲古原書，紙白如玉，字法工雅絕倫，正如錢遵王所謂“楮墨更精於槧本，洵縹囊中異物也”。毛氏影鈔，藝林咸愛重之，得輒什襲，頗少流傳。先公官江南時，極力訪求，所獲致佳者止數種。

《鮑照集》現存最早版本爲明刻本，而此影宋抄本從版本源流上就是最早的本子了。楊氏所搜毛抄都八種，影宋精抄本共五種，除《鮑氏集》外，尚有影宋精抄本《干禄字書》、影宋精抄本《佩觿》，紹和云：“二書皆汲古閣影宋精鈔之本，字極工雅。《佩觿》中朱筆校正尤詳，則斧季手迹也。”[②] 影宋精抄本《西崑酬唱集》二卷，紹和云：“此本先公得之江南，亦汲古閣影抄之致佳者，筆精墨妙，雅可寶玩，誠希世珍也。”還有影宋精抄本《龍龕手鑑》四卷[③]。其他尚有影元精抄本《字鑒》，紹和云：“亦毛氏精抄本也。”《石藥爾雅》二卷和《清塞詩》二卷亦爲毛氏精抄。楊氏對毛抄可謂推崇之極，即使是毛氏補抄的殘本亦當视作珍物，如宋本《駱賓王文集》十卷，卷六至十爲毛氏抄補，紹和云：“卷第六至末，汲古閣毛抄補，極佳。”[④] 甚至對逼似毛抄者亦另眼相看，如影宋精抄本《重續千字文》，紹和云：“此本雖無毛氏印章，然

---

① （清）孫從添：《抄録》，《藏書集要》，北京燕山出版社，1999 年，第 100 頁。

② 《楹書隅録》卷一。

③ 《楹書隅録》卷五。

④ 《楹書隅録》卷四。

楮墨絕佳，篆法精妙，與予所藏所見汲古閣影宋諸書，宛出一手，或即斧季喬梓，由宋版過録者，致足珍矣。”[1]

關於抄本之可貴，施廷鏞又説道：

> 大率抄本之可貴者，須具有幾項要素：一、名人手抄，確認是某人真蹟；二、其非名人手抄，但經名手校正，而校正之字，勝於刻本；三、字句與刻本不同，其不同處，較刻本爲佳；四、通行本之字句，有爲抄本所缺者，而所缺之字句，反足以證明刻本中文字有非撰者原文；五、刊本久佚，存者僅此抄本，則此抄本之價值，實與孤本或稿本無異；六、有名人手跋，或收藏印記。[2]

施先生對抄本之價值的概括非常經典。明清著名抄書家的抄本，海源閣幾乎都有收藏。而一些抄本雖然不是名家抄寫，但因爲經過黄丕烈、顧廣圻、何義門等名家校勘、題跋過，則品質遠勝於原本或其他抄本、刻本。如舊抄本《權載之文集》五十卷《摭遺》一卷《附録》一卷，紹和題云：

> 是集《四庫全書》所載，乃明嘉靖二十年楊慎得於滇南，僅存《目録》及《詩賦》十卷。劉大謨《序》而刻之之本，五十卷之原帙久佚不傳，近祇漁洋《居易録》稱無錫顧宸有藏本，劉體仁之子寫之以贈，而其書亦不存。乾隆間，大興朱竹君學士得舊鈔全本。彭文勤公從朱文正公假之，親爲校勘，於嘉慶丙寅重付剞劂。文正《序》謂：“詢之姪錫庚，問其所得之由，曰‘五柳居陶書賈告予父曰：有不可得之書在某公處，公能以宋槧名本數種易之，可得也。予父允之。陶果得其書，請假鈔一部，以原書歸予父。然則海內不過二本耳，不敢輕以

---

① 《楹書隅録》卷一。

② 施廷鏞：《版本的種别》之六《抄本》，《中文古籍版本簡談》（初稿油印本），南京大學圖書館，1973年，第40—41頁。

示人’云云，則其珍寶可知。”此本乃孫淵如先生所藏，當與朱本同出一源。惟新刻本版式俗劣，校尤草略。如卷一先賦後詩，故目録卷一後標題‘賦詩’二字，新刻竟倒作‘詩賦’。又目録每題自爲一行，新刻則分作兩重，遇題目字多者，任意芟削，幾不成語。又卷中‘一作’云云者甚多，固未必盡是。然存之足資參考，且原書所有應從其朔，而新刻悉經刊落，不識何以舛誤乃爾？微特非朱本之舊，恐并失彭校之真矣。此本幸尚存廬山面目，卷中用朱筆勘正處亦極詳密。卷末從《文苑英華》《文粹》《古今歲時雜詠》《全芳備祖》《萬首絶句》《全唐詩》搜輯集中所無者爲《摭遺》一卷；又集新、舊《唐書》本傳，韓昌黎《墓碑》，楊於陵、李直方、王仲舒、蕭籍《祭文》，并采《唐書·藝文志》《郡齋讀書志》《直齋書録解題》《經籍志》《居易録》《欽定四庫全書總目》著録是集語，及明刻本楊慎《序》、劉大謨《跋》（原注：此二篇漏未寫入，予亦未有明刻本，故無從補録）爲《附録》一卷。《附録》之目尚是淵翁自書，當即淵翁所摭録，故朱本無之。以世間僅有之秘籍，復經前賢手訂，亟當寶重，毋因其已有刻本而忽視之也。東郡楊紹和識有“東魯觀察使者孫星衍印”各印。①

此本之可貴在於：一是它雖不是名家抄本，但經乾嘉著名校勘學家、“淵如學派”創始人孫星衍朱筆詳密勘正，洵爲至寶；二是這個抄本爲歷來本子中收録最全的，比底本和另一朱抄本還多《摭遺》一卷《附録》一卷，而現存宋刻本衹有十九卷；三是它保留了原本真面，可補正新刻本之脱落舛誤；四是底本和另一抄本至今不存，且後世諸刻本大都字句脱誤甚多，已非權集原貌。此本現藏國圖，成爲真正的“世間僅有之秘籍”。海源閣所藏這樣的校抄本大約有八十餘種，而且大都保存至今，足見海源閣藏書於世所作的巨大貢獻。

---

① 《楹書隅録》卷四。

四　名家校跋本

宋元古本藏至清季畢竟數量不多，流傳有限，且爲藏書家視若珍玩，一般人是極難看到的。出於治學的需要，於是後人大量刊刻和傳抄這些古本。但這些刻本和抄本因刻書人和抄手的參差不齊，其質量往往得不到保障，因而對這些晚出書籍的校勘就是必須的，很多校本就此應運而生。自然，校勘以名家纔能充分保障品質。名家國學功底深厚，校讎精湛，經過他們的勘對，原來或許是訛誤很多的本子就能變成一個和原本一樣的本子，或者更能接近原本的面貌。名家校本一般對其校勘經過、版本情況等都有所交代，因而校本往往附有這些校勘家的題跋。本來這個本子的品質可能一般，但因了名家的校勘和題跋，實際上已經改變了這個本子的版本形態，使它更接近原本，因而這個本子的價值也就大大增加。如果這個本子再經多家收藏和校跋，就又出現了一本多校、一本多跋的現象，因而有不少本子朱、墨、黄筆等校語累累，序跋題識多多，這個本子就愈加珍貴。總之，名家校本要比一般版本保真度高，因而尤其受到青睞，進而成爲藏書家除宋元刻本、抄本之外，另一個追逐收藏的對象。

海源閣藏書中，就藏有很多這樣的名家校跋本。據統計，楊氏共收校本一百七十種，其中名家校本一百四十七種，占總數的百分之八十六，也是清末四大家中收藏最多的。名家校本中，尤其以清季乾嘉時期的校本最多。乾嘉學術發達，學者治學嚴謹，校書一絲不苟，因此涌現出很多校勘家和名家校本。在楊氏收藏的校本中，這些著名校勘家的校本幾乎都有網羅。其中黄丕烈校本九十八種，何焯父子九種，顧廣圻六種，張紹仁六種，陸貽典四種，吴翌鳳三種、沈欽韓三種，葉石君三種，陸損之三種，馮武三種，餘有朱彝尊、鮑廷博、吴枚庵、葉奕、沈大成、馮舒、秦四鱗、王聞遠、朱邦照、沈廷芳等人校本不一而足。名家題跋本，據《楹書隅録》及魯圖館藏《海源閣書目》著録，計有一百八十九種，其中黄丕烈跋本一百二十種，顧廣圻跋本十八種，張紹仁九種，何焯父子八種，錢謙益五種，汲古閣毛氏五種，葉石君五種，陸貽典四種，吴翌鳳三種，其他尚有錢曾、吴翌風、瞿中溶、周錫瓚、袁廷檮、趙琦美、陳鱣、朱錫庚、孫星衍、錢大昕等人數種，尤其可貴的是還有明代名家題跋本數種，如吴寬、黄忠端、豐坊、文震亨、文彭等。如果和其他晚清藏書家相比較，楊氏是收藏名家校跋本最多的，以鐵琴銅劍樓爲例，瞿氏共收校本七十種，難與楊氏相比。

值得注意的是楊氏收藏名家校本跋本最多者爲乾嘉文獻大家黄丕烈，楊氏有慕黄之癖，故搜羅佞宋主人黄丕烈的校本跋本最多，在晚清藏書家中可謂獨占鰲頭。其他名家校跋本中，如何焯、顧廣圻、張紹仁校跋本等亦爲珍貴。何焯通經史百家之學，長於考訂校勘，著有《義門讀書記》《道古齋識小録》等，其子何小山承繼父學，亦校書多種。紹和云："何義門先生博極群書，精於校理，手自契勘之本，不下數百種，至今藝林奉爲枕秘。"[①] 海源閣藏何校本九種，其中八種附有題跋。批校本《唐詩鼓吹》十卷，紹和云："卷末有小山題語，丹黄滿紙，皆先生手蹟，批校至爲詳賅，洵珍笈已。"[②] 校明抄本《元音遺響》三卷，紹和云："此本猶是明初人鈔，字法古秀可愛，復經義門昆仲手校，殊非俗本可及矣。"[③] 其他如校宋本《國語補音》三卷、校本《水經注》四十卷、校宋本《國語》二十一卷、校本《釣磯立談》一卷、校本《封氏聞見記》十卷、校舊抄本《塵史》三卷、批校舊刻《中州集》十卷《附録》一卷等亦爲精校善本。顧廣圻通經學、小學，尤精校讎，經他校過的圖書都具有較高的學術價值，孫星衍、張敦仁、黄丕烈、胡克家、秦恩復等人相繼延聘爲之校書，傅增湘云："澗薲先生者，受業於江艮庭，傳惠氏之遺學，當時名賢大師，皆得奉辭承教，故於經學訓詁，咸所通曉。其校勘之精嚴，考訂之翔實，一時推爲宗匠，即蕘圃亦自愧弗如。"[④] 海源閣收藏的顧氏校跋本六種和跋本十二種均爲上品，如影宋抄校本《儀禮要義》五十卷，紹和云："且經澗薲居士以景德官

---

① 批校本《唐詩鼓吹》題識，《楹書隅録》卷五。

② 《楹書隅録》卷五。

③ 《楹書隅録續編》卷四。

④ 傅增湘：《〈思適齋題跋〉序》，《藏園群書題記》附録二，上海古籍出版社，1989年，第1071頁。

本單疏手爲契勘，洵經笥中一秘寶也。"[1] 校本《説文解字繫傳》四十卷，紹和云："此本即澗薲居士以影宋本手自契勘者，其云十一至二十，蓋指補脱之卷言之，非所校止此。又間有稱殘本處，則以黄本参校者也。壽陽所刻固已精密，然此本爲澗薲手校，且合大徐、《韻會》，互相稽考，尤極詳審，亦讀楚金書者所亟當探討已，故并儲之。"[2] 其他顧校本有校明抄本《鹽鐵論》十卷、校本《博雅》十卷、校本《蔡中郎集》十卷《外集》一卷等。

海源閣還藏有很多復經多家校勘題跋的本子。如校宋本《國語》二十一卷，經錢曾、錢正興、陸貽典、惠棟、葉石君、顧廣圻、黄丕烈等名家校過，并有八人題跋十三篇，題款十一條。復翁云："而今而後，《國語》本當以此爲最，勿以尋常校本視之。"[3] 故紹和云："此本爲錢、陸、惠、葉、顧、黄諸家精校，覆勘精核，致爲可寶。"[4] 校宋明抄本《劉子新論》十卷，有葉子寅、許心扆、黄丕烈、陸損之、孫星衍跋十三則，黄丕烈、陸損之校，張紹仁題款。其中黄丕烈以宋本、明銅活字本、《子彙》本、《道藏》本校之。紹和云：此本"且歷經前賢手校，極爲精審，至可寶也"[5]。據統計，海源閣所藏校跋本中，一本多人校勘者三十五種，一本多人題跋者八十五種，名家校本跋本合而爲一者共一百零二種。可以説這些本子復經多家校勘題跋後，其接近原本的程度要比一家校跋本更高。這些本子連同以上校跋本，楊氏是相當看重的，通過楊紹和將其大多著録在《楹書隅録續編》中就可以看出，楊氏是將其視爲"下宋本一等"的珍品。這些校跋本成爲海源閣藏書中重要的一部分，亦是海源閣藏書的一道獨特的風景綫。

在名家題跋本中，一些宋元古本在自明代至清中前期的長達五百餘年的流傳過程中，由於屢經名家遞藏，到晚清時，已經積累起很多名家題跋。宋元佳槧再加名家題跋，則無疑使原本更加珍貴。如宋本《毛詩詁訓傳》，有查慎行、顧廣圻跋二則，吴榮光題款；宋本《新序》，有錢謙益、黄丕烈、金錫爵跋五則；宋本《湯註陶靖節詩》，有黄丕烈、周

---

①② 《楹書隅録》卷一。

③④ 《楹書隅録》卷二。

⑤ 《楹書隅録續編》卷三。

春、顧自修跋八則等，海源閣藏這樣的宋元題跋本三十九種以及個别明本至佳者八種，均著録於《楹書隅録》中。這些題跋對鑒定版刻、判明真僞優劣、探究學術價值、揭示遞藏過程等等都起到了重要作用，并且已經成爲該書整體價值中不可分割的重要組成部分。

五 重本

楊氏藏書愛收重本及注本，在所收百餘種宋本中，幾乎每種都有重本、注本，有的甚至多達十幾種。如《毛詩詁訓傳》收有五種，宋本兩種一爲南宋初刻本，一爲南宋監本，明本三十卷八册本和十册本各一種，清道光九年（1829）廣東學海堂刻本一種。《漢書》有十三種，宋本兩種爲宋蔡琪家塾刻本和宋刻元明遞修本，元本兩種爲元本和元大德九年（1305）太平路儒學刻本，校本七十卷本一種，明本六種，有崇禎十二年（1639）葛鼎刻本、明本、明嘉靖汪文盛本、明德藩最樂軒刻本、明汲古閣本及《汲古閣十七史》本，清本兩種，一是武英殿刻本，一是《武英殿二十四史》本。《後漢書》亦有十三種。這種廣收重本的藏書思想，使楊氏的收藏實際上變成了對版本的收藏，從而形成了楊氏海源閣别具一格的藏書特點。楊氏收書何以一書欲集多種版本？在校舊抄本《歸潛志》題識中，楊紹和引復翁《跋》云："書必備諸本，凡一本即有一本佳處。即如此，固多訛舛矣，而亦有一二處爲他本所不及。故購者必置重遝之本也。"[①] 所以這種一書兼收衆本的做法實際上是出於治學和校勘之用。海源閣曾收元本《集千家注杜詩》兩種，元本《集千家注批點杜工部詩集》二十卷以劉辰翁評點爲主，而元本《集千家注分類杜工部詩》二十五卷《附文集》二卷則博采諸家，此兩元刻均爲傳世珍本。紹和於元本《集千家注批點杜工部詩集》題云："是書專主須溪評點，故楚芳删附諸注，僅存其半，殊未若《分類集千家注》本之詳。然《分類》本所采須溪語絕寥寥，正宜合觀，庶可參證。"[②]《大廣

① 《楹書隅録續編》卷三。

② 《楹書隅録》卷四。

益會玉篇》三十卷，海源閣收藏元延祐二年（1315）圓沙書院本、清康熙四十三年（1704）吴郡張士俊澤存堂刻本、清康熙四十五年揚州詩局曹寅刻本三種，其中元本爲傳世最早刻本，紹和云："即張、曹兩本得此互校，是正良多，可珍已。"① 楊氏藏清傳抄宋嘉泰本《寶晋山林集拾遺》八卷和校舊抄本《寶晋英光集》六卷，紹和云："余藏影寫本頗精，取此相校，其卷第敘次迴乎不合。"② 楊氏對這些重本的校本極爲看重，在《楹書隅録》所著録諸書中，這些校本往往和原宋本等同時著録於一處，如《楹書隅録》卷一經部"宋本《禮記鄭注》二十卷，校宋本《禮記鄭注》二十卷""宋本《大戴禮記》十三卷，校宋本《大戴禮記》十三卷"等。甚至存藏時亦同藏一處，如史部著録宋本《輿地廣記》三十八卷，繼之著録校影宋抄本《輿地廣記》三十八卷，紹和云：此本"周校朱筆，皆顧抱冲藏宋刻覆本，存之以見其異，可與宋刻并藏。"③ 可見楊氏如此，一是爲了治學校勘之便，同時楊氏亦將其作爲宋本待之。惟其如此，楊氏纔購入了不少這樣的重本，并且常爲不能購到重本以資校勘而深感惋惜，如宋本《東南進取輿地通鑑》二十卷，紹和云："世鮮别本，無由校證，殊可惜耳。"④

楊氏收書多重本的另一個原因是以備刊刻之用。如《史記》，海源閣共藏宋元明清刊本三十一種⑤。其中宋本五種，包括一家注《集解》本兩種，即宋建本和宋刻三卷殘本。二家注《史記集解索隱》本三種，即宋乾道本、宋淳熙本及宋乾道殘本；元本二家注《史記集解索隱》三種，元中統本、元翻中統本、元至正本；明本十九種，一家注本一種爲汲古閣本《史記索隱》三十卷。二家注本一種爲正德劉弘毅慎獨齋刻本。三家注本十七種，萬曆二十四年（1596）南京國子監刻本、萬曆南

① 《楹書隅録》卷一。

② 校旧抄本《寶晋英光集》題識，《楹書隅録續編》卷四。

③④ 《楹書隅録》卷二。

⑤ 安平秋云："最具版本價值的《史記》宋元刊本，據初步統計，存世的有14種31部（包括殘本）。其中，中國大陸所藏爲10種16部；中國臺北藏4種6部；日本藏7種9部。"見《〈史記〉版本研究》序，載張玉春著《〈史記〉版本研究》卷首，商務印書館，2001年。楊氏藏宋元本八種，除元本两種不知下落外，餘均存國圖。

雍重刻本、萬曆張守約廣東刻本、嘉靖四年（1525）至六年王延喆刻本、嘉靖四年汪諒重刻宋本、嘉靖十三年秦藩朱惟焯刻本、德藩最樂軒本、重刻宋本、《汲古閣十七史》本，明本《史記評林》三十册本一部、四十册本兩部、二十册本兩部。校本兩種崇禎程正揆刻陳仁錫評清席子侃批校本、歸震川校宋本。另有不著版本名稱者三種；清刻三家注本四種，乾隆内府刻《古香齋袖珍叢書》本、乾隆内府刻本、武英殿本、武英殿二十四史本兩部。如再欲細分注本則《集解》本、《索隱》本三種；《集解索隱》本六種；《集解索隱正義》本二十二種。由此可以看出楊氏在搜羅《史記》上所下的功夫。紹和於宋本《史記》題云：先公“嘗欲廣稽諸本，訂其異同，重爲刊正，故訪購宋元明以來善本頗多”①。又如《蔡中郎集》，據《楹書隅録續編》和《海源閣書目》所載有四種，即顧廣圻、黄丕烈以葉樹廉舊抄本和明華堅蘭雪堂銅活字本校萬曆間徐子器刻本《蔡中郎集》十卷《外傳》一卷，明蘭雪堂活字本《蔡集》十卷《外集》一卷，明嘉靖二十七年楊賢本《蔡集》六卷，清道光四年王氏刻本《蔡氏月令》二卷，然據楊以增《〈蔡中郎集〉序》和高均儒《〈蔡中郎集〉跋》及《凡例》，楊以增咸豐二年（1852）刻本《蔡中郎集》十六卷，其所用底本和參校本實際上達九種，因而楊氏爲刻《蔡集》所集版本絕不是如著録者四種。所以，刻書也是楊氏藏書博采衆本的一個重要原因。

楊氏藏書有不少殘本，爲配補成完本，往往就要收藏同一版本復本多部。楊以增於咸豐元年購宋乾道七年（1171）蔡夢弼東塾刻本《史記集解索隱》一百三十卷，但“原册已損敝”，爲補成完善之本，於是“次年又得一是刻殘帙，命紹和互校，以清晰者入之”②。楊以增於咸豐二年所購殘帙爲乾道七年蔡夢弼東塾刻本九十二卷，將原本中“損敝”者抽出互換的有第十五卷《六國表》、第十六卷《秦楚之際月表》等，王獻唐於1929年冬去海源閣調查劫後殘餘時發現被抽出者，并作著録云：“宋本《史記》一册（殘）。海源閣宋槧《史記》有三。此册内多抄補，適爲《六國表》《秦楚之際月表》等，首頁并鈐‘宋本’‘季振宜’

①② 《楹書隅録》卷二。

諸印。證之《楹書隅録》，即宋乾道本，海源閣《史記》之第一本也。”[1] 宋巾箱本《春秋經傳集解》，原本三十卷，辛酉遭亂後，焚失八卷，殊爲可惜，然紹和仍奉爲連城之寶[2]。其後，楊氏著意搜求此本，又得兩宋本，因與此不是同一版本而未能補配。所以，楊氏收重本的一個重要目的是爲了補配完本。

藏書家廣收重本，除上述原因外，還有防止散佚，供開辦圖書館借閱之用等。

六　殘本

楊氏非常注意古書的卷帙完缺。尤其是宋元書版，因爲流傳日久，難免殘缺，所以如有全本收藏，自然奉爲至寶，如宋本《附釋音春秋左傳注疏》六十卷，完整無缺，紹和云："通體完善，毫無修補，亦必是宋印之舊，良可貴矣。"[3] 但全本得之豈是易事？正因爲古書全本之難得，楊氏纔特别重視對殘本的收藏，即使吉光片羽，亦以爲在在處處有神物護持，故而寶愛有加。楊氏曾收得宋本《施顧註東坡先生詩》之《和陶詩》二卷，係全部之第四十一、四十二卷，雖不全，亦自可單行。然藏書家并不滿足於此，於是楊氏搜尋翁方綱藏全本數十年而未可得，全本既然難以得到，畢竟還有"不絕如綫之殘編"，則足幸矣，紹和云：

> 噫！使施、顧原書不能傳之千古，而後世之人徒深慨想，不獲一睹施、顧之真，所謂知其究竟，據以詳覆者，竟至茫如昧如，果誰之過乎……此本祇《和陶》二卷，然是武子嘉定時初刻，尚可考見本來面目。翁本既無傳，而施、顧靈爽式憑，不至終歸磨滅，吉光片羽，實賴此碩果之僅存。六百餘年，滄桑屢變，獨未與劫火同銷，豈偶然哉？昔人云："鳳凰一毛，

---

① 王獻唐：《聊城楊氏海源閣藏書之過去現在》，《山東省立圖書館叢刊》第一種，第21頁。

②③ 《楹書隅録》卷一。

麒麟一甲，終是希世之寶。”信已。①

宋本《毛詩詁訓傳》二十卷，雖劫後祇餘三卷，仍視若球璧，紹和云：“然錢遵王有言：‘此等書勿論其全不全，譬諸藏古玩家收得柴窑殘器半片，便奉爲天球拱璧，而况鎮庫典籍乎？’信已。”② 在楊氏收藏的古書中殘本很多，如宋本《監本纂圖重言重意互註點校毛詩》十一卷（原本二十卷）、宋本《儀禮鄭註》十七卷（卷首前數葉焚失）、宋巾箱本《春秋經傳集解》二十三卷（原本三十卷）、宋本《史記集解》三卷（原本一百三十卷）、宋乾道七年蔡夢弼東塾刻本《史記集解索隱》九十二卷（原本一百三十卷）、宋刊元明遞修十行本《晋書》三十卷（原本一百三十卷）、宋本《陶靖節先生集》四卷（内殘破）、宋蜀刻本《孟東野文集》五卷（原本十卷）、宋慶元三年書隱齋刻本《新刊國朝二百家名賢文粹》一百九十七卷（原本三百卷）、宋本《古文苑》十七卷（原本二十一卷）等。這些殘本的價值一如楊紹和所云：“然趙璧不幸碎於柱下，而得其片玉，豈遂與鄭商之環等價哉！仍當以連城寶之。”③

楊氏收殘敝之本是爲了將其補成一部完整的全本。宋乾道本《史記集解索隱》第四十三卷《趙世家》殘缺，原藏書主人以他刻配補，殊不協調，紹和於“壬申夏仲，從朱修伯宗丞處假得明朱文石所藏蔡刊殘帙，影録易之”④。此卷共二十五葉，末有“保彝影寫”四字，欄外有“光緒元年七月宋存書室依宋本影抄”。宋本《三續千字文注》一卷，辛酉遭焚後，僅存數葉，“因以新本配補，俾成完帙”⑤。元本《文選》，“舊册殘敝，卷首孫淵如先生題語亦多漫漶”，於是“屬幕中顧君淳慶照録”⑥。宋本《監本纂圖重言重意互註點校毛詩》二十卷，辛酉遭寇亂，自第十二卷以下及陳鱣和吴騫跋皆焚失，楊氏便從《經籍跋文》中録得陳鱣跋，而吴騫跋則莫由補寫，餘下九卷因未能找到與之相匹配的版

---

① 宋本《注東坡先生詩》題識，《楹書隅録》卷五。

②⑤ 《楹書隅録》卷一。

③ 宋巾箱本《春秋經傳集解》題識，《楹書隅録》卷一。

④ 《楹書隅録》卷二。

⑥ 《楹書隅録》卷五。

本，而使主人深感遺憾。元本《梅花字字香》二卷，紹和於同治五年冬得時，文内字句已經有所脱落或漫漶不清，紹和於是凡“紙破處，以胡（斑）刻補録”，所補如“一葉七行：‘甚佳，願請一觀’。‘稱奇賞羨’；二葉八行：‘引白雲’；後十三葉四行：‘沈适’；十五葉十一行：‘趙福元’；十六葉四行：‘斬新一朵’。十一行：‘會須載酒’；十七葉八行：‘林季謙’。九行：‘不受臙脂’。十行：‘風吹雪壓’。十一行：‘方士劚成’。”① 因使此本臻於完善。

使殘帙復完，是藏書家的夢想。宋鶴林于氏家塾樓雲閣刻元修本《春秋經傳集解》二十三卷，是楊保彝於光緒二十七年購於京師，原本三十卷，已佚七卷，保彝製櫝時預留空間，希望以後購到復本時再行補入。1935 年 11 月楊敬夫將此殘本售與周叔弢，弢翁云：“乙亥夏，楊君敬夫忽以殘本二十三卷見示……此書楊氏先德光緒辛丑年得於北京。當時已逸七卷，製櫝時乃預爲之地，蓋以期他日之復合也。”② 僅從保彝製櫝來看，就可知道其收書時的良苦用心。紹和於咸豐三年冬得金本《新刊韻略》五卷三册，然“惜四、五兩卷後半廿餘葉已淪劫中，世鮮别本，末（丁案：原文即此，當“莫”之誤）由校補”③。元本《韓魯齊三家詩考》六卷，本是刊附於胡一桂《詩集傳纂疏》之後，楊氏得此書時，《纂疏》已佚，紹和云：“惜《纂疏》不知何時散佚，未識有緣尚能作延津之合否？”④

2005 年，文化部、財政部啓動了“中華古籍特藏保護計劃”，爲確保該計劃的有效實施，製定了《中國古籍定級標準》（草案）。按照這個定級標準，將古籍劃分爲四個等級，其中“具有特别重要歷史、學術、

---

① 《楹書隅録》卷五。

② 周叔弢：《弢翁藏書題識》，《自莊嚴堪善本書目》，天津古籍出版社，1985 年，第 111 頁。

③④ 《楹書隅録》卷一。

藝術價值的代表性古籍”被列爲一級古籍[①]。如果以此來衡量海源閣藏書，約有四百餘種善本可定爲一級古籍。爲使人們能够瞭解海源閣的善本典藏面貌和價值，特從這些一級古籍中再遴選出至精至善之本近四十種，考釋敘録於兹。當然，海源閣善本絕不是僅僅這些，比如今藏俄羅斯國立圖書館的子集孤本六種，除了《三謝詩》有影印本外，其他均未能目見。又如藏於國家圖書館的宋刻元明遞修十行十九字本《漢書》，爲宋本“四經四史”之一，此本既未收録《中華再造善本》，亦未製作出膠捲，至今深藏館内。再如日本杏雨書屋藏宋本《本草衍義》[②]，等等。這些都是極爲珍貴的孤本宋槧，其版本價值甚高。囿於條件之限，這些善本還不能看到，本書亦未能收録考釋，至爲遺憾。

---

① 見李致忠《關於中國古籍的定級》之附録部分《中國古籍定級標準》(草案)，《國家圖書館學刊》2006年第3期總第57期。《草案》云："一級古籍的標準爲：1. 元代及其以前（包括遼、西夏、金、蒙古時期）刻印、抄寫的書本。2. 明清時期各學科名家名著的代表性稿本。3. 明清時期著名學者的代表性批校題跋本。4. 明清時期朝廷組織編纂的代表性巨著原本。5. 明代及其以前銅活字印本、木活字印本、套版印本、餖版印本、拱花印本、餖版拱花印本，以及用特殊技法印製的各種有代表性書本。6. 明代及其以前用特殊紙張刷印、具有特殊裝幀形式的代表性書本。7. 清代磁版印本、活字泥版印本等等。"

② 潘祖蔭批注《竹汀日記抄》云："余有《本草衍義》一部已歸勰卿。"《蛾術軒篋存善本書録》，上海古籍出版社，2002年，第154—156頁。

目　録

一、張先生校正楊寶學易傳二十卷

宋楊萬里撰，宋張敬之校正。宋刻本，十册。明鄭希聖、朱良育跋。卷中有朱筆句讀、圈點。卷前依次有淳熙十五年（1188）楊萬里自序、嘉定元年（1208）八月十八日《誠齋易傳》投進本末下吉州録進《易傳》指揮省劄、嘉定二年四月二十二日《易傳》進呈畢宣撫史館下吉州照會指揮省劄，卷末又有嘉泰四年（1204）楊萬里《易傳》後序。嘉定二年劄曰："八月十六日，三省同奉聖旨，依劄付吉州。本州移文故楊寶學家，抄録申發。續據承議郎前權通判道州軍州兼管內勸農營田事楊長孺狀，申准本州公文，備准前項省劄，照對先父故寶謨閣學士楊萬里生前所著《易傳》，蓋自淳熙戊申捌月下筆，至嘉泰甲子肆月脱藁，閲拾有柒年而後成書。平生精力，盡於此《易》……爰因臣寮之上奏，遂辱君命之下取。惟先父著述之勤苦，乃一旦昭升而顯行，蕞爾不肖之孤兒，瞿然祗奉於明詔。欣逢盛世，敢匿父書！敬拜給扎之恩，謹出遺編之帙。所有先父《易傳》壹部貳拾卷，約拾伍萬字，家藏見在，乞繕寫申發。本州已收買紙扎工料，差書吏……"楊萬里後序曰："《六經》至夫子而大備。然《書》非夫子作也，定之而已耳；《詩》非夫子作也，刪之而已耳；《禮》《樂》非夫子作也，正之而已耳。惟《易》與《春秋》，所謂夫子之文章者歟……嘉泰甲子四月八日後序。"無目録。卷一首行頂格題"張先生校正楊寶學易傳上經卷第一"，卷五、六、八尾題無"上經"，第二行低八格題"廬陵楊萬里廷秀"，第三行與第二行平格題"門人張敬之顯父校正"。第四行正文頂格；卷二首行頂格題"張先生校正楊寶學易傳卷第二"；卷三、四、七、九、十、十一（尾題"第"改作"之"）、十二（"第"改作"之"）、十三、十八、十九、二十（"第"改"之"）題同（除卷次外，署名又有"門人張敬之顯父校正”），尾題同，次行低七格題“廬陵楊萬里廷秀”；卷十四首行頂格題“誠齋先生易傳下經第十四”；卷十五題同（除卷次外），尾題同，第二行低八格題“廬陵楊萬里廷秀”；卷十六首行頂格題“誠齋先生易傳經卷第十六”；卷十七題同（除卷次外，尾題“張先生校正楊寶學易傳卷之十七”），尾題“□□□□易傳下經卷第十六”，次行低七格題“廬陵楊萬里廷秀”。版框高廣 19.6×12.5 厘米，半葉十行二十一字，小字雙行二十六字，左右雙邊，細黑口，雙魚尾。上魚尾下題“易幾”，下魚尾上題葉次。宋諱謹嚴，缺筆至“敦”字。鈐印“鄭希聖印”“三家村芭蕉林中散人”“吴郡西崦朱未英書畫印”“吴郡朱未英西崦草堂印”“未英”“西崦”“宋本”“汲古閣”“汲古主人”“毛氏子晋之印”“子晋私印”“子晋”“毛氏子晋”“子晋子孫”“子晋書印”“東吴毛氏圖書”“汲古得修綆”“毛氏印”“繁花塢”“琴寉主人”“聽松風處”“書香千載”“傳之子孫”“徐健菴”“乾學”“顧詔書印”“懔堂”“駿佳”“顧駿佳氏藏書”“金粟之印”“武氏家藏”“琅嬛精舍圖章”“默齋祕玩”“汪士鐘印”“汪士鐘曾讀”“海源閣”“聊攝楊氏宋存書室珍藏”“楊以增印”“楊東樵讀過”“至堂”“四經四史之齋”“宋存書室”“東郡楊紹和私印”“東郡楊紹和鑒藏金石書畫印”“楊紹和藏書”“紹和”“協卿”“彦合”“楊氏彦合”“彦合讀書”“臣紹和印”“竹言居士”“彦合珍玩”“紹和筑岩”“楊二協卿”“協卿讀過”“儲端華重”“楊氏海原閣鑑藏記”“東郡楊氏鑒藏金石書畫印”“禄易書，千萬值。小胥抄，良友詒。閣主人，清白吏。讀曾經，學何事。愧蠹魚，未食字。遺子孫，承此志”“東萊劉占洪字少山藏書之印”等，俞琰、鄭希聖、朱性甫、祝希哲、朱良育、毛晋、徐乾學、黄丕烈、汪士鐘、海源閣、劉少山舊藏。國圖（7880）。

楊萬里（1127—1206），字廷秀，吉州吉水（今屬江西）人。南宋著名詩人、理學家。爲人重節操，性情剛直敢言。紹興二十四年（1154）進士。歷任國子博士、太常博士、太常丞兼吏部右侍郎、提舉廣東常平茶鹽公事、廣東提點刑獄、吏部員外郎等。因反對以鐵錢行於江南諸郡，改知贛州，韓侂胄召之不赴，辭官歸家，閑居鄉里。開禧二年（1206），憂憤而死，官終寶謨閣學士，謚“文節”，追贈光禄大夫。任永州零陵丞期間，曾拜謁張浚，浚勉以正心誠意之學，因以“誠齋”名其書室，亦以自號。事蹟具見《宋史・儒林傳》。其詩初宗江西詩派，强調师承前人，“奪胎换骨”“點鐵成金”，崇尚瘦硬奇拗的詩風，追求字字有出處。後期則以晚唐詩人及王安石爲借鑒，構思新巧，語言通俗流暢，自成一家，時稱“誠齋體”。其詩有兩萬五千餘首，今存四千餘首，與陸游、范成大、尤袤并稱“南宋四家”“中興四大詩人”。楊萬里所撰《張先生校正楊寶學易傳》或稱《誠齋先生易傳》，其題名依據卷端所題，其初名《易傳》，後改今名，後世傳本又稱《誠齋易傳》或《張先生校正楊氏易傳》等。“張先生”者，乃楊萬里門人張顯父，字敬之，是書由張氏校正，故其稱也。據其子楊長孺進書狀稱，凡歷十七年始成，可謂盡平生精力而爲之。宋理宗嘉熙元年（1237），由朝廷供給紙張，令楊家抄寫《誠齋易傳》，將其書藏於皇宫秘閣。書成之後，宋代書肆中有以之與程氏本合刊者，名其爲《程楊易傳》。該書正文分條羅列《周易》原文，每條之下，引三代至隋唐史實爲證，釋以己意。卷首自序謂“中正立而萬變通”。《直齋書録解題》卷一著録曰：“其序以爲《易》者，聖人通變之書，惟中爲能中天下之不中；惟正爲能正天下之不正，中正立而萬變通。又言古未有字，八卦之書即字也。”故其説解主旨基本以程頤之説爲宗，重人事而輕天道。楊氏以人事論《易》，發展了程頤等人的學説，爲《易》學研究貼近現實社會，作出了一定的貢獻。但亦時受學者駁難，認爲其盡解作人事，恐與原旨不合。但《四庫提要》卷三却認爲，捨人事而談天道，正後儒説《易》之病，未可以引史證經而病萬里也。

此書趙希弁《郡齋讀書志・附志》《直齋書録解題》均作《誠齋易傳》二十卷，《宋史・藝文志》作《楊萬里易傳》二十卷。據嘉定二年劄云，楊萬里淳熙十五年始撰，至嘉泰四年完稿，前後歷經十七年。開禧二年，楊萬里辭世。又三年，即嘉定二年，子楊長孺主持鈔録呈進。此刻當刊於呈進後不久，或刻於寧宗之時，然爲其首刻殆無疑問。《楹書隅録》卷一著録曰：“鏤鐫精工，猶是當時初印。”此與國圖藏瞿氏藏本同版，瞿鏞《鐵琴銅劍樓藏書目録》卷一著録云：“此本校自張顯父，蓋最初之本……恒、貞、桓、構、慎、敦等字皆缺筆。”周叔弢《楹書隅録》批注曰“與瞿氏本同，黄紙精印”。《宋版書叙録》曰：“此書之刻，當然要在嘉定二年四月進呈之後，但爲宋時所刊雕，是無庸置疑的。然具體刻於何時何地，則是極難稽考的。此本爲竹紙印造，字體頗有柳公權筆意，看去極類閩中刻本。”又明朱良育跋曰，此書最初爲南宋俞琰收藏，《宋版書叙録》據此考曰：“此書如果真的是他在寶祐間收集到的，則此書的刊版時間，便被限制在嘉定三年至寶祐六年（1258）這四十八年間了。”据明王鏊撰《姑蘇志》卷五十四《人物志》十三“俞琰”條云：“字玉吾，吴縣人，生宋寶祐間，以詞賦稱。”故至寶祐最後一年時，俞琰始六歲，而此時的俞琰恐很難收藏此珍貴之書。

關於其版本價值，明朱良育跋云：“楊萬里誠齋《易傳》二十卷，自淳熙戊申至嘉定甲子，凡十七年始脱藁，前後序文皆公手筆。其説本伊川，而多引史傳事證，蓋象數之學蔑聞焉。嘉定元年臣寮申請得旨，給劄其家鈔録，宣付祕閣。此本紙札精好，真三百年物也。”《鐵琴銅劍樓藏書目録》卷一著録瞿氏藏本時云：“《繫辭》‘力少而任重’‘兼三材而兩之’‘三材之道也’，《序卦》‘必反於家’‘决必有遇’，《雜卦》‘蠱則飾也’皆同古本，殆即徐健庵尚書所稱宋槧之精者，特非鄭希聖所藏耳。明嘉靖間有二刻：一刻開州；一刻鄞縣。而開州刻較前，所謂瘵鶴亭本也。然其誤已不可勝乙。姑以《序言》之‘幽觀其變，湛思其通’二句，誤爲‘於是幽觀其通’；‘故易者通變之書也’脱‘故’字；‘變在彼，變變在此’脱下‘變’字；‘於何求中正’脱‘中’字。經文悉改從俗本，即此，而宋槧之精亦略可見矣。”陳櫟、胡一桂嘗有異見，而四庫館臣則基本上肯定其學術價值，《四庫提要》卷三著録《誠齋易傳》，謂：“是書大旨本程氏，而多引史傳以證之。初名《易外傳》，後乃改定今名。宋代書肆曾與程《傳》并刊以行，謂之《程楊易傳》。新安陳櫟極非之，以爲‘足以聳文士之觀瞻，而不足以服窮經士之心’。吴澄作跋亦有微詞。然聖人作《易》，本以吉凶悔吝示人事之所從，箕子之‘貞’，鬼方之‘伐’，帝乙之‘歸妹’，周公明著其人，則三百八十四爻可以例舉矣。捨人事而談天道，正後儒説《易》之病，未可以引史證經病萬里也。理宗嘉熙元年嘗給札寫藏祕閣，其子長孺進狀稱：‘自草創至脱稾，閱十有七年而後成。’亦可謂盡平生之精力矣。元胡一桂作《易本義附録纂疏》，博采諸家，獨不録萬里一字，所見蓋與陳櫟同。然其書究不可磨滅，至今猶在人間也。”不僅淵源追古，且可校勘後世傳本，無論從學術角度抑或版本價值，皆得識者認可。

此本與國圖藏鐵琴銅劍樓舊藏本同刻，與之相較，此本刷印更精。

其他不同之處尚有，一是各卷卷端題名僅有一處有異字，卷二題“張先生校正楊寳學易傳卷第二”，瞿氏本“第”字作“之”，此本似爲剜改。二是卷首嘉定元年和嘉定二年兩劄位置前後調換。三是兩本左欄外上均有墨筆耳題，但瞿氏本僅題卦名字“乾”，後者則於名後尚有序次，如題“乾一”，蓋爲後人閲讀時所加也。四是兩本各有數處缺字，可以互補。可見，兩本原爲同版無疑，所不同者乃後人所爲。此本卷中尚有朱筆句讀標抹，頗便閲讀，《楹書隅録》卷一著録此本曰：“鏤鎸精工，猶是當時初印。書中用朱筆句讀，遇宋諱并加規識。謹案《天禄琳琅書目》宋版《周易程傳》云，全部用朱標界，凡宋諱作大圈圍之，可證閲者爲宋時人，則此本當亦宋人點勘。”如果楊紹和推斷正確，抑或俞琰所爲?《第一批國家珍貴古籍名録圖録》（以下省稱《名録》）著録瞿氏本時，誤著明鄭希聖、朱良育跋，兩跋實在此本中。

是書歷經宋元明清諸家遞藏，其中南宋治《易》大家俞琰尤著。明朱良育跋云：“書後有元人鄭希聖題字，在至大二年己酉，距今二百八年矣。予得之祝希哲，希哲得之朱性甫，性甫得之南園俞氏，知其爲俞石澗先生家藏。嗚呼！凡法書名畫流傳人間，君子付之煙雲過□言也。是果人之玩物乎，抑物之玩人乎？追慕古人，感慨繫之。正德十一年丙子夏四月三日吴郡朱良育尗英書于西崦草堂。”末鈐印“吴郡西崦朱尗英書畫印”。俞琰（1253—1316），吴郡（今江蘇蘇州）人，字玉吾。宋元間易學家。宋亡，隱林屋山著書立説，故自號林屋山人，因所居旁有一石澗，學者稱石澗先生。以詞賦聞名，雅好鼓琴，尤精於易學。幼承其家學，刻苦研《易》三十餘年，其《周易集説自序》中自言：“予生平有讀《易》癖，三十年間雖隆冬大暑不輟，每讀一字一句而有疑焉，則終日終夜沉思，必欲釋其疑乃已，自得其説則欣然，如獲拱璧。”①著有《周易集説》四十卷、《讀易舉要》四卷、《易圖纂要》二卷等。意者，俞氏大作必受益於楊氏《易傳》。此書爲其所藏，可謂得其所歸。入元則爲鄭希聖藏過，鄭氏跋曰：“右《誠齋易》乃舊本也。鬻書客潘生所售余者，置諸巴焦林中讀書處。時正大二年龍在己酉端陽日鄭希聖謹誌。”末鈐印“鄭希聖印”“三家村芭蕉林中散人”。又據朱良育跋，

---

① （清）朱彝尊：《經義考》卷四十，文淵閣《四庫全書》本。

初由朱性甫得之南園俞氏。朱存理（1444—1513），字性甫，又字性之，號野航，長洲（今江蘇蘇州）人。明代藏書家、學者、鑒賞家。一生不仕，博學能文，精鑒别，富收藏，濡染之餘，遂善書、畫。尤精篆、籀、楷法。著有《珊瑚木難》《鐵網珊瑚》《鶴岑隨筆》等。時與同郡文人學者吴寬、沈周、祝允明、文徵明爲莫逆之交。文徵明《朱性甫先生墓誌銘》稱其“聞人有奇書，輒從以求，以必得爲志。或手自繕録，動盈筐篋。群經諸史，下逮稗官小説，山經地志，無所不有，亦無所不窺”。《江南通志》亦云：“元季明初，中吴南圃何氏、笠澤虞氏、廬山陳氏，書籍金石之富甲於海內。繼其後者，存理其尤也。”然朱氏與俞琰相距二百餘年，此本不可能直接從其手中得之，蓋此書自俞氏散出後，曾爲鄭希聖購得，復又爲俞氏後人所得。此“南園俞氏”者，蓋指俞琰後人。祝允明（1460—1527），字希哲，號枝山，因右手有六指，自號“枝指生”，又署枝山老樵、枝指山人等。長洲人。家學淵源，能詩文，工書法，時與唐寅、文徵明、徐禎卿齊名，有“吴中四才子”之譽。著有《懷星堂集》三十卷、《蘇材小纂》六卷、《祝子罪知》七卷等。此本經朱存理、祝允明遞藏後，於明正德間爲朱良育收藏。朱良育，生卒年不詳，長洲人，《蘇州府志·選舉類》云：“吴縣貢生，正德年有朱良育叔英。”又《藝文類》云：“朱良育，《草堂詩集》十卷。”收藏頗富，如宋紹興間江南東路轉運司刻宋元遞修本《後漢書》一百二十卷、宋刻本《晦菴先生語録大綱領》十卷、宋刻本《迂齋先生標註崇古文訣》二十卷、南宋刻本《唐百家詩選》十卷等，今均存於世。至明末，此本爲汲古閣毛氏所藏，但《汲古閣珍藏秘本書目》不載，且藏印僅爲毛晋一人，蓋其在毛晋時已出售，未遺給子孫。入清首爲徐乾學收藏，《傳是樓書目》卷一著録“《誠齋易傳》二十卷，宋楊萬里，四本”者當即此本，《傳是樓宋元本書目》未著録，蓋爲後收。其後，《百宋一廛書録》《百宋一廛賦注》著録，《求古居宋本書目》著録“楊誠齋易傳，三册”。《藝芸書舍宋元本書目》宋版部分著録“楊誠齋易傳二十卷”，但汪氏藏此本兩部，另一部亦在國圖，故此究爲哪一部，不知。是書歸入海源閣，《楹書隅録》卷一著録，後爲銀行家東萊劉少山獲得，1953年，劉氏將其所藏二十六種四百二十七册宋元善本（其中宋本十八種）一起捐獻給國家。今《中華再造善本》收録。

此書後世傳刻頗夥，今可知者明刊本有五，其中題名同宋刻本者，明嘉靖二十三年（1544）魯藩朱當㴐敏學書院刻本，其卷首有嘉靖甲辰秋八月既望魯國望洋子當㴐序，次爲淳熙戊申八月楊萬里序，次爲劄子。十行二十五字，細黑口，左右雙邊。今北京大學圖書館（李 862）、上圖（41737，存上經卷一至五，一册）等均有收藏，其中北大藏本爲袁芳瑛、李盛鐸舊藏，《木犀軒藏書題記及書録》著録。《藏園群書經眼録》卷一著録，謂“刊印極精”。其他明刻題“誠齋先生易傳”者有：一是明嘉靖二十一年尹耕開州刊本，卷首（或卷末）有明嘉靖二十一年開州王崇慶、朔野尹耕序，楊萬里自序；次有“宋臣僚請抄録易傳狀”和“楊承議申送易傳狀”，宋本兩狀并無題名，尹耕首題此名，又於前狀删去“誠齋易傳投進本末，下吉州録進易傳指揮省劄”十九字，而次劄則省去三分之一的字數。經過删減的兩狀雖然保留了主要內容，但也失去了原文面貌，且狀文異文也有數處；次有尹耕識曰：“上二狀迺傳之所以存也，後狀出承議君，味其辭旨，能讀父書者也。用是知先生有子，故刻於此。”後爲“誠齋先生易傳目録”，原宋本并無目録，尹耕據內文序次輯出，卷一乾、坤，卷二屯、蒙、需、訟，卷三師、比、小畜、履，卷四泰、否、同人、大有，卷五謙、豫、隨、蠱，卷六臨、觀、噬嗑、賁，卷七剥、復、無妄、大畜，卷八頤、大過、坎、離，卷九咸、恒、遯、大莊，卷十晋、明夷、家人、睽，卷十一蹇、解、損、益，卷十二夬、姤、萃、升，卷十三困、井、革、鼎，卷十四震、艮、漸、婦妹，卷十五豐、旅、巽、兑、渙，卷十六節、中孚、小過、既濟、未濟，卷十七繫辭上，卷十八繫辭下，卷十九説卦，卷二十序卦上、序卦下、雜卦。卷末有嘉泰甲子四月八日萬里後序。王崇慶序曰：“……朔野公能一朝發之也……辛丑之秋，公始來守郡，其行之剛健也，蓋得乾諸……方且惜淫哇之易行，憂希聲之寡播也，遂命梓人，因且謀及不肖相與訂確，蓋未幾三月而周之，完《易》盡在開矣。”尹耕序曰：“明守臣尹耕，乃爲刻諸開之郡齋。尹耕曰，往余得是傳於好奇者，謂《易》盡在是矣，故樂爲刻之。”尹耕本每半葉九行，行二十四字，四周單邊，白口，版心下方記“瘵鶴亭”三字。此本存世較多，今可知者，臺灣“國家圖書館”（101.200048）、北京大學圖書館（SB/091.2/4646）、華南師範大學圖書館（《名録二》00841）、南京圖書館（丁丙跋，《善本書室藏書志》卷一著録，《名録二》00842）等均有收藏，西北大學圖書館亦藏此本，并入選《名録三》（07261），經比對書影，這些藏本皆爲同刻。《五十萬卷樓藏書目初編》卷一、《郘園讀書志》卷一亦有著録，今不知何所。明刻中以此本影響最大，《四庫全書》所收即爲此本；1990 年，上海古籍出版社又據《四庫全書》本影印出版《四庫易學叢書》，《誠齋易傳》亦被收録。校以宋本，如楊萬里前序，“聖人憂也”，尹耕本“憂”字前有“有”字。“幽觀其變，湛思其通”，尹耕本前有“於是”，“變”作“通”，脱“湛思其通”。“故易者”，尹耕本無“故”字。“變在彼，變，變在此”，尹耕本脱第二個“變”字。“中正曰：易於何求”？尹耕本脱“中”字。可見異文頗有，而尹耕本又不如宋本也。由於此本於明代刊印最早，且刷印較多，故後世傳本多據此翻刻。祇是傳本在尹耕本訛誤基礎上，又增添了新誤。《藝風堂藏書記》卷一著録明敏學書院刻本和尹耕刻本，曰：“此兩本同刻，相去不過兩年。朱刻自云‘正尹刻之誤’，而瞿氏《書目》所云訛字則兩本相同。惟書院本標題‘張先生校正楊寶學易傳’，次行‘廬陵楊萬里廷秀’，三行‘門人張敬之顯父校’。尹本標題‘誠齋先生易傳’，次‘宋寶謨閣學士楊萬里廷秀’者，已非舊式，似書院本較勝也。”《瞿目》卷一著録曰“明嘉靖間有二刻：一刻開州，一刻鄞縣”。瞿氏言嘉靖間有兩刻，不確，尚有嘉靖二十三年敏學書院刻本未被著録。繆荃孫則誤將瞿氏所言兩刻當成敏學書院刻本和尹耕刻本，而瞿氏謂“鄞縣”本，非敏學書院本，在此應予澄清。國圖又藏一部（8747），此本《北京圖書館古籍善本書目》卷一著録明嘉靖二十一年尹耕療鶴亭刻本，行款爲九行二十字，白口，四周雙邊。《郘園讀書志》卷一著録尹耕刻本，亦言九行二十字，且曰：“明嘉靖本頗爲世重，此則版式近於坊俗，殊不雅觀，或亦物以希見爲貴之意耶？”是否爲真尹耕刻本待考，抑或行款著録有誤？二是嘉靖四十二年鄞縣（今屬寧波市）賈淇刻本，九行二十四字，標題次行題“宋寶謨閣學士楊萬里廷秀著”，前後有楊萬里自序及臣僚請抄録《易傳》并申送狀，又有嘉靖四十二年南京兵部尚書明州張時徹序，序謂鄞縣令賈淇刻是書。此即《瞿目》著録“鄞縣”本者，乃據尹耕刻本覆刻。今北京大學圖書館有藏本（李 2668），曾爲李盛鐸舊藏，《木犀軒藏書題記及書録》著録。國圖尚藏一部殘本（9877），西諦藏書，存卷一至三凡三卷一册，《西諦書目》著録爲明嘉靖刊本。三是明萬曆四十六年（1618）張惟任刊本，今遼寧圖書館收藏，并入選《名録四》（10058）。另據崔富章《四庫提要補正》著録該本時言，北京大學圖書館亦有收藏，未見。四是明末文水洋邊義聞堂刻本，出自尹耕本。上圖（327440－45）收藏本書衣題“楊公節公易傳”，六册。北京故宫博物院亦藏明末刻本，題名同上圖本，蓋爲同刻。

清刻本中，當以武英殿聚珍版木活字本影響最大。清乾隆三十八年（1773），高宗弘曆因《四庫全書》編修告成之時日太長，即命儒臣校輯《永樂大典》中的散簡零篇和世所罕見的宋元善本，先行刊印流傳。武英殿先行刊印了《易緯八種》等四書。同年十月，管理武英殿刻書事務大臣金簡奏准：因刻書種類繁多，付雕非易，不如刻做棗木活字套板一份，擺印書籍“工料省簡懸殊”。遂於乾隆三十九年刻木質單字二十五萬餘個，并開始擺印圖書。乾隆帝以“活字板”不雅而賜名“聚珍”。其間，用這套木活字共擺印了一百三十一種書，嘉慶七、八年間又擺印了《西漢會要》《唐會要》《農書》三種，前後一共擺印了一百三十四種，連同初刻四種共爲一百三十八種，《誠齋易傳》即爲其中之一，今國圖、臺北“故宫博物院”均藏有乾隆間木活字本。後人稱之爲《武英殿聚珍版書》。乾隆四十一年，頒發聚珍版於東南各省，并准所在鋟木通行。先後承命開雕者有江寧、浙江、江西、福建等地。這些仿聚珍版刻印之書籍，通稱爲“外聚珍”，共有五種版本，即蘇州刻本、杭州刻本、江西書局刻本、福建布政使署刻本、廣雅書局刻本。其中蘇刻、浙刻均刻於乾隆年間；閩刻初刻於乾隆，後經道光、同治歷代重修、增修，一直延續到光緒二十年（1894），數量增加至一百四十九種；閩刻流傳最多；粤刻乃光緒二十五年廣雅書局依閩刻所刻；贛刻爲同治十三年（1874）江西書局所刻。這些翻刻本均爲雕版，已非活字排印。其中福建刻本收有《誠齋易傳》，今臺灣“國家圖書館”、國圖（四部）、上圖均有藏本。官刻本尚有清光緒二十一年湖北官書局刻本，扉頁牌記題“光緒二十一年冬湖北官書處重刻”字樣，今國圖、上圖、南圖（250206）均有藏本。此本實據葉氏本重刊，行款格式、楊萬里序、兩狀及葉元塤序等皆照原本移刻。私家刻本中，清道光十一年（1831）慈溪葉元塤刻本，首題“誠齋易傳”，次左欄又題“道光庚寅之秋，後學阮福瀚敬題”，下鎸“蒲禪”，次頁雙行牌記云“慈水鶴麓山葉氏藏版”。首有楊萬里序，次有“宋臣僚請抄易傳狀”“楊承議申送易傳狀”及道光二十一年葉元塀刊序，兩狀題名内容俱同尹耕本。葉元塀序曰：“……元塀以是書人間梓刻絕少，欲廣爲傳之，故亟鈔付剞劂，以公天下之同好云爾。道光十一年三月三日，慈溪後學葉元塀謹書。”次爲目録，同尹耕本。其卷一首行頂格題“誠齋易傳卷一”，次行低五格題“宋楊萬里撰”，下空三格題“後學葉元塀重刊”（每卷皆有此題字），九行二十一字，白口，左右雙邊，雙魚尾。國圖藏本有翁同龢批校及題記；上圖亦有藏本（469842—49）。以宋本校之葉氏本，異文頗夥，僅以卷首楊萬里序爲例，如“萬事人與萬物之變也”句，葉氏本“人與”倒作“與人”；“聖人憂也”，葉氏本“人”後有“有”字；“幽觀其變，湛思其通”，葉氏本前有“於是”，“變”作“通”，脱“湛思其通”；“故易者”，葉氏本無“故”字；“變在彼，變，變在此”，葉氏本脱第二個“變”字；“中正曰：易於何求”？葉氏本脱“中”字。序文僅二百餘字，即有七處，正文可想而知。可見，此本除沿襲了尹耕本之誤，但又多出尹耕本幾條。宋本卷末尚有嘉泰甲子後序，葉氏本亦脱去不載。

清道光咸豐間大梁書院輯刻錢儀吉輯《經苑》二十五種，此爲其一，題“誠齋先生易傳”，十行二十字，小字雙行同，白口，四周雙邊，單魚尾。至清同治七年（1868）又刻。今國圖、臺北“故宫博物院”均有藏本。民國十一年（1922），安陽張氏重刻《經苑》本，今國圖有藏本。清咸豐間刻本，封面題“誠齋易傳”，卷端題“誠齋先生易傳”，國圖藏本（65771），行款均同《經苑》本，蓋即《經苑》零本。清同治至光緒間刻《楊文節公全集》本，十行二十四字，白口，四周單邊，單魚尾，書名葉題“楊文節公易傳”，書簽題“宋楊文節公易傳”，國圖有藏本。清光緒元年（1875）湴塘振撕堂刻本，題“楊誠齋先生易傳”，上圖、南圖皆有藏本。此爲楊萬里三十二世孫楊夢弼刻梓，首有“宋楊文節公像贊”，其後依次有夢弼自撰楊萬里傳、嗣孫儲撰“誠齋公易傳序”、楊萬里淳熙戊申序和嘉泰甲子序、宋臣僚請抄録易傳狀及楊承議申送易傳狀、楊士奇“奉題先公誠齋易傳稿”、嘉靖壬寅尹耕序及楊夢弼刻書跋，夢弼跋曰：“……此公之書所以終不可没也。家刻積久沿誤不免，弼恐愈久而愈失其真也。爰商本房紳耆除振撕堂公存外名孝慈釀金重刊，板遵公《詩文九種》書式，彙成一帙，便於裝潢，因取洋邊義聞堂藏板暨分易師游公手注之書（原注：師游公讀本添注數萬字，考證最詳，惜板隘費缺未登，容俟補入）。昕夕校讐亥豕，稍訂閱週歲，工竣，計二十卷，編智、仁、聖、義、中、和六號，板存房祠，凡子姓來刷者見十抽三，留爲補修之貲，增輸金數及分校諸人例得并書於後，光緒元年嘉平既望文水湴塘三十二世孫夢弼謹識。”“分校凌雲、謀道、敷猷；仝校永祥、超拔、純修。”據此可知，此本實據明末文水洋邊義聞堂刻本而出。次有“楊氏誠齋先生易傳卷首目録”，目録分智、仁、聖、義、中、和部分，智爲卷一乾、坤、屯、蒙，卷二需、訟、師，卷三比、小畜、履；仁爲卷四泰、否、同人，卷五大有、謙、豫、隨，卷六蠱、臨、觀、噬嗑；聖爲卷七賁、剥、復、無妄，卷八大畜、頤、大過、坎、離，卷九咸、恒、遯、大莊；義爲卷十晋、明夷、家人、睽，卷十一蹇、解、損，卷十二益、夬、姤、萃，卷十三升、困、井、革；中爲卷十四鼎、震、艮、漸，卷十五婦妹、豐、旅、巽、兑、渙，卷十六節、中孚、小過、既濟，卷十七未濟、繫辭上、繫辭下；和爲卷十八説卦，卷十九序卦上、序卦下，卷二十雜卦。這個編目與宋刻本迥異，由此可見，此目實爲楊夢弼新編，將原來的二十卷在不改變前後順序的情况下，重新歸編爲六部分。卷一卷端題“楊氏誠齋先生易傳卷一”，次行低一格題“宋寶謨閣學士少師謚文節公封廬陵侯楊萬里廷秀甫著”，第三行題“宋敷文閣學士工部尚書少保謚文惠封廬陵侯男長孺甫較”，第四行低四格題“吉水湴塘振撕堂重刊，三十二世孫夢弼校正”。卷二十末尾題前題“光緒二年夏月，吉旦吉水振撕堂刊”。惟此本與宋本校，異文亦多，以楊萬里前序對校，此夢弼本脱“五行，陰陽之變也”七字。“豈可”之“可”字，夢弼本作“而”字。“舉而捐之”之“捐”字，夢弼本作“措”。夢弼本於落款處“淳熙”前加“宋”字，改“廬陵”爲吉水，其他悉同葉元塀本。驗其内文，與宋本不同者，亦多同於葉氏、義聞堂本。可見，此本除沿葉元塀、襲義聞堂本之誤外，尚有校改，如題款所加、所改文字。

抄本中，朱彝尊曾有影宋本，今不知何處，朱學勤曰：“曾見曝書亭影宋本，其經文多與石經合。攔本多所改也。”[①] 上圖藏一部明抄本（785799－802），清姚椿校，四册。臺北“故宫博物院”藏有一部明藍格抄本，原藏清宫，《國立故宫博物院善本舊籍總目》著録。以上兩部均題“張先生校正楊寶學易傳”，當據宋本而出。《藏園群書經眼録》卷一著録明寫本，九行十六字，題同宋本，原藏故宫，傅氏於 1927 年 7 月 4 日觀於福建宫别院，今不知何所。蘇州大學圖書館藏有一部明日省堂抄本，《名録三》（07262）著録，首卷首行頂格題“誠齋先生易傳卷一”，存十九卷，十行，行約三十一字，藍格，白口，四周單邊。鈐印“周元諒抄本”“周元諒家藏書”“周雪客家藏書”等。卷首有尹耕識，蓋據明嘉靖尹耕刻本而出。

該書整理本，首爲《叢書集成初編》本，采用舊式標點，以明嘉靖間尹耕刻本爲底本，卷首有《四庫提要》、楊萬里兩序、嘉定元年及嘉定二年劄子、尹耕刊序；2008 年，九州出版社出版宋淑洁點校本，以《四庫全書》本爲底本，卷首僅有楊萬里淳熙十五年序及《四庫提要》，書名題《誠齋易傳》。《儒藏》收録此書，由福州師範大學社會歷史學院易學專家梁韋弦教授整理校點，以瞿氏舊藏宋本爲底本，題爲《張先生校正楊寶學易傳》，校本則擇取明嘉靖二十一年尹耕療鶴亭刻本和清文淵閣《四庫全書》本，2009 年由北京大學出版社出版。

參考文獻：

湛之編：《古典文學研究資料彙編·楊萬里范成大資料彙編》，中華書局，1964 年。

李致忠：《張先生校正楊寶學易傳》，《宋版書叙録》，北京圖書館出版社，1994 年。

潘雨廷：《楊萬里〈誠齋易傳〉提要》，《讀易提要》，上海古籍出版社，2006 年。

簡世和：《〈誠齋易傳〉研究》，臺灣花木蘭文化出版社，2009 年。

---

① 《朱伯修批本四庫簡明目録》，北京圖書館出版社，2001 年。

二、朱文公訂正門人蔡九峯書集傳六卷

宋蔡沈撰；書傳問答一卷。宋淳祐十年（1250）呂遇龍上饒郡齋刻本，八册。卷首有蔡沈之子蔡抗之進書集傳表，末署“淳祐七年八月　日奉議郎秘書省著作佐郎兼權侍右郎官兼樞密院編修官兼諸王宫大小學教授臣蔡抗上表”，次爲淳祐七年八月二十六日蔡抗面聖表，次後省看詳文牒，末署“淳祐八年二月　日朝請郎權尚書吏部侍郎兼權中書舍人兼同修國史實録院同修撰侍講趙汝騰狀”，次爲書傳問答，署“贈太師徽國公朱熹與先臣沉手帖”，次爲書傳問答蔡抗跋，次嘉定二年（1209）三月蔡沈“九峯蔡先生書集傳序”，次朱熹書序，次署“朱文公訂正蔡九峯集傳”。卷六末有蔡沈書後序；次爲手寫上版總序一卷，依次爲紹興壬辰長至後十日後學黄自然跋、朱監跋、呂遇龍跋。蔡沈自序云：“慶元己未冬，先生文公命沉作《書集傳》。明年，先生歿。又十年，始克成編，總若干萬言……沉自受讀以來，沉潛其義，參考衆説，融會貫通，迺敢折衷微辭奥旨，多述舊聞。二典禹謨，先生蓋嘗是正，手澤尚新，嗚呼惜哉（原注：先生改本已附文集中，其間亦有經承先生口授指畫而未及盡改者，今悉更定，見本篇）。《集傳》本先生所命，故凡引用師説，不復識別。四代之書，分爲六卷。文以時異，治以道同，聖人之心見於書，猶化工之妙著於物，非精深不能識也。是傳也，於堯舜禹湯文武周公之心，雖未必能造其微；於堯舜禹湯文武周公之書，因是訓詁亦可得其指意之大略矣。”各卷末均題云：“淳祐庚戌季秋，金華後學呂遇龍校正刊于上饒郡學之極高明。”紹定五年（1232）黄自然跋曰：“右《書傳》六卷《總序》一卷。文公先生門人九峰蔡先生所集也。始《書》未有《傳》，分命門人纂集，莫可其意。乃專屬之九峰，其説出於一家，則必著姓氏。至於行有删句，句有刊字，附以己意爲之緣飾者，患不復録，用《詩集傳》例也。宏綱要指，奥辭突義，既饫聞而熟溝（丁案：疑“構”字之誤）之矣，又復玩心澤（丁案：疑“擇”字之誤）意，融會其歸，精思力踐，務造其極。文公既歿，垂三十年而後始出其書，故其援據的確，訓釋明備，文從字順，了無可疑……”朱監跋曰：“歲在庚申，先祖與九峯商訂是《書》，監生十一年矣，獨得在侍旁諦聽竊讀。三月九日，先祖即世，是《書》爲絶筆，嗚呼痛哉！後廿八年，九峯嗣子抗素儒須出舊藁示監。捧玩數四，手澤如新。追想音容，潸涕横集，敬書其後而歸之。仲冬朔貌孤孫監百拜謹誌。”淳祐十年吕遇龍刻書跋，云：“伊川先生以《春秋傳》属劉質夫，既成，門人請觀，先生曰：‘却須著某親作。’吁！亦難矣。文公晚年訓傳略備，下至《離騷》，且爲之辯證，而帝王之書獨以付九峯先生，曰：‘只等蔡仲默來，便了。’文公豈輕所付哉？斯《傳》上經乙覽，四方人士争欲得而誦之，猶懼其售本之未善也。遇龍倚席上饒，際先生的嗣久軒先生爲部繡衣，茂明家學，而遇龍得以承教焉。遂從考質，鋟梓學宫。觀者能以一時師友問答求之，則知其不專於訓詁也。淳祐庚戌九月既望，後學金華吕遇龍敬書。”首卷首行頂格題“朱文公訂正門人蔡九峯書集傳卷之一”，次行低一格題“虞書”，下雙行小字釋文至第四行，第五行低三格題“堯典”，下小字雙行釋文，第六行頂格連屬正文。21.4×16.8厘米，十行十八字，小字雙行字數同，左右雙邊，細黑口，雙魚尾。上魚尾上題字數，下題“書序”“書傳幾”，下魚尾下題葉次及刻工名。刻工有刘子和、華琇、華秀、曹珪、曹圭、毛亨父、吴山、王嵩、周亮、王昌、李信、元亮、啓、秀、亨父、山、表、毛、周、李等。宋諱缺筆至“敦”字，“桓”或作“威”，“慎”或缺筆或作“謹”字。鈐印“安樂堂藏書記”“東郡宋存書室珍藏”，怡府、楊紹和舊藏。國圖（841）。《名録一》（00224）。

蔡九峯（1167—1230），名沈，字仲默。南宋建陽（今福建建陽）人。生於宋孝宗乾道三年（1167），卒於宋理宗紹定三年。其事蹟附載《宋史·蔡元定傳》卷四百三十四。終身不仕，學者稱九峯先生。宋寶祐三年（1255）贈太子少師，四年贈太子太師，五年贈太師永國公。元至正十九年（1359）詔追封建國公，明成化三年（1467）詔追封崇安伯。謚號文正。其著作有《洪範皇極内篇》《洪範九疇數解》《九峯詩集》及《書集傳》等。其父蔡元定，字季通，爲南宋理學家朱熹弟子。

南宋高宗紹興二十九年（1159），往師朱熹，據《宋史》卷四百三十四本傳曰："熹扣其學，大驚曰：'此吾老友也，不當在弟子列。'遂與對榻講論經奥義，每至夜分。""（朱熹）疏釋《四書》及爲《易》《詩》傳、《通鑑綱目》，皆與元定往復參訂。"兩人亦師亦友，且易子而教。父子均爲朱熹門人，俱爲"程朱學派"主要傳人。理宗慶元二年（1196），外戚韓侂胄與宗室趙汝愚爭權，互相傾軋。韓侂胄借機興"慶元黨禁"罷逐理學家。韓黨監察御史沈繼祖劾朱熹"十罪"，詆毁蔡元定佐朱熹爲妖，貶謫元定至湖南道州編管。蔡沈隨父所居。慶元四年，蔡元定卒於謫所，蔡沈護柩回里，隱居建陽九峯，潛心著述。朱熹晚年訓傳諸經略備，獨缺《書經》，寧宗慶元五年，朱熹囑托蔡沈作《書集傳》。六年，朱熹卒。至嘉定三年，撰成六卷。

蔡沈詮釋《尚書》，得到了後世學者肯定和讚賞，黄震云："經解惟《書》最多，至蔡九峯參合諸儒要説，嘗經朱文公訂正，其釋文義既視漢唐爲精，其發指趣又視諸家爲的，《書經》至是而大明如揭日月矣。"[①] 修撰兼侍講趙汝騰奏稱："（《書集傳》）義理周浹，事證精切，多諸儒之所未講，足以垂世傳遠。其書宜藏之秘閣，以俟聖天子緝熙正學之需。"（見卷首後省看詳文牒）《四庫》所收爲元鄒季友音釋本，其《四庫提要》云："疏通證明，較爲簡易，且淵源有自，大體終醇。"錢宗武《書集傳·前言》於此書之特點概括頗允：一是嚴守師道又不拘於師説，博采衆長，敢創新識；二是析分古文今文而又不拘於古文《書》説，堅持以義理説《書》；三是重視漢宋注疏傳統又不囿於成式，傳語易簡暢達。而且還保存了已經失傳的《書》説，故有極高的文獻價值。故此書成爲《書》學尊主，學者宗之，"諸家言《尚書》者不復行於世"[②]。尤其是元明兩代，程朱理學聲譽日隆，此書更得推崇。元仁宗皇慶時列爲官書，爲科舉考試的標準本，《元史·選舉志》稱："經義一道，各治一經。《詩》以朱氏爲主；《尚書》以蔡氏爲主。"明洪武時，與夏僎《尚書詳解》并爲科舉用書，至永樂年間，更成爲唯一經解本。

---

① 《黄氏日鈔》卷五，文淵閣《四庫全書》本。

② 黄度：《尚書説·呂光詢序》，（清）朱彝尊：《經義考新校》卷八十一，上海古籍出版社，2010年。

《書集傳》撰成未及刊刻，蔡沈謝世。理宗淳祐七年，蔡沈次子蔡抗官參議郎、秘書省著作佐郎兼諸王官大小學教授。爲表彰父學，特將該書繕寫謄清、裝成十二册進呈。理宗又詔令中書後省評定。三年後，蔡抗於上饒遇呂遇龍，呂氏爲倡導蔡氏之學，於淳祐十年庚戌鏤版印行。蔡抗，字仲節，號久軒，紹定進士。呂遇龍，婺州東陽（今浙江東陽）人，生卒年不詳。淳祐元年登進士第，淳祐中爲信州州學教授。見《〔雍正〕浙江通志》卷一百二十八。關於上饒郡學，《〔康熙〕新修上饒縣志》卷三謂："舊創於郡西北隅。宋景德三年，州守楊舉正遷於郡城之東……紹熙五年，教授林至按《禮圖》定先聖先師諸賢位次，有朱晦翁記。嘉定、端平間，遞加葺治，又增朱、呂、二陸之祠，訂定朱子釋奠禮儀品式，有何處恬、陳文蔚記。"可見，上饒郡學遵朱子之學，蔡氏父子、呂遇龍皆一脈相承，而淳祐十年距端平間不過十三四年時間，此時呂遇龍正"倚席上饒""鋟梓學宫"，實在正常不過。

《藏園羣書經眼録》卷一著録此本曰："此書大字雕鎸精麗，呂氏跋文以手書上版，下真跡一等。據呂跋稱倚席上饒，鋟梓學宫云云，則爲上饒郡學所刊，爲是書第一刻。"林申清《宋元書刻牌記圖録》、丁瑜題《古逸叢書三編》本均持此説，實誤。蔡抗《面聖表》云："玉音云：'曾刊否？'臣奏坊中板行已久，蜀中亦曾板行，今家有其書。"此《表》落款時間爲淳祐七年八月二十六日，即在此之前，該書已有坊刻本和蜀刻本，且坊本在前，蜀本在後。自嘉定三年撰成至淳祐七年，中間有三十七年時間，坊間刊梓完全可能。以蔡氏爲建陽人，建陽坊刻刊其所著，實屬當然。又呂遇龍跋曰："斯《傳》上經乙覽，四方人士爭欲得而誦之，猶懼其售本之未善也。"以蔡《傳》如此之夥，似又不僅止以上兩本。惜坊本、蜀本等均已失傳，故《中國版刻圖録》題曰"此爲傳世蔡《傳》最早刻本"，當是。丁瑜跋《古逸叢書三編》本曰："是書雕鎸精湛，字畫疏朗，爲南宋江西刻本中之上品。其尤爲可貴者，《書傳》正文之外，尚刊有'進書表文''延和殿面對紀實''後省看詳文'以及黄簌（丁案：此字爲"自"字）然、朱鑑、呂遇龍等手書上板之跋文。對是書撰述、刊刻之淵源均有詳盡闡述，爲後世刻本所未載，彌足珍貴。"《宋版書叙録》著録。《四庫提要》卷十一著録是書音釋本時，言"《問答》一卷久佚"，實爲四庫館臣未見到宋本；又言"二《典》、三

《謨》”云云，實“三《謨》”爲“《禹謨》”。

《書集傳》傳刻頗夥，於宋至少有三刻，即坊本、蜀本和江西上饒郡學本，僅有江西本傳世。此外，臺圖尚藏有一部所謂宋刻大字本(00171)，僅存《書傳問答拾遺》及《書序》一卷，一册，包背裝。卷末有蔡抗跋，有缺葉，次爲舊書序，次有嘉定二年己巳蔡沈後序。卷首頂格題“書傳問答拾遺”，第二行低三格題“晦庵先生與先君手帖”。25×17.5厘米，八行十五字，左右雙邊，細黑口，雙魚尾。上魚尾上題字數，下題“拾遺”或“後序”，下魚尾下題葉次及刻工，亦間題字數。刻工均爲單字，有劉、玉、中、子、信、肖、友、文。宋諱如“殷”“胤”“桓”“慎”等皆不避。鈐印“東宫書府”“芷圃收藏”，即東宫書府、張乃熊舊藏。《臺圖宋本圖録》著録爲宋刊本，曰“避宋諱至慎字，光宗以下廟諱不避”，似不實。臺灣《“國家圖書館”善本書志初稿》著録爲南宋刊大字本，曰：“是本爲包背裝，紙幅寬廣，字大清朗，書法遒勁。”《修訂本館善本書目芻説（一）》著録曰：“此帙爲寫刻體之大字本，字畫清朗，紙色深茶黄，紙之絲紋間距三·三厘米寬。卷尾有‘嘉定己巳蔡沈後序’，知此書成於嘉定己巳（二年）。版心綫口，記大小字數及刻工姓名（皆單字）。《中國版刻圖録》（解題葉三十）著録有宋淳祐十年上饒郡學刻本《朱文公訂正門人蔡九峯書集傳》，云爲傳世蔡傳最早刻本。本帙就字樣、刀法、紙質觀之，約爲宋末元初間刊，但餘無確證，僅改爲‘南宋刊八行本’。”《中國訪書志》著録爲元刻本，陳怡薇《臺灣公藏宋版書調查》著録同。此本與國圖藏本不同，如《書傳問答》一卷，宋本首行頂格題“書傳問答”，次行題“贈太師徽國公朱熹與先臣沉手帖”；而臺圖本題“書傳問答拾遺”，次行題“晦庵先生與先君手帖”，文中稱朱熹之“熹”字爲“某”。且行款亦大異。意者必爲兩個系統。據“晦庵先生與先君手帖”云云，此本之刊刻必在蔡沈卒(1230年）後。此本與吕遇龍刻本非同刻，或據蜀本、坊本而出？惜無證據。

又，《文禄堂訪書記》卷一著録《尚書集傳》六卷《拾遺》一卷：“宋蔡沈撰。宋刻大字本。存卷六、拾遺。嘉定己巳序。半葉八行，行十五字。綫口。板心上記字數，下記刊工姓名。文、友、肖、中、玉、元、劉、子、夬。有‘東宫書府’印。”當即同刻零卷。《歷代珍稀版本經眼圖録·宋元版本》著録一部殘本，與此本之行款等同，曰："宋元間刻本。黄麻紙。原書影半頁版框尺寸高二五〇毫米，廣一七八毫米。半葉八行，行十五字。黑綫口，雙魚尾，左右雙欄。版心下記字數，下記刊工姓名。字大如錢，字仿平原體，宋諱'徵''敬'皆不避，版心題'書傳'，疑是元初印本。"自書影内容（卷六"費誓"），可知爲第六卷，或即王文進經眼者。2001年12月上海工美拍賣會曾按宋本拍出第四卷之後半卷共四十九葉，蝶裝，八行十五字，左右雙邊，細黑口，雙魚尾。《藏園羣書經眼録》卷一著録者與此本存卷、行款均同，題"宋元間刻本"，并云："字大如錢，頗爲悦目，字仿平原體，刀工亦勁健峭厲，然宋諱徵、敬皆不避，疑是元初印。版心題'書傳四'（吴江沈羹梅兆奎藏書，庚午十月持以相示）。"當即此本。

又，宋刊明州本《書集傳》，今已不存，元代有重刊本。今國圖等均藏有此重刻本，其凡例題爲"書蔡氏傳重刊明本凡例"，"明"即明州（今浙江寧波），凡例後有墨圖記曰"至正辛卯夏德星堂重刊"字樣，"辛卯"即至正十一年，署題"朱子訂定蔡氏集傳鄱陽鄒季友音釋"。《書林清話》卷四《元時書坊刻書之盛》云："云明本，即宋之明州本。"《鐵琴銅劍樓藏書目録》《愛日精廬藏書志》均著録。

此書在元延祐間立爲官學，故刻梓頗多。元刻本的最大特點是：在原來宋刻本上大多加入鄒季友《音釋》，如至正五年虞氏明復齋刻本（國圖，僅存卷四至卷六，與日新書堂刻本合配爲全帙）、至正十一年德星書堂刻本（國圖）、至正十一年雙桂書堂刻本（吉林省圖書館）、至正十四年日新書堂刻本（國圖）等，均如是。其中德星書堂刻本爲《中華再造善本》收録，清同治五年（1866）吴氏望三益齋刻本重刻是本，丁晏校注。清光緒十五年（1889）江南書局亦重刊《音釋》本，1993年中國書店據之影印。元本中尚有增加《朱子説書綱領》和《尚書纂圖》者，前者源於（元）董鼎所撰《書傳輯録纂注》，其内容包括宋本中的《問答》一卷和及朱熹《尚書》説；後者則包括《唐虞夏商周譜系圖》《曆象授時圖》等。今臺北"故宫博物院"藏有一部元至正二十六年梅隱精舍刻本《書集傳》，序後有牌記"梅隱書院鼎新繡梓"，於《朱子説書綱領》後有"至正丙戌孟冬梅隱精舍謹識"牌記，原爲日本舊藏，後爲楊守敬訪得購歸，鈐印"新宫成書藏""宜都楊氏藏書記""星吾海外訪得秘籍”等，《書林清話》《日本訪書記補》均著録。此本雖在木記中云“附入鄱陽鄒氏音釋”，但全書實際并無鄒氏《音釋》。其他尚有對其進行纂疏者，較著名的有《書集傳輯録纂注》六卷、《朱子説書綱領輯録》一卷，元董鼎輯并注，如元延祐五年（1318）建安余志安勤有堂刻本（國圖）、元至正十四年翠巖精舍刻明修本（國圖）等。《中華再造善本》所收爲山東省圖書館收藏的元槧董鼎輯注本，題名《朱子訂定蔡氏集傳》。另外，尚有陳櫟《尚書集傳纂疏》、陳師凱《書蔡氏傳旁通》，前者有清乾隆五十年（1785）《通志堂經解》本，今臺圖有藏；後者有清抄本流傳，今國圖有藏。《四庫》收録明重刻元鄒季友《音釋》本，而董鼎《書傳輯録纂注》、陳櫟《尚書集傳纂疏》、陳師凱《書蔡氏傳旁通》亦被收録其中。

明代刊本，亦多附鄒氏釋音，如現存國圖的明初刻本（十二行二十三字）、重慶圖書館的明刻本，臺圖的明建陽坊刻本等等。明槧中影響較大的當屬明正統十二年（1447）司禮監刻本《書集傳》六卷，除附有《音釋》外，尚有《序》一卷、《圖》一卷及《朱子説書綱領》一卷。此本今藏甚多，北大、人大、上圖、津圖、南圖、浙大、中山大學、魯圖、安圖等均有收藏，黄山書社於 2012 年影印出版。明代對其疏注者影響最大的當屬明刊《五經四書》之《書經大全》十卷本，此本由胡廣等奉敕撰，頒行學宫，作爲科舉考試之準則。其次有明翰林學士劉三吾等奉敕撰《書經會選》六卷，因亦立爲官學，故亦刊行極多。明嘉靖七年書林楊氏清江書堂刻本《書經大全》《書經會選》兩種，《四庫》均收録。這些本子在蔡《傳》基礎上，或重新批注，或再加疏注，致使蔡《傳》流通甚廣。元明兩代之所以釋注多多，全因科舉之用。《郘亭知見傳本書目》著録曰：“《書集傳》六卷，宋蔡沈撰。明正統十二年刊《五經四書》本。内府鄒季友《音釋》，最善。宋元明刊本均載《小序》，唯近世坊本不載耳。《彙纂》亦載也。咸豐丙辰祝桐君刊，依正統本精校。同治五年望三益齋刊，亦依正統本附《音釋》精校。明有嘉靖丙辰刊本。明又有熊振宇、楊一鶚兩刊。道光戊子旌德朱琳立本齋刊本。陽湖孫氏有元坊刻本，改《集傳》爲《集注》，六卷作十卷，附鄒氏《音釋》，每句皆作小圈，讀法或作連圈。黑口，巾箱本。每半葉九行，行二十七字。附，近洪氏景刊元本。”此外，尚有元德星書堂刻本、元刊八行本、元刊十一行本等。

明清其他單行本題作“書經集註”六卷者有明初建陽刊本（臺圖）、明嘉靖間贛州清獻唐刊巾箱本（臺圖）、明嘉靖三十五年廣東崇正堂刻本（國圖）、明書林余明臺克勤齋本（國圖），題作“書經集註”十卷者爲明萬曆元年（1573）熊沖字刻本（國圖）。題“書經集傳”六卷者爲明嘉靖間吉澄刻本（國圖）、明萬曆吴勉學刻本、明崇禎四年（1631）海陽汪應魁貽經堂校刊本（臺圖）、明金陵李壁齋刻本、清乾隆間武英殿刊漢滿合璧本（清高宗敕譯）、清道光間揚州片善堂惜字公局本。題“書集傳”本名者，明崇禎元年閔齊伋刻本、明刻八行本（國圖藏、鄭振鐸舊藏）、清乾隆五十五年（1790）芥子園刻本、清雍正二年（1724）劍溪堂刻本。等等。此外，1969 年，山東省鄒縣城東北九龍山南麓明初魯荒王朱檀墓曾出土一部元刻本，今藏山東博物館，參見《明代魯荒王陵墓及隨葬品》①。

域外刻本中有朝鮮内閣刻本，今臺圖有藏。另有日本寬文四年（1664）今村八兵衛刻本《書經集注》六卷，此本經寸雲子昌根據陳師凱《旁通》、鄒季友《音釋》等本精校，後在日本有多個重刻本，流傳廣泛，日本、中國内地及香港均有其本。現今兩個整理本均將其列爲參校本，可見此本之重要。

在以上諸本中，如以宋本校勘，均有異文及訛誤處。《四庫全書》本是清代影響最大的本子，關於其版本優劣及源流，余嘉錫《四庫提要辨證》、崔富章《四庫提要補正》等均有詳考。現代整理本多以此本爲底本或校本，但此本實際上訛誤尚多。如宋本卷一第二葉後半葉末行注句“敬致，《周禮》所謂春夏致日，盖以夏至之日中，祠日而識其景”之“春”字，元德星書堂本、《書經大全》本、日本寬文本及《四庫》本，均作“冬”字。核之宋婺州市門巷唐宅刻本《周禮》（今藏國圖）卷六《春官・宗伯下》第十四葉後半葉第六行，原文作“冬夏致日，春秋致月，以辯四時之叙”，注云“冬至日在牽牛，景丈三尺；夏至日在東井，景尺五寸，此長短之極則……”可見“春”字，乃此宋本之誤。

---

① 段奉闌、宋慕新、邵瑞、馬恩遠編著：《挖掘出來的輝煌的世界・振興卷》，中國和平出版社，1999 年。

宋本卷一第五葉後半葉注曰“大阜曰陵”之“陵”字，《四庫》本作“陸”，誤。《爾雅·釋地》云：“高平曰陸，大陸曰阜，大阜曰陵，大陵曰阿，可食者曰原。”同卷第六葉前半葉“曰‘明明揚側陋’”之“揚”字，《四庫》本作“楊”，誤。此句乃《尚書·堯典》原句，意謂明察薦舉出身微賤而德才兼備之人。宋本卷一《舜典》第七葉前半葉第四行“誠信而充實”之“充”字，德星書堂本、《書經大全》本、日寬文本均作“篤”字。同卷第九葉前半葉首行“持其兩端”之“持”字，《四庫》本誤作“特”。同卷第十葉前半葉第五行“謂丘陵墳衍”之“丘”，《四庫》本誤作“邱”，等等。如校勘全本，則異文會更多。

錢宗武、錢忠弼整理的《書集傳》以清武英殿本爲工作底本，以文淵閣本、日本京都大學附屬圖書館藏德川常憲院版音注本爲參校本[①]，但未出校記，“三者之異，則仔細斟酌，决定從違，訂正訛誤”。每段注文之首多加注音，蓋據日本而來，爲宋本所未有。卷首僅有蔡沈自序，其餘序跋及《書傳問答》等一概未收。校之宋本，異文尚多，如宋本卷一第二葉後半葉首行注文“羲仲所居官次之名”之“居”字，錢本曰“以”字，當非。同葉第九行注文“南交，南方交趾之地”之“趾”字，錢本作“址”字。第三葉後半葉第六行“今冬至日在斗，昏中壁”之“壁”字，錢本作“璧”。如校勘全文，異文會更多，可見實有宋本校勘之必要。由王春林撰著的《〈書集傳〉研究與校注》[②] 所采底本爲呂遇龍刊本，以文淵閣《四庫》本《書經集傳》爲對校本，以元德星書堂刻本、明嘉靖七年書林楊氏清江書堂本及日本寬文四年今村八兵衛刻本《書經集注》等爲參校本。該整理本，校勘質量較高，且前有對此書的研究，對照校注，極便閱讀。

據藏印可知，此本當由楊紹和於京都爲官時，遇怡府藏書散出而得。《楹書隅録》不載，《海源閣宋元秘本書目》題宋經進本，《宋存書室宋元秘本書目》和《海源閣宋元秘本書目》著録。《古逸叢書三編》收録，《中華再造善本》收録。

---

① 錢宗武、錢忠弼整理：《書集傳》，鳳凰出版社，2010 年。

② 王春林：《〈書集傳〉研究與校注》，人民出版社，2012 年。

參考文獻：

丁瑜：《宋刻〈蔡九峯書集傳〉與〈春秋公羊經傳解詁〉》，《文獻》1988年第4期。

李致忠：《宋版書叙録》，北京圖書館出版社，1994年。

蔡安定：《蔡沈〈書集傳〉及其版本》，福建省炎黄文化研究會、中共南平市委宣傳部編印：《武夷文化研究——武夷文化學術研討會論文集》，2003年。

王春林：《〈書集傳〉版本源流》，《中國哲學史》2010年第2期。

錢宗武、錢忠弼整理：《書集傳》，鳳凰出版社，2010年。

王春林：《〈書集傳〉》研究與校注》，人民出版社，2012年。

嚴文儒：《〈書集傳〉校點劄記》，陳來等編：《人文與價值：朱子學國際學術研討會暨朱子誕辰880周年紀念會論文集》，華東師範大學出版社，2011年。

王春林：《〈四庫提要·書集傳〉考辨》，《蘭臺世界》2013年第3期。

三、監本纂圖重言重意互註點校毛詩二十卷圖譜一卷

漢毛亨傳，漢鄭玄箋，唐陸德明釋文。宋刻本，存十二卷五册，卷一至十一、圖譜一卷。卷中有宋人朱筆點句。無序跋、目録。首爲毛詩圖譜，無鄭氏宗譜序及各風譜序，其首行頂格有一圓圈，下題“毛詩圖譜”，尾題“毛詩圖譜終”，次行低三格題“文王詩”，第三行起頂格加圈圍題“周南十一篇”，下題篇名共十一篇；以下依次爲“召南十二篇”“小雅八篇”“小雅五篇”；以下依次爲“武王詩”，所題格式同文王詩，依次爲“召南二篇”“小雅四篇”“周頌四篇”；其後依次爲“成王詩”“康王、昭王、穆王、共王”（原注：并無詩）、“懿王”（原注：無詩）、“孝王”（原注：無詩）、“夷王”（原注：無詩）、“厲王”（原注：變雅）、“夷厲之間”（原注：無詩）、“共和之間”（原注：無詩）、“宣王詩”“幽王詩”“平王詩”（原注：貶爲王國）、“桓王詩”“平威之間”（原注：無詩）、“莊王詩”“厘王”（原注：無詩）、“惠王”（原注：無詩）、“襄王”（原注：無詩）、“惠襄之間”（無詩）、“頃王”“匡王以下無詩”，其後小字尾題“右自文王至頃王凡二十世，其可考者陳、齊、衛、晋、曹、鄭、魏，此則變風之先後也”。每諸侯有篇目，如無篇目，諸侯下則題“無詩”二字，次行則題“時亦無詩”，有的雖題“無詩”，但有變風，共有“懿王”“夷王”“夷厲之前”“共和之間”四位，亦有雖題“無詩”，但有國别及篇目者，如“平威之間”，次行題“時一國有詩”，次行題“魏風七篇”，下題篇名，其他有“厘王”“惠王”“襄王”“惠襄之間”。合之共有二十諸侯王及二百七十九篇。卷一首行頂格題“監本纂圖重言重意互註點校毛詩卷第一”，次行低一格半小字單行題“唐國子

博士兼太子中允贈齊州刺史吴縣開國男陸德明釋文附"，第三行頂格題"周南關雎詁訓傳第一"，第四至八行低一格半爲小字雙行注文，第八行至十二格大字題"毛詩國風"，下接小字雙行釋文："《詩》是此書之名，毛者，傳《詩》姓。既有齊魯韓三家，故題姓以别之。或云小毛公加"毛詩"二字。又云河間獻王所加，故大題在下。案馬融、盧植、鄭玄注三《禮》，并大題在下。班固《漢書》、陳壽《三國志》題亦然……"釋文至本葉下半葉首行低六格大字題"鄭氏箋"，下接小字雙行釋文至第四行，第五行起頂格正文。凡經文下小字雙行，先注，次箋，次釋文，相連而下。凡"重言""重意""互註""釋文"二字均以園圍標識，偶見"重篇""似句"，皆以墨圍標識；每詩句讀加小圈。20.7×13.2厘米，毛詩圖譜和正文皆爲十行十八字，小字雙行二十四字，四周雙邊，細黑口，雙魚尾。耳記篇名。"毛詩圖譜"耳記"《詩譜》"，上魚尾下題"《詩譜》"，下魚尾上題葉次；正文上魚尾下題"詩幾""寺幾"，下魚尾上題葉次。宋諱極謹，缺筆至"慎"字。鈐印"□□之家""玉堂學士""湖山清趣""鱣讀""仲魚圖象""得此書，費辛苦，後之人，其鑒我""澂印""鏡汀""宋本""士鐘""閬源父""汪文琛印""三十五峰園主人""海源閣""以增之印""楊東樵讀過""墓田丙舍炳燭讀書""彦合珍玩""東郡楊紹和鑒藏金石書畫印""紹和筑岩""楊氏彦合""臣紹和印""東郡楊二""儲端華重""東郡楊氏宋存書室珍藏""海源殘閣""聊城楊承訓鑒藏書畫印""周暹"等，陶珠琳、陳鱣、汪士鐘、海源閣、周叔弢舊藏。國圖（7917）。

漢人傳《詩》較著者四家，稱爲四家詩。其中魯（申培公）詩、齊（轅固生）詩、韓（韓嬰）詩被稱爲三家詩，皆采用今文，在東漢被立於學館，稱爲今文經學。毛詩後起，逐漸取代三家地位，因其采用古文，稱爲古文經學。至唐代，《毛傳》和《鄭箋》成爲官方承認的《詩經》注釋依據，受到後世推崇。《直齋書録解題》卷二云："漢初，齊、魯、韓三家并行，而毛氏後出，獨河間獻王好之，未得立。其後，三家皆廢，而毛獨傳，故曰'《毛詩》'。毛公者，有大毛公、小毛公。"關於《毛詩》作者，《漢書·藝文志》但稱毛公，不著其名。《漢書·儒林傳》云："毛公，趙人也。治《詩》，爲河間獻王博士。授同國貫長卿，長卿授解延年。延年爲阿武令，授徐敖。敖授九江陳俠，爲王莽講學大夫，由是言《毛詩》者本之徐傲。”至《後漢書·儒林傳》時，始云：“趙人毛長傳《詩》，是爲《毛詩》。”其長字不從“草”。《隋書·經籍志》載《毛詩》二十卷，漢河間太守毛萇傳，鄭氏箋。於是《詩傳》始稱毛萇。其後《唐書·藝文志》《宋史·藝文志》俱作毛萇。谷麗偉《〈毛詩詁訓傳〉作者辨正》亦證爲毛萇。然鄭玄《詩譜》曰：“魯人大毛公爲《訓詁傳》於其家，河間獻王得而獻之，以小毛公爲博士。”陸璣《毛詩草木蟲魚疏》亦云：“孔子刪《詩》授卜商，商爲之序，以授魯人曾申，申授魏人李克，克授魯人孟仲子，仲子授根牟子，根牟子授趙人荀卿，荀卿授魯國毛亨，毛亨作《訓詁傳》以授趙國毛萇。時人謂亨爲大毛公，萇爲小毛公。”《經典釋文敘録》曰：“河間人大毛公爲《詩詁訓傳》於家，以授趙人小毛公。”據是三書，則毛亨作《傳》，河間獻王得而獻之，以小毛公能傳授其學，故立毛萇爲博士。以鄭氏後漢人，陸氏三國吴人，陸氏爲唐人，并授《毛詩》，必淵源有自，所言或是。《四庫提要》、惠棟《九經古義》、孫志祖《讀書脞録》、梁章鉅《退庵隨筆》等皆指出史書之誤。此外，王國維《觀堂別集·書毛詩詁訓傳後》則以爲“蓋《詁訓》者，大毛公所作，而《傳》則小毛公所增益也”。此可聊備一說。而宋人李樗氏曰：“《毛詩》所傳非成於一人之手。”① 古人著作往往不留其名，傳授之中，後人補苴，《毛詩》非一人手，此說或然。

《毛詩》除正文外，尚有大、小《序》。《大序》者，言《詩》之性質特點、產生、社會作用、內容特色、體裁和表現手法等，强調教化作用。《小序》則簡述每篇主題、作者和寫作背景等。至於《毛詩序》作者究竟爲誰，學界亦尚無定論。鄭玄《詩譜序》曰：“《大序》是子夏作，《小序》是子夏、毛公合作。”范曄《後漢書·儒林傳》云“衛宏作毛詩序”，陸璣《毛詩草木蟲魚疏》同。更多學者以爲當非一時一人之手，如張少康、劉三富認爲以上兩說皆有不足，曰《小序》恐非成於一人之手，不少説法先秦時已有根據，很可能毛公傳《詩》時已有，後人又再作修訂增補，大小毛公乃至衛宏等也許都有參與。而《大序》就很

① 李樗、黄櫄：《毛詩李黄集解》卷一，清同治十二年，粤東書局重刻本，第5、6頁。

有可能是毛萇所爲[1]。而對《毛詩序》内容亦褒貶尊抑，千百年來聚訟紛紜。

（清）陳奐《毛詩説》云："毛公《詁訓傳》，傳者，述經之大義；詁訓者，所以通名物、象數、假借、轉註之用。"單言曰"詁"，重語曰"訓詁"，"詁"第就其義旨而明之，"訓"則兼其言之比興而訓導之，"傳"則并經文所未言者而引申之。故毛公釋《詩》實兼詁、訓、傳三體，故曰"詁訓傳"，前兩者主訓釋字詞之義，後者主釋詩義。如首篇《關雎》，"窈窕，幽閒也；淑，善；逑，匹也"之類，詁之體也。"關關，和聲也"之類，訓之體也。而如"夫婦有别則父子觀，父子親則君臣敬，君臣敬則朝廷正，朝廷正則王化成"，則傳之體也。《毛詩》爲古文，多用假借字，訓釋手段多種，如聲訓、形訓、義訓等，對名物制度等詮釋切要，探究了起興手法在《詩》中的運用等等。毛氏釋《詩》，爲歷代所稱道。郝敬《毛詩原解》曰："子貢子夏之後，善言《詩》者莫如孟子；孟子之後，知其解者莫如毛公。"臧琳《經義雜記》曰："十三經中，惟《毛詩傳》最古，而最完好，其詁訓能委屈順經，不拘章句。"陳奐《詩毛詩傳疏序》則盛贊《毛詩詁訓傳》曰："《毛詩》多記古文，倍詳前典，或引申，或假借，或互訓，或通釋，或文生上下而無害，或辭以順逆而不違。要明乎世次得失之迹，而吟詠性情，有以合乎詩人之本志。讀《詩》不讀《序》，無本之教也；讀《詩》與《序》而不讀《傳》，失守之學也。文簡而義贍，語正而道精，洵乎爲小學之津梁，群書之鈐鍵也。"然因受時代政教風氣影響，其訓釋亦多牽强、失誤者，甚至成爲"政治讀物"或"諫書"，這也成爲後代學者詬病之原因。儘管如此，但其畢竟爲註釋《詩經》現存最早的文本，保存了漢語詞語的大量故訓，成爲後人解讀、研究《詩經》的必備之書。

鄭玄撰《毛詩箋》二十卷，《隋書·經籍志》曰："《毛詩》二十卷，漢河間太傅毛萇傳，鄭氏箋。"《經典釋文序録》曰："鄭玄作《毛詩箋》，申明毛義，難三家。於是三家遂廢矣。"鄭氏發明毛義，自命曰《箋》。張華《博物志》曰："毛公嘗爲北海郡守，康成是此郡人，故以

---

① 詳見張少康、劉三富著：《中國文學理論批評發展史》（上册），北京大學出版社，1995年，第122、123頁。

爲敬。”鄭氏《六藝論》云：“注《詩》宗毛爲主。毛義若隱略，則更表明。如有不同，即下己意，使可識别。”《四庫提要》曰：“康成特因《毛傳》而表識其傍，如今人之簽記，積而成帙，故謂之‘箋’，無庸别曲説也。”《鄭箋》以毛爲主，亦不全從毛，如有不同，“即下己意”。鄭氏精於《禮》，故每以《禮》説《詩》，又博通韓、魯《詩》學，故時以韓、魯易毛説。周中孚《鄭堂讀書記》曰：“箋每云：‘某讀爲某’，‘某讀若某’，後人以此病其改字，不知鄭意在箋明傳義。有傳義隱約者，鄭或正其音，或辨其字，雖似改毛，而實爲申毛。亦有鄭所不安，本三家《詩》或據他經改易者，要皆有本。後人所見淺鮮，又不能心知其意，而遽欲輕議先賢，此失之甚焉者。今三家詩并亡，無由盡曉，然就耳目所及鄭以前之經傳諸書考之，可知鄭學之閎通矣。”① 概而言之，《鄭箋毛詩》一是對《詩》義之解讀較爲深刻和符合原意；二是突顯詩之象徵特性，强調其文學意味；三是於文字、音韻、訓詁、博物等方面取得了相當成就。漢人傳《詩》有齊、魯、韓、毛四家，但前三家詩相繼亡佚，《毛詩》在魏晋以後盛行，鄭玄作箋是起了决定性的作用。此外，鄭玄尚按《詩經》國别和篇次，并徵以史料，編成《毛《詩譜》》，差不多給每篇詩都確定了時代，成爲研究《詩》編年的重要史料。

陸德明（550—630），唐初經學家、訓詁學家，隋煬帝時擢爲秘書學士，遷國子助教。入唐任國子博士。采集漢魏六朝音切二百三十餘家，又兼采諸儒訓詁，考證各本異同，撰著《經典釋文》三十卷，凡《周易》、《古文尚書》、《毛詩》、三《禮》、《春秋》三传、《孝經》、《論語》、《老子》、《莊子》、《爾雅》十三部經典。《經典釋文》始以單行問世，入宋後有人將其附於各經之後或每書各卷之後，再後便將其散入各句之後，極方便士子閲讀。

至於《毛詩》卷次，《漢書·藝文志》著録爲《毛詩》二十九卷，又《毛詩故訓傳》三十卷。《隋書·經籍志》載《毛詩》二十卷，有鄭玄箋、王肅注、鄭玄王肅注、謝忱注、江熙注等皆爲二十卷，惟“梁有《毛詩》十卷，馬融注，亡”。《直齋》卷二著録“《毛詩》二十卷、《毛

---

① 《鄭堂讀書記》卷八《毛詩注疏》四十卷，上海書店出版社，2009年，第110頁。

詩詁訓傳》二十卷”。王先謙《漢書補註》曰：“古經傳皆别行，毛作《詩傳》，取二十八卷之經，析《邶》《鄘》《衛風》爲三卷，故爲三十卷也。隋、唐《志》或作十卷，或二十卷，并非原書卷次。”周中孚《鄭堂讀書記》曰：“《漢志》於《毛詩》二十九卷下載《毛詩詁訓傳》三十卷，此專指《毛傳》無經文之本也。自鄭氏作箋，始併經文及傳爲一書，《經典釋文》及《隋志》俱作二十卷，蓋已非《毛傳》之舊第矣。新、舊《唐書》既載毛萇《傳》十卷，又載鄭玄箋《毛詩詁訓傳》二十卷，此又分傳、箋爲之二本也。《崇文目》《讀書志》《書録解題》《通考》《宋志》俱同。二《唐志》又别載孔穎達等《正義》四十卷，《崇文目》《讀書志》《解題》《通考》《宋志》亦俱同。然二《唐志》《崇文目》所載之本，係止標經注起訖之本，至宋代始併經文及注爲一本。故自晁氏以下所載之本，即今本所從出也……”今傳宋刻本則都爲鄭注《毛詩》二十卷本。

經書傳至南宋中晚期，爲適應士子科舉之需要，始現名目繁多的註釋本。首先從書名上，冠以屬詞極夥，如此本即有“監本”“纂圖”“重言”“重意”“互註”“點校”等；其次，内容與書名相匹，非常注重閲讀方便。這類版本大多開本不大，有的還是巾箱本，多爲密行小字，版面促狹。書名及内容上并不固定，有的標以“纂圖互註”，其實亦有“重言”“重意”，但亦有雖書名上不屬此類名稱，但内文却有“重言”“重意”“互註”等。有的“纂圖”“重言”“重意”“似句”“互註”兼備，有的則無“互註”“纂圖”，有的衹有“重言”“重意”等等。所謂“監本”，指所依據底本爲國子監校刻本，此指南宋國子監本。國子監校刻經典，始於後唐長興三年（932）開雕《九經》，迭經南北宋及明代兩京，乃至於清代。但有的是經國子監校勘後讓地方開雕，或地方雕版後又版運國子監，由國子監再印，均稱監本。因而，書中帶有“監本”字樣的并非都是國子監所刻，或許是地方刻本，如此本即是。嘉慶十六年（1811）黄丕烈跋國圖另一藏本（7916），曰：“此殘宋本《詩經傳箋》附釋文本，余得諸己巳年（嘉慶十四年），抄補於庚午年（嘉慶十五年），猶未及裝潢也。頃又得一小字本，大同而小異。合諸延令季氏《書目》所云鄭箋陸德明釋文《詩經》二十卷八本説，正符其目。又載《監本纂圖重言重意互註點校毛詩》六本，乃得此本之名。是書雖非季氏舊物，而監本之名從此識矣。監本亦非一刻，余新得者，標題‘監本重言重意互註毛詩’，校此少‘纂圖’字、‘點校’字，可知非一刻矣。”復翁在此將所藏兩宋刻視爲“監本亦非一刻”，實非。“纂圖”，表明其書配刻插圖，此本所指即書前所附《毛詩舉要圖》和《毛詩圖譜》，前者即《四詩傳授之圖》，以圖之形式，將齊、魯、韓、毛四家各自師承傳遞關係標示出來；後者以文字形式講授《詩》之淵源流派、演變關係。圖、譜對照，則《詩》之流變已明。此本佚去《毛詩舉要圖》，僅存《毛詩圖譜》。今存宋槧《毛詩舉要圖》兩帙，一存靜嘉堂文庫，一存臺北“故宮博物院”（以下省稱臺博），爲《纂圖互註毛詩》卷首附。“重言”即將書中或同詩各章文字相同的詞句注出，一般皆以“重言”二字白文墨底或加圈圍形式别出。如《關雎》“窈窕淑女”，即在“重言”二字下注：“窈窕淑女，四，并本詩。”意謂此句在本詩中重復出現四次。“重意”即將本書中或同一首詩各章意義相同的詞句注出，一般亦以“重意”二字白文墨底或加圈圍形式别出。如“不盈頃筐，摽有梅，頃筐塈之”之句，即前者《卷耳》詩“不盈頃筐”與《摽有梅》中“頃筐塈之”詩意相同。“互註”即引他經文句互爲注釋，融會貫通，互相印證，一般亦以“互註”二字白文墨底或加圈圍形式别出。如《卷耳》“嗟我懷人，寘彼周行”後有加圈“互註”云：“《左》襄十五年：官人，國人之急也。能官人，則無覬心。《詩》云‘嗟我懷人，寘彼周行’，能官人也。王及公、侯、伯、子、男、甸、采、衛、大夫各居其列，所謂‘周行’也。”此句即引《左傳》襄公十五年傳文所引《詩》以證《春秋經》之文。“點校”，指此書經過句讀校勘，此本帶有圈點。而校勘因在刻書之前已完成，故在書中顯示不出來。“附音”，表示其書附註陸德明音義，一般將所釋之字以白文墨底或加圈圍形式别出。此本書名雖未出現“附音”，但書中實已有附音。且已散入各詞句之下。其他尚有如“似句”，即指將本書中相似句子注出。“京本”即表示其所依據版本爲京師舊本，此本已有監本，故此名不現。此本僅從書名項目之多，即可證爲典型的建安坊間刻本。

關於此本所存《毛詩圖譜》，其款式及內容等詳見叙録部分。鄭玄序云：“欲知源流清濁之所處，則循其上下而省之；欲知風化芳臭氣澤之所及，則傍行而觀之，此《詩》之大綱也。舉一綱而萬目張，解一卷而衆篇明。於力則鮮，於思則寡，其諸君子，亦有樂於是與!”孔穎達《毛詩正義·詩譜序疏》曰：“證於三《禮》《論語》爲之作序，此譜亦是類序，避子夏序名，以其列諸侯世次及《詩》之名，故名‘譜’也。”可知，《鄭譜》兼有類序和列其諸侯世次、詩篇時代及排列各篇世次等内容，實爲讀《詩》解《詩》提綱挈領之作。孔氏作《正義》，於《國風》《雅》《頌》卷首皆引《詩譜》，然非全帙。《後漢書》注、《經典釋文》等引有佚文。北宋歐陽修曾搜集《鄭譜》，得絳州本，且首尾俱殘，因加考訂，補譜十五，補文字二百七，增損塗乙改正八百八十三，爲《詩譜補亡》，并以爲完書刊入《唐志》。今《文獻通考》《經義考》所載即爲歐氏訂正本。乾隆五十年（1785）吴騫拜經樓刻有《詩譜補亡後訂》，在歐本基礎上又加入鄭氏類序。嘉慶二十五年（1820），山陽丁晏作《鄭氏〈詩譜〉攷正》，咸丰二年（1852），由江南河道总督楊以增刻梓。丁晏本卷首增加總序，并對其有所補正、辨論，且取證《箋》《疏》以還《鄭譜》舊貌，成爲通行本，《皇清經解續編》亦收入。此外，清儒馬國翰、王謨、黄奭、李光廷、袁鈞、胡元儀、孔廣森、馬瑞辰等皆有輯本或佚文考證與疏證，但難復其舊。經比勘，以歐本爲基礎的本子與宋本多有不同：一是編次上，宋本以諸侯爲大類，各諸侯下再分風雅頌小類，每小類之下附篇名；而歐本則以地域爲大類，分十五國風，各地再以諸侯爲小類，各諸侯對應相應篇目。二是在具體内容上，各諸侯所附詩篇不同，如成王詩，兩本收録數量不同，且有的入類亦不同，如《緜》，宋本在成王類中，而歐本在文王類中。第三，總篇數不同，宋本共二百七十九篇，計有文王詩三十六篇，武王十篇，成王五十七篇，康王、昭王、穆王、共王無詩，懿王五篇，孝王無詩，夷王一篇，厲王七篇，夷厲之間四篇，共和之間一首，宣王二十五篇，幽王四十六篇，平王二十一篇，桓王三十二篇，平咸之間七篇，莊王十三篇，厘王十三篇，惠王五篇，襄王十篇，惠襄之間一篇，頃王五篇。而歐本則遠多於宋本，如懿王類中，歐本有“胡公”“哀公”，而宋本無。等等。從編次上講，各有利弊，歐本中如要查諸侯類對應詩篇，頗爲不便，需要檢索多次之後始得總篇數，但檢索某地篇數則頗便。宋本檢索諸侯類對應篇數及篇目頗便，但如檢索某地篇數及篇目亦要多次檢索後相加。究竟歐陽修所得的絳州本是個什麽樣的本子？因爲今傳歐本已對原本進行補修改造，故而無從知道。據鄭序所言，其原本當如此本表格，此宋本是否襲之原本？或與絳州本有關聯？尚待考證。古今治《毛詩譜》者數十人，然對此宋本未見有人專論及之。故而此本或爲研究《毛詩譜》極爲難得的版本和史料。

關於此書的版本面貌，陳鱣《跋》頗詳："《毛詩》二十卷，宋刻本，首題'監本纂圖重言重意互註點校毛詩卷第一'，次低二格題'唐國子監博士兼太子中允贈齊州刺史吳縣開國男陸德明釋文附'。又次頂格'《周南·關雎》詁訓傳第一'，又次低一格夾註釋文，後接：《毛詩·國風》，夾註釋文；接：鄭氏《箋》，加注釋文；次提行'關雎，後妃之德也'起每葉二十行，行十八字。凡重言、重意、互註，俱用規識。凡《釋文》與《傳》《箋》相連，不加識別，與家藏宋本《尚書》體例略同。《尚書》乃婺本小字，此則監本中等字。所謂監本者，當即岳氏《沿革例》云'監中現行本'也。《經義考》載有宋刻《纂圖互註毛詩》，當即此本。惟彼前有《毛詩舉要》二十五圖，此但存《毛詩圖譜》，并不知何人所刻。宋時各經、諸子，皆有重言、重意，蓋經生帖括之書。此本刻畫工整，紙墨精良，且原於監本，斯爲可貴。審其避諱，慎字缺筆，敦字則否，殆是孝宗時刻者。"此本避諱極謹，凡遇玄、匡、貞、慎等字皆缺末筆，而敦字則不避。南宋孝宗趙昚之"昚"之異體字爲"慎"，避"慎"字，而光宗趙惇之諱字"敦"不避，説明此書當刻於孝宗一朝。李致忠《宋版書叙録》著録此本云："紙墨字蹟、版式風貌，似都出自閩建。"周叔弢《楹書隅録》批注曰："黄紙印尚精，天地太小。""宋諱缺筆，紙印極精。"此本章篇之名"周南關雎詁訓傳"題刻在前，而書名類目"毛詩國風"題刻在後，與後世題名習慣相反，其淵源於竹簡書寫翻閲之傳統，亦見宋刻之格局版式。

《天禄琳琅書目》卷一著録一部，書名所題與此本同，曰："首《毛詩圖譜》，正文全録漢毛萇《傳》、鄭康成《箋》，附陸德明音義，復加重言、重意、互注三例，共二十卷。朱彝尊《經義考》載《纂圖互注毛詩》二十卷，引陸元輔語曰：'此書不知何人編輯，鋟刻甚精。首之以《毛詩舉要圖》二十五，次之以《毛詩》篇目。其卷一至終，則全録大小《序》、毛《傳》、鄭《箋》、陸氏《釋文》，而采《左傳》三《禮》有及於《詩》者爲互註。又標詩句之同者爲重言，詩意之同者爲重意，蓋唐宋人帖括之書也。'此本證以所言，雖無圖目，而體例適符。惟書中於篇目相同者爲重篇，詩句相似者爲似句，乃元輔所未及。蓋因書名未經標出，遂不加詳考耳。至字畫流美，紙墨亦佳，信爲鋟本之精者。"此本舊爲毛晋、季振宜、徐乾學收藏，入清宫後毁於火。楊紹和以爲天禄所藏本與此本或爲同一版本，"即此本也"（《楹書隅録》卷一）。《天禄書目》言尚有"重篇""似句"，檢此本偶或見之，則爲同一版本或無疑問。

國圖還藏有另一宋刻本《監本纂圖重言重意互註點校毛詩》二十卷《圖譜》一卷全本八册（7916），卷五至七配清黄氏士禮居影宋抄本，黄丕烈跋，勞健、周叔弢跋。首有《毛詩圖譜》，耳記"《詩譜》"，次爲"四詩傳授之圖"。首卷首行頂格題"監本纂圖重言重意互註點校毛詩卷第一"，卷四以下無"點校"二字，次行低一格半小字單行題"唐國子博士兼太子中允贈齊州刺史吴縣開國男陸德明釋文附"，第三行頂格題"周南關雎詁訓傳第一"，第四行低一格半夾註釋文，後接"毛詩國風"，夾註釋文，接"鄭氏箋注"，夾註釋文。次提行詩序起。序後空一格即接本經，不提行。凡經文下夾行，先注，次箋，次釋文，相連而下。凡"重言""重意""互註""釋文"二字均以圓圍標識，偶見"重篇"，皆以墨圍標識；每詩句讀加小圈。20.5×13厘米，十行十八字，小字雙行二十四字，四周雙邊，白口，間有細黑口，雙魚尾。左欄外耳記篇名。版心記刻工姓或名一字。宋諱不謹，宋諱缺筆至"慎"字。王祖嫡、黄丕烈、汪士鐘、周叔弢舊藏。該本與海源閣藏本有密切關係，蕘翁於嘉慶十五年秋《跋》云："内原缺第五至第七，計三卷……今歲夏初，五柳主人從都中歸，攜有全部宋刻，行款正同，謂可藉以影抄補全，無如已許售海甯陳仲魚，遂轉向仲魚借之，以了此願。"蕘翁所借陳仲魚本其實就是海源閣藏本。嘉慶十五年夏，陶五柳從都中攜此本歸吴郡，并售於陳鱣。因是本行款與黄本同，故黄丕烈請人影宋抄補所缺卷五、卷六、卷七。黄本後來亦歸周叔弢。諸人都以爲兩本爲同一版本，其實不然。細諦兩本，字體不類，且有其他多處不同之處。弢翁曾詳較之，發現"楊本，與余本實非一刻，楊本《圖譜》版心作'《詩譜》'。誤字：二卷一葉八行'匪席'誤'匪石'；三卷十七葉八行'市朱'誤'市宋'，余本皆改正。宋諱缺筆，楊本較謹嚴，余本或依楊本翻雕也。惜楊本四周餘紙短狹，比之余本寬闊相差甚遠。"[①] 即有四點不同：其一，《圖譜》版心題字有異，楊本作"《詩譜》"，黄丕烈跋作"圖譜"。其二，内文文字不同，海源閣本有誤字，黄本改過。其三，楊本避諱較嚴。其四，版框四周餘紙相差甚遠。《中國版刻圖録》著録黄丕烈本曰："宋諱有避有不避。觀紙墨刀法，知是南宋中葉建本。"如前所證，此本如刻於孝宗朝，則黄氏藏本刻於中葉，或爲覆刻海源閣藏本。如弢翁所言，黄本可能是依據海源閣藏本翻刻的，在翻刻過程中，將原本錯誤予以糾正，因而黄本在文字準確程度上要優於海源閣本，但海源閣本在刊刻時間上又早於黄本，其版本價值自不待言。而兩本紙墨字蹟、版式風貌，皆出於建閩不應有疑。

陳鱣曾以此本校勘己藏本，其《經籍跋文》載此本曰："因校對素所肄業之本。經文《鄘風》'終然允臧'，不作'終焉'。《衛風》'如切如瑳'，不作'如磋'。'遠兄弟父母'，不作'父母兄弟'……皆與唐《石經》及宋相臺本合。惟'瑳'字《石經》作'磋'，考《説文》有'瑳'無'磋'。此與相臺本并作'瑳'爲是。其《傳》《箋》之足證今本之誤處尤多。附《釋文》亦多勝於今本。"《毛詩鄭箋》在清代有嘉慶二十一年木瀆周氏刻本《毛鄭詩》三十卷《音義》三卷《鄭氏《詩譜》》一卷，此本《詩譜》末鎸有"吴門張遇堯局刻"，卷三十末鎸有"吴縣周孝垓平叔校刊"字樣。瞿氏曾將己藏《毛詩詁訓傳》校周氏刊本，其《鐵琴銅劍樓藏書目録》卷三載其校勘記，曰："今以木瀆周氏刊本校之，其足以是正周本者，具著於篇。《樛木》序箋'后妃能和諧，衆妾不嫉妒，其容貌恒以善言逮下而安之'，周本無此二十二字。《擊鼓》序箋'伐鄭'在魯隱四年，與小字本同。周本'隱'下有'公'字。案：《正義》標起止云'至隱四年'，則無者是也……"其次又有清同治十一年（1872）五雲堂刻本《毛詩詁訓傳鄭箋》三十卷，以此本校五雲堂本，後者訛脱亦有不少，且新增者又頗有之。再次又有朝鮮覆宋本，今日本京都大學藏有此本。五雲堂刻本卷末有山陽丁壽祺刊跋，曰："《毛詩傳箋》爲學者必讀之書，木瀆周氏得惠徵君校本梓以行世，海内稱最善焉。自江干烽火，

① 周叔弢：《宋本〈毛詩〉題識》，《弢翁藏書年譜》，黄山書社，2000年，第133頁。

棗版被燬，藏弆之家，有日減無日增。同治辛未，山左張公督漕斯郡，修《淮安府縣志》稿未成。而手民集屬以其暇刻是書，爰取周氏印本，參以葛本、岳本而折衷於武英殿本校勘付梓，周氏舊本兼刊《詩譜》、釋文，《詩譜》經家君刊入《頤志齋叢書》，至陸氏《釋文》不僅一藝，世有好古如盧抱經者舉全册而録之，則嘉惠後學非淺矣。書既成，爲志刻之緣起如此。"可見五雲堂本出於周氏刻本。

此本初爲宋代士子課讀之本，陳鱣跋曰："又書中用朱筆點句，而於諱字則以朱筆規識，蓋猶是宋人書塾中課讀之本耳。"其後歷經元明兩代，然不知爲誰所藏。入清，此本見於京肆，黄丕烈在跋國圖另一本時曰"五柳主人從都中歸，攜有全部宋刻"者，即指此本。"五柳居"爲陶正祥於京師琉璃廠開設書肆，後由子陶珠琳經營。陶氏售歸於陳鱣，後轉爲汪士鐘收藏。汪氏書散出，歸海源閣主人楊以增。楊氏購得該書時爲全帙，後儲於陶南山館。咸豐十一年（1861）遭亂時，第十二卷以下皆焚失。原本卷末有陳鱣跋和吴騫跋，亦不存。其後楊氏從別下齋刻本《經籍跋文》中復補陳跋於卷尾，而吴跋則莫由補焉。《楹書隅録》卷一載此本曰："辛酉遭寇亂，自第十二卷以下皆焚失。"海源閣遺書散出時，此書爲周叔弢所得，弢翁《楹書隅録》批校曰："丁丑小除夕，敬夫擬以此書見歸，索八百元。余度歲之資僅乃足用，實無餘力收書，祇得婉謝之，兩美之和，遂成虚願也。世事如斯，衣食且恐不贍，即見好書勝此者，亦徒唤奈何耳。"民國二十八年（1939），楊敬夫終以七百元售於弢翁，詳見《弢翁藏書年譜》。"四經四史"之鄭箋《毛詩》之二。

參考文獻：

王國維：《書〈毛詩詁訓傳〉後》，《觀堂集林·別集》卷一，中華書局，1959 年。

李致忠：《宋版書叙録》，北京圖書館出版社，1994 年。

蔣見元、朱傑人：《詩經要籍解題》，上海古籍出版社，1996 年。

劉毓慶：《歷代詩經著述考》，中華書局，2002 年。

夏傳才、董治安：《詩經要籍提要》，學苑出版社，2003 年。

谷麗偉：《〈毛詩詁訓傳〉作者辨正》，《古籍整理研究學刊》2011 年第 4 期。

四、毛詩詁訓傳二十卷

漢毛亨傳，漢鄭玄箋，唐陸德明釋文。宋刻巾箱本，存三卷一册，卷十八至二十。清查慎行、顧廣圻跋，清吴容光題款。原書無序跋。卷十八首行頂格題“毛詩卷第十八”，次行頂格題“蕩之什詁訓傳第二十五”，下空三格題“毛詩大雅”，下空二格題“鄭氏箋”，第三行頂格連屬正文。傳箋下附釋文，釋文出字皆以墨底白文别之，釋文後附“重言”“重意”“互註”，亦皆以墨底白文别之。十三行二十四字，小字雙行字數同，四周雙邊，細黑口，雙魚尾。欄外記篇名。上魚尾下題“寺幾”，下魚尾上或下題葉次。宋諱“慎”字缺末筆，“郭”字不避。鈐印“谿莊”“得樹樓藏書”“岐山草堂”“顧廣圻印”“千里”“澗薲”“臣”“榮光”“石雲山人”“汪喜孫印”“孟慈”“喜孫審定”“江都汪氏問禮堂收藏印”“秘書外監”“阮氏小雲過目”“聊城楊氏所藏”“四經四史之齋”“以增之印”“楊東樵讀過”“楊紹和藏書”“楊紹和鑒定”“彦合珍玩”“紹和筑岩”等，錢曾、江西志局、查慎行、顧之逵、汪喜孫、海源閣舊藏。國圖（840）。

《絳雲樓書目》著録爲宋刻三册，或即此本。《讀書敏求記》卷一之上著録曰：“毛詩鄭氏箋二十卷，南宋刻本，首載《毛詩舉要圖》。”《述古堂書目》注“宋板”，入《宋板書目》。此本原爲全卷，雍正二年（1724）查慎行跋曰：“確係宋雕本，二十卷，首尾完好。惟篇首僅有圖數葉，又無序，疑尚有缺文，苦不得别本對校。”嘉慶七年（1802）顧廣圻跋曰：“錢曾《敏求記》云《毛詩鄭箋》廿卷，南宋刻本，首載《毛詩舉要圖》，即此刻本也。”錢曾、查慎行、顧廣圻等皆以爲南宋刻本，固無疑義。而張金吾、楊紹和都認爲是南宋麻沙坊刻本，則是在前人基礎上又往前推進了一步。楊紹和《楹書隅録》卷一著録曰：“朱竹垞引陸元輔曰：‘此書不知何人編輯，鋟刻甚精。首之以《毛詩舉要圖》二十五，次之以《毛詩》篇目。其卷一至卷終，則全録大小序及毛傳、鄭箋、陸氏釋文。而采《左傳》三《禮》有及於《詩》者爲互註。又標詩句之同者爲重言，詩意之同者爲重意，蓋唐宋人帖括之書也。’張月霄《藏書志》云：‘是書《傳》《箋》下附《釋文》及互註重言重意，蓋南宋麻沙坊本也。《傳》《箋》《釋文》俱雙行小字，《傳》無標題（原注：山井鼎云：今本有傳字者，後人所加也）。《箋》以“箋云”冠之（原注：山井鼎云：“箋云”二字，鄭氏之舊，所以別毛氏《傳》也），無《傳》者亦無標題（原注：如《關雎序》，發猶見也。《葛覃序》，躬儉節用之類。陸德明云：序并是鄭注，所以無“箋云”者，以無所疑亂也），猶是鄭君之舊。’皆即是書。雖刊在南宋初，然毛鄭詩之最古本也。”《愛日精廬藏書志》卷三著録所題爲《纂圖互注毛詩》，其行款爲十二行二十一字，小字雙行二十五字，周良金舊藏，今已不存，與此同一行款者，今國圖藏有一部，亦爲建本。張氏所指雖非同一版本，但據其所斷類此體例“《傳》《箋》下附《釋文》及互註重言重意，蓋南宋麻沙坊本也”之結論當不誣。《藏園羣書經眼録》卷一題“宋建本”，“此巾箱本，與余藏《禮記》同”。《藏園羣書經眼録》卷一又著録一部《禮記》，云“此書莫楚生棠謂余是余仁仲本。其行款大小字均同，然其避諱不謹，又通卷無一牌子，又加入重言重意，恐非也。大約南宋坊刻之書耳”。余氏本有書牌，無重言重意，非余氏本顯然。傅氏云“禮記”者或即此本，惜不知此本何所。李致忠《宋版書叙録》曰：“今觀此書風貌，益信張、楊意見爲不誣。”故此本定爲南宋麻沙坊刻本固然可信。

國圖尚藏有另一部宋槧（9585），瞿氏鐵琴銅劍樓舊藏。卷端題名同，但行款、版框尺寸等不同，對校文字，異處頗夥，如以卷十九《清廟之什詁訓傳第二十六》之《毛詩周頌》首葉對校，其首葉前半葉正文箋云“杜預云”前，楊本無“清廟者”（此卷首葉前半葉第七行）三字，瞿本有。楊本同葉同行“雒音洛，本亦作‘洛’，水名，字從水。”瞿本脫“音洛”二字。楊本同葉第九行“其礼儀敬且和”之“礼”字，瞿本作繁體字“禮”。同葉第十行“於音烏，注同，後發句皆放此，以意求之”之“皆放此”前，瞿本有“歎辭”二字，楊本無。楊本同葉第十一行“文王精神已在天矣，猶配順其素如存生存”。瞿本無前一“存”字。

楊本同葉第十三行三個“与”字，瞿本皆为繁體“與”。後半葉楊本首行“駿音峻，《玉篇》同”。瞿本“玉”字作“下”。楊本同行“射音亦，厭也。見厭，於豔反。下同。与音餘，下同”。瞿本脱“也、見、厭”三字，“与”字，瞿本作“與”。其後楊本爲“重言”“重意”“互註”，瞿本未有。《清廟》一章八句，本葉第八行楊本“維天之命大平告文王也”，瞿本“大”字作“太”。同行“告大平者，居攝五年之末也”“今天下太平”，瞿本兩“大”字皆作“太”，“末”字作“未”。楊本本葉第九行“明六年制礼作樂”，瞿本“礼”字作“禮”；同行“維，《韓詩》云：‘維，念也。’”瞿本脱前一“維”字，此位置有“○”號。楊本第十行“天哉，天命之無極，而美周之礼也。”瞿本前一“天”字作“大”、“礼”字作“禮”；本行“勤而不止，行而不已”，瞿本“勤”字作“動”。由以上校勘可知，其一，楊本雖亦有訛誤，但整體來看，楊本要優於瞿本。其二，楊本簡體字頗多，前人定爲建陽坊刻本，當是。其三，此建本實與《監本纂圖重言重意互註點校毛詩》爲同一個監本系統，而瞿本無“重言”“重意”“互註”等，兩本同者皆有傳箋釋文，但異文甚多。《北京圖書館古籍善本書目》著録瞿本時題名“毛詩詁訓傳”，是據該本卷端所題，實非同書，兩本并非同一系統。通過對校兩本，發現僅一葉異文即有如此之多，如校勘全部，則當然更多，亦可證定非同一系統。阮元《十三經註疏》所采底本爲宋十行本《毛詩正義》七十卷，以此本校之，發現與楊本異文較少，而與瞿本差異較大，可知楊本與《十三經註疏》本和十行註疏本或有傳刻關係。此本雖與海源閣所藏另一監本爲同一系統，但因其爲孤本，亦録之於此。

據前引《絳雲樓書目》《讀書敏求記》《述古堂書目》三目著録，此書最初收藏者很可能爲明末清初學者、藏書家錢謙益，幸未遭六丁災禍，傳於族曾孫錢曾。據查慎行於雍正二年跋云“此本購自江西志局”，可知此本入藏江西志局，此局是專門負責纂修江西方志的文化學術部門，故亦收藏經籍。至乾隆五十六年（1792），爲顧之逵所得，嘉慶七年顧廣圻跋曰：“十年前，家兄顧抱沖收得之，藏於小讀書堆。近始借在西湖寓館校讀一過。所見毛鄭詩本子莫有舊於此者，洵足寶已。”卷末有道光六年（1826）吴榮光題曰：“道光丙戌八月十八日，南海吴榮光借觀。”可知，此書藏於顧之逵家時，顧廣圻、吴榮光曾借觀一過。

其後散出，歸汪中（1745—1794）之子汪喜孫（1786—1848）。道光二十九年，楊以增訪書揚州，此時喜孫已卒，蓋從汪氏後人購得。其後載歸陶南山館，咸豐十一年（1861），陶南遭劫，此本慘遭劫掠焚燬，僅存十八至二十卷，殊爲可惜。楊紹和《楹書隅録》卷一曰："先公於己酉購之揚州汪容甫家，後復得一南宋監本，與此同一精好，迺并儲之四經四史齋中。辛酉，皖寇擾及齊魯之交，烽火亘千里，所過之區，悉成焦土。二月初，犯肥城西境，據予華跗莊陶南山館者一晝夜，自分珍藏圖籍，必已盡付劫灰。及寇退，收拾燼餘，幸尚什存五六。而宋元舊槧，所焚獨多，且經部尤甚。此本僅存十八至末三卷，監本僅卷首至十一而已。嗚呼！豈真大美忌完，理固如是乎？然錢遵王有言：'此等書勿論其全不全，譬諸藏古玩家收得柴窰殘器半片，便奉爲天球拱璧，而况鎮庫典籍乎？'信已。"海源閣遺書散出時，楊敬夫於1928年10月第二次將閣中善本裝成十幾大箱，運到天津英租界西安道住所中存售。其中有九十二種善本經北平琉璃廠經理王雨介紹，以八萬圓的價格，由"平津人士潘復、常朗齋、王紹賢及現任天津市長張廷諤諸氏，組織存海學社，購存於天津鹽業銀行"。期間，傅增湘曾專赴津行觀書，并將其觀書經過及版本情况著録《藏園群書經眼録》。由於楊敬夫投資失敗，存押於津行的善本未能贖回。1945年11月，報經教育部長朱家驊批准，撥專款收歸國有，交由北平圖書館收藏。迄今也是楊氏善本中保存最爲完善的最大一批善本書，这批書中即包括宋槧"四經四史"十三種。此爲"四經四史"之鄭箋《毛詩》之二。

又《楹書隅録》卷一著録是本曰："桐鄉陸君敬安《冷廬雜識》云：'馮硯祥有不全宋槧本《金石録》，刻一圖記曰"金石録十卷人家"。仁和吴兔牀明經得宋本《咸淳臨安志》，又得《乾道》《淳祐》二志，刻一印曰："臨安志百卷人家"。吴門黄蕘圃部曹多藏宋板書，顔所居曰"百宋一廛"。吴以"千元十駕"揭榜與之敵。聊城楊侍郎得宋板《詩經》、《尚書》、《春秋》、《儀禮》、《史記》、兩《漢書》、《三國志》，顔其室曰"四史四經之齋"，皆可爲藝林佳話。'案：先公所藏四經，乃《毛詩》、三《禮》，蓋爲其皆鄭氏箋註也。《尚書》《春秋》雖有宋槧，固别儲之。先公與陸君平生未識面，當由傳聞偶誤耳。"此言除更正宋槧"四經"傳聞之誤，更點名"四經"乃全爲鄭注。楊氏何以專收包括《毛詩》在內的鄭箋"四經"?

楊以增云:"教重傳經,溯淵源於高密(鄭玄)。"(《楊至堂致許印林書八通》之一)楊紹和《楹書隅録》卷一題《周禮鄭注》云:"先公畢生邃於經學,服膺北海。"楊以增何以如此服膺鄭學?他在楊氏刻本《六藝堂詩禮七編》序中云:"鄉先生北海鄭君《經》《傳》洽孰,爲世儒宗,其所注《易》《書》《論語》皆佚,今所傳者《詩箋》《禮注》而已。自後儒空言義理,而鄭君之學微。然王禕謂朱子《詩集傳》訓詁多用毛、鄭。朱子《論孟精義序》云:'漢儒正音讀,通訓詁,考制度,辨名物,其功博矣。學者苟不先涉其流,則亦何以用力於此?'《孟子集注》以《柏舟》爲'衛之仁人'、《白鹿洞賦》'廣青衿之疑問',仍用毛、鄭舊説。至《儀禮經傳通解》徵引三《禮》,備載鄭注。讀經而不由鄭學,猶欲入室而不由門戶也。"與後儒的"空言義理"不同,鄭學的特點是"微","確有依據","無穿鑿傅會之辭"。即使提倡宋學、崇尚義理的朱熹在治經時,亦必參考鄭箋《詩》《禮》。楊以增在《〈六藝堂詩禮七編〉序》還以實證揭示了服膺鄭學的原因:

> 鄭氏注《禮》至精,去古未遠,不爲憑虛臆説。迄今可考見者,如《儀禮·喪服》注多依馬融師説。《士虞禮》"中月而禫",注:"二十七月",依《戴禮》"喪服變除"。《周禮·大司樂》"鼓","鞀",注依許叔重説,與先鄭不同。《小胥》"縣鐘磬",注:"二八十六枚而在一虡",依劉向《五經要義》。《小宗伯》注:"五精帝。"依劉向《五經通義》。《射人》注稱"今儒家",依賈侍中注。《考工記》"山以'章'",注作"獐",依馬季長注。《禮記·檀弓》"瓦不成'味'",注當作"沬",依班固《白虎通》。《王制》"大'綏'小'綏'",注當作"緌",依劉子政《説苑》。《玉藻》"玄'端'朝日",鄭讀爲"冕",依《大戴禮》"朝事"義。《祭法》"幽'宗'""雩'宗'",鄭讀爲"禜",依許氏《説文》。鄭君信而好古,原本先儒,確有依據。凡此釋義,補孔之遺闕,皆前人未發之秘。

疏通證明，燦若爟火。[1]

楊紹和秉承庭訓，亦邃於鄭學，嘗謂“闡洙泗之微言，導新安之先路，未有如鄭君者也”[2]；又題宋本《周禮鄭注》時云：“學者（指鄭玄）誠能致力於此，博考互稽，析疑申奥，則訓詁既定，義理斯明，於經學豈曰小補之哉？”（《楹書隅録》卷一）而楊紹和“爲學主敬工夫，而猶邃於漢鄭學，名物訓詁，研究精密，《毛詩》《公羊》皆有劄記，未成書”[3]。可見紹和對漢鄭之學亦頗有研究，僅是未成專著而已。

参考文獻：

（清）柯劭忞：《楹書隅録》跋，《楹書隅録》初續編卷末，清光緒二十年楊保彝刻本。

（清）楊以增：《楊至堂致許印林書八通》，王獻唐編：《顧黄書寮雜録》，齊魯書社，1984年。

李致忠：《宋版書叙録》，北京圖書館出版社，1994年。

---

① 見咸豐二年（1852）楊以增刻本《六藝堂詩禮七編》卷首。

② （清）柯劭忞：《楹書隅録》跋，《楹書隅録》初續編卷末，清光緒二十年楊保彝刻本。

③ 《楊紹和傳》，《聊城縣志》卷八，清宣統二年文行出版社印行。

五、詩説十二卷總説一卷

宋劉克撰。宋刻本，八册，存十卷，總説、卷一、三至八、十一至十二。明吴寬跋，明錢同愛題款。卷首有紹定壬辰五年（1232）十月信安劉克《詩説》自序及淳祐六年（1246）人日[1]迪功郎、郴州州學教授劉坦跋，卷末亦有劉坦跋，與前跋語意有異。其後跋曰："家君所著《詩説》，每篇條列諸家解，而繫己意於後。其所纂輯家數，視東萊《詩記》加詳，亦互有去取。又以《詩記》所編朱觧乃文公初筆，其晚年《詩解》成時，吕成公已下世，更别爲目，繫於'朱曰'之次。若全以鋟梓，未易遽集，坦浸迫終更，日力有限。兹且以家君己説，與《書説》對刊，仍録全本之副于學宫，或補爲完書，以淑後學，則有望於將來之師儒。淳祐六年人日，迪功郎、郴州州學教授劉坦百拜書于直舍。"惟後跋中"若全以鋟梓，未易遽集，坦浸迫終更，日力有限"四句，在前跋中改作"書成，藏在篋中有年，恨遭攻劫，遺失數卷。先儒固已各有成書，惟家君所著未曾流布"。後跋"全本"於前跋改作"原本"；"家君己説"於前跋改作"其《説》之僅存者"。後跋"師儒"於前跋改作"君子"。次有總説一卷。首卷首行頂格題"詩説卷第一"，次行低九格題"信安劉克學"，第三行頂格題"周南關雎"，下空低七格題"國風"，第四行經文頂格連屬正文，解説皆低一格。22.2×14.3 厘米，序爲六行十七字，劉坦前跋爲七行十四字，後跋則六行十四字，正文九行二十二字，左右雙邊，白口，雙魚尾。上魚尾上題字數，下題"詩總説""詩説卷第幾""詩説卷幾"，下魚尾下題葉次及刻工名。卷一首葉版心下有"吉州吴刊"四字，其他刻工有：吴玉、光礼、道清、德辛、

① 人日：每年農曆正月初七。

俊、青、章、昇、昱、圭、玉、昌、德、六等。宋諱不謹，“貞”字缺末筆。卷一末吴寬題云：“成化丁未七日十又九日，雨過新涼襲人，閑閱半晌，三日後復遍觀一過，因書以紀歲月云。寬。”卷末尾題前又題有“吴郡錢同愛藏書”字樣。卷中有孫澤安致汪士鐘信一通，云：“奉繳宋刻《詩説》首册又抄本第二卷并寫樣計四十五頁。是卷傳寫多有誤處，玩其文義顯然可信者已加改正，餘從闕，疑恐訛字尚多也。尾頁似可不必寫樣，竢書成時於後跋中采入，高明以爲然否？歲闌雨雪，不及趨晤，有續寫書册，不妨檢付一二本，以便暇時捉筆。順候春祺。弟孫澤安頓首上閬翁先生。”“嘉平望前二日。”末鈐印“松窓瞼館”。鈐印“貞”“元”“伯雅”“修汲軒”“王履吉印”“韡韡齋”“停雲生”“汪士鐘印”“閬源真賞”“汪楳泉”“眉泉”“楳泉”“吴下汪三”“汪叔子”“汪振勳印”“振勳私印”“四經四史之齋”“楊氏海原閣鑑藏印”“宋存書室”“楊以增印”“以增之印”“至堂”“楊東樵讀過”“楊紹和印”“楊紹和”“臣紹和印”“紹和筑岩生”“楊氏彦合”“竹言居士”“彦合珍玩”“紹和彦合”“楊二協卿”“東郡楊二”“楊紹和藏書”“楊保彝印”等，吴寬、錢同愛、王寵、王世贞、徐乾學、何元錫、汪士鐘、汪振勳、海源閣舊藏。國圖（850）。《名録一》（00247）。

據卷首劉克自序可知，此書著於宋理宗紹定五年（1232）。劉克之學出於吕祖謙，但又不盡守其師之説。其中見解頗有獨到，然亦間有穿鑿之處。《鄭堂讀書記》卷八《詩説》（寫本）曰：“其詳言之者，頗有類於當時之經筵講義，其宗法乃在《吕氏家塾讀詩記》，而間及於朱子《集傳》。然議論多而考證少，不足以成一家之學。”張金吾《愛日精廬藏書志》曰：“今《書説》佚而是書僅存。讀其書，如説《卷耳》曰：‘二南之詩皆樂易和平，此詩乃不勝其憂，何也？以其時求之，其當殷之末世、周之盛德耶？當文王與紂之事耶？殷周之際，其繫於二代興衰之判者羑里一事，此章非爲羑里發何哉？當横逆患難之時，太姒惟憂傷歎息而不敢言、不敢怨。其情如此，所以“采采卷耳，不盈傾筐”也’……説《晨風》則曰‘秦伯有勤王之功’以及爲《雞鳴》爲刺晏朝，《羔裘》爲譏怙寵，《渭陽》爲嘉釋怨之類，俱能不襲陳言，自抒心得。然其穿鑿之處，未免近於武斷。讀者節取焉可也。”道光元年（1821）孫原湘跋曰“……其識解尤精”〔見臺圖藏本（00264）跋〕。阮元《四庫未收書目提要》云："《鄭風·大叔於田》，今本脱'大'字。此書與唐石經注疏本同，亦可證近世坊本之誤。"

原體例於每篇之後，先條列各家之解，而後附己意。所輯各家之説遠遠超過吕祖謙《詩記》，故其子劉坦嫌其繁博，刪各家之説，衹存其父之論。因而，所存之書，已非劉克原書之舊。劉坦跋曰："若全以鋟梓，未易遽集，坦浸迫終更，日力有限。兹且以家君已説，與《書説》對刊，仍録全本之副于學宫，或補爲完書，以淑後學，則有望於將來之師儒。"此言一曰當時劉坦因"日力有限"，剔除了各家之説，僅"對刊""家君已説"與吕祖謙《書説》二書。二曰原父之未刪全作仍録副存於學宫一部，以後或有機會將其刊藏。三曰據淳祐六年之作序時間，當即刊於此時。因此跋字體與正文字體不一，趙萬里云："坦跋僅一葉，紙色黯淡，與他卷不類，乃坦官郴州州學教諭時所增入。似全書之刊尚在淳祐前也。"（《芸盦群書經眼録》）但即便在淳祐六年之前，亦不會太久。趙萬里又云："羅紋紙精印。刊工字體與贛本相近，克爲信安人，疑即當地所刊也。"（《芸盦群書經眼録》）此本版心下有"吉州吴刊"字樣，吴即吉州刻工吴玉之簡稱，曾參與贛州本《文選》的宋末元初的補修工作。江西吉州（今吉安）、贛州毗鄰湖南郴州，劉坦於南宋末淳祐間在郴州任上刊此書，聘以技術純熟的江西刻工刻梓此書非常可信。周叔弢《楹書隅録》批注此本曰"紙印極佳，刻工方整，宋刻之别派"。蓋亦指與浙本、蜀本及建本有别也。故從時間、地點及字體上推斷，可以認定此本爲"淳祐六年劉坦郴州州學刻本"，李致忠《昌平集》及《名録一》均作此著録。信安今屬浙江衢州，距郴州相距遥遠，故趙氏"當地所刊"云云存疑。

但劉坦刊本在其後流傳中，不慎佚去卷二、九、十之三卷。最早著録缺此三卷本的是朱彝尊《經義考》，可見此本在清初已缺。後來書賈作僞，將後跋部分文字改作原書即缺此三卷，甚至有的抄本之僞跋末題款改爲"淳祐年日迪功郎劉坦百拜再書""淳祐年日迪功郎郴州州學教授劉坦百拜再書于直舍"等，以迷惑後人，以爲原刻真的缺少三卷。《楹書隅録》卷一云："予按：克子坦跋有'書成，藏在篋中有年，恨遭攻劫，遺失數卷'云云，則第二、第九、第十三卷，乃未刊前所佚，非此本有殘闕也。此本坦跋凡二，一在克序後，一在卷尾，語意略同，惟序後之跋，多前數語。當是卷尾之跋先成，因未著明闕卷之故，遂別作一跋補爲叙入，而印時偶忘撤去先跋，以致兩存耳。《經義考》及《揅經室外集》《愛日精廬藏書志》均據傳鈔之本著録，衹載卷尾之跋，是以不知闕失之由矣。”楊紹和以爲是個大發現，孰知實被蒙騙。細校兩跋異文，絕非“語意略同”，前跋專言所缺之卷，後跋則言僅刊劉坦之説，書賈故意剜去後者相關文字，而著意强調前者，其用意顯然。趙萬里已發現書賈作僞，云：“此本自序後又別出坦跋一葉，較卷後之跋多‘書成，藏在篋中有年，恨遭攻劫，遺失數卷’十六字，則估人掩耳盜鈴之術，非原書所應有也。”（《芸盦群書經眼録》）《藏園羣書經眼録》卷一亦曰：“用羅紋紙印……其在序後者字體墨色與全書不同，紙色亦異，當是後刊補入。”目驗前後兩跋内容之別及字體墨色、文字之異，前跋顯然爲書賈補入，不過在書賈補入前跋時，忘記割去後跋，致使兩跋均在，作僞暴露。再者，一個有力證據則是，原本的全本今仍存世，如南圖藏抄本即是，所缺三卷宛然俱在。目驗南圖本，卷末僅有劉坦真跋，不見僞跋，此本一定抄録於未佚去三卷之前，而原本缺卷之言不攻自破。第三，自紹定五年劉克撰成此書，至淳祐六年劉坦作跋時，不足十五年，父著子傳，怎麽就輕易損失三卷？僞跋擅造“恨遭攻劫、遺失數卷”之句，并無事實佐證。需要説明的是，僞跋蓋在清道光元年九月之前（臺博第00264號藏本有孫原湘跋，作於此時）已爲書賈增入，因據此本鈔録而來的本子不少都有此跋，或在卷前或在卷後，如臺灣“國家圖書館”所藏兩本均有，但不知爲何藏書家們都未深究這一原委。

據宋本刊梓者，今惟見道光八年长洲汪士鐘影刻本，缺九、十凡二卷，校勘精审，鎸刻工整。今國圖、南圖分別藏有三部，靜嘉堂文庫亦藏有一部陸心源舊藏本。汪氏影刻本卷首扉頁題“宋本劉氏詩説　道光戊子（八年，1828）仲冬重刊　藝芸書舍藏板”，卷十二尾題前有“蘇州閶門外洞涇橋西　吴青霞齋刊刻刷印”。可見，此書由汪氏委托吴青霞齋刊印。汪氏本前後均未見劉坦僞跋，蓋汪氏似已有覺察，故撤去。其卷首有孫澤安跋，卷末有汪士鐘、錢天樹跋，於刊印經過紹介頗詳。孫氏跋云：“汪閬原觀察家藏宋槧劉氏《詩説》，舊闕第二、第九、第十計三卷，以欲重雕，公諸海内，終以殘闕爲憾，留心購訪者，積有年矣。適鈕君非石從嘉興錢君夢廬處借得钞本，其跋云：郡城陳氏舊钞本

《詩説》止存第一至第六卷。宋槧本所闕第二卷在焉，閬原出所藏舊本，屬余影寫一通，即所借第二卷屬爲仿宋本寫之，重付梨棗，第二卷中又有數字可疑或係傳寫之誤，不敢臆改，謹仍其舊。閬原收藏既富，鑒賞尤精，而汲汲於蒐羅，思有以嘉惠流傳者，用心良厚，余故爲録而述之如此。尚闕第九、第十兩卷，他日倘獲睹全璧，豈非藝林快事歟？道光八年戊子仲冬二日，平江孫保安識。”末有兩方墨印“保安”“孫”。汪士鐘跋曰：“余嘗讀劉氏父子《詩説》序跋，深有慨於解經經亡，而況詩之託物致意、情旨幽遠，千百載下欲尋其意緒之宛曲。劉氏以詩序無名氏確準猶不敢信，固無論後之作者矣。惟其如是，故後之作者，疏通證明，足以羽翼經傳，其説不可不存，而諸家聚訟亦在所不免，劉氏纂輯每篇條例諸家解而繫已意於後，示不敢去取也。余所藏宋本劉氏《詩説》，即傳是樓藏本，頗以殘缺爲憾，幸鈕君樹玉借得嘉興錢氏鈔本，始獲第二卷，然第九、第十兩卷尚缺，倘欲求其全書而方刊，既屬不可必之事，則時光淹忽，并此殘卷聽其浮沈而散佚可乎？既得夢廬第二卷，即倩孫廣文保安影寫，并第二卷亦仿宋本寫之，重爲開雕，楮尾吴匏菴先生題識用秃毫作兩短行，更得顧孝廉震摹其筆意。付梓存之，此書頓還舊觀。余與夢廬兩家收藏之苦心，稍得布於士林，或由此以廣其傳，竟得全璧，則他日之厚望也夫。道光八年戊子十二月三日長洲汪士鐘謹跋。”錢天樹跋曰：“宋槧劉克《詩説》舊藏徐氏傳是樓，缺第二、第九、第十計三卷，竹垞先生《經義考》所載即是本也。嘉慶庚辰初夏，從昭文張氏傳抄本借録其副。道光元年辛巳秋日，復從郡城陳氏假得舊抄本，衹存第一至第六六卷，而宋槧本所缺第二卷在焉，因急倩林君芳椒録之。宋槧本經每行二十二字，説每行二十一字，中間間有損益一二字者，舊抄本經二十二字，説二十一字，無損益。日月章説内第三行首缺五字，又第六行缺一字，不敢任意增減，一遵舊抄本，補入尚缺第九、第十兩卷，他時倘得，延津之合，以成全璧，真藝林快事也。嘉興錢天樹識於味夢軒中，時白露前三日。”從以上三跋可知，嘉道間汪士鐘所收藏本，即缺卷二、卷九、卷十凡三卷，後從嘉興錢天樹借得第二卷，并倩孫保安仿宋寫之，宋槧則影寫之。即使吴寬兩行題識，亦倩方家精摹不差，可見其用心良苦。今檢兩本對照，汪氏本影摹酷肖，不僅行款、書口、邊欄等全合，至字體更逼真，直下宋本一等。又從宋本所夾孫澤安致汪士鐘信書籤可知，孫澤安亦影寫首册及仿寫第二卷，并寄給汪士鐘。既然汪氏囑孫保安寫樣，何以又有澤安相同之舉，抑或汪氏要從兩人中檢其更優者選用？果若此，汪氏之精益求精可嘉可歎。趙萬里《芸盦群書經眼録》跋云："檢卷内有孫澤安致汪閬源短箋一通，與刻本孫保安跋參之。（移録孫澤安致汪士鐘短箋略）疑二人爲兄弟行，當時俱預寫樣之役。故書中云爾也。"刊本所缺第九、十凡二卷，光緒間，陸心源得一全本抄本後，刊此二卷入《群書校補》中，分别爲卷二、三。至此，所刊全本方始問世。1987 年，江蘇古籍刻印社重印光緒本；2005 年，學苑出版社亦影印出版，此二卷遂廣識人間。

汪氏影刻本與宋本相比，其最大貢獻就是多了第二卷。今以汪本校南圖藏抄本亦即《續修四庫》本，頗有可校之處。抄本多用簡體字，如"變"作"变"、"於"作"于"、"體"作"体"等；凡重複字者，其後一重複字必用省略符號。抄本第十八、十九、二十葉凡三葉缺，影刻本則將第十七葉末字和二十一葉首字直接連起來。此所謂缺葉部分爲《谷風》第二章釋意，"二章，遽（抄本此字以後缺三葉）以違言而相棄矣。荼，其指新昏之人乎？此必有二妻，故以新昏言之"。此段表意完整，"遽"字後的"缺葉"内容，根據上下文意及每章釋意字數、結構等，當不缺。抄本多有抄漏或辨識不清者，汪本則全，如卷二第六葉上下兩半葉上端皆缺四至十四字不等，在其他葉中亦間有缺字處，如第六葉上半葉第八行兩處"室家之盛""以處家之道"皆缺"家之"二字，下半葉第一行"戴嬀之可歸"之"戴"字、第二行"則名""爲節唐"等字皆缺，第七葉上半葉第八行"桓公"之"公"字，"將討之矣"之"討之"，皆缺，汪本不缺。汪本亦有缺字處，如第七葉第九行"與石□比而"五字，抄本有，而汪本缺。亦間有異文，如第七葉上半葉第四行"日居月諸，東方自出"，汪本"自"作"是"，當誤。整體來看，汪本較抄本爲佳，但兩本亦有互校互補之處。而《續修四庫》本影印時又不如原抄本清晰。

宋本僅存一帙，然據宋本抄録之本頗夥。其中今南京圖書館所藏全帙者（GJ/KB1203）最爲重要。此本卷七、八兩卷配另一抄本，原爲錢塘汪憲（1721—1771）振綺堂藏書，後歸丁丙，鈐印"汪魚亭藏閲書""錢唐丁氏正修堂藏書""風木庵""東門菜儂""八千卷樓藏書記""嘉惠藝林”“曾藏八千卷樓”等。此本卷首有丁丙跋及《孶經室外集詩説十二卷提要》，次爲自序，次有目録，次有詩説總説；卷末有劉坦後序，同宋本卷末劉跋，惟“與《書説》對”後之“刊”乃一空格代替，其他皆同宋本，似爲抄寫之疏。今將南圖藏抄本與宋本之序和第一卷（首十葉）對校，序目所題“詩説序”，抄本“序”字前加“自”字；宋本“不解其辭”，抄本“解”作“觧”，“辭”作“辞”，後者皆此。“劉克自序”，抄本改作“劉克書”。抄本有詩説目録，宋本無。目録首爲總説，總説抄本每段首行皆頂格，而宋本則每行皆頂格，格式有所不同。總説“儒者之於六經盡心焉矣耳”，抄本後兩字倒爲“耳矣”，當是。“良由識見之得失”，抄本“由”作“繇”（下同）。“於”皆作“于”或“扵”。“禮”字，抄本皆作“礼”。“驗”作“騐”。“實”作“寔”。“傳之其國，傳之天下”，前一“傳”字，抄本作“得”，當誤。“以詔立是學者焉”，抄本“是”字作“扵”。“春秋所歌皆不類者”，抄本改作“故春秋所歌多不類者”。“雖聖門猶難予言，而况夫人乎”，抄本“予”作“與”。“託南以言化”，抄本作“託南以言王化”，據上下文意，當是。“大姒”，抄本皆作“太姒”。“文王之詩，王者之事，不可以爲諸侯，諸侯之事，不可以爲王者”。抄本前一“不可以”作“可不以”，後者同宋本。“無”，抄本作“无”。“先王建邦，大王王迹縱以爲出師，告名山大川之辭”，抄本於“縱”字前有“啓土大王肇基”六字。“亂”，抄本作“乱”。“而處亘古”，抄本作“而皆聖亘古”。整體來看，抄本不如宋本，但亦有可校之處。而抄本之全，則他本獨無，是爲抄本最有價值者。

《善本書室藏書志》卷五著録云：“是書宋《藝文志》、焦氏《經籍志》、朱氏《授經圖》均未載，《經義考》云崑山徐氏有宋雕本，前有《總説》，惜缺第二、第九、第十凡三卷……道光初，汪士鐘得宋刻，從嘉興錢夢廬假得抄本第二一卷，仿宋寫刊，其第九、第十兩卷仍待延津之合。今此本有汪魚亭藏閲書印，非惟第二不缺，第九、第十亦全。道光間振綺堂藏書具存，惜閬源觀察未之一見。”《皕宋樓藏書志》卷五詩類亦著録一部抄本，馬玉堂藏書，并案語云：“汪閬源原重刊本缺三卷。此本完善。”《靜嘉堂文庫漢籍分類目録》并未著録此書，蓋在東渡之前，此書已經流出，今不知何處。

其他抄本尚多，正如黄丕烈跋張蓉鏡抄本曰：“坊友射利，往往以祖本售人，先於未售之前録副，以爲别售之計，此其初心止爲射利起見，然余謂此法良善，使一本化爲無數之本，則其流傳廣矣，唯流弊有不可言者，録副時豈能纖悉無訛，鳥焉帝虎，從此日多，且源流斷不肯明以示後人。”因宋本爲孤本，蓋在陶珠琳售於汪士鐘之前已經抄録多本，傳世的這些抄本除南圖藏本及陆心源藏本外，均缺卷二、卷九、卷十凡三卷，可見均是直接、間接源於宋本當無疑問。其中國圖藏兩部同卷次九卷本，一爲張蓉鏡家抄本（03796），六册，卷首有詩説序，六行十七字，總説和正文均九行二十一至二十二字，無格。（清）孫原湘、黄丕烈跋，詩説序題下有描摹“貞”“元”“伯雅”印，卷一末録有吴寬題識，卷十二末移録劉坦兩跋，當是據宋本而出，其他鈐印“張燮”“張燮字子和號堯友”“詞垣珥筆秘殿紬書版部持籌雲樓定律”（張燮印，張蓉鏡祖父）、“蓉鏡私印”“得此書費辛苦後之人其鑒我”“琴川張氏小琅嬛清閟精鈔祕帙”“張琴□”“□羽”“小琅嬛清閟張氏收藏”“琴川張氏小嫏嬛室主藏書”“小琅嬛福地繕鈔珍藏”“張伯元别字琴芙川”“小琅嬛福地”“吴興姚氏邃雅堂鑑藏書畫圖籍之印”。另一部亦爲六册（63597）。臺北“故宫博物院”藏有三部九卷抄本，其中一部爲清嘉慶間阮元進呈影宋抄本（故善 010712－010719），《宛委别藏》之底本，八册，臺灣商務印書館影印出版《宛委别藏》，收録第五册中。第二部爲徐乃昌舊藏本，六册，《國立中央圖書館典藏國立北平圖書館善本書目》第三頁著録（平圖 000114－000119）。第三部爲八册，《國立中央圖書館典藏國立北平圖書館善本書目》第三頁著録（平圖 000120－000127），鈐印“子垕”“學部圖書之印”滿漢朱文大方印等。後兩部蓋《中國善本書提要》著録者。這兩部原存國立北平圖書館甲庫，後運往美國國會圖書館暫存，1962 年轉運臺灣。第二、三部，2013 年國家圖書館出版社《原國立北平圖書館甲庫善本叢書》皆收録。臺灣“國家圖書館”亦藏兩部九卷本，其一爲六册（00263），九行二十字，鈐印“修竹吾廬”白文方印。其二爲四册（00264），清道光元年張伯元傳鈔宋淳祐間刊本，鈐印“琴川張氏小琅嬛清閟精鈔祕帙”“蓉鏡珍藏”“平生减産爲收書三十年來萬卷餘寄語兒孫勤維誦莫令棄擲飽蟫魚蕘友氏識”“清河”“味經書屋”“墨莊”“禮蓮室”“張蓉鏡讀書記”“芙初女士姚畹真印”“小琅嬛福地祕笈”“方氏若衡曾觀”“味經”“曾藏張蓉鏡家”

"張伯元别字芙川""佛桑仙館""祕帙""皖桐女史方若蘅法號性如字曰叔芷""惟有梅華是知己爰看明月認前身""蓉鏡""莛圃收藏""虞山張蓉鏡鑑藏"。此本亦有清孫原湘、黄丕烈手跋。據孫氏跋云:"近年何夢華購得徐氏本,影寫兩分,以售吾邑陳子準、張月霄。張生伯元從兩家轉抄見示,予得借讀其書。"然黄丕烈跋曰:"即如子瀟(孫原湘字)以爲近年何夢華得徐氏本,影寫兩分,以售陳子準、張月霄,此得諸售者之侈言耳,其實已從五柳本傳録者也。"按黄氏之言,此本并非從陳氏、張氏之抄本抄録而來,而是直接據陶珠琳所藏原宋槧抄録。又,國圖藏本亦有此孫氏、黄氏兩跋,當有一部爲過録者。

此本自明中葉百餘年間歷經吴寬(1435—1504)、錢同愛(1475—1549)、王寵(1494—1533)、王世貞(1526—1590)四大藏書家收藏。錢同愛,字孔周,號野亭。長洲(今江蘇蘇州)人。明藏書家、文學家。其先居於江都,五世祖避亂移居長洲。博學好友,與唐寅、文徵明極友善。自弘治十四年(1501)至正德十一年(1516)六試應天府不第。性喜藏書,常高價購罕見圖書,經、史、子、集無所不有。此本入清首爲朱彝尊《經義考》著録,并言崑山徐乾學曾藏有此本,卷次與此同,此後黄丕烈、汪士鐘等均持此説,然檢其《傳是樓宋元本書目》未載此書,且未見徐氏藏印,抑或爲徐氏後收未録。孫原湘跋張蓉鏡抄本曰"近年何夢華購得徐氏本,影寫兩分",可見此書後爲錢塘藏書家、金石學家何元錫(1766—1829)購得。其後此本流入廠肆。嘉慶間,黄丕烈曾經眼,其跋張蓉鏡抄本曰:"是書宋刻余曾見之,後爲藝芸書舍歸去,其爲之介者五柳主人也。"五柳主人即書賈陶珠琳,常販書於黄丕烈、汪士鐘等。汪士鐘《藝芸書舍宋元本書目·宋板書目》著録曰:"《劉氏詩説》,存一、三之八、十一、十二",蓋即此本。趙萬里又言此本"松江韓氏讀有用書齋藏書",然未見韓氏藏書印,《雲間韓氏藏書題識彙録》亦不載,不知所據。此本鈐有海源閣第一世主人楊以增之印,蓋官江南河道總督時,南下蘇州收購。《楹書隅録》卷一著録,所考頗詳,曰:"是書世無二本,《四庫全書》亦未收録。朱氏《經義考》云:'劉氏《詩説》,《宋志》及焦氏《經籍志》、朱氏《授經圖》均未之載。崑山徐氏傳是樓有藏本,乃宋時雕刻,惜第二、第九、第十卷都闕,前有《總説》,楮尾吴匏菴先生題識尚存。'即此本也……克之學出於東萊，其體例俱仿《讀書記》，然互有去取，并不盡從其説。張月霄謂其不襲陳言，自抒心得。阮文達亦稱《大叔于田》，今本脱‘大’字。此書與唐石經注疏本同，可證近世坊刻之謬，是固讀《詩》者所宜參考者也。”1927 年，海源閣藏書散出時，此書爲抵押天津鹽業銀行九十二種善本之一，1931 年 2 月 12 日，傅增湘曾赴津目驗，著録於《藏園群書經眼録》卷一。之後，包括此本在内的九十二種善本爲北圖整體收藏。期間，周叔弢、趙萬里均曾寓目。《北京圖書館善本書目》著録，然言存十卷，實誤。《續修四庫》收録是本，所缺三卷以南圖藏丁丙舊藏清抄本補配，《中華再造善本》收録。此書至今無整理本問世，如整理點校，當以宋本爲底本，其中第二卷以汪氏影刻本爲底本，第九、十兩卷則以南圖藏抄本爲底本，第二卷又當以南圖藏本校之，其他則以汪氏本校之。

參考文獻：

李致忠：《詩説十二卷總説一卷》，《昌平集》，上海古籍出版社，2012 年。

趙萬里：《詩説十二卷》（宋刻宋印本），《芸盦群書經眼録》，《趙萬里文集》第三卷，國家圖書館出版社，2012 年。

劉毓慶：《歷代詩經著述考》，中華書局，2002 年。

六、周禮十二卷

漢鄭玄注。宋婺州市門巷唐宅刻本，六册，卷八第十葉勞健抄配。清汪喜孫題款，勞健抄補并跋。首卷首行頂格題“周禮卷第一”，卷分上下，上卷次行頂格題“天官冢宰第一”，第三行頂格連屬正文；下卷次行題“天官冢宰下”，下空四格題“周禮”，下空二格題“鄭氏注”。卷三末有雙行書牌“婺州市門巷唐宅刊”，卷四、卷十二末有雙行書牌“婺州唐奉議宅”。卷一、卷七、卷九至十一尾題末題經、注字數，如卷一末題“經四千二百五十九字”“注八千五百一十二字”。19.4×13.4厘米，十三行二十五至二十八字不等，小字雙行三十五至三十六字不等，左右雙邊，白口，單魚尾，間有雙魚尾。魚尾下題“周禮幾”，下題葉次及刻工姓名，葉次下亦有間題字數者。刻工有王珎（珍）、沈亨、沈亨刀、余竑、徐（涂?）林、李才、卓宥、包正、吴亮、高三、王、正、徐、才、李、三、光、卓、仲、元、珪、丁等。宋諱不謹，“玄”“敬”“殷”“匡”“恒”“徵”“樹”“桓”“完”“慎”字等缺筆。卷二末有汪喜孫題款曰“道光十年汪氏藏”，鈐印“高岱”“周良金印”“毘陵周氏九松迂叟藏書記”“周玉齋金漢石之館”“英龢私印”“恩福堂藏書印”“江都汪氏問禮堂收藏印”“汪”“汪大喜孫孟慈”“汪喜孫印”“喜孫秘笈”“秘書外監”“汪延熙印”“汪介徽印”“汪印子孫”“阮氏小雲過目”“何紹基印”“何紹業觀”“古唐里人”“紅術軒”“一經可讀”“海源閣”“聊城楊氏所藏”“四經四史之齋”“宋存書室”“世德雀環，子孫潔白”“東郡楊氏宋存書室珍藏”“東郡楊氏鑑藏金石書畫印”“以增之印”“楊東樵讀過”“臣紹和印”“紹和協卿”“楊氏彦合”“彦合珍玩”“楊紹和讀過”“東郡楊二”“紹和筑岩”“楊保彝印”“周暹”等，高岱、周良金、何紹基、英和、汪喜孫、汪延熙、海源閣、周叔弢舊藏。國圖

(7922)。《名録一》(00250)。

《周禮》亦稱《周官》或《周官經》，是一部搜集周王室官制、戰國時代各國制度的職官專書，儒家經典之一。儘管對其秘藏、真僞、成書年代等問題，歷代學者各持己見，成爲千年聚訟公案，但其文獻價值毋庸置疑，是研究先秦社會政治、經濟、文化、禮法制度的重要史料。全書分爲《天官冢宰》《地官司徒》《春官宗伯》《夏官司馬》《秋官司寇》《冬官司空》六篇，其中《冬官司空》早佚，漢時以《考工記》代之，共設各司之官三百七十餘個官職，詳列其職掌細目，詳解官制和政治制度。西漢景帝、武帝之際，河間獻王劉德從民間得之。漢成帝時，劉歆加以整理、著録，認爲出自周公手作，并奏請皇上，《周官》遂被列入學官，更名爲《周禮》。東漢初，劉歆門人杜子春傳授《周禮》之學，鄭衆、賈逵、馬融等鴻儒皆仰承其説，一時注家蜂起，歆學大盛。東漢末，經學大師鄭玄爲《周禮》作注。由於鄭玄的崇高學術聲望，《周禮》一躍而居三《禮》之首。其後又有（唐）賈公彦《周禮注疏》、（清）孫詒讓《周禮正義》等。

鄭玄（127—200），字康成，山東高密人，爲漢尚書僕射鄭崇八世孫，東漢經學大師、大司農。曾入太學攻《京氏易》《公羊春秋》及《三統曆》《九章算術》，又從張恭祖學《古文尚書》《周禮》和《左傳》等，最後從馬融學古文經。游學歸里之後，客耕東萊，聚徒授課，弟子達數千人。後因黨錮之禍而遭禁錮，杜門注疏，潛心著述。以古文經學爲主，兼采今文經説，遍注群經，嘗注《易》、《書》、《毛詩》、三《禮》、《論語》、《孝經》等，著有《天文七政論》《中侯》等書，世稱“鄭學”，爲漢代經學的集大成者。故後世嘗謂治經而不由鄭學，猶欲入室而不由門户也。鄭玄所注羣經，今惟存三《禮》《毛詩》，其餘均佚。

《周禮》自鄭玄注後，經與注同行，即祇有經注本，無單經本，其後雖有單經本，亦是從經注本中抽出白文，如唐石經所刊即是。《周禮》之最早雕刻乃五代監本。《舊五代史·唐書·明宗紀》云：“長興三年(932)二月辛未，中書奏請依石經文字，刻九經印板，從之。”《舊五代史·漢書隱帝紀》云：“乾祐元年（948）五月己酉朔，國子監奏《周禮》《儀禮》《公羊》《穀梁》四經未有印板，欲集學官考校雕造，從之。”《玉海·藝文》云：“後唐長興三年二月命國子監校正九經，以西京石經本抄寫刻板，頒天下，四月命馬縞、陳觀、田敏詳勘。周廣順三年（953）六月丁巳，十二經及《爾雅》《五經文字》《九經字樣》板成，判監田敏上之。”故《周禮》當始校於乾祐，刊版於後周廣順三年，由田敏奏上，歷經二十餘年，此乃《周禮》最早刊本，此後之傳本均據此五代監本而出。《容齋續筆》卷十四《周蜀九經》云：“予家有舊監本《周禮》，其末云，大周廣順三年五月雕造九經書畢。”王國維《五代兩宋監本考》以爲，五代監本九經，即《易》《書》《詩》《周禮》《儀禮》《禮記》《春秋三傳》《孝經》《論語》《爾雅》及《五經文字》《九經字樣》，并均爲經注本，經依唐石經、注爲通行經注本之注。北宋館閣校勘經書達十次之多，其最早的北宋監本，即據五代監本校勘翻刻。《宋史·李覺傳》卷一百九十云：“淳化初，以上經書板本有田敏輒刪去者數字，命覺與孔維詳定。”《玉海》卷四十三《刊正四經》云：“先是，國子監言，羣經摹印歲深，字體訛缺，請重刻板。因命崇文檢詳杜鎬、諸王侍講孫奭詳校。至是畢，又詔（邢）昺與兩制詳定而刊正之。”又“天禧五年辛丑，令國子監重刻經印板，以歲久刓損也”。其《周禮》当亦在列。南渡後，又依北监本翻刻註疏，是为南監本。《玉海》卷四十三《景德群書漆板·刊正四經》云：“（紹興）二十一年五月，詔令國子監訪尋五經三館舊監本鏤板。”李心傳《建炎以來朝野雜記》甲集卷四云：“監本書籍，紹興末年所刊。國初艱難以來，固未暇及。九年九月，張彥實待制爲尚書郎，始請諸道州學，取舊監本書籍，從之。然所取多殘闕，故胄監刊六經無《禮記》，正史無《漢書》。二十一年五月，輔臣復以爲言，上謂秦益公曰：‘監中其他闕書，亦令次第鏤版，雖重有費，亦不惜。’由是經籍復全。”可見，南監本《周禮》當刻成於紹興末年。據岳珂《九經三傳沿革例》可知，除南宋監本外，九經版本尚有蜀大字舊本、潭州舊本、撫州舊本、建大字本、婺州舊本等十餘種，皆係監本之流。《周禮》自宋以來傳本可分爲兩類，一爲鄭玄單注本，未附陸德明《釋文》者，《隋書·經籍志》載“《周官禮》十二卷，鄭玄注”當此；一爲附陸氏《釋文》者。其中鄭氏單注本，可考者有宋婺州市門巷唐宅刻本，殘蜀大字本、明嘉靖徐氏翻宋本、清黄丕烈《士禮居叢書》本等。

此本雖有書牌，然究竟刊於何時，并未交代。勞健跋曰：“此本舊傳北宋刻，然書中慎字固缺筆。各頁字體刀法間微有剛柔方圓之異，或北宋刻南宋補耶?"楊守敬跋潘宗周藏殘本曰："右宋槧本《周禮》，存《天官》、《地官》、《春官》六卷。《夏官》、《秋官》、《冬官》，以附釋音本補之。不附釋音避敬、殷、貞、徵、玄、匡、竟、桓、讓等諱。第三卷後有'婺州市門巷唐宅刊'木記。大題在下，與唐石經合。第一卷末題經、注字數。審其款式字體，雕印當在北宋末南宋初。"李盛鐸跋潘宗周藏本曰："是書當爲北宋刊版，南宋修補。以書中有不避桓字者，有桓字末缺筆，係後來挖去者，實爲刊版在宣和前之確證。楊惺吾所校經注，頗爲精細。至謂刊在北宋末南宋初，固未寀也。後六卷配入之本，避慎字諱，則南宋板刻毋庸置喙矣。"（見國圖藏潘氏藏本，索書號：8634）三家各由所據，各持己説。《中國版刻圖録》據諱字、刻工及刻書主人推定爲南宋初刻本，曰："宋諱闕筆至'桓''完'字。刻工沈亨、余竑又刻《廣韻》，《廣韻》闕筆至'構'字、'眘'字，因推知此書當是南宋初期刻本……《九經三傳沿革例》所謂婺州舊本，疑即此本。唐奉議疑即唐仲友，仲友以校刻《荀子》等書遭朱熹彈劾得名。"此從諱字、刻工及唐氏三點綜合推斷，得到李致忠肯定，其《宋版書叙録》曰："此本中字秀雅，刀法剔透，皮紙印造，墨色匀净，一看便知是宋時浙刻風貌。"就避諱而言，此本不甚嚴謹，乃南宋坊肆、私宅刻書常見現象。如"玄""眩"字缺筆，"弦"字不避。但"桓""完"字缺筆，避北宋末帝欽宗趙桓名諱，成爲北宋槧本的證據。對此，《宋版書叙録》曰："南宋前期的刻書中，有一特殊現象不知何故，即於北宋諸帝廟諱回避均已不嚴，唯獨對待曾經被金人俘虜而僅做年把皇帝的趙桓，則格外垂青，遇之則諱。這也許是古人同情落難皇帝的感情所致。因此，在宋版書中，對待趙桓的名諱要慎重運用。不能一見到書中有回避趙桓名諱的現象，就斷定其爲北宋刻本。此本《周禮》亦不例外。"至於刻工，沈亨、余竑又刻《廣韻》，此本避至"眘"字。同時，王珎（珍）、余竑參與刊梓宋紹興間江南東路轉運司刻《漢書》一百卷，此本亦避至"慎"字。王珎、余竑、包正曾參與刻梓宋紹興十六年（1146）兩浙東路茶鹽司刻本《事類賦》三十卷，此本避至"構"字。可見，就刻工而言，該本刻於南宋初浙江當無疑問。唐仲友（1136—1188），字與政，浙江金華人。高宗紹興進士，調衢州西安簿。復中弘詞科，累官通判建康府。孝宗時上書論時政，召除秘書省著作郎，出知信州。淳熙七年（1180）移知台州，八年擢江西提刑，被劾奉祠。《宋元學案》卷六十、《宋史翼》卷十三、《〔康熙〕金華府志》卷十六有傳。其父唐堯封，歷官侍御史、吏部侍郎、國子祭酒、直龍圖閣朝散大夫。仲友兄唐仲溫、仲義，皆爲進士，爲官一方。唐仲友的刻書活動主要是南宋淳熙間（1174—1189）知台州時，所刻之書有《荀子》《揚子法言》《中説》《昌黎先生集》《後典麗賦》等，所用刻工幾乎爲同一批刻工，字體風格、避諱等亦同。其中《揚子法言》十三卷，即爲唐仲友於淳熙八年在臨海台州任上所刻。今遼寧圖書館有藏本，堪爲國寶。《欽定歷代職官表·宋代》卷六十八曰"太常、秘書、殿中丞爲奉議郎"，而仲友於孝宗時除秘書省著作郎，如是則《周禮》刻於孝宗時正與書牌所記職官相符，且諱字亦至孝宗趙昚之"慎"字。王菡《唐仲友刻書今存》曰："唐仲友刊《荀子》《揚子法言》俱在淳熙年間，所聘刊工以蔣輝爲首，多與此書刊工不同。推測《周禮》之刊，或早於《荀子》《揚子法言》，當在乾道年間任館職之時。"① 又，《宋版書叙録》有詳考，謂遍查萬曆、康熙、道光《金華府志》或《金華縣志》，婺州城前後衹有唐堯封與唐仲溫、唐仲義、唐仲友父子一家大族，而"以唐堯封做官最高，唐仲友聲名最顯。唐奉議很可能是唐堯封做過的官職（丁案：此説與《職官表》所載有牴牾，姑存此一説），故唐仲友刻書時便仍以唐奉議稱其宅名。加之唐仲友又確實邃於諸經，獨尚經制之學。又有刻書愛好，且因校刻《荀子》等書而遭朱熹彈劾。綜合所有這些理由，説婺州本《周禮》是唐仲友家所刻，可能性是極大的。如果確是他所刻，則時代亦黨在孝宗之時了"。所斷當是，惟奉議乃仲友職官也。婺州即浙江金華，至於"婺州市門巷唐宅"則"很可能指的是某市場門臉附近的街巷名稱。所以將此書似可著録爲'南宋初婺州市門巷唐奉議宅刻本'"（《宋版書叙録》）。而周叔弢《楹書隅録》批注又曰："刻工姓名皆浙匠……黄麻紙、中等，余頗疑是福建刻。"當非。《刊正九經三傳沿革例》所謂"婺州舊本"蓋指此本。

關於其版本之價值，不僅爲存世最全宋槧鄭注本，且可校勘後世傳

① 《中國典籍與文化》2007 年第 3 期。

本。《楹書隅録》卷一以實例證之，曰："……蓋即婺州舊本，尤今世絶無僅有者，寧非之寶耶！三《禮》經注合刻，《儀禮》有嚴州本，《禮記》有撫州本，俱已覆雕，《周禮》則闕如。黄復翁翻本，以嘉靖徐刻爲主，殊非宋本真面。而宋本之見於著録者，黄復翁所校紹興間集古堂董氏本（原註：《秋官下》《冬官上》鈔補）、蜀大字本（原註：存《秋官》）、單注本（原註：存《冬官》）、小字本（原註：存《夏官》）、岳本（原註：存《地官》《春官》《夏官》）、互註本（原註：缺《秋官》《冬官》），并海寧陳簡莊所藏；附音義纂圖互註本（原註：《秋官》《冬官》，以余仁仲本配補。案：此本即復翁所據互註本），所見巾箱本（原註：缺《春官》《夏官》，案：此本係纂圖互註本），余仁仲本（原註：《天官》《地官》配補，《秋官》俗鈔。案：此本即阮文達公《周禮校勘記》所載錢孫保本），率皆殘帙，且或附音釋，或纂圖互註，不盡鄭注也。此本則與嚴、撫兩刻同爲鄭注專本，首尾完具，鏤鍥精工，亦無弗同，而經注之勝各本者，證之彭文勤公《石經考文提要》（原註：據校宋本凡四，除已見前之互註、附音、仁仲三本外，尚有宋本《九經》）、阮文達公《周禮校勘記》及復翁《札記》、簡莊跋文，尤多吻合。如倦翁云：'《秋官》"司寤氏掌夜時"註："夜時謂夜晚早，若今甲乙至戌"，疏又以"甲乙則早時，戌亥則晚時"實其説，惟蜀本作"戊"字，竊謂"戊"字爲是，疏則因傳寫之誤而曲爲之説爾。註意正指甲夜、乙夜至戊夜也。'是'戌'字之沿譌已久，故今據校之宋本，從無云作'戊'者。而此本獨未誤。又倦翁云：'開元所書《五經》，往往以俗字易舊文。五季而後，鏤板傳印，經籍之傳雖廣，而點畫義訓，訛舛自若。蓋宋時刊書多出坊賈，俗文破體，大抵類然。'此本字學獨極精審，幾於倦翁所謂偏旁點畫，不使分毫差誤，故宋諱之缺避，較他本頗詳。可知此本非特今世爲罕見之珍，即宋槧各本，亦莫與之京矣，不更珏中之珏耶！"今存同刻本，國圖尚藏一部，惜僅存首六卷，潘宗周等舊藏，楊守敬竭兩日之力，以校勘實例證其價值，跋曰："宋槧本《周禮》……今在章碩卿大令處。敬於光緒丙戌冬十二月赴碩卿嘉魚縣署，出示此本，余驚爲秘笈。竭兩日力，略爲校之。如《天官太宰》'九兩'注'疾病相扶'，無'持'字。《小宰》'八成'注'貸子'，不作'貸予'。《膳夫》注'稍事謂非日中'，'謂'不作'爲'。《腊人》注各本因疏衍二十五字，此不衍，與嘉靖本合。《地官·遂師》《遂大夫》不提行，以圍隔之。《地官·載師》注‘其大夫’不作‘上大夫’‘下大夫’。《媒氏》注‘行苦’不作‘行沽’。《遂師》‘抱磿’不作‘磨’。《遂大夫》注‘鎡其’不作‘鎡基’。《稻人》‘芟夷’不作‘萬’。《山虞》‘柔刃’不作‘忍’。《槁人》注‘不與饑人言者言其共至尊’，各本脱‘者言’二字，岳本、嘉靖本遂改‘其爲者而共至尊’，遂若不相接。又‘潘灡戔餘’，‘戔’字偏右，據《釋文》，‘戔’本作‘殘’，原刻必是‘殘’字，挖去‘歹’旁，今各本無作‘殘’者，足見此本根源之古。《春官·世婦》注‘亦用士人’不作‘八人’。《司干》注‘謂盾’不作‘楯’。《大宗伯》注‘五年而再殷祭’，‘五’上無‘率’字。‘群神之兆’不作‘群臣’。《肆師》注‘匪以致饗’，‘匪’字上空，原刻當是‘篚’字，以經用古字、注用今字例之，則‘篚’字是。《司尊彝》注‘罍臣’不作‘罍神’，‘涚拭勺’不作‘挩’。《大司樂》注‘鳥獸蹌蹌’不作‘鎗鎗’‘牄牄’，與《釋文》一本合。《小師》‘大予樂’不作‘大子樂’，與《後漢書》注合。《典同》注‘甄燿’不作‘甄濯’，與賈《疏》合。《詛祝》注‘鄭司農云載辭’，此本‘云’字擠入，原刻無‘云’字，則‘載’爲‘説’字之誤尚有迹可尋。《太史》‘厎日’不作‘底’，‘或爲汁’不作‘叶’。《巾車》注‘聲且警衆’不作‘聲且’。凡此皆一字千金。其他勝今本處不可勝紀……按《周禮》宋本今存於世者，惟余仁仲萬卷堂本、相臺岳氏本及錢保敬所藏殘本，然皆附釋音者。其不附釋音，唯明嘉靖翻宋本爲最佳。今以此本照之，十九與之合，間有勝嘉靖本者，余、岳二本遠不逮也。此雖殘本，若能并所補釋音翻雕餉世，誠經學鴻寳也。”

單注本中今尚存有一部南宋蜀刻大字本，存二卷二册，卷九、十，（清）黄丕烈跋。元内府、黄丕烈、陸心源舊藏。今存静嘉堂文庫。黄丕烈跋稱“殘宋蜀大字本”，《儀顧堂續跋》卷二著録爲宋孝宗時蜀中刊本，曰：“《周禮》單注不附釋文者，今以嘉靖覆宋八行十七字本爲最善，阮氏謂勝於余仁仲岳倦翁本。此本又足訂嘉靖本之誤，如《秋官序官》‘赤犮氏’，‘犮’不誤‘友’……此皆勝嘉靖本處。若監、閩、毛《正義》諸刊，則更有霄壤之别，惜乎僅存二卷，未聞有全本耳。黄氏校刊《周禮》，所據即此二卷。阮文達未見原本，僅據臧庸堂刊本采入校勘記，庸堂所見亦即此二卷，恐世無第二本矣。”《藏園羣書經眼録》卷一著録曰：“此本字體古勁，近柳誠懸。與蜀大字本蘇文忠、蘇文定、秦淮海諸集極相近，黄氏定爲蜀大字本，洵然。”《書舶庸譚》卷六著録。

明代刊梓單注本影響最大者爲明嘉靖吴郡徐氏刻三《禮》本，八行十七字，今藏多部，僅國圖即有五部，上圖、南圖、北大、臺圖等均有藏本。其他尚有明嘉靖六年（1527）何鰲刻本，今北大、中國歷史博物館均有藏本。據《中國古籍善本書目》所載，山東圖書館藏一部明刻本，待考。清嘉慶間，黄丕烈據嘉靖本重刊入《士禮居叢書》中，并附《劄記》一卷，清光緒十三年（1887）上海蜚英館、民國二年（1922）上海博古齋均據《士禮居叢書》本影印出版。清同治稽古樓刻入《袖珍十三經注》本，今國圖、上圖均有藏本。明盧之頤溪香屋輯刊《合刻周秦經書十種》，收有《考工記注》二卷，今國圖有藏。另據范希曾《書目答問補正》卷一所記，尚有武昌書局本，不知是否存世。這些明清傳本究據宋刻抑或明本翻刻，尚待考證。

是書藏印累累，自明以來，遞藏有緒，先經明嘉靖進士高岱、嘉靖藏書家周良金，入清傳入大學士英和恩福堂，又迭經書法家何紹基、金石收藏家汪喜孫等人收藏，楊以增督南河時從揚州汪喜孫處獲得。海源閣所藏“四經四史”之鄭箋《毛詩》之三，海源閣主人楊以增治學宗承鄭學，故傾畢生之力將存世宋槧鄭箋三《禮》《毛詩》悉收閣内。楊紹和於《楹書隅録》卷一著録曰：“嚴、撫兩本，先公督袁江時收得之，旋購此本於揚州汪容甫先生之子孟慈太守家。錢遵王、陳簡莊所藏鄭箋《毛詩》兩宋本，復先後來歸，於是北海之學存於今者，咸獲善本，洵經廚之大觀也。先公畢生邃於經學，服膺北海，嘗叙山陽儉卿丁丈《六藝堂詩禮七編》曰：‘自後儒空言義理，而鄭君之學微。然王禕謂朱子《詩集傳》訓詁多用毛、鄭。朱子《論孟精義序》云：“漢儒正音讀，通訓詁，考制度，辨名物，其功博矣。學者苟不先涉其流，則亦何以用力於此?”《孟子集注》以《柏舟》爲“衛之仁人”、《白鹿洞賦》“廣青衿之疑問”，仍用毛、鄭舊説。至《儀禮經傳通解》徵引三《禮》，備載鄭注。讀經而不由鄭學，猶欲入室而不由門戶也。’嗚呼！學者誠能致力於此，博考互稽，析疑申奥，則訓詁既定，義理斯明，於經學豈曰小補之哉！重惜予之謭陋，不克自勵而自棄也。悲夫!”1934 年，周叔弢從楊敬夫處購之。楊氏得是書時，内有缺頁，弢翁得後囑勞健抄補。勞健《跋》是書云：“第八卷末有闕佚，原裝附畫闌空紙三頁，叔弢屬爲據文禄堂新印影宋建本補完。約略依本書行款字數寫之，適滿一頁。卷尾應著‘周禮卷第八’一行。本書是否别作一頁，或有經注字數，有木記，皆不可知，姑從闕佚。”《自莊嚴堪善本書目》著録。1952 年，周叔弢將其捐獻於國家。《古逸叢書三編》收録，李致忠跋。《中華再造善本》收録。

參考文獻：

李致忠：《宋版書叙録》，北京圖書館出版社，1994 年。
王鍔：《〈周禮〉白文經版本考辨》，《古籍整理研究學刊》1995 年第 4 期。
王鍔：《鄭玄〈周禮注〉版本考》，《圖書與情報》1996 年第 2 期。
王菡：《唐仲友刻書今存》，《中國典籍與文化》2007 年第 3 期。
潘宗周編：《寶禮堂宋本書録》，上海古籍出版社，2007 年。

七、新定三禮圖二十卷

宋聶崇義集注。宋淳熙二年（1175）鎮江府學刻公文紙本，六册，蝶裝。清錢謙益跋。卷首有竇儼序，首行頂格題"新定三《禮圖》序"，第二行第二格題"通議大夫國子司業兼太常博士柱國賜紫金魚袋臣聶崇義集注"，序文頂格，序後直接卷一，不空行。竇儼序曰："……國子司業兼太常博士聶崇義，垂髫之歲，篤志於《禮》。《禮經》之內，遊刃其間。每謂《春秋》不經，仲尼耻是；《關雎》既亂，師摯憫之。今吉凶之容、禮樂之器，制度舛錯，失之甚焉。施之於家，猶曰不可，朝廷之大，寧容濫瀆！御名（丁案：此爲"義"字，因避宋太宗趙匡義而注"御名"二字）欲正失於得，返邪於正，潛訪同志，定其《禮圖》。而所學有淺深，所見有差異。作舍道側，三年不成，衆口云云，何所不至！會國朝創制彝器，追於車服，乃究其軌量，親自規模，舉之措之，或沿或革，從理以變，惟適其本，時之學者曉然服義。於是博采三《禮》舊圖，凡得六本，大同小異，其猶面焉。至當歸之一言，豈容如是！吾誰適從之歎，蓋起於斯，何以光隆於一時，垂裕於千古。遂鑽研尋繹，推較詳求。原始以要終，體本以正末。躬命繢素，不差毫厘。率文而行，恐迷其形範；以圖爲正，則應若宮商。凡舊圖之是者，則率由舊章。順考古典，否者則當理彈射，以實裁量；通者則惠朔用其互聞。吕望存其兩説，非其學無以臻其極，非其明無以宣其象。遵其文，譯其器，文象推合，略無差較。作程立制，昭示無窮。匪哲匪勤，理無攸濟。既勤且哲，何滯不通？有以見臨事盡心，當官御物。官不同事，人不同能，得其能則成，失其能則敗。《禮圖》至此，能事盡焉。國之禮，事之體，既盡美矣；物之紀，文之理，又盡善矣。其《新圖》凡二十卷，附於古今通禮之中。是書纂述之初，詔儼總領其事，故作序焉。"卷二十爲目録卷，目録首有聶崇義後序，首行頂格題“新定三《禮圖》目録卷第二十”，次行低二格題“通議大夫國子司業兼太常博士柱國賜紫金魚袋臣聶崇義集注”；目録尾題後空一行爲淳熙二年陳伯廣刻書跋。聶崇義後序曰：“《舊圖》十卷，形制缺漏，文字省略，名數法式，上下差違。既無所從，難以取象，蓋久傳俗不知所自也。臣崇義先於顯德三年冬奉命差定郊廟器玉，因敢删改。其或名數雖殊，制度不别，則存其名而略其制者，瑚、簋、車、輅之類是也。其名義多，而《舊圖》略振其綱而目不舉者，則就而增之，射侯、喪服之類是也。有其名而無其制者，亦略而不圖。仍别叙目録，共爲二十卷，凡所集注，皆周公正經，仲尼所定，康成所注，傍依疏義。事有未達，則引漢法以況之。或圖有未周，則於目録内詳證以補其闕。又案詳近禮，周知沿革……”陳伯廣跋云：“《三禮圖》，始熊君子復得蜀本欲以刻于學，而予至，因屬予刻之。予觀其圖，度未必盡如古昔，苟得而攷之，不猶愈於求諸野乎！淳熙乙未（1175）閏月三日永嘉陳伯廣書。”紙背公文有淳熙五年鎮江府學教授徐瑞卿、中奉大夫充徽猷閣待制知鎮江府司馬笈銜名。首卷首行頂格題“新定三禮冕服圖卷第一”，尾題同，次行低一格題子目圖名，之後爲《禮圖》，右圖左文，或上圖下文。卷一末空行，卷二另起葉，以下同。21.6×16.5厘米，十六行二十六七字不等，左右雙邊，白口，雙魚尾或單魚尾、無尾。上魚尾上題字數，下題“礼弟幾”“礼幾”“三礼幾”，中間亦有間題字數者，下魚尾題葉次及刻工姓名。刻工有李士聰、刘明、刘志、趙通、明、刘、士聰、文、戴、右、祐等。宋諱不謹，“匡”改作“刊”，“義”注“御名”，“殷”“玄”字缺末筆。鈐印“石澗書隱”“石澗寶笈”“俞貞木”“立盦圖書”“華夏”“真賞”“敬心老人”“錢謙益印”“牧翁”“季振宜印”“季振宜藏書”“滄葦”“徐健菴”“乾學”“海源閣”“楊紹和曾敬觀天禄琳琅秘籍”“宋存書室”“彦合珍玩”“日講官起居注”“東郡宋存書室珍藏”“周暹”等。俞琰、俞貞木、華夏、錢曾、季振宜、徐乾學、海源閣、周叔弢舊藏。國圖（7930）。《名録一》（00277）。

聶宗義，河南洛陽人。五代末、北宋初著名經學家。少舉三《禮》，善禮學，通經旨，學問賅博，深受世人推崇。五代後漢乾祐（948—950）中，累官至國子《禮記》博士。曾校定《公羊春秋》，刊版於國學。後周顯德（954—960）中，累遷國子司業兼太常博士。

此書凡圖三百八十餘幅，原文文字約十餘萬言。關於其撰著此書的經過，禮部侍郎竇儼序已有交代。《宋史·聶崇義傳》又云："先是，世宗以郊廟祭器止由有司相承製造，年代浸久，無所規式，乃命崇義檢討摹畫以聞。四年，崇義上之，乃命有司別造焉。五年，將禘於太廟……終從崇義之議。未幾，世宗詔崇義參定郊廟祭玉，又詔翰林學士竇儼統領之。崇義因取《三禮圖》再加考正，建隆三年四月表上之，儼爲序。太祖覽而嘉之，詔曰：'禮器《禮圖》相承傳用，寖歷年祀，寧免差違！聶崇義典事國庠，服膺儒業，討尋故實，刊正疑訛，奉職效官，有足嘉者，崇義宜量與酬獎。所進《三禮圖》，宜令太子詹事尹拙集儒學三、五人，更同參議，所冀精詳。苟有異同，善爲商確。'五月，賜崇義紫袍、犀帶、銀器、繒帛以獎之。拙多所駁正，崇義復引經以釋之，悉以下工部尚書竇儀，俾之裁定。儀上奏曰：'伏以聖人制禮，垂之無窮。儒者據經所傳或異，年祀寖遠，圖繪缺然，踳駁彌深，丹青靡據。聶崇義研求師説，耽味禮經，較於舊圖，良有新意。尹拙爰承制旨，能罄所聞。尹拙駁議及聶崇義答義各四卷，臣再加詳閲，隨而裁置，率用增損，列於註釋，共分爲十五卷以聞。'詔頒行之……未幾，崇義卒，《三禮圖》遂行於世，并畫於國子監講堂之壁。崇義爲學官，兼掌禮，僅二十年，世推其該博。"五代後周世宗柴榮以郊廟祭器年代久遠，有司相承仿製，無所規式，乃命聶崇義檢討摹畫。

關於本書所采底本等問題，竇儼序中言"凡得六本"，《郡齋讀書志》卷二著録曰："右聶崇義周世宗時被旨纂輯，以鄭康成、阮諶等六家圖刊定。皇朝建隆二年奏之，賜紫綬犀帶，獎其志學。竇儼爲之序，有云：'周世宗暨今皇帝，恢堯、舜之典則，總夏、商之禮文。'命崇義著此書，不以世代遷改，有所抑揚，近古云。"《直齋書録解題》卷二著録曰："《三禮圖》二十卷，國子司業太常博士河南聶崇義撰。自周顯德中受詔，至建隆二年奏之。蓋用《舊圖》六本參定，故題'集註'，詔國學圖於宣聖殿後北軒之屋壁，至道中改作於論堂之上，以版代壁。判監李至爲之記。吾鄉郡庠安定胡先生所剏論堂繪《三禮圖》，當是依倣京監。嘉熙戊戌風水，堂壞，今不存矣。"可見，當時關於《禮圖》的傳本很多，至於聶崇義參對六本之詳情，《四庫提要》卷二十二著録此書時亦有詳述，并對鄭玄是否爲其作《圖》，提出質疑："考《禮圖》，始於後漢侍中阮諶。其後有梁正者，題諶圖云：'陳留阮士信受學於潁川綦母君，取其說爲《圖》三卷。多不按《禮》文，而引漢事與鄭君之文，違錯。'正稱《隋書·經籍志》列鄭玄及阮諶等《三禮圖》九卷。《唐書·藝文志》有夏侯伏朗《三禮圖》十二卷、張鎰《三禮圖》九卷。《崇文總目》有梁正《三禮圖》九卷。《宋史》載吏部尚書張昭等奏云：'《四部書目》內有《三禮圖》十二卷，是開皇中敕禮部修撰。其圖第一、第二題云梁氏，第十後題云鄭氏。今書府有《三禮圖》，亦題梁氏、鄭氏。'則所謂六本者，鄭玄一，阮諶二，夏侯伏朗三，張鎰四，梁正五，開皇所撰六也。然勘驗鄭《志》，玄實未嘗爲《圖》，殆習鄭氏學者作《圖》，歸之鄭氏歟？"聶崇義所繪圖象雖"未必盡如古昔"，但援據經典，考釋器象，終得皇帝及朝臣肯定，不僅朝野頒行，還將其繪於國子監論堂，故很快流傳開來，各地刊梓頗衆，甚至遠傳蜀地刻印問世。淳熙二年鎮江府學陳伯廣即以蜀本爲祖本參校衆本再度刊印出版。

據陳伯廣刻書後跋可知，熊克任鎮江府學時，曾得一蜀本，欲刻之於學，恰逢陳伯廣來任鎮江府學學正，因囑其主持刻印此書。熊克，明《〔萬曆〕鎮江府志》卷十六"宋教授，學正教諭附"條載云："熊克字子復，建安人。乾道八年（1172）任。集開寶以來詩文二十卷，又補《丹陽類稿》所遺八十餘篇，爲《京口集》。"《宋版書敘録》據陳伯廣跋及《〔萬曆〕鎮江府志》所載，考曰："乾道八年，熊克（字子復）來任鎮江府學。越一年，至淳熙元年，便有王康來任鎮江府學學正。翌年，即淳熙二年，陳伯廣便來接替了王康，陳伯廣的後任是楊大法。可見至淳熙二年，熊克還未離開鎮江地面，因將自己未竟的刊印《三禮圖集注》之事托付給了陳伯廣。陳伯廣於鎮江府學刊板流布。因而此書的版本應著録爲'南宋淳熙二年陳伯廣鎮江府學刻公文紙印本'。"因此本紙背有淳熙五年鎮江府學教授徐瑞卿、中奉大夫充徽猷閣待制知鎮江府司馬笈銜名，可知雕印在淳熙二年，而刷印則在淳熙五年或之後。《真賞齋賦》著録是書，然誤作北宋版。

《三禮圖》爲集注體，内容多據漢唐經師的注與疏，結合宋之前禮學著作及舊《禮圖》等來復原古代禮器圖。其圖作内容或以舊圖爲是，或正舊圖之失，另撰新圖。其内在體例爲按文繪圖，因襲舊圖目録，始於王、后、諸侯等服飾，中接宫室、射術、投壺及祭器、酒器等禮器，終於喪服喪器，按照由生到死的順序，嚴格遵照尊卑大小的等級制度，將《禮圖》作爲社會生活的權力象徵。其圖文排列爲“左書右圖”，與傳統“左圖右書”的圖作方式有異。况聶氏在徵引諸家禮文時，或據舊説，或駁舊説而創新説，或依舊説而言“他皆類此”，或存其舊圖“冀來哲所擇”。遇有待商榷之處，則闕疑；遇有舊圖不足之處則據文獻補苴其説。關於聶崇義所輯圖説，學者亦有異見，如沈括《夢溪筆談》卷十九《器用》云：“或曰：‘《禮圖》罇彝皆以木爲之，未聞用銅者。’此亦未可質，如今人得古銅罇者極多，安得言無？蒲谷璧，《禮圖》悉作草稼之象，今世人發古塚，得蒲璧，乃刻文蓬蓬如蒲花敷時，谷璧如粟粒耳。則《禮圖》亦未可爲據。”《夢溪筆談》文中多次言及聶崇義《三禮圖集注》之失。近人王國維基本持否定態度，據其《澄秋館吉金圖》序言，以爲率皆依據經注，向壁虚造，殆無一器一物能得古人之真者，承學之士憾焉。直到吕大臨、李公麟皆撰《考古圖》，《宣和博古圖》及《續考古圖》亦出，都是既重款識又重器形之書，學者始得據傳世古器，以訂正《禮圖》（見 1930 年閩縣陳氏石印本）。這些評鑒未必公允，《四庫提要》卷二十二云：“然其書抄撮諸家，亦頗承舊式，不盡出於杜撰。淳熙中陳伯廣嘗爲重刻，題其後云：‘其圖度未必盡如古昔，苟得而考之，不猶愈於求諸野乎？’斯言允矣。”正如陳伯廣所言“度其圖，未必盡如古昔”，然“援據經典，考譯文象”，確有保存舊圖、亡佚文獻之功，極具輯佚、校勘、辨僞之價值。

又，錢謙益跋是本曰：“宋顯德中聶崇義《新定三禮圖》二十卷，援據經典，考譯文象，繇唐虞訖建隆，粲然可徵。然如尊彝圖中犧象二尊，并圖阮氏、鄭氏二義，而不主王肅之説。是時齊子尾送女之器已出地中，而聶氏考猶未覈。南宋人謂‘覯其圖，度未必盡如古昔’，有繇然也。此等書經宋人考定，其圖象皆躬命績素，不失毫髮。近代雕本，傳寫訛繆，都不足觀。余舊藏本出史明古家。遵王此本有俞貞木圖記，先輩名儒，汲古嗜學，其流風可想也。辛丑夏四月四日蒙叟謙益書於城北之胎仙閣。”（錢跋又見《有學集》）《宋版書叙録》又言其版本曰：“全書皮紙印造，字體近歐，刀法嚴整，綫條流暢，顯係宋刻之上乘。”“以錢謙益的此等評論，來諦審北京圖書館所藏宋刻此書，其《禮圖》

格局，各圖結構，造型體制，綫條花紋，刀法墨色等，確實是都很考究。”觀其書版，確如所言，且“傳本極罕”，海内孤本。

其後歷代多有刻本和影抄本行世，但題名不一，或題作《新定三禮圖》，或題作《三禮圖集注》，或題作《三禮圖》。錢曾也是園曾影宋抄本一部，後爲清内府收藏，《四庫全書》本即據此而出，其《提要》卷二十二云：“惟内府所藏錢曾也是園影宋鈔本，每頁自爲一圖，而説附於後。較爲清整易觀，今依仿繕録焉。”現存另一刻於南宋者爲蒙古定宗二年（1247）析城鄭氏家塾重校本《三禮圖集注》，今藏國圖（07277），其卷一、二配清初毛氏汲古閣抄本，十三行二十一字，細黑口，左右雙邊。《四部叢刊三編》收録此本。蒙古本比宋本晚了七十二年，經比對，兩本異文極少，很可能以此宋本爲底本刻梓傳行。其他有清初刊本，臺圖有藏；清康熙十九年（1676）納蘭成德《通志堂經解》本，國圖有藏本（63158），傅增湘校；臺圖亦有藏本（25049）；清乾隆五十年（1785）内府刊本，臺圖有藏（104.535180/22235－0105）。日本寶曆十一年（1761）東都書肆崇文堂刻本，今北大、國圖均有藏本。清同治十二年（1873）粤東書局重刊本，臺圖有藏。清上海同文書局石印本，北大有藏。這些晚出的刊本皆由《四庫》本而出，但其刊梓質量參差不齊，故當今學者治《禮圖》多據《四庫》本。由丁鼎校釋的《新定三禮圖》，以1985年上海古籍出版社影印宋淳熙二年刻本爲底本，以《四部叢刊三編》影印蒙古本和《四庫全書》繕録錢曾也是園影宋抄本爲參校本，丁氏本爲至今首個整理本（丁案：脱去聂崇義後序之署名）。諸本中，當以宋本校勘價值最高。今以宋本校蒙古本、《四庫》本，頗有異文。宋本卷一首目録“絺冕”下右接“絺”字，《四庫》本無，丁鼎校釋本注曰“根據正文推斷，其下疑脱‘音黹’二字”。又，目録脱去“玄端”“士玄端”兩篇。宋本卷一“大裘冕”篇，“朱緣”二字，《四庫》本作“朱綠”。卷一“鷩冕”，“每旒各十二玉，垂於冕前後，共一十八，計用玉二百一十六”。後，《四庫》本有“旒”字，丁鼎校釋本謂“宋本原脱，兹據《四庫》本校補”。卷二“褘衣”，“后從王祭先公王則服”句，《四庫》本無“公”字，丁鼎校釋本謂“宋本原誤作‘先公王’，兹據《周禮·内司服》鄭玄注及《四庫》本校改”。“《周禮》：‘追師掌王后之首服，爲副……’詩云：‘副者……’”，《四庫》本

“詩”作“注”，丁鼎校釋本謂“宋本原訛爲‘詩’，兹據《周禮註疏》與《四庫》本校改”。“珈，笄飾之冕最盛者”。《四庫》本無“冕”字。“但所施不可言據”句，《四庫》本“言”作“考”。“青爲配搖翟”句，《四庫》本“搖”作“揄”。“又后黄屨白絇繶、白屨絇繶純”兩句，《四庫》本前一句後有“純”字，後一句“白屨”後有“黑”字，丁鼎校釋本據《四庫》本改。卷二目録“褕狄纁袡”，正文標題作“褕衣”，蒙古本亦作“褕衣”，《四庫》本作“純衣”，丁鼎校釋本“今從《四庫》本校改”；本篇正文“凡婦人不常於袡之衣”句，《四庫》本與蒙古本“於”字皆作“施”，丁鼎校釋本據後者校改。卷二“宵衣”，“或以婦道教人者”句，《四庫》本“或”作“能”，丁鼎校釋本“兹據《儀禮註疏》與《四庫》本校改”。本篇“《詩·晋風》云：……”，《四庫》本“晋風”改爲“唐風”，丁鼎校釋本據《四庫》本校改。本篇“故真云”句，《四庫》本“真”作“直”，丁鼎校釋本據《四庫》本校改。通過校勘可知，宋本與出於影宋本的《四庫》本異文較多，與蒙古本反而極少。原宋本曾爲錢曾所藏，而錢曾影抄所藏宋本，當順理成章。而《四庫》本又出於錢曾影宋本，奈何《四庫》本異文如此之多？且大多爲宋本之誤，可見，館臣繕録時一定作了校改。而晚於宋本的蒙古本則很可能出於宋本，故異文鮮見。與《四庫》本相校，宋本不如校改後的《四庫》本更佳，如宋本各卷卷首的目録，一是有脱漏，二是目録文字與正文標題有不一致者，而正文中訛誤則要更多一些。儘管宋本不如《四庫》本，但其作爲參校本，可以對校出文字的是非正訛，也是對其版本學的一大貢獻。而宋本作爲存世孤本，其文物價值更是不言而喻。

此本初爲宋末元初藏書家俞琰所藏，後傳於子孫。俞貞木（1332—1401），初名楨，以字行，號立菴。貞木乃俞琰之後，俞琰曾藏宋本《張先生校正楊氏易傳》，自宋末至明初，余氏四代皆藏書治學。明嘉靖中轉歸華夏真賞齋，《真賞齋賦》著録。清初又傳於錢曾、季振宜、徐乾學。據錢謙益跋可知，錢謙益亦曾藏有一部，原爲明季吴江藏書家史明古家收藏，今不知何所，或遭絳雲之火亦未可知。此本入清曾爲錢曾舊藏，《讀書敏求記》著録。清順治十八年（1661）暮春，錢謙益曾過述古堂，目驗一過，寫下此跋。清末，此本爲楊紹和收藏，《楹書隅録》未著録，《海源閣宋元秘本書目》《宋存書室宋元秘本書目》著録，蓋爲楊紹和後收。1935 年 11 月歸周叔弢，《中國版刻圖録》《自莊嚴堪善本書目》《古書經眼録》均著録，1952 年由弢翁捐獻於北京圖書館。1985 年，上海古籍出版社影印出版，收録於《中國版畫叢刊》。《古逸叢書三編》收録，又《中華再造善本》收録，均爲李致忠撰《提要》。

參考文獻：

李致忠：《宋版書叙録》，北京圖書館出版社，1994 年。

丁鼎點校解説：《新定三禮圖》，清華大學出版社，2006 年。

王鍔：《宋聶崇義〈新定三禮圖〉的價值和整理——兼評丁鼎先生整理的〈新定三禮圖〉》，《孔子研究》2008 年第 2 期。

《聶崇義〈三禮圖集注〉管窺》，http：//www. docin. com/p—625947557. html.

八、春秋經傳集解三十卷

晉杜預撰，唐陸德明釋文。宋鶴林于氏家塾棲雲閣刻元修本，存二十九卷二十九册，卷一至九、十一至三十，間有抄補。清楊保彝木篋題記，李盛鐸、周叔弢跋。卷首有杜預自序，首題“春秋左氏傳序”，與諸本題“春秋序”異。序、卷一、二十四、二十六等末均鎸有書牌“鶴林于氏家塾棲雲之閣鋟梓”。卷三十末又有後序。卷一首行頂格題“春秋經傳集解隱公第一”，下小字雙行集解，次行低六格題“杜氏”，又下空二格題“盡十一年”，卷末空一行尾題“春秋卷第幾”。音釋總列每段後，不入逐句下，音釋於本字加墨圈，與岳刻迥異。22.3×15.1厘米，十行十六至十七字不等，小字雙行三十二字，左右雙邊，白口，元補版爲九行十九字，小字雙行三十八字，細黑口，單魚尾。魚尾上間記大小字數，魚尾下題“左幾”“春幾”“春秋幾”等，下題葉次。刻工有田文、周忠、翁信之、鄭林、呈（吴?）圭、徐進等。宋諱極謹，“敬”“儆”“殷”“貞”“桓”等字缺筆，“構”“慎”字不諱。鈐印“謙牧收藏記”“孫承澤印”“南昌彭氏”“木齋讀過”“李盛鐸印”“李盛鐸讀書記”“木齋”“木齋宋元秘笈”“木犀軒藏書”“李滂”“少徵”“惟庚午吾已降”“佞宋”“與身俱存亡”“後百宋一廛”“寒雲秘笈珍藏之印”“自莊嚴堪”“周暹”等，揆叙、孫承澤、彭元瑞、楊保彝、袁克文、李盛鐸、周叔弢舊藏，其中屬於海源閣舊藏者有二十三卷，計卷一、卷三至九、卷十一至十三、卷十五至十六、卷十九至二十、卷二十二至二十五、卷二十七至三十，卷二、十七、十八、二十一曾爲徐坊、李盛鐸收藏，卷二十六爲劉體智、袁克文、李盛鐸收藏。國圖（7933）。

《春秋》相傳爲孔子據魯史而作，其筆削之間，寄托微言大義。“及夫子没而微言絕，七十子終而大義乖”。其後在傳授《春秋》過程中，逐漸形成幾個派別，據《漢書·藝文志》載，大約有五家，即左氏、公羊、穀梁、鄒氏和夾氏，今衹有前三家流傳下來。《左傳》《史記》《漢書·藝文志》皆以爲魯太史左丘明所著。《左傳》主要從三方面闡釋《春秋經》，一是敘事，以交代《春秋》所記事情之原委，二是闡發書法義例以明大義，三是以“君子曰”形式對人事作出評價。故《左傳》實爲解經之作。西晋時期，杜預對《左傳》重新作注，進一步完善《左傳》之學。杜預（222—285），字元凱，京兆杜陵（今陝西西安東南）人，西晋時期著名政治家、軍事家和學者，爲滅吴統一戰爭統帥之一。歷官曹魏尚書郎、河南尹、度支尚書、鎮南大將軍、當陽縣侯，官至司隸校尉。功成之後，耽思經籍，博學多通，多有建樹，被譽爲“杜武庫”。《晋書》有本傳。杜預尤鍾《左傳》，自稱有《左傳》癖，著有《春秋左氏經傳集解》及《春秋釋例》等。此本卷首杜預《春秋經傳集解》序曰：“古今言《左氏春秋》者多矣。今其遺文可見者十數家，大體轉相祖述，進不成爲錯綜經文以盡其變，退不守丘明之傳。於丘明之傳有所不通，皆没而不説，而更膚引《公羊》《穀梁》，適足自亂。預今所以爲異，專脩丘明之傳以釋經。經之條貫，必出於傳；傳之義例，揔歸諸凡。推變例以正褒貶，簡二傳而去異端，蓋丘明之志也。其有疑錯，則備論而闕之，以俟後賢。然劉子駿創通大義，賈景伯父子、許惠卿皆先儒之美者也。末有潁子嚴者，雖淺近，亦復名家。故特舉劉、賈、許、潁之違，以見同異。分經之年與傳之年相附，比其義類，各隨而解之，名曰《經傳集解》。”杜預認爲歷來《左傳》學者，多轉相祖述，無甚發明，不依《左傳》爲據，多引《公羊》《穀梁》之説，故而爲注解。其體例上，改變原先經、傳各自獨立成編之弊，依年相附，合而釋之。其釋經過於篤信《左傳》，遇有經、傳記載不同之時，寧信傳而不信經。後人多有貶抑，四庫館臣譏之曰：“强經以就傳。”清儒對其亦有責難。杜注雖有異議，然其内容涉獵廣泛，於天文、地理、人物、事跡、訓詁、名物皆有釋解，釋法多有發明，故問世後，即頗受重視，如南北朝時期，南朝特別推崇杜注，北朝雖曾一度宗服虔之注，但之後，尤其至隋唐以後，杜注成爲歷代學者研習《左傳》最重要的注本。唐孔穎達作《五經正義》，《春秋》取杜注加以疏義，更奠定了杜注的地位。《春秋經傳集解》是將《春秋經》、左氏《注》和杜預《集解》三者合一，極方便閲讀。再加上杜注爲學者所重，故後世傳刻頗夥，刊印最多，版本系統也極爲複雜。

就編刊系統而言，有杜預單注本，有重言重意本，有附陸德明音義本；就寫本而言，有敦煌寫本散葉數種，大多爲六朝人手抄，雖是吉金片羽，亦彌足珍貴。據統計，僅現存宋槧就有十八種之多，計有宋刻十四行二十三字巾箱本，殘存二十三卷，今存國圖（6582）。宋紹興年間刻宋遞修十行十六至十九字本，今存日本陽明文庫。宋刻宋元明遞修八行約十六字本，今存靜嘉堂文庫。宋撫州公使庫刻遞修十行十六字本，今存國圖（12345）和臺博（故善 001253－001277）。宋嘉定九年（1216）興國軍學刻八行十七字本，今存多部，宮內廳書陵部、國圖、靜嘉堂皆有收藏。宋刻八行十五至十六字本，今存國圖（8641）。南宋刻十三行二十四字本，今存上圖（810714－25）。宋刻十行十九字巾箱本，今存上圖、國圖、雲南大學圖書館等。宋刻九行十七字本，今存日本國會圖書館。宋建安余仁仲萬卷堂刻本，今存臺圖（00580）。宋刻十一行二十字本，今存臺博（贈善 003071－003086）。南宋紹熙間潛府劉氏家塾刻十一行二十字本，今存臺圖（00579）。宋蜀刻中字十一行二十字本，殘存三卷，1998 年 10 月中國嘉德拍賣會、2013 年嘉德春季拍賣會上皆有拍賣。宋蜀刻大字八行十六字本，殘存二卷，今存上圖（758489）。以上皆署名《春秋經傳集解》宋龍山書院刻十二行二十一字本《纂圖互註春秋經傳集解》，國圖（8642）。宋刻十行十九字本《監本纂圖春秋經傳集解》，今存南圖（GJ/EB/112079），國圖亦藏有殘本。宋刻十三行二十一字本《東萊先生呂成公點句春秋經傳集解》，今存上圖（828488－503）。南宋刻十一行二十字巾箱本《京本點校重言重意春秋經傳集解》，存十五卷七册，今存湘圖（172/18）；吉林大學圖書館亦藏殘本一卷。宋刻巾箱十行十九字本《婺本附音重言重意春秋經傳集解》，殘存十五卷，今存上圖（828444－858456）。而宋鶴林于氏家塾棲雲閣刻元修本就是其中的一種。

岳珂《九經三傳沿革例》曰："世所傳《九經》，自監、蜀、京、杭而下，有建安余氏、興國于氏二本，皆分句讀，稱爲善本。"其《書本》云："前輩謂興國于氏本及建安余氏本爲最善，逮詳考之，亦此善於彼爾。又于本音義不列於本文下，率隔數葉，始一聚見，不便尋索。且經之與注，遺脱滋多。余本間不免誤舛，要皆不足以言善也。”《句讀》云：“監蜀諸本皆無句讀，惟建本始倣館閣校書式，從旁加圈點，開卷瞭然，於學者爲便，然亦但句讀經文而已。惟蜀中字本、興國本并點注文，益爲周盡，而其間亦有於大義未爲的當者。”《脱簡》云：“諸經惟《記》《禮》獨多見之。《玉藻》《樂記》《雜記》《喪大記》，註疏可考，興國本依註疏更定，亦覺辭意聯屬。今則不敢倣之，第以所更定者，繫於各篇之後，庶幾備盡。”據此可知，興國于氏本的特點是：經文、注文均有句讀標點；所附音義位置爲“率隔數葉，始一聚見”；於《儀禮》《禮記》等經脱文，興國于氏本依註疏更定①。故在《九經三傳沿革例》所列參校本中，多引興國于氏本《九經》異文。清末楊守敬從日本訪書見宫内廳書陵部藏興國軍刻本《春秋經傳集解》時，很自然地將所見興國軍學刻本與《九經三傳沿革例》中的“興國于氏本”聯繫起來。但經楊氏比對發現，現存興國軍學刻本的特點與《沿革例》所云不符：其一，興國軍學刻本《春秋經傳集解》有興國軍學教授聞人模跋語記興國軍學官員銜名，未見“于氏”之名；其二，“興國于氏本”有釋音、句讀，而興國軍學刻本不附釋音，亦無句讀；其三，《沿革例》中稱“興國于氏本”“經之與注，遺脱滋多”，而楊氏通校興國軍學本之後，亦未見經注遺脱的情况②。檢海源閣藏宋鶴林于氏家塾棲雲閣刻本，發現《沿革例》所云“興國于氏本”之特徵均與之符合，抑或《沿革例》所云“興國于氏本”即此本？李盛鐸跋第二十六卷曰：“右《春秋經傳集解》第二十六卷，末有‘鶴林于氏家塾棲雲之閣鋟梓’木記二行，開板宏朗，真宋槧之精者。寒雲得之廠肆，屬爲審定。鐸按此即岳氏《九經三傳沿革例》所稱興國于氏本也。《沿革例》稱于氏本有圈點句讀，并點注文，此本經注皆有圈點，爲它本所無。又稱于氏本每數葉後附釋音，此本正如此，與他本逐句附釋音者不同，皆可爲此書確證。至向來以興國軍教授聞人模所刊書爲興國本，與《沿革例》所舉興國于氏本不合，不能混合爲一也。至經注異同，未及細校，偶檢昭二十七年工尹

① 張麗娟：《宋代經書註疏刊刻研究》，北京大學出版社，2013 年，第 124、125 頁。

② 詳見《日本訪書志》楊守敬跋語，遼寧教育出版社，2003 年。

麋，各本有誤作‘土尹’者，即此已見此刻之佳。岳氏謂前輩以興國于氏本爲最善，洵不虛已。乙卯重九日德化李盛鐸識。”袁克文《寒雲手寫所藏宋本提要二十九種》亦載此卷，曰：“《春秋經傳集解》殘本一卷，即岳氏《九經三傳沿革例》所稱興國于氏本，從不見於他家著録，他種宋刊亦無此體例者。刊刻之精，楮墨之佳，猶餘事也。”李盛鐸、袁克文推定鶴林于氏本即《沿革例》所稱“興國于氏本”，確爲一大發現。披檢衆本，將《釋文》或單獨附於各書之末，或散於各句之下，而如《沿革例》所云“興國于氏本”這樣“率隔數葉，始一聚見”者，惟有鶴林于氏本。且其他特徵亦俱合，難怪李氏、袁氏有如此之識。故此，“鶴林于氏”很可能就是“興國于氏”。或另一種可能亦未必不是，即岳氏是否爲有可能將“興國軍學”刻本和“于氏”（鶴林）刻本混爲一本呢？

關於“鶴林于氏本”究竟淵源於何？傅增湘又作了推測。他在目驗了興國軍學刻本後，云：“疑于氏就興國軍本重刊，而附入釋音，更加句讀耳。”傅氏疑“鶴林于氏本”爲于氏重刊興國軍學本，但重刊聞人模的嘉定九年（1216）刻本是不可能的，因鶴林于氏本避至“構”字，實刊於南宋初紹興間（見下所述）。又，興國軍學鄭仲熊雖曾於南宋初紹興間刻《五經》，但未有《左傳》，故鶴林于氏亦不可能以鄭氏本爲底本刊刻。因而傅氏的這番推測不能成立。惟一的可能是，鶴林于氏獨創了一個附釋文體例，即采用“率隔數葉，始一聚見”方式，且於經、注文均加句讀。在此之前，釋文均附於各書之末，保持相對獨立性；鶴林于氏以這樣的散入方式未始出現過；在此之後，則是釋文散入各句之下。或許是由於初創，校刊粗疏，故“經之與注，遺脱滋多”。衹是這種體例，雖然較“釋文附於各書之末”進步了一些，但與“釋文散入各句之下”相比，仍然不如後者方便讀者閲讀，故這種體例未能傳播開來。

張麗娟通過校勘實例，對鶴林于氏本和各本的關係進行了梳理，曰：“研易樓本、龍山書院本、《四部叢刊》影印宋本、十行註疏本與余仁仲本《釋文》在散入位置、文字内容等方面基本相同，它們之間有明顯的淵源關係。而鶴林于氏本則是另外一個系統，它與余仁仲本等并無沿襲關係，是由不同的編輯者遵循不同的編輯體例完成的另外一種獨特的附釋文文本。”“從五代、北宋至南宋初期的以單經注本爲主流，發展到南宋後期的經注附釋文本盛行於世，其中有一個逐漸演變定型的階段。從現存版本看，鶴林于氏刻本《春秋經傳集解》正反應了這個演變中的過渡形態，它應該就是經注附釋文本較早甚或最早的源頭。”①

又，此本於陸氏釋文并非全録，以卷首杜預序首葉前半葉爲例校之通行本《通志堂》本，《通志堂》本“春秋序”後有陸德明釋文曰：“此元凱所作，既以釋經，故依例音之。本或題爲‘春秋左傳序’者。沈文何以爲‘釋例序’今不用。”而此本不載此句，但其序名題爲“春秋左氏傳序”，與諸本皆題“春秋序”異，而揆度陸氏釋意，此本所題或更切其意。序文中“錯舉”“於策”“簡牘”“孟子”“韓宣子適魯”“盡在”等後皆有陸氏釋文，此本皆無。“杌”字陸氏釋文曰：“五忽反，檮杌，四凶之一，杜云：頑凶無儔匹之貌。”此本删去“檮杌，四凶之一，杜云：頑凶無儔匹之貌”十五字。“乘”字後陸氏釋文曰：“繩證反。車乘也，一云兵車。”此本“車乘也，一云兵車”删去。這説明，編者於陸氏釋文所有取捨，不僅大量删去釋義，於釋音亦有所節删。於前所述其獨特體例一樣，同樣用心良苦。其實，與釋文附入方式之變遷相比，後世傳刻本在對陸氏釋文的采擇上也有變化，表現之一即是從全部附入到擇取部分附入，大多都有删節，而選取之標準大概以當時之難字爲主要目標；表現之二是有的以選取釋音爲主，有的則以釋義爲主，此本則以前者爲主。

此本字蹟清秀，字仿顔體，刊印工整，保存完善，堪稱宋槧之佳作。其牌記中“鶴林”一詞，本爲佛教用語，原指坐化之所。後引申爲佛寺樹林或以此名佛家寺院，元稹《元氏長慶集》卷十三《大雲寺二十韻》有“鶴林縈古道，燕塔没歸雲”句，即此意。然用於此處是否指地名不敢確定，如果此處鶴林即指寺院的話，刻書者于氏或是一位出家者。《藏園羣書經眼録》卷一著録徐坊舊藏卷二、十七、十八、二十一都四卷曰：“字仿顔平原，疏古有致，桓、敬、殷、弘、匡皆缺末筆，慎字不缺，當是高宗時刊本……音釋皆陸氏原文，與岳刻删節者不同。”

---

① 《宋代經書註疏刊刻研究》第二章《經注附釋文本》第一節《經典釋文的單刻與附入》該條，北京大學出版社，2013年。

此本卷二第十二、十三葉桓公十六注“讒構取國”、傳“構急子”之“構”字皆缺末筆，而其他“慎”“敦”字皆不缺筆，故此書刊刻必在宋高宗趙構之時，傅氏定爲“高宗時刊”當是。再者，此本未見“重言”“重意”“互注”等名目，也可見其刊印較早。據查刻工，此本鄭林、徐進皆參與刊刻宋鄂州鵠山書院刻本《資治通鑑》，而鄭林、周忠、翁信之等皆參與刊刻宋嘉定九年至元至治二年（1322）平江府磧砂延聖院刻本《磧砂藏》，南宋時鄂州屬湖北，平江府即蘇州，兩地相距較遠，刻工兩屬可能不大，定此本爲蘇州刻本更適。

此書係楊保彝於光緒二十七年（1901）得於北京，都二十三卷，計卷一、卷三至九、卷十一至十三、卷十五至十六、卷十九至二十、卷二十二至二十五、卷二十七至三十。楊氏得此書時已逸七卷，製櫝乃預留空間，以備之後再得時裝入。但因是後收，故海源閣五種書目皆不著録。1935 年夏，楊敬夫將其售於周叔弢。除卷十外，其他六卷由周叔弢從各家收購而來。周叔弢曾詳及此事，跋曰：“宋鶴林于氏刊《春秋經傳集解》，爲海内孤本，世所罕見，不僅紙墨瑩潔，光彩奪人，爲可貴重。丙寅歲（1926）余始見四卷於北京翰文齋（原注：卷二、卷十七、卷十八、卷二十一），時初從臨清徐氏散出，議價未成，卒爲德化李氏所得，時時念之不能忘。而項城袁氏所藏一卷（原注：卷二十六），則輾轉歸廬江劉氏，未之見也。乙亥（1935）夏，楊君敬夫忽以殘本二十三卷見示，爲之驚喜過望，以重值收之。此書楊氏先德光緒辛丑年得於北京，當時已逸七卷，製櫝時乃預爲之地，蓋以期他日之復合也。余於是亟從李氏購所藏四卷，其值倍於楊氏。十一月游北京，偶過文禄堂，見第十四卷影片，詢知原書藏石氏，因挽文禄堂主人王晋青圖之，復馳書伯兄上海，乞商劉晦之丈讓所藏第廿六卷。丙子（1936）正月王晋青以石氏書至，已改易舊裝，而值更高於李氏；若劉氏之一卷，則秘爲鴻寶，堅不肯讓，數年來屢以爲請，皆拒而不允。其第十卷更無從蹤跡，噫，此書或將不能終完耶！余前數年收宋岳氏本《春秋左氏傳》，亦偶然配合，凡歷三年，其第一卷則失之交臂，且聞燬於壬申上海閘北之變。今劉氏書散佚過半，劍合珠還之願，更不可期，得失聚散，固有定數，非人力所能强，第衷心耿耿，終不能不爲此書深惋惜耳。”[1] 又《藏園羣書經眼録》卷一著録徐坊藏本時言及第二十六卷，曰：“昔年見袁寒雲藏本，卷末有鶴林于氏木記，李木齋先生定爲興國軍學本者，與此正同。二者均有‘謙牧堂藏書記’‘兼牧堂書畫記’兩印，蓋一書而離析者，可爲深喟。”從上所記，可見藏書家爲搜藏此書所費心血。至此，除第十卷仍杳無音信之外，其餘二十九卷終於全歸於自莊嚴堪。1951 年，弢翁將其所藏二十九卷一起捐入北京圖書館。

參考文獻：

李致忠：《宋版書叙録》，北京圖書館出版社，1994 年。

張麗娟：《宋代經書註疏刊刻研究》，北京大學出版社，2013 年。

① 《弢翁藏書題跋》，紫禁城出版社，2007 年，第 36 頁。

九、史記一百三十卷

漢司馬遷撰，南朝宋裴駰集解，唐司馬貞索隱。宋乾道七年（1171）蔡夢弼東塾刻本，三十册，卷四十三趙世家第十三配清光緒元年（1875）楊保彝影抄宋本，卷四十六末四葉、卷末史記索隱後序等皆爲顧柔嘉抄配。清錢謙貞、季振宜題款。卷中有朱筆標點及鈎畫，天頭、地脚有朱墨筆校字。卷首依次有裴駰史記集解序、司馬貞史記索隱序、小司馬氏補史記序，其中裴駰史記集解序各句皆有司馬貞索隱，史記索隱序署“朝散大夫國子博士弘文館學士河内司馬貞”，補史記序署“小司馬氏”，次爲史記目録，目録先列“帝紀一十二卷”“年表一十卷”“八書八卷”“世家三十卷”“列傳七十卷”五行，後爲五類分卷目録，卷末有史記索隱後序。开卷首行頂格題“三皇本紀第一上”，下空五格題“史記一上”，尾題同，次行低四格題“小司馬氏撰并註”，下接小字雙行注文至第五行，第五行頂格連屬正文。正文首卷首行頂格題“五帝本紀第一”，下接小字雙行司馬貞索隱，次行低四格題“史記一”，下接小字雙行裴駰集解，第三行頂格正文。每卷末皆有索隱曰云云。小司馬氏補史記序後隔一行、卷十五、十六、十七（周圍有墨框）、二十五、二十六（周圍有墨框）等後均刊雙行書牌“建安蔡夢弼傅卿謹案京、蜀諸本校理寘梓於東塾”，目録後題：“三峯樵隱蔡夢弼傅卿校正”，三皇本紀第一上卷末雙行牌記云“建谿蔡夢弼傅卿親校刻梓於東塾，時歲乾道七月春王正上日書”，“七月”當爲七年之誤。卷一、四末有書牌兩行“建谿三峯蔡夢弼傅卿親校謹刻梓於望道亭”；卷三末有書牌兩行“建谿三峯樵隱蔡夢弼傅卿録校刻梓於東塾”；卷二十三末有書牌“建谿蔡夢弼校正刊於東塾”。18.9×13.2 厘米，十二行二十一字，小字雙行二十八字，左右雙邊，白口，雙魚尾。下魚尾上間記字數，下題“五紀（或乙）綫”“已綫”“表綫”“書綫”“世家綫”“列傳綫”等，下魚尾下題葉次，無刻工。宋諱缺筆至“慎”字。鈐印“朱子贍印”“彭城”“錢興祖印”“秋水芙蓉”“趙宋本”“季振宜藏書”“季振宜印”“汪士鐘藏”“閬源真賞”“平陽汪氏藏書印”“秋浦”“憲奎”“聊城楊氏所藏”“四經四史之齋”“東郡楊氏宋存書室珍藏”“祿易書，千萬值。小胥抄，良友詒。閣主人，清白吏。讀曾經，學何事。愧蠹魚，未食字。遺子孫，承此志”“楊氏海原閣藏”“宋存書室”“東郡楊氏鑑藏金石書畫記”“瀛海僊班”“楊以增印”“至堂”“以增之印”“先都御史公遺藏金石書畫印”“關西節度系關西”“曾觀天禄琳琅秘笈”“晚號冬樵子”“彦合珍藏”“彦合珍存”“史館纂修”“東郡楊紹和字彦合鑑藏金石書畫之印”“東郡楊紹和彦合珍藏”“楊紹和”“楊紹和審定”“楊紹和讀過”“紹和筑岩”“儲端華重”“東郡楊二”“彦合珍藏”“彦合”“紹龢”“協卿”“道光秀才咸豐舉人同治進士”“楊紹和曾敬觀天禄琳琅秘籍”“四陶居”“保彝私印”“楊保彝藏本”“聊城楊氏三世庋藏”“海源殘閣”“楊承訓印”“聊城楊承訓鑒藏書畫印”“郇齋”“祁陽陳澄中藏書記”等，朱承爵、錢謙貞、錢孫保、錢興祖、季振宜、張金吾、汪士鐘、海源閣、陳清華舊藏。國圖（9591）。《名録一》（00394）。

《史記》在唐五代以前，僅以抄本流傳。其抄本流傳至今者，僅存數卷。據羅振玉 1914 年影印《流沙墜簡》載有《淳于髡傳》三十一字，其他有六朝抄本《史記集解·張丞相傳》《史記集解·酈生陸賈列傳》兩卷，唐代抄本九卷等。至北宋雕印技術推廣開來，校刊漸多，然以官刻爲主。北宋館閣校刊“前三史”始於太宗淳化五年（994），次於景德元年（1004）：“（淳化）五年七月，詔選官分校《史記》、前《漢》、後《漢書》既畢，遣内侍賫本於杭州鏤板。咸平中，真宗謂宰相曰：‘太宗崇尚文史，而三史板本舊聞當時校勘官未能精詳，尚有謬誤，當再加刊正。’乃命直史館陳堯佐等覆校《史記》，景德元年正月校畢，并録差誤文字五卷，同進詔賜帛有差。又命直秘館刁衎等覆校前、後《漢書》，凡修改三百四十九簽正卷，集賢院四萬二千五百五十四卷，其間雜僞國及籍没之書卷帙不等，仍多復本，歲久多蠹，秘閣一萬五千七百八十五卷，皆黄本書，編帙嚴整，以備進御。”[①]《史記》的校刊最早即淳化五年，次復校於真宗咸平間（998—1003），再刊於景德元年。第三次校刊於景祐元年（1034），《玉海》卷四十三云：“（景祐元年）九月癸卯，詔選官校正《史記》，前、後《漢書》，《三國志》，《晋書》。”《麟臺故事》卷二載其原委頗詳：“景祐元年九月，詔翰林學士張觀等刊定《前漢書》《孟子》，下國子監頒行。議者以爲前代經史皆以紙素傳寫，雖有舛誤，然尚可參讎。至五代，官始用墨版摹六經，誠欲一其文字，使學者不惑。至太宗朝，又摹印司馬遷、班固、范曄諸《史》，與六經皆傳，於是世之寫本悉不用。然墨版訛駁，初不是正，而後學者更無他本可以刊驗。會秘書丞余靖建言：‘《前漢書》官本差舛，請行刊正。’因詔靖及王洙盡取秘閣古本校對，踰年，乃上《漢書刊誤》三十卷。至是，改舊摹版，以從新校。然猶有未盡者，而司馬遷、范曄《史》尤多脱略，惜其後不復有古本可正其舛謬者云。明年，以校勘《史記》《漢書》官秘書丞余靖爲集賢校理，大理評事國子監直講王洙爲史館檢討，賜詳定官翰林學士張觀、知制誥李淑、宋郊器幣有差。”[②]（丁案：《〈史記〉版本研究》謂北宋校刊凡四次，尚有宋仁宗嘉祐刊本，據引《玉海·藝文·景德群書漆板》條曰：“嘉祐七年十二月，詔以七史板本四百六十四卷送國子監鏤板頒行，唯開寶所修《五代史》未佈，以俟筆削。”謂此“七史”當包含《史記》，或非，當指《宋書》《南齊書》《梁書》《陳書》《魏書》《北齊書》《周書》，咸平間僅爲復校，亦未刊印）北宋校刊《史記》皆爲集解本。至南宋初，國家艱難，無暇顧及，詔下六經（無《禮記》）正史（無《漢書》）下諸道州刊行。今存《史記》刻本，幾乎全爲南宋私家刻本。而《史記》的集解、索隱二家注合刻本亦誕生於此時。

《史記》被譽爲“史家之絕唱，無韻之離騷”，故後世爲其作注者代不乏人。傳至今者，以南朝宋裴駰、唐司馬貞、唐張守節三家最著，合稱“史記三家注”。裴駰，生卒年不詳，字龍駒，南朝宋河東聞喜（今

---

① 《宋朝事實類苑》卷三十一，《麟臺故事》卷二、《宋會要輯稿·崇書·勘書》、《石林燕語》卷八所載基本相同。

② （宋）程俱撰，張富祥校證：《〈麟臺故事〉校證》，中華書局，2000年，第70—71頁。

屬山西）人。其父裴松之（372—451），其子裴子野，皆以解史著稱，祖孫三代有“史學三裴”之稱。裴駰以爲《史記》“服其善序事理，辯而不華，質而不俚，其文直，其事核，不虚美，不隱惡，故謂之實録”。以求真求實精神，博採經傳百家及先儒學説，糾正錯誤，訂正文字，撰爲《史記集解》八十卷，成爲現存最早的《史記》注本。裴注八十卷本與原書卷數不合，曾以單行本流傳，其後散於正文之下，稱爲《史記集解》本。《集解》本流傳後，白文本遂湮没不傳。司馬貞（生卒年不詳），字子正，唐河內（今河南沁陽）人。開元中官至朝散大夫，弘文館學士，主管編纂、撰述和起草詔令等。司馬貞以《史記》舊注音義年遠散失，乃采摭南朝宋徐廣《史記音義》、裴駰《史記集解》，齊鄒誕生《史記集注》，唐劉伯莊《史記音義》《史記地名》等諸家注文，參閲韋昭、賈逵、杜預、譙周等人論著，間述己見，撰成《史記索隱》三十卷。該書音義并重，注文翔實，對疏誤缺略補正頗多，具有極高的史學研究價值。初以單刻本流傳，現存《索隱》單刻本僅有明崇禎汲古閣本。其後，與《集解》一同散於正文之下，世稱“二家注”，爲之後“三家注”合刻本之出現奠定基礎。

關於“二家注”本起源於何時，諸家説法不一。其一，賀次君《史記書録》以爲二家注本起源於晚唐時期，視日本高山寺所藏《殷本紀》殘卷爲二家注本之始，謂“是乃《集解》《索隱》合抄最先之形式，亦可推知司馬貞《索隱》早在晚唐已有合《集解》并行者矣”①。但《〈史記〉版本研究》以爲“……故此二條并未與《集解》合抄。之所以在《集解》本録《索隱》文，或許是抄寫時《集解》偶缺，以《索隱》註文爲補充，據此‘推知司馬貞《索隱》早在晚唐時已有合《集解》并行者’根據不足”②。其二，南宋紹興杭州刻本説。此本今存卷七至九、一百二十四至一百三十凡十卷，爲國圖藏宋乾道七年蔡夢弼東塾刻二十四册本（7998）配本，十二行二十四至二十五字不等，小字雙行字數同，左右雙邊，白口。關於此十卷的版本，《史記書録》專條著録爲南宋紹興刊本，曰：“存項羽、高祖、呂后本紀三卷；遊俠、佞幸、滑稽、

① 賀次君：《史記書録》，商務印書館，1958年，第19頁。

② 張玉春：《〈史記〉版本研究》，商務印書館，2001年，第207頁。

日者、鬼策、貨殖列傳及太史公自序，共計十卷，在劉燕庭百衲宋本中，它無所見。小題在上，大題在下……宋諱‘桓’‘慎’‘匡’‘讓’‘殷’等字皆缺筆，是爲南宋孝宗時所刻。《集解》以‘駰案’二字起頭，《索隱》以‘索隱曰’三字標首，上加圈。每篇太史公贊語則止存《集解》注，《索隱》悉被删去，未識何故？不載司馬貞《索隱述贊》。蒙古中統二年段子成刊本董浦序云：‘《索隱史記》，近代號爲奇書，比之杭本，多《述贊》一百三十篇’，所謂無《述贊》之杭本，蓋即指此。此本《史》文及注與南宋蔡夢弼、黄善夫本不同，而蔡、黄二本所脱漏者，此本獨存；蔡、黄二本所訛衍者，此本不誤。”“中統二年段子成所刻，蓋曾以此爲藍本，觀董浦序言可知。《史》文及注中統本與此相同而異於它本者甚多，其訛誤亦然。”“崇禎十四年毛晋汲古閣所刻，咸謂本諸北宋舊本翻刻，余曾以北宋諸殘本集而校之，知其出於北宋本之説不盡然，但與此本頗有關係……以上所舉，皆毛本同於此本而與它本異者，蓋毛刻不祖一本，或曾據以參校，故能字句一律。惜此本殘□不具，未能進而詳考其與南宋各本之淵源，雖斷珪璧，已足爲訂訛砭漏之資。”[①] 此一言刊印時間，標題曰“紹興”，然文中又據避諱言“孝宗”時，自相牴牾，實則刊於孝宗時期。二言版本價值頗爲中肯。而張玉春《〈史記〉版本研究》以爲此本當刊於蔡夢弼本、張杅本之後，謂：“此本避南宋孝宗名諱，或可謂其刻於孝宗時期，則與蔡夢弼本互爲前後。孝宗在位二十六年（1163－1188），蔡本刊於乾道七年，即孝宗即位後九年，屬孝宗朝前後，而此本不知刊於孝宗何年。依據對蔡夢弼本及刊於孝宗淳熙三年（1176）的張杅刊本的考察，此本應晚於蔡本與張本。”[②]“以此殘存十卷本與蔡本相比勘，文字不同處多見，顯然與蔡夢弼本不屬同一系統……以此本與諸本相校，《史》文及注本多與耿秉本同而異於它本，反映二本關係密切，此點對確定所謂‘紹興初杭本’的刊年極爲重要。若此本果真是紹興初年（1131）刊本，其前有北宋及南宋初期單《集解》本，其後有蔡夢弼本、張杅郡齋本、耿秉重修郡齋本，何以此本多同於耿本而與諸本異？此本既刊刻在先，蔡夢弼、張

---

① 賀次君：《史記書録》，第62頁。

② 張玉春：《〈史記〉版本研究》，第208頁。

杅、耿秉何以不知世存二家注本？值得注意的是，此本刊於杭州，而晚於蔡本的張杅本刊於常州，兩地相隔并不甚遠，張杅却不知有此本存在，是否可以説此本未必早於張杅本。耿本是張杅本的重修本，其與此本文字多同，亦可反映此本應晚於耿本。”① 其三，即此本，《〈史記〉版本研究》對此有所考證，認爲“……據以上考察，可以説，《史記集解索隱》本以蔡夢弼本爲最早，在其前無二家注合刻本，更不必説二家注合抄本了。其後相繼產生張杅郡齋本、耿秉重修郡齋本及所謂的杭本。張本、耿本刊年皆清楚明確，杭本雖具體刊年不易考定，但在張本、耿本之後是不會錯的。”② 截至目前，尚未見異議，此説可信。

蔡夢弼刊本是二家注本中最早的刻本。據《三皇本紀第一上》卷末雙行牌記云“建谿蔡夢弼傅卿親校刻梓於東塾，時歲乾道七月春王正上日書”，“七月”當爲七年之誤。據此可知此本刻於南宋孝宗乾道七年。賀次君則據書牌“謹案京蜀諸本校理”之語認爲“《史記集解》、《索隱》合刻，今傳世者以此本爲最早，後四年（丁案：應爲五年）張杅桐川郡齋本亦係《集解》《索隱》合刻本，且皆溯自蜀本……”③ 也就是説賀氏以爲蔡本衹是傳世二家注合刻本的最早刻本，之前已經有二家注合刻本，衹是今已失傳而已。此或有誤，理由有三，其一，晚於蔡本五年的宋淳熙三年張杅桐川郡齋刻本，其卷末載張杅《跋》云：“惟唐小司馬用新意撰《索隱》，所得爲多，至有不可解者，引援開釋明白。每恨其書單□，於披閲殊未便。比得蜀本，併與其本書集而刊之，良愜意欲重模與南方學者，其未暇也。朅來桐川踰季，郡事頗暇，一搜笥中書，蜀所刊小字者偶隨來，遂令中字書刊之；用功凡七十輩，越肇始四月望，迄六月終告成。”蔡本刊行五年之後，張杅竟然還不知已有二家注合刻本行世，而以爲己之所刻乃爲首刻，可知當時二家注合刻本尚屬初創時期。故而蔡本或最先開創了合刻體例。其二，蜀本是一個《集解》本。蜀本現存九卷，保存在宋紹興淮南路無爲州官刻本中，而淮南路本是一個單解本。而且在張杅《跋》中也明言是用司馬貞《索隱》與蜀本“集

① 張玉春：《〈史記〉版本研究》，第201—203頁。

② 同上，第212頁。

③ 《史記書録》，第79頁。

而刊之"，這裡所指顯然是一個集解本。其三，在蔡本之前，尚未見任何記載有二家注合刻本。另外，賀氏謂蔡本"溯自蜀本"，亦誤。實際上所謂"京、蜀諸本"并非所據底本，而是指參校本而言，賀氏顯然是誤解了書牌之意。《藏園羣書經眼録》卷三著録曰："此書刻工勁秀，南宋初建本之精者，《史記集解》《索隱》合刊者以此爲最早。"張玉春亦認爲二家注本始於蔡本，并將蔡本和包括蜀本在内的諸本進行異文對校，發現異文極多，根本不主一本。其《〈史記〉版本研究》云："二家注合刻本始於乾道七年的蔡夢弼刊本。此本參校京蜀諸本《集解》本而成，其《史》文及《集解》注文雖近北宋《集解》本系統，但不主一本，是一新產生的刻本。"① 錢大昕又云："《史記索隱》《正義》皆各自爲書，不與本書比附。宋南渡後，始有合《索隱》於《正義》者，刱自蜀本。繼有桐川、三山兩本，皆在淳熙以前，其時《正義》猶單行也。"② 是錢氏亦爲書牌所誤。蜀本不是二家注合刻本，蔡本亦不祖蜀本。蔡本其實就是最早的二家注合刻本。

需要注意的是，此本卷二十二《漢興以來將相名臣年表第十》有倒排（由下至上）、逆排（由左至右）現象，即由正常的閱讀排印順序改爲相反順序。古書排印時，根據古人閱讀習慣，每行文字一般是由上至下的豎排、各行由右至左排列。而此表則間有每行由下至上、各行由左至右的逆序排列者，且每字皆倒寫。這樣的排列必須將版本倒過來始能正常閱讀。此表自上而下分爲五欄，分别爲紀年、大事記、相位（丞相太尉三公）、將位（將與師）、御史大夫位（亞相），除紀年外，皆有逆序排列。如大事記一欄中，孝惠二年（前 193）分三行倒排逆排爲"薨何/未辛/月七"（字皆倒寫，下同），倒過來讀爲"七月辛未何薨"。孝惠五年分三行"卒參/丑乙/月八"，倒讀爲"八月乙丑參卒"。高后八年（前 180）分四行"相/免其/食月/九後"，倒讀爲"後九月食其免相"。孝文二年（前 178）分三行"薨平/相丞/月十"，倒讀爲"十月丞相平薨"。孝文三年分五行"國之/相免/勃子/壬月/一十"，倒讀爲"十一月

① 《〈史記〉版本研究》，第 337 頁。

② （清）錢大昕：《十駕齋養新録》，《錢大昕全集》，江蘇古籍出版社，1997 年，第七册第 346 頁。

壬子勃免相之國”。孝文四年“卒嬰巳乙月二十”，倒讀爲“十二月乙巳嬰卒”。孝文八年三行“公滕曰故令滕爲/嬰侯夏曰隱索卒/公滕侯陰汝樸太”，倒讀爲“太樸汝陰侯滕公卒，索隱曰：夏侯嬰爲滕令，故曰滕公”。後元二年（前162）兩行“相免蒼/戌戊月八”，倒讀爲“八月戊戌，蒼免相”。孝景二年（前155）“卒嘉”，倒讀爲“嘉卒”。孝景五年兩行“卒蒼張侯/平北相丞”，倒讀爲“丞相北平侯張蒼卒”。元狩五年（前118）三行“也墻短垣外垣堧反/戀而音堧曰隱索/殺自堧圈侵唑蔡”，倒讀爲“蔡唑侵圈，堧自殺，索隱曰堧音而，戀反，堧，垣外，垣，短墻也”。元鼎二年（前115）“殺自罪有翟青”，倒讀爲“青翟有罪，自殺”。徵和三年（前90）兩行“斬蠱因氂/屈劉月六”，倒讀爲“六月，劉屈氂因蠱斬”。地節三年（前69）“立太子”下三行“斤百金/賜老賢/申甲月五”，倒讀爲“五月甲申，賢老賜金百斤”。等等。如相位一欄中，高皇帝五年（前202）“官尉太罷”（皆爲倒寫，下同），倒讀爲“罷太尉官”。高后四年兩行“官尉/太置”，倒讀爲“置太尉官”。孝景七年（前150）四行“官/尉/太/罷”，倒讀爲“罷太尉官”。孝宣三年（前71）六行“印軍/將奪國/充殺自/皆還胡/擊順田/明廣田”，倒讀爲“田廣明、田順擊胡還，皆自殺，充國奪將軍印”。孝成三年（前30）五行“斤伯二/金賜免授/印上嘉詔/勲禄光遣/丑癸月八”，倒讀爲“八月癸丑，遣光禄勲詔嘉上印授免，賜金二伯斤”。陽朔四年（前21）三行“卒章王侯/安平勲禄光軍/將右丑乙月七”，倒讀爲“七月乙丑，右將軍光禄勲平安侯王章卒”。如將位一欄中，高皇帝四年（前203）“死陽滎守苛周”（皆爲倒寫，下同），倒讀爲“周苛守滎陽死”。孝惠六年（前189）“罪抵堯”，倒讀爲“堯抵罪”。後元二年兩行“卒邁岑夫/大史御丑丁月六”，倒讀爲“六月丁丑，御史大夫岑邁卒”。

綜上可知，凡言“薨”“卒”“死”“罷”“免”“罪”“自殺”“斬”“置”者，皆作倒排、逆排處理。如孝文二年“十月丞相平薨”，平即陳平。陳平在楚漢相爭時，初爲項羽謀士後，後歸漢王劉邦帳下。曾“六出奇計”策助劉邦。西漢建立後，任右丞相，後遷左丞相，曾先後受封戶牖侯，曲逆（今河北順平東）侯，卒於孝文二年，後謚獻侯。“反間計”“離間計”，均出自其手。項羽曾評曰“有才無德”。這些人或效忠漢王劉邦者，如周苛、夏侯嬰、張蒼、酈食其、趙堯、莊青翟等，或因兩屬、違逆傳統、背離道德而爲後人所斥。蔡本如此處理究竟淵源於何？有兩種可能，其一，源於某本，或底本，或京本、蜀本等。其二，考察現存北宋本、諸南宋本等皆未作如此，抑或蔡氏個人行爲。如以第二種度之，則反映了編輯、刻梓者的思想，即通過這種獨特的處理方法，表達己見。但如第一種，亦當同此之用。

此本卷二十二表中的倒排逆序現象，在現存宋刻本惟有宋淳熙三年張杅桐川郡齋刻八年耿秉重修本出現，且内容完全相同，衹是排印時每行字數或行數有調整，如高皇帝四年“死陽滎守苛周”一句，在蔡本中是一行，在張本中則變爲兩行“死陽滎/守苛周”。蔡本高后八年分四行“相/免其/食月/九後”，張本則爲一行。蔡本孝惠五年分三行“卒參/丑乙/月八”，張本爲一行。由於兩本的每葉行數及每行字數皆不同，張本做出這種調整也很正常。由於張本刊梓時間晚於蔡本六年，張本很可能淵源於此，在底本或校本上有所借鑒。但張本中刊梓序跋皆未提及蔡本，張本是否采用蔡本并無實證。《〈史記〉版本研究》經與諸本比勘，發現兩本異文甚多，認爲：“二家注合刻本中，張杅本與耿秉本屬同本，是以蜀刻《集解》本爲底本，合一《索隱》本而成，與蔡本不是一個系統。”如此可信，則兩本之前或有一個倒排本作爲兩本的共同底本或校本，因兩本異文較多，估計這個倒排本很可能作爲兩本的校本，或一個作校本，一個作底本。

賀次君《史記書録》著録海源閣藏另一部九十一卷殘本，關於此本之版本價值，賀氏云：“此本《索隱》雖亦不免有錯字，而有優於它本者，如《刺客列傳·高漸離》下索隱‘漸，音如字，王義音子廉反’。毛刻單行本索隱作‘漸，音如字，王義之音哉廉反’。考《隋書·經籍志》有《小學篇》一卷，晋下邳内史王義撰。司馬貞所引即王義《小學篇》，單行《索隱》衍‘之’字，黄善夫本《索隱》雖不衍‘之’字，而‘王’訛‘正’，遂以割入《正義》，作‘正義曰：音哉廉反’，斯爲謬矣。即此一條，已足見蔡本《索隱》之善，類此者尚多矣。”又云：“此本校勘精善，足匡正它本之訛謬，如《夏本紀》‘雲土夢爲治’，此與《索隱》本合，它本作‘雲夢土爲治’；《殷本紀》‘紂乃重刑辟之法’，此與北宋本同，它本‘刑辟’二字誤倒；《秦本紀》‘簡公昭子之弟’，它本脱‘子’字，‘斬首萬級’，它本脱‘級’字……校史者必須彙集諸本，相互比勘，而後正其訛舛，則此本頗有可取，不能以其殘損而忽視之也。然此本亦有錯字，如《秦楚之際月表·沛公二十八月》‘出令三軍，秦民大悦’，它本及《漢書》表、傳均作‘出令三章’，此‘軍’爲‘章’之訛……蓋《史記》舊本錯亂已多，蔡氏雖云‘謹案京、蜀諸本校理寘梓’，而校勘或未精審，故亦有失。”①

此本天頭地脚有朱墨校記批註，主要以李善注《文選》爲校本。以卷一百一十七《司馬相如列傳》第五十七爲例，第二十九葉上半葉："故曰：興必慮衰，安必思危。"天頭墨筆校記曰："故曰下選有'於'字，音烏。""選"即《文選》，但究竟用何本《文選》未知。今核中華書局點校本《文選》卷四十八《司馬相如封禪文》："故曰於興必慮衰，安必思危。"確有"於"字。雖然不知具體校本，但以《文選》校《史記》，則爲校勘《史記》提供了新的校勘旁證，豐富了校勘内容。又，本葉"依類記寓，諭以封戀"，朱筆校記云"記作託"，當是。此未記校本，或據校者不止一本。又本葉下半葉"八年而遂先禮中嶽，封於太山，至梁父禪肅然"。天頭墨筆批註曰"中嶽，在洛州湯縣西北二十二里，嵩山也"；"太山，在兗州博城縣西北三十里"；"梁父，在兗州泗水縣北八十里"；"肅然，在兗州博城縣東六十里"。對文中涉及的地名批註非常詳細，亦有參考價值。

此外，蔡本還是三家注本的淵藪。三家注《史記》之現存最早刊本爲南宋建安黄善夫家塾刻本。關於三家注《史記》起源於何時，諸家有多種説法，一是《四庫全書簡明目録標註》之"元豐本"，二是《天禄琳琅書目後編》之"元祐本"，三是《天禄琳琅書目後編》之"紹興本"。但這三本"所謂宋版三家注合刻本皆出於僞造"，已爲史家所證。據張玉春對校，黄善夫本所依據的二家注本爲蔡夢弼本，在蔡本基礎上合以《正義》，而成三家注合刻本。但并非二本的簡單合并，而是參照諸本有所取捨，雖刊印精良，因校勘不精，訛誤不少，難稱善本。其後明清三家注本均出自黄善夫本，後出本亦多有訛誤。而蔡本作爲底本又可校正黄善夫本及後出明清三家注本②。

---

① 《史記書録》，第79—80頁。

② 詳見《〈史記〉版本研究》，第235—237頁，文繁不録。

是書遞經明清名家收藏。自藏印看，首爲明代中期藏書家朱承爵（1480—1527）故物。承爵，字子儋，號舜城居士，江陰人。雅好藏書，藏書之所爲存餘堂、行素齋、集瑞齋等。明末清初先後爲錢謙貞、錢孫保、錢興祖祖孫三代收藏，其後又遞經季振宜、張金吾、汪士鐘舊藏。錢謙貞（1593—1664），字履之，錢謙益從弟，明末常熟人。錢謙益《列朝詩傳》云："謙貞字履之，初失祖父，母徐守節自誓，先君翼而長之。故履之雖從祖弟，猶吾弟也。早謝舉子業，辟懷古堂以奉母，簾户静深，書簽錯列。年五十餘，遭世亂，坎壈不得志。其孤孫保，能讀父書。"錢謙貞子錢孫保（1624—?），字求赤，號匪庵，别署木訥野人，精於校讎，富於藏書，繼承父業，有藏書樓爲"懷古堂""竹深堂""未學庵"。藏書滿架，儲書數萬卷。藏書印有"錢求赤讀書記""錢氏校本""天啓甲子""彭城匪庵"等。錢興祖乃錢謙貞祖孫，《海虞詩苑》云："錢興祖字孝修，號幔亭。久館京師，晚歷邊徼，年逾五十，以客死。"

《鐵琴銅劍樓藏書目録》云："《六韜》，錢孝修從宋本影鈔。孝修，遵王從子。"葉昌熾曾見明修《山谷外集注》有"虞山錢孝修氏原名興祖"朱記，興祖藏書室曰"在兹閣"。參見《藏書記事詩》第二一一《錢謙貞履之 子孫保求赤》條。此本卷末葉左欄外墨記"共計叁拾本辛丑年孟春重裝，懷古堂識"一行，"懷古堂"乃錢謙貞父子皆用其名，"辛丑"一在明末萬曆二十九年（1601），一在清初順治十八年（1661），如是前者則爲錢謙貞所作，如是後者則爲錢孫保而爲。慮及此題識下鈐印"彭城"，或爲錢孫保所爲，孫保有"彭城匪庵"印。《文録堂訪書記》卷二著録爲"錢謙貞題"，《愛日精廬藏書志》卷八則曰"蓋錢求赤藏本"。此書自孫保後歸族子興祖，其所鈐印"錢興祖印"可證。錢氏重裝爲三十册，即今存此本亦三十册，可見近四百年來一直保持舊裝。卷末又有題記"泰興季振宜滄葦氏珍藏"，《延令宋板書目》著録三十本者，當即此書。此本自季氏收藏後，歸張金吾，《愛日精廬藏書志》卷八著録是本曰："字畫精朗，古香可愛，蓋宋板中之絕佳者。"其後輾轉歸入汪士鐘藝芸書舍，《藝芸書舍宋元本書目》著録。

咸豐元年（1851），江南河道總督楊以增以三百八十金購自蘇州，原書已損壞，次年又得一殘刻，紹和互校，并以清晰者入替。《趙世家》一卷，楊保彝從朱修伯處借得蔡本殘帙，影録易之，俾爲完帙。《楹書隅録》卷二云："此先公四經四史齋藏宋槧《史記》第一部也……夢弼即著《草堂詩箋》者，固博雅之士，宜其校刊精善乃爾，視俗賈鏤版逕庭矣。先公於辛亥歲以三百八十金購之吴門，原册已損敝。次年又得一是刻殘帙，命紹和互校，以清晰者入之。此本卷中間有鈔葉，乃梁溪顧柔嘉所録（原注：舊有題款在别紙）。二百年前名迹未便易去，故仍其舊。付工整治，都爲六函，與淳熙辛丑耿秉本同爲什襲。癸丑冬，載歸陶南别業。辛酉春，遭捻寇之亂，全書毀裂。壬戌計偕，攜之都門，重事裝潢。而旋途渡桑乾河，舟覆落水，洪濤汹涌，瞬息將逝，亟爭救之，幸未爲波臣攫去，然解囊檢視，已浸痕過半。今歲更加修飾，始略還舊觀。噫，何兹書之多厄耶！顧離困者數，而卒以獲全，謂非在在處處有神物護持耶？世世其慎守之。同治上元甲子小楊東郡楊紹和識。"據考，現存蔡本《史記》有四帙，其中海源閣舊藏兩帙。除此本外，尚藏百衲本九十二卷二十六册，計卷一至七、十三、十四、二十三至四十、五十五至六十八、七十四至一百、一百零一至一百一十一、一百一十八至一百三十，卷一百二十至一百二十三配宋淳熙三年張杅桐川郡齋刻八年耿秉重修本，卷一百零一、一百一十配清顧柔嘉抄本，卷一百零二配南宋初杭州刻本，其中爲蔡夢弼所刻有八十五卷。歷經季振宜、汪士鐘、海源閣舊藏，今存國圖（844）。此本爲咸豐二年所得，因是殘帙，故從中析出"清晰者入之"全本。究竟入替爲何卷，已檢尋不出，但其中屬顧柔嘉抄配者，當是從中析出者。第三部亦爲殘本，凡一百一十三卷二十一册，卷二至六、十五至四十三、四十七、四十八、五十四至一百三十，卷五、六、十八至二十、四十七、四十八、五十四、五十五、七十六至八十六配蒙古中統二年（1261）段子成刻本，其中蔡刻本共九十四卷。朱大韶、朱學勤、朱澂、徐乃昌舊藏，今存上圖（828662—82）。《楹書隅録》卷二著録三十册全本時言及是本，云："《趙世家》一卷，原以他刻配補。壬申夏仲，從朱修伯宗丞處假得明朱文石所藏蔡刊殘帙，影録易之。""朱修伯宗丞"即朱學勤（1823—1875），字修伯，清仁和人，咸豐進士，入軍機處，歷任鴻臚寺少卿，大理寺卿。藏書甚豐，室名"結一廬"。其子朱澂，能守遺書，撰有《結一廬書目》四卷。"朱文石"即明藏書家、學者朱大韶。"壬申"當即同治十一年（1872），楊紹和從朱學勤處借得此殘本，影録第二十二卷《趙世家》第十三。全本此卷卷末欄内題"保彝影寫"，左欄外下題"光緒元年七月""宋存書室依宋本影鈔"，可見，自楊紹和於同治十一年借出，至命子保彝於光緒元年影抄完，竟有三年之久。而保彝影寫極好，字體與原本極似，經與朱氏藏本對勘，未見差訛，可見抄寫之精審。蔡本第四帙爲百衲全本，蔡刻僅存二十六卷，孫育、汲古閣、季振宜、徐乾學、劉燕庭、姚彦侍、端方、袁克權、周叔弢舊藏，今存國圖（7998）。綜上四帙，可見海源閣所藏本不僅最全，且内中殘損較少，而抄配僅有數葉，比起其他三帙版本價值更高。楊以增自咸豐元年收藏後，將版面破損者以"清晰者入之"，影抄補全，重新裝池，於咸豐三年冬載歸楊氏另一藏書處肥城陶南山館。咸豐十一年春，捻軍擾及山館，山館所藏毁損大半，以經、史最甚，此本亦"全書毁裂"。同治元年，楊紹和"計偕"抵京，攜之再度裝潢。途中遭遇洪水，"浸痕過半"，至同治四年，三度"修飾"。可見，楊氏三代爲保存此書，悉心竭力。1928年10月，楊敬夫將閣中所藏包括"四經四史"在内的宋本及名家校抄本運往天津租借地寓所，其後被迫售出，此本先爲京肆書賈王晋卿收購，《文録堂訪書記》卷二著録，後爲陳清華收藏，《陳澄中善本圖録》著録。其間，周叔弢曾欲得此書，因價昂而罷。周叔弢《楹書隅録》批注曰："極精，王晋卿買去，歸澄中。""此書余諧價三千二百元，已成，爲書估王晋卿奪去，六千元歸之澄中。"又曰"黄麻紙"，"此書紙印是中等，不及余藏百衲本之印本爲佳"。二十世紀五十年代，此本在周恩來總理親自關懷下由香港陳清華處購歸北京圖書館。《北京圖書館古籍善本書目》《中國版刻圖録》皆著録，《中華再造善本》收録，陳紅彦撰《提要》。

參考文獻：

何兹全：《〈史記〉書録》，商務印書館，1958年。

汪紹楹：《〈史記〉宋本書録》，《歷史文獻》第3輯，2000年。

張玉春：《〈史記〉版本研究》，商務印書館，2001年。

張興吉：《今存〈史記〉版本簡明目録》，《國學研究》第16卷，北京大學出版社，2005年。

十、建康實録二十卷

唐許嵩撰。宋紹興十八年（1148）荆湖北路安撫使司刻遞修本，十六册。卷中或有版印模糊及缺葉損字之處，卷四（第十、十九葉）、八（第十六葉）、十（第六、十八葉）、十一（首葉前半葉、第二十五葉）、十五（第五、二十五葉）、十六（第十九、二十葉）、十七（第三十葉）、十九（第四葉）等均有缺葉，天頭有批註。卷首有高陽許嵩建康實録叙，叙曰："司馬子長善叙事，古稱良史，然班固嫌其疏略，是非頗謬於聖人，言論數篇，以爲所蔽。嵩述而不作，竊思好古，今質正傳，旁採遺文。始自吴，起漢興平元年，終于陳末禎明三年。而吴黄龍已前，雖引漢曆二十餘年，其實吴之首事，及晋平吴，太康之後三十餘載，復涉西晋之年。洎琅琊東遷，太興即位元年，始爲東晋首年，東晋一十一帝一百二年而禪于宋，宋八帝六十年而禪于齊，齊七帝二十四年而禪于梁，梁五帝五十六年而入于陳，陳五帝三十三年止隋開皇元年。陳建首号，梁之末年；梁稱元年，齊之季年；齊初即位，宋之餘年，則四家終始，共用三年。而吴四帝五十九年，南朝六代四十帝三百三十一年，通西晋革吴之年，并吴首事之年，捴四百年間。著東夏之事，勒成二十卷，名曰《建康實録》，具六朝君臣行事，事有詳簡，文有機要，不必備舉。若土地山川，城池宫苑，當時制置，或互興毁，各明處所，用存古跡。其有異事别聞，辭不相屬，則皆注記，以益見知。使周覽而不煩，約而無失者也。"叙末低四格分兩行題"吴大帝在武昌七年梁元帝都江陵三年/其實建康宫三百二十一年"。卷二十尾題後有題記曰："江寧府嘉祐三年十一月開造《建康實録》，并案《三國志》，東、西《晋書》，并南、北《史》，校勘至嘉祐四年五月畢工，凡二十卷捴二十五萬七千五百七十七字，計十一策。"末有"將仕郎守江寧府溧水縣主簿張庖民□□”“登仕郎守江寧府句容縣主簿錢公瑾校正”“將仕郎守江寧府右司理參軍曾伉校正”“朝奉郎試祕書省校書郎權江寧府節度推官熊本校正”“宣德郎守大理寺丞致仕充江寧府府學教授趙真卿校正”“朝奉郎尚書比部員外郎通判軍府騎車都尉賜緋魚袋彭仲荀”“龍圖閣直學士朝散大夫右諫議大夫知軍府事兼管内勸農使南昌郡開國伯賜紫金魚袋梅摯”銜名七行，又有“紹興十八年十一月日荆湖北□安撫使司重别雕印”一行及校勘官等銜名九行：“監轄下班祗應荆湖北路安撫使司聽候差使韓軫”“點檢下班祗應荆湖北路安撫使司主管文字高楫”“校勘官左徒政郎新荆門軍録事參軍權安撫使司准備差遣王廓”“校勘官右宣教郎荆湖北路安撫使司幹辦公事張允之”“校勘官右通直郎荆湖北路安撫使司主管機宜文字万俟虚”“右朝奉大夫添差荆湖北路安撫使司參議官趙遜”“右朝奉大夫荆湖北路安撫使司參議官周方平”“左朝請郎權發遣荆湖北路提點刑獄公事權荆南軍府事兼權本路安撫馬步軍都總管劉長源”“龍神衛四廂都指揮使永州防禦使荆南軍府事兼管内權農營田使主管荆湖北路安撫司公事馬步軍都總管王瑋”（丁案：後兩條原版模糊不清，據周星詒抄本補）。首卷首行頂格題“建康實録卷第一”，尾題同，次行低三格分三行釋名建康，曰：“建康者本楚金陵邑，秦改爲秣陵，吴改爲建業，晋愍帝諱業改爲建康，元帝即位，稱建康宫，五代仍之不改，故其書舉南朝之事。”第五行低四格題篇名“吴太祖上”，第六行頂格連屬正文。凡二十卷，卷一至四記吴，卷五至十記東晋，卷十一至十四記宋，卷十五、十六記齊，卷十七、十八記梁，卷十九、二十記陳。記吴、東晋用編年實録體，於人物卒年下立小傳，記其行事；記齊、梁用紀傳體，并於梁後附後梁蕭詧君臣事蹟；記宋、記陳相類似，前爲編年體，後附紀傳體功臣傳。23.3×16.7厘米，十一行二十字，小字雙行二十七至三十字不等，左右雙邊，白口，單魚尾。魚尾上題字數，下題“實録卷幾”或“實録幾”，次下題葉次及刻工名。刻工有吴堅、潘洪、李茂、蔡仲、仲、黄宥、王克明、余中安、安、范安世、周震、蕭（蕭）昌齡、王仲、張明、余文、詹元、王厘、王厚、傅忠、陳伸、俞邦、趙褒、趙擴、鄧亮、吴友成、張彤、張敏、張甫、張用、許和、余中、宋琳、楊、刘、李、用、范等。避唐諱，“民”作“人”，如卷一“人轉相驚”之“人”字，《吴志·孫權傳》作“民”字；北宋仁宗諱

"楨"字注"御名"，其他如"玄""竟""弘""讓""恒""敬""鏡""徵""禎"等亦缺筆；遇南宋高宗諱"構"字，注"今上御名"，又補版中"構"字注"太上御名"，"慎""敦"字亦缺筆。鈐印"明善齋記""宋本""汲古閣圖書記""虞山毛氏汲古閣收藏""毛晋私印""毛晋字子晋一名鳳苞字子九""毛鳳苞印""毛鳳苞""子晋父""臣晋字子晋""字子九""子晋氏""東吴子晋""毛晋之印""東吴毛表圖書""臣表""毛表奏叔""毛表之印""毛奏叔氏""奏叔""奏叔氏""古虞毛氏奏叔圖書記""海虞毛表奏叔圖書記""中吴毛叔子收藏書畫印""叔鄭後裔""江左""季振宜藏書""季振宜印""滄葦""季滄葦藏書""健菴""乾學之印""包南咸印""包伯虎臣""包虎臣""臣虎""虎臣書印""學劍樓""汪文琛印""士鐘""閬源""平陽汪氏藏書印""民部尚書郎""三十五峰園汪厚齋家藏""芸士經眼""古東郡海原閣楊氏珍藏""東郡楊氏海源閣珍藏""聊攝楊氏海原閣藏書印""東郡楊氏宋存書室珍藏""宋存書室""四經四史之齋""古東郡四經四史齋""世德雀環，子孫潔白""禄易書，千萬值。小胥抄，良友詒。閣主人，清白吏。讀曾經，學何事。愧蠹魚，未食字。遺子孫，承此志""益之手校""以增之印""楊以增印""至堂""楊以增字益之又字至堂晚號東樵""墓田丙舍退思廬主人""先都御史公遺藏金石書畫印""關西節度系關西""楊氏伯子""東郡楊紹和印""東郡楊紹和彦合珍藏""楊紹和""楊紹和審定""楊紹和曾觀天禄琳琅祕籍""彦合珍玩""彦合珍藏""紹和私印""竹言居士""楊紹和藏書""協卿讀過""彦合讀書""紹和筑岩""東郡楊二""楊二協卿""道光秀才咸豐舉人同治進士""史館纂修""傳家清白昔無悳""楊承訓印""聊城楊承訓鑒藏書畫印""海源殘閣""周暹"等，毛晋、毛表、季振宜、徐乾學、周錫瓚、汪士鐘、海源閣、周叔弢舊藏。國圖（8028）。《名録一》（00443）。

許嵩，生平事蹟不詳，其自署籍貫高陽，蓋指郡望，并非里居之地（詳見張忱石校點本卷首《點校説明》）。《建康實録》卷四末云："案吴大帝即王位黄武元年壬寅，至唐至德元年丙申，合五百三十五年矣。"卷十末又云："案東晋元帝即位太興元年，至唐至德元年，合四百四十年。"至德爲唐肅宗（李亨）年號。《新唐書·肅宗紀》云，唐天寶十五年七月甲子，即位於靈武，改元至德。至德凡三年，其元年（756）即許嵩撰寫《建康實録》之年。由此可知，許嵩當生活在唐玄、肅宗朝時。而《建康實録》之編纂時間，亦大概於此時。許嵩是想通過編撰一部簡明扼要的以六朝爲中心的建康實録，藉此保存六朝遺迹，不使湮没，其序云“若土地山川，城池宫苑，當時制置，或互興毁，各明處所，用存古跡”。關於《實録》史料來源，許嵩序云“嵩述而不作，竊思好古，今質正傳，旁采遺文”。此謂“正傳”即指正史，其主要採擷於《三國志·吴志》《晋書》《南齊書》《梁書》《陳書》，唯宋未用沈約《宋書》而采裴子野《宋略》，且全以《宋略》爲藍本。裴子野，字幾原，梁人。曾祖裴松之注陳壽《三國志》，祖裴駰注司馬遷《史記》，皆爲劉宋良史。裴子野生長於史學世家，克紹箕裘，撰有《宋略》二十卷。《梁書》本傳稱：“其叙事評論多善，（沈）約見而歎曰：‘吾弗逮也。’”劉知幾亦讚譽《宋略》稱“裴子野《宋略》、王劭《齊志》，并長於叙事，無愧古人”，唐時“世之言宋史者，以裴《略》爲上，沈《書》次之”。除正史外，尚“旁采遺文”，如有關孫吴的史籍有韋昭《吴書》、張勃《吴録》等，晋史更多，唐時尚存十八家《晋書》，尤以臧榮緒、蕭子雲二書較爲完備。其他如地記志乘等亦有采擇，故是書之最大特點即引據廣博，摭拾極富。

此書采集孫吴、東晋、宋、齊、梁、陳六朝四百年各代君臣行事，又記載以建康爲中心的有關土地、山川、城池、宫苑的制置和興廢等，因六朝皆建都建康（今南京市，吴名建業，晋愍帝改名建康），故以爲名。關於其價值，歷代學者又毁譽参半，褒貶不一。晁公武《郡齋讀書志》卷六稱“自順帝已後，復爲紀傳而廢編年，其間重複一事相牴牾者甚衆。至於名號稱謂，又絶無法。蓋亦煩而多失矣”。《四庫提要》卷五十曰：“蓋其義例主於類叙興廢大端，編年紀事，而尤加意於古蹟。其間如晋以前諸臣事實，皆用實録之體，附載於薨卒條下。而宋以後復沿本史之例，各爲立傳，爲例未免不純，又往往一事而重複牴牾。至於名號稱謂，略似《世説新語》，隨意標目，漫無一定，於史法尤乖。然引據廣博，多出正史之外，唐以來考六朝遺事者，多援以爲徵。如張彦遠《歷代名畫記》，引以證曹不興、顧愷之、陸探微畫品。鄭文寶《南唐近事》，引以證元武湖。劉義仲《通鑑問疑》載《宋書·高祖紀》景平二年書日食舛誤、劉恕修《長編》，定日食在是年二月癸巳朔。皆取此書爲據。又陳後主時覆舟山及蔣山松柏常出木醴，俗呼‘雀餳’之類，《陳書》遺漏不載，王鞏《甲申雜録》亦取此書爲據。謝尚謂蔡謨讀《爾雅》不熟，幾爲《勸學》死（原注：案《勸學》，《荀子》第一篇，“蟹有六跪二螯”即是篇之語）。《晋書》誤作‘勤學’。姚寬《西溪叢語》亦據此書駁正。又裴子野《宋略》，當時所稱良史，沈約自以爲不及者，今已不傳。《資治通鑑》載有論贊數條，亦多首尾不具，而是書於劉宋一代，全據爲藍本，并子野論贊之詞，尚存什一。是亦好古者所宜參證矣。”周中孚《鄭堂讀書記》卷十八、王鳴盛《十七史商権》卷六十四“建康實録”條亦詳加考評。批評者謂其體例不純，前後不一，同一史書内編年、紀傳兩種史法，前後相悖。詳略失當，取捨不均，繁簡失宜，所記吴、晋、宋三朝較詳，記陳較略，記齊、梁最爲疏簡；史實訛誤甚多。詳見張忱石點校本各卷末校勘記。儘管此書存在這些問題，但所具有的學術價值亦很大。首先，由於此書多采正史，故可補正史之缺訛，如給正史中無傳的立傳，考證、訂正史事等。其次，保存唐以前的地記史料。唐宋以來，如張彦遠《歷代名畫記》、鄭文寶《南唐近事》、王鞏《甲申雜録》、姚寬《西溪叢語》及宋張敦頤《六朝事蹟編類》皆引此書。第三，文獻輯佚。如嚴可均所輯《全上古三代秦漢三國六朝文》是一部起自上古迄於隋的文章總集，搜采網羅，堪稱宏富，但《全宋文》漏輯《建康實録》中卷十二宋文帝《贈殷景仁常侍司空詔》，卷十三江夏王義恭《率百官請奏封禪事奏》、顧法秀《對制問》等文章。而其他如《宋書》《南史》《全梁文》等可補之處更多。據統計，該書徵引唐初及唐以前文獻達五十餘種，除《三國志》《晋書》《宋書》《齊書》《梁書》《陳書》《南史》之外，僅是正文和夾註中標出書名的佚書就達三十餘種。如裴子野《宋略》一書，今已亡佚，四庫館臣曰“是書於劉宋一代，全據爲藍本”，後人據此可見裴書一斑。《實録》録有“凡文”四條、“裴子野曰”十六條及《宋略總論》一篇，其保存的佚文遠較他書爲多。《通典》《資治通鑑》《通鑑考異》《文苑英華》雖都有零篇，清王仁俊、嚴可均、王謨雖皆有輯佚之作，然皆未利用過此書。因此，此書是研究六朝歷史不可或缺的重要文獻。

此書首刻爲北宋嘉祐三年（1058）江寧府刻本。自此本卷末嘉祐三年江寧府雕印題記、銜名可知，此書由江寧府初刻始於嘉祐三年十一月，畢工於嘉祐四年五月，參與此次校勘的都爲江寧官員，有張庖民、錢公瑾、曾伉、熊本、趙真卿、彭仲荀、梅摯七人。值得注意的是校勘者皆爲北宋知名人士，如梅摯（994－1059），字公儀，北宋成都府新繁縣人，宋仁宗天聖五年（1027）進士，歷官大理評事、殿中侍御史、天章閣待制、龍圖閣學士、諫議大夫；并先後出任藍田上元知縣，蘇州通判，開封府判官，陝西都轉運使，昭州、滑州、杭州知州，江寧府、河中府知府等地方官，校勘完此書第二年即卒於河中府任上。《宋史》有本傳。熊本（1026－1091），字伯通，鄱陽縣人。慶曆六年（1046）進士，爲撫州軍事判官，治平元年（1064）遣知建德縣。熙寧初，上書言事，頌揚神宗重用王安石變法，擢爲提舉淮南常平、檢正中書禮房公事，改户房。六年，瀘州羅、晏夷叛，詔熊本察訪梓州路、夔州路，以便宜行事。熊本曾任戎州通判，熟習夷俗，王安石言熊本仔細，必能了事，遂命之體量措置。《宋史》有本傳。錢公瑾，常州武進人，錢寶七世孫，錢冶子，錢公輔兄。北宋皇祐元年（1049）己丑榜進士及第，與弟錢公輔同榜。曾伉任江西提點刑獄，曾參與北宋王安石變法，校勘此書時任江寧府右司理參軍。以這樣一批學術修養極高的學者校勘是書，相信嘉祐本的質量一定會得到保障。此本中北宋仁宗趙禎之“禎”字或注“御名”或缺筆，正與題記所題刊梓時間相符，保留了北宋諱式。此本之後是否流傳不得而知，諸家目録皆未見著録，惟錢曾《讀書敏求記》卷二著録曰：“……許嵩舉吴首事之年，通西晋東吴，以迄南朝事，勒成一書，名曰《建康實録》。黄子羽藏嘉祐年間鏤本，吾猶及見之。此則子羽家小胥所抄也。”然楊紹和《楹書隅録》卷二著録此書時“疑即此本而誤認爲北宋原刻耳”，所論似是。

此書次刻即此本。據“紹興十八年十一月　日荆湖北□安撫使司重別雕印”題記及校勘銜名可知，由荆湖北路安撫使司據嘉祐本重刊於紹興十八年，此距嘉祐三年已有九十年之久。參與此次校勘的有九人，全爲荆湖北路安撫使司官員，與北宋嘉祐間校勘官不同的是，這些地方官皆不著名，《宋史》亦無傳，這或與此本訛誤多有關。據《宋史·地理志》記載，紹興五年荆湖北路置安撫使於江陵府，則此書當刻於江陵，即今湖北荆州市，《中國版刻圖録》所題即此。卷中遇北宋仁宗諱“禎”字注“御名”，如卷四“災暗之變，謂之御名祥”，卷二十“御名明三年入隋”；又遇“構”字亦注“御名”或“今上御名”，如卷一“克昌堂御名”，卷十三“聞元凶今上/御名逆，遂垂涕召沈慶之及其僚佐等議”，卷十四“若榱椽之今上/御名大廈”。仁宗年號爲“嘉祐”，嘉祐本因刻於嘉祐三年，故避“禎”字而改注“御名”代之，以示與前朝皇帝名諱之區別，紹興本對此照録不誤。南宋紹興本遇當朝皇帝趙構名諱“構”時，先以“御名”代之，後改爲“今上御名”，蓋與仁宗避諱區別所致。可見北宋嘉祐本之避諱尚存，故知紹興十八年刻本當出自北宋嘉祐三年本。又此本卷末又有嘉祐三年校勘題記及銜名等，更可證其出於嘉祐本。又卷中補版葉遇南宋高宗諱“構”字，注“太上御名”，如卷七“是時始用塼壘宮城而創太上/御名樓觀”，説明此本已在當朝補版重修。《中國版刻圖録》謂“卷中補版構字注太上御名，知孝宗朝又經修版”，補版中“慎”字、“敦”字亦缺筆，則補版亦延至光宗紹熙年間。《楹書隅録》卷二著録紹興本曰：“蓋南宋初以北宋本重刊，中遇‘禎’字皆旁注‘今上御名’，正沿北宋本之舊式也。”此言“重刊”是，而言避諱非是。今檢其“禎”字，皆注“御名”；注“今上御名”者，皆“構”字。又檢紹興本刻工王厚、黄宥、周震等，曾參與刻過宋紹興間湖北提舉茶鹽司刻《漢書》一百卷，參與校勘此書的亦爲荆湖北路官員；詹元、俞邦、趙褒、吴友成、詹元、張彤、許和、余中、王厚、宋琳、傅忠等參與刻過宋刻本《南華真經》，此本傅增湘、周叔弢皆斷爲湖北地區刻本；詹元、許和參與刻過宋刻本《增廣司馬温公全集》，此本卷末署“右迪功郎、蘄州司理參軍武師禮監印，右迪功郎、蘄州防禦判官蔣師魯監印”，蓋爲南宋湖北蘄州刻本。綜而觀之，這幾種本子皆爲湖北地區刻本固無疑問。南宋周應合《景定建康志》卷三十三《文獻志・書版》著録“建康實録，七百四十板”，經統計，現存紹興本，僅有二百五十四版，《建康志》是否指紹興版不得而知，抑或尚包括嘉祐殘版？此本補版有之，又或包含已經被替换下來的紹興本壞殘之版？此本修版痕蹟明顯，有幾種筆蹟，亦有多版模糊。周叔弢《楹書隅録》批校稱“白紙，不精，有缺葉”“藝芸書舍原櫝。慎字缺筆，敦亦缺筆”。

此外尚有南宋寶祐刻本，張樹棟、龐多益、鄭如斯等編《中華印刷通史》[1] 第七章“雕版印刷的應用和發展”稱“理宗寶祐四年（1256）刻《建康實録》二十卷”，未知詳情，待考。

紹興本作爲唯一存世宋槧，其版本的最大價值在於校勘傳世諸本及他書、整理本之誤，今舉數例。如紹興本卷一《吴太祖上》第十四葉前半葉第三、四行“每隨權征伐，從陸口還合淝，率左右苦戰，免權津北之難”之“津”字，張忱石校點本作“淮”字。“津北”指合肥逍遥津的北邊。紹興本卷一第十三葉前半葉第八行云：“二十一年，權自陸口引兵還合淝，營於津北，魏遣將軍張遼拒之，久不戰。權乃撤軍過津南，自留千人殿後……”《三國志・吴志・吴主傳》云：“權自陸口，遂征合肥。合肥未下，撤軍還。兵皆就路，權與淩統、甘寧等在津北，爲魏將張遼所襲，統等以死捍權，權乘駿馬越津渠得去。”又《甘寧傳》亦言及此事，曰：“建安二十年，從攻合肥，會疫疾，軍旅皆已引出，唯車下虎士千馀人，并吕蒙、蔣欽、淩統及寧，從權逍遥津北。張遼覘望知之，即將步騎奄至。寧引弓射敵，與統等死戰。”《淩統傳》云：“時權撤軍，前部已發，魏將張遼等奄至津北。”可見，“淮”乃“津”形近之誤。紹興本卷五《晋中宗元皇帝》第九葉後半葉第十一行“循自以枕疾廢頓，臣節不脩，累表固讓，命皇太子親往拜焉”之“枕疾”二字，張忱石校點本作“枕席”，誤。“枕疾”乃臥病之意，古代常用之詞，如《晋書・桓温傳》有“漢高枕疾”句。《資治通鑑・魏邵陵厲公正始九年》云：“懿使聲氣纔屬，説：‘年老枕疾，死在旦夕……恐不復相見，以子師昭兄弟爲託。’”紹興本卷一第三十四葉前半葉第六行“六年春正月，韓瑺子綜，以衆叛降魏”之“綜”字，甘氏刻本作“琮”，誤，《吴志・孫權傳》《韓當傳》《孫亮傳》皆作“綜”；而“瑺”字，紹興本誤（見下）。紹興本卷一第三十三葉前半葉第十一行“尋舉茂才，除巫令”之“巫”字，甘氏刻本作“丞”，《吴志・士燮傳》作“巫”，是。當然，紹興本亦有不少訛誤，這在張校本、孟校本中亦多有指出，如卷一第十七葉前半葉第六、十行有“此一决也”“此二决也”兩句之“决”字，據上下文意，當爲“快”字。卷一第三十四葉前半葉第六行“六年春正月，韓瑺子綜，以衆叛降魏”之“瑺”字，據《吴志

---

① 臺灣財臺法人印刷傳播興才文教基金會，1998 年。

·孫權傳》《韓當傳》《孫亮傳》皆作“當”，知紹興本誤。就整體來看，以紹興本校改諸本之誤，仍是不可或缺之本。以上僅以卷一數則爲例，其實卷一尚有很多，如校勘其餘十九卷更可想而知。

嘉祐三年江寧府刻本已佚，則紹興本爲八百年來傳世最早孤本，也是後世刻本、抄本的祖本。是書於唐宋時廣爲流傳，故廣爲各目著録，《新唐書·藝文志》、《崇文總目》、《郡齋讀書志》、《直齋書録解題》、鄭樵《藝文略》、《文獻通考·經籍考》等皆著録是書。紹興本《花間集》晁謙之跋曰：“建康舊有本。俾得往年例卷，猶載郡將、監司、幕僚之行，有《六朝實録》與《花間集》之贐。”則此書在宋又有《六朝實録》之名。元明未見刻本，故流傳漸少，目録著録亦罕，明焦竑《國史經籍志》卷三著録四卷，似誤。明楊士奇、清傅維麟重編《明書·經籍志》“史附”有“建康實録一部，十五册，闕”。直至明末，宋槧爲汲古閣毛晋收藏後，人們始知紹興本尚存於世。但由於宋槧爲孤本秘笈，一般人難以目睹。其傳世者僅爲抄本及據抄本翻刻本。

清代刻本有二。其一爲嘉慶十三年（1808）張海鵬刻本，今南京圖書館有藏。此爲翻宋本，嘉慶十一年貽訓堂主人借得顧廣圻校影宋抄本翻刻，未及半，版歸張海鵬，張氏依原式雕版，至十三年三月刊成。張海鵬跋曰：“《建康實録》，郡中顧氏得滋蘭堂抄本，復從汲古閣所藏宋刊本校定者也。其書歸於讀未見書齋。丙寅歲，貽訓堂主人借得此本，翻刻及半，知余方刻古書，歸板於余。余惟是書久無善本，唐以後考六朝遺事者多據以爲徵，余購覓數年未可得，今得是本，續刊成書，亦翰墨中一段良緣也，遂諾之。其體例悉照貽訓翻宋刻原式，板心亦仍貽訓堂之名，惟書中宋諱有雙行注‘御名’二字，以小圈易之，有注‘今上御名’者，以小圈四易之，存宋刻之痕跡，至國朝廟諱御名，恪遵功令，缺筆恭代。而此書原缺原空之處，亦仍其舊云。”其二爲光緒二十八年（1902）甘元煥、甘曾沂、孫葉樹刻本，後者爲通行本。但校以宋本，均有異處。同治七年（1868）金陵甘元煥借得孫氏運瀆草堂所藏彭元瑞影抄本，轉抄一過。光緒二十三年，又得貽訓堂翻刻本，因命其子曾沂、孫伯英等助校，書未及刻而卒。甘曾沂續刻，板成，未及付梓，亦卒。後由甘元煥外孫葉樹南重新校刻，於光緒二十八年付梓，亦稱桑泊草堂刻本。此本流傳較廣，其版片今仍存江蘇揚州廣陵書社。

清代多以抄本流傳，其中以顧廣圻校影宋抄本爲最著。顧廣圻於乾隆五十三年（1788）得之於朱氏滋蘭堂，嘉慶四年據周錫瓚所藏宋本校改，同年歸入黄丕烈士禮居，後又轉歸張金吾愛日精廬，今不知何所。彭元瑞抄本，抄於乾隆間，嘉祐三年刊記、銜名及紹興十八年校勘銜名皆有，出於紹興本當無疑問。後歸李盛鐸，《木犀軒藏書題記及書録》著録，今藏北大（LSB/869）。甘氏抄本，出於彭元瑞抄本，甘元焕跋曰："同治戊辰初冬，假運瀆草堂孫氏所藏彭文達（丁案："達"字實爲"勤"，即彭元瑞）影抄本，罄五日之功，雜出衆手，其最劣者，則灶下傭也。無力聚書，不暇撿擇，可哂也，又可歎也！原抄脱葉已多，孫氏又轉抄未校，訛誤更甚，當廣求藏書家得一舊槧校補而訂正之，吾鄉文獻之幸也。"可見此本訛誤甚多，甘氏亦不滿意，其後又借得貽訓堂本，囑其子校勘一過，重寫一本。八千卷丁氏抄本，出自貽訓堂翻宋本，《善本書室藏書志》卷七著録，今存南圖。武昌徐行可藏抄本，蓋嘉道間抄寫，訛誤較少，爲抄本中最善，今存，張忱石校點本列爲校本。撫州陳氏藏周星詒批校舊抄本，鈐有翁斌孫印記，封題"舊鈔宋紹興本"，今存國圖。又有嘉業堂劉氏抄本，積學齋徐氏抄本，後者係抄自甘氏刻本。其他尚有復旦大學藏抄本，上圖藏朱錫庚校清初抄本，福建圖書館藏清汪沆跋抄本，天津圖書館藏清高宗弘曆題詩抄本（殘存五卷）、湖北圖書館藏酈承銓校跋抄本等。

當代整理本有兩種，一是張忱石校點本（中華書局 1986 年版），此本以甘氏刻本爲底本，以宋紹興本爲校本，并參校酈承銓《校記》、四庫本、周星詒本、劉承幹本以及《三國志》、《晋書》、《宋書》、《太平御覽》、《册府元龜》、錢大昕《廿二史考異》、王鳴盛《十七史商榷》等。其《點校説明》曰："筆者初頗迷信此本，欲以爲底本，後經校勘，舛誤極多，頗有正史是而此本誤者，其云'按《三國志》、東西《晋書》并南、北《史》校勘'之語，實爲虚言。韓仲通云'高陽許嵩《建康實録》，文多汗漫'。韓仲通爲宋高宗紹興間人，其所見當是南宋或北宋刊本，可見此書訛誤由來已久。清人王士禎云'今人但貴宋槧本，顧宋槧亦多訛誤，但從善本可耳'。此書宋本傳世者僅此一部，其文物價值自不待言，然作底本，頗難盡如人意，故今祇作校本。"又謂甘氏刊本"此本刊刻最晚，因經校勘整理，故訛誤較少，今以此爲底本"。二是孟昭庚、孫述圻、伍貽業校點本（上海古籍出版社 1987 年版），亦以甘氏刻本爲底本，以紹興本爲主要校本，同時參校四庫本、彭本、貽訓堂本、丁氏本、周星詒本、徐可行本及酈承銓《校記》，他校則利用了中華書局點校本《晋書》《宋書》等正史。兩整理本，以張本爲優，其《校記》即有十餘萬字。然兩本又皆有失校、句讀及訛誤之處，學者多有指出，詳見張琪敏《〈建康實録〉校勘劄記》、劉浦江《〈建康實録〉校點本呰議》、蔣宗許《〈建康實録〉標點獻疑》等數篇專論。而從諸篇評論中可知，《建康實録》亦亟需一部更加具有權威性的整理本。

此本元明以後官私書目少見著録，故未知遞藏信息。至明末清初爲毛晋收藏，其後分授於幼子毛扆。查此本凡缺葉皆爲白紙，行格與前後相同，蓋得此本時已缺，遂加紙待得他本時填補所缺文字。其中卷十一首葉前半葉鈐印“毛”“鳳苞”連珠印，可知毛晋得時已缺。後轉歸季振宜，載於《延令宋板書目》中，著録爲十二册。再經徐乾學收藏，其《傳是樓宋元板書目》收録，已分裝成十六册。據顧廣圻校影宋抄本跋曰“所校改據周漪塘家汲古閣藏宋刊本”，可知此紹興本曾經周錫瓚收藏。其後，又爲汪士鐘收藏，汪氏書散出多歸海源閣，此爲其一。卷中有朱筆批校，或出自楊以增（字益之）之手，卷首鈐有“益之手校”一印可證。楊紹和《楹書隅録》曰“洵世間僅存之寶笈矣”。1930 年前後，此書流入琉璃廠書肆中，爲周叔弢購藏，《自莊嚴堪善本書目》著録。1949 年以後捐獻於北京圖書館。《古逸叢書三編》收録，丁瑜跋。《中華再造善本》收録，陳紅彦撰《提要》。

參考文獻：

酈承銓：《〈建康實録〉校記》，江蘇省立國學圖書館第 6、7 年刊。

蒙文通：《〈宋略〉存於〈建康實録〉考》，《國立北平圖書館館刊》1934 年卷。

陶元珍：《〈建康實録〉札記》，《史學季刊》1941 年第 1 期第 2 卷。

張忱石校點：《建康實録》，中華書局，1986 年。

孟昭庚、孫述圻、伍貽業校點：《建康實録》，上海古籍出版社，1987 年。

張勛燎：《〈建康實録〉及其成書年代問題》，《古文獻論叢》，巴蜀書社，1990 年。

張琪敏：《〈建康實録〉校勘札記》，《南京師大學報》1991年第1期。

劉浦江：《〈建康實録〉校點本訾議》，《古籍整理研究學刊》1991年第4期。

蔣宗許：《〈建康實録〉標點獻疑》，《古籍整理研究學刊》1991年第4期。

季忠平：《〈建康實録〉宋本校勘芻議》，《文獻》2001年第3期。

季忠平：《〈建康實録〉版本研究》，復旦大學碩士學位論文，2001年5月。

季忠平：《〈建康實録〉校勘劄記》，《古籍整理研究學刊》2002年第3期。

謝秉洪：《〈建康實録〉校讀札記》，南京師大碩士學位論文，2003年5月。

謝秉洪：《〈建康實録〉作者與成書時代新論》，《南京師大學報》2004年第5期。

吴金華：《〈建康實録〉十二題（上、下）》，《南京曉莊學院學報》2006年第3、5期。

福林：《校點本〈建康實録〉卷十一商榷及思考》，《鹽城師範學院學報》2006年第1期。

十一、新編方輿勝覽七十卷

宋祝穆輯，宋祝洙增訂。宋咸淳三年（1267）吴堅、劉震孫福建刻本，二十册，正文缺葉十五葉。卷首依次有嘉熙三年（1239）吕午序，祝穆自序，咸淳二年録白、引用文目、目録及咸淳丁卯祝洙跋，吕午序曰："輿地有書尚矣。自上世九丘既逸，而夏之禹貢、周之職方，燦然明備。至秦郡縣天下，兩漢遂有地理、郡國志，歷代多倣之。唐圖十道，皇朝志九域，皆是物也。然秉筆紀載實難，文獻不足，無以參稽而互考，非足履目睹，則真贋詳略何從信之。司馬遷貫紬經傳，旁採子史，又聞長老之所稱，而必觀九江，望五湖，闞洛汭，行淮、泗，而後成河渠之書。東方朔誦詩書二十二萬言，三冬文史足用，又隨師踐赤縣，遨五嶽，行澤陂，息名山，猶以所見參酌《山海經》，而後《神異經》《十洲記》始作。學問不博，聞見不廣，涉歷不親，而欲會集四海九州山川、風俗、土產、景物、人材、文章、名數、沿革之詳，特誣而已。建陽祝穆和父，本新安人，朱文公先生之母黨也。幼從文公諸大賢游，性溫行淳，學富文贍，雅有意於是書。嘗往來閩、浙、江、淮、湖、廣間，所至必窮登臨。与予有連，每相見必孜孜訪風土事。經史子集、稗官野史、金石刻列、郡志，有可採摭，必晝夜抄録無倦色，蓋爲紀載張本也。且許異日成編，當以相示。如是者累年，近訪予錢塘馬城之竹坡，曰：'編成矣。敢名以《方輿勝覽》而鋟梓，以廣其傳，庶人人得勝覽也。君幸爲序，以冠其首。'予丕視所載，辭簡而暢，事備而核。各州風物見於古今詩歌記序之佳者，率全篇登入；其事實有可拈出者，則纂緝爲儷語，附於各州之末。較之録此而闕彼，舉略而遺全，循訛而失實，泛濫於著述而不能含咀其英華者，萬萬不侔也。信乎其爲勝覽矣！學士大夫端坐牕几而欲周知天下，操弄翰墨而欲得助江山，當覽此書，毋庸他及。所謂執璿璣以觀大運，據要會以觀方來，不勞餘力，盡在目中，信乎其爲勝覽矣！雖然，我瞻四方，禹迹茫茫，思日闢於先王，慨未歸於故疆，必也志存乎脩攘，步極乎亥章。使吾和父涉歷彌長，聞見彌詳，紀載益鋪張，而勝覽益煇煌，是乃爲邦家之光，予尚得以攫攘其旁。嘉熙己亥良月望日，新安呂午序。”祝穆序曰：“始，予遊諸公間，强予以四六之作，不過依陶公樣，初不能工也。其後稍識戶牖，則酷好編輯郡志，如耆昌歜。予亦自莫曉其癖。所至輒借圖經，積十餘年，方輿風物收拾略盡，出以諗予友，乃見譏曰：‘還如食小魚，所得不償勞。’予怳然自失，益蒐獵古今記序詩文與夫稗官小説之類，摘其要語以附入之。予友又啃曰：‘天吴與彩鳳，顛倒在短褐！’予復愧其破碎斷續，而首末之不貫也。又益取夫鉅篇短章所不可闕者，悉載全文，大書以提其綱，附註以詳其目。至三易藁而體統粗備，予友亦印可焉。予猶未敔（丁案：“敢”）以爲然也，既又攜以謁今御史呂公竹坡先生，幸不斥以狂僭，辱爲之序，走不足以當也。嗟夫！昔者孔子嘗曰：‘爲命，裨諶草創之，世叔討論之，行人子羽修飾之，東里子產潤色之。’夫以一命令之出，猶更四賢之手，矧予陋聞謏見，徒以兩耳目之所及，而欲該天下之事事物物，坎蛙窺天，其不量甚矣。雖然，世有揚子雲，必知是編之不苟，豈直爲四六設哉！若夫網羅遺逸，啓發愚蒙，予方有望於博雅君子。”祝洙跋云：“先君子游戲翰墨，編輯《方輿勝覽》，行于世者三十餘年，學士大夫家有其書。每恨板老而字漫爾。益部二星聚臨閩分，文昌實堂先生吴公漕兼府事乃遣工新之，中書朔齋先生劉公府兼漕事又委官董之。厥書克成，兩先生賜也。惟重整凡例，拾遺則各附其州，新增則各從其類，合爲一袠，分爲七十卷。本朝名賢不敢書其諱，依《文選》例，謹以字書之。此皆先君子欲更定之遺意。洙又嘗記先君子易簀時語：‘州郡風土，續抄小集，東南之景物略盡，中原吾能述之，圖經不足證也。’且朗吟陸放翁絕筆之詩曰：‘王師北定中原日，家祭毋忘告迺翁。’堂堂忠憤之志，若合符節。厥今君王神武，江東將相又非久下人者，雪恥百日，除兇千古，洙泚筆以俟，大書特書不一書，鋪張金甌之全盛，於《勝覽》有光云。咸淳丁卯季春清明，孤從政郎新差監行在文思院洙謹跋。”福建轉運使司録白曰：“據祝太傅宅幹人吴吉狀稱：‘本宅先隱士私編《事文類聚》《方輿勝覽》《四六妙語》，本官思院續編《朱子四書附録》，進塵御覽，並行于世。家有其書，乃是一生燈窗辛勤所就，非其它剽竊編類者比。當來累經兩浙轉運使司浙東提舉司給榜，禁戢翻刊。近日書市有一等嗜利之徒，不能自出己見編輯，專一翻板。竊恐或改換名目，或節略文字，有誤學士大夫披閱，實爲利害。照得雕書合經使臺申明狀，乞給榜下麻沙、書坊、長平、熊屯刊書籍等處，張掛曉示，仍乞帖嘉禾縣，嚴責知委，如有此色，容本宅陳告，追人毁板，斷治施行，庶杜翻刊之患。奉運使判府節制，待制、修史中書侍郎台判給榜，須至曉示。'右，今榜麻沙、書坊張掛曉示，各仰通知，毋至違犯，故榜。咸淳貳年陸月日（丁案：此行右側有四個“印”字，蓋原榜所鈐官印处）。使台押。”“兩浙路轉運司狀，乞給榜，約束所屬，不得翻刊上件書板，并同前式，更不再録白。”末有“今具引用文集刊后”，次行起爲五行牌記云：“是編蒐獵名賢記序詩文及史傳稗官雜説，殆數千篇，若非表而出之，亦幾明珠之暗投。今取全篇分類以便檢閲，其一聯片語，不成章者，更不贅録。蓋演而伸之，則爲一部郡志，總而會之，則爲一部文集，庶幾旁通曲暢云。”牌記後有兩行題記曰：“元本拾遺各入本州之下，新增五百餘條，除山川風俗等無詩文者，餘并標出，覽者詳之。”以下分别爲“記”“序”“奏議”等各類體裁題名及細目。次爲目録，目録首題“新編方輿勝覽目録”，次行低八格題“建安祝穆和父編”，第三行低二格題“今將每郡事要標出卷首，餘并倣此，覽者切幸詳鑒”，第四行起皆低四格題“郡名、風俗、形勝、土產、山川、學館、堂院、亭臺、樓閣、軒榭、館驛、橋梁、寺觀、祠墓、古跡、名官、人物、名賢、題詠、四六”。第八行頂格有一墨蓋子，下有一“〇”，下題“卷之一”，第九、十行大字雙行低二格題“浙西路”，下接小字“共八州”，第十一、十二行大字雙行低四格題“行在所臨安府”，下接雙行小字“古杭州，寧海軍節度”，第十三、十四行低五格白文題“九縣”，下接小字雙行九縣之名，本葉下半葉首二行低五格中間小字題“本路安撫兩浙轉運置司”，第三行低六格題“事要如前”，以下卷二至末卷端所題格式如前。卷一至五爲浙西路、卷六至九爲浙東路、卷十至十三爲福建路、卷十四至十八爲江東路、卷十九至二十二爲江西路、卷二十三至二十六爲湖南路、卷二十七至三十一爲湖北路、卷三十二至三十三爲京西路、卷三十四至三十七爲廣東路、卷三十八至四十二爲廣西路、卷四十三爲海外四州、卷四十四至四十七爲淮東路、卷四十八至五十爲淮西路、卷五十一至五十六爲成都府路、卷五十七至六十一爲夔州路、卷六十二至六十五爲潼川府路、卷六十六至六十八爲利州東路、卷六十九至七十爲利州西路。正文首卷首行頂格題“新編方輿勝覽卷之一”，次行低九格題“建安祝穆和父編”，第三、四行頂格大字占兩行低一格題“浙西路”，次第五、六行大字低三格題“臨安府”，下接小字雙行分題九縣之名，次行起低一格白文題“建置沿革”，下接小字雙行所輯内容，本葉下半葉首行低二格題“兩浙轉運置司”，次兩行大字加墨圍題“事要”，下白文小字題“郡名”，以下正文皆頂格，内文凡被釋之詞皆大字占兩行，凡釋文皆小字雙行。以下皆仿此格式。呂午序四行八字，祝穆自序和祝洙五行八字，皆爲手書上版，正文大字七行字數不等，小字十四行二十三字，左右雙邊，細黑口，雙魚尾。上魚尾上間題字數，下題“勝覽幾”“方幾”“覽幾”，下魚尾上或下白文題葉次。宋諱缺筆至“�”字。鈐印“汪士鐘”“閬源真賞”“宋存書室”“聊城楊氏所藏”“先都御史公遺藏金石書畫印”“至堂”“以增之印”“關西節度系關西”“慕田丙舍讀書圖”“史館纂修”“東郡楊紹和印”“臣紹和印”“楊紹和”“楊紹和藏書”“楊二協卿”“彦合珍玩”等，汪士鐘、海源閣舊藏。國圖（868）。

此書由祝穆撰，其子祝洙增訂。祝穆字和父，晚年自號“樟隱老人”，建寧府崇安縣人。其先世爲新安（今安徽歙縣）人，曾祖祝確爲朱熹外祖父，至其父康國，始入閩，從朱熹居崇安。穆初名丙，曾受業於朱熹，著有《方輿勝覽》《事文類聚》《四六寶苑》等書。理宗寶祐四年（1256）撰成《南溪樟隱記》，并卒於此年，謚“文修”。《閩中理學淵源考》卷十有傳。祝洙，字安道，寶祐四年進士。嘗讀朱熹《四書集註》，見書中有引而不發者，便采諸家語録附録於逐章之下，名之曰《四書集註附録》。宰執取其書進呈，景定中除迪功郎，任興化軍涵江書院山長，咸淳初轉從政郎，監行在文思院。

祝穆青年時往來於吴、越、荆、楚之間，登高探幽，臨水攬勝。晚年卜居建陽縣麻沙水南，名其廬“南溪樟隱”。築藏書樓，將所搜藏書儲於其間。遍讀經、史、子、集，稗官野史，金石、地志，“有可采摭，輒抄録”，撰成類書《事文類聚》一百七十卷和地理總志《方輿勝覽》

七十卷。《方興勝覽》主要記載南宋臨安府（今浙江杭州）及其轄下的浙西路、浙東路、江東路、江西路等十七路所屬的府、軍、州等地的郡名、風俗、形勝、土產、山川、學館、堂院、亭臺、樓閣、軒榭、館驛、橋梁、寺觀、祠墓、古跡、名宦、人物、題詠、四六等，内容十分豐富全面，藉此可以瞭解南宋中晚期江南各地的經濟、文化、風俗、民情、山川、土產等。此書特别是對於各地名勝古蹟及有關的詩賦序記，記載尤其詳細。故此《四庫提要》云："所記分十七路，各係所屬府州軍於下，而以行在所臨安爲首。蓋中原隔絶，久已不入輿圖，所述者惟南渡疆域而已。書中體例，大抵於建置、沿革、疆域、道里、田賦、户口、關塞、險要，他志乘所詳者，皆在所略，惟於名勝古蹟多所臚列。而詩、賦、序、記，所載獨備。蓋爲登臨題詠而設，不爲考證而設。名爲地記，實則類書也。然採摭頗當，雖無裨於掌故，而有益於文章。摛藻掞華，恒所引用。故自宋、元以來，操觚家不廢其書焉。考葉盛《水東日記》，稱元絳閔忠詩石刻在康州，《方輿勝覽》乃載在封州，又誤以爲魏矼作，亦訛數字。幸真跡石刻尚存三洲巖中，則小小舛誤，亦所不免，要不害其大致之詳贍爾。"《方輿勝覽》與《元和郡縣志》《太平寰宇記》等不僅體例上不同，前者實有類書性質，而後者則是嚴格意義上的地志；所采資料亦異，前者多采"古今記序詩文與夫稗官小説之類"，多爲文學之資，後者則多采史料，這大概與祝穆的文學志趣有關，"蓋爲登臨題詠而設"。而且從祝穆原刻本《新編四六必用方輿勝覽》之名亦可看出，此書主要是爲四六表啓之備用。關於祝穆撰著此書的另一個重要目的，從呂午及祝穆父子自序可知，絶非一般地志史料之彙編，而有"雪耻百王，除兇千古"，恢復大宋一統江山的政治動機。關於其學術價值，其一，文學價值。此書收録了大量的詩文記敘及四六用語，有的至今已經失傳，幸賴此書保存下來。其二，地理價值。劉師培《左庵集》卷五《方輿勝覽書後》云："《勝覽》於州郡沿革雖記弗詳，然所據均時制，恒足正《宋史》之疏，如滎州升爲紹熙府、信陽屬於湖北路、棗陽别升爲軍，其最著也。"其他如完整保存了南宋晚期監司軍帥治所的史料，一些風俗人情、土特產記載，對於研究宋代人文經籍都是不可多得的材料。其三，文獻校勘價值。一是世傳文獻有殘者可補其缺，二是世傳文獻有訛誤者可校正。詳見施和金《祝穆與〈方輿勝覽〉散論》。

此書在宋代有三刻，一是嘉熙三年祝穆原刻本，二是咸淳三年吴堅、劉震孫刻祝洙增訂本，三是咸淳三年吴堅、劉震孫刻祝洙增訂修補本。祝穆原刻本今僅存一帙，藏於日本宫内廳書陵部。此本目録及正文卷端皆題作“新編四六必用方輿勝覽”，包括正集總目一卷、正集四十三卷、後集七卷、續集二十卷、拾遺附録一卷、附引用分類詩文目一卷，其中續集缺卷七至十五，其餘全。卷首有宋嘉熙二年“兩浙轉運司録白”，次有嘉熙三年新安吕午序、祝穆跋，末有引用文目。録白曰：“據祝太傅宅幹人吴吉狀：‘本宅見雕諸郡志，名曰《方輿勝覽》并《四六寶苑》兩書，並係本宅進士私自編輯，數載辛勤。今來雕板，所費浩瀚。竊恐書市嗜利之徒，輒將上件書版翻開，或改换名目，或以節略《輿地紀勝》等書爲名，翻開攙奪，致本宅徒勞心力，枉費錢本，委實切害。照得雕書合經使臺申明，乞行約束，庶絶翻版之患，乞給榜下衢、婺州雕書籍處，張掛曉示，如有此色，容本宅陳告，乞追人毁版，斷治施行。奉台判備榜，須至指揮。’”“右，今出牓衢、婺州雕書籍去處，張掛曉示，各令知悉。如有似此之人，仰經所屬陳告追究，毁版施行。故牓。”“嘉熙貳年拾貳月日牓，衢、婺州雕書籍去處張掛，轉運副使曾台押。”“福建路轉運司狀，乞給牓，約束所属，不得翻開上件書版。并同前式，更不再録白。”“嘉熙貳年拾貳月日牓”右傍有四個“印”字，蓋當時所鈐官印處。各集前多有題記，正集四十三卷目録前曰：“今將每郡事要標出卷首，餘并倣此，覽者切幸詳鑒！”“郡名、風俗、形勝、土產、山川、學館、堂院、亭臺、樓閣、軒榭、館驛、橋梁、寺觀、祠墓、古跡、名宦、人物、名賢、題詠、四六。”卷四十三末牌記云：“淮蜀見作後集刊行。”拾遺附録目録前題曰：“是編亦既鋟梓流布矣。重惟天下奇聞壯觀，見於文人才士之所記述者，浩不可窮，耳目所及，幸而得之，則亦泰山一毫芒耳。因閲羣書，復抄小集，附刊于後，名以拾遺。每州各空其紙，以俟博雅君子續自筆入，或因鬻書者録以見寄，使足成此一奇書，蓋所深望云。”引用文目共著録記九十二、序十二、奏議三、碑誌九、傳三、書二、銘八、贊四、頌一、檄一、賦十、樂府五、雜説二、雜文十、祭文三、雜志五十、小説十三、詩千二百，文目前題記云：“是編蒐獵名賢記序詩文及史傳稗官雜説殆數千篇，若非表而出之，亦幾明珠之暗投。今取全篇分類，以便檢閲，其一聯片語不成章者，更不贅録。蓋演而伸之則爲一部郡志，總而會之則爲一部文集，庶幾旁通曲暢云。”（丁案：檢《日本宫内廳書陵部藏宋元版漢籍影印叢書》第一期和《日本宫内廳書陵部藏宋元版漢籍選刊》兩影印本，并非如《日藏漢籍善本書録》所云“各集前皆有‘小啓’”，僅正集目録、續集目録、拾遺附録目録前、引用文目前有，而後集無目録，亦未見題記，《書録》移録《後集》目録前題記云：“今將兩淮州郡作《後集》刊行，西蜀及兩淮新復之境，見此纂輯，續當鋟梓。《引用文目》已具《前集》卷首，更不重復，仍標出每郡事要如右。”又檢《圖書寮典籍解題》《圖書寮漢籍善本書目》亦未著録《後集》目録及題記。續集未引）全書所記僅兩浙、福建、兩江、兩湖、京西、兩廣、兩淮、成都府、夔州、潼川府、利州東西等十七路，蓋中原隔絕，久已不入輿圖，故所述者止於南渡疆域。各篇首叙建置沿革，次爲事要，以白質黑文別之，其中標題暨人地名，皆作跨行大字。事要分郡名、風俗等二十項。檢其正文，間有未録以上之項，蓋據其内容有無而機動取捨。17.9×11.9厘米，吕午序手寫大字四行九字，祝穆跋手寫大字五行十三字，正文大字七行，小字十四行，行二十五字，小字雙行字數同，左右雙邊，細黑口，雙魚尾。宋諱“弦”“桓”等字缺筆，避至“廓”字，語涉欽宗等宋帝皆提行空格。嘉熙三年吕午序曰：“（祝穆）近訪予錢塘馬城之竹坡，曰：‘編成矣。敢名以《方輿勝覽》而鋟梓，以廣其傳，庶人人得勝覽也。君幸爲序，以冠其首。’”此謂祝穆於此年將書編成鋟梓之時，請序於吕午。故此本當由祝穆自刊於嘉熙三年，刊地即在所居之地建陽。又據嘉熙二年“録白”云云，蓋在嘉熙二年之前，坊間翻版現象較爲嚴重，始上狀官方發榜警示，禁止翻刻。海源閣藏本有祝洙跋曰：“行于世者三十餘年”，案祝穆原刻於嘉熙三年，祝洙跋於咸淳三年，時間相距二十八年，此謂“三十餘年”，可見早在嘉熙三年之前，或已流傳。再據各集之前題記可知，此書似當隨編隨刻，非一時刊成，或刊畢於嘉熙三年。楊守敬《日本訪書志》卷六曰：“序後有兩浙轉運司録白，蓋祝氏恐人翻雕，故請官爲給榜。《初集》自‘浙西路’起至‘海外四州’止，凡四十三卷。《後集》淮東路、淮西兩路。《續集》自‘成都路’起，至‘利西路’止。《拾遺》則自‘臨安府’至‘紹熙府’，每府州各補數條。此蓋和父原本，其分數次開雕者，當因資費不足，隨雕隨印行，非别爲起訖也。”

此書印行後，流行甚廣，“學士大夫家有其書”。由於刷印次數較多，版片損害很大，祝穆子洙云“每恨板老而字漫爾”，至咸淳三年，“文昌實堂先生吴公漕兼府事乃遣工新之，中書朔齋先生劉公府兼漕事又委官董之。厥書克成，兩先生之賜也”。此即第二刻也，亦即本書著録之海源閣藏本。“吴公漕兼府事”指吴堅曾任華文閣待制兼福建轉運使；“劉公府兼漕事”指劉震孫兼任知州、轉運使。又據《〔乾隆〕福建通志》卷二十一“職官二”載：“福建轉運使司……吴堅，劉震孫……咸淳間任。”“（咸淳二年）提舉常平茶鹽公事……劉震孫……咸淳間任。”卷二十五“職官六”載：“建寧府……宋知建州軍州事……劉震孫……咸淳間任。”考《宋史·地理志·福建路》，建州即建寧府。劉震孫卒於咸淳四年，可知兩人曾先後於咸淳元年至四年以前先後任福建轉運司使，亦即在此任上，兩人主持刊刻了此書。吴堅（1213—1276），字彦愷，號實堂，天臺人，淳祐四年（1244）進士，咸淳初年任建寧知府，同期還刻有《朱子語類别録》《張子語録》《龜山先生語録》等書，德祐二年（1276）官至左丞相，後降元。劉震孫（1197—1268），字長卿，號朔齋，東平人，劉摯六世孫，魏了翁女婿。《楹書隅録》卷二著録是本曰：“丁卯爲咸淳三年，當是丙寅開雕，至丁卯始成耳。《欽定天禄琳琅書目》所載正同。咸淳距宋亡僅十餘年，間有流傳印本紙色深黄者，多定爲元刊，其實即此板也。”至於楊氏所言元本者，實爲元翻刻宋本，多誤作宋本，見下所述。此本字體頗有建柳風格，刊印精美，周叔弢《楹書隅録》批校曰“精”。《上海圖書館藏宋本圖録》定爲“初印本”[①]，《文禄堂訪書記》卷二題宋建刻本。

此書首次刊印，即有盗版現象，近三十年過後，這種現象不但未能禁止，反而更甚。故在咸淳二年祝家又繼續上狀要求官方發榜下令，嚴懲“盗版”之徒。將兩次發榜録白對比，發現既有同者亦有不同者。其一，明確版權所有者，兩榜文皆有上狀署名“祝太傅宅幹人吴吉狀”，幹人吴吉指祝家辦事差役姓名，或具體執行刊梓事宜者，祝氏委托其上狀，其實已説明了本書的編輯和刊印皆爲祝家所有。雖然在祝洙跋中言

---

① 《上海圖書館藏宋本圖録》，上海古籍出版社，2010年，第187頁。

吴堅、劉震孫兩位政府官員“遣工新之”“委官董之”，表面上看有官刊嫌疑，但兩人實屬“幫忙”性質，祝洙所言“兩先生賜也”已明言之，故不構成版權所有者變更行爲。其二，發榜署名不同。嘉熙本發榜者首爲兩浙轉運司，浙西路下轄八州（臨安府、平江府、鎮江府、嘉興府、安吉州、常州、建德府、江陰軍），浙東路下轄七州（紹興府、慶元府、衢州、婺州、台州、瑞安府、處州），次爲福建路，下轄八州（福州、邵武軍、建寧府、南劒州、泉州、興化軍、漳州、汀州）。這與榜文警告主要翻刊地衢州、婺州相符，兩地皆爲浙東路所屬，地處浙江中部。咸淳本則發榜者首爲福建轉運使司，次爲兩浙路轉運司，這與榜文中所警告福建路建寧府所屬麻沙、書坊、長平、熊屯四地相符。從“乞給榜下麻沙、書坊、長平、熊屯刊書籍等處張掛曉示，仍乞帖嘉禾縣……”云云，可知此麻沙、書坊、長平、熊屯等地“盜版”最盛。嘉禾縣即建陽縣，縣名詔改於景定元年（1260），屬建寧府，地處閩北。此四地皆建陽刻書之地，祝穆在《方輿勝覽·建寧府》“書籍行四方”一條曰：“麻沙、崇化兩坊產書，號爲圖書之府。”崇化因刻書作坊數量衆多，故被稱爲書坊。《福建通志》云：“建陽崇安接界處有書坊村，村皆以刊印書籍爲業。”“書坊村”至今仍在。長平在麻沙西北的禾平里南部，是熊氏刻書家族的聚居地；熊屯即建陽崇泰里熊屯村，今莒口鄉樟埔村，該村著名刻書家熊禾（1247—1312）曾於元至元二十六年（1289）刻《易學啓蒙通釋》。這説明，嘉熙間，翻刊較爲嚴重者爲浙東，而至南宋咸淳間，翻刊較嚴重者南移至福建北部。從浙江中部到福建北部，距離較近，刻書信息互通較易，翻刻之風相互傳染實屬正常。南宋初、中期刻書重鎮在臨安，但因是都城，管理較嚴，故翻刊并不明顯。至中晚期，翻刊之風逐漸在浙江中部盛行，其後延至福建，這種現象深刻地影響到以後的元明時期，并形成了福建刻書更加功利、市場化的運作模式。這也是建本常常爲後人詬病的原因。其三，從兩榜文可知，南宋晚期盜翻他版之風愈烈，至咸淳間，甚至出現了“專一翻板”的書坊，且花樣不一，有的“改換名目”，有的“節略文字”等。其四，制止盜版已屬政府行爲，從發榜者及官方“台押”即可知。對翻版行爲有一套系統的追責和處置方法，即先“陳告”，再“追人”，最後“毁版”，以達根除目的。這在當時大概是最嚴厲的處罰措施，反映了版權所有者强烈的版權意識，這種意識還表現在自編之不易，具體爲編刊主人、時間、成本等，如言“私自編輯”“數載辛勤”“一生燈窗辛勤所就”“所費浩瀚”，版權喪失之後果“徒勞心力”“枉費本錢”，而且“有誤學士大夫披閲”。同時也表明政府支持版權所有者維權、依法保護其利益，以達到規範、健全出版市場的目的。除以上外，尚可知道：嘉熙二年時，祝穆自編出版兩書《方輿勝覽》和《四六寶苑》，而《事文類聚》尚未編刊完畢。咸淳本榜文所題則包括《事文類聚》，并提及祝洙本人所編刊《朱子四書附録》。至此可知，祝氏父子於三十年間至少編刊過四種古籍。

與首刻祝穆原本相校，此本爲重刻，重刻本做出了一些調整、校正和增補。卷首呂午序，原本四行九字，此本四行八字，雖行款改易，皆爲手寫上版，但兩本字蹟酷肖，其摹刻之精細可見一斑。祝穆序原刻爲行草書體，而此本則改爲楷體。首先，整體來講，祝洙本在編修方法上略有變化，即不再分《前集》四十三卷、《後集》七卷、《續集》二十卷、拾遺之名目，而是通編爲七十卷，又將拾遺散附各府州下，各路次序仍同原本。如祝洙本將原屬於拾遺部分的祝穆本“五方雜處”及下接小字雙行曰“周淙告詞輦轂之下云云，豪强輕於犯法，姦伏易以棄間巧僞充斥”，移至祝洙本卷一第二葉前半葉爲風俗部分之最末。其次在目録上，祝穆本首題“新編四六必用方輿勝覽總目”，祝洙本題“新編方輿勝覽目録”，删掉“四六必用”四字，事要類目凡二十類，皆同。但目録正文内文字有改正，如卷一祝穆本浙西路“九縣”條目下“臨安”，祝洙本作“臨海”，當誤。臨海屬台州，見卷八台州條。卷五祝穆本“嚴州”，下注“古睦州”，祝洙本作“建德府”，下注“古睦州，後改爲嚴州”。卷九祝穆本“溫州”，祝洙本作“瑞安府”，下注“古溫州”。這反映了近三十年南宋府、州、縣制的一些變化情況。此外，祝穆本卷二十三至二十六湖南路，下注“共九州”，實有十州：潭州、衡州、道州、郴州、永州、寶慶府、全州、桂陽軍、武岡軍、茶陵軍；卷三十八至四十二廣西路，下注“共二十五州”，實爲二十一州：靜江府、柳州、鬱林州、横州、邕州、廉州、象州、潯州、藤州、梧州、貴州、昭州、融州、賓州、慶遠府、賀州、化州、高州、容州、欽州、雷州。這一下注數字之誤，祝洙本及重修本皆未改正過來。第三，正文内容上有所校正，而新增五百餘條内容，并各從其類，則是祝洙本最大的貢獻。如祝穆本卷一首葉下半葉“事要·郡名”目下“紹興八年”，祝洙本於此四字前加“國朝”。祝穆本卷一第二葉上半葉第三行“馬存”，祝洙本作“馬子才”（丁案：馬存（1053—1096），字子才）。又如此葉下半葉形勝部分“西界浙河”下注“杜牧云云”，祝洙本作“唐杜牧云云”。祝穆本卷一第二葉下半葉形勝部分“武林山”一條下注“元名虎林山，避唐朝諱改‘虎’爲‘武’”。祝洙本脱去“山”。但是變化最爲明顯的是增加了內容，如卷一第二葉前半葉爲形勝部分“內抱湖山”，祝穆本下注：“秦少游《學齋記》：外帶江海，內抱湖山（此四字爲省略號）。”而祝洙本則增加爲“秦少游《學齋記》：杭，大州也，外帶濤江漲海之險云云。竹林之勝，其俗工巧，羞質朴而尚靡麗，其事佛爲最勤”。祝穆本本葉下半葉形勝部分結束後，祝洙本增加“天下之形勢”“過其地者必駐軾”兩句，兩句下接引晁無咎《七述》等文有近六百餘字，等等。此外，祝穆本續集缺夔州路卷七至十一凡十六州，即祝洙本卷五十七至六十一；續集缺卷十二至十五凡十五州，即祝洙本卷六十二至六十五。祝穆本所缺九卷，祝洙本全。第四，引用文集目録上有變化，主要是增加了五百餘條，其次目録所題作者上，原本多用謚號或字，如“記”類，原本“歐陽文忠有美堂記”“白樂天冷泉亭記”“朱文公撰吴公祠記”等，而此本多改爲字或原名，改爲“歐陽永叔有美堂記”“白居易冷泉亭記”“朱元晦撰吴公祠記”等。再次原本於每目之下必注地名，如“蘇子美滄浪亭記平江”，而此本則首篇注“下同”，如“蘇子美滄浪亭記平江下同”，其餘凡地名相同者不再出注。這反映了祝洙在重新編纂此目上的不同想法。

第三刻爲上圖藏本，卷首有嘉熙三年新安呂午序、祝穆自序，次有目録，首題“新編方輿勝覽目録”，次有引用文目録，首題“今具引用文集于后”，次行起爲五行牌記。穆子洙跋及咸淳二年録白佚去。首卷首行頂格題“新編方輿勝覽卷之一”，次行低九格題“建安祝穆和父編”，第三、四行頂格大字占兩行題“浙西路”，次第五、六行大字題“臨安府”，正文低一格。17.5×11.8 厘米，呂午序手寫大字四行八字，祝穆跋手寫大字五行十字，正文大字七行字數不等，小字十四行二十三字，左右雙邊，細黑口，雙魚尾或三魚尾。左欄外書耳題地名。上魚尾上間題字數，下題“方幾”，下魚尾上題葉次。宋諱缺筆至“筠”字。

《上海圖書館藏宋本圖録》定爲咸淳三年吴堅、劉震孫刻重修本，與國圖藏本非同版，簡體字較國圖本爲多。陳先行又致函曰："《中國古籍善本書目》將國家圖書館藏本與上圖本作同版著録，與實際不符。兩本相較，上圖本雖然利用了部分舊版，但新雕之版居多，從目録到正文，與國圖本皆有出入，故其新雕版片，并非因舊版損毁而予以補刻，應是有目的對此書進行修訂或者説是重編。此舉是否亦祝洙所爲，抑或出他人之手，尚不知曉，而與國圖本屬兩個不同文本，不是一般因修版出現的文字異同，則無疑義。"施和金《祝穆與〈方輿勝覽〉散論》則有更詳對勘，曰："一是北圖本有吕午序、祝穆自序、祝洙跋及咸淳二年的録白，而上圖本却衹有吕午序及祝穆自序，無祝洙跋及咸淳二年録白。二是北圖本字蹟清秀雋美，版刻清晰，簡化字較少，而上圖本則有部分版刻字跡拙劣，印刷模糊，簡化字很多。三是在内容上也不盡一致……根據上述情況分析，北京圖書館的宋本當是祝洙增訂的初刻本，若干年後，出於某種原因，又用原版重印，但原版中已有部分朽壞，衹得重雕，順便也就對其中的某些内容作了增損和修改。因此，上海圖書館的宋本實際上是利用大部分的原版和小部分的新版配印而成。至於兩種本子印行的時間相隔多久，其中内容變化的部分是否爲祝洙所定，現在單從版刻的這些差異中已很難作出判斷。但從上圖本無祝洙跋和録白來看，似乎非祝洙所定的可能性比較大。有鑑於此，我以爲這兩部宋本不能算作同一種版本。"國圖本目録前題和祝穆原印本同，皆有"今將每郡事要標出卷首，餘并倣此，覽者切幸詳鑒"一行，事要子目依次爲"郡名、風俗、形勝、土産、山川、學館、堂院、亭臺、樓閣、軒榭、館驛、橋梁、寺觀、祠墓、古跡、名官、人物、名賢、題詠、四六"凡二十項；上圖重修本目録前"今將每郡事要標出卷首"下無"餘并倣此，覽者切幸詳鑒"十字，事要子目依次爲"郡名、風俗、形勝、土産、山川、學館、堂院、樓閣、亭榭、井泉、館驛、橋梁、佛寺、道觀、古跡、名宦、人物、題詠"凡十八項。兩本内容文字上，尤以卷十、二十一、二十二差異爲大。如卷十邵武庫"山川"，上圖本有三臺山條，國圖本無。卷二十一臨江軍"山川"，國圖本除有淦水外，又有淦江條，并引陳陶《旅泊》詩一首；上圖本删淦江及陳陶詩，僅存淦水，且内容亦有變化。卷二十二江州"山川"下"大孤山"注，國圖本有黄庶詩；“小孤山”注“時稱佳句”下，初印本有劉原父詩“驚波觸南崖”等，上圖本皆無。“小孤山”下“廬山”條，重修本增入“廬山有十大禪刹”至“一生好入名山遊”凡三百十五字，“又詩”至“饒他五嶽尊”一首，似據初印本劉沆詩改寫。故此，國圖本當爲祝洙增訂之初印本，而上圖本爲修版後印本，修版時曾作增刪。1986 年上海古籍出版社影印此本；《中華再造善本》收録，高洪興撰《提要》。

現存世者多爲元翻刻宋本，與原宋本相較，行款俱同，因致多家誤録爲宋本。然細較字蹟、筆法等稍有不同。《上海圖書館藏宋本圖録》曰：“是書有元翻刻本，宋諱亦避至‘筠’字，字體刀法，猶有宋刻遺意，卷中簡體字較宋咸淳刻重修本更多，前人多作宋刻。如瞿氏《鐵琴銅劍樓藏書目録》卷十一、陸氏《皕宋樓藏書志》卷二十九、丁氏《善本書室藏書志》卷十一、袁氏《寒雲手寫所藏宋本提要廿九種》、張氏《涵芬樓燼餘書録》卷二著録之宋刊本，實皆屬元翻本。香港大學馮平山圖書館著録之‘宋咸淳三年建安祝氏刻本’，有馬半查、孫忠愍藏書印記者，亦爲元翻本。”如臺博今藏一部（故觀 000535－000554），《國立故宫博物院宋本圖録》著録爲“宋咸淳丁卯（三年）建安祝氏刊本”，此本咸淳二年六月福建轉運使禁止麻沙書坊翻版榜文及祝洙丁卯跋文佚去。17.3×11.4 厘米，十四行二十三至二十四字不等，左右雙邊，間有四周單邊，細黑口，雙魚尾，間有三魚尾。左欄上書耳題“府州軍名”。宋諱不謹，“貞”“匡”“桓”“構”“慎”“敦”“筠”等字缺筆。日本向山榮、楊守敬舊藏。案此本與上圖、國圖所藏真宋本非同版，亦爲元翻宋本。元本現存世較多，其各家著録多爲宋本。如臺博尚有王鳴盛舊藏本五十四卷二十四册，卷一至十四、三十一至七十，間有抄補，《藏園羣書經眼録》卷五題宋刊本。《藏園羣書經眼録》卷五尚著録兩部，一爲張之洞舊藏，一爲“鳳禹門山遺書”，今均不知何所。臺圖藏方功惠舊藏本，二十四册，呂午序、總目及卷一係影抄配，《“國立中央圖書館”宋本圖録》和《“國家圖書館”善本書志初稿》著録爲咸淳三年建安刻本。國圖存五部，其中一部十六册爲莫友芝、潘宗周舊藏，《寶禮堂宋本書録》著録爲宋本；一部爲瞿氏藏，《鐵琴銅劍樓藏書目録》卷十一著録，題宋刊殘本（卷六至九、十六至十九），曾爲天籟閣項氏及林佶、黄丕烈舊藏。此兩部和其他三部，《北京圖書館藏古籍善本書目》均著録爲元刻本。又《藝風藏書記》卷三著録一部，曰："此書元明無刊本，所存皆宋刻"，鈐印"宋印蘭揮""己丑進士"等，原爲宋犖舊藏。北大藏有四部，《北京大學圖書館藏古籍善本書目》著録爲宋嘉熙三年建安祝氏刻本或宋刻元印本或宋刻本，首部原燕京大學圖書館舊藏二十册（NC/3020.5/3122.1），《名録一》著録爲元本；第二部殘存四卷四册，卷二十至二十三，間有缺損。朱彝尊舊藏；第三部爲李盛鐸舊藏三十二册本，《北京大學圖書館藏李氏書目》著録爲宋刻元印本；第四部殘存五卷五册，卷五十三、五十五至五十七、六十。經比對，這三部與本館藏二十册本實爲同版，但二十册本刷印要早，字蹟更清晰。近些年來，國内各拍賣上亦多次按宋本拍賣，2001 年 7 月北京翰海藝術品拍賣會、2002 年 4 月中國嘉德拍賣會兩次拍賣殘本六卷六册，卷四、十七、十九、二十一、二十二、二十三，内有抄補，胡惠孚舊藏；2004 年 5 月中國書店拍賣會拍賣殘二十一卷九册本，卷五十至七十，内有抄補，胡惠孚舊藏；2004 年 11 月北京萬隆拍賣會拍賣殘三卷一册，卷五十至七十，内有抄補；2006 年 12 月上海敬華藝術品拍賣會拍賣殘存一卷一册，卷五十八；2007 年 5 月中國書店拍賣會拍賣殘一卷一册，卷十四，内有抄補；2006 年 6 月中國書店拍賣會、2008 年 11 月中國書店拍賣會先後兩次拍賣殘一卷一册，卷三十二，書口殘缺，2003 年中華書局出版的《方輿勝覽·前言》（施和金點校）已指出此本爲元本；2010 年秋季中國書店拍賣會拍賣殘二卷一册，卷四十八、四十九，内有一葉補抄，胡惠孚舊藏。香港大學馮平山圖書館藏一全本三十二册，孫星衍、高學廉、莫幹生、蔡守舊藏，此書似即《持静齋書目》卷二著録之書，鈐印"孫淵如星衍""孫忠愍侯祠堂藏書印"，《上海圖書館藏宋本圖録》考爲元翻宋本。此外，日本藏有多部，陸心源舊藏。静嘉堂文庫藏陸心源舊藏本，《儀顧堂題跋》卷四題"宋刊宋印本"，《静嘉堂文録宋元版圖録》著録爲宋末元初刻本。楊守敬《日本訪書志》卷六著録兩部，一爲圖書寮藏祝穆原本，一爲與陸心源藏本相同的"宋槧本"，楊氏曾比勘此兩本之異，曰："……通篇爲七十卷，不復分前、後、續、拾遺名目，標題亦去其'四六必用'四字，又去其每集告白，字體較原本稍大，行款雖同，小字則每行廿三字（原注：歸安陸氏藏本與此同），字多減畫，蓋麻沙坊本也。此本標題於浙西之嚴州改稱建德府，浙東路之溫州改稱瑞安府，廣西路之宜州改稱慶遠府，夔州路之忠州改稱咸淳府。按和父自序，書成於嘉熙己亥，而改嚴、溫、宜、忠等州爲府在咸淳元年，相去三十六年，其爲後人改編可知。書中亦多所增添，非祝氏之舊。然其所增亦皆據方志舊記編入，猶有知識者所爲，不似坊賈之羼亂妄作，故亦可貴。余按此書元、明以下均未重鐫，故著録家祇有宋本，恐再延數世歸於泯滅，余乃得兩宋本，惜無好事者重雕焉。”楊氏著録的第二部實爲元翻宋咸淳三年祝洙增補本。日本宫内廳書陵部藏有三部，其中二十册本爲妙覺寺、毛利元功舊藏，《日本訪書志》題曰宋麻沙坊刻本；二十三册本，毛高利標舊藏；二十六册本，間有抄補，卷首有手抄“日新書堂新刊”牌記，日本法苑寺、林氏大學頭家、昌平坂學問所舊藏，此三部《圖書寮典籍解題》和《圖書寮漢籍善本書目》均著録爲宋版。陽明文庫藏兩部，一全本二十册，卷三十五至三十八係日人抄補；一殘本五十八卷三十五册，卷一至十、十三至二十七、三十至三十四、三十八殘葉、三十九至五十五、六十一至七十，卷四十三至四十五、四十九、五十係抄補，均爲近衛家㵾舊藏。御茶之水圖書館藏殘本八卷三册，卷五十一至五十八，成簣堂舊藏。以上日本藏本，《日藏漢籍善本書録》及《圖書寮善本書目》等著録爲宋麻沙刻本。嚴紹璗《日藏漢籍善本書録》曰：“此六種均爲同本。”臺博、臺圖、拍賣會、港大及日本藏本實均非宋本，比對書影可知，與上圖及國圖藏本雖在行款、書口上悉同，但字體有不少差異，而簡體字尤多，當爲翻刻無疑。其他尚有浙江大學、四川師範大學、南京博物院亦有收藏，福建省圖書館、貴州省圖書館、清華大學圖書館亦有殘本收藏。又《天禄琳琅書目》卷一著録一部，云：“是書當是咸淳二年開雕，成於三年，因洙重訂是書，故禁坊間翻刻舊版。”蓋已毁於六丁，無由考證究竟是祝洙增訂本抑或重修本。

此書之明刻本未見流傳，《增訂四庫簡明目録標註》引王懿榮言，云見過明翻元本，今不可見。清代未見刊梓，有抄本多部傳世。計有《四庫全書》本、國圖藏徐乾學藏本、上圖藏江陰繆庭桂震無咎齋本、臺灣海文出版社影印南海嶽雪樓本等，其他見於著録的尚有《持静齋書目》《愛日精廬藏書志》著録本等。施和金《祝穆與〈方輿勝覽〉散論》云：“清代的抄本與宋元本比較，主要有三方面的變化：一是原書中的簡化字一般都改成了繁體字，一些明顯訛誤的錯字也作了更正；二是清廷忌諱的胡、虜等字，抄本中多有改動，如卷十四‘山川’四太子河下宋本有‘天誘胡雛智詐多’一句，四庫本即改爲‘天誘金人智詐多’，而震無咎齋本和嶽雪樓本則改爲‘當日天驕智計多’；三是原書中引用唐宋詩詞及記文序跋甚多，在引録過程中有不少文字訛誤發生，清抄本對這類訛誤改正良多，尤其是對李白、杜甫、蘇軾等大家作品中發生的文字訛誤作了大量的校正工作，使全書的質量有所提高，可惜當時没有寫校勘記的習慣，因此改正的依據何在，今人往往不得而知。”“綜合《方輿勝覽》各本情況來看，宋本中以收藏於北京圖書館的祝洙增訂本較爲精審，惜其缺頁較多（共缺十五頁，目録一頁，正文十四頁），令人感到十分遺憾；元本則難分伯仲，各本之間相差無幾；清抄本以四庫本和傳是樓本爲好，不但訛誤較少，且爲完帙，嶽雪樓本和震無咎齋本則舛錯時有發生，缺頁又比比皆是。”

此本衹鈐有兩家藏書印，即汪士鐘和海源閣楊氏印。楊氏則有楊以增和楊紹和二代印，蓋楊氏始自楊以增收藏，至楊敬夫散出，爲第二批運津之書，北圖收購天津鹽業銀行九十二種善本之一，《北京圖書館善本書目》著録。惟楊氏書目《楹書隅録》《宋存書室宋元秘本書目》《海源閣宋元秘本書目》皆作三十册，似誤，實爲二十册。又《上海圖書館藏宋本圖録》著録是本時又移録汪士鐘、海源閣藏印多方，誤爲汪士鐘、海源閣舊藏。此本有民國三十五年（1946）俞誠跋，末云：“據以上所考定，定爲咸淳祖刻證佐確鑿，可爲信讞，今咸淳本傳世絕罕，楊氏海源閣舊藏一部運津後聞已流出海外。是此卷爲民間僅存之一本。後之觀者可不珍之惜之世之寶之也哉？三十五年丙戌春日武林俞復園謹識。”下鈐有“復園”印，可見此本絕非海源閣藏本，目驗亦無楊氏藏印。

參考文獻：

吴哲夫：《宋版〈新編方輿勝覽〉七十卷》，《“國立故宫博物院”圖書季刊》第 2 卷第 3 期，1972 年 1 月。

譚其驤：《宋本方輿勝覽·前言——論〈方輿勝覽〉的流傳與評價問題》，上海古籍出版社影印上海藏圖書館藏本，1991 年。

施和金：《祝穆與〈方輿勝覽〉散論》，《南京師大學報》1993年第3期。

李勇先：《試論〈方輿勝覽〉一書的流傳及影響》，《古籍整理研究學刊》1996年第6期。

劉玉才：《〈新編四六必用方輿勝覽〉影印説明》，《日本宮內廳書陵部藏宋元版漢籍影印叢刊》，綫裝書局，2001年。

施和金點校：《方輿勝覽》，中華書局，2003年。

十二、咸淳臨安志一百卷

宋潛説友纂修。南宋末刻本，四十册，存七十八卷，卷一至二十五、二十九至四十五、六十至六十三、六十五至八十九、九十一至九十七，卷一之第十、十一葉缺佚，其他亦間有殘缺及抄補，卷七至十、十七至十九、三十三至三十四、四十至四十五、六十一至六十三、七十六至七十七、七十九、九十一至九十七配清抄本，宋槧實存五十卷。清季振宜題款，清傅王露、楊紹和跋。卷首有潛説友序，序末署“中奉大夫權戶部尚書兼詳定勑令官兼知臨安軍府事兼管內勸農使、兩浙西路安撫使、馬步軍都總管兼點檢行在贍軍激賞酒庫所，縉雲縣開國男食邑三百户潛説友謹序”，次爲目録（目録末葉抄補），首行頂格題“咸淳臨安志目録”，次行低一格題“卷之一”，第三行低二格題“行在所録”，第四、五、六行低三格分别題“序録”“凡例”“圖”，第七行低四格題諸城圖。首卷爲序録、凡例、圖、駐蹕次第、宮闕，其中序録殘缺，僅存潛説友謹叙末葉，其餘全。卷二首行頂格題“咸淳臨安志卷之二”，次行頂格題“行在所録”，第三行低四格題“宮闕二”，第四行頂格題“祖宗諸閣”，第五行起頂格題諸帝閣名，諸閣志均低二格。26.5×19.2 厘米，十行二十字，序爲七行十七字，小字雙行十九至二十字不等，左右雙邊，白口，雙魚尾或單魚尾。上魚尾上記字數，大小字分左右，下題“咸淳臨安志卷幾”，下題葉次及刻工姓名。刻工幾爲每卷一人，單字、簡稱和全稱者當爲一人，其字體風格相似，如尤、尤明、尤有明等，有陳壽刊、馬士龍、尤明、尤有明、徐璟叔、王春馬、吴文渙、陳松、陳茂、陳政、陳升、潘必昌、陳日升、郭世昌、蔡光大、韓玉、王春、盛允中、曹必貴、王垚、王瑞、梁恭甫、伍于、翁正、毛粹、毛梓、范實賢、范仲實、梁建、成盛、詹周、謝垚、張中、貢卿、德達、趙榮□

刊、李文晟刊、馬、詹、翁、毛、趙、范、孫、尤、吴、蔡、韓、梁、陳、謝、張、曹、久、沅、元、升、永、右、正、文、有、必、卿、昌、茂、東、成、政、光、大、達等。宋諱極謹，“敬”“弦”等字不避，而如“軒轅”注“暗諱”，“玄”字注“聖祖諱”，“筐”“匡”“桓”“署”“樹”“旭”“構”“勻”“擴”諸字注“廟諱”，其他注作“犯太祖廟諱”“犯太宗諱”“犯真宗諱”“犯欽宗皇帝舊諱”“犯高宗廟諱”“孝宗御諱”“光宗嫌諱”“犯寧宗皇帝廟諱”“理宗嫌諱”等，度宗“啓”字注“舊御名”，“惇”“旋”“璇”“璿”字注“御名”或“今上御名”，“貞”“完”缺筆，語涉宋帝皆提行，如遇“咸淳”年號等亦空一格。鈐印“季振宜藏書”“季滄葦圖書記”“健菴”“徐乾學”“寶”圓印、“高平家藏”“朝列大夫之章”“珊瑚閣珍藏印”“東郡宋存書室珍藏”“海源閣”“海源閣藏書”“宋存書室”“楊協卿平生真賞”“楊紹和曾讀天禄琳琅秘籍”“東郡楊紹和印”“楊彦合讀書”“儲端華重”“彦合珍藏”“瀛海仙班”“楊保彝藏本”“海源殘閣”“楊承訓印”“江氏小書巢藏書”“旌德江紹杰漢珊攷藏”“烏程蔣祖詒”“傅增湘”“雙鑑樓藏書印”“雙鑑樓主人珍藏宋本”“藏園秘笈”“沅叔藏宋本”“雙鑑樓”“沅叔”“藏園”“增湘”“江安傅沅叔藏書印”“三十歲舊史官”“傅沅叔藏書”“校書亦辛勤”等，是書自海源閣散出後，曾爲多家收藏，卷二十二、二十三、二十九至三十二、六十、六十五至六十八、七十至七十四、八十至八十三凡二十卷爲潘宗周藏，卷二十、二十一、二十四、二十五、三十三至四十五、七十五至七十九凡二十二卷爲傅增湘藏，卷六十至六十三、六十五至七十四、八十、八十三凡十六卷爲趙萬里藏等，季振宜、徐乾學、高平、百齡、海源閣、江紹傑、蔣祖詒、趙萬里、傅增湘、潘宗周舊藏。國圖（8673）。《名録一》（00562）。

潛説友（1216—1288），字君高，號赤壁子，處州縉雲（今屬浙江）人。南宋淳祐元年（1241）進士，官至代理户部尚書，封縉雲縣開國男。咸淳四年（1268）升兩浙轉運副使、以司農少卿知臨安府。七年，代户部尚書，兼知臨安軍府事。九年，後升端明殿學士，調知平江府。德祐元年（1275），元兵入建康，下蘇州，説友棄城逃遁，至福州降元。元至元二十五年（1288），因籌措軍糧不力，爲部將李雄剖腹所殺。於臨安知府任内，重視疏浚西湖，修葺名勝，整修道路。然趨附賈似道以進，跋扈專横。《咸淳臨安志·官秩》、明王鏊《潛説友傳》及《姑蘇志》卷四十《官宦四》等皆有傳載。

南宋臨安府志中，以周淙《乾道臨安志》十五卷最古，次之施諤《淳祐臨安志》五十二卷，再次即潛説友《咸淳臨安志》一百卷。潛説友於咸淳四年知臨安府，其主持編纂此志亦當始於此時，至九年離職，而此志記事恰至此年，故此書卷端所題"咸淳臨安志"，契合所纂時間，且與前二志所題書名吻合，亦有延續性。潛氏此志亦晚，以乾道、淳祐二《志》爲基礎，旁搜博採，加以擴充，煌煌百卷，篇幅最大，纂録最詳。前十五卷爲行在所録，記皇城及中央官署等。而卷首宫城、京城、浙江、西湖四圖及府治、各縣境、九縣山川等地圖頗爲詳明，是現存最早的臨安及四周地區圖，再現了南宋末臨安城及周邊地區的面貌。卷十六後爲府志，分列疆域、山川、詔令、御製、秩官、官寺、文事、武備、風土、貢賦、人物、祠祀、寺觀、園亭、古跡、塚墓、恤民、祥異、紀遺等二十門，分序、圖、表、考、傳諸體。徵引宏富，采掇廣泛，叙事條理詳贍，體例嚴謹完備，是南宋地方志中的佳作，爲研究南宋末期以前臨安的政治、經濟、文化和社會風俗提供了豐富的材料，爲研究臨安地方史和宋史的重要史料。此書文獻價值很大，所引宋人晏殊《輿地志》、范子長《皇朝郡縣志》及《大宋登科記》等多種史籍，原書早已散佚。明、清人所作西湖諸志也大多取材於此。卷中亦保存了大量吟詠詩文，亦有爲别集或總集所失載者，其輯佚價值不容低估。據潛説友自序曰："暇日視故府閲郡乘，或病其漏且舛，乃葺而正之，增而益之，凡爲圖、爲表、爲志摠百卷，而冠以行在所録，尊王室也。既成，上之天府，以備考數之萬一焉。"《四庫提要》卷六十八著録是書，曰："（潛説友）其人殊不足道，而其書則頗有條理。前十五卷爲行在所録，記宫禁曹司之事。自十六卷以下，乃爲府志。區晝明晰，體例井然，可爲都城紀載之法。其宋代詔令編於前代之後，則用徐陵《玉臺新詠》置梁武於第七卷例也。他所叙録，亦縷析條分，可資考據。故明人作《西湖志》諸書，多采用之。朱彝尊謂宋人地志幸存者，若宋次道之志長安，梁叔子之志三山，范致能之志吴郡，施武子之志會稽，羅端良之志新安，陳壽老之志赤城，每患其太簡，惟潛氏此志獨詳。"

此本無書牌等直接證據可佐，不知其具體刻年、刻書人及刻地。

《中國古籍善本書目》題“宋咸淳刻本”，《北京圖書館古籍善本書目》則題“宋咸淳臨安府刻本”，《現存宋人著述總録》亦然。然考該書是否能在咸淳期間（1265—1274）刻畢，頗有疑問。《咸淳臨安志》當爲説友任職於臨安時主持纂録，其任職下限至九年，而《咸淳志》紀事至咸淳九年。可知此書編纂應在咸淳四年到咸淳九年，或延至咸淳九年以後。宋度宗於咸淳十年七月駕崩，故此書一百卷煌煌巨册，在當時條件下，似不可能在短短一年多的時間裡編纂刊刻而成的，抑或隨纂隨刻？再檢諱字，南宋理宗後，國運頽敗，刻本避諱不多見。然《咸淳志》中避諱仍見，如“啓”字注“御舊名”，宋度宗趙禥初名孟啓。清周廣業《經史避名彙考》卷二十一曰：“《咸淳志》進呈在咸淳七年，宋本遇……‘啓’‘孜’字皆注‘御名’。”驗之相符。趙禥又名孜，卷一第七葉後半葉“孜孜”二字皆缺末筆。旋字注“今上御名”，如卷一第八葉後半葉“周御名”、卷三十八第十二葉最後一句“洄今上御名泝流而上”，“旋”字避宋恭宗趙㬎嫌名。故此書必續成於咸淳之後，其刊刻時間應在咸淳德祐間。德祐元年，説友棄城逃逸，則是否刻完，又成疑問。又查刻工，王垚曾參與刻宋咸淳廖氏世彩堂刊本《昌黎先生集》和宋咸淳刊本《草窗韻語》等，王春、梁貢甫、沈祖、范仲實等又刻宋寶祐刊本《通鑑紀事本末》，這些刻工皆爲南宋末杭州地區良工，有些刻工已入元初，如陳政就曾參與元初刊本《金史》的雕版工作。因此，將此書刻年限定於咸淳年間確有商榷之處。而該書是否爲臨安府所刻，也并無確證。《北圖古籍善本書目》及數據庫書目等之所以題“臨安府”，似與説友知臨安府有關，作爲知府，下令刊刻本府府志，應該有充分的理由。南宋臨安府内有刻書處，如《西漢文類》卷四十末題：“紹興十年四月日臨安府雕印”，故於府内刻此書是有可能的。當時臨安官私刻書者多家，至於此書是否爲臨安府所刻，書中并無有關信息，定爲臨安府刻本或爲推測。雖然此書是否爲臨安府所刻不能確定，而爲官刻當不容有疑。因爲從避諱極謹來看，凡遇度宗趙禥嫌名“啓”“啓”“孜”及恭宗趙㬎嫌名“旋”等字皆注“舊御名”“御名”等，而在卷首序及正文中凡遇“聖宋”“建炎”“行在所”“聖心”“君”“朝廷”“列朝”“國家”“湛恩”“帝王”“理宗”“天府”“前烈”“祖”“御製”“東宫”“咸淳”“熙明”等皆頂格换行，衹有官刻纔能如此。再者，南宋書版所留版片到元代有些爲杭州西湖書院所收，由書院山長黄裳等人於元泰定元年（1324）編成的《西湖書院重整書目》中著録的是“臨安志”，據王國維考證，“此即潛説友《咸淳臨安志》”①。又顧志興云：“元代杭州西湖書院所藏二十餘萬板片……除少數幾部是元集慶路板片外，其餘均爲南宋國子監及浙江各府所刻書板。”② 如是，《咸淳臨安志》爲官刻不無道理。從字體刀法上，亦頗似南宋杭州官刻風格，陸心源《儀顧堂題跋》卷四跋曰：“字體圓勁，刊手精良，不下北宋官刊。”再者此本版面寬大，版框高廣 26.5×19.2 厘米，其道光十年（1830）仿刻本已較寬大，然與此相比，似仍嫌小。而惟官版不惜成本，常有此舉。《楹書隅録》卷二著録是本曰：“至振綺堂新刻，則版式縮小，視此闊行大字，刊印精良，未可同日語也。”又據刻工皆爲杭州地區良工，故將此刻定爲宋末杭州官刻本當不應有疑。

此一版本存世者除海源閣藏本外，尚有兩部：其一，陸氏皕宋樓藏本。陸藏本先由朱彝尊從海鹽胡氏、常州毛氏得宋刻八十卷，抄本十三卷。其後又得刻本三卷，易去抄本二卷，歸於黄氏士禮居。士禮居書散佚，先後入蘇州汪氏、上海郁氏，再歸皕宋樓，今已流至東瀛靜嘉堂文庫，《儀顧堂題跋》《靜嘉堂秘笈志》《靜嘉堂文庫宋元版圖録》有載。都九十五卷，其中卷一、六十五、六十六、八十一至八十九爲抄補，凡十二卷，缺六十四、九十、九十八至一百凡五卷，實存宋槧七十八卷。鈐印“毛晋之印”“毛氏子晋”“汲古主人”“朝列大夫之章”“高平家藏”“汪士鐘印”“閬源真賞”“泰峰審定”“田耕堂印”“歸安陸樹聲叔桐父印”等，毛晋、朱彝尊、高平、黄丕烈、汪士鐘、郁松年、陸心源舊藏。其二，丁氏八千卷樓藏本，存九十五卷三十二册，卷一至六十三、六十五至八十九、九十一至九十七，目録、卷五至十、卷十五至十九、卷三十三至五十、卷六十一至六十三、卷七十六至七十九、卷九十一至九十七配清鮑氏知不足齋抄本，其餘卷一、二、十三、十四、三十

① 《兩浙古刊本考》卷下《西湖書院書版考·臨安志》，《閩蜀浙粤刻書叢考》，北京圖書館出版社，2003 年。

② 《杭州西湖書院藏板與刊書》，《浙江出版史研究——元明清時期》，浙江古籍出版社，1993 年。

二、五十六至六十、六十五至七十五、八十至八十九爲另一抄本，宋槧實存三十九卷。鈐印“秀水朱氏潛采堂圖書”“季滄葦圖記”“紅藥山房收藏私印”“馬思贊之印”“漁村子仲安”“天水”“吴兔牀書籍印”“寒可無衣、饑可無食，至於書不可一日失，此昔人詒厥之名言，是可爲拜經樓藏書之雅則”“錢唐丁氏藏書”“八千卷樓藏書”等，朱彝尊、季振宜、馬思贊、鮑廷博、吴騫、吴壽暘、吴之淳、吴之澄、丁丙舊藏。《善本書室藏書志》《江蘇國立圖書館在存書目》著録。其他尚有殘卷零帙，一是東京大學東洋文化研究所存六卷一册，卷二十七、七十、七十一、八十三至八十五。二是國圖藏三葉，卷二十四第十葉、卷三十五第八葉、卷七十五第十五葉（5228）。如將以上五種所存宋刻部分相加再除去重複，則尚缺卷六十四、九十、九十八至一百凡五卷。而如將國圖、南圖所藏宋槧相合，則尚缺卷三十三、三十四、五十一至五十五、六十四、七十六、七十九、九十至九十七，凡十八卷，皆在静嘉堂文庫藏本中，故而静嘉堂藏本因保留宋槧最多，確是一個不可忽視的本子。

《咸淳志》雖在宋末已有刊本，但由於卷帙浩繁，流傳甚稀，元明皆未見刊傳、抄録，諸目亦鮮見記載。至清初，方引起收藏家、學者重視，幾部宋刻殘本在江南諸家輾轉易手，并相互借抄補配。在後世刻本中，清道光十年汪遠孫振綺堂仿宋精刻本九十五卷影響最大，也是除宋本及抄本外的惟一刻本，開本寬大，刻印精良。紙葉高廣爲 30.4×18.1 厘米，邊框高廣爲 19.4×13.8 厘米，上下單欄，左右雙欄，十行二十字，小字雙行同。每卷尾鐫有“道光庚寅錢塘振綺/堂汪氏仿宋本重雕牌記”二行。“振綺堂”由汪憲創建於乾隆年間，汪憲雅好藏書，常不惜高價購藏善本。汪憲卒後，其後代繼續藏書，延續至四世，長子汪汝瑮、次子汪璐曾選家藏各書題記編成《振綺堂藏書題記》四卷，汪璐子汪諴繼承祖父之志，又編成《振綺堂書目》五卷，共著録藏書三千三百多種，六萬五千餘卷，并詳考作者及版本。汪諴子汪遠孫，喜讀家藏書又勤於著述，著有《詩考補異》《國語考異發正》等。此本即由振綺堂的第四代主人汪遠孫刊於家塾，之後又於同治六年（1867）增補入黄士珣據《夢粱録》《〔成化〕杭州府志》等書補輯出第六十四卷人物，湊成九十六卷，僅缺卷第九十、九十八至一百凡四卷，爲現存最足之本，并附黄士珣校勘札記三卷。《宋元方志叢刊》（第 4 册，中華書局

1990 年版）所收録即此道光十年刻同治增補本。《宋元浙江方志集成》（第 1—3 册，杭州出版社 2009 年版）所收點校整理本，即以道光十年汪氏重刻本爲底本。道光本在行款、空格上俱同楊氏本，但文字上亦有異字。傅氏曾將兩本對校，云："以汪刻本略校卷數，文字初無大異，每卷改訂不過三數事，惟遇玄、匡、貞、署、桓、構、啓、璇諸字，宋本作'廟諱''舊諱'或'今上御名'，而汪刻則直書本字而已。其他若'湧'之作'涌'，'鍊'之作'煉'，'汎'之作'泛'，'煙'之作'烟'，'筍'之作'笋'，'茅'之作'峁'，'棲'之作'栖'，'卻'之作'却'，'回'之作'迴'，'浙'之作'淛'，乃結體之異，初無關於宏旨。以是推之，當日振綺堂據宋槧覆刊，其校仇之精審可知矣。"[1]筆者將楊氏本與道光本再次對校，發現簡體字、異體字等確實不少，除如傅氏所指外，尚有很多，如楊氏本"迹"，道光本作"蹟"，其他"舡"作"船"，"群"作"羣"，"揔"作"總"，"于"作"於"，"間"作"閒"，"留"作"畱"，"洒"作"薩"，"蹺"作"疏"，"後"作"后"，"彜"作"彝"，"修"作"脩"，"褒"作"裦"等等。而避諱字皆改作本字，如卷一第十五葉後半葉第八行，楊氏本三小字"御舊名"，道光本直書"啓"字；卷一第十六葉前半葉二小字"御名"，道光本直書"旋"字。而楊氏本不諱"弦""玄"諸字，道光本則缺末筆。其他異文如楊氏本卷首序中"流風通俗"，道光本作"流風遺俗"，卷一第十五葉後半葉"垂祐無窮"，道光本作"垂祜無窮"，"祐"通"祜"。以下則以卷一爲例校之，楊氏本卷一第二十葉前半葉第九行"繇辟雍、泮宫及于黨庠、術序，皆此物此志也"。"繇""及"字，道光本分别作"由""至"。第二十葉下半葉第九行"祗迪彜訓"，道光本"彜"作"懿"。第二十二葉前半葉第三行"此帝王所以正心"，道光本"帝王"後有"之"字。第二十三葉後半葉第九、十行"而達諸事事物物之間"，道光本"諸"作"之"。第二十五葉後半葉第七行"及其在笥"，道光本"及"作"反"。第二十六葉後半葉第三行"先儒程頤，謂輔養君德，莫備於周公，可爲萬世法"。道光本"爲"作"謂"。同葉第六、七行"更冀師

---

① 《咸淳臨安志殘本》跋，《藏園群書題記》卷四，上海古籍出版社，1989 年。

相特惠藥石之言”，道光本“特”誤作“時”。這些異文，雖多爲筆誤，但有的在表意上已有不同，如“諸”作“之”、“及”作“反”、“爲”作“謂”等，大多不如楊氏本更符合文意，如“爲”作“謂”、“及”作“反”、“特”誤作“時”等。但道光本有的則似有意爲之，如“通”改作“遺”，聯繫上下文，後者更適。由此可見，道光本雖亦間有訛誤，但在校勘上是下了一番功夫的。總體上看，道光本雖後出，然是一個校勘精審的本子，亦有可取之處。

抄本中以海寧馬氏碧蘿館抄本最佳，今藏浙江省圖書館，《浙江文叢》（浙江古籍出版社 2012 年版）影印本所收即以此爲底本，而碧蘿館抄本則以南圖所藏鮑廷博舊藏本爲底本抄録而出。然此本底本抄録部分，錯訛尤多，實在不敢恭維。殆選録者未經校勘，或因方便而擇，却有誤後學矣。清《四庫全書》所收浙江巡撫采進本九十三卷本，其《提要》云：“然其書流傳既久，往往闕佚不全，舊無完帙。彝尊從海鹽胡氏、常熟毛氏先後得宋槧本八十卷，又借鈔一十三卷，而其碑刻七卷終闕，無可考補。今亦姑仍其舊焉。”可知即朱彝尊舊藏九十三卷本。後藏書家又多方搜補了原缺的六十五、六十六兩卷，最終補足爲九十五卷本，爲陸心源收藏，即今静嘉堂藏本。今中華再造善本工程又分别將南圖藏本（周蓉提要）、國圖藏本（王菡提要）影印出版。

關於是本之佳，卷末乾隆二十二年（1757）傅王露又跋海源閣本云：“潛説友《咸淳志》又傳寫訛舛，迄無善本，余嘗遍求之而未獲也。今觀季氏所藏宋槧《咸淳志》百卷，共八函，帋潔版新，字畫明晰，披閱一過，古香紛然，洵可寶貴。雖殘缺甚夥，而補抄本亦復端雅可觀，使數百年不易覯之書首尾完善，亦可見前人之用心矣。”今以楊氏本之宋槧部分校勘丁丙藏本之抄本，以卷二爲例，首葉後半葉第六行“所以詒謀立教”，丁丙本“立”誤作“五”。第二葉前半葉第五行“見乎經緯之文”，丁丙本“經緯”作“經綸”；同葉第六行“凡敷言之是訓”，丁丙本“訓”字前衍“諱”字；同葉第十行“待制、直閣”之“閣”字，丁丙本脱去；同葉後半葉第八行“文光舜哲之明”，丁丙本“哲之”倒作“之哲”；“華文”誤作“文章”。第三葉前半葉第五、六行“鈎畫凛鸞龍之飛動”，丁丙本“龍”誤作“鳳”；同葉後半葉第六、七行“殆兼其盛”，丁丙本脱去“殆”。第四葉前半葉第九行“天開經緯之文，泝道統於洙泗之前”，丁丙本“文”“泝”二字誤作“大”“沂”。第五葉前半葉第九、十行“紹興三十二年六月戊辰”，丁丙本“紹興”脱去。第六葉前半葉第九行“太上雅愛湖山之勝”，丁丙本“愛”誤作“好”；“鑿大池宫内”，丁丙本“宫内”誤作“宫大”。同葉後半葉第二、三行“一峯獨立名飛來”，丁丙本“名飛來”誤作“名來飛”。第七葉後半葉第六行“東則香遠梅堂、清深竹堂、月臺、梅坡、松菊三徑菊、芙蓉、竹”，丁丙本誤作“東則香遠梅堂、月臺、梅坡、松菊三徑菊、芙蓉、竹、清深竹堂”。第八葉前半葉首行“天錫瑞木”，丁丙本“錫”作“賜”；同葉後半葉第三行“久司匕鬯”，丁丙本“匕”誤作“七”；同葉後半葉第十行“壽皇聖諭云”，丁丙本“壽皇”誤作“萬壽”。第九葉前半葉第四行“近璫奏：‘當修重華宫’”，丁丙本“璫”誤作“當”，“當”誤作“雷”；同葉第六行“一匠一夫。已上三事”，丁丙本作“一匠壹夫。已以上三事”。同葉第六行“見《經鋤堂雜誌》”，丁丙本“雜誌”作“雜記”。第十葉前半葉第九、十行“遂造書院於行宫門内，曰資善堂”，丁丙本“内，曰”倒作“曰，内”。第十一葉前半葉第二行“惟是玉堂直廬，密邇清禁”，丁丙本“密”字脱去；同葉第三行“曾弗能考援故事”，丁丙本“弗”作“勿”；同葉第四、五行“奎壁焕爛”，丁丙本“奎壁”誤作“奎璧”；同葉第五行“芒玉”，丁丙本誤作“芒王”；同葉第七行“一代之彌文也”，丁丙本“文”誤作“大”；同葉後半葉第一、二行“勒石旌事”，丁丙本“石”誤作“名”；同葉第六行“署坐其東”，丁丙本“其”前衍一“次”字。第十二葉前半葉第五行“國朝因唐制”，丁丙本“國朝”誤作“故朝”；同葉第六行“故每夕兩員”，丁丙本誤作“每夕故兩員”；同葉第八行“以次遞宿”，丁丙本“宿”誤作“伯”；同葉第八行“寓直有所”，丁丙本“有所”誤作“所有”；同葉後半葉首行“未聞有一人”，丁丙本“聞”脱去；同葉第三行“伏詭觀心”，丁丙本“伏”字誤作“復”；同葉“莫如禹舜”，丁丙本“如”誤作“不”；同葉第五行“卿雲之歌”，丁丙本“雲”誤作“云”；同葉第九行“狗馬畢弋”，丁丙本“弋”誤作“戈”。第十三葉前半葉第六行“使觀者有考焉”，丁丙本“考”誤作“方”；同葉後半葉首行“儒雅”，丁丙本誤作“需雅”；同葉第三行“誠皇王之極摯”，丁丙本“王”誤作“土”；同葉第四、五行“非所以奉宸畫輯儒紳也”，丁丙本“輯”作“緝”。第十四葉前半葉第三行“紹聖初”，丁丙本誤作“紹興初”；同葉第八行“達格仁洽”，丁丙本“洽”誤作“合”；同葉第九行“詒謀燕翼”，丁丙本“詒”誤作“貽”；同葉第六、七、八行“祗于文命”“文之經也”，丁丙本兩“文”皆作“犬”。本卷版心下未題“宋本影鈔”云云，雖然行款相同，但因脱字、衍字，經常錯格，顯然非影抄宋本。總體來看，丁丙本抄本部分除多用簡體字外，訛脱倒衍較多，雖有朱筆校改，然亦有不少未能改過。同樣，如以宋本校勘静嘉堂藏本抄本部分，亦有一些訛誤，但不如丁丙本多。當然，以丁丙本、静嘉堂本之宋本部分校勘楊氏本抄本部分，亦有可校正之處。如楊氏藏本之宋刻部分亦有缺字（因書葉保存不善），而丁丙所藏抄本部分不缺，如卷二第十葉前半葉第八、九、十凡三行缺“奏”“玉”“相”“之”“曲”五字，抄本皆全，可見宋本之校勘價值不可替代。

海源閣所藏此本，初爲季振宜所藏，後傳於徐乾學。傅王露跋曰：“今觀季氏所藏宋槧《咸淳志》百卷，共八函……首尾完具。”傅跋作於乾隆二十二年，可見此時尚爲百卷完帙，但從“季氏”云云，則似此書已從季氏手中散出。傅王露字晴溪，號玉笥，浙江會稽人。著有《玉笥山房集》《晴溪詩鈔》等。康熙五十四年（1715）傅王露高中探花後，授編修。三次典校鄉、會文闈，并且出任《浙江通志》總纂。乾隆初年，舉博學鴻詞科，加升詹事府中允。其後又主持修纂康熙《西湖志》等。作爲浙江人，又主持編纂本地方志，其參考、關注此書，實在情理之中。此書每册尚鈐印“珊瑚閣珍藏印”，《楹書隅録》卷二曰：“每册有珊瑚閣印，蓋百文敏公舊藏”。印主爲百齡，百齡（1748－1816），張姓，字子頤，號菊溪。遼東人，隸漢軍正黄旗。乾隆三十七年進士，選庶起士，授編修，累官至兵部尚書、協辦大學士。卒謚“文敏”。此書或於嘉慶十六年（1811）至二十一年官兩江總督時所得。其後百齡回京做官時帶回京師寓所，卒後散出。楊紹和爲官京師時購得此本，計有九十五卷八函四十八册，可見此時已散佚不全。《楹書隅録》卷二又曰：“同治丙寅獲於京師。”丙寅即同治五年，至同治九年，楊紹和爲此書作跋。同治十年，鮑源深、潘祖蔭、朱學勤同觀此書於儀晋觀堂。此外，是本卷三十六首葉尚鈐有“高平家藏”“朝列大夫之章”兩印，印主蓋亦爲江浙一帶識家。海源閣遭劫時，有十七卷八册疑遭毁佚。其餘各卷散佚諸家，歷經百轉千回，最終歸於國圖時尚存七十八卷四十册。其間散毁流傳頗多故事，撲朔迷離，疑竇叢生。

海源閣藏書包括宋槧《咸淳臨安志》在内的散佚首先因自兩次土匪的洗劫。1929 年 7 月 10 日，土匪王金發陷東昌，其司令部即設在海源閣藏書樓院内，閣内善本遭劫毁佚不少。“匪徒每以閣上書籍炊火，舊書不易燃燒，憤言誰謂宋版書可貴，此均以毛頭紙印之，并不爇火也”[①]。除一部分毁佚外，又一部分流出。王金發“隨帶之書記官參謀，聞有蘭山樊天民，堂邑楊道南，均係前清生員，頗知書本。將海源閣之宋元秘笈及金石書畫，擇優掠去”。王獻唐於此年 11 月抵海源閣查驗遭劫遺書時，目睹了《咸淳臨安志》的遭毁情形：“見其書籍零落，積塵逾寸。宋本《史記》殘餘一册。宋本《咸淳臨安志》殘餘二册，均散置地上，與亂紙相雜。”并作了著録：“宋本《咸淳臨安志》二（殘）：海源閣藏《咸淳臨安志》，係季振宜舊藏，最爲珍籍。原九十五卷，四十八册。此次清查，最初只見一本，散置地上亂書中，多方搜檢，只得二册。據楊氏家人，謂尚有數册，亦搜尋未獲。”經此次遭劫後，卷帙龐大的《咸淳臨安志》九十五卷四十八册顯然已被分割刨裂，部分卷册首尾受損不少。至於是否流出，從王獻唐著録及 1930 年再次遭劫後之記載來看，恐大部分没有散出，仍存閣内。

1930 年，晋匪王冠軍再次洗劫海源閣。劫後，王獻唐“并聞楊氏宋本《咸淳臨安志》八册半篋，爲土匪帶入民家枕頭。後以王軍搜查，恐遭連累，即將《臨安志》火焚，并將書篋劈碎煮飯。餘（丁案：誤，當作“余”）前往勘查，僅見《臨安志》二册，書篋尚存；此次忽又增出四册，頗不可解”。今國圖所存四十册，尚缺八册，當是民家用來枕頭并火焚之八册十七卷者也。又據“此次忽又增出四册，頗不可解”之言，可知此書仍有部分存之閣内，但繼後則完全散出。“……在土匪占據聊城時，日常以楊氏書籍出售，購者隨意予價，略不計較”。其他如

① 王獻唐：《聊城楊氏海源閣藏書之過去現在》，《山東省立圖書館叢刊》第 1 種，山東省立圖書館 1930 年編印。

有號稱九爺者來聊，“盡檢善本及一切有價值之書籍碑帖字畫，囊括而北”[1]。而匪首王冠軍將所攫書籍，運至保定後亦散出。傅增湘記述了當時之情形，“於是廠估奔走四出，西至保定、順德、大名，東至德州、濟南、青島，風起雲涌，竭力窮搜，萃積於平津各肆。而楊氏後裔，以旅居耗產，亦出所藏，以求善價，二三年來，其散出者略已少半”[2]。《咸淳臨安志》無疑亦在流散之列。正如傅增湘於宋刊《咸淳臨安志殘本》跋中所云：“兼以其時倉皇俵分，僱燒攘奪，往往一書而分裂於數人，一函而散裂於各地。或甲擁其上而乙私其下，或首帙尚存而卷尾已毁，零亂錯雜，至於不可究詰。”其散佚之痛亦如傅氏所言：“余聞其事，私心摧喪，爲之不怡者累日，以謂文籍被禍之酷，未有如斯之甚者也。”[3] 那麽，《咸淳臨安志》自海源閣遭劫後，其命運究竟怎樣？有人以爲此書已毁，如朱士嘉曾云：“海源閣書現已散失殆盡，此書流落何處，抑已與時俱滅，均不得知。”[4] 雖然他曾又言在傅增湘處見過二十二卷（見下所引），但其他册卷分别落在何處則并不知道。據以上可知，除八册十七卷已經燒毁外，餘之四十册七十八卷先後輾轉於誰？分割於誰？爲藏書家及書估所持册卷數各爲多少？傅增湘所得到底多少？個中是否存在歧誤？故此，有必要弄清這些疑團，以明白於世。

關於《咸淳臨安志》自遭劫散佚到歸於國圖之四十册七十八卷的大概情況，王紹曾先生在《楹書隅録》卷二的“補”中有所介紹：“此本王獻唐調查登録時僅見殘存二册，當於第一次匪亂時散失，先後輾轉歸於北圖。《北京圖書館古籍善本書目》著録，題宋咸淳刻本，存二十四卷（二十二至二十三、二十九至三十二、六十至六十三、六十五至七十四、八十至八十三）。其中六十一至六十三配清抄本，十一册，潘捐。

---

① 王獻唐：《海源閣藏書之損失與善後處置》，《山東省立圖書館季刊》第1集第1期，山東省立圖書館1931年3月編印。

② 傅增湘：《海源閣藏書紀略》，《大公報》第3版，1931年5月24日。

③ 傅增湘：《咸淳臨安志殘本》跋，《藏園群書題記》卷四，上海古籍出版社，1989年，第213、214頁。

④ 朱士嘉：《宋臨安三志版本考》，《文瀾學報》第3卷第1期，浙江省立圖書館1937年3月編印，第6頁。

亦見《寶禮堂宋本書録》。王晋卿所見者即係此本。惟《文禄堂訪書記》未登卷二十九至三十二，諒係一時疏漏。又據《北京圖書館古籍善本書目》著録，存七十八卷，傅玉（丁案：誤，當爲王字）露、楊紹和跋。（卷七至十、十七至十九、三十三至三十四、四十至四十五、六十一至六十三、七十六至七十七、七十九、九十一至九十七配清抄本）四十册。據楊紹和跋，此本應有宋槧本六十八卷，抄配者二十七卷，合共九十五卷，四十八册。北圖收藏七十八卷，四十册，尚缺十七卷，八册。此七十八卷，除潘氏寶禮堂捐二十四卷外，復有五十四卷，先後爲北圖所有。其中見於著録，得自傅沅叔者四十八卷（其中二十二卷得自王獻唐，十六卷得自趙斐雲）。尚有六卷，不知來自何處。"[1] 王先生謂北圖所存七十八卷有"潘捐"二十四卷，傅增湘四十八卷，另有六卷無名何處。但"潘捐"二十四卷來自何處未作説明；傅增湘四十八卷以及無名何處之六卷是否準確亦有待考證。

所謂"潘捐"指的是南海藏書家潘宗周（1867—1939）捐贈。海源閣善本散出時，潘氏積極羅致，得宋本四種，元本一種。潘氏生前將所藏宋元善本移藏香港，1949 年後由哲嗣潘世滋捐入北京圖書館，殘本二十四卷《咸淳臨安志》便是其中之一。《寶禮堂宋本書録·史部》著録："……余訪求有年，近僅得此殘本，存宋刻卷二十二，卷二十三，卷二十九至三十二，卷六十，卷六十五至六十八，卷七十至七十四，卷八十至八十三，凡二十卷。抄本卷六十一至六十三，凡三卷。"此處言二十三卷，是著録之誤。與《北京圖書館古籍善本書目》著録"潘捐"者少一卷，即六十九卷，目驗此書第六册共包括第六十七卷、六十八卷、六十九卷。《咸淳臨安志》爲多卷册，不可能拆開單獨再賣，諒潘氏統計時一時疏忽所致。那麽，這二十四卷從何而來？潘氏并未言明。但考這十一册二十四卷，其每册首卷正文第一卷目下均鈐有蔣汝藻父子的藏印，如"密韻樓""蔣祖詒讀書印""烏程蔣祖詒藏"等，可知潘氏這十一册是從蔣汝藻父子處購入。蔣汝藻（1877—1954）乃近代著名藏書家，字元采，號孟蘋，浙江烏程（今吴興）人，光緒末舉人，以貲入

---

① 王紹曾：《宋本咸淳臨安志跋·补》，《訂補海源閣書目五種》，齊魯書社，2002 年，第 137 頁。

郎中，後曾任浙江軍政府鹽政局長及浙江鐵路公司董事等職，後始經商，爲上海首富，喜藏書，且精鑒賞，建藏書樓“密韻樓”，編有《傳書堂善本書目》十二卷，著録一千九百多種善本。其子祖詒亦愛藏弆。海源閣藏書散佚時，蔣汝藻曾從張鈞衡之孫張珩購得遺籍三種，1949年祖詒攜赴臺灣，後轉歸臺灣“中央圖書館”。《咸淳臨安志》爲浙江方志，故蔣氏積極購入。1925年蔣氏經營失敗，藏書大部分歸於涵芬樓。但尚有部分宋元善本爲蔣氏子孫留下，後歸潘宗周、鄭振鐸等人，此書即爲其一。

然蔣氏所得又從何而來？考《藏園群書經眼録》卷五曾著録趙萬里來傅增湘處持售此八册十六卷一事，從中我們可以縷出頭緒：“《咸淳臨安志》一百卷，宋潛説友撰，殘本，存十六卷……存卷如下：六十、六一抄、六二抄、六三抄、六五至七四、八十、八十三。内只有六十一至六十三抄補，凡三卷。餘均刊本（癸酉八月趙萬里持售，索八百元）。”“癸酉八月”，即1933年8月，巧合的是，經核對卷次，這八册十六卷均包含在蔣氏十一册二十四卷内。但趙氏這十一册并没有直接賣給蔣氏。在《藏園群書題記》卷四中傅氏又記《咸淳臨安志》“江君漢珊得九册”，時間爲“癸酉嘉平月”，即1933年12月，目驗國圖所藏趙氏之十六卷八册上均鈐有江氏藏印，如“旌德江紹傑漢珊考藏”“江氏小書巢藏書”等，至於傅氏所記江漢珊得九册，實是誤記，因就藏印來看，衹這八册上鈐有江氏藏印，其他并無。故此知道，在癸酉八月時，這八册還在趙萬里手里，但到了癸酉十二月，就賣給了江紹傑。江紹傑（1872—?），字漢珊，安徽旌德人，光緒甲辰科進士。日本政法大學畢業，曾任江蘇省高等檢查廳檢查長、蘇州府知府、民國安徽省省長等職，亦愛藏書。自以上可知，蔣氏十一册中有八册來自江氏，而江氏則購自趙氏。再考蔣氏另外三册八卷中，其中有一册第二十九卷來自日本文求堂，在1933年12月時，此册還在日人手中，但到了後來，則被潘氏購得。文求堂是清末民國間座落在日本東京的一家漢籍專營書店，主人田中慶太郎（1880—1951）是一位漢學者、版本學家，民國間曾大量購入中國古籍珍本。《文求堂善本書目·史部》云：“《咸淳臨安志》一卷，宋刊殘本，十行二十字，存卷二十九一册，一百圓。”[①] 經查驗國圖藏本，此卷衹存八葉，餘七葉則不見。八葉却賣百圓，“物以稀爲貴”，日人是頗懂得此番道理的。此卷又和卷三十、三十一、三十二合爲一册，可見當時是把二十九卷從整册中拆下來賣的，以此可知書估之唯利是圖。潘氏購得此册後隨即與另三卷合爲一册，以恢復宋本之原裝。至於另三册十七卷購自何處，則尚待考證，但蔣氏肯定是先有這三册，爲配足纔購入江氏之八册和日人之一册的，可能後來又聽説此書屢經遭劫，册分多處，實難歸一，又因卷帙龐大，纔又高價倒給了潘氏。

“補”中又言北圖得自傅沅叔者四十八卷，不確，北圖實得自傅氏者衹有二十二卷；再言傅沅叔者四十八卷其中得自王獻唐二十二卷，得自趙斐雲（萬里）十六卷，亦誤。實際情況是，傅氏二十二卷得自王獻唐者十二卷，另十卷得自董廉之，而傅氏根本就没有從趙斐雲處購買十六卷。事載《藏園群書經眼録》卷五第400、401頁：“《咸淳臨安志》一百卷，宋潛説友撰，存二十二卷……存卷如下：二十、二十一、二十四、二十五、三十三抄、三十四抄、三十五、七十五、七十六抄、七十七抄、七十八抄（按：應爲刻本）、三頁又補綴、七十九抄……此海源閣散出之書，王獻唐見之濟南肆中，因代爲購得，計耗去四百金。前歲曾收得五册，亦刻抄各半，爲卷三十六、三十七、三十八、三十九、四十抄、四十一抄、四十二卷抄、四十三抄、四十四抄、四十五抄。今日趙萬里又送來八册來看，索金八百，别記之。”以上所言兩事，即王獻唐爲傅增湘購得十二卷、前歲收得五册十卷，此兩事又載《藏園群書題記》卷四第213、214頁：“庚午（1931）之秋……至臘月將盡，董估廉之携《咸淳臨安志》五册見示，閲之頗爲心動，緣雙鑑樓中地志一門，尚未有宋刊爲之領袖，因以重價收之。今歲王君獻唐自歷下來，言彼中尚有數册求沽，遂挽以代爲諧價。旋拆去它書，勉籌四百金寄之，又二月而書篋郵至。通計前後所收，凡十有一册，存卷二十、二十一、二十四、二十五、三十三至四十五、七十五至七十九，通得二十二卷，内刻本十一卷，二十、二十一、二十四、二十五、三十五至三十九、七十五、七十八。餘十一卷咸以鈔寫補入……癸酉（1933）嘉平月十七日。”

① 嚴靈峰編輯：《書目類編》第86册，臺北成文出版社，1978年。

統上可知，王獻唐爲傅增湘代購六册十二卷，傅氏耗四百圓，其中抄配者五卷，第七十八卷據核對實爲刻本。自購五册十卷一事，是指1931年12月末從書販董廉之處購得，其中抄配者六卷。此兩項相加共十一册二十二卷。衆所周知，傅增湘藏書以史部著稱，1927年毅然把珍藏數年的日本、朝鮮古刻本賣去，購得宋淳熙十三年秘閣繕寫進納本《洪範政鑑》，與"百衲本《通鑒》儷成雙鑒，巍然爲吾家藏書之冠"①。然其地志中尚缺宋刊，傅氏以《咸淳臨安志》爲宋刊之領袖，"因以重價收之"，大有"藏園史部駕海源而上之矣"②。藏書家都以收藏完帙爲美，然此書遭劫後，爲數人所持，分裂各地，無法合并，可惜可憾。"顧昔人所爲腐心粹掌、苦索冥搜、勤勤補綴，廑而得完者，楊氏保藏三世，歷五六十年，今一旦忽摧毁於凶暴之手，使鈲離斷析，終古無合并之望，斯亦深可悼歎也"③。購此書時，正值軍閥混戰，平津不靖，國難書厄連綿不斷，增湘心情極爲複雜，"嗚呼！陽九百六，厄運所遭，商於詐楚，鶉首賜秦，河山破碎且不足論，吾輩獨抱此斷爛簡編，而爲之深致惋惜，毋亦顧眉睫而失岱華，徒貽朝菌蟪蛄之誚而已！"④於戰亂中搜得珍籍實屬不易，然畢竟還是得到心儀之物，儘管殘缺，"大雪滿園，坐琪花玉樹中，展玩異書，真所謂清極不知寒矣！"⑤這番甘苦惟書癡纔能深味。

傅增湘是否購買趙萬里送來的八册十六卷呢？經以上考證，這十六卷賣給了江氏，而傅氏并未購買。今還有四證：其一，傅氏於《藏園訂補郘亭知見傳本書目》卷五下《咸淳臨安志》條目"補"中云："楊氏書劫後流入坊肆，余收得二十二卷，内宋刊本及鈔配各半。"於《藏園群書題記·咸淳臨安志殘本》跋中又言"通計前後所收，凡十有一册……通得二十二卷。"從時間上，1933年8月趙氏持書來售，而嘉平月

---

① 傅增湘：《洪範政鑒》提要，《藏園群書經眼録》卷七，中華書局，1983年，第619頁。

② 張元濟：《張元濟傅增湘論書尺牘》，商務印書館，1983年，第259頁。

③④⑤ 傅增湘：《咸淳臨安志殘本》跋，《藏園群書題記》卷四，上海古籍出版社，1989年，第213、214頁。

即12月時傅氏於《題記》中仍言“凡十有一册”，這就證明傅氏根本就没有購買。事實上，書估到藏書家處高價兜售之事屢見不鮮，這并不能證明就一定成交。而且，十二卷費四百元，十六卷却八百圓，顯然高出正常價格許多，這對於經濟拮据的傅氏來説是無法接受的，衹有財大氣粗如江氏、蔣氏之流方能買得起，傅氏所能接受的衹能是正常或更低的價格。在《藏園群書經眼録》及《藏園群書題記》中凡自購或自藏者，傅氏常常詳述其得書經過，或以“收得”或“余藏”等字眼以示之，如1930年購買海源閣藏元本《南史》《北史》，《經眼録》均題“海源閣遺籍，庚午歲收得”。1912年得清影抄明洪武本《蜕菴詩集》，《經眼録》題“余藏”等。而此書衹言“送八册來看”“持售”，尚不能説明歸之傅氏。其二，潘宗周《寶禮堂宋本書録》史部第五十五、五十六頁所載亦證此事：“楊氏弆藏，盡被劫掠……聞傅沅叔得卷數相埒，抄刻各半，尚有五十餘卷，今不知飄墜何所矣。”潘氏所得二十四卷，而傅氏所得二十二卷，故潘氏言“卷數相埒”，十六卷不在傅氏之內明矣。其三，朱士嘉在《臨安三志考》中曾言：“（1936年）十一月二十三日張乾若（國淦）先生偕余往謁傅沅叔先生，承示宋刻抄配《咸淳志》，係海源閣物。存十一册……（卷數同《藏園群書經眼録》所記，略），共二十二卷。”朱氏乃親目所及，故可爲一明證矣。其四，目驗傅氏所得自王氏和董氏之二十二卷，其卷首卷尾均鈐有大量傅氏藏印，如“傅增湘”“雙鑑樓藏書印”“雙鑑樓主人珍藏宋本”“藏園秘笈”“沅叔藏宋本”“雙鑑樓”“沅叔”“藏園”“增湘”“江安傅沅叔藏書印”“三十歲舊史官”“傅沅叔藏書”“校書亦辛勤”等，除此之外其他卷帙（包括趙氏之十六卷）均無傅氏藏印。故傅氏得二十二卷，是爲確證。

除潘氏寶禮堂捐二十四卷外，其餘五十四卷中，得自傅沅叔者二十二卷，自然“尚有六卷，不知來自何處”的説法也不成立。實際上，七十八卷之中除去潘氏二十四卷和傅氏二十二卷，尚有三十二卷十八册有待考證。據傅增湘云：“是書據余所知，其尚可蹤跡者，自余得十一册外，江君漢珊得九册（實八册），劉君惠之得一册，文求堂書肆得一册，廠市尚流傳一册。”[①] 十八册中，除劉氏、廠市二册外，還有十六册不

① 《咸淳臨安志殘本》跋，《藏園群書題記》卷四。

知出自何處。劉惠之乃民國上海收藏家，曾收購劉鶚收藏的琴面有黄庭堅題記的唐琴"九霄環佩"，劉氏收藏此書實情理之中，但劉氏所藏一無記載，二無藏印，所藏何册何卷不知，其他十七册（包括廠市一册）則更待考證。從藏印來看，除蔣氏、傅氏、江氏藏印鈐蓋部分卷册外，并無其他民國藏書家印記。由此可知，此書遭劫散出後，在剩餘十餘册中，蓋不經名家收藏。且從傅氏所記來看，其散出較爲分散，也可能流入廠肆，也可能歸入過個人。不過，在這散落的十八册中，最終却又歸於一起，《藏園群書經眼録》卷五著録："《咸淳臨安志》三函宋潛説友撰刻本十一册，鈔本七册。共三十二卷，内鈔本十五卷。宋刊本。存卷一至八七、八鈔配，卷九至十九九、十、十六至十九鈔配，然卷十六圖刻本，卷八十四至八十九，卷九十一至九十七鈔配。序首葉版心下有'作頭趙某'小字，字不甚可辨。"但究竟是誰將其收購？又在什麽時間？傅氏并没交代。這十八册三十二卷，正好與藏於國圖的除傅氏十一册二十二卷和潘氏十一册二十四卷之外的十八册三十二卷，無論卷數卷次，無論刻本、抄配卷數卷次均相同，這就證明，最終歸入國圖的正是傅氏所經眼的。除 1949 年潘氏所捐十一册二十四卷外，1975 年其餘之二十九册五十六卷終於入歸國圖收藏。傅增湘等人愿望終付諸現實。

參考文獻：

朱士嘉：《臨安三志考》，《燕京學報》第 20 期，哈佛燕京學社北平辦事處、燕京學報編輯委員會 1936 年 12 月编印。

朱士嘉：《宋臨安三志版本考》，《文瀾學報》第 3 卷第 1 期，浙江省立圖書館 1937 年 3 月编印。

傅增湘：《咸淳臨安志殘本》跋，《藏園群書題記》卷四，上海古籍出版社，1989 年。

十三、新序十卷

漢劉向輯。宋刻本，五册。清錢謙益、黄丕烈、金錫爵跋，清孫延題款。卷中有標點，凡帝王如“舜”“湯”“幽王”“紂”“禹”等均圈以墨圍，天頭有每條題名。卷首有南豐曾鞏序，次直接目録。首卷首行頂格題“新序卷第一”，次行低二格題“陽朔元年二月癸卯護左都水使者光禄大夫臣劉向上”，第三行低四格題篇名“雜事”，第四行頂格連屬正文。22.6×15 厘米，十一行二十字，左右雙邊，白口，單魚尾。魚尾下題“序幾”，下題葉次及刻工姓名。刻工：洪茂、洪新。宋諱不謹，遇“桓”“構”字必諱，避至“構”字，“慎”字不避。鈐印“貞白堂”“貞白堂圖書記”“貞白山房”“華亭朱氏”“胤昌”“師竹山房藏書私印”“大雅”“汝南王思延”“王延世印”“信陽王延世印”“信陽王氏四部堂藏”“思延”“淩濛初印”“牧翁”“錢謙益印”“宋本”“季振宜藏書”“乾學”“徐健菴”“東吴顧氏家藏”“□講齋”“辰翁”“薌茅館”“經術堂印”“沈葆之印”“張孝仲友”“張仲友”“張仲友氏”“學耕堂印”“黄丕烈”“士禮居藏”“士禮居”“讀未見書齋所藏”“汪厚齋藏書”“汪文琛印”“汪士鐘印”“閬源父”“平陽汪氏”“士鐘”“閬源”“楊氏海原閣鑑藏記”“聊攝楊氏宋存書室珍藏”“楊氏海原閣藏”“四經四史之齋”“宋存書室”“東郡楊氏”“楊以增印”“以增之印”“至堂”“楊以增字益之又字至堂晚號冬樵行弌”“禄易書，千萬值。小胥抄，良友詒。閣主人，清白吏。讀曾經，學何事。愧蠹魚，未食字。遺子孫，承此志”“秘閣校理”“楊紹和藏書”“紹和筑岩”“東郡楊二”“彦合珍玩”“協卿珍賞”“協卿”“楊紹和印”“彦合讀書”“彦合”“東郡楊紹和印”“楊紹和讀過”“楊保彝藏本”“周暹”等，卷首副葉有信陽王氏《溫公訓子語》云：“溫公獨樂園之讀書堂，文史萬餘卷，公晨夕所閲，雖累數十年，皆新若手未觸者。嘗謂其子公休曰：‘賈豎藏貨貝，儒家惟此耳，然當知寶惜。吾每歲以上伏及重陽間，視天氣晴明日，即設几案於當日，所側羣書其上，以暴其腦，所以年月雖深，終不損動。至啓卷，必先視几案淨潔，藉以茵褥，然後端坐看之。或欲行看，即承以方版，未嘗敢空手捧之，非惟手汗漬及，亦恐觸動其腦。每至看竟一版，即側右手大指面襯其沿，而覆以次指面撚而挾過，故得不至揉熟其紙。每頁汝輩多以指爪撮起，甚非吾意。今浮圖老氏猶知尊敬其書，豈以吾儒反不如乎？汝當志之。’信陽王氏四部堂識。”此語前鈐“大雅”，後鈐“思延”“王延世印”。卷末葉紙背鈐有“徐昌朝印”，許中麗、朱大韶、王祖嫡、王延世、凌濛初、錢謙益、季振宜、徐乾學、沈葆之、張孝、鄭輔義、黄丕烈、汪士鐘、海源閣、周叔弢舊藏。國圖（08138）。《名録一》（00592）。

劉向（約前77—前6），西漢後期經學家、目録學家、文學家。又名劉更生，字子政。沛縣（今屬江蘇）人。漢高祖劉邦四弟楚元王劉交四世孫，皇族宗室。宣帝時，爲諫議大夫。元帝時，任宗正。講授《五經》於石渠閣。以反對宦官弘恭、石顯下獄，旋得釋。後又以反對恭、顯下獄，免爲庶人。成帝即位後，得進用，任光禄大夫，改名爲“向”，官至中壘校尉。曾奉命領校秘書，所撰《别録》，爲最早公藏目録。著述甚豐，大多亡佚。今存《新序》《説苑》《列女傳》等書。《漢書》卷三十六有傳。

漢成帝河平三年（前26），劉向受命整理石渠閣藏書。於是采集舜、禹時代至漢代史事和傳説，分類編纂，成《新序》三十卷、《説苑》二十卷，於成帝陽朔元年（前24）二月（其成書當亦在此之前），進呈皇帝，以助觀覽。儘管《新序》采自諸子史傳，但就其材料取舍、思想内容而言，無疑體現了劉向本人的社會政治思想。其主旨在宣揚儒家倫理道德及學説，如統治者要有德治仁政思想、賢人治國思想、民本思想、從善納諫思想等等。所采諸書如《左傳》《公羊傳》《穀梁傳》《國語》《戰國策》《韓詩外傳》《荀子》《韓非子》《呂氏春秋》《晏子春秋》《史記》《淮南子》等，在内容上与今通行本相比均略有出入，或更接近原書面貌。還有少數文獻已經散佚不見，惟賴此以存。因此，《新序》不僅有校勘存世文獻之價值，亦有輯佚之功。原書三十卷，至北宋初僅存十卷。後經曾鞏搜輯整理，仍編爲十卷，分《雜事》五卷，《刺奢》一卷，《節士》二卷，《善謀》二卷。盧文弨《群書拾補》又輯佚五十二條，嚴可均《全漢文》據之收録。曾鞏序云："……蓋向之序此書，於今最爲近古，雖不能無失，然遠至舜禹，而次及於周秦以來。古人之嘉言善行，亦往往而在也，要在慎取之而已。故臣既惜其不可見者，而校其可見者持詳焉，亦足以知臣之志者，豈好辯哉？蓋臣之不得已也，編校書籍臣曾鞏上。"（見此宋本卷首，此序又見曾鞏《元豐類稿》卷十一，但序首有"劉向所集次《新序》三十篇，目録一篇，隋唐之世尚爲全書，今可見者十篇而已。臣既考正其文字，因爲其序論曰"六句，此宋本未見，且序中有異文）此十卷本，成爲後世流傳諸本之祖本。

關於此本之刊印時間，諸家多以爲是在北宋。《百宋一廛賦注》著録是本云："每半葉十一行，每行廿字，每卷首題'陽朔元年二月癸卯護左都水使者光禄大夫臣劉向上'。第一卷後有國初人跋云：'舊本《新序》《説苑》，卷首開列"陽朔、鴻嘉□年□月具官臣劉向上"一行，此古人修書經進之體式，今本先將此行削去'云云。本紅豆舊物也，後入《延令書目》，可知未遭庚寅之炬。予嘗校之一過，每與居士商榷，如《戰國策劄記》所載桃仁字之屬，取資宏多矣。陽山顧大有所藏亦宋槧，後歸蔣辛齋氏。賜書樓之書散出，予嘗見之，其刻差後，遂多錯誤，然則此真北宋槧也。昔何義門手校據彼而未知有此，故言何所見他宋槧極多，而於兹有所不逮矣。何用一小方章，其文曰'髯'。"所言國初人跋云，即錢謙益也。此本所載錢跋未嘗言及版本，黄氏則言"真北宋槧"，未言刻地。《楹書隅録》卷三亦徑題北宋本，然未言原委。然據刻工、避諱等，實爲南宋初浙刻本。《中國版刻圖録》曰："刻工洪茂、洪新皆南宋初年杭州地區良工，因推知此書當是紹興間杭州地區刻本。絳雲樓未焚之書，錢謙益有跋，跋文見《有學集》。"洪茂、洪新於南宋初杭州、明州等刊書頗多，曾參與刻過南宋紹興間杭州刻本《説苑》、南宋紹興間明州刻本《白氏六帖事類集》等。宋紹興十八年（1148）刻本《大方廣佛華嚴經》（今藏日本大東急紀念文庫），其卷十四末題"錢塘洪茂刻"，可見洪茂爲南宋初杭州刻工殆無疑問。關於避諱，此本"構"字二十三出，如卷四"構怨禍之道也"、卷九"秦楚之兵構而不離""秦趙構難，而天下皆説"等句，均缺末三筆。《宋版書叙録》又曰："遇

'構'又全行回避，諱法甚嚴，則證明此書之刻就在南宋高宗之世。"“慎”字十出，均不避，可見當刊於南宋高宗朝（1127—1162）。《宋版書叙録》曰："皮紙印造，字體雋秀，刀法剔透，墨色絕正，古樸大方，頗有宋時浙刻風韻。如不認真考察，楊氏北宋之説，或可弊人耳目。"《藏園羣書經眼録》卷七著録曰："字體方嚴，爲南宋初杭本正宗，與余藏《樂府詩集》極相類。"《藏園群書題記》卷十八著録《樂府詩集》，其《宋本樂府詩集跋》曰："余以版本審之，當爲南北宋之際杭州官刊本也。以避諱言之，本書避諱極謹，即同音嫌名亦咸缺筆，若非官刊未必嚴敬至此。又桓字已缺末筆，而構字多作𣏐，當爲始刻時未避而後始剷去下截者。可知其刻於北宋末而成於南宋初者也。以刊本言之，字體方嚴，而氣息樸厚，猶是浙杭風範。且刊工中王珍、徐杲、徐昇、徐顏、陳詢、姚臻、余永、余竑八人皆見於余所藏宋本《廣韻》中。考《廣韻》監本，刻於杭州，則此書爲同時同地所刻又可以斷言也。至其餘姓名見於他書如八行本《左傳注疏》、《儀禮疏》、兩《漢書》、《唐書》、《國策》、《通典》、《管子》、《世説新語》、《唐文粹》，皆紹興時所刻。至包端、高彦二人見於紹熙本《禮記正義》，時代太遠，或此書後來補板耳。"可見此本爲南宋初杭州本殆無疑問。周叔弢《楹書隅録》批注曰："紙印精美，間有蟲蝕處，修補完好，有朱筆評點。桓、構缺筆，士禮居原櫝，孫延題簽，舊錦套。"

除此外本，清中葉時尚存世一宋槧，顧大有、蔣重光、金錫爵舊藏，黄丕烈、金錫爵均定爲覆刻本，并與之校勘後，以爲此本爲"初刻本"，覆刻本遠不如此本。嘉慶元年（1796）六月時，黄丕烈曾用何焯校宋本對勘此本，"……知非一本。每葉幾行，每行幾字，彼此相類。而所校又與刻本間有殊異，未知何故"。何校本所據宋本即顧大有藏本，嘉慶六年秋，黄丕烈見到這個顧氏藏宋本，進行了詳細對勘，跋曰："嘉慶辛酉秋九月望後一日，觀書於東城蔣氏，見有宋刻本《新序》，爲陽山顧大有所藏，方悟何校所據，即此本矣。初見時，覺板刻字形與余所收似不甚異，及借歸參閲，乃知前所云'所校又與刻本間有殊異'者，皆顧本有以亂之也。即如卷九中'是後，桓公信壞德衰'，衍一'德'字。'殷夏之滅也'，譌'湯'爲'夏'字。'張子房之謀也'句下脱'楚雖無彊，《漢》《史》作楚唯無彊'小注十一字（原注：此在卷十中)，其錯誤迭出。他遇宋諱，如‘殷’、如‘竟’、如‘完’、如‘構’，皆未缺筆。每葉上填大小字數，下注刻工姓名，皆与余本異，雖行款悉同，而字形活變，不能斬方。彼此相較，真如優孟衣冠矣。始知宋刻本一翻雕，而神氣已失，不必在異代也。則此本之可貴，逾勝於初得時。書友之索重直，若有先知者耶。”嘉慶十五年冬，黄丕烈再次對校，又曰：“頃薌庭金（金錫爵號薌庭）君從蔣氏購歸，与余攤書對讀，知兩書實出兩刻。如‘信壞德衰’，蔣本擠一‘德’字，文理爲順，於原本則衍矣。兹又隨手勘及，如‘盈海者矣’，蔣本‘者’作‘内’，此原本作‘者’，朱筆校改‘内’字，是又據後出之本改之也……”可見覆刻本確不如原刻。金錫爵得覆本後亦對校一過，於嘉慶十五年十一月跋曰：“……予得蔣氏宋本《新序》，急乞假以校讀之（黄丕烈所藏原宋本)，知蕘圃已先于辛酉年據校矣。以此本爲初刻，蔣本爲覆刻，審定之確，無是過。其記異同，曰衍曰脱；亦道其實，曰誤，予以爲正不誤也。惟‘湯’易‘夏’當别記，不應改本文。而蕘圃墨守初刻，必以不同初刻者即爲誤，予未敢信，跋而還之。”雖未完全贊同黄氏所校，但覆刻與原刻之别，當已認同。蔣本至今不知何所，今北大藏一殘本，僅存二卷一册，目録（第二至十一葉)、卷一（第一至十葉全)、二（第一至十葉)，共三十一葉，蝶裝。卷首有目録，首葉殘缺，尾題“校正劉向新序總目”。正文首卷首二行頂格大字題“新序卷第一”，尾題俱同，次行低一格餘題“陽朔元年二月癸卯護左都水使者光禄大夫臣劉向上”，第三行低三格題篇名“雜事第一”，第四行頂格連屬正文。20.1×15.1厘米，十一行十九字，左右雙邊，白口，無魚尾。版心上題“新序一（或二）”，下題葉次，無刻工。宋諱“桓”字缺筆。鈐印“木犀軒藏書”“李盛鐸印”“李傳模印”等，李盛鐸舊藏（李 3467)。兩本行數相同，蔣本字體圓活，黄丕烈藏本方棱勁拔。此兩點與黄校所叙版刻較一致，惜黄校在第九卷，此本僅存卷首二卷，無法對勘。今存李氏藏本是否即原蔣本未敢妄下定論。

《新序》未見元刊，明清兩代頗有刊梓，計有明刻十行十八字白口本。十一行十八字黑口本，即黄丕烈依顧廣圻過録何焯校宋本所校之底本，黄丕烈跋、陸損之校、孫星衍跋。十行十九字黑口本，即何焯以顧大有藏宋本所校之底本，顧廣圻校并跋。明《新序》《説苑》二書合刻本。明正德五年（1510）楚府正心書院刻本，十一行十八字，黑口，陳揆校跋，臺圖有藏。明嘉靖二十六年（1547）何良俊刻《新序》《説苑》本。明萬曆二十年（1592）程榮《漢魏叢書》本，清初重刻《漢魏叢書》本，黄丕烈、陳鱣校跋。以上國圖均有藏本。明嘉靖十四年楚府崇本書院重刊十行十九字黑口本。明嘉靖三十八年楊美益刊本，明末武林何氏刊本配補清刊本，清乾隆五十六年（1791）金谿王氏刊本，清光緒元年（1875）湖北崇文書局刊本，清光緒九年刊本，清光緒九年長洲蔣鳳藻刊《鐵華館叢書》景宋本，此七種臺圖均有藏本。程榮本較爲通行，民國二十一年（1930）二月，周叔弢曾以此本校程榮本，《自莊嚴堪善本書目·弢翁藏書題識》曰："庚午二月，沅叔三丈授此書命校，因取宋本對勘一過，凡增改三百許字。"今將兩本相校，雖宋本亦間有訛誤，但整體來看，宋本優於程榮本無疑。宋本曾鞏序中"世復無明先生之道"句之"生"字，實作"王"，宋本誤。宋本卷一《雜事》首葉上半葉第十行"交趾"二字，程榮本作"交阯"，兩字相通。宋本卷一《雜事》第二葉前半葉第四行"妲己"，程榮本作"妲巳"，當誤。宋本卷一《雜事》第七葉後半葉第三行"吾未嘗聞吾過也"之後一"吾"字，程榮本誤作"君"字。《新序校釋》對此字之誤考曰："舊本下'吾'字訛'君'。案《外傳》作'吾'，宋本《新序》同，吴君二字形似，古書往往相溷。《墨子·非儒下》'吾子若鍾'，畢校據彼上文改吾爲君，注云：'舊本君訛吾。'本書五卷《顔淵侍定公章》'不識吾子何以知之也'，宋本吾字訛君，皆其證也……蓋君字古文作𠯑與吾子形甚肖，故易誤，今從宋本改正。"① 宋本不僅可校傳世刻本，亦可校勘其他被引之書，如《戰國策》《漢書》及類書《太平御覽》等等，關於其具體校勘成果，可參見石光瑛《新序校釋》，文繁不録。

其整理點校註釋本，較權威的有張國銓《新序校注》（1944 年成都茹古書局）、馬達《新序譯注》（1986 年湖北人民出版社）、盧元駿《新序今注今譯》（1977 年臺灣商務印書館，1987 年天津古籍出版社影印本）、趙善詒《新序疏證》（1989 年華東師範大學出版社），其他日本武

① 石光瑛校釋，陳新整理：《新序校釋》，中華書局，2001 年，第 82 頁。

井驤《新序纂注》（1970年臺北廣文書局）、趙仲邑《新序詳註》（中华書局1997年）等，有的不言底本及校本，有的則用明本等，而此宋本作爲今存最古最全之本，均未得到利用。由石光瑛（1880—1943）校釋、陈新整理的《新序校釋》其卷首《整理説明》曰："《校釋》主要依據作者所見宋本，不僅廣泛校勘各種善本，多方面采用并訂正前人（如盧文弨等）的校訂成果，并且一一與原出處的材料（有的章節原出處不僅一書）和類書、雜記相校，從而見出劉向'棄取删定'的所在。"筆者檢校《校釋》原文，竟與宋本文字悉同，蓋依據宋本不誣。意者，石光瑛必是在此書爲周叔弢收藏後借出校勘的，因此本在海源閣收藏時，没有條件借出。《校釋》校勘、詮釋精審，實爲歷來校注《新序》之佳作，此僅引卷一署名"陽朔元年二月癸卯護左都水使者光禄大夫臣劉向上"句，其《校釋》曰："宋本二十二字作一行寫，以後每卷皆如此，通行本刊落此行。《意林》（唐馬總撰）本題'河平四年都水使者諫議大夫劉向上言'。河平、陽朔，皆成帝年號，陽朔元年，即河平四年之明年。意向此書本于河平四年表上，後因續有修正，至明年陽朔改元二月，始奏進之，標題不同，或由于此。然《意林》所題，實有謬誤。《漢書·劉向傳》：'宣帝朝爲諫大夫，元帝擢給事中，成帝初，向以故九卿召拜爲（丁案：此八字《新序校釋》脱去）郎中，使領護三輔都水，遷光禄大夫，乃采傳記行事，著《新序》《説苑》凡五十篇奏之。'則當奏進此書時，向已爲光禄大夫，不應仍稱諫議大夫，誤一。漢置諫大夫，在武帝元狩五年，初無諫議大夫之號，誤二。《漢·百官公卿表》：奉常、大司農、少府、水衡都尉、内史屬官，均有都水之名。劉攽謂都水官處處有之，是也。《三輔黄圖》云：'三輔皆有都水。'言三輔皆有，則三輔外先有可知。今泛稱都水使者，究爲何屬之都水乎？殽混不明，莫此爲甚，誤三。總此三誤，疑《意林》此題，或出妄人附益，未必馬總原書如此。觀其上言下綴，以曲彌高者和彌寡一條，水所以載舟亦所以覆舟一條，全是不知文義者所爲，可知此標題不足據矣。云二月癸卯者，著進書之日也……"可見宋本署名更符事實。

此本遞藏源遠流長。明代有五位學者、藏書家先後收藏。其最早收藏者爲元末明初人許中麗。中麗字仲孚，汝南（今河南駐馬店東）人。雅好吟詠，嗜古富藏。曾於洪武間輯刻《光岳英華》十五卷。清《〔嘉慶〕汝南府志·人物志》有傳。宋濂《宋濂文集·朝京稿卷四·貞白堂銘》曰："臨川許仲孚，篤志耆古，以'貞白'名其堂，蓋將矯夫側媚污濁之弊，以治其身，是可謂善爲學矣！"次爲朱大韶（1517－1577），再次爲王祖嫡（1531－1590）。祖嫡字胤昌，號師竹，山東德州人，河南信陽衛官籍。明隆慶五年（1571）三甲進士。改庶吉士，授翰林院檢討，歷官國子司業、洗馬、侍讀。性喜聚書，搜羅甚富，有"王祖嫡印""辛未進士""師竹山房藏書私印"諸印，著有《師竹齋集》三十七卷。第四位爲王延世，《〔康熙〕信阳州志》卷三十五"人物"曰："王延世，字思延，號喬峰……年十八以祖職襲指揮使，十九中本省武举第三名，本衛掌印，升嵩縣守備。時陸渾山中有毛、胡、盧三姓倡亂，延世率兵剿之，躬詣賊巢……賊遂稽顙乞命，陸渾平。"三十歲即辭官歸里，閉門著書。崇禎元年（1628）去世，終年七十三。此本卷首《溫公訓語》乃其所爲。第五位爲明末小説家凌濛初（1580－1644）。濛初字玄房，號初成，別號即空觀主人。浙江烏程（今湖州）人。十八歲補廩膳生，五十五歲以優貢授上海縣丞，六十三歲任徐州通判，并分署房村。據《浙江通志》，凌家祖先世代爲官，且從事編刻圖書。凌濛初爲江南刻書名家，技藝精湛，有雙色、多色套印，與湖州閔家齊名於世。多刻集部作品，如《孟浩然詩集》《西厢記》《虯髯客傳》《東坡書傳》等。一生著述極豐，最著者爲《初刻拍案驚奇》《二刻拍案驚奇》，其他有雜劇、傳奇等；經學和史學著作《聖門傳詩嫡塚》《詩經人物考》《左傳合鯖》《倪思史漢異同補評》《戰國策概》等；文藝評論著作有《西厢記五本解證》《南音之籟》《燕築謳》等。

清初，先後爲錢謙益、季振宜、徐乾學收藏。此本卷一尾題前有藏書大家錢謙益跋，曰："舊本《新序》《説苑》卷首開列陽朔、嘉鴻□年□月具官臣劉向上一行，此古人脩書經進之體式。今本先將此行削去，古今人識見相越及鑱刻之佳惡，一開而可辨者可也。辛丑夏五，謙益題。"辛丑即清順治十八年（1661）。順治七年，錢氏幼女與乳母在絳雲書樓上玩耍，蠟燭誤落入紙堆中，所藏善本幾乎全毀，而宋槧《新序》似有神靈護佑，竟完全保留下來。《絳雲樓書目》"子儒家類"著録"新序"蓋指此本。《延令宋板書目》著録"劉向新序十卷四本，案此書今歸士禮居"。《傳是樓宋元本書目》"宇"字格著録"宋本劉向新序十卷，四本一套”，惟册數後爲黄丕烈改裝爲五册。傳是樓藏書散出後，爲書船友鄭輔義購得，後以高價轉歸黄丕烈，《百宋一廛書録》《求古居宋本書目》均著録。復翁收藏此本頗多故事。嘉慶元年六月望日，黄丕烈跋曰：“余於乾隆乙卯（1795）閏月，借顧澗蘋傳録何校宋本《新序》臨寫一過，知宋本實有佳處，義門所校得其真矣。繼於四月十四日，書船友鄭輔義携一宋本來，留閱信宿，校首册三卷，開卷第二行有曾鞏地與姓名一行，何校未及增入，未知何所校之宋本云何也。何校原本在澗蘋堂兄抱沖處，係陽山顧大有所藏，顧之前藏於䰟橋巷李氏。余所見宋本，第一卷末有東澗（丁案：錢謙益晚年號東澗老人）跋，何校未之及，知非一本。每葉幾行，每行幾字，彼此相類。而所校又與刻本間有殊異，未知何故。余愛之甚，惜需直八十金，故以樣本還之，不及窺厥全豹，大爲恨事。自後書友來，來必曰：‘此書爲物主携往他處，將不久留於江南境矣。盍如其直得之乎？’余遂究其所從來，云是太倉王氏物，渠與畢秋颿制府相友善，宋刻善本亦嘗歸之，故本地不售，將往楚中求售，如售去，家中宋本皆盡往矣。余艷其宋本之多，屬書友更携他書借閱，書友允吾請。至冬季，果以北宋小字本《列子》來，需直六十金。余喜異書之沓至，後更勝於前，不復計錢物之多寡，以白鏹八十餘金并得之。是時，余方承被火災後，爲治家計最急，省他費購書，室人交遍謫，我亦置若罔聞而已。今届移家月餘，諸事稍定，倩工裝池，分爲五册。書中有板刻硃印《溫公訓子語》一紙，爲信陽王氏四部堂識，足見藏書家珍重之意，因裱托置諸卷端，俾垂永久。裝畢，追述得書顛末，并著宋本或有異同，校者不無訛誤，是在目見而又心細，方盡讀書之能事爾。”乾隆六十年四月十四日，黄丕烈從書船友鄭輔義處借閱宋本首三卷一册，以校顧大有所藏另一宋本，發現兩本不同。因需值昂貴，未及購買。然書賈蠱惑。至冬季，雖家中方遭火災，生計艱難，仍下决心將此本與北宋小字本《列子》并購之。月餘稍定，裝池一新，并將《溫公訓子語》裱托於卷首。可見黄氏如此看重此書。其後散出，爲汪士鐘收藏，并傳於族人。《藝芸書舍宋元本書目》“宋板書目”“子部”著録“新序十卷”。咸豐間，楊以增收藏此書，并以《溫公訓子語》教誨子紹和“珍護縹緗”，同治二年（1863），楊紹和感慨萬千，於《楹書隅録》卷三記録心迹曰：“絳雲之書，久付紅羊，今存者至罕，故澗蘋居士《百宋一廛賦》著録此本，以爲庚寅焚如，歷劫偏完也。邇來南天烽火垂十餘年，遼（丁案：誤，當作“燎”）原之烈，雖祖龍一炬，莫是過焉。此本又以早歸吾齋，得離兵燹，信知世間神物，固自度百千劫而不磨矣。卷首載信陽王氏所刊《溫公訓子語》一則，與先公珍護縹緗及所以教和者，正先後同揆，孰謂古今人不相及耶？惟是手澤如新，言猶在耳，而和也不肖，楹書莫讀，老大徒傷，執卷涕零，悲烏能已。同治癸亥八月，楊紹和濡淚敬識。”海源閣遺書散出時，此本係楊敬夫在天津出售二十六種善本之一，先歸周叔弢，再歸北圖。據《弢翁藏書題識輯録》，此本於 1931 年前由呂文甫介紹，購自楊敬夫，此乃弢翁從敬夫直接收書之第一部。《古逸叢書三編》收録，李致忠跋。《中華再造善本》收録，張燕嬰撰《提要》。

參考文獻：

李致忠：《影印宋本〈新序〉說明》，《古逸叢書三編》影印本。

郝繼東：《劉向〈新序〉版本述略》，《古籍整理研究學刊》2006 年第 2 期。

姚娟：《〈新序〉〈説苑〉文獻研究綜述》，《阜陽師範學院學報》2008 年第 2 期。

十四、童蒙訓三卷

宋吕本中撰。宋紹定二年（1229）眉山郡守李𡌴玉山堂重刻本，二册，蝶裝。有朱筆圈點句讀，偶見校字。卷末有題記云："紹定己丑，郡守眉山李𡌴得此本於詳刑使者東萊吕公祖烈，因鋟木于玉山堂，以惠後學。"末又有嘉定八年（1215）中秋日樓昉跋，曰："昉兒時侍鄉長老，嘗從旁竊闚所謂吕氏《童蒙訓》者。其間格言至論，粗可記者一二。稍長務鑽厲舉子業而親舊，几案上亦不復有此書矣。世道之升降於此可占也。客授金華太守丘公，先生語次及之，且曰：'昔先公每以訓子姪。'某初在傅，日誦習焉。將求善本刻之學官，或太史祠中，使流布於世。昉因從史成之曰：'書出於吕氏，刻於祠堂，宜也。'會公有民曹之命，迺出錢五萬以從初約。吕兄巽伯喬年家所臧本最爲精密，前此長沙郡、龍溪學皆嘗鋟木，而譌舛特甚。丘公所誦習者，未知何所從得也。初，舍人吕公（吕本中）以正獻（吕公著）長孫，逮事元祐遺老與諸名勝游，淵源所漸者遠，渡江轉徙流落之餘，中原文獻與之俱南。因即疇昔所聞見者，輯爲是編。倉部既手寫而臧之，巽伯又是正而刋之，庶幾可以傳矣。書之所載，自五身行已、讀書取友、撫世醻物、仕州縣、立朝廷、綱條本末，皆有稽据，大要欲學者反躬抑志，循序務本，切近篤實，不累於虚驕，不騖於高遠，由成己以至成物，豈特施之童蒙而已哉。雖推之天下國家可也，巽伯屬記始末，因輙附所聞於其後，是亦丘公之志焉爾。公名壽儁，字真長，文定公之嫡長子云。嘉定乙亥中秋日，四明樓昉謹書。"首卷首行頂格題"童蒙訓卷上"，次行低五格題"吕氏本中居仁"，第三行正文頂格，每段訓言均頂格。20.3×15.8 厘米，十行二十字，左右雙邊，白口，雙魚尾。上魚尾上記字數，下記"童蒙訓上（或中、下）"或"童蒙下"，下魚尾下記葉次及刻工姓名。

刻工有翟善、善、文、任良、良、蒲曰、張丙、田元、田仁、仁、成、明、巫、田乙、書、田。宋諱“桓”“慎”“惇”“敦”等缺筆，遇“太宗”“真宗”“仁宗”“仁廟”“上曰”“神廟”等字前均空格。鈐印“黄復之印”“張矦之印”“莫氏壽樸堂記”“南濠居士”“都氏玄印”“都氏元敬”“汪士鐘曾讀”“宋存書室”“關西節度系關西”“以增之印”“楊紹和藏書”“彦合珍玩”“宋存書室珍藏”“楊紹和印”“聊攝楊氏宋存書室珍藏”“協卿讀過”“海源閣”“國立北平圖書館收藏”等，湖州莫氏、都穆、汪士鐘、海源閣、孫瑞卿、北平圖書館舊藏。1985年移交臺北“故宫博物院”（平圖011016－011017）。

呂本中（1084－1145），原名大中，字居仁。壽州（今安徽壽縣）人。元祐宰相公著之曾孫、好問之子。初授承務郎。徽宗宣和六年（1124），爲樞密院編修官。後遷職方員外郎。高宗紹興六年（1136），召賜進士出身，歷官中書舍人、權直學士院。因忤秦檜罷官。世稱東萊先生，賜謚文清。其詩得黄庭堅、陳師道句法，繼承和發展了江西詩派的風格，著有《東萊詩集》二十卷、《江西詩社宗派圖》，其他著作《春秋解》十卷、《童蒙訓》三卷、《師友淵源録》五卷等。東萊呂氏乃名門望族，治學、爲官皆稱於世。呂好問有五子，長子本中，次子揆中（字由义），三子弸中（字隆禮）；弸中长子大器（字治先）；大器长子祖謙、次子祖俭（字子約）、幼子祖烈（字文澳）；祖俭长子喬年（字巽伯）。其中大器、祖烈、喬年等均與本書刊梓有關。

呂本中編撰《童蒙訓》之具體時間，未見提及，樓昉跋是書曰：“初，舍人呂公（呂本中）以正獻（呂公著）長孫，逮事元祐遺老與諸名勝游，淵源所漸者遠，渡江轉徙流落之餘，中原文獻與之俱南。因即疇昔所聞見者，輯爲是編。”可見，呂本中輯編是書應該在南宋建炎元年（1127）以後，亦即在其四十四歲之後。又云“舍人呂公”，考王兆鵬《兩宋詞人年譜·呂本中年譜》“紹興六年丙辰，居仁五十三歲”條載，此年十一月二十二日，兼權中書舍人，故是書亦當在此年之後撰就。是書乃呂氏爲其家塾訓課而作，采用宋代流行的“語録體”編寫而成，包括修身養性、讀書治學、爲官做人、論詩作詩等内容，以所記曾祖呂公著、祖呂希哲、父呂好問爲主，兼記申顔、李潛、田腴、張琪諸人言行事蹟。但據考，今傳《童蒙訓》已非“原本”，原本中的爲官、論詩部分，今本僅有少許存在，而是被剥離出來，另編爲《官箴》和《童蒙詩訓》。四庫館臣已經注意到這一現象，《四庫提要》卷九十二《童蒙訓》云："故其所記多正論格言，大抵皆根本經訓，務切實用。於立身從政之道，深有所裨。中間如申顔、李潛、田腴、張琪、侯無可諸人，其事蹟史多失傳，賴此猶可以考見大略。固不僅爲幼學啓迪之資矣。考朱子《答吕祖謙書》，有'舍人丈所著《童蒙訓》極論詩文必以蘇、黄爲法'之語，此本無之。其他書所引論詩諸説，亦皆不見於書內。故何焯跋疑其但節録要語而成，已非原本。然刪削舊文，不過簡其精華，除其枝蔓，何以近語録者全存，近詩話者全汰？以意推求，殆洛、蜀之黨既分，傳是書者輕詞章而重道學，不欲以眉山緒論錯雜其間，遂刊除其論文之語，定爲此本歟。"清中葉全祖望在《跋宋槧吕西垣童蒙訓》亦曰："紫微先生《師友雜志》《雜説》諸書，大略與《童蒙訓》三卷互相出入，無甚異同也。記晁公武《讀書志》曾引《童蒙訓》中語，謂'秦淮海自過嶺後詩，嚴重高古，自成一家，與其舊作不同'，而今無之，然則尚非足本邪？然讀樓迂齋序，則是本乃紫微從子倉部弸中所手鈔（丁案：當爲吕大器手抄），大愚子喬年所是正，不應尚有脱落。或者公武誤指《紫微詩話》以爲是書，未可知也。"① 檢胡仔《苕溪漁隱叢話》、魏慶之《詩人玉屑》、阮閲《詩話總龜》、張鎡《皇朝仕學規範》、蔡正孫《詩林廣記》、何汶《竹莊詩話》、蔡夢弼《草堂詩話》、祝穆《古今事文類聚》、謝維新《古今合璧事類備要》及《錦繡萬花谷》等所載詩論都出自《童蒙訓》，但今本均不載。又，朱熹《小學》卷五、吕祖謙《少儀外傳》卷下、劉清之《戒子通録》所引爲官之道的內容亦不見今本。而吕本中之《官箴》《童蒙詩訓》多存以上內容，有的甚至連順序亦同。可見"原本"《童蒙訓》一定是一部內容豐富、範圍更廣、篇幅較長的蒙學大著。何以將"原本"中的論詩及爲官部分刪節？《四庫提要》已言其因。北宋哲宗元祐年間（1086—1093），出現了以理學家程頤爲代表的洛黨和以文學家蘇軾爲代表的蜀黨之間的洛、蜀黨爭，館臣以爲後人囿於黨派之見，重道輕文，刪去了《童蒙訓》原文

① 《宋元學案》卷三十六《紫薇學案》，《黄宗羲全集》第 4 冊，浙江古籍出版社，2005 年，第 520 頁。

中的論詩之語。聯繫到朱熹《答吕祖謙書》中批評《童蒙訓》“極論詩文必以蘇、黄爲法”的説法，這種推測不無道理。郭紹虞亦贊同此觀點①。而刪定者很可能就是收藏原本并“是正而刊之”的吕喬年，因喬年治學推崇朱熹之學，重道輕文，在刊印此書時，將其大量討論詩文的内容刪削殆盡，進而輯出《童蒙詩訓》。《官箴》亦當喬年自“原本”輯出而成②。

《遂初堂書目》著録“吕氏童蒙訓”，未著録卷數；《直齋書録解題》卷九著録“童蒙訓一卷，中書舍人東萊吕本中居仁撰”；《文獻通考》亦作一卷，此似將上中下三卷合稱爲一卷，抑或真有一卷本亦未可知。《鄭堂讀書志》卷三十六著録一部“影抄宋刊本”，云：“《書録解題》《通考》俱作一卷，蓋據所見本併三卷爲一卷也。”一卷本未見傳世。《宋史·吕本中傳》著録“童蒙訓三卷”。據嘉定八年樓昉跋可知，此書初刊於長沙郡，又刊於龍溪學，但訛舛頗甚。吕大器（倉部）曾手抄《童蒙訓》文稿并藏之於家，其後傳於孫吕喬年。至嘉定八年，婺州太守邱壽雋出錢五萬，由喬年“是正而刋之”於吕氏祠堂，并囑樓昉記之。吕大器（1113—1172），吕本中侄子，本中弟弸中子，《宋元學案》卷三十六《紫微學案》中有傳，紹興二十五年，爲福建提刑司幹官，三十年，授岳州通判，三十二年，知黄州；乾道元年（1165），知池州，四年，知江州，改知吉州，七年，自吉州奉祠歸，八年，卒，終官尚書倉部員外郎③。故此，《童蒙訓》一直在其家族流傳，這個家藏本的特點是“最爲精密”。丘崈（約1140—1208），字宗卿，宋隆興元年（1163）進士。歷官成都知府、建康知府、刑部尚書、江淮宣撫使、資政殿學士、同知樞密院事等。卒謚“忠定”。著有《忠定集》十卷、《拾遺集》十卷、詩詞一卷。其長子壽雋，字真長，制置使，簽書樞密院事，官刑部尚書。詳見《宋史》卷三百九十八、清《〔光緒〕江陰縣志》

---

① 《宋詩話考·童蒙詩訓》，中華書局，1979年。

② 詳見栗品孝《吕本中〈童蒙訓〉考索二題》，栗文以爲《童蒙訓》《童蒙詩訓》乃原本兩書，《永樂大典》兹引兩書，文繁不録。

③ 《東萊吕太史别集》卷十《與陳同甫》卷十七，《吕祖謙全集》，浙江古籍出版社，2008年。

卷十三《選舉》和卷十六《人物》、《澄江丘氏宗譜》。又據《金華府志·官師志》云："知婺州邱（丘）壽雋，嘉定六年由朝奉大夫任。"丘崇嘗以此書訓之子孫，壽雋受之頗獲，欲謀善本刻之。時樓昉從學於壽雋，此書爲案頭之書，建議刻之呂氏祠堂。嘉定八年，於是由時知金華的丘壽雋出資，以呂喬年家藏本爲底本校刊於金華呂氏祠堂。呂氏所刻當爲第三刻（丁案：王兆鵬《兩宋詞人年譜·呂本中年譜》葉 295 以爲呂喬年、丘壽雋爲兩刻，當誤）。壽雋知金華時尚刻陳亮《龍川文集》，據葉適《水心文集》卷二十九之《書龍川集後》（中華書局 1961 年整理本）云："余既爲同甫序《龍川文集》，而太守丘侯真長刻於州學……"可見，丘氏亦是一位熱衷刊梓之士。第四刻即此本，由眉山郡守李𡌴刊於玉山堂。此本有嘉定八年樓昉刊跋，即當以金華呂氏祠堂本爲底本翻刻之。又此本卷末刊印牌記云"紹定己丑，郡守眉山李𡌴得此本於詳刑使東萊呂公祖烈，因鋟木于玉山堂"。呂祖烈，呂大器幼子，字文漗，婺州人。以兄成公蔭補將仕郎，歷紹興府明州新昌主簿、福州左司理、兩浙轉運使幹辦公事，改淮東總領所宣教郎，知寧國府南陵縣通判無爲軍。祖烈與喬年爲叔侄關係，侄子刻本，爲叔收藏。李𡌴（1161—1238），字季允，號悦齋，李燾次子。眉州丹棱（今屬四川眉山市）人。光宗紹興元年，與兄李壁同榜進士，入朝爲官。寧宗慶元元年（1195）出知夔州，後調知沅江制置副史，其後升任禮部尚書，拜資政殿學士，端平二年（1235），授同知樞密事，攝四川宣撫使。謚文肅。廣有文名，著述甚豐，有《悦齋集》《固陵集》《公侯守宰》《士庶通劄》及《十朝綱要》二十五卷等。見《〔康熙〕四川通志》卷九《人物》、《宋會要輯稿·職官四十》等。《天禄琳琅書目》卷七著録明翻刻本時曰："紹定己丑，爲理宗紹定二年，去嘉定八年已閱十有四載，則呂祖烈所藏，即丘壽雋所刊以置呂氏祠堂者，李𡌴特取而翻刻其版耳。"所述甚是。李𡌴、呂祖烈同爲朝廷命官，兩人爲同一時期人，李𡌴從祖烈處得其侄刻本，并於紹定二年（1229）刊於任所，又考刻工，張丙曾刻宋慶元間蜀刻本《太平御覽》，田仁曾刻宋嘉定四年（1211）劉甲刊本《經史證類備急本草》，則李𡌴爲官朝廷時得原本於祖烈，出知川時刊梓問世。

宋代所刻四本中，惟有李𡌴本流傳下來，明、清及民國或覆刻或翻刻或影印，或直接或間接，俱從李𡌴本出。明代覆李氏刻本則有三卷和二卷之别，三卷本今國圖、上圖、津图、臺圖、静嘉堂文庫等均有收藏。明刻十行二十字本，左右雙欄，白口，單魚尾。此本即南枝堂本，今南圖藏一部（131405）。卷首鎸刻“遵依宋本點畫無訛”，又鎸“南枝堂藏板”。經查，明代僅此一刻，今存者皆爲是刻。但有的牌記佚去，似書估有意爲之，以充南刻。此本與宋本對勘，不僅行款俱同，且文字悉同，爲典型的覆刻本。國圖本爲季振宜舊藏，樓昉序有殘缺字。津圖所藏鈐印“毛氏子晋”“項元海印”“休寧汪季青藏”等，《中國古籍善本書目》著録，中國基本古籍庫所收即此本。臺圖本爲嚴元照、毛晋、張秋月、張乃熊舊藏。静嘉堂文庫本爲陸心源舊藏，《皕宋樓藏書志》卷三十九著録，《四庫全書》收録亦爲此本。明翻宋本尚有二卷本者，《天禄琳琅書目》卷七著録一部，一册一函，上下二卷，卷首有樓昉序，云：“……李臯特取而翻刻其版耳。此本又從李刻翻出，橅刻再三，故字畫不能圓勁，紙亦不佳，亦坊間所印行者也。”此本已毁於火，究竟是否爲二卷，無法對質。丁丙曾舊藏另一部南枝堂本，《善本書室藏書志》著録曰：“明覆宋本《童蒙訓》二卷，亦爲明坊間‘翻於李本者也’。”此本今藏南圖，但南圖書目數據庫著録爲三卷（GJ/110537），目驗亦是，蓋丁氏著録之誤。清代所刻較多，均爲三卷本，臺圖藏一清初刻本，清韓文綍手校并跋，有樓昉跋，十二行二十二字，左右雙欄，版心黑口，雙魚尾。鈐印“鄒儷笙讀書記”“師竹廬主人珍藏”。韓文綍跋於嘉慶七年（1802），言以宋本校過，“是刻字畫偏傍尚無大訛謬，視宋本差勝”，蓋此本刊於嘉慶七年之前後。其他尚有清咸豐六年（1856）紅荔館刻本，今藏上圖（252443）；清秒詳覆刻宋紹定本，今藏上圖（436827－28）；清光緒五年（1879）朱之榛《保赤彙編》本，卷端首題“童蒙訓上”，下題“保赤彙編十三”，次行署“吕氏本中居仁”，卷末有樓昉跋，十一行二十字，黑口，左右雙邊，單魚尾，今藏國圖、南圖。保赤本所見異字，多同宋本，惟同《四庫》本者，所改多是。故通過校勘可知，保赤本當以宋本爲底本，但同時亦參考《四庫》本。據《增訂四庫簡明目録標註》著録，尚有張履祥評本（《浙江采集遺書總録》己集亦著録）、康熙四十四年（1705）吴江姚氏仿宋刊本、張清恪公刊本，其《續録》又著録日本仿宋本，等等。

清刻本中影響較大者爲同治二年（1863）丁丙輯《當歸草堂叢書》

本，該本書名頁題“呂氏童蒙訓”，牌記題“同治二年十月錢塘丁氏重刊連平顔培瑚署”，九行二十一字，小字雙行數字同，黑口，左右雙邊，單魚尾。版心下題“當歸草堂”。國圖、南圖均有收藏。該本卷末有高均儒跋，曰：“道光十五年秋，均儒與桐城蘇厚子惇元同寓杭州海會寺，見厚子所謄文瀾閣本《呂氏童蒙訓》，始讀心懔而未即潛心重謄。二十二年夏，寓乍浦劉氏，見有寶誥堂刊小字眉山李氏本，勼歸誦繹，言近指遠。咸豐五年，在清江浦令手民別寫様本。六年夏，刊成。每葉注‘紅荔館’三字，印本以貽同志。十年正月，攜版回嘉興，三月攜至平湖，七月燬。嗣流離轉徙，于同治元年三月，至上海書錦里書肆，見有是《訓》楷書大字本，其賈甚昂，以燬餘，篋中尚存紅荔館本一册，遂未購也。二年春，丁松生丙，自上海寄來是《訓》大字本暨黄蕘圃校本《武林舊事》，屬爲重刊。竊謂《童蒙訓》視《武林舊事》尤有裨于學者，即以紅荔館重刊小字本互勘，略無增損，大字本樓跋在前，李記‘紹定己丑鋟木于玉山堂’等字雙行列後，度是李氏原刻印本。均儒對核間，兒子行篤從旁覘之曰：‘是即曏在書錦里書肆所見本也。’用自愧購書之誠，不如松生多多。今再重刊，仍依小字本，蓋工劣不能摹玉山堂楷書，兹刊但取其有字而已。朱子纂《小學》引是《訓》者，是本間有未見，豈玉山所刻已非呂氏原本歟？今刻一仍玉山堂之舊，亦以識未見原刻本，實均儒之陋。讀者諒之。四年六月二十八日，高均儒書於淮上。”據跋可知，高均儒於咸豐五年先依寶誥堂刊小字眉山李氏本覆刻成紅荔館本，其後版片毁壞。同治二年，受丁丙之托，復據寶誥堂刊眉山小字本再刻，即《當歸草堂》本。又，跋稱丁丙所寄“大字本”者，亦出於宋眉山李壆刊本，《善本書室藏書志》卷十五著録一部“明覆宋本”，今藏南圖，或爲此大字本。

“寶誥堂”爲反清遺民呂留良的刻書之所，所刻《二程遺書》《朱子遺書》《易學啓蒙》《小學》等均有牌記“御兒呂氏寶誥堂刻”或“御兒呂氏寶誥堂據白鹿洞原本刻印”等，其刊梓時間在康熙間。因爲“呂案”，所刻之書皆遭禁毁，但因刻書質量較高，民間仍有流傳，《童蒙訓》至少在清道咸間尚有存世，今已不見收藏。據高均儒跋稱“眉山李氏本”云云，可知呂刻《童蒙訓》據眉山李壆刻宋本刻梓，世稱“寶誥堂刊小字眉山李氏本”。咸豐五年五月，江南河道總督楊以增延高均儒襄助校書刻書。高均儒云："又明年（1855）五月，均儒應侍郎（楊以增）招，復遊淮浦，侍郎導均儒與户部（梅曾亮）相見。"[①] 督署在清江浦（今淮安），期間均儒爲其刻書多種，此當爲其一。楊以增卒於此年十二月十八日，而書成於六年夏，故書刊成時，楊以增已謝世。《增訂四庫簡明目録標註·續録》子部儒家類著録"清楊以增刊本"當屬此本。《藏園訂補郘亭知見傳本書目》卷七子部一儒家類亦著録"近年楊以增刊本"。楊氏刻本版心題"紅荔館"，亦即世稱紅荔館刻本，當時刻印不多，流傳甚少，今僅見上圖有藏。楊以增重視蒙學教育，故有是刻之舉。但此本原李臯刻本既爲楊以增所藏，爲何不以此爲底本，而依寶誥堂翻刻本刻梓？抑或當是戰亂頻仍，爲防生變，楊以增將其所藏大都運往家鄉海源閣收藏，故有此無奈之舉。

民國期間影印本有兩種。其一，1923 年南海簡照南輯《南園叢書》，收録此書，今上圖有藏。其二，1925 年武進陶湘據宋紹定本影印入《托跋廛叢刻》中，有墨印本、藍印本；1994 年，中國書店據之重印。1937 年，北京圖書館欲出版《影印國藏善本叢刊》第一期，此書列入目録，并撰有提要，然因抗日戰爭爆發未及出版。此外，國圖尚藏有一部民國間朱印刻本。域外刻本中，可知有日本文化十三年（1816）刻《昌平叢書》本，十行二十字，左右雙邊，單魚尾。題《呂氏童蒙訓》。此當即《增訂四庫簡明目録標註·叙録》和《藏園訂補郘亭知見傳本書目》卷七著録日本仿宋刊本者。抄本多部，國圖藏抄本兩部，其一（58246 號），書衣墨筆題常熟翁氏均齋藏本，鈐印"帶經堂陳氏藏書"朱印，蓋經陳徵芝收藏。其二，乾隆二十年（1816）王嗣賢抄本，清王嗣賢跋曰"宋版《呂氏童蒙訓》三卷，□□堂沈氏所收藏"，説明清初宋本尚不止一部傳世。此本五格十行二十字，有樓昉跋及李臯刊記，從宋本過録。清瞿氏舊藏，即《鐵琴銅劍樓藏書目録》卷十三著録者。上圖亦藏一部影宋本。

整理本主要有三種，一是《萬有文庫》收録本，即《叢書集成續編》本；二是梁運華註釋本，《中華蒙學集成》[②] 收録。兩者均以清同

① 《柏視山房文稿跋》，《柏視山房文稿》卷末，今藏國圖。
② 韓錫鐸主編，遼寧教育出版社，1993 年。

治二年《當歸草堂叢書》本爲底本。三是《四庫全書精品文存》本①，由邱風俠整理，其底本爲《四庫》本。《四庫全書》收録的“兩淮鹽政采進本”，實爲明翻宋本，《四庫提要》卷九十二云：“今所傳本，即明人依宋槧翻雕。行款字畫，一仍其舊，最爲善本。今亦悉從之焉。”影響較大且通行者即爲文淵閣《四庫全書》本和《萬有文庫》所録舊式標點本。以宋本校此兩種及保赤本，異文尚多。宋本正文中有六處墨釘，《四庫》本有一處補上，即宋本卷中第四葉前半葉第七、八行“明道先生嘗語楊丈中立云：某作縣處，凡坐起等處并貼‘視民如傷’四字，要■觀省。又言某常愧此四字。”此處“■”，《四庫》本據上下文填作“常”字，《萬有文庫》本作“時”字，保赤本作“時”。宋本卷上第二葉前半葉第二行“二程始從周茂叔先生爲窮理之學”條“有《太極説》傳於世”句，《四庫》本“説”字前加“圖”字，《萬有文庫》本同宋本，保赤本無“圖”字。卷上第四葉後半葉第七至十行“邵康節以十二萬四千五百年爲一會，自開闢至堯時，正當十二萬年之中數，故先生名雍，字堯夫。名雍，取‘黎民於變時雍’也。其居洛陽，亦取天地之中。字堯夫，取當堯時中數也。‘四千五百年’，數未詳”條，《四庫》本將“其居洛陽，亦取天地之中”句，置於條末，所改當是；《萬有文庫》本、保赤本同宋本。卷上第八葉前半葉第五行“滎陽公入太學，時二十一歲矣”條之“太”字，《四庫》本作“大”，《萬有文庫》本同宋本。卷上第九葉前半葉第二行“正獻公年三十餘，通判潁州，歐陽文忠公知州事”條“滎陽公幼時，申公與夫人嚴毅如此”句之“申”字，《四庫》本作“正獻”，《萬有文庫》本、保赤本同宋本。卷上第九葉後半葉第六行“滎陽公嘗言”條末句“觀於已而知之”之“已”字，《四庫》本作“此”，保赤本、《萬有文庫》本同《四庫》本；第十葉前半葉第三、四行“滎陽公張夫人”條“……亦魯肅簡公外孫也。張公性嚴毅不屈，全類肅簡，肅簡深愛之，家事一委張公”句之三處“肅簡”二字，《四庫》本均倒作“簡肅”，《萬有文庫》本、保赤本未倒，同宋本。卷上第十二葉前半葉第八、九行“紹聖中，顧公子敦被謫……”條，《四庫》本另段起行，當是，《萬有文庫》本、保赤本同宋本，未另起

① 吴玉貴、華飛主編：《四庫全書精品文存》，團結出版社，1997年。

行。上卷第十三葉末行註文“一作能以道訓戒子弟”之“作”字，《四庫》本作“非”，誤，《萬有文庫》本同宋本，保赤本作“作”。卷中第二葉前半葉第七行“前輩士大夫專以風節爲己任”條“崇寧初召任諸州教，授學制既盼”之“教”字，《四庫》本作“牧”字，當是，《萬有文庫》本、保赤本作“教”；該條“浮湛京師”之“湛”字，《四庫》本作“沈”，《萬有文庫》本、保赤本作“湛”。卷下首葉首行“滎陽公嘗言孝子事親”條“視於無聲，聽於無形”句，《四庫》本改作“視於無形，聽於無聲”，當是，《萬有文庫》本同《四庫》本，保赤本同《四庫》本。卷下第四葉首葉首行“崇寧間饒德操節”條“爲作麥熟繅絲等四詩”句“四”字，《四庫》本作“曲”字，《萬有文庫》本、保赤本同《四庫》本。此葉後半葉第五行“紹聖崇寧間諸公遷貶相繼”條“龔彦和央貶化州”句之“央”字，《四庫》本作“夬”字，《萬有文庫》本同《四庫》本，保赤本作吏，此字同夬。卷下第五、六葉末行、首行“李君行先生之長子格篤行博學”條“早歲登科，紹聖中如江寧府上元縣”句之“如”字，有剜改痕蹟，《四庫》本作“知”字，當是，《萬有文庫》本、保赤本同《四庫》本。卷下第十葉前半葉第五行“瑩中爲都司”條“自今觀之成哀之世”句之“自”字，《四庫》本作“目”字，當誤，《萬有文庫》本同宋本，保赤本作“自”。卷下第十四葉前半葉第四行“徐仲車先生少年時爲母置膳”條“因自念言：中心已許買他家肉”句之“中心”二字，《四庫》本倒作“心中”，《萬有文庫》本同宋本，保赤本作“心中”。卷下第十五葉前半葉首行“范辯叔說”條“今太學長貳博士居此任者”句之“任”字，《四庫》本作“住”字，《萬有文庫》本、保赤本同《四庫》本；此葉末行“誠伯說公羊不知聖人之意也”條“至令西漢時尊崇丁傅”之“傅”字，《四庫》本誤作“傳”，《萬有文庫》本同宋本，保赤本作“傳”；又此條“及人臣無將，將而誅”句之“而”字，《四庫》本作“則必”，《萬有文庫》本同宋本，保赤本作“而”。卷末樓昉跋，《四庫》本缺字有五處，宋本均不缺。宋本“稍長務鑽厲舉子業而親舊，几案上亦不復有此書矣”句，《四庫》本缺“厲”“書”二字；“吕兄巽伯喬年家所臧本最爲精密”句，《四庫》本缺“伯喬年”三字；“渡江轉徙流落之餘”句，《四庫》本缺“渡江”二字。“因即疇昔所聞見者”句，《四庫》本缺“因”字。又，“自五身行已”

之“五”字，《四庫》本、保赤本作“立”字，《萬有文庫》本均同宋本。

由以上校勘可知，《萬有文庫》本同於宋本者較多，而《四庫》本則改動較大，有的屬於抄録之誤，有的則屬有意改正宋本之誤。但由於兩本均爲過録本而非原本，其所用底本本身或有些缺訛。以四庫館臣之學術操行，其校改是有可能的。整體來看，《萬有文庫》本在忠於宋本的基礎上，僅有幾處校改，所改皆是，且有幾處同《四庫》本，説明其底本參考過《四庫》本。從文字内容上看，《萬有文庫》本質量較高，其次爲宋本。四庫館臣蓋因未見宋本，故視明翻宋本爲“最爲善本”，有失偏頗。宋本作爲唯一存世孤本，雖不如《萬有文庫》本校勘精審，但其文物價值最高。再者，從校勘意義上，如無宋本參照，包括《萬有文庫》本在内的諸本優劣評價就很難操作。第三，包括宋本在内的諸本，在收録篇數上基本相同，而據元刻本《脩辭鑑衡》所引録《童蒙訓》載文中，竟有三十四則爲宋本及諸本失載，恐疑吕本在後世流傳中有所散佚；亦或如之前所述，吕本有一個内容豐富、篇幅更大的“原本”，而這個“原本”至元至正時仍存於世間。

是本所鈐“張矦之印”考證不出，“黄復之印”似是宋末元初詩人黄復之所鈐。可考者首爲湖州莫氏。莫氏爲明初商宦世家，“莫氏壽樸堂記”當爲壽樸堂主人莫轅所鈐。莫湜富甲一方，生子三，長禧，次禮，季祺。禧子轅。據吴寬《吴匏翁家藏集》卷五十八《莫處士（轅）傳》云：“處士諱轅，字遜仲，號順庵。其先爲湖州莫氏，後徙吴江之綺川。五世諱湜，號芝翁，嘗以耆德召見高皇帝，參大臣議事。生三子：長禧；次禮，累官至户部侍郎；次祺。處士，禧之仲子也，生當國初，適朝廷方用重典御世，俄逮其父、子并繫詔獄。處士時年十一耳，日夜悲痛，願以身代父死，理官試加脅誘，語無反覆。遂釋其父而獨繫之，父更稱冤闕下，竟致庾死，事始已。時莫氏以資産甲邑中，所與通婚姻，皆極一時富家。處士竊獨憂之，每指同姓隸洱海衛者一人曰是吾族也……”① 關於“壽樸”之來歷，莫轅婿趙忠於天統六年辛酉（1441）撰《重建壽樸堂記》云：“壽樸者外舅莫氏之喬木也。在松陵綺

① 《四部叢刊初編》景印正德刊本。

川之上，自地崛起，蟠根錯節，厥狀甚怪。”① 壽樸堂當據壽樸之别號取義。莫氏事蹟尚見《〔嘉靖〕吴江縣志》卷二四《莫轅傳》等。此書蓋由莫禮初藏，或傳於莫氏後人。散出後，爲明代大臣都穆（1458—1525）收藏。都穆，字玄敬，一字元敬。金石書畫古籍收藏家。吴縣人。弘治進士，授工部主事，官至禮部郎中、太僕寺少卿。少與唐寅交好，年四十館於學者藏書家吴寬（1435—1504）家。著《鐵網珊瑚》《南濠詩話》等。搜訪金石遺文、拓印繕定，著《金薤琳琅録》二十卷。又雅好古書、書畫收藏。明中葉至清初尚不知爲誰所藏，至清中葉爲汪士鐘收藏，《藝芸書舍宋元本書目》著録“童蒙訓三卷”即此。其後爲楊以增所收，因有“關西節度系關西”之印，當爲楊以增爲官陝西時收藏。1930年春，海源閣遭劫，此書爲土匪攜出，流入德縣（今山東德州市）集市。此年夏，爲孫瑞卿購得，轉售北平圖書館。雷夢水《海源閣珍本的散失》云：“1930年春，軍閥王冠軍陷聊城，劫取宋元珍本八大箱……尚有一部分被其部下劫取，流傳民間……這年夏天，琉璃廠書業崇文齋主人孫瑞卿，由北京返里探親，乘火車至德縣打尖（即途中吃便飯）。恰逢該處正當集市，喧鬧異常。孫氏步行遊逛，偶於舊貨攤上發現擺有古書一堆，無意中竟檢出一部稀世珍本宋刊《童蒙訓》兩册。孫喜出望外，即以廉價購入，致使珍本免遭於毁，孫氏興高采烈地攜書返回北京，得善價售歸北京圖書館。”1934年，北平圖書館從甲乙兩庫中精選古籍珍本六萬餘册，連同敦煌經卷、明清輿圖等，運往上海法租界倉庫保管。後因抗戰局勢惡化，經駐美大使胡適協助，將存滬善本三萬册近三千種，於1941年秋分爲三批秘密運送到美國國會圖書館寄存。1965年11月，這批善本運到臺灣“中央圖書館”暫存，1986年，移交臺博保存。此本即爲其中之一。《楹書隅録》卷三、《藏園羣書經眼録》卷七、《中國善本書提要》《北平圖書館善本書目》《文録堂書影》、臺灣《“中央圖書館”善本書目》皆著録，《原國立北平圖書館甲庫善本叢書》所收爲此本影印本。

① 轉引自劉九庵：《吴門畫家之别號圖及鑒别舉例》，《故宫博物院院刊》1990年第3期。

參考文獻：

雷夢水：《海源閣珍本的散失》，《書林瑣記》，人民日報出版社，1988 年。

潘偉娜：《一部側重倫理道德教化的童蒙課本——呂本中〈童蒙訓〉考析》，《四川大學學報》2004 年增刊。

栗品孝：《呂本中〈童蒙訓〉考索二題》，何忠禮編：《南宋史及南宋都城臨安研究》，人民出版社，2009 年。

十五、履齋示兒編二十三卷

宋孫奕撰。元劉氏學禮堂刻本，十二册，間有抄配。卷首有開禧元年孫奕新刊履齋示兒編叙，次有目録，目録末有牌記曰“《示兒》一編，孫先生之惠後學者渥矣。辯經傳之同異，核文辞之是非。詩之評，字之正，人物之綺談，奇聞奥旨，靡所不載。歲月弥深，散亂磨滅，學者病之。本堂重加訂正，以寿諸梓，篤意義方者毋惜家置一通。癸未月正元日晚學盧陵胡楷子式誌”。卷二十首題下鎸陰文刻書牌記“劉氏學禮堂刊”。首卷首行頂格題“新刊履齋示兒編卷之一”，次行低四格題“廬陵鄉先生孫奕季昭撰”，其中卷十四、十五、二十卷端下題“廬陵禮津孫奕季昭編”，第三行低一格類題“總説”，第四行低四格題篇名“經傳引古”，第五行正文頂格。其内容爲：卷一總説，卷二至六經説，卷七至九文説，卷九、十詩説（卷九含文説、詩説），卷十一至十三正誤，卷十四至十七雜記，卷十八至二十三字説。15.1×10.5 厘米，十行十九字，左右雙邊，細黑口，雙魚尾。上魚尾上題字數，下題“示兒幾”，下魚尾上題葉次，下亦間題字數。宋諱“恒”“貞”“桓”“慎”“廣”等缺筆。鈐有“笠澤漁隱”“韓彧”“士賢”“潛叟”“遯卦”“韓印書籍”“易軒圖書”“檇李蔣石林藏書畫印記”“蔣氏家藏”“錢氏家藏子子孫孫永保用”“錢氏敬先”“存誠齋”“曹溶私印”“潔躬”“陸川釣叟”“平陽汪氏藏書印”“閬源父”“士鐘”“海源閣”“楊氏海源閣鑒藏印”“四經四史之齋”“宋存書室”“楊東樵讀過”“楊紹和鑒定”“東郡楊紹和印”“楊氏彦合”“彦合”“紹和彦合”“紹和筑岩”“楊承訓印”“聊城楊承訓鑒藏書畫印”“海源殘閣”“三徑藏書”“祁陽陳澄中藏書記”等藏印，錢之翹、錢敬先、曹溶、汪士鐘、海源閣、陳清華舊藏。國圖(09609)。

孫奕，字季昭，號履齋。廬陵（今江西吉安）人。生卒年及仕履不詳。元蘇天爵《滋溪文稿》卷二十九收《書周益公答孫季昭帖》《題孫季昭上周益公請改修〈三國志〉書稿》二篇，分别載有“右宋少傅周益公答解元孫季昭帖”及“宋鄉貢進士廬陵孫季昭三上書益國周公，請改修《三國史志》，以正漢統，益公時已年老”云云。周公即周必大，孫奕與必大有過從，當爲同時人。因知孫奕當於宋光宗、寧宗朝在世，寧宗時進士。此書乃孫奕爲子孫而作，成於宋開禧元年（1205），其卷首自序稱：“余之少也，猶不如人，今老矣，所望者惟子與孫。然懶惰無匹，聞學褊隘，上不能進之於聖賢之域，下不能引之於利禄之塗，公以平生之末學者示之，是亦使之知學之意也……於是，考評經传，漁獵訓詁，以立總説、經説、文説、詩説、正誤、雜記、字説凡七條，大抵論焉而不盡，盡焉而不確，非敢以污當代英明之眼，姑以示之子孫耳，故名曰《示兒編》。”關於此本之學術價值，彭元瑞跋明雪晴齋抄本頗爲中肯，曰：“是書説經多尚新解，説詩文多科舉之學，獨於六書最深，采摭極博，多根柢於許氏《説文》、陸氏《釋文》，故援據頗正。”該書對字詞訓釋亦有獨到之處。《示兒編》還廣泛徵引文獻，有些至今已經不存，獨賴此以傳。如林之奇《羣經辨惑》、林坰《賦文精義》、張舜民《年曆辨誤》等，歷代目録罕見著録，可補《宋志》之缺。此外，亦記録了宋代習俗制度和遺聞軼事，對於瞭解宋代社會風貌大有裨益。當然，此書亦有穿鑿附會、徵引史料偶有疏忽、技法及釋注强辯等，然瑕不掩瑜。

宋趙希弁《郡齋讀書志附志·雜説類》著録“《示兒編》前後集二十四卷，右孫奕季昭所編也。蘇大章諸人題于後”。但今未見二十四卷本傳世。此本爲二十三卷，據此本牌記，實爲胡楷重編本。從孫奕自序所述序次與現存胡楷重編本之序次相同來看，變化當不大。《宋史·藝文志》著録此書，但不言卷數，未知何種本。至於整理時間，胡楷題署“癸未”，未言何年，姑存爭議。貝墉爲鮑氏《知不足叢書》本題序時云“嘉定癸未”，《儀顧堂續跋》卷十亦持此見，《楹書隅録》卷三著録此本時題同。然周中孚《鄭堂讀書記》卷五十六著録《知不足叢書》本時曰：“今世所存皆其鄉人胡子式（楷）重加訂正之本……衹稱癸未，不繫年號，當屬元至元二十年。”考《江西通志》淳熙四年丁酉（1177）

解試名單中有廬陵胡楷其人，故胡楷當爲南宋中晚期人，“癸未”即南宋寧宗嘉定十六年（1223）當不應有疑。據胡楷所題“壽諸梓”云云，當是刊印過此書，尚不能確定（見下）。

關於此二十三卷本之版本，古人多著録爲宋本。《藝芸書舍宋元本書目》著録爲宋本。顧廣圻以爲宋刻本，跋曰：“右宋劉氏學禮堂刊本，己卯十月閬源汪君見示，且云錢遵王記字説闕文六條，似與此本不全合。予按：姚舜咨所鈔空六行，蓋錢本亦然。核之此本，乃復衍三行又太半行，因鈔者始改每條跳行，故爲六行也。又因其復衍而不復寫入，故爲闕文也。鈔本通部行款與刻差殊，非獨明潘方凱板不循舊格，遵王既未見此刻，宜所言之不諦矣。向在辛未歲，鮑以翁開雕是書，爲予據姚鈔所校。今乃獲重讀一過，訂正如此類者實多，惜以翁久游道山，弗及再加商榷也。思適居士顧廣圻千里甫書於楓江僦舍。”（據《楹書隅録》卷三，此跋書於另紙，未經裝入册中）并於清嘉慶間鮑廷博刻《知不足齋叢書》時附刊其《示兒編復校宋本條録》云：“第二十卷題‘劉氏學禮堂刊’即胡楷所謂本堂者也。”《楹書隅録》卷三沿其説，認爲胡楷題記之“癸未”爲宋嘉定十六年，其卷三著録“宋本新刊《履齋示兒編》二十三卷十二册二函”，并曰：“錢遵王《讀書敏求記》所載，乃明潘方凱刻本。鮑渌飲知不足齋校刊者，亦祇據姚舜咨鈔本，皆未嘗獲見宋槧，則此本之流傳世間，固絕無僅有者矣。首載開禧元祀孫奕自序，目録後有牌記云……癸未乃嘉定之十有六年也。”其後葉德輝《書林清話》卷三“宋私宅家塾刻書”條亦著録爲宋刻。

然此本實爲元刻本。周叔弢在目驗此書後，其《楹書隅録》批校曰：“黄紙，精，澄中，疑是元刊，顧跋。”“黄紙，小版心，黑綫口，左右雙邊，下間有字數，孫奕序半頁六行，行楷。此書疑是元本，江西刻。”王文進亦曾經眼此書，《文録堂訪書記》卷三著録是本，題“元江西刻本”。但以上兩家并未言其鑒定依據。今研此本，定爲元槧實有其據。其一，避諱未改盡者。卷十七“學貴通古今”條曰“宋朝楊大年”，如是本朝所刻，當不應直稱。其他處則作“本朝”云云，顯然前者當爲未改盡者。卷二“七日來復”條“自遇而遯”之“遇”字，原字爲“姤”，乃避宋高宗趙構嫌名，此處未改過。其他未改過者，如“恒”“貞”“桓”“慎”“廣”等字亦缺末筆，故使人誤以爲宋槧。其二，卷十

四、十五、二十卷端下題“盧陵禮津孫奕季昭編”，較他卷所題“盧陵鄉先生孫奕季昭撰”，顯爲孫奕自稱。兩種題法，可見原本痕蹟猶存，亦證是書曾有宋刊，原宋槧或爲二十四卷本。其三，胡楷題記有所篡改。今國圖存一明雪晴齋抄本，開首亦有開禧元年自序，目後胡楷題記與此本有異。此本“學者病之”以下抄本作“余復加訂正，手自謄録，以傳諸後，篤意義方者毋惜家鈔一通。癸未正月元日，晚學盧陵胡楷子式誌”。瞿冕良《版刻質疑》云：“兩相對照，則此‘癸未’乃胡楷校訂謄録後附記之年代（胡氏後來有無付梓，姑置勿論），學禮堂篡改了胡氏原語，變‘訂正謄録’爲‘壽諸梓’，變‘家抄一通’爲‘家置一通’，書名又冠以‘新刊’字樣，其餘照舊，昧者不察，遂得以假亂真。夫既稱‘劉氏學禮堂’，胡楷何得僭稱‘本堂……’云云，蓋書坊作僞，馬脚自露，故北圖書目不以‘癸未’爲學禮堂刻書年號，寧缺毋濫也。惟《文録堂訪書記》稱此書爲江西刻本，不知所據，豈認爲劉氏學禮堂必然與胡楷同里，抑臆測估計爲盧陵左近之江西地區乎？”① 故而，此爲元刻本當不應有疑。祇是元本所據之本是否爲胡楷所刻，未敢妄下結論，因胡楷原題記未言刊梓之事。《中國古籍善本書目》《北京圖書館古籍善本書目》《祁陽陳澄中舊藏善本古籍圖録》《名録—》均著録爲元劉氏學禮堂刻本。《北京圖書館古籍珍本叢刊》和《中華再造善本》均收録是本。

《示兒編》除有元槧外，尚有：一，明雪晴抄齋綿紙藍格本，彭元瑞藏并跋，胡楷跋與元本稍異，今藏國圖。此本版本價值較高，《藏書群書經眼録》卷九著録。二，明滎陽潘膺祉如韋館刊本，前有開禧元年自序，又有李維楨題辭，潘膺祉跋失之。傅增湘舊藏，《藏園群書題記》卷八著録，於考諸本及此本頗詳，曰：“宋盧陵孫奕撰，《郡齋讀書志附志》録爲前後二十四卷，今存二十三卷，蓋由其鄉人胡楷重訂，又失去蘇大章諸人題記也。此明滎陽潘膺祉校刊本，九行十八字，前有開禧紀元自序，又李維楨題辭，其後尚有膺祉跋，此本失之。按錢氏《讀書敏求記》言，潘刻差殊甚多，然鮑渌飲重刊時，已言其不易得，則傳本之罕覯可知。潘氏付刻時，所據爲焦太史家抄本。李本寧題辭言，焦氏初

---

① 《版刻質疑》，齊魯書社，1987 年，第 37 頁。

意欲與《寓簡》《珩璜新論》《洞天清禄集》《畫鑒》《石譜》《品茶録》《酒經》匯刻之，名爲《宋雋》，其後友人衹刻畫、石、茶、酒四種，而遺此書，潘氏乃獨取授梓，其卓識洵高出流輩矣。季昭此書，於經説、字説及詩文訛舛考證翔核，實事求是，豈茶酒遣興之作所可比倫耶！潘氏刻書尚有《墨評》《硯箋》二種，《墨評》爲清宫所藏，《硯箋》則余有之，其末皆題'如韋館藏版'一行，與此書正同，其人蓋媚古嗜學之流，梨棗所傳，或尚不止是也。抑觀本寧之識此書，有言曰：'後生承學，不崇六經而好處士横議；不行正史，而拾稗官野譚；不考古文，而沿流俗惡札；不務大雅，而喜吊詭偏見；所謂小兒强作解事語，比比皆然。'余誦此言，而觀於今世學術之變遷，其係於人心風俗者良深且鉅，嗚呼！可不懼哉。又考是書宋時有劉氏學禮堂刻本，藏汪氏藝芸書舍。顧千里爲鮑氏覆刻時，衹據姚舜咨鈔本校訂，洎鮑氏身後，乃得見宋本，故千里又覆校之，條録百餘則，附諸卷後。昔年曾於廠市觀千里手勘宋本原帙，因臨寫於鮑刻上，其異文仍有出覆校之外者，暇日當别爲文記之，此不復贅焉。甲戌六月初六日，藏園老人識。"三，四庫全書本，其底本爲紀昀家藏本，校以他本，文字多有不同。四，鮑廷博《知不足齋叢書》本，收録爲第二十五集。九行十八字，前有叢書序，次有嘉慶十五年（1810）捐資者貝墉重刊序，卷末依次有胡楷題識、明潘膺祉跋、嘉慶十六年顧廣圻重校補叙、鮑廷博附識、顧廣圻覆校宋本條録、乾隆六十年（1795）盧文弨跋、嘉慶五年顧廣圻跋、鮑廷博嘉慶十六年跋等。此本以明潘氏本爲底本，同時參校姚舜咨鈔本及元劉氏學禮堂本，又有盧文弨、孫志祖、徐鯤、錢馥等校讎，故此本後出轉精，訛誤最少。清光緒八年（1882）嶺南芸林仙館據之覆刻，民國九年（1921）上海古書流通處、1949年蘇州振新書社據之影印。静嘉堂文庫藏本實亦爲此本，然嚴紹璗《日藏漢籍善本書録》誤作宋刻本，《静嘉堂文庫漢籍分類目録》《静嘉堂文庫宋元版圖録》均未著録。《叢書集成初編》排印本即據此而出。五，2011年5月26日天津立達春季古籍拍賣曾拍賣一抄本，八册，竹紙，綫裝，25.2×17.3厘米，毛太紙抄寫，紙質細薄匀淨，館閣體楷書字蹟工整美觀，筆劃錯落有致，一絲不苟，間有朱筆校改。鈐印"雲浦藏書""鞠園藏書""溫陵曾氏藏書""溫陵張氏藏書"等。六，國圖藏抄本（8227），有顧廣圻跋，鈐印"包子莊藏印”“陳貞蓮書畫記印”“思進齋印”等。以上明、清時期流傳各本，或直接或間接以元本爲底本刊刻、傳抄。而以鮑氏《知不足齋叢書本》校勘最爲精審，元劉氏學禮堂本雖有訛誤，然刊印最古，故其版本價值最高。

此本最早可考之收藏者爲明末清初蔣之翹。《嘉興府志》云：“秀水蔣之翹，字楚墀，家貧，好藏書。明末，避盜村居，收羅名人遺集數十種，選有《甲申前後集》。又嘗重纂《晋書》，校注昌黎、河東《集》。”《明詩綜・小傳》云：“蔣之翹，秀水布衣，甲申後隱於市。”《静志居詩話》云：“楚墀居射襄城，《楚詞》《晋書》《韓柳文集》鏤板以行。又嘗緝《檇李詩乘》四十卷。晚年無子，書籍散佚無餘，詩乘亦亡，可歎也。”《皕宋樓藏書志》云：“《九靈山房集》有跋曰：‘我里蔣之翹隱塵市間，有藏書之癖，虞山錢宗伯編《國朝詩集》，嘗就其家借書。此卷首甲乙題字，宗伯蹟也。壬戌上元前二日，鋤菜翁記。’”《藏書紀事詩》有詩云：“獨從地老天荒後，收拾遺文比碎瓊。海内羽陵錢蒙叟，一瓻猶到射襄城。”《海鹽張氏涉園藏書目録》著録“《蔣石林先生遺詩》三卷，清秀水蔣之翹楚墀撰，清光緒二十二年刻本”。錢敬先，生卒不詳，今北大圖書館所藏海源閣舊藏宋刻本《孟東野詩集》亦鈐有“錢氏敬先”“錢氏家藏子子孫孫永寶用”“存誠齋”三印。此後歷經曹溶、汪士鐘遞藏，後爲楊以增所收，至楊敬夫時散出，爲陳清華購得，1949年後轉歸北京圖書館。

參考文獻：

侯體健：《〈履齋示兒編〉的學術得失與版本流傳考略》，《圖書館雜誌》2011年第8期。

趙偉含：《〈履齋示兒編〉考述》，《哈爾濱學院學報》2010年第5期。

十六、山海經十八卷

晋郭璞注。宋淳熙七年（1180）池陽郡齋刻本，三册。首有郭璞序，不具姓名及年月，次爲目録，首行頂格題“山海經目摠十八卷”，下接小字雙行經注字數“本三萬九百十九字　注二萬三百□十字，摠五萬一千二百六十九字”，目録正文低三格題“南山經第一”，下接小字雙行經注字數“本三千五百四十七字　注二千一百七字”，以下順接，至末卷第十八卷小字雙行曰：“本一千一百十一字，注九百六十七字。此海内經，反大荒經本皆逸在外”；次接劉秀上進書表，卷末脱去尤袤刊跋。首卷首行頂格題“南山經第一”，下空七格題“郭氏傳”，次行頂格連屬正文。21.2×14.3厘米，十行二十一至二十三字，小字雙行字數同，左右雙邊，白口，單魚尾。魚尾上題字數，下題“山海經上（或中、下）”，下題葉次及刻工姓名。每册通計葉數，不以卷爲起訖，首册共爲首三卷，第二册爲第四至七卷，第七至十八卷爲第三册。刻工有劉（刘）彦中、张拱、劉（刘）用、金大有、曹侃、李彦、劉（刘）仲、劉（刘）文、葉正、王明、盛彦、曹佾、唐彬等。宋諱缺筆至“慎”字。鈐印“宋本”“汪士鐘曾讀”“海源閣”“宋存書室珍藏”“宋存書室”“東郡宋存書室珍藏”“東郡楊氏宋存書室珍藏”“以增私印”“關西節度系關西”“世德雀環，子孫潔白”“楊以增字益之又字至堂晚號冬樵行弌”“墓田丙舍退思廬考記”“楊紹和”“彦合”“楊二協卿”“楊氏仲子”“楊彦合讀書印”“彦合珍存”“東郡楊紹和字彦合藏書之印”“東郡楊二”“協卿讀過”“紹龢”“協卿”“紹和筑岩”“楊紹和鑒定”“周暹”等，汪士鐘、海源閣、周叔弢舊藏。國圖（8272）。《名録一》（00778）。

《山海經》是先秦重要古籍，内容主要是民間神話傳説中的地理知識、風俗等，包括山川、民族、物產、藥物、祭祀、巫醫等，保存了諸如夸父追日、女媧補天、精衛填海、大禹治水等遠古神話傳説和寓言故事，對研究中國古代歷史、地理、文化、中外交通、民俗、神話等均有參考。該書作者不詳，非一時一人之作。其書名，最早見於司馬遷《史記·大宛傳》："至《禹本紀》《山海經》所有怪物，余不敢言也。"漢哀帝建平元年（前6）劉歆（丁案：劉歆，劉向之子，後改名爲劉秀）曾整理是書，并上奏文："侍中奉車都尉光禄大夫臣秀領校、祕書言校、祕書太常屬臣望所校《山海經》凡三十二篇，今定爲一十八篇，已定。《山海經》者，出於唐虞之際……禹别九州，任土作貢，而益等類物善惡，著《山海經》，皆聖賢之遺事，古文之著明者也。"（見此本卷首劉秀上《進書表》）東漢班固據劉向、劉歆父子所編《七略》而成的《漢書·藝文志》術數略之形法類載"《山海經》十三篇"。至晋代，郭璞（276—324）曾對《山海經》進行了整理并作註釋。璞字景純，河東聞喜（今屬山西）人。好經術，博學高才，詞賦詩章稱著一時，又好古文奇字，精於陰陽之學。著有圖籍多種，《山海經》便是其中之一。郭注此經，隋唐史志著録或作二十三卷，或作十八卷。自宋以後均爲十八卷本，《四庫提要》以爲"後人併其卷帙，以就劉秀奏中一十八篇之數，非闕佚也"。此説可信，如尤袤所集雖爲十八卷，已非劉歆古本，見下考證。關於卷數之演化，可參見清乾隆四十六年（1781）畢沅《山海經古今本篇目考》（見《山海經新校正》卷首）、日本學者小川琢治《山海經篇目考》① 及今人金榮權的《〈山海經〉的流傳和古本考評》等。

《直齋書録解題》卷八著録《山海經》十八卷，曰："今本錫山尤袤延之校定。"清初尚流傳一部由尤袤校定的宋刻本，毛扆曾借校明刻本（今藏國圖）。原宋刻係"尤延之校刊者"，有尤袤跋，毛扆影録於校本上。又毛扆跋校宋本曰"（尤刻宋本）板心分上中下"，與此本同，或爲同刻。尤袤跋曰："……是書所載，自開闢數千萬年，遐方異域不可結知之事，蓋自《禹貢》《職方氏》之外，其辨山川草木鳥獸所出，莫備於此書。又秦漢學者多引《山海經》，兹固益可信。古書得存於今如是者鮮矣，則豈不可貴且重乎？始予得京都舊印本三卷頗踈略，继得《道

① 江俠庵編譯：《先秦經籍考》，上海文藝出版社，1990年。

藏》本《南山》《東山》經各自爲一卷，《西山》《北山》各分爲上下兩卷，《中山》爲上中下三卷，別以《中山》《東》《北》爲一卷，《海外南》、《海外東》《北》、《海内西》《南》、《海内東》《北》、《大荒東》《南》、《大荒西》、《大荒北》、《海内經》揔爲十八卷。雖編簡號爲均一，而篇目錯亂不齊。晚得劉歆所定書，其南、西、北、東及中山，號五藏經，爲五篇，其文最多。《海内》《海外》《大荒》三經南西北東各一篇，并《海内經》一篇，亦揔十八篇。多者十餘簡，少者三二簡。雖若卷帙不均，而篇次整比最古，遂爲定本。予自紹興辛未至今□三十年，所見無慮十數本。参校得失，於是稍無舛訛，可繕寫。其卷後或題'建平元年四月丙戌待詔太常屬臣望、校治侍中光禄勳臣龔侍中、奉車都尉光禄大夫臣秀領主省'。建平實漢哀帝年號。是歲劉歆以欲應圖讖，始改名秀。而龔則王龔也。哀帝時期，臣有兩名望者，一則丁望，一則蟜望，而此疑爲丁望云。淳熙庚子仲春八日，梁谿尤袤題。"據此跋，當時流傳至少有兩個十八卷本，并刊梓行世：一《道藏》本；二劉歆校定古本，但兩本或篇簡錯亂，或僅有數簡，卷帙不一。有鑑於此，尤袤將這兩本合成爲一個新的十八卷本。今本不見尤袤跋，蓋已佚去。據吴洪澤《尤袤年譜》，淳熙六年，尤袤任江南東路提舉，八年四月，除江南西路轉運判官，七月，直秘閣。江南東路之池州，亦稱池陽郡，治貴池（今屬安徽）。尤袤在此地於淳熙八年曾刻《文選》。貴池在蕭梁時實爲昭明太子封邑，其地有昭明廟，"廟有文選閣，宏麗壯偉，而獨無是書之板，蓋缺典也，往歲邦人嘗欲募衆力爲之不成"（見淳熙八年尤袤刻《文選》卷末尤袤跋），尤袤於是"以俸餘鋟木，會池陽袁史君助其費，郡文學周之綱督其役，踰年乃克成。既摹本藏之閣上，以其板置之學宫，以慰邦人所以尊事昭明之意"。袁史君即袁説友，其於淳熙六年知池州，下車伊始，得聞"倉使尤公方議鋟《文選》板以實故事"，"乃相與規度費出，閲一歲有半而後成"（見淳熙八年尤袤刻《文選》卷末袁説友跋）。而尤袤校定《山海經》與刊印《文選》僅差一年，且兩本刻工多同，兩書當即同爲尤袤刻於池陽郡齋者。《中國版刻圖録》題"宋淳熙七年池陽郡齋刻本"，曰："刻工金大有、曹侃、李彦、劉仲、葉正、劉文等，又刻尤本《文選》。《文選》刻於淳熙八年，與此書年份正相銜接。《文選》補版工人劉彦中、劉用、王明、盛彦、曹脩、唐彬等，均見此書。

此本字畫多經後人描失，今已無從辨認，世無二帙，此爲本書傳世最早刊本。”又此本闕筆之“慎”字，而“敦”字不避，亦可證刻於孝宗淳熙之時，恰與尤袤任職江南東路提舉時間相符。可惜此本在流傳過程中，有些字已脱落或模糊，後人有所補寫。王玉良跋《古逸叢書三編》本曰：“令人遺憾的是此本有些字已被後人墨筆描畫過，原版補版已難辨析。并且有個別損字情况，如卷首目録之下字數‘本三萬九百十九字，注二萬三百□十字，揔五萬一千二百六十九字’。□處闕一‘五’字。”

此本爲僅存孤本，故價值頗高。《楹書隅録》卷三著録曰：“無序文年月可稽，而以板式度之，當是南宋初刻本。‘慎’字缺筆。按《直齋書録解題》云：‘山海經十八卷，錫山尤袤延之校定。’張氏《藏書續志》載毛斧季校宋淳熙庚子尤袤本，延之《題語》云：‘予得劉歆所定書，其南、西、北、東及中山，號五藏經，爲五篇，其文最多；海內、海外、大荒三經，南、西、北、東各一篇；并《海内經》一篇，總十八篇。多者十餘簡，少者三二簡。雖若卷帙不均，而篇次整比最古，遂爲定本，參校得失，稍無舛訛。卷後或題“建平元年四月丙戌，待詔太常屬臣望校治，侍中光禄勳臣龔、侍中奉車都尉光禄大夫臣秀領主省。’又斧季跋云：‘板心分上中下。’證之此本，一一相合，是即延之所校刻、《直齋》所著録者，特卷末脱失《題語》耳。在今日爲最古之本矣。是書校讎極難，古本又鮮，似此誠不多覯也。”楊紹和對此版本及其價值的判定，非常精闢。《古逸叢書三編》收録時（王玉良跋），據毛扆校本補入尤袤刊跋。《中華再造善本》收録，張燕嬰撰《提要》。

此外，宋代還有一部《道藏》本，爲尤袤校刊時所參，今已不存。至明正統《道藏》收録本爲重編本，已缺其中兩卷，但此本被公認爲佳本，清畢沅、郝懿行注本多依此本。但正統《道藏》本并非出自宋《道藏》本，而是出於南宋館閣藏本，即《中興書目》著録本，此本十八卷二十三篇，每卷有郭璞《讚》，與正統本相合。正統本雖失之校勘，亦有殘缺，但與尤袤本分屬於兩個系統的本子，兩本對校，其篇目卷數分合各不相同，并且異文頗多，極具校勘價值。如尤袤本卷上第八葉上半葉第七行“一壁”，《道藏》本作“一壁”。卷上第十葉後半葉末行“東五百里曰禱過之山，其狀多金玉”，“狀”字，《道藏》本“上”。卷中第六葉“東次三經”首行“凡十九山”，《道藏》本無“十”字，等等。據張春生《評〈正統道藏〉本〈山海經〉》考校，《道藏》本要優於尤袤本。

此書至元代尚有刻本，原本未保存下來，明成化元年（1465）吴寬據之抄録一本。吴抄本，今存國圖，十八卷，行書，半葉九行，行二十二字，無標點，無行格。注文小字雙行。抄紙爲上等宣紙，四册。書衣有朱記“府用藏書”。首爲郭璞序，序後有五行題記云：“予平生好覽奇書，近求到士大夫家藏郭璞注《山海經》，命高手工匠刻梓印行，庶與四方博學君子共游之。時至元癸巳溪山道人田紫芝英淑（?）謹志。”可見，此本當據元至元三十年（1293）田氏刻本抄出。卷末有吴寬題記云：“是書予手録，始於成化乙酉十二月一日，畢於明年正月六日。元本得之方菴先生，先生蓋從内閣録出云。”據“從内閣録出”可知，是本或與《道藏》本屬於同一系統，又可補其所缺兩卷。此本鈐印“吴氏”“原博”“叢書堂印”“戴芝農藏書印”“戴芝農收藏書畫印”“培之”“以增之印”“四經四史之齋”“周暹”諸印，可知原爲吴寬舊藏，後傳清中葉福建藏書家戴成芬（芝農），最後歸入海源閣，1931年前，周叔弢購自楊敬夫，今藏國圖。《楹書隅録》卷三著録曰：“楷法精雅，古香襲人，洵是匏翁手迹無疑，珍之珍之。”《自莊嚴堪善本書目》著録，周叔弢批註《楹書隅録》曰“白綿紙，半頁九行，廿二字，抄本書中上乘”。所録元本，自刊印時間上，僅次於宋本，成爲海源閣收藏《山海經》“雙璧”，也是該書存世的兩個僅有本子，於校勘其他傳世諸本有很大價值。《天禄琳琅書目》卷五著録一部元本，已毁於火。

有明一代，計有明正統十年（1445）刻《道藏》本①、明成化四年北京國子監祭酒邢讓刻本（《四部叢刊初編》）、明成化六年刊本（上海涵芬樓影印本）、明嘉靖十三年（1534）黄省曾刻本、明嘉靖十五年潘侃前山書屋刻本、明萬曆十三年（1585）吴琯刻《古今逸史》本（據黄省曾本重刻）、明藩朱謀刻本（以吴琯本爲底本，以宋本、黄本爲校本，惠棟校、黄丕烈校、周叔弢校、邵恩多校）、明末汲古閣刻本等，此外，

① 原缺第十四、十五兩卷，1923—1926年上海涵芬樓影印《道藏》本，1987年文物出版社影印。

尚有毛扆據宋本校跋的明刻本。其中前山書屋刻本據尤袤刻本重刻。至清，有康熙五十三年（1714）至五十四年項絪群玉書堂刻本（王念孫校、何焯校），清乾隆年間黄晟槐蔭草堂刻本，清孫星衍校蔣知讓跋乾隆間刻畢沅新校正本等。而清末民初輯入《山海經》的叢書有《二十二子》《二十五子彙函》《百子全書》《子書三十六種》《秘書廿一種》《四部備要》等。《四庫全書》收録本爲清吴任臣《山海經廣注》十八卷。清代校注本較佳者爲清畢沅《山海經新校正》和郝懿行《山海經箋疏》。當代較好的校注本爲袁珂《山海經校注》增補修訂本，巴蜀書社 1993 年版，該本將宋本、道藏本、毛扆校宋本、吴寬抄本、吴琯本、康熙群玉堂本、槐蔭草堂本列入所據版本，惜卷末附録部分失載尤袤校刊跋。

清初流傳的尤袤刻本，從毛扆跋校宋本中可見其流傳原委，毛扆跋曰："《山海經》向無善本。於泰興季氏見宋刻三册，係尤延之校刊者，檇李項氏故物也。有文三橋跋。滄葦没，其書散爲雲烟，後聞歸於崑山徐氏，無由得見。近爲郡友所購，隨與借校。板心分上中下，其尤序跋文亦影寫之，行數葉數皆鈎以識之。他日從此録出，亦可稱善本矣。乙酉季春毛扆識。"校宋本今藏國圖，與毛扆所叙全同。可見原尤刻宋本爲明檇李項氏故物，有文彭跋，入清歸季振宜、徐乾學，《延令宋板書目》著録"山海經上中下三卷，三本，尤袤跋"，當即此本。此後，又流入毛扆"郡友"手中。毛扆又謂原宋本"板心分上中下"，今驗之此汪氏、楊氏舊藏本，全合。又《藝芸書舍宋元本書目》子部異聞類著録"《山海經》三卷，總目十八卷"，當即此本，"三卷"者當按葉次爲三册單位著録，此與季氏所記同。從《延令宋板書目》、毛扆跋至《藝芸書舍宋元本書目》所記，均爲三册，亦同今存册數。數百年來，册數一直未變。抑或毛扆所見當即此本耶？衹是卷末尤袤跋佚去而已。楊以增於咸豐元年（1851）得於袁江，《楹書隅録》卷三著録曰："咸豐辛亥得於袁江，舊册已殘敝，因重加裝池，并椷以外函。"1934 年 8 月，周叔弢購自楊敬夫，《自莊嚴堪善本書目》著録，1952 年，周叔弢將其捐獻於北圖。

参考文獻：

張春生：《評〈正統道藏〉本〈山海經〉》，《宗教學研究》1990 年第

2 期。

金榮權：《〈山海經〉的流傳和重要古本考評》，《安慶師院社會科學學報》1996 年第 4 期。

張步天：《簡論〈山海經〉吴寬抄本》，《湖南城市學院學報》2008 年第 2 期。

張步天：《〈山海經〉古籍版本考察》，《福建師大福清分校學報》2013 年第 3 期。

十七、南華真經十卷

晋郭象注，唐陸德明音義。宋刻本，十册。天頭、地脚及卷中均有宋人朱墨批校，多注反切或直音。卷首有南華真經序，署“河南郭象字子玄撰”。首卷首行頂格題“南華真經卷第一”，次行頂格題“莊子內篇逍遙遊第一”，下空一格題“郭象注”，下接小字雙行注文至次行，第四行頂格連屬正文。20.7×14.8厘米，十行十五字，小字雙行三十字，左右雙邊，白口，單魚尾。魚尾下題“莊子幾”，下題葉次及刻工姓名。刻工有俞邦、趙褒、鄧亮、吴友成、詹元、張彤、許和、余中、宋琳、傅忠、陳祐、江漢、周显、張雅、張行、孫奇、王厚、吴成、連立、伍七、趙八等。宋諱缺筆至“構”字，“慎”字或避作“順”，或不避。鈐印“擔菴”“開卷一樂”“汪士鐘印”“三十五峰園主人收藏”“三十五峰園主人”“宋本”“功甫借觀”“楊氏海原閣鑑藏印”“宋存書室”“楊以增印”“至堂”“世德雀環，子孫潔白”“東郡楊氏宋存書室珍藏”“楊紹和”“紹和筑岩”“協卿”“楊紹和印”“彦合珍玩”“彦合珍存”“東郡楊二”“楊氏協卿平生真賞”“楊保彝印”“周暹”等，汪士鐘、海源閣、周叔弢舊藏。國圖（8350）。《名録一》（00991）。

《南華真經》即《莊子》，《漢書・藝文志》載有五十二篇。魏晋時期，玄學盛行，《周易》《老子》《莊子》被稱爲“三玄”，爲之作注者多達數十家，據陸德明《經典釋文》載，晋司馬彪、孟氏等所注本仍爲五十二篇，崔譔注本二十七篇，向秀注二十六篇，李頤集解三十篇。現存《莊子》三十三篇，計內篇七、外篇十五、雜篇十一，是晋郭象作注時編定的。郭象（？—312），字子玄，洛陽（今河南洛陽）人。少有才理，好老莊，能清言。《晋書》載有本傳。

關於郭注，儘管有學者懷疑郭象剽竊向秀，但整體看來，郭注當在前人基礎上，雖有所采用或刪削，實已形成自己的思想體系，以玄學思想注解《莊子》，開創了解莊範例。《四庫提要》卷一百四十六《莊子注》曰："劉義慶《世説新語》曰：'注《莊子》者數十家，莫能究其旨統。向秀於舊註外，別爲解義，妙演奇致，大暢元（丁案：避玄字）風，惟《秋水》《至樂》二篇未竟，而秀卒。秀子幼，其義零落，然頗有別本遷流。象爲人行薄，以秀義不傳於世，遂竊以爲己注。乃自注《秋水》《至樂》二篇，又易《馬蹄》一篇。其餘衆篇，或點定文句而已。其後秀義別本出，故今有向、郭二《莊》，其義一也。'《晋書》象本傳亦采是書文，絕無異語。錢曾《讀書敏求記》獨謂：'世代遼遠，傳聞異詞。《晋書》云云，恐未必信。'案向秀之注，陳振孫稱宋代已不傳，但時見陸氏《釋文》。今以《釋文》所載校之：如《逍遥遊》'有蓬之心'句，《釋文》郭、向并引，絕不相同；《胠篋》篇'聖人不死、大盜不止'句，《釋文》引向注二十八字，又'爲之斗斛以量之'句，《釋文》引向注十六字，郭本皆無。然其餘皆互相出入。又張湛《列子》注中，凡文與《莊子》相同者，亦兼引向、郭二注。所載《達生》篇'痀僂丈人承蜩'一條，向注與郭一字不異。《應帝王》篇'神巫季咸'一章'皆棄而走'句，向、郭相同。'列子見之而心醉'句，向注曰'迷惑其道也'，'而又奚卵焉'句，向注六十二字，郭註皆無之。'故使人得而相汝'句，郭注多七字。'示之以地文'句，向注'塊然如土也'，郭注無之。'是殆見吾杜德機'句，'鄉吾示之以天壤'句，'名實不入'句，向、郭并同。'是殆見吾善者機也'句，向注多九字，'子之先生坐不齋'句，向注二十二字，郭注無之。'鄉吾示之以太沖莫勝'句，郭改其末句。'淵有九名、此處三焉'句，郭增其首十六字，尾五十一字。'鄉吾示之以未始出吾宗'句，'故逃也'句，'食豨如食人'句，向、郭并同。'於事無與親'以下，則并大同小異。是所謂竊據向書、點定文句者，殆非無證。又《秋水》篇'與道大蹇'句，《釋文》云：'蹇，向紀輦反。'則此篇向亦有注。併《世説》所云象自注《秋水》《至樂》二篇者，尚未必實録矣。錢曾乃曲爲之解何哉？考劉孝標《世説注》，引《逍遥遊》向、郭義各一條，今本無之。《讓王》篇，惟註三條；《漁父》篇，惟註一條；《盜跖》篇，惟註三十八字；《説劍》篇惟注七字。似不應簡畧至此，疑有所脱佚。又《列子》'生物者不生''化物者不化’二句，張湛注曰：‘《莊子》亦有此文’，併引向秀注一條。而今本《莊子》皆無之，是併正文亦有所遺漏。蓋其亡已久，今不可復考矣。”唐宗道教，據《舊唐書·玄宗本紀》載：天寶元年（742）二月丙申，制“莊子號爲南華真人，文子號爲通玄真人，列子號爲沖虛真人，庚桑子號爲洞虛真人。其四子所著書改爲真經”。至此，郭象注《莊子》始以《南華真經》之名流傳開來。唐成玄英曾爲之作疏三十卷，陸德明作音義三卷，今均有傳本。

據刻工、避諱等，此本當刊於南宋初湖北地區。周叔弢《楹書隅録》批注曰：“以字體審之，是南宋杭州仿北宋重雕者。”又云：“此非杭本，乃湖北本，刻工姓名與《建康實録》同，紙墨亦相近。”“此書無補版，紙印比《建康實録》爲佳。”《藏園羣書經眼録》卷十著録曰：“版心記刊工姓名，與鄂本《建康實録》有同者。書眉有南宋人批。”《中國版刻圖録》題刊地爲湖北地區，曰“眉端有宋人手寫校記。紙墨精瑩，無一補版”。《建康實録》爲宋紹興十八年（1148）荆湖北路安撫使司刻遞修本，“構”注“今上御名”，原版“慎”字不避，同此本，故知此本當亦刻於南宋初年。此本字體清秀，紙墨俱佳，實乃現存郭注《莊子》諸本中上乘之本。

此本有宋人朱墨批校，其文獻價值頗高。《楹書隅録》卷三著録曰：“南宋精刊，每卷用朱墨筆讎校，記於上方，頗極詳審，惜未署名。然紙色蒼潤，朱墨尤古樸，當是宋雕宋印，而經元明間人契勘者也……且校語中之張本、李本、崔本、文成本、江南本，今皆不傳，藉此猶得考見異同，以資參訂，彌足珍貴。”《古逸叢書三編》收録，王玉良跋曰：“這部書最爲可貴的是全書曾以多種現已不存的古本詳加校勘，行間眉上存有大量朱墨筆批注校點文字，似出二至三人之手。詳檢校語，其中樹、玄、慎字間有缺末筆者，可知趙萬里先生定爲宋人手校是確切的。校語中列有崔本、李本、張本、文成本、元嘉本、江南本、別本等難得資料，共達一百條有奇。兹舉開頭數例於下：一、《逍遥遊》篇：‘乘天地之正，而御六氣之辯’句上墨筆校曰：‘辯，變也。崔本作和’……《藏園群書經眼録》載有宋蜀中趙安仁刻《南華真經注》，按語稱：‘此本與世德堂本校勘，其異處與涵芬樓北宋本合。又世行本於《天運》篇中混入成玄英《疏》三十五字，“夫至樂者”至“太和萬物”。自宋末坊刻已然，而此本無之，是蜀刻源於古本審矣。’按檢這部湖北刻本，《天運》篇亦不衍上指成玄英疏三十五字，證明此本同樣源於古本。且全書經宋人以多種古本手校過，可謂除現存少量敦煌唐寫本外，此本乃是最古最有校勘價值的《莊子》版本了。”卷十《雜篇·列御寇》第三十二“順於兵，故行有求”句，天頭墨筆注曰“順或作慎”，“慎”字缺末筆。“北面而立，敦杖蹙之”句中敦字不避，而欄外墨筆批注曰“敦音頓”，敦字缺末筆，可知注於光宗之後。鈐有“擔菴”一印，楊保彝考曰：“擔菴印，宋趙師俠、元釋大圭皆有擔菴別號。師俠有《擔菴詞》。大圭‘擔菴’印見雪松《天目山詩》卷後題跋。此本篆法古秀，色紺而舊，與所見元印不類，或南宋人鈐也。”此印若爲南宋人，不知是否與手校者同一人。

將宋本《南華真經》上的校語，按版本分類輯出，發現校勘此宋本所明確提到的古本有九種，另有無名本和別本兩種，共一百三十三條，其中張本五十三條，江南本二十一條，崔本九條，成本七條，司馬本七條，劉本七條，李本四條，文本六條，元嘉本兩條，無名本十四條，別本一條。以採張本最多。這些校語還成爲“參訂”“考見”諸本“異同”的不可或缺的重要資料。焦竑《莊子翼·讀莊子》云：“《莊子》崔譔本語多不同，《逍遙遊》：‘瞽者無以與乎文章之觀，聾者無以與乎鐘鼓之聲’下有‘眇者無以與乎眉目之好，夫刖者不自爲假文屨’。‘夫齊物無物不然無物不可’下有‘可於可，而不可於不可，不可於不可，而可於可。’《大宗師》：‘乘東維，騎箕尾，而比於列星’下有‘其生無父母，死，登遐，三年而形遯，此言神之無能名者也’。”[①] 由於《莊子》自古以來傳本甚多，故各本存在差異，如焦竑所舉崔本比諸本多出的異文，無論對考證《莊子》版本抑或是研究《莊子》的思想等都提供了新的材料。在宋本《南華真經》所用的十餘個校本中，張本與宋本異處最多，在共五十三例異文中，張本增字三十三例，減字五例，倒文三例，字不同者十二例。但這并不能説明張本就不如宋本。如增字例，宋本《南華真經卷六·莊子外篇秋水第十七》：“垺，大之殷也，故異便”之“便”字後，天頭批校曰：“張有耳字。”即張本有“耳”字。北宋陳碧虛《莊

① （明）焦竑：《讀莊子》，《莊子翼》，文淵閣《四庫全書》本。

子闕誤·秋水》云“故異便耳。見張本，舊闕”，與此本批校合。宋本《南華真經卷十·莊子雜篇列御第三十二》：“古之人，天而不人”之“古之”二字後，天頭批校曰：“張文並有至字。”即張本、文本皆有“至”字。《莊子闕誤·列御寇》云：“古之至人，天而不人。見張、文本，舊闕”。減字例：宋本《南華真經卷六·莊子外篇繕性第十六》：“繕性於俗俗，學以求復其初”之“俗俗”二字，張本無下一“俗”字。《莊子闕誤·繕性》云：“繕性於俗，學以求復其初。見張本，舊作‘繕性於俗俗學以求復其初’”。倒文例：宋本《南華真經卷二·莊子內篇人間世第四》：“若殆往而刑耳”句，張本作“若往而殆刑耳”。《莊子闕誤·人間世》云“若往而殆刑耳。見張君房本，舊作‘若殆往而刑耳’”；字不同例：宋本《莊子·人間世》：“迷陽迷陽，無傷吾行。吾行郤曲，無傷吾足”之“吾行”兩字，張本作“郤曲”。《莊子闕誤·人間世》云：“郤曲郤曲。見張本，舊作‘吾行郤曲’。”這衹是從以上五十餘例中舉出六例，如果綜合這五十餘例之異處，無論從語法結構上，還是從字意連貫上，除少數例外，張本是要優於宋本的。再從《莊子闕誤》中依張本正舊本者達七十五處亦可證明這一觀點。由此看來，宋本和張本很可能不是出自同一個版本系統。另外，江南本不同於宋本者也有二十一處，與宋本非同源亦有可能。而元嘉本與宋本異處則衹有兩種，則極有可能是同一個系統。這是就張本和宋本比較而言，如果以宋本所引用的這九種本子進行比較，可“考見異同”者亦是很多。如在上述輯録中，張本與成本、文本相同處有四處，與李本相同處兩處，很可能這幾種本子在傳抄過程中互相借鑒對證過抑或有同源聯繫。而崔本、司馬本、劉本與張本、文本、成本及李本無一處相同。這説明，諸本在各自傳抄過程中變異頗大。如果再把南宋本和北宋陳碧虛《莊子闕誤》所稱“舊本”加以比勘，發現兩本竟然完全相同，這就説明南宋刻本實際上來源於北宋陳碧虛《莊子闕誤》所用的“舊本”。

正文中的句讀標點符號及其用法亦較有價值，如頓點號和小圓點號，前者即標示“句”，後者標示“讀”，如卷三《內篇·大宗師》“知人之所爲者、以其知之所知．以養其知之所不知．終其天年、而不中道夭者．是知之盛也”。直角號，貫於上下兩字之間，用於篇下的各章之間。貫欄橫綫號用於比章小的語言層次中，短豎綫號用於標注人名，小圈句號用於平上去入四聲發音，中圈句號用於校勘，置於直行文字右側的中部，與此行相對的欄上天頭有校記；或用於衍文、脱文。用斜綫標示插入。這些標點有的現在校勘時仍然使用，對標點的發展、完善與成熟起到重要作用[①]。

郭注《莊子》刊印頗夥，除此本外，僅宋槧存世者即有六種，其一，宋建陽刻十行十八字本。其二，宋刻十行十七字本，前本存首六卷，後本存末四卷，合爲一帙，今藏國圖（7596），原島田翰、田吴炤、涵芬樓舊藏。《涵芬樓燼餘書録》著録曰："（前六卷）審其字體，可定爲南宋建陽坊刻……（後四卷）蓋爲北宋早年刊本。至刻於何地，殊難臆定。"《藏園群書題記》卷十《宋蜀刻安仁趙諫議本南華真經注跋》亦曰"北宋本四卷，南宋本六卷"。《續古逸叢書》收録。其三，宋孝宗間安仁趙諫議宅刻本，翁方綱、朱澂、張佩綸、王文進、傅增湘、傅忠謨舊藏，今藏傅斯年圖書館（A121.333427）。傅增湘《藏園群書題記》卷十《宋蜀刻安仁趙諫議本南華真經注跋》有詳考，云："南宋初蜀中刊本……注後附音釋，極簡，似取陸氏釋文而節略之……是孝宗時所梓。"其四，宋刻十三行二十六至二十九字本，存三卷二十四個整葉、十個半葉，卷八、九、十殘葉，缺卷八之第一至八葉、第九葉左半；卷九之第九葉左半、第十葉整葉、第十一葉右半；卷十之第六葉以下全缺，蝶裝。宋諱"敬""弘""殷""匡"等字缺筆。黑水城出土文獻。今藏俄羅斯科學院東方學研究所聖彼得堡分所（原藏録號 TK97）。《黑城出土漢文遺書叙録》誤爲金刻本。其五，宋刻十三行二十三字本，題名"分章標題南華真經"，毛晋、吴榮光、孔廣陶、周叔弢舊藏，今藏國圖（8351）。《藏園羣書經眼録》卷十題曰"南宋末坊刻本"。其六，宋刻元明遞修本，十一行二十一字，題"纂圖互註南華真經"，今藏國圖（01576）。而元明清刊本則不計其數，其中以明嘉靖間顧春世德堂刻《六子》本較爲通行。其通行注本爲清末郭慶藩《莊子集釋》和王先謙《莊子集解》，均將此本列爲參校本。

此本是否爲南宋手校者收藏，已不可考，然所鈐古印，亦可證此本

---

① 参見管錫華《中國古代標點符號發展史·古代標點符號的成熟期（第五章）》，巴蜀書社，2002 年，第 162—166 頁。

遞藏源遠流長。“功甫借觀”爲潘曾沂（1792—1852）所鈐印，曾沂，吴縣人，字念祖、功甫。工部尚書、武英殿大學士潘世恩長子，嘉慶二十一年（1816）舉人，道光元年（1821）官至內閣中書，國史館分校。後以賑災叙功得光禄寺卿銜。能詩，其詩語言通俗質樸，常有潛心悟道之語。著有詩集《放猿集》《桐江集》《功甫小集》《東津館文集》等。曾與黄丕烈、汪士鐘有交。此本藏於汪士鐘處時，潘曾沂曾借讀一過。汪氏藏書散出，爲楊以增購得。此書錦函外并套有楊氏海源閣所製木匣，上鎸“子部　宋本南華真經　十册全　東郡宋存書室藏”等字樣。此書自海源閣散出後，周叔弢於1931年前從文在堂魏子敏處購得，爲弢翁收藏海源閣善本第一種。弢翁最爲珍重此本與所購另一宋刻本《分章標題南華真經注》，曾顔其書室曰“雙南華館”。1952年周叔弢捐獻於北圖。《古逸叢書三編》收録，王玉良跋。《中華再造善本》收録，張燕嬰撰《提要》。

參考文獻：

王叔珉：《〈莊子〉向、郭注異同考》，《中央圖書館館刊》1937年第4期。

王玉良：《〈南華真經〉跋》，《古逸叢書三編》本。

馬鴻雁：《郭象〈莊子注〉文獻學研究綜述》，《成都大學學報》2012年第4期。

十八、壬辰重改證呂太尉經進莊子全解十卷

宋呂惠卿撰。金刻本，六册。明文彭、吴元恭題款。全書合計一百九十二葉，除卷二略殘缺數十字且第十二葉和十三葉相互錯簡外，缺字亦間有抄補全者，餘皆幾乎完存。卷首有呂惠卿《進莊子義表》，曰："……此臣所以不揆偍陋，而欲以螢爝之微，助光日月，而冀其不以人廢也。所有撰到莊子内篇七卷義，離爲七册，謹繕寫奉表投進，以聞塵瀆天聰，臣惠卿誠惶誠懼，頓首頓首謹言。"首卷首行頂格題"壬辰重改證呂太尉經進莊子全解卷第一"，"進"字前空半格，尾題空一行頂格題同，次行低三格餘題篇名"逍遥遊第一"，第三行正文頂格。16.1×11厘米，十二行二十二至二十八不等，小字雙行二十八至三十一字不等，左右雙邊，白口，單魚尾。魚尾下題"呂莊幾"，下題葉次。宋諱"匡""恒""敬""玄""煦"字，而"吉""桓""鉤""慎"諸字不諱。無刻工。鈐印"雲谷書""文彭""壽承""文壽承氏""文石讀書臺印""文石朱象玄氏""太素館""吴元恭氏""子祈""吴生元恭""上海潘雲獻豫園珍祕""季振宜讀書"（朱、墨兩方）"季因氏印""御史振宜之印""季振宜印""滄葦""乾學""徐健菴""横延閣書畫印""黄慎水""基父""詩書敦夙好，園林無俗情。養真衡茆下，庶幾善自名。修己動而無，動静而無静""海源閣""海原閣藏""世德雀環，子孫潔白""東郡楊氏宋存書室珍藏""宋存書室""楊氏伯子""楊紹和藏書""楊紹和讀過""彦合讀書""東郡楊紹和彦合珍藏""史館纂修""楊保彝""楊承訓印""聊城楊承訓鑒藏書畫印""海源殘閣""周暹"等，另有"修己""循虚堂印""虎乘龍□□無形"及陶淵明《辛丑歲七月赴假還江陵夜行塗口》詩，諸印不知爲誰。文彭、朱大韶、吴元恭、潘雲獻、季振宜、黄慎水、海源閣、周叔弢舊藏。國圖。《名録二》(03079)。

呂惠卿（1032－1111），字吉甫，泉州南安人。北宋改革家。嘉祐二年（1057）進士，授真州推官，秩滿入京，被曾公亮薦舉爲集賢殿校勘。熙寧二年（1069），參與王安石變法。熙寧七年（1074），王安石罷相，八年，知延州，主持西夏邊事。元豐元年（1078），爲通議大夫、定州路安撫使兼知軍州事及管內勸農事，正月表進《道德經傳》四册。後爲鄜延路經略使。元豐二年，知太原府。五年，加資政殿大學士、知太原府，五月斥單州。六年，復知太原。七年十一月，表進《莊子內篇義》七册。八年三月，哲宗即位。時任河東路安撫使。九年，貶爲光禄卿，分司南京（今河南商丘）；再貶爲建寧軍節度副使、建州安置。元祐八年（1093）哲宗親政，十二月，復爲中大夫，知蘇州。紹聖元年（1094），改知江寧府，入爲資政殿學士，外知大名府。二年，西夏犯境，加爲觀文殿大學士，再知延州，抵禦進犯，被加封銀青光禄大夫，授保寧、武勝兩軍節度使。四年，西夏再犯，遣將李沂破敵。元符元年（1098），遣副總管王滑出擊，再敗西夏。建中靖國元年（1101），徽宗即位，惠卿先後爲曾布、蔡京所憾，於崇寧四年（1105）斥令致仕。大觀四年（1110），爲張商英舉薦，復爲觀文殿大學士，充醴泉觀使。政和元年（1111），張商英罷相，以本館致仕，此年去世。贈開府儀同三司，謚文敏。博學敏識，著述甚豐。據《宋史·藝文志》《直齋書録解題》《呂氏家譜》等載，曾著《呂惠卿文集》一百卷、《奏議》一百七十卷、《呂惠卿集》五十卷、《縣法》十卷等，可惜散佚不見，今存者惟有《道德經》四卷、《孝經》一卷及《莊子全解》十卷，其他僅有零星殘章存世。

呂注《莊子》，以儒釋道、儒道合一，努力將道拉向現實，因此所注往往背離莊子思想，但也不乏深邃之解。《進莊子義表》交代呂氏釋義《莊子》的目的："內聖外王之道，深根固蒂之理"，以備神宗"乙夜之觀"。故亦得到了後人的高度評價，朱熹曰："舊看郭象解《莊子》，有不可曉處，後得呂吉甫解看，却有説得文義的當者。"[1] 明焦竑引李彦平曰："呂吉甫讀《莊子》，至'參萬歲而一成純'，遂大悟性命之理，

① （宋）朱熹：《朱子語類》卷七十八，中華書局，1986年，第五册第1986頁。

故其《老》《莊》二解獨冠諸家。”然亦有因其人品而疑及莊子學并非公允之論，如陳治安又道：“王雱、呂惠卿兩人慫恿王安石貽害宋世，何乃俱解《莊子》?”① 著名文史學者黄永年又曰：“如金刻本《壬辰重改證呂太尉經進莊子全解》，過去認爲呂注《莊子》久已失傳，有人還做過輯佚工作，今全書完好，爲治莊學以及研究呂惠卿學術思想者久所嚮往。”②

呂惠卿《進莊子義表》曰：“……所有撰到莊子内篇七卷義，離爲七册，謹繕寫奉表投進。”末署“元豐七年十一月日資政殿學士通議大夫定州路安撫使馬步軍都總管兼知定州軍州事及管内權農使上輕車都尉東平縣開國伯食邑八百户臣呂惠卿上表”。《直齋書録解題》卷九題作“莊子義十卷”，曰：“參政清源呂惠卿吉父撰。元豐七年，先表進内篇，其餘蓋續成之。”可見，元豐七年十一月時，呂惠卿於定州安撫使任上僅進七卷，其後續成之。但何時續成十卷且刻於何時，不得而知。今有黑水城出土北宋刊本《呂觀文進莊子義》殘本五卷，亦以“義”命名，蓋即《直齋》著録者。此本以“全解”命名，蓋即《宋史·藝文志》著録“《莊子解》十卷”者。《藏園群書題記》卷十子部著録黑水城出土宋本云：“考是書陳氏《直齋書録解題》著録云：‘莊子義十卷，參政清源呂惠卿吉父撰。’《宋史·藝文志》作《莊子解》十卷，焦氏《國史經籍志》作《莊子注》。觀此本作内篇義、外篇義則陳氏所題正合，而宋、明二志皆失之矣。又書名上冠‘呂觀文進’四字，考陳氏言，惠卿於‘元豐七年表進《内篇》，其餘蓋續成之’。按元豐七年，惠卿爲河東經略使，知太原府，至紹聖中知大名府，乃加觀文殿大學士（丁案：黑水城本卷二卷端題“呂觀文進莊子内篇義卷第二”），知此書雖進於元豐，其成書付雕必在紹聖時，故追題此銜耳。其刊工古拙，於宋諱不避‘桓’字，則北宋開板，殆無疑義。褚氏《南華真經義海纂微》采呂氏書，其目下注云‘川本’。以余所見《册府元龜》《李太白集》《二百家名賢文粹》諸本參之，皆字畫疏古，風氣樸厚，正與此類。則兹本爲蜀

① 簡光明：《陳治安探求〈莊子〉本義的方法》，《中國學術年刊》2009 年 9 月秋季號。

② 《古籍整理概論》，陝西人民出版社，1985 年，第 47 頁。

刻，或不妄也。”傅增湘據題名、避諱、褚氏所引及字畫版印等斷爲北宋紹聖間蜀中刊本，陳任中贊同此論，以爲“其論篤矣”①。但傅氏、陳氏均未言此本是否初刻。呂惠卿并未來過蜀中，抑或此爲蜀中翻刻初刻本？湯君《呂惠卿莊子義版本源流考》有考，曰：“呂惠卿《莊子義》的初刻本，當在惠卿第三次經營西北的任上。宋陳振孫撰《直齋書録解題》卷十三云：‘孫氏傳家秘寶方，三卷，尚藥奉御、太醫令孫用和集。其子殿中丞兆，父子皆以醫名。自昭陵時迄於熙豐，無能出其右者。元豐八年，兆弟宰爲河東漕，屬呂惠卿帥。并從宰得其書，序而刻之。兆自言爲思邈之後。晁氏《讀書志》作《孫尚秘寶方》，凡十卷。’據此材料，尚藥奉御、太醫令孫用和與其子孫兆并爲熙豐時期的名醫，故而呂惠卿因孫兆之弟而得到此書書稿，并於元豐八年序而刻之。此事南宋理宗淳祐十年（1250），趙希弁撰《郡齋讀書後志》卷二亦有略記：‘孫尚秘寶十卷，右皇朝孫尚撰，呂惠卿帥邊日，尚之子在屬部，因取此書刻板傳於世。’則孫用和又名尚。呂惠卿帥邊之時，多所刻書，當是無疑。關於此版本的具體雕刻時間，考此黑水城殘本之避諱處，除了傅、陳二人所提到的‘玄’‘匡’之外，其於‘敬’‘殷’‘恒’‘貞’等字，亦例缺末筆，而‘煦’字亦一律作‘昫’，則所斷北宋紹聖間刻本，當不爲妄言。則黑水城本《莊子義》必當翻刻在紹聖二年（1095）呂惠卿加封觀文殿大學士之後至元符二年（1099）特授檢校司空之間。據趙希弁《昭德先生郡齋讀書後志》序言，其所集書目，多爲蜀中刻本，其時西蜀相對安定，雕版業興盛，故而翻刻於這裏是完全可能的。”據之所證，初刻或在元豐八年，作爲初刻本或僅爲七卷本，亦未可知。翻刻即在紹聖年間，因此時加觀文殿學士，故於標題上加以別出。湯君雖未有直接證據，然據其他史料所作推測，亦并非無道理。初刻本流入蜀中，蜀中人士又據之重刊。衢本《郡齋讀書志》卷十一著録“呂吉甫莊子十卷，右皇朝呂惠卿撰。吉甫，惠卿字也”。晁氏所收多爲蜀中刻本，故《郡齋》所收或即此蜀中刻本。其後，蜀本復又傳入西夏，并保留了下來。如此，黑水城出土蜀本則爲二刻，而國圖藏金刻本則爲第三刻。

---

① 陳任中《校輯呂注莊子義序》，《國立北平圖書館館刊》第七卷第六號。

楊紹和《楹書隅録》卷三著録是本作宋本，曰："古籍流傳日少，若宋槧諸經、正史及周、秦各子，尤不易得。此本猶是南宋原槧，爲吕注之初本，可稱秘笈。王、吕二注傳世甚稀，惟此可見古書面目。"傅增湘未見過此本，衹在《藏園群書題記》卷十子部著録黑水城藏本時旁及："元明以來又無傳刻，遍檢各家書目，惟季氏《延令書目》有宋刊本，題'吕太尉經筵進莊子全解十卷'，明文彭、吴元恭識尾。此本今藏楊氏海源閣。考其目録所記，行格爲半葉十二行，每行大字二十四至二十七，小字二十八九不等。其結銜及書名與此本迥異。楊紹和跋謂是南宋初刻本，則視此已遜一籌矣。鈔本可考者有明邢氏來禽館本……然則今日併鈔本不可得矣，遑論宋刻。"可見傅氏亦附和楊氏之説。然經諸家考訂，此本實爲金刻本，周叔弢《楹書隅録》批校曰："此是金本，白紙，白口，左右雙邊，小字極精。"《自莊嚴堪善本書目》《自莊嚴堪善本書影》《北京圖書館古籍善本書目》均題金刻本，《中國版刻圖録》曰："觀紙墨版式刀法，當是金時平水重翻北宋本。壬辰爲金世宗大定十二年，即宋孝宗乾道八年。此書除張掖黑水城出北宋殘本外，此爲傳世最古之本。楊氏海源閣舊藏，《楹書隅録》定爲宋本，恐不確。"湯君《吕惠卿〈莊子義〉版本源流考》有詳考，曰："考金代之'壬辰'年有兩個：金世宗完顔雍大定十二年（1172）和金哀宗完顔守緒開興元年（1232）。前者正值南宋孝宗乾道八年，後者正當南宋理宗紹定五年。此大約即楊紹和之所以定爲南宋刻本之故。按，此本亦避宋諱'匡''恒''敬''玄''煦'字，而不諱'吉''桓''鉤''慎'諸字，故疑據宋哲宗紹聖元符年間本翻刻而成。以其'吉'字以下皆不諱，則同爲壬辰年的宋徽宗政和二年（1112）、宋孝宗的乾道八年、宋理宗的紹定五年皆無翻刻的可能。故而，此'壬辰'可能是金世宗的大定十二年（1172）。按，有關金世宗改元興慶的歷史事實，本來就是學術界一直較爲模糊的問題，則此本不以年號，而以干支紀年的方法，也就容易理解了。我們這種推測還可以從下黑水城文獻中的西夏文吕惠卿《孝經傳》的譯成年代得到旁證。吕惠卿的《孝經傳》成書於宋哲宗紹聖二年（1095），而據聶鴻音先生的考證，其西夏文譯稿則應該成於夏仁宗在位期間（1149—1193）。《孝經傳》的成書時間與《莊子義》的完書時間固已一致，而金刻本的《莊子義》出現的時間又與西夏文的《孝經傳》完全一致。如此現象，應該不僅僅是臆測的偶合。當然，金哀宗的開興元年距金亡僅僅三年，乍看似乎亦不大可能有精力翻刻。但考宋末元初杭州道士褚伯秀的《南華真經義海纂微》成書於咸淳元年（1265），距宋亡僅六年。則亂世之際，識者欲以之爲救世之藥方，一如陳任中先生校輯《莊子義》的初衷，亦未可知。”諸家所定金刻本，當爲定論。

此書元明未見刊印，明清多以抄本傳於世間。《藏園群書題記》卷十子部著録黑水城藏本時旁及：“鈔本可考者有明邢氏來禽館本，見楊紹和《楹書隅録》。又昆山徐健庵藏本，見王蓮涇《孝慈堂書目》（凡三百二十五種），亦不知流傳何所。然則今日并鈔本不可得矣，遑論宋刻。”1933 年之後，陳任中云：“又傳聞瑞安孫氏、嘉興沈氏、滿州盛昱氏、萍鄉文氏尚各有轉抄之本，并訪求累年，未獲一見。”上述抄本中以邢侗來禽館抄本最古，邢侗（1551－1612），字子願，號知吾，自號啖面生、方山道民，晚號來禽濟源山主，世稱來禽夫子。臨邑縣（今屬山東）人。明萬曆二年（1574）進士，官至陝西太僕寺少卿。善畫，能詩文，工書，書法爲海内外所珍視。與董其昌、米萬鐘、張瑞圖并稱“晚明四大家”。楊紹和於《楹書隅録》卷三著録金本時，對此抄本有所交代：“用來禽館舊鈔本手校一過，字異者，注於鈔本上方。鈔本缺三卷，以此本鈔補。此本應記者，悉見前跋，不復注焉。宋存書室主人又記。”“瑞安孫氏”即孫詒讓。“嘉興沈氏”當指沈曾植。“滿州盛昱氏”，即盛昱（1850—1900）。可惜以上抄本今均不見存世。

此本價值在於，一是全，之前雖有北宋本，但殘存不足一半。另外，宋末褚伯秀《南華真經義海纂微》、明焦竑《莊子翼》中有所節録，遠非全本。二是可校勘北宋本之訛脱等。今將此本和黑水城藏北宋本對校，發現北宋本不如此本。以卷二首篇“養生主第三”對校後發現：首先，北宋本簡體字、異體字多，如此本“無”字，北宋本均作“无”。此本“繼”，北宋本作“继”。此本卷二第二葉下半葉正文“公文軒見右師而警曰”之“警”，北宋本作“驚”。其次，北宋本有脱文，如此本卷二首葉前半葉呂惠卿注文“善惡兩遺”，北宋本脱“惡”。第三葉前半葉呂注“疑其爲天爲人也”，北宋本脱“爲天”。同葉正文“必有不蘄言”，北宋本脱“不”字。第三葉下半葉呂注“且爲刑也”，北宋本脱“且”。再次，北宋本有訛誤，第三葉前半葉呂惠卿注“介則介如”之“則”

字，北宋本誤作“如”。同葉呂注“澤雉十步一啄”之“雉”，北宋本誤作“地”。此僅一篇，即問題多多，如校勘全部，北宋本訛脱肯定會更多。這也難怪此本之標題“重改證”，刊印者肯定發現底本存在的問題太多，纔有必要重新校勘改正後再刊印出版，以還原本之真面。至於此本之底本究竟是元豐八年初刻本或是紹聖間刻本，無法確定。筆者以爲，設如此刻本刊於元豐間呂氏守西夏之時，金人更易獲得，惟當時戰事吃緊，刻梓校勘必是草草，故訛誤尚多。而蜀中翻刻亦不盡人意。民國間，陳仁中從《南華真經義海纂微》中輯出呂注，并校以復印本黑水城殘本五十一葉，輯成十卷，成爲數十年來通行的呂氏《莊子義》讀本，但因未見此本，其中脱漏及訛誤在所難免。直到 2008 年，湯君以此本爲底本，參校其他本，輯成《莊子義集注》，呂注《莊子》始有全本校本。原金刻本有《古逸叢書三編》本，國家圖書館出版社 2011 年影印本，《子藏・道家部・莊子》第十七册收録。

此書最初收藏者當爲明初蕭伯辰，此本鈐印“雲谷書”，當即蕭氏所鈐。《四庫全書》本明金幼孜撰《金文靖集》，其卷四載《雲谷書樓圖爲禮部郎中蕭伯辰賦》：“南樓面面瑣窓虚，樓上惟藏萬卷書，滿架芸香春暖後，隔林燈火夜凉初，鹿門尚想龐公宅，盤谷猶懷李愿居，久別雲林無限思，公餘重憶看新圖。”可見蕭氏藏書頗豐。焦循輯《國朝獻徵録》卷八十二載《深州知州蕭伯辰傳》，“蕭伯辰，江西清江人。永樂初知深州……升南京刑部郎中，民至今稱之。”此本卷七末題“嘉靖三年重陽日，文彭莊讀於停雲館之南軒”，下鈐朱方印“文壽承氏”，卷末又題“甲申仲秋文彭誦”“壬辰季冬吴元恭觀完”。明中葉先後經文彭、朱大韶、吴元恭遞藏，至明末又經潘雲獻收藏。吴元恭（生卒年不詳），明校勘學家、藏書家。字仲内。吴縣（今江蘇蘇州）人。嘉靖三十四年（1555）舉人。潛心於六藝百家，尤喜圖籍文史、丹青、金石。工於書法，效法“二王”之筆。喜藏書，建有“太素館”，爲藏書之所。精於校勘，校著有《賈誼新書》《韓昌黎集》《穀梁注疏》《爾雅經注》等。亦刻書，其翻刻宋本，因墨質、刊印、校勘精良，被收藏家所重。藏書印有“吴元恭印”“太素之藏”等。潘雲獻曾於萬曆二十六年刻梓《騷苑》三卷補一卷，此書由明黄省曾輯、張所敬補輯。

入清，先後經季振宜、黄慎水、海源閣等收藏。黄慎水其人無考。

“楊氏伯子”乃海源閣第一世主人楊以增藏書印，又有楊紹和、楊保彝、楊承訓印，説明此書歷經楊氏四代八十餘年，此本卷末護葉題“聊城楊氏海原閣珍藏”，并著録於《楹書隅録》卷三，可見楊氏如此看重此書。楊保彝於《楹書隅録》卷三該書提要末加注云：“卷首前護葉有先君子手《跋》二千餘言，爲友人假校，越數年始還，前《跋》竟失，惟餘後《跋》。疑是由書中撤付鈔胥，鈔竟，未經裝入。而友没，未及録副，遂不可考。”楊紹和長跋今已不見，至爲遺憾。此係楊敬夫在天津出售二十六種善本之一。1934年春，周叔弢從敬夫處直接購得。1952年，弢翁捐獻給北京圖書館。

參考文獻：

湯君：《黑水城文獻〈莊子義〉考》，《敦煌學輯刊》2006年第2輯。

湯君：《吕惠卿〈莊子義〉版本源流考》，《諸子學刊》第2輯，上海古籍出版社，2009年。

陳静：《黑水城〈吕觀文進莊子義〉研究》，《諸子學刊》第2輯，上海古籍出版社，2009年。

黄華珍：《試論東瀛藏宋刻本〈莊子音義〉》，《文獻》1996年第1期。

〔俄〕孟列夫著，王克孝譯：《黑城出土漢文遺書叙録》，寧夏人民出版社，1994年。

〔俄〕孟列夫、蔣維崧、白濱著，俄羅斯科學院東方研究所聖彼得堡分所、中國社會科學院民族研究所、上海古籍出版社編：《俄藏黑水城文獻·漢文叙録部分》（第6册），上海古籍出版社，2000年。

十九、穆天子傳六卷

晉郭璞註，明程榮校。明萬曆間程榮刻《漢魏叢書》本，一册，清黄丕烈校并跋。首有“至正十年歲在庚寅春二月二十七日壬子北嶽王漸玄翰序”，次爲荀勖序。首卷首行頂格題“穆天子傳卷之一”，次行低九行題“晉河東郭璞註”，第三行低九行題“明新安程榮校”，第四行低三格題“古文”，第五行正文頂格，下同，卷六末題“錢塘郭志學寫”。20×14.2厘米，序文六行十四字，九行二十字，小字雙行字數同，白口，左右雙邊，無魚尾。上象鼻題“穆天子傳”，下横綫題卷幾，下象鼻題葉次。書品寬大，包角金鑲玉裝，黄竹紙，淺緑色撒金臘箋紙書衣。鈐印“蕘翁更字復翁”“楊氏海源閣藏”“楊東樵讀過”“楊紹和印”“宋存書室”“東郡楊紹和鑒藏金石書畫印”“東郡楊紹和彦合珍藏”“獻唐審定”“王獻堂讀書記”“獻唐珍秘”“赤弢”等。天津圖書館藏（z146）。《名録一》著録（04819）。

此書六卷，前五卷記周穆王駕八駿西游故事，後一卷記周穆王盛姬之死及其喪儀。先秦時流傳未廣，至晉武帝太康二年（281），汲郡魏王墓中出土古書竹簡，此書得以重見天日。晉武帝派人整理，遂成五卷，定名曰《穆天子傳》，以二尺黄紙書寫，藏於秘府，副在三閣。後由衛桓、束皙、王庭堅、王接等考定，定名爲《周王游行》。東晉初，郭璞又加以整理，名以《穆天子傳》，遂流行於世。郭璞之後，有人加入《周穆王美人盛姬死事》，使之成爲六卷。此書雖有僞書之嫌，但其中有大量的神話傳説以及豐富的西北地理知識，是研究周代文化歷史和地理的重要文獻。

《隋書·經籍志》最早歸列爲“起居注類”，兩《唐志》均著録。《太平御覽》“引書目録”著録有《周穆王傳》《穆天子傳》兩種，《玉海》并録《周王傳》和《穆天子傳》,《崇文總目》《李氏邯鄲書目》《遂初堂書目》《郡齋讀書志》《史略》《直齋書録解題》《通志·藝文略》《宋史·藝文志》皆録《穆傳》。可見,在宋代當以兩本流傳,而以《穆傳》更爲流行。宋代傳本,是刻本或抄本,未可知。元至正年間,南台都事劉貞藏有《穆傳》,懼其無傳,乃校刊於金陵學宫。此本也是最早見於明確記載的刻本。明清至民國間,刻本、抄本、校本甚多。顧實《穆天子傳知見書目提要》著録刊本、抄本及校本計二十九種,鄭傑文《穆天子傳知見版本述要》則著録四十四種,後者搜羅最全。其中元刻本兩種,明刻本十三種,清刻本十一種,民國刻本三種,抄校本十五種。此本爲明萬曆間程榮校刊《漢魏叢書》本之一,在此本之前,存世者尚有《正統道藏》本、范欽《范氏奇書》本、范欽及陳德文校刻本、明萬曆十年李言恭青蓮閣刻本、萬曆二十二年河東趙標刊《彙刻三代遺書》本等,但明人刻書往往魯魚亥豕,訛錯極多。而程榮本因有黄丕烈彙聚衆本校勘,使其價值非同一般。顧實的《穆天子傳西征講疏》即采用了黄校成果,成爲解讀《穆傳》的通行本。

此本學術及版本價值在於彙校諸本,其底本爲明萬曆間程榮刊《漢魏叢書》本,參用諸本有明刊九行二十二字本(不明刊年及刻者)、元妙觀藏五行十七字《正統道藏》本、明嘉靖間范氏天一閣刻本、范欽與陳德文本及翻范欽本。抄本三種,明成化間吴寬叢書堂抄本、香嚴書屋藏舊抄本、顧廣圻影抄《道藏》本。校本兩種:顧廣圻抄校本、惠氏校本。故黄校本實爲合十一爲一。以上校本,如明刻九行本、周錫瓚(號香嚴)藏本、顧校本、惠校本等今已不存,衹有通過黄氏校記可知。王獻唐跋《海岳樓秘笈叢刊》影印本曰:“近人喜習此書,苦乏善本,蕘翁先後於勤,益以惠、顧兩家舊校,和八本爲一,尤利學者。其所據之九行二十二字本,爲人間孤帙,亦復備具書中旁行斜上,朱墨焕爛,余見蕘翁勘書,殆以此册及《劉子新論》最爲縝密矣。”顧實亦跋九行本曰“爲各家書目所不載”。黄丕烈跋稱九行本爲“明刻最先者”。

黄丕烈校勘此書,過程漫長,歷時十一年,先後四次以不同版本校之。首次是在嘉慶十年(1805)除夕,先以明九行二十二字本校程榮本,又借陳鱣藏范欽、陳德文校刊本,周錫瓚藏叢書堂本合校。時年四十三歲,正值患病,校書成爲消憂之方,跋曰“校畢此卷,已將夕矣。

余以病軀得閑校此，雖憂且樂也。”（見卷六正文後）“余病前校書，已苦其煩，何況病後！家人禁余勿看書者，幾匝月矣。自下樓後，枯坐內書房，日聽家人婦子料理歲事，雖非親治之，耳聞能毋心動乎！因借此六卷書，消我兩日憂，轉不覺其煩也。大除夕燃燭。”（卷末襯葉）嘉慶十一年五月一日至三日，第二次校勘一過，校本爲范欽《范氏奇書》本，并以九行二十二字本復校。第三次，以玄妙觀《道藏》本校之，時在嘉慶二十一年秋日。第四次，以顧廣圻影抄本校之，時在嘉慶二十一年臘月二十九日。（丁案：江標《黃丕烈年譜》及王大隆《補》均遺漏最末一次，此次《蕘圃藏書題識》亦未記載）

黃丕烈身爲藏書家、版本學家，其校勘方法與一般學者不同，除了以文字異同爲主要校勘內容以外，首先，彙聚諸本校之，指出某誤、某脫，此顯然爲理校。其次，對勘文字點畫區別之異。第三，標注校本之行款格式、文字位置等，如程榮本卷一之第四行低三格題“古文”，黃校於此行頂格朱筆題“古文”，下右小字注“道”，并用朱筆在“古文”二字上分別以“□”塗之。這說明《道藏》本是頂格題名，不同於程榮本之低三格。再如次行署名行，以朱筆低五行題“晋”，下空二格題“郭”，下空三格題“璞”，下空二格題“註”，右下題“道”，也說明與程榮本的題寫位置有別。即不僅是從文字內容上，還要對勘版本形式，以使人能够瞭解校本版本的全貌。

黃校底本爲明萬曆二十八年（1600）新安程榮刊印，收録於《漢魏叢書》史籍第三種。據黃氏跋，此本出於“九行本”（見卷六正文末眉端所題），《穆天子傳知見版本述要》曰：“今對校兩本，信然……卷六舊注‘所謂成踊者也’，兩本‘踊’皆作‘躍’，‘而《道藏》本’‘范本’作‘踊’。類似者頗多，可見‘程本’實出自‘九行本’而與‘《道藏》本’‘范本’有異。”然此本亦有訛誤，通過黃校即可知道。其校本臚列如下：

明《正統道藏》本，《穆傳》係《洞真部·紀傳類》第二本，序及正文五行十七字，注文雙行。顧實《穆天子傳西征講疏·知見書目提要》謂其出自“至正本”。黃丕烈於卷首王漸序題名右邊欄朱筆題曰“《道藏》本每半葉五行，行十七字”，又於王漸序眉端朱筆題“此則是書最先之本，乃元板也”，又於王漸序末題“此序用元妙觀《道藏》本校，復翁”。元妙觀即蘇州玄妙觀，曾藏《正統道藏》。全真派道士李志常撰《長春真人西游記》，世不多見，至清乾隆六十年（1795），由錢大昕和段玉裁在苏州玄妙觀《道藏》中發現，錢大昕抄出，得以大行於世。黄丕烈得到的這個本子當亦此本，正統本亦五行十七字，同黄跋所記。元代雖兩次刊印《道藏》，但均未流傳下來。黄跋所言“元板”，非也，如指底本，可信。又，《黄丕烈年譜》“（嘉慶）二十一年丙子（1816），五十四歲”條曰：“秋日，借玄妙觀《道藏》本《穆天子傳》，補校於乙丑年校本上。”①

明刻九行二十二字本。黄丕烈跋云：“九行二十二字本，無《序》二篇。板式長，字大。分卷下次行題‘晋著作郎郭景純注’。其書甚古雅，當是明刻之最先者，亦略用朱筆，校其異處。”（見卷首王漸序眉端，朱筆）“嘉慶乙丑（十年，1805），余初見九行二十二字本，信爲佳本，遂遍借諸家藏本，手校於此。”（見卷首王漸序題名下，墨筆）“復以九行二十二字復勘，悉注九行本，間有墨圍者，亦六行本也。丙寅（十一年，1806）五月三日記。”（見卷首王漸序眉端，墨筆）“九行二十二字本，校本文與此刻同，疑此即從九行二十二字本出，則彼爲明刻之最先本無疑。”（見卷六正文末眉端）王獻唐跋影印本曰“爲人間孤帙”，顧實跋影印本曰“爲各家書目所不載”。《穆天子傳知見版本述要》曰：“以黄氏所録此本與‘道藏本’對校，多所不合。如卷二‘兄子’，‘道藏本’作‘元子’……顯係出自不同的版本。此本頗有可取之處，如‘柏夭’之‘柏’，舊注（郭璞注）曰‘柏’字多從‘木’。”可見此本保存了古本原貌。

明嘉靖間范欽刻本，九行十八字。黄丕烈跋曰：“因續見范刻本，用朱筆校之，復以九行二十二字覆勘，悉注九行本，間有用墨圍者，亦六行本也。丙寅（十一年，1806年）五月三日記。”（見卷首王漸序眉端，墨筆）范欽刻此書，蓋有兩次，其一爲《范氏奇書》本，共二十一種，《穆傳》爲第十種，《四部叢刊》收録。《中國善本書提要》著録，鄭傑文《穆天子傳知見版本述要》謂“與其他明刊本對校，亦訛誤不少，如卷一‘既致’訛作‘皆致’，卷三‘翔畋’訛作‘翔畂’等”。

---

①（清）江標著，王大隆補：《黄丕烈年譜》，中華書局，1988年。

范欽、陳德文刻本，爲單刻本，八行二十字，白口，四周雙邊。刊印此刻時，范欽爲袁州知府，（吉州）陳德文爲副手。兩人曾於嘉靖二十二年合刊《阮嗣宗集》，故此本當亦刊於嘉靖時。黄丕烈跋此本曰："同時又借陳仲魚所得明范欽、（吉）陳德文校刊本校一過，大段與此刻同，而一二處有合舊抄者，并記。"（見卷六正文末眉端，朱筆）此本出於元本，有不少優於他本之處（《穆天子傳知見版本述要》）。

翻刻范欽本，卷首序後黄丕烈跋云："丙寅五月朔，書友以范刻《穆天子傳》求售。每半葉九行，行十八字本，每卷次行標'晋郭璞注　明范欽訂'。似前所見范本，猶翻刻也。字大悦目，印本清爽，惜前人讀過，朱墨粲然，於缺文'□'字皆有按語存疑，標於上方。竊思此書在荀勖校定時已病其殘缺，郭璞作注間於注中存疑，後人安能以意補缺耶？通體句讀，頗便觀覽，因悉臨之。其異同處，亦用朱筆標注焉。"此與范欽《范氏奇書》本對校，其異文計有八十餘處，對范欽原刻之訛誤進行了校改，但亦有誤改、脱佚等，其刊刻之粗疏亦見。但不知翻刻於何時，顧實《穆天子傳西征講疏・知見書目提要》著録是本曰："然則范本曾經人翻刻，但未知明翻本否？"

明成化間吴寬叢書堂抄本，今存國圖，舊爲涵芬樓所得，十二行二十二字，鈐印"張丑之印""吴寬""謏聞齋""竹泉珍秘圖籍""海鹽張元濟經收""涵芬樓"等，卷末鈐印"叢書堂印"，恰與黄校本相合，當即此本。黄丕烈跋曰："其最舊者，爲叢書堂抄本，然注多删節，故此所校以舊抄本爲校，餘不過備查核也。"（見卷首王漸序題名下，墨筆）"此序（王漸序）用叢書堂抄本校。"（見卷首王漸序末，墨筆）此本雖舊，然脱誤甚多，鄭傑文《穆天子傳知見版本述要》曰："今檢是抄，字有不少脱誤，如荀《序》'雖其文不典'脱'文'字；卷一'河宗柏夭'等。且注文脱删較多，僅卷一就脱注文五十九處。但在今存抄本中，其年代最早，是其可貴處。"

香嚴書屋藏舊抄本，鈐印"叢書堂印"，黄丕烈跋曰："同時又借香嚴書屋藏舊抄本，鈐有叢書堂印，文與此刻同，與所校抄本不合，且注多節略，似非善本。聊校存其一二異字。"（見卷六正文末眉端，朱筆）可見就此本亦"節略"，與叢書堂本應爲同一系統。顧實跋《海岳樓秘笈叢刊》影印本曰"二本當是一書"。

顧廣圻影抄《道藏》本，黄丕烈跋曰："丙寅小除夕，以顧千里影抄《道藏》本校。其與此刻異者，或下方旁行注出，標以'道'字，與此刻同者，不贅注出矣。"（見卷一正文墨，朱筆）丙寅小除夕即嘉慶十一年（1806）臘月二十九日。而黄丕烈以玄妙觀本校程榮本，則是在嘉慶丙子（二十一年，1816）秋日，亦即在十年之後再校。故兩本似非同本。

惠氏校本，未詳何人，在黄氏題跋中未交待此本詳情，衹在校記中稱"惠云""惠校"或"惠曰"等。駱偉文言惠士奇，鄭傑文文謂惠棟，惠士奇、惠棟乃父子，均爲清代學者，校勘此書當不應有疑，但究爲誰氏尚難定奪。

顧廣圻校本，於所校文字之下標"顧校本""顧"或"校"。黄丕烈跋曰："用顧廣圻傳校舊抄本校正，乙丑初冬。""顧校有墨筆，仍之。"（均見卷六正文末，朱筆）

此書最先爲黄丕烈收藏，以黄跋及卷末鈐有黄氏藏印爲證。黄氏藏書散出後，多歸汪士鐘，但此書未鈐有汪氏印，不敢肯定爲其收藏。其後，爲海源閣主人楊以增所得，時間當在咸豐五年（1855）以前。《楹書隅録續編》卷三著録，并移録黄跋四則。1930 年夏，海源閣藏書散出，此書流落濟南，爲敬古齋收購。當時政局動蕩，王獻唐深恐此書流入外域，9 月 11 日，傾囊購此書及顧廣圻校《説文解字繫傳》。其跋曰："十九年夏，聊城楊氏海源閣藏書散出，流落保定、天津市肆，濟南敬古齋亦收購多帙。時晋軍入濟，余交卸離館，將束裝旋里，適過敬古齋，出視此書及顧千里手校《説文繫传》，展玩未久，炮聲隱隱動天外，市語蒼皇，瞬息萬變。戲謂敬古齋主人，解職得一月修俸，備作資斧。世變鯱尯，深恐書流域外，能傾囊相易乎？主人與余交久，慨然見許。挾書歸寓，篝燈爲《繫傳》校記。宵深人寂，萬念愴慟，數十里外，方且肉博（丁案：誤，當作"搏"）血飛也。"① 之後又於《藏書十詠·購書》中詩云："黄金脱手了無餘，换得陶南鎮庫書。不學東家權子母，魚鹽柴米姑徐徐。"并加注云："黄蕘圃手校《穆天子傳》，顧

---

① 王獻唐：《跋黄校穆天子傳》，《雙行精舍書跋輯存續編》，齊魯書社，1986 年版，第 130 頁。

千里手校《説文繫传》均海源閣故物，近日散出，余傾囊得之。"① 爲示紀念，還以此命名藏書室和日記，其於《顧黄書寮日記》卷首語云："今日得顧千里手校《説文繫傳》、黄蕘圃校《穆天子傳》，喜以'顧黄書寮'名吾藏書之室，自今以往將埋頭書寮中矣。行止坐臥，日日記之，即顔其所記名曰'顧黄書寮日記'。時十九年九月十一日。"② 可見王獻唐是如此看重是書。之後，又轉讓於周叔弢。具體轉讓細節不得而知，但時間當在 1934 年至 1954 年之間。1934 年，王獻唐影印此書，時當仍存其手。周叔弢 1954 年將其部分藏書捐獻於津圖，此書即爲其一。不過，駱偉又有異見，其《清代黄丕烈校跋穆天子傳考評》云："筆者曾在山東省圖書館工作了二十多年，親自整理出該館善本和海源閣專藏，并與王獻唐先生兒子王國華及其家屬關係甚洽，他們説此書一直在收藏，《王獻唐日記》（稿本，未刊）對此書記載較詳，從没有把黄氏批校《穆天子傳》轉賣之事……據説當年天津某藏書家購買此書，也花了不少錢，而時間是在'文革'前，書内也有王獻唐先生藏書印，似乎是出自王獻唐藏本。但爲什麽他的藏本與當年山東省國立圖書館影印本有如此多的不同之處？而且近年新出版《弢翁藏書年譜》對此重要版本隻字不提？"并推測或是"影印本臨摹"。但經查實，此本確實藏於津圖，《中國古籍善本書目》子部小説類著録此本，《周叔弢先生捐獻藏書目録》（津圖編，1973 年 7 月）集部小説類雜録之屬著録曰："《穆天子傳》六卷，晋郭璞注，明刻本，有黄蕘圃朱墨批校，一匣一册。93670。"津圖古籍部主任李國慶致函曰："此書爲周叔弢購藏，主要依據有三：一是書中鈐有'叔弢'小印，同時鈐有楊氏海源閣印和王獻唐印，這是此書先後由楊氏、王氏和周氏遞藏的主要依據；二是在周叔弢先生捐獻天津圖書館古籍目録中著録；三是版本學家顧廷龍先生在主編《中國古籍善本書目》時特意到天圖查看此書，并明白説清此本正是世

① 王獻唐：《藏書十詠》，《山東省立圖書館季刊》第一集第一种，第 79 頁。

② 王獻唐：《〈顧黄書寮日記〉卷首語》書影一，見丁原基《王獻唐日記的文獻價值》，《"國家圖書館"館刊》（臺灣）2001 年第 1 期，第 119 頁。

傳影印本的底本。"《顧廷龍年譜》之"1980年6月13日、15日"條，分别記載曰："顧廷龍於六月十三日，受《中國古籍善本書目》編輯委員會之委託，專程赴天津，爲辦敦聘周叔弢爲《中國古籍善本書目》編輯委員會顧問事。在周府，二人談到了海源閣藏書的往事，其中涉及周氏負債購買海源閣散出之《蜕庵集》《聞見後録》二書。也談到周先生捐獻《永樂大典》及從山東王獻唐處購黄丕烈跋《穆天子傳》一事。""顧廷龍先生又六月十五日，去天津圖書館閲書，看了《李學士新注孫尚書内簡尺牘》《穆天子傳》……等。"數重證據可證，不容有疑。

王獻唐購此書後，摹寫一本贈於專治《穆傳》者顧實。後在顧氏慫恿之下，於1934年，以朱墨兩色影印此本二百部，收録於《海岳樓秘笈叢刊》[①]（另一種即爲顧千里校本《説文解字繫傳》四十卷[②]）。王獻唐跋《海岳樓》影印本曰："（顧實）聞余儲有此本，拟来濟藉校。感其誠意，移寫一本爲贈。自後遠地知交，時求假録，且慫恿印行。余既不勝其困，又以近人喜習此書，苦乏善本……館中收集金石，近已拓爲《海岳樓金石叢編》，出書二集，復以餘力編印《海岳樓秘笈叢刊》，即舉是書爲《叢刊》之一，色墨纸幅，題識印记，悉仍旧貫。"顧實亦云："山東圖書館长王獻唐先生将影印海源閣秘笈，而先囑其友人秦玉章先生過録黄氏朱墨校語於范氏天一閣本中以貽餘。尋又因事來京，手攜黄校原本示余。余確見黄校《漢魏叢書》程刻本，朱墨粲然，洵驚人秘笈。内容校存異文，不勝枚舉。獻唐先生將影印朱墨本以公諸世，誠快事也。"[③]"嗟夫！方今求借善本之難，余深苦之，安得盡如獻唐先生之

① 海岳樓：山东省圖書館爲清宣統元年（1909）山東提學使羅正鈞所創建，其藏書樓署名爲海岳樓，樓分上下两層，共四間。見張稚廬《奎虚書藏》，《山左鴻爪》，中華書局，2005年，《新編文史筆記叢書新编》第3辑。

② 顧千里校本《説文解字繫傳》四十卷影刻本未見，王紹曾《日照王獻唐先生事略》云："其中黄校《穆天子傳》，顧校《説文解字繫傳》两种，一九三四年即由圖書館影印問世。"《山东圖書館季刊》1994年第1期。

③ 顧實：《〈穆天子傳〉知見書目提要·清校本〈穆天子傳〉六卷》，顧实编著《〈穆天子傳〉西征講疏》，商務印書館，1934年。

古誼，其嘉惠學林寧有涯乎耶……獻唐先生將刊行海岳樓秘笈，而黄校《穆傳》與焉，誠應時之需要哉！”① 又從顧實作跋時間爲“中華民國二十年八月三十一日”可知，王獻唐早在1931年就开始準備印行該書，直至1934年印成，耗時三年。

《海岳樓》影印本封面首題“穆天子傳，海岳樓秘笈叢刊之一”，次題“海源阁藏，黄荛圃校本，向迪琮署”。扉頁題“穆天子傳六卷”。版權頁題：“《穆天子傳》，海岳樓秘籍叢刊之一，民國二十三年一月山東省立圖書館印行，每部實價國幣二元。”書後有顧實、王獻唐兩跋。但比較這部影印本與原本，無論尺寸抑或筆劃尚均有差異。經過李國慶丈量，發現“卷一、卷二差異較大，卷三完全一樣，卷四、五、六接近相同。究其原因，應該屬於影印技術問題，而非版本問題。”（參見《王獻唐先生與黄氏校跋本穆天子傳》）這個問題早在上世紀八十年代編輯《中國古籍善本書目》時已被顧廷龍發現，顧氏曰：“（周叔弢）嘗收藏黄蕘圃校《穆天子傳》一書，爲王君獻唐故物，曾付景印，或以爲景印本與先生所藏原本略有出入，遂傳真本尚在山東某氏，祕不示人，稱與影印本絲毫不爽。龍請觀比勘，景印本與原本確有不同之處，如朱筆之深淡，校文位置之參差，點畫略見肥瘦，諦視再三，始恍然當時影印條件較差，攝景、套版、描潤三者技術皆不精，遂失真面，滋人疑竇耳。其爲黄校親筆，固無庸致疑矣。具見明眼精鑒，非後生所能企及萬一也。”② 駱偉在《清代黄丕烈校跋穆天子傳考評》一文中亦有比較，曰：“甲（《海岳樓》影印本）、乙（津圖藏本）本所鈐‘楊氏海源閣藏’一印爲例，其中‘楊’‘海’‘閣’三字，兩本篆刻有所不同，尤以‘閣’字爲明顯。甲本‘閣’字中的門‘右豎筆，是彎曲不直的’而乙本則爲直筆。‘海’字甲本刀法是不太齊的，乙本則較清晰。”“甲、乙、丙（西北大學藏本，爲後人過録黄校）三本在黄氏手筆和位置上，也有所區别，丙本尤甚。如甲本首頁‘穆天子傳·序’天頭眉批的‘亦九行本

---

① 顧實：《黄蕘圃手校〈穆天子傳〉跋》，黄丕烈校跋明程榮本《穆天子傳》卷末，山東省立圖書館，1934年影印。

② 《自莊嚴堪勘書跋》，《顧廷龍文集》，北京圖書館出版社，2002年，第244—245頁。

也’的‘也’字筆劃較粗，乙、丙本較細；在‘序言’王漸玄翰序‘刊’字中，甲本在‘漸’字下有一朱筆横畫，其長度畫到‘斤’字下，而乙、丙本衹畫到‘車’字下；在同頁黄跋中‘猶’字，甲本其位置處於刊本板框缺口偏左方，而乙本則處於缺口當中……同頁黄跋有一‘焉’字，甲本其位在刊本直綫右側，而乙本却在左側；在卷末黄跋的大段文字中，辨認相對較易，如跋語中‘病後’的‘病’字，甲本‘丙’字較潦草并帶有筆叉，而乙、丙本則較正規；同行‘苦其’兩字，甲本有筆叉絲條，乙、丙本則無；在跋語末端有‘元妙觀’三字，其中‘妙’字，甲本與乙、丙本寫法不一。類似例子不勝枚舉。”駱文并以此作爲津圖藏本非原本的依據。其實，正如顧廷龍與李國慶兩位先生所言，影印本未能做到百分百原樣復製，故而産生這樣的疑惑。

参考文獻：

顧實：《〈穆天子傳〉西征講疏・知見書目提要》，商務印書館，1934 年。

王獻唐：《雙行精舍書跋輯存續編》，齊魯書社，1986 年。

鄭傑文：《〈穆天子傳〉知見版本述要》，《文獻》1994 年第 2 期。

駱偉：《清代黄丕烈校跋〈穆天子傳〉考評》，《圖書館學刊》2002 年第 3 期。

李國慶：《王獻唐先生與黄氏校跋本〈穆天子傳〉》，《山東圖書館學刊》2009 年第 1 期。

顧廷龍：《顧廷龍文集》，北京圖書館出版社，2002 年。

沈津：《顧廷龍年譜》，上海古籍出版社，2004 年。

王華禮：《〈穆天子傳〉宋元本考》，《第八屆北京大學史學論壇文集》，2012 年。

張元芸：《〈穆天子傳〉所載黄丕烈題跋》，《山東圖書館學刊》2014 年第 3 期。

二十、蘭亭續考二卷

宋俞松輯。宋淳祐四年（1244）刻本，二册。卷一第二十二至二十九葉及卷二配勞健抄本。卷首有淳祐二年蜀人李心傳序，序曰："王逸少歿垂二百七十年，而所書《脩禊叙》，自人間復歸御府，又近二百七十年，而自昭陵復出人間，後百三十餘年，而定武石本始傳於世，又後六十餘年，而石歸天上，又後二十年，而復失於惟揚。自是百餘年間，士夫所藏，真膺相雜矣。惟嘉禾俞壽翁以酷好精識之故，家有此帖數十，多渡江以前，中山摹拓之舊。因次第其所藏與所見，粹爲一編，以續桑氏之考，抑可謂太清而不俗矣。余嘗恠（丁案：同"怪"字）昔之善書者，如漢之蔡中郎、唐之顔魯公，率爲人忌嫉不得其死，而本朝坡、谷二公，亦流離困躓於嶺海之外，絕藝之足以累人如此。彼右軍者顧乃生都顯名，衆所歆慕，誓墓辭官，卒以樂死，雖與元司馬并世，而不與達空函者同科。遺墨流傳，復無蘇黄禁錮燔削之禍。歷十二朝，自天子至於庶人，莫不愛重，所遭乃爾，絕藝果足以累人哉。然文皇所儲丈二之軸，至三千六百紙，而更六百年，復古殿中所存，纔兩行耳。今僊馭上賓五十六載，所存兩行，又不知其安在。則右軍真蹟，遂絕於世矣。雖他帖之傳尚十百，然皆不得與蘭亭比。矧臨摹刻畫，大抵失真，則壽翁於此寶藏，折衷以示後人，亦志據依游之一助，未可以玩物而疵之也。披攬再三，遂復題其卷首。淳祐壬寅小寒節後五日。蜀人李心傳序。"卷末有勞健抄補景歐堂主人淳祐四年跋，云："《蘭亭續考》前一卷，其間有松所藏本與他人所藏者，合爲一卷。後一卷，皆松所藏。嘗經秀巖李先生品題，命工鋟版，以貽同志。淳祐甲辰中秋日書於景歐堂。"首卷首行頂格題"蘭亭續考卷一"，次行低七格餘題"吴山俞松"，正文頂格。25.2×19.2 厘米，序爲八行十四字，九行十七至二十字不等，左右雙邊，白口，單魚尾。魚尾下題“蘭亭續考幾”，“幾”爲葉數，卷二題“蘭亭續考”，不題葉次。刻工有曹冠英、曹元德。宋諱“貞”缺末筆，首序“披攬再三”之“再”，改作“再”，而“殷”“徵”“敬”“敦”字等均不缺笔，遇“御”“陛”字，前空一格或換行，遇“旨”“內（府）”“君（王）”字換行。鈐印“壹是堂讀書記”“濟未氏”“趙徵雲印”“安樂堂藏書記”“海源閣”“東郡宋存書室珍藏”“儀晋觀堂鑒藏之印”“東郡楊紹和字彦合藏書之印”“旌德江紹杰漢珊氏收藏”“江氏小書巢藏書”“自莊嚴堪”“弢翁珍玩”“周暹”等，怡府、海源閣、江漢珊、王文進、周叔弢舊藏。國圖（8175）。《名録一》（00697）。

東晋永和九年（353）三月三日，王羲之與謝安、孫綽等四十一人在浙江會稽山陰（今紹興）蘭亭修禊，以詩歌唱答。之後將其詩作彙爲一集，并由王羲之親筆作序，即《蘭亭序》，亦叫《禊帖》《禊序》《蘭亭宴集序》《臨河序》等。《蘭亭序》爲王羲之的書法代表作品，傳本又多，故爲後世書法愛好者及藏家爭相購藏，與此同時，歷代名家品題頗夥，後人將這些品題結集傳世，因而先後有《蘭亭博議》《蘭亭考》《蘭亭續考》等。《直齋書録解題》卷十四分别著録《蘭亭博議》十五卷和浙東庾司刻本《蘭亭考》十二卷，曰：“《蘭亭博議》十五卷，淮海桑世昌澤卿撰，世昌居天台，放翁陸氏諸甥也，博雅能詩。”又著録曰：“《蘭亭考》十二卷，即前書。浙東庾司所刻，視初本頗有删改。初十五篇，今存十三篇，去其《集字篇》後入集《蘭亭》字作書帖、詩銘之類者，又《附見篇》兼及右軍他書蹟，於《樂毅論》尤詳。其書始成，本名《博議》，高内翰文虎炳如爲之序。及其刊也，其子似孫，主爲删改，去此二篇固當，而其他務從省文，多失事實，或戾本意。其最甚者，序文本亦條達可觀，亦竄改無完篇，首末闕漏，文理斷續，於其父猶然，深可怪也。此書累十餘卷，不過爲晋人一遺帖，自是作無益，玩物喪志，本無足云。其中所録諸家跋語，有昭然僞妄而不能辨者，未暇疏舉。”可見在俞松輯《蘭亭續考》之前，確有《蘭亭博議》《蘭亭考》兩書，前者已失傳，後者則存世。但後者經高似孫删改，已有違桑氏原意，使其文獻價值大打折扣。

《續考》二卷爲南宋俞松所輯，其卷首有淳祐二年蜀人李心傳序，詳述俞松輯録本書之原委。俞松，字壽翁，錢塘（今屬杭州）人。其仕履無考，僅知南宋淳祐間曾官承議郎，家富藏法書碑帖，以宋桑世昌撰有《蘭亭考》，遂將所集稱之《蘭亭續考》。《續考》所録内容，均爲兩宋名家就《蘭亭》諸本所作品題。全書共涉及近三十家所藏六十多種《蘭亭》本，其中有三十一種爲俞松家藏之本。上卷收録家藏及他人所藏《蘭亭序》本，多爲名家題跋本，并逐本具録名家跋語，間或加按語，如范成大、沈虞卿、李心傳、魯長卿、楊萬里等品題；下卷則收録家藏本，皆爲淳祐元年、二年、三年、九年李心傳品題。上下兩卷共收録五十餘家凡近七十條，多爲南宋名家所題，其中李心傳一人就有二十跋。所録版本三十餘種，與《蘭亭考》所録多異。這些題跋於書法史、金石學及史學均具有較高價值。如卷二曰："俞壽翁寄似褉帖四，皆定本也。但筆蹟微有肥瘦之不同耳，聞諸前輩謂此石將歸天上，好事者疊紙以拓之。紙在上者字微瘦，理宜爾也。此帖差瘦勁。余一見之，便覺與沈貳卿家本相類，視壽翁所評亦然。因識其後，淳祐元年冬十有一月乙巳，研溪李心傳。劉朋達所藏本。"據陳一梅考，《續考》所收均俞松所見所藏的第一手資料，且絕大多數與《蘭亭考》不相重出。即使兩書重複部分，因俞松《蘭亭續考》乃自訂自刊之作，而桑氏《蘭亭考》已經高似孫刪潤，故可以俞氏之作校正桑書。比如，《蘭亭續考》卷一所録高文虎之文，當係《蘭亭考》所作之序的原貌，而與現存《蘭亭考》所録文字有異，《續考》不僅屢稱桑書爲《蘭亭博議》，而且署款"開禧元年十二月書"，正可證明桑輯《蘭亭考》原名《蘭亭博議》，開禧元年十二月已初成，而今名《蘭亭考》正是高似孫所改定。加之其書有李心傳爲之屢加題跋，故深爲後世所重，其學術影響甚至超越了桑世昌《蘭亭考》[①]。《四庫提要》卷八十六曰："跋内所稱近歲士人作《蘭亭考》，凡數萬言，名流品題登載畧盡者，即指世昌之書。然書中體例與世昌迥異，上卷兼載松所自藏與他家藏本，下卷則皆松所自藏經李心傳題跋者。其跋皆淳祐元年至三年所題。以《宋史》心傳本傳考之，蓋其罷祠之後，寓居臨安時也。前卷所載跋語，知辨永嘉之誤，而仍沿《筆陣

① 陳一梅：《宋人關於蘭亭序的收藏與研究・蘭亭續考所録版本》，中國美術學院出版社，2011年。

圖》所云羲之三十三歲書《蘭亭》之説，其無所斷制，與世昌相等。然朱彝尊《曝書亭集》有是書跋，稱其跋語條暢，不類董逌輩之晦澀，則賞鑒家固亦取之。至心傳諸跋，尤熟於史事，如宋祁墓碑、青社謚法諸條，皆足以備考核，非徒紀書畫也。又《宋史》心傳本傳，載其淳祐元年罷祠，而其初入史館，因言者論罷，則不載其歲月。今是書跋内有'紹定之季罷史職歸嵓居'語，則知其罷在紹定末年，亦足以補史闕焉。"

據《續考》卷二末刊跋中"其間有松所藏本"云云，蓋末署"景歐堂"主人，實指俞松本人。又跋云"後一卷，皆松所藏。嘗經秀巖李先生品題，命工鋟板，以貽同志。淳祐甲辰中秋日書於景歐堂"。"秀巖李先生"即李心傳，卷中凡所品題署名稱"秀巖李先生""李秀巖""李心傳""病叟李心傳""病叟"等。李心傳，字微之，亦字伯微，號秀巖，或秀巖野人。四川井研人。《宋史》有本傳，《建炎以來朝野雜記·序》亦有記載。《宋版書叙録》著録此書時云："這裡的'秀巖李先生'，似當指爲本書作者的李心傳。但李心傳是四川井研人，與秀巖相差十萬八千里。但勞健所抄此跋，依據的是《知不足齋叢書》本。然《知不足齋叢書》收入《蘭亭續考》時，又依據的是明嘉靖時姚氏抄本。在傳抄過程中，誤'井研'爲'秀巖'也未可知。"此處誤將"秀巖"爲地名，實爲其號。勞健所抄未誤，原跋當即如此。宋本原本即作"秀巖"，如卷一首葉前半葉第八行"李秀巖有跋在後"，卷一末葉則徑称"秀巖李先生"。《四庫提要》卷八十六著録是書云："後有自跋，稱甲辰書於景歐堂，蓋淳祐四年也。"故此本乃由李心傳於淳祐四年"命工鋟板"，俞松輯録刻梓，故稱南宋淳祐四年俞松輯刻本。弢翁又致家書云"宋人手書上版，雖殘缺，似應破例入甲等"①。勞健則跋云"叔弢謂當是作者自書上板"。《宋版書叙録》亦曰："不但自己編輯了此書，還親自主持鎸印了此書，還自己寫様上板，倩工刻印了此書。這是中國古代出版史上最典型的'自刻本'類型。因此，本書的版本就應著録爲'南宋淳祐四年俞松自刻本'更爲確切。"是否爲俞松手書并無確證，然其推測亦

① 参見《國家古籍整理出版情況簡報》第107期所載此信；又見李國慶編著：《弢翁藏書年譜》，黄山書社，2000年，第236頁。

不無道理。《藏園羣書經眼録》卷七著録曰“寫刻精美”。《自莊嚴堪善本書目》著録是本云“刻寫精湛”。《增訂四库簡明目録標注》卷八史部目録类金石之屬續録著録曰“宋嘉禾本，大字極佳”。《中國版刻圖録》考其刊地爲宋淳祐杭州或嘉興刻本，曰：“刻工曹冠英又刻《愧郯録》《唐柳先生文集》二書。《柳集》據《直齋書録解題》刻於嘉興，《愧郯録》乃岳珂守嘉興時刻，因疑此書當亦嘉興刻本。寫刻精湛。”顧志興於《浙江出版史研究·嘉興府刻書》中亦將其作爲嘉興刻本。《文録堂訪書記》卷二著録爲“宋浙刻大字本”。

關於宋槧之傳本，可知最早者爲明嘉靖三十四年乙卯（1555）姚咨抄本，原爲鮑廷博收藏，後刊入《知不足齋叢書》中。姚咨抄本（今藏國圖，9387號）後爲鮑廷博之子士恭进呈，成爲《四庫全書》底本。姚本出自宋本，其卷末姚咨《跋》云：“正德間，吴人柳大中僉嘗藏書萬卷，特以鈔本鬻於嗜古者，此册亦出諸柳氏，云係宋刻大字本搨之，又有桑澤卿《蘭亭考》十二卷，藏於家。今大中亡矣，所藏皆散去。余偶得之，華少嶽忽病痁，不能執筆，乃命兒子手搨以供老境清玩，復綴數語末簡云。嘉靖乙卯杪秋廿二日，勾吴茶夢散人姚咨時年六十有一。”姚《跋》之前，又有景歐堂主人淳祐四年《跋》。周叔弢在購得《知不足齋》本後，囑勞健從是本補入了海源閣藏本所缺及卷末景歐堂主人淳祐四年跋，俾成全帙。《知不足齋叢書》本，今國圖、上圖等均有收藏，爲通行之本。《叢書集成初編》本，即據《知不足齋叢書》本重排刊印。1988年，楊家駱主編《藝術叢編》时據《叢書集成初編》本收録，臺北世界書局出版。清光緒八年（1882）嶺南芸林仙館覆刻《知不足齋叢書》本，今臺灣“國家圖書館”有藏（0064）。由古玉清點校的《蘭亭續考》卷一即用宋本作底本，卷二則以《知不足齋》本作底本，并以姚咨抄本卷一、《知不足齋》本卷一及文淵閣《四庫》本、文津閣《四庫》本校勘。

關於《知不足齋》本與宋本之異，勞健有過比勘，其跋曰：“知不足齋據嘉靖姚氏抄本傳刻，與宋本小有異同。如卷首標名，宋本衹作‘吴山俞松’，鮑刻則多一‘集’字。宋本於宋諱，如殷、敦、徵、敬諸字，皆未缺筆，獨‘貞’字缺筆謹嚴，疑別是私諱。鮑刻則於宋諱字皆從缺筆；貞觀或作正觀，兹仿寫悉改從宋本例。又鮑刻因當時文字禁忌，於胡虜字皆改易。今取此上册之可證者，如殺虎林爲殺胡林，改從宋本。其疑者，如北庭或爲虜庭之改，顧未可武斷，則姑從鮑本云。”宋刻“玄”字，鮑刻蓋作“元”字；宋刻“弦”字，鮑刻缺末筆。何以宋槧不諱，而姚抄及鮑刻反而避諱，蓋鮑氏未見真宋槧，以爲宋槧必諱，因而妄改諱字，從而與宋槧不符。其他如宋刻“余”字，間或改作“予”字，“序”亦間作“叙”，“須”改作“鬚”，“璽”改作“繭”，“摹”間作“模”，“吾”改作“我”，“虜”改作“北”“敵”，“胡虜”改作“邊塞”，“胡林”改作“虎林”等。間有行字數不一者，亦見非影刻。又，鮑刻有訛誤，亦有校改宋刻之處，可知宋刻亦有訛處。如宋刻第五葉首行頂格“昔得之於工部外郎薛伯常”之“昔得”二字，鮑刻誤作“嘗聞”。宋刻第六葉首行“……得蘭亭妙處，一開不能逃也”之“開”字，鮑刻誤作“間”字。第七葉前半葉第六行“右藏越僧處”句，鮑刻於“右”字後衍一“本”，雖文意是，但宋刻凡類此句者均無此字。宋刻第九葉第八行“各有精粗，故等不同。惟自定武者……”之“粗”字，鮑刻作“麤”，“自”字作“是”。第十葉前半葉末行至後半葉首行“陵易李心傳書”之“易”字，鮑刻作“陽”。李心傳爲井研人，即今樂山市井研縣，北宋時亦稱之“陵陽”，鮑刻改字，當是。第十一葉第六行“規媚傷弱，工勝拙，當之無復見”句，鮑刻“工”字後有“不”字，“之”字改作“時”，古玉清點校本以爲鮑刻是。第十三葉前半葉第七行“是蓋微瑕棄玉，而以玉表重珉”，“蓋”字後，鮑刻增一“以”字；後半葉第四行首句“朝士素藏金石刻”之“素”字，鮑刻作“喜”字。第十五葉後半葉末行“俛仰之間”之“俛”字，鮑刻作“俯”字。第十七葉末行至第十八葉首行“故知此本爲定武毋疑”，鮑刻於“定武”後增加“者”字。第十八葉後半葉第七行“辯才尤祕重”之“辯”字，鮑刻作“辨”字；第八行“託官墮戎兵”之“官”字，鮑刻作“言”字。第十九葉末行“何由望羣英”之“由”字，鮑刻作“繇”字。第二十四葉第五行“僧智果借榻不從，索果死，歸弟子辯才”句之“從”“索”字，鮑刻改爲“還”“後”字，當是。第二十五葉首行“紹熙癸丑正月十日書於姑蘇郡齋”之“紹熙”二字，鮑刻改作“紹興”，此跋未題作者，但自內容有“揆爲太學正時”云云，作者當爲沈揆（字虞卿），清《〔光緒〕嘉興府志》卷五十有傳，高宗紹興三十年（1160）進士，孝宗淳熙六年（1179）知台州。九年，除秘書少監，累遷秘閣修撰，出爲江東轉運副使。光宗紹熙二年（1191），知平江府。四年，遷司農卿，權吏部侍郎。官終禮部侍郎。又，本書沈揆所題均在孝宗至光宗間。按其生平，宋槧言紹熙爲是。第二十六葉後半葉末行至二十七葉前半葉首行“考其二石”，鮑刻無“其”字。第二十七葉後半葉第二行“而精緻者得真十六七”之“真”字，鮑刻改作“其”字；第八行“若有神明呵禁之者”，鮑刻“之”字後有“爲”字。第三十一葉前半葉第六行“龍跳天門，虎臥鳳閣”之“閣”字，鮑刻作“闕”字。《叢書集成》本雖以鮑刻爲底本排印出版，但亦有訛誤。今以宋本、鮑刻校之，如宋本卷一首葉後半葉第七行“今遂破爲數段石”之“遂”字，《集成》本誤作“將”。第二十二葉後半葉第五行“右不損本自王順伯而下十三跋藏俞松家”之“三”字，《集成》本誤作“五”，等等。《四庫》本底本爲姚咨抄本，以宋本對勘《四庫》本，亦有異文，如宋刻第五葉首行頂格“昔得之於工部外郎薛伯常”句，文淵閣、文津閣《四庫》本作“錢及之於工部外郎薛伯常所藏蘭亭”。宋刻第十三葉“唐太宗始得《脩禊敘》，命趙模、韓政、馮承素、諸葛貞搨本賜群臣”，文淵閣、文津閣《四庫》本“韓政”作“韓道政”，當是。宋刻第十七葉“靖康時岐陽石鼓共載以北”，文淵閣、文津閣《四庫》本“岐陽”前有“與”字。宋刻第二十六葉“在當時，在後世，或猶有”，文淵閣《四庫》本作“在當時或已有”。宋刻第二十七葉“摹思差劣”，文淵閣、文津閣《四庫》本“思”作“手”；本葉“時人鮮克致晳”之“致晳”，文淵閣《四庫》本作“攻發”，文津閣《四庫》本作“辨別”；本葉“其庸工者駁乎無以議爲，而精緻者得其十六七”，文淵閣《四庫》本“駁乎無以議爲”作“駁雜不能致辨”，文淵閣、文津閣《四庫》本“緻”作“微”；本葉“雖明晳秋毫”，文淵閣、文津閣《四庫》本“晳”作“發”，當誤；本葉“亦㦸乎其難哉!”，文淵閣、文津閣《四庫》本“㦸”作“戞”。第三十葉“廿餘年習《蘭亭》，皆無入處，今夕鐙下觀之，頗有所悟，漫書於此”，文淵閣、文津閣《四庫》本“入”作“會”，“悟”作“得”。第三十四葉“石紋自然皺動”，文淵閣、文津閣《四庫》本“動”作“縐”。第三十五葉“牙籤軸不止三萬”，文淵閣、文津閣《四庫》本“牙籤不止三萬軸”。卷二第一葉“淳祐辛丑歲十有一月庚子哉生霸”，文淵閣、文津閣《四庫》本“覇”作“魄”字。第二葉“予遽解舟，今不憶所題若干卷”，文淵閣、文津閣《四庫》本作“余與良貴各題若干卷”。第三葉“未幾屬韃之除”，文淵閣、文津閣《四庫》本“除”作“際”字。第五葉“心傳嗣書”前，文淵閣、文津閣《四庫》本有“霅濱病叟李”五字，似爲館臣妄加。自校勘可知，鮑刻於宋本有校正之功，《集成》本雖有訛誤，但爲最早標點之本。《四庫》本有些爲有意校改，有的則是傳抄之誤，然其校勘亦有可圈可點之處。諸本中鮑刻本及抄本較爲精審，宋槧雖亦有舛誤之處，但作爲存世孤本，其版本價值毋庸置疑。

國圖藏有三部抄本，第一部爲明抄本（06807），九行十八字，無格，卷首有李心傳序，卷末有嘉靖庚寅“安”跋，曰：“蘭亭續考，前一卷其間有松所藏本，與它人所藏者合爲一卷，後一卷皆松所藏。嘗經秀巖李先生品題，命工鋟校以志，淳祐甲辰中秋日書於景歐堂。余先得蘭亭考十三卷，録之久矣。今得《續考》二卷，係宋刻大字本，與前本不同，今照前書式寫過，合不相失幸矣。嘉靖庚寅，安。”鈐印“鐵琴銅劍樓”，此爲常熟瞿氏舊藏，但《鐵琴銅劍樓藏書目録》未著録。第二、三部均爲清抄本，一部（09388），九行二十一字，無格，此本卷末有景歐堂主人淳祐四年跋、姚咨跋，鈐印“朱彝尊錫鬯”“南書房舊講官”“寅昉”“臣光焴印”“鹽官蔣氏衍芬草堂二世藏書印”。一部（09387），九行二十二至二十四字，無格，卷末有姚咨跋，見上引，又卷末附録黄庭堅跋，曰：“蘭渚上右軍蘭亭真蹟爲僧辨才所藏，唐太宗百計求之不獲，房玄齡薦蕭翼才，可使翼乃南游辨才，一見密款，翼因竊歸。太宗大悦，拜翼員外郎，臨没時，顧太子願借此以殉。今世所傳皆是當時臨本。”鈐印“小字豈館”“臣溥”“寅昉”“臣光焴印”“鹽官蔣氏衍芬草堂二世藏書印”“芷齋圖籍”“松下藏書”“歸兼”“張載華印”等，此書蓋由蔣光焴收藏過。南開大學圖書館收藏一部清抄本，并爲《名録三》（08450）收録，十一行，二十二字，無格，秦更年跋，鈐印“城南草堂鑒藏圖書記”“更年”，前半部爲朱彝尊手書，極爲珍貴。

考是本“趙徵雲印”，據《〔光緒〕常昭合志稿》卷二十《選舉志》載有其人，曰四十一歲時得“康熙副貢”。明中葉著名學者、藏書家，常熟人趙用賢（1535—1596）有子趙隆美，隆美有子士錦，士錦字前之，崇禎進士，有孫名徵介，亦爲康熙進士，見《〔光緒〕常昭合志稿》卷二十五《人物傳》。據孫楷第《也是園古今雜劇考》①，徵雲“疑是徵介兄弟”。趙士錦著有《甲申紀事》，收入《壹是堂集》，并曾刊刻《西崑酬唱集》，此本卷首護頁左下自下而上依次鈐有“壹是堂讀書記”“濟未氏”“趙徵雲印”，當爲同族所爲，則此本極有可能是趙氏先人傳世家藏秘笈。又據周越然《言言齋古籍叢談》之“蜂蝶慕香”條載家藏明葉盛刻本《雲仙雜記》，鈐有“徵雲之印”“壹是堂讀書記”印記。又據韋力《書樓尋蹤》（河北教育出版社 2004 年版）之“壹是堂”條載，壹是堂乃清乾嘉間蘇州藏書家金可埰（字心山）藏書處，今址在蘇州市馬醫科巷 21 號。金氏乃文瑞樓主金檀之孫，藏書散出後，黄丕烈曾有收藏。今北大圖書館藏有李盛鐸舊藏明刊本《雲溪友議》上、下二卷（缺卷中），上有金氏、黄氏跋，鈐印“心山”“心山書畫”“壹是堂讀書記”。《木犀軒藏書題記及書録》及《蕘圃藏書題識》均載。“壹是堂”或爲兩屬？意者前者更是。此本後入怡府（丁案：弘晓《怡府書目》未著録），怡府藏書散出後，流入廠肆，蓋爲同治間楊紹和官都時購之。然是書《楹書隅録》不載，當爲紹和後收而未及之。《海源閣宋元秘本書目》題《禊帖續考》一卷一册即此。王紹曾《楹書隅録補遺》卷三著録此書云：“《海源閣宋元秘本書目》題宋本《禊帖續考》一卷一册，當即此書，惟卷數册數有誤。”《海源閣宋元秘本書目》所題不誤，蓋紹和所收時即爲一卷一册，其後周叔弢從楊敬夫處購得後，囑勞健抄補第二卷一册，有弢翁題識及勞健跋爲證。之後散出，先爲旌德江漢珊所得，又爲京都文禄堂收藏，《文録堂訪書記》著録。弢翁又從文禄堂得之，弢翁致王文進書曰：“《蘭亭續考》價，二月十日前後可付三百元。”② 弢翁於《自莊嚴堪善本書目》題識云：“宋淳祐刻本，卷二配勞健抄本。”勞健抄於 1934 年初，第二卷後有勞氏跋，對是本流傳、版刻和抄補等交代頗詳，曰：“宋大字本《蘭亭續考》，怡邸舊藏，原裝析作二册，歸海源閣時僅存上册。頃歲聊城兵亂，閣書多散佚，此爲旌德江君所收。癸酉歲暮，叔弢復得諸北平文禄堂書鋪，以示健，屬爲依知不足齋刻本補寫足之。

① 《也是園古今雜劇考》，上雜出版社，1953 年，第 43—46 頁。
② 李國慶編著：《弢翁藏書年譜》，黄山書社，2000 年，第 86 頁。

宋本上册并序，都三十三頁；今略依其行款字數仿寫下册，僅得十九頁。疑宋本下册或有附頁題跋甚多，惜早佚不可見……宋本寫刻甚美，叔弢謂當是作者自書上版，於宋槧中絕罕見，洵可寶貴。拙書續貂，陋劣愧不相稱。幸佚册儻猶在人間，會有延津劍合之時，姑視此爲筌蹄，以俟異日覆瓿可耳。甲戌正月桐鄉勞健篤文書於唐山。”1952 年，周叔弢將此本捐獻於北京圖書館。《古逸叢書三編》收録，李致忠跋。《中華再造善本》收録。

參考文獻：

李致忠：《宋版書叙録》，北京圖書館出版社，1997 年。

顧志興：《浙江出版史研究》，浙江人民出版社，1991 年。

陳一梅：《宋人關於蘭亭序的收藏與研究·蘭亭續考所録版本》，中國美術學院出版社，2011 年。

桑世昌集、白雲霜點校：《蘭亭考》，俞松集、古玉清點校：《蘭亭續考》，《中國藝術文獻叢刊》，浙江人民美術出版社，2013 年。

李可泓：《李心傳事蹟著作編年》，巴蜀書社，1990 年。

二十一、楚辭集註八卷

宋朱熹集註，辯證二卷，後語六卷，宋朱熹撰。宋端平二年（1235）刻本，十二册。目録末朱熹序首葉抄補。卷首爲“楚辭集注目録”，目録正文皆低一格，首五卷離騷，末低二格注“以上離騷凡七題二十五篇，皆屈原作，今定爲五卷”；次三卷爲續離騷，末注“以上續離騷凡八題十六篇，今定爲三卷”。目録末有朱熹序，序曰：“……而獨東京王逸《章句》與近世洪興祖《補注》并行於世，其於訓詁名物之間，則已詳矣。顧王書之所取舍，與其題號離合之間，多可議者，而洪皆不能有所是正。至其大義，則又皆未嘗沈潛反復，嗟歎咏歌，以尋其文詞指意之所出，而遽欲取喻立説，旁引曲證，以强附於其事之已然，是以或以迂滯而遠於性情，或以迫切而害於義理，使原之所爲壹鬱而不得申於當年者，又晦昧而不見白於後世。予於是益有感焉，疾病呻吟之暇，聊据舊編、粗加檃括，定爲《集註》八卷。庶幾讀者得以見古人於千載之上，而死者可作，又足以知千載之下有知我者，而不恨於來者之不聞也。嗚呼悕矣，是豈易與俗人言哉!”次即正文。次爲《楚辭辯證》上下卷，《辯證》首爲小序，曰：“余既集王、洪《騷注》，顧其訓故文義之外，猶有不可不知者。然慮文字之太繁，覽者或没溺而失其要也，别記于後，以備參考。慶元己未（1199）三月戊辰。”次爲《楚辭後語》，首爲目録，目録末小序曰：“以晁氏所集録《續》《變》二書刊補定著，凡五十二篇。晁氏之爲此書，固主於辭，而亦不得不兼於義。今因其舊，則其考於辭也宜益精，而擇於義也當益嚴矣！此余之所以兢兢而不得不致其謹也。蓋屈子者，窮而呼天，疾痛而呼父母之詞也。故今所欲取而使繼之者，必其出於幽憂穷蹙怨慕凄凉之意，乃为得其餘韻……”卷末依次有嘉定五年（1212）鄒應龍《楚辭後語》跋，嘉定十年朱熹子朱在《楚辭後語》跋，端平二年朱熹孫朱鑑《楚辭後語》跋。朱在跋曰："先君晚歲草定此編，蓋本諸晁氏《續》《變》二書。其去取之義精矣，然未嘗以示人也。每章之首，皆略叙其述作之由，而因以著其是非得失之跡。獨《思玄》《悲憤》及《復志賦》以下至于《幽懷》，則僅存其目，而未及有所論述。故今於此十九章之叙，皆因晁氏之舊而書之。若夫《鞠歌》《擬招》二章，則非歸來子之書所及者，讀者又當有以識夫旨意於言詞之外也。嘉定壬申仲秋，在始取遺藁，謄寫成編，捧玩手澤如新，而音容不復可見矣。因涕泣而書其後。又五年，歲在丁丑，補外來守星江，寔嗣世職，既取郡齋所刊《楚詞集注》，重加校定，復併刻此書，庶幾并行，且以識予心之悲也。中秋日在謹記。"朱鑑跋曰："《吊屈》《服賦》已見《續騷》，《反騷》一篇亦附卷末，而《後語》之作皆復收入。其本旨既不可知，而二集并存，則爲重複，今以《反騷》著於此，而賈、賦二章則存其目，庶幾二集若相爲用，不可偏廢，而纂輯之意或以是而得之。至於《思玄》以下十九章，用歸來子之説，而未經刊定者姑以附注於篇目之下云。端平乙未秋七月朔，孫承議郎權知興國軍兼管內勸農營田事節制屯戍軍馬鑑百拜敬識。"首卷首行頂格題"楚辭卷第一"，尾題同，下空四格題"集註"，次行低一格題"離騷經第一"，下空三格題"離騷一"，第三行低二格爲小序，正文頂格；卷八尾題"楚辭卷第八"，後低一格題"反離騷"，下雙行小字題"見後語"，經核，"反離騷"在後語卷二末，爲目録中第十六篇，目録題"反離騷十六"。辯證卷端頂格題"楚辭辯證上"，尾題同，次行起低一行爲小序，目録題名低三格，目録正文首行頂格，次行起皆低一格，正文題目低二格，正文首行頂格，次行起皆低一格。楚辭後語首行頂格題"楚辭後語目録"，目録正文皆低二格，目録末有朱熹序，次爲正文，首卷首行頂格題"楚辭後語卷第一"，尾題同，次行低一格題"成相第一"，第三行起爲小序，正文頂格。卷末卷鄒應龍楚辭後語跋、朱在跋皆低二格，朱鑑跋低三格。22.6×16.7厘米，九行十八字，小字雙行字數同，左右雙邊，白口，雙魚尾。上魚尾上記字數，下題"楚幾"或"楚辞幾""楚辞幾"，下魚尾上題葉次，下題刻工名。刻工有李可、李仝、范元、刘方、刘玨、刘政、刘才、信、友、袁、共、生、丙、可、危、袁、辛、正、翁、其、元、永等。宋諱"玄""眩""恒""桓""項"

“貞”“讓”“縣”“慎”字等缺筆。鈐印“源”“海源閣”“瀛海僊班”“東郡宋存書室珍藏”“東郡楊氏鑑藏金石書畫記”“宋存書室”“東郡楊氏宋存書室珍藏”“東郡楊氏海源閣藏”“楊以增字益之又字至堂晚號冬樵行弍”“楊紹和印”“彦合珍玩”“彦合珍藏”“彦合”“紹和彦合”“秘閣校理”“楊紹和印”“東郡楊二”“紹和筑岩”“協卿讀過”“楊保彝藏”“東萊劉占洪字少山藏書之印”“劉占洪少山氏珍藏”等，海源閣、劉少山舊藏。國圖（07896）。《名録一》（01007）。

朱熹（1130—1200），字元晦，一字仲晦，號晦庵，晚稱晦翁，又稱紫陽先生、考亭先生、滄州病叟、雲谷老人，又稱朱文公，祖籍徽州婺源（今屬江西）。生於南劒州尤溪（今屬福建），家境窮困，自小聰穎，弱冠及第，紹興十八年（1148）登進士第。二十一年，銓試及格，授左迪功郎、泉州同安縣主簿。任滿歸鄉，被差監潭州南嶽廟，拜李侗爲師。一再辭去官職，專心著書講學。宋孝宗淳熙間，歷任知江西南康軍、提舉江西常平茶鹽公事、提舉浙東常平茶鹽公事等。光宗時，歷任知漳川、秘閣修撰、知潭州兼湖南安撫使。宋寧宗初，升焕章閣待制兼侍講。慶元二年（1196），被反對派彈劾，落職罷祠。慶元六年，病卒。嘉定元年（1208）謚“文”。歷高、孝、光、寧四朝。居建陽崇安（今武夷山），榜聽事曰紫陽書堂，故稱紫陽；又於建陽雲谷結草堂名“晦庵”，自稱雲谷老人；晚年寓考亭，在此講學，世稱“考亭學派”。承北宋周敦頤與二程學説，創立理學。其著作甚多，輯定四書作爲教本。《宋史》卷四百二十九有本傳。

《楚辭》的最早本子是漢劉向編訂的十六卷本；後漢王逸爲之章句，續增其自著的《九思》一篇，成十七卷本；宋洪興祖爲之補注，是謂《楚辭補註》；其後宋晁補之又擇後世文辭與《楚辭》相類似者，編爲《續楚辭》二十卷，凡二十六人，計六十篇；又擇其餘文賦或大意祖述《離騷》，或一言似之者，爲《變離騷》二十卷，凡三十八人，共九十六首。朱熹根據王氏和晁氏二書，删去《七諫》《九懷》《九歎》《九思》四篇，於賈誼《惜誓》篇後增入《吊屈》《服賦》二篇，并將揚雄《反離騷》一篇附録於後，附入注釋，定爲《楚辭集註》八卷。《辯證》二卷實爲《集註》的補充，是在“訓故文義”之外，尚有些必須闡明或辯證的問題，爲避免注釋文字繁雜，皆獨立成篇，約計一百一十餘條。

《後語》六卷則是根據晁氏所集《續楚辭》和《變離騷》加以增刪而成，含朱熹新增數篇，凡五十二篇。每篇先解題，次注釋，間有批評。前十七篇解題、注釋皆具，後三十五篇無注（十六篇有解題），殆未完之作。故此，朱熹的《楚辭集註》八卷《辯證》二卷《後語》六卷，是一個至宋代爲止的最完備的《楚辭》集子，包括了屈原的全部作品和受屈原影響的宋以前的歷代最好的作品。今晁氏書不傳，王氏《章句》宋本亦無存，朱熹的這個注本就極爲難得。

《楚辭集註》八卷《辯證》二卷《後語》六卷當作於朱熹晚年的最後幾年。趙希弁《郡齋讀書志附志》卷下著録曰："公之加意此書，則作牧於楚之後也。或曰：有感於趙忠定之變而然。"按朱熹作牧於楚，在光宗紹熙四年（1193）。趙汝愚罷相則在寧宗慶元元年（1195），故成書當在其時。慶元元年，朱熹卜築於建陽考亭，據嘉定四年同安郡齋刻本《楚辭辯證》二卷之卷末嘉定四年七月朔日朱熹門人楊楫刊後跋曰："慶元乙卯（1195），楫自長溪往侍先生于考亭之精舍，時朝廷治黨人方急，丞相趙公謫死于道，先生憂時之意屢形於色。忽一日，出示學者以所釋《楚辭》一編，楫退而思之：先生平居教學者，首以《大學》《語》《孟》《中庸》四書，次而六經，又次而史傳。至於秦、漢以後詞章特餘論及之耳。乃獨爲《楚辭》解釋，其義何也？然先生終不言，楫輩亦不敢竊有請焉。歲在己巳（嘉定二年，1209），忝屬冑監，與先生嗣子將作簿同朝，因得録而藏之。今以屬廣文游君參校，而刊於同安郡齋。"此跋見存於《辯證》二卷之末，然細究所跋內容，實爲《楚辭集註》而言，不僅可知其成於慶元元年，且知其刊印於嘉定四年同安郡齋，這也是有實證記載的《楚辭集註》八卷最早刊本。據日本大正三年（1914）《內閣書目》著録有"宋慶元四年戊午刻本《楚辭集註》八卷"，此本要早於嘉定四年本十三年。學者據此言慶元四年刻本是《楚辭集註》八卷的最早刻本，然據1956年編就的《內閣文庫漢籍分類目録》，又不載此本，可知此時已不存於庫。或前著有誤？或"嘉定四年"之誤？或已佚去？頗有疑惑。《辯證》二卷，據其小序可知，成於慶元五年。又據楊楫刊後跋，其初刊於嘉定四年同安郡齋，或與《楚辭集註》八卷同時刊印，而《集註》佚去，惟存《辯證》二卷，但刊跋未佚。至於《後語》六卷，當成書最晚，據崔富章《楚辭書録解題》本條著録曰："慶元六年三月九日熹卒。死前三日，‘又修《楚辭》一段’（門人蔡沈《夢奠記》），所指應是尚在編著中的《後語》六卷。”而刊梓自在其後。據上考查，嘉定四年同安郡齋刻本《楚辭集註》八卷《辯證》二卷，當是最早刻本，至於有無《後語》六卷，不知。又據此端平本朱在跋可知，朱熹逝世十二年之後，即嘉定五年九月，朱在“始取遺稿，謄寫成編”，無解題之十九篇“皆因晁氏之舊而書之”，并於嘉定十年八月刊版於星江郡齋，或謂《後語》六卷最早之本，端平本《後語》或出於此本。次刻爲宋嘉定六年章貢郡齋刻本《楚辭集註》八卷、《辯證》二卷，并揚雄撰《反離騷》一卷，亦未見有《後語》六卷，今藏國圖。第三刻即此端平刻本，包括《楚辭集註》八卷、《辯證》二卷、《後語》六卷，而《反離騷》一卷存於《後語》第二卷之末。第四刻爲九行十七字本（今藏國圖，14032號），《楚辭集註》八卷、《後語》六卷，許乃晋、朱錫庚、闞蔚煌、中國書店舊藏。第五刻爲八行十六字本（今藏國圖，10529號），《楚辭集註》八卷，清內府舊藏，《天禄琳琅書目後編》卷六著録一函七册即此，曰：“是書明時有刻本，并後語、辨證俱全。此宋大字本，極清朗，雖印本衹四卷，而卷一、卷三、卷四影鈔亦甚工緻，以其希覯足珍收之。每册前有大印，割補僅存一‘亭’字可辨。”蓋館臣未見宋嘉定本、端平本，始出言“明時”云云。第六刻爲南宋咸淳三年潭州湘陰令施南向文龍刻本《楚辭集註》八卷，《天禄琳琅書目》卷三宋版集部著録曰：“楚辭一函四册。周屈平撰。附宋玉、景差、賈誼、莊忌、劉安擬《騷》諸篇，共八卷。宋朱子集注。目録後載朱子序，前有宋羅荷、向文龍二序、《汨羅山水圖》、屈平、朱子二像……考《宋史》，寧宗慶元二年，朱子草封事數萬言，陳姦邪蔽主、明丞相趙汝愚之冤，力辭職名，詔仍充秘閣修撰。時臺諫皆韓侂胄所引。有胡紘者，未達時謁朱子於建安，待以脱粟飯。紘不悦，語人曰：‘此非人情！隻雞尊酒，山中未爲乏也。’及是，乃鋭然以搏擊爲任，以疏草授御史沈繼祖奏之，誣論十罪。詔落職罷祠。振孫所謂‘有感而託’者，蓋以此也。是書刻于咸淳丁卯，係宋度宗三年。所繪《汨羅山水圖》中有清烈公廟及墓。考《宋史》，祕書監何志同言，‘諸州祠廟多有封爵未正之處，如屈原廟在歸州者封清烈公，在潭州者封忠潔侯之類，宜加稽考，取一高爵爲定，悉改正之’云云。蓋宋祀典，封爵，初封後，再封公。

當時既經改正，潭州之廟宜亦稱清烈公。又按：汨羅在湘陰縣北，宋爲潭州所屬。施南向文龍序稱：'學製湘陰，汨羅隸焉。欲索《楚辭集註》善本，與邑之賢士大夫共讀之，則未之有。乃輟俸刻梓於縣齋。'廬陵羅荷者，時爲文學掾，故亦爲序之。其刻是書，蓋欲求爲善本，宜其雕槧精良也。"有清高宗弘曆題詩云："信是身清志猶烈，允宜朱註向爲刊。害公有疾託蕭艾，正道無妨擬蕙蘭。論古恒明論今闇，責人則易責躬難。睪然惕若披芸處，敢作尋芳漱潤觀。乾隆乙未仲春御筆。"卷八有文徵明題識"衡山文璧藏"，其子文彭亦有印記，後入檇李項氏、泰興季氏，鈐印"衡山""文彭之印""季振宜藏書"，蓋毀於火，今已不存，《郘亭知見傳本書目》著録有明蔣之奇重刻本。蓋宋槧至少刊梓六次，最早的嘉定四年本及咸淳三年刻本皆不存，今僅存四刻。

此本爲朱鑑於端平間將《集註》《辨證》《後語》三書合而刊印，將《集註》和《後語》中重複的三篇（即《集註》收《吊屈原賦》《服賦》，又附載揚雄《反離騷》，《後語》亦收，朱鑑本則於《集註》刪去《反離騷》，於《後語》刪去《吊屈原賦》《服賦》）刪去。《郡齋讀書志附志》卷下著録"楚辭集註八卷、後語六卷、辯證一卷"，或即此本，惟"辯證"作"一卷"不知爲何。《直齋書録解題》卷十五著録"楚辭集註八卷，辯證二卷"，無《後語》六卷，《中興館閣書目輯考》卷五著録"朱熹楚辭集註八卷，辯證二卷，後語"（《玉海》卷五十四），《宋史・藝文志》"朱熹楚辭集註八卷，辯證一卷"，《文獻通考・經籍考》"楚辭集説八卷，楚辭後語六卷"，由於諸目僅著録書名及卷次，故不知著録究竟是何版本。鄭振鐸跋此本影印本曰"爲熹孫朱鑑於宋理宗端平乙未（1235 年）所刊本"，蔣立甫《校點説明》亦題"端平二年朱鑑刻本"。《北京圖書館善本書目》題"宋端平刻本"。李致忠曰："乙未，即南宋理宗端平二年，故有人據此（朱鑑跋）便將此書定爲'宋端平二年朱鑑刻本'。此種定法雖然大體可信，但細覽此跋，衹言去取編次之意，并未言及刻書，直接就説在這一年朱鑑鎸刻此書，尚顯證據不足。故中國國家圖書館將其定爲'宋端平刻本'是比較謹慎的。此本鎸刻精善，裝幀古雅，又內容完整無損。"此本避諱不謹，北宋諸帝多諱，而南宋僅孝宗趙昚嫌名"慎"字缺末筆，而如《天問》"成湯東巡"之"巡"字不避，《橘頌》"廓其無求兮"之"廓"字等皆不避。《楹書隅録》卷四著録云："通體完善，字大悦目，惟第一卷序首一葉影宋抄補，字極工，《後語》末有子在跋及嘉定壬申鄒應龍後序，蓋南宋槧初印本。鎸刻精善，裝池古雅，可寶也。"周叔弢《楹書隅録》批注曰："白紙印精，有漫漶處，'辨證'有作'卞正'之頁。挖圈點。"

《楚辭集註》在宋代可知者有如上六刻，元代刊梓亦多，計有：元至治元年（1335）建安虞信亨宅刻本，《後語目録》尾有牌記"建安虞信亨宅重刊至治辛酉臘月印行"，十一行二十字，小字雙行二十四字，今山東圖書館、中國國家博物館皆有藏本，後者所藏牌記已挖去。元天曆三年（1330）陳忠甫宅刻本，臺圖有藏，十一行二十字，小字雙行二十四字，《後語目録》末牌記云"天曆庚午孟夏陳忠甫宅新刊"，1991年《"中央圖書館"善本叢刊》影印是本，昌彼得跋。元後至元二年（1337）建安傅子安宅刻本，十一行二十字，小字雙行二十四字，《後語目録》末牌記云："建安傅子安宅重刊，至元丙子孟春印行。"今藏國圖，民國間掃葉山房曾影印出版，1956年臺北市萬國圖書公司重印，1966年臺北新陸書局再次重印。元至正二十三年（1363）高日新刻本，目録、卷端、行款等悉與至元傅子安本同，《後語目録》末牌記云："歲在癸卯孟春高日新宅新刊"，原本藏於日本寶勝院，今不知何在，黎庶昌《古逸叢書》據以覆刻，1962年江蘇人民出版社重印《古逸叢書》。1980年，揚州廣陵古籍刻印社重印，末附《校記》，以宋端平本校之，計有四十一處異文。另有元槧十一行二十字本十餘種，國圖、上圖、西南師院、南開大學、北大等皆有收藏，這些刻本因牌記不存，具體屬於以上哪一種尚需一一目驗方能定奪。南圖藏有九行十八字本，《善本書室藏書志》著録爲宋刻本，當誤。國圖藏有十行二十字本，僅存《後語》二卷（卷五、六）。

明代刊梓更多，計有：明成化十一年（1475）吴原明刻本，八行十七字，何喬新序，末葉中縫下有"吴國柏刊"，今浙圖、山圖、浙大皆有收藏。明弘治十七年（1504）書林魏氏仁寶堂刻本，十行二十一字，南圖有藏。明胡堯元刻本，九行十七字，卷端第三行署"後學胡堯元校刊"，今國圖有藏。明正德十四年（1519）沈圻休寧刊本，九行十七字，首有何喬新序，次有正德十四年張旭序，《辯證》後有正德十四年沈圻刊跋，今南圖、湘圖、北大皆有藏本。明嘉靖十四年（1535）袁褧吴縣刻本，十行十八字，《後語》末有刊記曰："嘉靖乙未汝南袁氏校刊"一行，今國圖、南開大學、美國國會圖書館皆有收藏。明嘉靖十七年楊上林刻本，十行二十字，卷端次行題"離騷經第一　山陽楊上林校刊"，卷八有楊氏題識，今山東圖書館、上海辭書出版社、日本大阪大學懷德堂藏朝鮮重刊楊上林刻本。明嘉靖間葉邦榮刻本，十行二十字，卷端次行署"閩中葉邦榮校刊"，上圖有藏。明嘉靖間刻本，八行十七字，今藏上圖。明張肇林刻本，八行二十字，今藏上圖。明隆慶、萬曆間刻七卷本，中國科學院圖書館有藏。明萬曆二十六年（1598）吉藩魏椿重刊成化本，八行十七字，國圖、上圖、天一閣皆有藏本。明萬曆三十二年朱崇沐刻本，九行十七字，今上圖、北師大、美國國會圖書館皆有收藏。明萬曆三十五年陳氏刻本，九行十八字，安徽博物館有藏。明萬曆、天啓間楊鶴刻本，上圖、浙圖、山東圖書館、津圖皆有收藏。明天啓六年（1629）蔣之翹仲雅堂刻本，九行二十一字，國圖、上圖、浙圖、贛圖、南開、美國國會圖書館等數十家皆有收藏。明崇禎十年（1637）吴郡八詠樓刻本，題"楚辭評林"，署"紫陽朱子集註"，九行二十五字，上圖等有收藏。另有明刻遞修本，九行十七字，上圖、吉圖、人民大學、吉林大學等皆有收藏。明翻宋刻本，十行十八字，美國國會圖書館、南圖、川圖皆有收藏。清代刊梓不如明代多，計有清康熙聽雨齋重刊套印沈雲翔輯八十四家評本，八行二十字，浙大、福建圖書館、泉州圖書館、清華大學圖書館等皆有收藏。清光緒三年（1877）湖北崇文書局刻本，十二行二十四字，浙圖有藏。清光緒八年江蘇書局刻本，九行十七字，浙圖有藏。明清抄本有三種，計有明末王鏞朱墨抄本，十行十八字，哈爾濱師範大學有藏。清内府抄本，九行二十二字，今藏臺北故宫博物院。文瀾閣《四庫全書》本，今藏浙圖，其底本當爲前録"内府藏本"。域外有日本慶安四年（1651）刊本，九行十八字，卷八末有牌記云"慶安四年三月吉祥，二條通玉石町，村上平樂寺"，今藏大阪大學懷德堂。1979 年，上海古籍出版社出版排印標點本，據 1953 年人民文學出版社影印端平本標點，以黎庶昌《古逸叢書》本、掃葉山房影印元至元二年本、清光緒三年崇文書局參校，每篇末附《校記》，李慶甲校。

1953 年人民文學出版社曾影印端平本，鄭振鐸撰跋（《西諦書跋》

亦載）詳揭編刻源流，并言其學術價值曰："黎庶昌嘗於日本獲見一元刊本的朱氏《集註》，已驚爲秘笈，亟爲之覆刻，收入《古逸叢書》中。今得此宋本，又遠勝於《古逸》本了。我曾把這兩個本子初步對讀了一下，即發現元刊本有不少錯誤失真之處。如宋本朱熹序中'世不復傳'四字，元本作'世復不傳'，一字顛倒，語氣便大有出入。又宋本《辨證》卷上中'然其《反騷》，實乃屈子之罪人也'一句，元本佚去'然'字，作空格。'《楚辭》卷第一'下，宋本僅有'集註'二字，元本則增爲'朱子集註'四字。又宋本《後語》之末，附有鄒應龍、朱在、朱鑑的三篇跋文，元本均佚去，令人無從知道《後語》成書與印行的經過，以及朱在刊書的始末。可見書貴古本，不僅因其'古'而貴之，實在是爲了實事求是，要得到一個最準確、最無錯誤的本子，作爲研究的依據，以免因一字之差，而引起誤會，甚至不正確的論斷。"今再將端平本與瞿氏藏宋嘉定六年章貢郡齋刻本《楚辭集註》八卷本對校，端平本雖亦間有使用簡體題、異體字、古今字等，如"昏"作"昬"、"貌"作"皃"、"跡"作"迹"、"棄"作"弃"、"囬"作"回"等。但整體來看，嘉定本所用更多等，如"聽"作"听"、"規"作"䂓"、"飾"作"𩜁"、"它"作"他"、"競"作"竸"、"妬"作"妒"、"纍"作"蘽"、"蠶"作"蚕"、"解"作"鮮"、"戀"作"恋"、"殀"作"妖"、"彊"作"强"、"揔"作"緫"、"備"作"俻"、"游"作"遊"、"屬"作"属"、"巖"作"岩"、"複"作"復"、"周"作"週"、"眞"作"真"、"脩"作"修"等。嘉定本幾乎不避諱，僅見"桓""詣"字避諱。據此本之朱在、朱鑑跋，此本儘管晚出，但當爲家藏底本出，又經朱熹子孫校勘，頗爲精審，訛誤較少；而嘉定本或爲流出本，幾經傳抄，訛誤不斷。今以卷一爲例，端平本亦間有訛誤之處，如第四葉前半葉第七行"不，二作弗"，"二"當作"一"，章本即是。嘉定本第五葉後半葉第六行"身，一作心"後有"憚，音彈"，端平本脱去。但整體上還是嘉定本訛誤多，如端平本第四葉前半葉第八行"説文作攓"，嘉定本作"搴"。第四葉前半葉第八行"擥力敢反，一作攬，一作擥"，嘉定本脱去"一作攬"。第四葉後半葉第二行"言所采取皆芳香久固之物"，嘉定本脱"香"字。第五葉前半葉第五行"三后，謂禹、湯、文王也"之"文王"，嘉定本誤"文武"。第五葉前半葉第八行"陳藏器云：'即零陵香也’”之“零”字，嘉定本誤作“苓”。零陵香俗名薰衣草，《經史證類備急本草》（即《證類本草》）援引蘇頌所言：“《圖經》云：‘零陵香，生零陵山谷……’”第六葉前半葉第三行“又一作歘”之“歘”字，嘉定本作“欻”。同葉第五行“陶隱居云‘東間溪側有名溪蓀者’”之“東”字，嘉定本誤作“冬”。同葉第八行“忍上，一有余字，一無而字”之“一有”，嘉定本倒作“有一”。同葉後半葉首行“言已知忠言謇謇”之“知”字，嘉定本誤作“之”。第六葉至第七葉“一無夫字”之“夫”字，嘉定本誤作“既”。第七葉前半葉第四行“畮，古畆字，莫後反，叶滿彼反”之“滿”，嘉定本誤作“蒲”字。第七葉前半葉第六行“杜蘅，似葵而香”之“蘅”，嘉定本誤作“荇”字。第七葉後半葉第六行“言在位之臣”之“臣”字，嘉定本誤作“人”。第八葉前半葉第五行經文“矯菌桂以紉蕙兮”之“蕙”字，嘉定本作“蘭”。同葉第六行“薜，蒲計反。荔，郎計反。索，蘇各反。纚所綺反。比也。薜荔，香草也。”“蒲”字，嘉定本誤作“滿”；嘉定本“荔，郎計反。索，蘇各反。纚所綺反”置於本段末，按經文順序，當誤。嘉定本“比也”脱去；嘉定本“薜荔”倒作“荔薜”。同葉後半葉末行“況但廢替而已乎”後，嘉定本“乎”字後有“耶”字，當衍。第九葉後半葉首行“傺，丑利、敕界二反”之“丑”字，嘉定本作“凡”。同葉第七行“亦猶是也”之“猶”字，嘉定本作“由”。第十葉前半葉第八行“而還歸也”之“還”字，嘉定本作“旋”。同葉後半葉第六行“言被服益潔，脩善益明也”之“潔”字，嘉定本作“深”。第十一葉後半葉第六行兩個“很”字，嘉定本皆作“狠”。第十二葉後半葉第二行“瞽叟生重華”之“叟”字，嘉定本誤作“瞍”。第十三葉前半葉第五行“使爲國相，羿畋將歸，浞使家臣逢蒙射而殺之”，嘉定本“國相”倒作“相國”，“而”誤作“羿”；同葉第八行“夫一作以”，嘉定本脱去此四字；第十四葉後半葉第六行“攬，一作檻，一作擥”，嘉定本“一作檻”與“一作擥”互倒。第十五葉後半葉首行“嵫，音兹”，嘉定本“兹”作“滋”；“曼，莫半反，又莫官反”，嘉定本誤作“曼，莫官反，又莫半反，又莫官反”。同葉第二行“按節徐行也”，嘉定本“行”誤作“步”。第十六葉前半葉第六行“雌曰蜺”，嘉定本“蜺”誤作“霓”；同葉第九行“斑，亂貌”，嘉定本“斑”誤作“班”；同葉後半葉首行“蓋求大君而不遇之比也”，嘉定本“大”誤作“夫”。第十七葉前半葉第五、六行“虙……莫筆反”，嘉定本“筆”誤作“必”；第六行“或曰：在如字，即理叶音賴。〇豐隆，雷師。虙如，伏羲氏女”，嘉定本“音賴”後有“上聲”，“如”字作“妃”。同葉後半葉首行經文“朝濯髮乎洧盤”，嘉定本“乎”作“於”；同行“一作懎”，嘉定本作“一作儘”。第十八葉前半葉第五、六行“然其性輕佻巧利”，嘉定本“其”字脱去；第七行經文“鳳皇既受詒兮”，嘉定本“皇”作“凰”；“猶如字，又音柚”，嘉定本“柚”作“抽”；同葉後半葉首行“然後敢渡”，嘉定本“渡”作“度”；第二行“故恐簡狄先爲嚳所得也”，嘉定本“狄”作“逖”；同葉第四行“集，二作進，非是。少，失照反。姚，音遙”，嘉定本“二”作“一”，是；“照”作“炤”，“遙”作“搖”。第十九葉前半葉第五葉“上無明王”，嘉定本“王”作“主”；“安能久與此闇亂嫉妬之俗終古而居乎”，嘉定本“闇亂”作“闇乱”；同葉後半葉第七行“宅作宇”，嘉定本“宇”誤作“字”。第二十葉前半葉第六行“《相玉書》言珵大六寸，其耀自照”，嘉定本脱“言”字，“照”誤作“然”；下半葉第四行“叶音御”，嘉定本“音”誤作“其”。第二十一葉前半葉第二行“咎繇”，嘉定本作“咎繇”；第五行“媒，叶莫悲反。説，音悦”，嘉定本“悲”誤作“卑”，“悦”誤作“日”；後半葉第四、六行“威公夜出”“威公聞之”，嘉定本兩“威公”誤作“桓公”。第二十二葉前半葉第四行“薆，如字”三字，嘉定本脱去；第六行“薆，亦蔽之盛也”，嘉定本“薆”誤作“愛”；第九行“申椒，其不芳，以”六字，嘉定本脱去；後半葉第九行經文“椴又欲充夫佩幃”，嘉定本“充”誤作“克”。第二十三葉前半葉首行“椴，音殺”，嘉定本“音”字前衍“一”字。第二十五葉前半葉第六行“乘，繩證反。軑（軑），音犬”，嘉定本“證”誤作“正”，“犬”誤作“大”；第七行“軑，輨也”，嘉定本“軑，輨也”；後半葉第二行“《九歌》，九德之歌，禹樂也；《韶》，九韶之舞，舜樂也”。此句置於本句經文集註最末，誤；第六行“蜷局，詰屈不行貌”，嘉定本“屈”作“曲”。儘管端平本亦間有誤，但嘉定本不僅經文有誤，而集註訛脱倒衍更甚。又以端平本對校國圖所藏兩宋本及其他明清刻本，亦有訛誤不少。綜上可知，諸本中端平本爲最佳之本，次爲《古逸叢書初編》所録元刻本，其他諸本則各有所誤。

1927年，楊敬夫將包括此書在内的二十六種珍本運至天津出售，此本爲銀行家劉少山收購。1952年劉氏捐獻給國家。劉少山（?—1978），名占洪，字少山，以字行，山東掖縣人。父劉子山是舊青島“四大家族”之首，1918年出資創辦私營東萊銀行，始從事金融業。劉少山曾任東萊銀行天津分行經理。喜藏書，遇善本則不惜代價予以購藏。海源閣遺書散出時，他正在天津，積極購求，得到二十種，數量僅次於周叔弢，大都是宋元珍本，如宋本《張先生校正楊氏易傳》、《附釋文互注禮部韻略》、宋刻遞修本《輿地廣記》、宋本《愧郯録》、宋刻元修本《十二先生詩宗集韻》、宋咸淳廖氏世彩堂刻本《昌黎先生集》、宋本《新刊增廣百家詳補注唐柳先生文》、宋本《莆陽居士蔡公文集》、元本《山谷老人刀筆》、宋本《雲莊四六餘話》、元至正十四年劉氏翠岩精舍刻本《注陸宣公奏議》、元本《伊川擊壤集》等。“四史”之《史記》第二部宋淳熙本《史記集解索隱》亦爲少山所得，而最引人注目者爲人間孤本宋端平本《楚辭集註》十六卷，當時他以六千五百圓高價從敬夫手中購得。購得這批書後，少山悉心保護，并與敬夫相約守秘。據説當年其妻兄聞劉先生藏此精品及另一善本孤本《百川學海》，寫信至天津求一睹爲快。但爲守秘起見劉先生當時矢口否認有此事。對親屬如此，對外人更是秘而不宣。1952年劉少山帶頭和京、津藏書家一起將自己收藏的二十六種善本全部捐給國家。1953年，爲紀念屈原逝世二千二百三十年，人民文學出版社又按原版式影印，所用紙張選用舊紙，以珂羅版用白紙印一百部，又用黄紙縮印三千部，其版權頁題云：“一九五三年八月人民文學出版社景印宋端平刻本原書版框高二十二公分寬十六公分又五共計三千部。”鄭振鐸於卷末跋云：“藉此機會，把這部最古的最完備的《楚辭集註》定本，影印出來，作爲對於屈原這位古代偉大的愛祖國、愛人民的詩人的一個紀念。同時我們想，這部書的出版，對於研究屈原的專家們也將會有些貢獻與幫助。”1956年臺北藝文印書館、1963年中華書局又重印人民文學出版社影印本。1972年9月中日關係正常化，日本首相田中角榮訪華，9月27日，毛澤東主席在北京中南海會見田中時，即以中華書局影印本作爲國禮贈送給田中，一時傳爲佳話。1973年日本讀賣新聞社據人民文學社影印本影印，田中角榮和吉川幸次郎分别作序。海源閣紀念館亦影印多部。《中華再造善本》收録，李致忠撰《提要》。《朱子著述宋刻集成》之九收録。由蔣立甫校點的《楚辭集註》即以端平本爲底本，校點精審，堪稱當今之善本。

又，《滂喜齋藏書記》卷三著録“宋刻”《後語》六卷一部，十一行二十四字，怡府舊藏，當非宋刊。卷首護葉有三十六字銘文印等楊氏三代諸印及“東萊劉占洪字少山藏書之印”，知此書後爲劉少山所得。

參考文獻：

鄭振鐸：《影印宋端平本〈楚辭集註〉跋》，人民文學出版社，1953年。

姜亮夫：《楚辭書目五種》，上海古籍出版社，1993年。

蔣立甫：《校點説明》，蔣立甫校點：《楚辭集註》，上海古籍出版社，2001年。

崔富章：《楚辭書録解題》，高等教育出版社，2010年。

李永明：《朱熹〈楚辭集註〉版本述略》，《蘭臺世界》2012年第12期。

二十二、離騷草木疏四卷

宋吴仁傑撰。宋慶元六年（1200）羅田縣庠刻本，一册。卷中有朱墨筆標抹。卷末慶元三年四月三日吴仁傑跋云："仁傑少喜讀《離騷》文，今老矣，猶時時手之，不但覽其昌辭，正以其竭忠盡節，凜然有國士之風。每正冠斂衽，如見其人。凡芳草嘉木，一經品題者，謂皆可敬也。因按《爾雅》《神農》書所載，根莖華葉之相亂，名實之異同，悉本本元元，分別部居，次之于槧，會萃成書，區以別矣……《離騷》之文，多怪怪奇奇，亦非鑿空置辭，實本之《山經》。其言鷖、鸞皇、鳩鳥，與《詩》麟、騶虞、鳳皇何異？緦何足以知之！《離騷》以薌草爲忠正，蕕草爲小人。蓀、芙蓉以下凡四十又四種，猶青史氏忠義獨行之有全傳也。薋菉葹之類十一種，傳著卷末，猶佞幸姦臣傳也。彼既不能流芳後世，姑使之遺臭萬載云。"後有慶元六年秋日方燦跋云："國録吴先生以淹該之學，從政之暇，訓釋諸書，警引後進，不爲不多。比以《離騷草木疏》見屬，刊于羅田縣庠。吁遠矣哉！慶元庚申中秋日。"又有"州學生張師尹校對""羅田縣縣學長杜醇同校正""免解進士蘄州州學正充羅田縣縣學講書吴世傑校正"銜名三行。首卷首行頂格題"離騷草木䟽卷第一"，次行低六格餘題"選直郎行國子録河南吴仁傑撰"，第三行低四格題"蓀荃"，正文頂格。卷四首行頂格題"離騷草木䟽卷四"，下題"蕕草附録"，無署名。23×17.6 厘米，十二行二十一字，左右雙邊，白口，補版間有上黑口，雙魚尾。上魚尾上題字數，下題"離卷幾""卷幾"，下魚尾下題葉次及刻工。刻工：邦、左邦。鈐印"弱侯""徐健菴""乾學""汪士鐘印""閬原父用""梅泉父""吴下汪三""振勳私印""汪振勳印""紳士号眉泉""唐越國公四十二世孫""宋本""楊氏海原閣藏""宋存書室""至堂""楊以增印""墓田丙舍炳燭讀書”“東郡楊紹和彦合珍藏”“彦合”“彦合讀書”“彦合珍玩”“楊二協卿”“協卿”“瀛海僊班”“紹龢”“東郡楊紹和鑒藏金石書畫印”“道光秀才咸豐舉人同治進士”等，焦竑、徐乾學、張金吾、汪士鐘、汪振勳、海源閣舊藏。國圖（879）。《名録一》（01011）。

吴仁傑（1137—?），字斗南，一字南英，自號蠡隱。先世本洛陽人，後居崑山。南宋淳熙五年（1178）進士，歷羅田縣令、國子學録。博洽經史，嘗講學於朱子之門。以詩文鳴一時，且敏而好古，長於稽考。著有《古周易》十二卷、《周易圖説》三卷、《兩漢刊誤補遺》十卷、《樂舞新書》二卷、《廟制及言》二卷、《祀郊贅説》二卷、《鹽石論》二卷，又集《古易》《尚書》《洪範辨圖》《陶靖節先生年譜》《杜子美年譜》各一卷等。

吴仁傑所著《離騷草木疏》四卷，共疏五十五種草木，首二卷爲草本植物三十四種，第三卷爲木本植物十種，第四卷爲惡草十一種。正文每疏一草木，先引屈賦原文，次引王逸、洪興祖、沈括、郭璞、陸機等各家之言，次加己按，并雜引《山海經》《爾雅》《神農本草》等以申己見。據吴仁傑跋可知，此書成於慶元三年國子録任上。其前三卷專疏芳草嘉禾，卷端下題署“通直郎行國子録河南吴仁傑撰”，而第四卷疏饞花媚草，則不署己名。吴仁傑跋曰：“《離騷》以薌草爲忠正，蕕草爲小人。蓀、芙蓉以下凡四十又四種，猶青史氏忠義獨行之有全傳也。蒥菉葹之類十一種，傳著卷末，猶佞幸姦臣傳也。”故以示不與小人爲伍。吴仁傑撰此著時，韓侂胄正用事朝廷，且日見寵幸，自持功高，恨償賚不厚，故與趙汝愚相傾軋。朱熹嘗建議對其厚賚以疏之，因致積怨。於是韓侂胄首諷趙黨而彈劾去之，又以設僞學之目，網括趙汝愚、朱熹、彭龜年門下知名人士數十人。吴仁傑嘗講學朱門，自是循程朱理學，然不敢表態，故借著述曲而白之。鮑廷博曾據此本重刻，其《跋》亦明其意云：“考先生是書，成于慶元丁巳，維時寧皇初政，韓侂胄方專擁戴功，與趙汝愚相軋，既而斥汝愚，罷朱子，嚴僞學之禁，從而得罪者五十九人。先生官止國録，未敢誦言，迺敢祖述《離騷》，譬諸草木，按《神農本草》諸書，爲之别流品，辨異同。薰蕕既判，忠佞斯呈。用補劉杳舊疏之亡，因以暢其流芳遺臭之旨。庶幾言者無罪，聞者足戒。觀其自序，厥意微矣。至前三卷，首列名銜，而末卷自蒥菉葹以下，缺而不署，又隱然寓不屑與小人爲伍之意，其疾惡之嚴如此。末疏幽篁，而終之以剸竹。記云：‘有甘叢生，日光不透，陰氣常凝，四時失序，病其蔽翳，因郎（丁案：《叢書集成》本作“命”）斤斧。’云云。迨開禧丁卯，平原卒罹玉津園之禍，於是蘇師且、程松、陳自强之流，或誅或竄，舉其黨而一空之。苿蓴去而邪正分，其剸竹之謂歟？當汝愚之責永州而卒于衡也，朱子亦爲之注《離騷》以寄意焉。其成書後于先生二年，而其感時傷逝，纏綿惻怛，不能自已之情，亦時時流露于行墨間。是書也，可謂先生得朱子之心矣。”① 文有微旨，而其考疏，頗有所得，或可補王逸訓詁《離騷》不足之處，然亦有失。《朱子文集》中“答吴斗南書”第三篇末段有“《草木疏》用力多矣。然其説蘭蕙，殊不分明……此等處正當掊擊，乃見功夫。今皆如此放過，似亦太草草矣。”四庫館臣則頗有讚譽，《四庫提要》卷一百四十八云：“是編末有仁傑慶元丁巳自序，謂‘梁劉杳有《草木疏》二卷，見於本傳。其書已亡。杳《疏》凡王逸所集者皆在焉，仁傑獨取二十五篇疏之’。其大旨謂《離騷》之文，多本《山海經》，故書中引用，每以《山海經》爲斷。若辨‘夕攬洲之宿莽’句，引《朝歌》之‘山有莽草焉’爲據，駁王逸舊註之非。其説甚辨。然騷人寄興，義不一端。瓊枝、若木之屬，固有寓言；澧蘭、沅芷之類，亦多即目。必舉其隨時抒望，觸物興懷，悉引之於大荒之外，使靈均所賦，悉出伯益所書，是澤畔行吟，主於侈其博贍，非以寫其哀怨，是亦好奇之過矣。以其徵引宏富，考辨典核，實能補王逸訓詁所未及。以視陸璣之疏《毛詩》，羅願之翼《爾雅》，可以方軌并駕，爭騖後先，故博物者恒資焉。蹟其賅洽，亦考證之林也。”

慶元六年，吴仁傑囑方燦刊於羅田縣庠。自成書至刻梓，時間僅有三年，故此本當爲成書後首刻。《楹書隅録》卷四著録曰：“蓋是書之初刻本也。”《中國版刻圖録》亦著録曰：“此爲本書初刻本。”《宋版書叙録》進一步考曰：“康熙時所修《崑山縣志》説吴仁傑‘有俊才，博洽經史，講學朱子之門。登淳熙五年進士第，歷羅田縣令，國子學録。’證明吴仁傑的確是做過羅田縣令的。其實縣令一職，到宋代已衹存其名

---

① （清）鮑廷博：《〈離騷草木疏〉跋》，《離騷草木疏》卷末，乾隆四十五年《知不足齋叢書》本。

了，事實上多以京朝官執行其職務，稱爲知某縣事。吴仁傑身爲國子學録，正是京朝官而知羅田縣事。宋代各州、府、軍、縣都立有學校，稱爲州學、府學、軍學、郡齋、郡庠、學宫、學會、縣齋、縣學、縣庠。這些學校既是讀書講學、培養士子之所，同時又最爲崇尚文化。它們一有學田，具備資金；二有人才，可以精校細勘，所以也多從事刻書。這是宋代的社會風氣。羅田縣庠刻印吴仁傑的《離騷草木疏》，既是風氣使然，也是理所當然的。因爲吴仁傑在此有任職。”羅田縣，始置於南朝梁代，至唐時被省略，故城在今湖北羅田縣東六十里。宋時復在石橋鎮置羅田縣，在今縣東二十里，至南宋末年又行省略。元時置此縣於官渡河，即現在治所。清屬湖北黄州府。民國時屬湖北江漢道。宋時湖北刻書不多，此書可爲一例。此本版式高闊，然刊字不精，序爲行書上版。尤顯當地刻書實屬初期。《藏園群書經眼録》卷十著録曰：“卷中間有黑口者，及補板也。”周叔弢《楹書隅録》批注曰“紙印不甚精，版心大，字體極古雅，墨色極濃，書中逸品。”楊紹和《楹書隅録》卷四云：“是寫本已罕秘乃爾，况此爲方氏原刊，更當何如寶貴耶!”

由於此本爲傳世孤本，後世傳本均直接或間接據此而出。明代未見刻本，據《楚辭書目五種》載有元刻本，見《秦漢十印齋書目》《帶經堂書目》著録，未見傳世。清代刻本，最早爲乾隆四十四年（1779）海昌祝德麟刻本，末附祝氏《辨證》四卷。其次以乾隆四十五年鮑廷博刻《知不足齋叢書》本最著，鮑氏跋曰：“刻斗南先生《兩漢刊誤補遺》既竣，姚江邵大史晋涵以宋雕《離騷草木疏》相示，復爲校而刊之。”邵晋涵（1743—1796），清著名學者、史志目録學家、藏書家。浙江餘姚人。歷任翰林院侍讀，入四庫全書館，主持《四庫全書》史部的選録和評論，授編修，擢侍講學士，參加纂修《續三通》《八旗通志》等書。然檢此本藏印及著録，未見曾爲邵氏收藏，邵氏出示者似爲進呈影宋本。但鮑氏本校勘精審，凡宋本之訛誤者，予以糾正。如鮑本卷一“蓀荃”篇第一葉後半葉第三行“韓退之云”之“云”字，宋本誤作“天”字；第三葉前半葉第四、五行“知谿蓀自是石昌蒲一類中尤穎耳”之“知”字，宋本作“如”。卷一“芙蓉”篇，第三葉後半葉第八、九行“江東呼荷”之“呼”，宋本作“名”，“呼”字，以下幾處均作此字；第四葉前半葉首行“北方人便以藕爲荷，亦以蓮爲荷”之“荷”字，宋本作“藕”字；此句之下宋本作“爲”字，鮑氏本作“蜀人以藕爲茄”。本篇第四葉前半葉第七行“其的秋來皮黑”之“來”字，宋本作“表”字；第八、九行“一名水白，又名水華”之“又”字，宋本作“水”，等等。至乾隆五十九年，石門馬俊良輯刻《龍威秘書》，此本收爲第二集第二册；同治七年（1868），顧之逵輯刻《藝苑捃華》；光緒三年（1877），湖北崇文書局輯刻《三十三種叢書》，以上三種均據鮑氏本覆刻。民國間上海文瑞樓印行《離騷三種》本，係據鮑氏重刊，行款稍異。另有日本刻本，題爲《離騷草木疏宋本校雕》，半葉八行十一字，字蹟模糊。前無序，書名下有“哈佛大學漢和圖書館珍藏”印。後有鮑廷博刊跋，實據《知不足齋叢書》本翻刻。原爲日人所藏，後歸入哈佛燕京圖書館，其卷末日人跋曰：“右《離騷草木疏》四卷，明吴仁傑所著也。嘉永庚戌之春，予以佐田訪賀君，語及《本草》，同出此書以示予曰：‘此篇辨草木異同則未也，然至其以香臭論正邪，以寓褒貶之意，確乎不可拔，是吾之所以有取也。但篇中每引諸書，不易通明，子爲誰注和詁，以行於世，其於啓蒙未必無少補也……嘉永庚戌暮秋二子山陰以保田明書於鶴溪寓居。”1935年，上海商務印書館《叢書集成初編》本所據底本亦爲鮑氏本，然此排印本標點訛誤頗多，姚小歐、李拓《叢書集成初編本〈離騷草木疏〉標點正誤》一文已有所勘正。

抄本頗夥。現知國圖藏有一明抄本（12246），一册，首萬曆甲戌（1574）夏五月羅浮山樵黎民表序，書口標以“前叙”，卷末吴仁傑跋標以“後叙”，然黎序實爲明屠本畯《離騷草木疏補》而作，好事者移録於此。闌格，眉端偶有墨筆校字，十行十八字，白口，四周單邊。臺灣“國家圖書館”亦藏一部明抄本一册（09328），有清韓應陛過録《讀書敏求記》一則。十二行二十一字，與宋本同，當據出自宋本。鈐印有“汲古主人”“毛晋私印”“毛晋”“東谷”“甲子丙寅韓德均錢潤文夫婦兩度攜書避難記”“蔣祖詒讀書記”“迮圃收藏”諸印。《雲間韓氏藏書題識彙録集類》著録，題“明人據宋本抄”。國圖藏另一清抄本（08363），封面朱筆題“乙卯暮春無咎購臧，越明年丙辰中秋題記，方甘白手寫離騷草木疏”，卷中有方氏跋曰：“乾隆丙申九月借吴郡朱氏宋刻對録，再假錢塘汪氏鈔本覆勘。宋刻多誤，鈔本多所是正，可喜也。甘白手録。”又東洲跋云：“乾隆庚子（45年，1780）十月覆校，蓮夢居主人。方君甘白，博雅士也。工書，善寫書。兹録知不足齋本見贈，余報以百金二兩。東洲。”蓋方氏據鮑氏本傳録，而校以宋刻、汪氏抄本者。《文録堂訪書記》著録此本。美國哈佛燕京圖書館藏毛氏汲古閣抄本，卷末有吴仁傑、方燦跋。十二行二十四字，版心鎸有“知不足齋正本”字樣。鈐印“汲古閣”“毛氏圖史子孫永保之”“美人芳草”“黔山黄氏竹瑞樓藏書”“正鋆祕籍”“雨山草堂”“密均樓”“穀孫”“均之心賞”“不可思議”“曾亮”“葛君”“長尾甲印”等。沈津曰：“此本字體工整秀麗，繕寫精絕，紙墨俱佳，當爲毛氏精抄入藏者。”① 傅增湘於1935年曾目驗此本，其《藏園群書經眼録》謂“影寫本”，自行款等考之，當。此外，國圖尚藏一清抄本，十一行二十二字，白口，左右雙邊。《天禄琳琅書目》卷四影宋抄集部著録虞山席鑑抄本一部，已毁於昭仁之火。《四庫全書》所録本爲安徽巡撫采進影宋抄本，其《提要》卷一百八十四云：“此本爲影宋舊鈔，末有慶元庚申方燦跋，又有校正姓氏三行，蓋仁傑官國子學録時，屬燦刊於羅田者。舊版散佚，流傳頗罕。寫本僅存，亦可謂藝林之珍笈矣。”此影宋抄本，今存臺北“故宫博物院”（故庫 024121－024122）。清光緒間，丁丙據此抄録一本。日本内閣文庫曾有一日本寫本，見《内閣文庫漢籍分類書目》。影印本有1986年《古逸叢書三編》本、《中華再造善本》本。

是書《宋史·藝文志》《郡齋讀書志》《直齋書録解題》《文獻通考》均不載，趙希弁《郡齋讀書志·附志》及倪燦《宋史·藝文志補》著録《離騷草木疏》四卷，《絳雲樓書目》著録二卷，似誤。據《楹書隅録》卷四著録此本時，曰卷末有“宏治五年（1492）孟秋讀過”識語一行，無款印。周叔弢目驗是本後，曰“無此一行”，今檢亦無，蓋題字葉在流散過程中佚去。其後，明焦竑（1540－1620）《國史經籍志》著録有吴仁傑《離騷草木蟲魚疏》二卷，今此集鈐有焦氏“弱侯”印，蓋爲焦氏收藏，原目著録卷數時乃誤記。《愛日精廬藏書志》卷二十九集部楚辭類著録一部，曰：“《離騷草木疏》四卷，宋慶元刊本，焦弱侯藏書。宋通直郎充國子録河南吴仁傑撰。焦弱侯、徐健菴俱有印記。自序慶元丁巳，方燦跋慶元庚申。”據此可知，此書自傳是樓散出後，曾藏於張

① 《書城挹翠録》，上海社會科學院出版社，1996年。

金吾處。《藝芸書舍宋元本書目》著録"《離騷草木疏》四卷"當即此本。楊紹和《楹書隅録》卷四云："咸豐辛亥購於袁浦，重加裝池。同治壬戌，彦合主人自記。"此本前有楊以增印，蓋於咸豐元年（1851），楊以增任河道總督時收購於官署地清江浦。傳至楊敬夫時，不能自守，遂與九十二種善本一起抵押於天津鹽業銀行，後歸入北京圖書館，今在國圖。期間，傅增湘、周叔弢、趙萬里等均曾經眼。《北京圖書館古籍善本書目》著録。

參考文獻：

姜亮夫：《楚辭書目五種》，中華書局，1961年。

李致忠：《離騷草木疏四卷》，《宋版書叙録》，北京圖書館出版社，1997年。

崔富章：《楚辭書録解題》，高等教育出版社，2010年。

姚小歐、李拓：《叢書集成初編本〈離騷草木疏〉標點正誤》，《雲夢學刊》2011年第2期。

林家驪：《哈佛大學哈佛燕京圖書館所藏的〈楚辭〉典籍》，《中國楚辭學》第14輯，學苑出版社，2011年。

二十三、陶淵明集十卷

晉陶潛撰。宋刻遞修本，二册。清汪駿昌跋，清金俊明、孫延題款。卷中有朱筆標點描畫。卷首無目録及序跋，首卷首行頂格題“陶淵明集卷第一”，每卷末空一行尾題題同，次行低一格題“詩九首四言”，第三行低三格題“停雲一首并序”，第四行頂格連屬該詩小序，第六行頂格連屬本詩。卷四《讀山海經十三首》第十首“形夭無千歲”句，右側標注朱筆豎綫，其前一行相同位置有小字標注“刑天舞干戚”，據卷末曾紘説，可知爲曾紘首見。卷十末依次有“宋金紫光禄大夫贈特進顔延年撰”《靖節徵士誄并序》、昭明太子撰《傳》、北齊楊僕射休之序録、本朝宋丞相私記及曾紘説，陽休之曰：“余覽陶潛之文，辭采雖未優，而往往有奇絶異語、放逸之致，棲托仍高。其集先有兩本行於世，一本八卷，無序；一本六卷，并序目，編比顛亂，兼復闕少。蕭統所撰八卷，合序、目、傳、誄，而少《五孝傳》及《四八目》，然編録有體，次第可尋。余頗賞潛文，以爲三本不同，恐終致忘失。今録統所闕（原注：一作撰），并序目等，合爲一帙十卷，以遺好事君子焉。”宋庠記曰：“右集，按《隋·經籍志》：宋徵士《陶潛集》九卷。又云：梁有五卷，録一卷。《唐志》：《陶泉（淵）明集》五卷。今官私所行本凡數種，與二《志》不同。有八卷者，即梁昭明太子所撰，合序、傳、誄等，在集前爲一卷，正集次之，亡其録。有十卷者，即陽僕射所撰（原注：按休之字子烈，事北齊，爲尚書左僕射，以好學文藻知名，與魏收同時）。按吴氏《西齋録》：有宋彭澤令《陶潛集》十卷。疑即此也。其序，并昭明舊序、誄、傳等合爲一卷，或題曰‘第一’，或題曰‘第十’，或不署於集端。别分《四八目》，自《甄表狀》杜喬以下爲第十卷，然亦無録。余前後所得本，僅數十家，卒不知何者爲是。晚獲此本，云出於江左舊書，其次第最若倫貫。又《五孝傳》已下至《四八目》，子注詳密，廣於他集。惟篇後《八儒》《三墨》二條，此似後人妄加，非陶公本意。且《四八目》之末，陶自爲説曰：'書籍所載及故老所傳，善惡聞於世者，蓋盡於此。'即知其後無餘事矣（原注：按《四八目》例，每一事已，陶即具疏所聞，或經傳所出以結前意。此二條既無後説，益知贅附之妄）。故今不著，輒別存之，以俟博聞者。廣平宋庠私記。"曾紘曰："余嘗評陶公詩，語造平澹，而寓意深遠，外若枯槁，而中實敷腴：真詩人之冠冕也。平生酷愛此作，每以世無善本爲恨。頃因閱《讀山海經》詩，其間一篇云'形夭無千歲，猛志固常在'，且疑上下文義不甚相貫，遂取《山海經》參校。《經》中有云'刑天，獸名也。口中好銜干戚而舞'，乃知此句是'刑天舞干戚'，故與下句'猛志固常在'意旨相應。五字皆訛，蓋字畫相近，無足怪者。間以語友人岑穰彦休、晁詠之之道，二公撫掌驚歎，亟取所藏本是正之。因思宋宣獻言：'校書如拂几上塵，旋拂旋生。'豈欺我哉？親友范元羲寄示義陽太守公所開《陶集》，想見好古博雅之意，輒書以遺之。宣和六年七月中元臨漢曾紘書刊。"20.5×14.8厘米，十行十六字，左右雙邊，白口，單魚尾或雙魚尾。魚尾下題"《陶集》幾"，下題葉次及刻工姓名。刻工有方成、黄暉、王仲、王伸、施章、洪茂、王雄、陳俊、王寔、吴珪、張逢、何彦、吴申、胡時、劉仁、余仲、洪、茂、吴、章、黄，重刊葉下鎸"洪明重刊""楊昌重刊""楊昌重刁""李涓重刁""吴寶重刊""吴寶重刁""施祥重開""胡端重開""王進重刊""陳文重刁""陳俊重刊""施峻重刊""王諒重刁""吴宗重刊""朱坦重刊"等字。宋諱缺筆至"遘""搆"字。卷一末有無名氏題曰"正德己卯仲冬廿日"，鈐印"嘯庵""桃源戴氏""商微子後，自亳之吴，再遷于鄞""太史之裔""文彭""文彭之印""文休承氏""燕巢""塙氏丙戌藏書""古遺民""汲古閣""汲古主人""宋本""甲""子晋""毛氏子晋""毛晋私印""繁花塢""汲古得修綆""毛晋之印""子晋書印""聽松風处""長宜子孫""黄丕烈""百宋一廛""士禮居""陶陶室""閬源氏""士鐘""俊明明懷""不寐道人""駿昌""雅庭""書畫船""小壺有天""海源閣""禄易書，千萬值。小胥抄，良友詒。閣主人，清白吏。讀曾經，學何事。愧蠹魚，未食字。遺子孫，承此志""東郡楊氏宋存書室珍藏""聊攝楊氏宋存書室珍藏""宋存書室""楊東樵讀過""先都御史公遺藏金石書畫印"

“楊紹和讀過”“楊紹和印”“東郡楊紹和字彥合藏書之印”“楊氏彥合”“彥合珍存”“臣紹和印”“協卿”“協卿珍賞”“四陶居”“楊保彝藏本”“海源殘閣”“楊承訓印”“聊城楊承訓鑒藏書畫印”“周暹”等，桃源戴氏、文彭、毛晋、黄丕烈、汪士鐘、汪駿昌、海源閣、周叔弢舊藏。國圖（8368）。《名録一》（01014）。

陶淵明（365? —427），晋詩人，在晋名淵明，字元亮（唐避李淵諱，改稱泉明、深明）；入劉宋名潛，字淵明，號五柳先生，潯陽柴桑（今江西九江）人。大司馬陶侃曾孫，曾爲州祭酒，復爲鎮軍、建威參軍，後爲彭澤令。一生五次出仕，最後因不能“爲五斗米折腰”，棄官自隱，以詩酒自娱。徵著作郎，不就。南朝宋元嘉初年卒，私謚“靖節”。詩風平淡自然，富有理趣，“質而實綺，癯而實腴”，蕭統在《陶淵明集》序中稱“其文章不群，辭采精拔，跌宕昭彰，獨超衆類，抑揚爽朗，莫如之京”。其詩對後世產生了很大的影響，被稱爲“千年隱逸詩人”之宗。

陶淵明是否有自定本，歷來有不同看法。清陶澍《靖節先生集》卷二認爲“《五柳先生傳》云‘常著文章自娱，頗示己志’，則其集必有自定之本可知。”但這衹是推測而已，以淵明曠達自然之性情，其自編傳世云云，似不足道。陶淵明詩文，在梁以前，據《隋書・經籍志》載，有五卷、録一卷本。至梁蕭統編爲八卷本，其後北齊楊休之補入《五孝傳》《四八目》，合序目，成十卷本。隋唐、五代，別本紛出，《隋書・經籍志》著録：“宋徵士《陶潛集》九卷。梁五卷，録一卷。”《舊唐書・經籍志》著録：“《陶泉明集》五卷。”《新唐書・藝文志》著録：“《陶潛集》二十卷。又《集》五卷。”《崇文總目》卷十一別集類著録：“《陶潛集》十卷。”可見在隋唐，有九卷本、五卷本。至北宋前期，則有二十卷本、五卷本、十卷本，并行於世。

至北宋中葉，經宋庠重新厘定爲十卷本，并刊行於世，世稱宋庠本。《郡齋讀書志》卷十七著録《陶潛集》十卷當即此本，曰：“今集有數本：七卷者（丁案：據陽休之序録曰，蕭統所編爲八卷），梁蕭統編，以序、傳、顔延之誄載卷首。十卷者，北齊陽休之編，以《五孝傳》、《聖賢群輔録》、序、傳、誄分三卷益之，詩篇次差異。按《隋・經籍志》，《潛集》九卷，又云梁有五卷，録一卷。《唐・藝文志》，《潛集》

五卷。今本皆不與二《志》同。獨吴氏《西齋書目》有《潛集》十卷，疑即休之本也。休之本出宋庠家，云江左名家舊書，其次第最有倫貫。獨《四八目》後《八儒》《三墨》二條，似後人妄加。"可知，宋庠本出自陽休之本。今存紹熙三年（1192）曾集本《陶淵明詩文》附録曾集題記"本朝宋丞相刊定之本"，亦指此本。宋庠原刻本已佚，但據之傳刻本存世。今諸本校語中凡指"宋本作某"者，即指宋庠本，"宋"者，乃姓氏也。即如鄧小軍《陶集宋本源流》中云："第一，今存《陶集》南宋諸刻本蘇寫本、曾紘本（汲古閣藏本）、曾集本、湯漢注本，以及明代重刻宋代刻本焦本，其雙行小字校注異文，例皆書作兩類：一爲'宋本作某'，一爲'一本作某'及'又作某'。由是可見，在宋代，《陶集》校語，對於'宋本'，例須書明版本校理者姓氏；對於其它諸本，則例稱'一本'及'又（一本）'，而不必書明版本校理者姓氏。這表明，在宋代，'宋本'之版本價值和地位遠高於其它諸本。第二，據前揭晁公武《郡齋讀書志》與曾集本曾集題記，宋庠本爲南宋《陶集》主要傳本，職是之故，可知'宋本'是指宋庠本。第三，對照《陶集》蘇寫本校語與正文可知，書'宋本作某'者，是表示此處異文從他本，不從宋庠本；反之，書'一本作某'及'又作某'者，則是表示此處異文從宋庠本，不從他本。"今存宋刻遞修本《陶淵明集》十卷當即出自此本（見下論證）。北宋尚有宋治平三年（1066）思悦刻本，今已經不存①。宣和四年（1122）王仲良刻蘇寫本《陶淵明集》十卷，今不存，有南宋紹興十年無名氏重刻本，康熙間汲古閣毛氏曾影刻傳世。至南宋，刻梓甚多。可知者，有南宋紹興十年重刻宣和四年蘇寫本、宋刻遞修本（即此本）、宋刻遞修本《陶靖節先生集》十卷、宋紹熙三年曾集刻本《陶淵明詩》不分卷本、湯漢注《陶靖節先生詩注》四卷本等。

關於此本，《汲古閣珍藏秘本書目》《百宋一廛書録》《楹書隅録》均著録爲"北宋本"，《百宋一廛賦注》《求古居宋本書目》亦著録。然據避諱至南宋高宗止、刻工多爲南宋初浙籍人氏等，此本實刊於南宋初

---

① 據嘉慶十二年京江魯銓影刻康熙三十三年毛氏汲古閣摹紹興十年杭州或浙江地區重刻宣和四年王仲良刻蘇寫本《陶淵明集》十卷末所載思悦《書靖節先生集後》。

期浙江地區。《中國版刻圖録》題宋刻杭州或寧波刻本，曰："刻工施章、王伸、洪茂、方成，皆南宋初年杭州地區良工，紹興十七年又刻明州本《徐鉉文集》。補版刻工與明州本《白氏六帖》《文選六臣注》多同，因疑此本亦當爲明州本。毛氏《汲古閣秘本書目》定爲北宋本，恐不確。"周叔弢《楹書隅録》批注亦曰："有刻工姓名施俊、施章等，蓋浙本也。書題首行剜補……此書不及瞿氏藏江西刻本。"又《中國版刻圖録》著録宋紹興明州遞修本《文選六臣注》，該本修版時間是在紹興二十九年（1159），補版刻工爲洪茂、方成等。這批刻工尚參與南宋初浙本《爾雅》《唐書》《水經注》等等，非常活躍。又此本刻工陳俊既是原版刻工，又參與重刊工作，故初刻與補刻之間隔時間當不會太久。此本宋欽宗"桓""完"字缺筆，缺筆字"遘"在原版葉，而"慎"字又不避，則刻於孝宗之前。故此本或刻於紹興初，紹興後期補刻。然何以毛氏、楊氏均題北宋本？原來書後《曾紘説》之末署云"宣和六年七月中元臨漢曾紘書刊"，宣和六年即北宋徽宗宣和甲辰年。在古人尚未注意到可以使用避諱、刻工等方法鑒定版本的情況下，出現此誤，實難避免。

需要注意的是，在今存宋紹熙三年曾集刻本《陶淵明詩》卷末《讀山海經十三首》後所附曾紘説，并無末句"刊"字，而古人似也未注意此字之别。但實際上，此"刊"字涉及曾紘是否在宣和六年刊印過《陶集》。今人鄧小軍在《陶集宋本源流》中力證曾紘於宣和六年刊印過《陶集》，云："據此本'形夭無千歲'小字旁注'刑天舞干戚'之異文校勘爲曾紘之發現，此一小字旁注爲曾紘所特增；復據此本卷十附録《曾紘説》末署'宣和六年七月中元臨漢曾紘書刊'，可證汲古閣藏本之原刻本，實爲北宋宣和六年曾紘所刊。故汲古閣藏本應稱爲曾紘本，""如上文所考，此本附録《曾紘説》宣和六年所記'義陽太守公所開《陶集》'，是指宣和四年知信陽軍王仲良所刻《陶集》蘇寫本（字體爲蘇體），而不是指此本（字體爲歐體），亦可旁證此本之原刻本，實爲宣和六年曾紘所刊，""曾紘當是見到宣和四年王仲良所刻蘇寫本後，不滿蘇寫本對於宋庠本全書校語舍去較多，遂於宣和六年刻印宋庠本，并基本上保存了宋庠本全書校語。"細讀鄧文，其實并無實據。愚意以爲曾紘并未刊印《陶集》，《曾紘説》僅是一則讀後記。其一，《曾紘説》，是爲《讀山海經》"形夭無千歲"句而出，故原置於此組詩之後，非在全卷之後，針對性不言而喻。其後書賈或後刊者，將“刊”字有意鐫補，并置於卷末，實以“刊後記”視之，迷惑衆人，以充北宋槧本。其二，既然宣和四年王仲良已有刻本，僅過兩年，是否有必要僅因一句異文，即再度刊刻？袁行霈《陶淵明集箋注》附録引録曾紘説時，特注“‘刊’字衍”。許逸民在比對曾集本和此本所載《曾紘説》後，其《中華再造善本總目提要》亦曰：“……‘刊’字實屬衍文……此本對《曾紘説》的處理方式非但與曾集本不同，更誤衍一‘刊’字，此亦可證其并非宋庠原刻之遞修本，而是一種與曾集所據底本有別的他種刻本。”曾紘未刊之説，可爲定論。

毛扆曾以此校出通行本訛脱數例，《汲古閣珍藏秘本書目》著録該書云：“宋板《陶淵明集》二本，與時本夐然不同。如《桃花源記》中‘聞之欣然規往’，今時本誤作‘親’，謬甚。《五柳先生贊》注云：一本有‘之妻’二字，按《列女傳》是‘其妻之言’也。他如此類甚多，不可枚舉。即《四八目》注比時本多八十餘字，而通本一作云云，比時本多千餘字，真奇書也。”然亦有未盡之處，郭紹虞指出：“如宣和王氏本王仲良《後序》所論宋時《陶集》誤字，以‘庫鈞’爲‘庾鈞’，‘丙曼容’爲‘丙曼客’，‘八及’爲‘八友’之類，此本誤字亦與之同。是則此本在世詫爲奇珍者，在宋時亦未爲佳刊也。”（《陶集考辨》）但與傳世其他宋本相比，它仍然是最好的善本。此本全書小字校注異文，書“宋本作某”者，僅有九處；而書“一本作某”及“又作某”者，則有七百五十三處。絕大多數異文是從宋庠本，僅有極少數異文是從他本。這表明，此本係出自宋庠本，是以宋庠本爲底本，而以他本爲參校本。此本校語基本上保存了宋庠本全書校語原樣。鄧小軍在對各宋本詳細研究後認爲：“曾紘本（即此本）當基本保存宋庠本異文，校注異文七百餘處，僅次於曾集本，尤其不録思悦《書後》，比蘇寫本更接近宋庠本原本，是今存宋代刻本最善之本。”“《陶集》校勘，當以曾紘本爲底本，以蘇寫本、曾集本、湯漢注本及焦本等爲主要校本。”（《陶集宋本源流》）且世間僅此一帙，彌足珍貴，故歷來爲藏書家、學者見重。

又，卷四《讀山海經十三首》第十首“形夭無千歲”句前一行相同位置有小字標注“刑天舞干戚”，據卷末曾紘説，可知爲曾紘首見。湯注本、李公煥本均作“刑天舞干戚”。曾紘説，亦有持異見者，如周必大《二老堂詩話》曰："余謂紘説固善，然靖節此題十三篇，大概篇指一事。如前篇終始記夸父，則此篇恐專説精衛銜木填海，無千歲之壽，而猛志常在，化去不悔。若併指刑天，似不相續。又况末句云：'徒設在昔心，良晨詎可待。'何預干戚之猛耶?"此後陶澍、丁福保、王叔岷、畢沅、逯欽立等或依曾説，或從周説，聚訟紛紜。袁行霈《陶淵明集箋注》云："異文形近，作'刑天舞干戚'，於文較長；作'形夭無千歲'，版本有據。可兩説并存。今反覆斟酌，仍以維持底本爲妥也。"於此可見版本之異，竟成千年文字訴訟。

《陶集》之元刻本僅見元李公煥《箋注陶淵明集》十卷。明代刻梓頗夥，白文和注評本均有，題《陶靖節集》十卷者，有明何孟春注、明緜眇閣刻本；明嘉靖二十五年蔣孝刻本，蔣本并有總論一卷、吴仁傑撰年譜一卷；明萬曆四年周敬松刻本；題名《陶靖節集》八卷者，有凌南榮刻朱墨套印本，此本有附録一卷，總論一卷，凌濛初輯評；明萬曆四十七年楊時偉刻《忠武靖節二編》本，附有蘇東坡和陶詩二卷，附録一卷。其他尚有明末刻本《陶元亮詩》四卷，明黄文煥析義；明崇禎刻本《陶淵明集》八卷，明張自烈評，總論一卷，和陶一卷，宋蘇軾撰，律陶一卷，明王思任輯，律陶纂一卷，明黄槐開輯。清代刻本均爲箋注輯評本，如蔣薰、吴瞻泰、馬璞、邱嘉穗、溫汝能、方宗誠、劉光蕡、張諧之、鄭文焯等，以陶澍最著。近現代則除箋注外，由於版本愈多，在前人基礎上，又有校勘，如古直、丁福保、王瑶、楊勇、方祖燊、王叔珉、逯欽立、唐滿先、王孟白、孫均錫、李華、郭偉森、包景誠、孟二冬、龔斌、儲皖峰、潘重規、〔韓〕車柱環、郭在貽、徐復、袁行霈等，這些校注對解讀、還原淵明詩文本來面目，作出了貢獻。

此書外封題"陶淵明集"，下鈐"太史之裔"朱文方印，題字似元人筆迹。《汲古閣珍藏秘本書目》著録該書云："簽題係元人筆，不敢易去。"周叔弢《楹書隅録》批注曰"題簽是元人筆"。内封題"陶靖節集宋刻"，係金俊明手書。書外錦套上題"宋版《陶集》"，則爲孫延題簽。金俊明（1602—1675），原名衮，字孝章，號耿庵，又號不寐道人，吴縣（今江蘇蘇州）人。明諸生。少隨父官寧夏，往來燕趙間，以任俠自喜。歸里後，折節讀書，靡不研究。明亡入清，杜門不出，填詞畫梅、多藏異書，且手自抄録珍本以及交游文稿凡百餘種。藏書甚多，收經籍秘本、名人手稿數百種。其藏書印有“吴會孤山”“不寐道人”“芳草王孫”“誰與玩此芳草”“耿庵”等。著《春草閑堂集》《推量稿》《闡幽録》等。此本著録於《汲古閣珍藏秘本書目》中，《書目》作於清康熙五十一年（1712），則此本至少在此之前藏於汲古閣。考毛晋與金氏嘗有交往，金氏曾爲毛晋《野外集》撰序，序末署名“社弟”。順治六年（1649），金氏賦《閨怨》詩，毛晋和之。順治八年，金氏與毛晋、陳瑚等，以《賦得天寒有鶴守梅花》爲題，互有酬唱（見《隱湖唱和詩》）。順治十四年，毛晋六十歲大壽，金氏賦詩祝壽（見《以介篇》）。金氏題字當與毛晋交往時。孫延，原名衡，字壽之，號蔚堂，家有古梅九枝，因自稱九梅居士。吴縣人。工詩詞、篆、隸，善寫生墨梅，惜未竟其技而歿。事蹟見於《墨林今話》《畊硯田齋筆記》等。孫延題簽者，尚有宋刻本湯漢注《陶靖節先生詩》、宋刻本《和陶詩》二卷，皆爲楊氏舊藏。可見，此君亦是一位傾慕陶詩者，所題蓋亦在清初。

“嘯庵”“桃源戴氏”“商微子後，自亳之吴，再遷于鄞”三印極古，《百宋一廛書録》著録云：“‘嘯庵’‘桃源戴氏’‘宋（丁案：應爲商字）微子後，自亳之吴，再遷於鄞’三印，驗其篆文印色，皆元時人也。”周叔弢《楹書隅録》批注曰“‘桃源戴氏’疑是著《鼠璞》之戴植”，又曰“塙氏丙戌藏書”爲“丙戌乃寶慶二年”。考戴植，字培之，號芝農，一號成芬，别署誠庵，清中葉收藏家，書畫、古籍皆有收藏，丹徒（今江蘇鎮江）人，是否即“桃源戴氏”，待考。今可考者最早爲明代收藏家文彭（1498—1573）。文彭是文徵明之子，大藏書家、書法家。周叔弢《楹書隅録》批注曰“‘宋本’‘甲’印疑僞”，此兩印原爲毛晋珍藏宋本秘笈的特有印章，比較其他宋本所鈐此印，此本之印似非，弢翁所斷當是。但此本鈐有多方毛晋印，則確然無疑。毛晋之後，此本遺給幼子毛扆，直至保存至康熙間，《汲古閣珍藏秘本書目》著録。卷末黄丕烈題曰：“陶陶室藏《靖節集》第一本。”蕘翁藏書多歸長洲汪士鐘，此書《藝芸書舍宋元秘本書目》著録，後傳於其子汪駿昌，此本卷首有道光二十八年跋。汪氏藏書散出後，時任江南河道總督的楊以增於道光三十年訪書於蘇州，購得此書。紹和《楹書隅録》卷四題是本云：“湯《注》本，先公於道光己酉獲之袁江。又明年，此本及東坡《和陶》復來歸予齋，距蕘圃之藏已花甲一周。不知幾經轉徙，乃聚而之散，散而之聚，若有數存乎其間者，果天生神物，終當合耶。昔子晋藏東坡書、《淵明集》，斧季詫爲隋珠趙璧，似此豈多讓哉。我子孫其永寶用之。”可見，主人之寶愛有加。又，《楹書隅録》卷四《陶靖節先生詩注》題曰“洎道光己酉（二十九年，1849）、庚戌（三十年，1850）間，來帥南河，訪之吴門，於是兩《陶集》始先後收弆之。”合之以上兩著，當言楊以增於道光二十九年得湯注《陶靖節先生詩》於清江，次年於蘇州得此本與《和陶詩》。1931 年周叔弢自楊敬夫處購得，今藏國圖。《自莊嚴堪善本書目》著録。《中華再造善本》收録，許逸民撰《提要》。

參考文獻：

梁啓超：《〈陶集〉考證》，《陶淵明》，商務印書館，1923 年。

〔日〕橋川時雄：《〈陶集〉版本源流考》，日本文字同盟社鉛印本，1931 年。

李霈秋：《書〈《陶集》版本源流考〉後》，《同聲月刊》1943 年 7 月第 3 卷第 5 期。

郭紹虞：《〈陶集〉考辨》，《照隅室古典文學論集》（上），上海古籍出版社，1983 年。

焦從海：《陶陶室藏宋版〈陶集〉聚散流傳考》，《文獻》1985 年第 3 期。

陳杏珍：《宋刻〈陶淵明集〉兩種》，《文獻》1987 年第 4 期。

周期正：《〈四庫全書·陶淵明集提要〉辨證》，《九江師專學報》1993 年第 1 期。

〔日〕松崗榮志撰，范建明譯：《〈陶淵明集〉版本小識——宋本三種》，《蘇州大學學報》1994 年第 1 期。

李堅：《宋版〈陶淵明集〉〈陶靖節先生詩注〉遞藏源流》，《文津流觴》2003 年 7 月總第 10 期。

鄧小軍：《〈陶集〉宋本源流》，《詩史釋證》，中華書局，2004 年。

陳歡華：《〈陶渊明集〉版本簡介》，《安徽文學》2009 年第 7 期。

李致忠：《昔時陶陶室　今日在國圖》，《新世紀圖書館》2012 年第 12 期。

劉明：《略談黄丕烈舊藏宋刊〈陶淵明集〉版本》，《文津學志》第 6 輯，國家圖書館出版社，2013 年。

逯欽立校注：《陶淵明集》，中華書局，1979 年。

袁行霈：《宋元以來陶集校注本之考察》，《陶淵明研究》，北京大學出版社，1997 年。

二十四、陶靖節先生詩四卷

晉陶潛撰，宋湯漢註。宋刻本，二册。清周春、顧自修、黄丕烈跋，清孫延題款。卷首有淳祐元年（1241）湯漢自序，曰："陶公詩精深高妙，測之愈遠，不可漫觀也。不事異代之節，与子房五世相韓之義同。既不爲狙擊震動之舉，又時無漢祖者可託以行其志。故每寄情於首陽、易水之間，又以荆軻繼二踈、三良而發詠，所謂'撫己有深懷，履運增慨然'，讀之亦可以深悲其志也已。平生危行孫言，至《述酒》之作始直吐忠憤，然猶亂以廋詞。千載之下，讀者不省爲何語。是此翁所深致意者，迄不得白於後世，尤可以使人增欷而累歎也。余偶窺見其指，因加箋釋，以表暴其心事，及他篇有可發明者，亦併著之。文字不多，乃令繕寫模傳，与好古通微之士共商略焉。又按詩中言本志少，説固窮多，夫惟忍於饥寒之苦，而後能存節義之閑，西山之所以有餓夫也。世士貪榮禄，事豪侈，而高談名義，自方於古之人，余未之信也。淳祐初元九月九日鄱陽湯漢敬書。"卷四末又附《歸去來兮辭并序》《雜詩》《聯句》《歸園田居》《問來使》，又補注《停雲》《命子》《九日閑居》《贈羊長史》《述酒》及《歸去來兮辭》"臨清流而賦詩"句。首卷首行頂格題"陶靖節先生詩卷第一"，卷末尾題同，次行低三格題"停雲一首并序"，第三行解題及正文均頂格。18.9×13.3厘米，湯漢序五行十字，手寫上版，七行十五字，小字雙行字數同，左右雙邊，白口，雙魚尾。上魚尾上方記字數，下記"卷幾"或"詩幾"，下魚尾上記葉數，最下記刻工姓名。刻工有蔡慶、鄧生、江梓、張生、蔡刁、慶、吴、清、江、青、蔡、張、梓等。宋諱不謹，"玄""貞""殷""完""桓""構""覯""慎""廓"字缺筆。黄皮封面題"陶詩湯注上册甲戌春孫延題"，每册首末俱用金粟山藏經紙箋宋人寫經作護葉，護葉上鈐蓋“金粟山藏經紙”印記，鈐印“景仁”“鐸”“秀石”“董宜陽”“天慵民”“董癸子”“山主谿朋”“一邱一壑”“時還讀我書”“徐氏長孺”“項禹揆印”“子毗父”“子毗所藏”“項子毗真賞章”“海野居士”“吴山秀水中人”“著書齋”“周春”“周春芚兮”“松靄藏書”“海寧周氏家藏”“松磬山房”“子孫世昌”“自謂是羲皇上人”“内樂村農”“士禮居”“黄丕烈”“士鐘”“閬源氏”“閬源真賞”“汪振勳印”“楳泉”“禄易書，千萬值。小胥抄，良友詒。閣主人，清白吏。讀曾經，學何事。愧蠹魚，未食字。遺子孫，承此志”“東郡楊氏海源閣珍藏”“宋存書室”“東郡宋存書室珍藏”“東郡楊氏宋存書室珍藏”“協卿珍賞”“臣紹和印”“東郡楊紹和字彦合之印”“東郡楊紹和印”“楊紹和讀過”“陶南布衣”“楊保彝藏本”“四陶居”“周暹”等，董宜陽、徐長孺、項禹揆、鮑廷博、張燕昌、周春、吴東白、蔣夢華、黄丕烈、汪士鐘、海源閣、王子霖、周叔弢舊藏。國圖（8369）。《名録一》（01016）。

湯漢（1202—1272），字伯紀，饒州安仁（今属江西餘江縣）人。與其兄干、巾、中皆知名當時。真德秀在潭，致漢爲賓客。江東提刑趙汝騰薦漢於朝，詔免解差，充象山書院山長。赴禮部別院試，正奏名，授上饒縣主簿。淳祐十二年（1252），差充史館校勘，改國史實録院校勘。授太學博士，遷秘書省校書郎，升秘書郎。提舉福建常平。召爲禮部郎官兼太子侍讀。尋以直華文閣、福建運判，改知寧國府。遷提舉江西常平兼知吉州。移江東運判、知隆興府。召爲尚左郎官兼太子侍讀，兼玉牒所檢討官。遷太府少卿，升兼太子諭德，改秘書少監。乞休致，擢太常少卿，太子以書勉留。求補外，以秘閣修撰知福州、福建安撫使，改知隆興府。度宗即位（咸淳元年，1265年），召奏事，授太常少卿兼國史院編修官、實録院檢討官。遷起居郎兼侍讀。兼權中書舍人，權兵部侍郎，升兼同修國史實録院同修撰兼直學士。累請致仕，授華文閣待制、知寧國府。久之，又召爲刑部侍郎兼侍讀，以龍圖閣待制知福州，福建安撫使。改知太平州、權工部尚書兼侍讀。以顯文閣直學士提舉玉隆宫。進華文閣學士，以端明殿學士致仕。特贈正奉大夫，謚文清。有文集六十卷。見《宋史·列傳》第一百九十七《儒林八》本傳。

湯漢注陶詩，其自序曰“余偶窺見其指，因加箋釋，以表暴其心事，及他篇有可發明者，亦併著之”。此爲現存最早的《陶集》注本，采用以史論詩，所注有獨到之見，亦頗受後世學者贊同，不僅保存了有關文獻資料，也是早期研究陶淵明及其詩歌的重要參考。《藏園群書經眼録》卷十二“陶淵明十卷明萬曆刊本”條曰：“陶注宋以前無注者，至湯東澗始發明一二。”郭紹虞《陶集考辨》曰：“湯注之長，與李公焕以後諸家箋注不同。諸家多重在用事出處，罕能闡其精義，湯注受韓子蒼之啓示，窺見陶公忠義之節，凡所箋釋雖有間及出處之例，要以表暴其心事爲主，故與尋常箋注有異。其後李公焕本采用湯注，遂析爲二例，擇其近註解者附文中，近詮釋者附文後，雖較明晰，不知此正湯注高處。”如卷三《述酒》一詩，黄庭堅曰“此篇似是讀異書所作，其中多不可解”。湯漢於是詳考，曰：“晋元熙二年六月，劉裕廢恭帝爲零陵王，明年以毒酒一罌授張偉，使酖王，偉自飲而卒。繼又令兵人踰垣進藥，王不肯飲，遂掩殺之。此詩所爲作，故以《述酒》名篇也。詩辭盡隱語，故觀者弗省。獨韓子倉以‘山陽下國’一語疑是義熙後有感而賦，予反覆詳考而後知爲零陵哀詩也。因疏其可曉者，以發此老未白之忠憤。昔蘇子讀《述史》九章曰：‘去之五百歲，吾猶見其人也。’豈虚言哉！”逯欽立《述酒詩題註釋疑》曰：“湯注此篇，大體明確。而其以劉裕遣張偉酖恭帝事，説明《述酒》名篇之意，尤卓絕不刊之論。”（見逯欽立校注《陶淵明集》）《四庫》未收，阮元進呈本爲影寫宋槧，其《四庫未收書目提要》卷五《陶靖節詩註》四卷提要曰：“淵明詩文高妙，學者未易窺測，漢乃反覆研究。如《述酒》之作，讀者幾不省爲何語。漢云窺見其指，詳加箋釋，以及他篇有宜發明者，亦併著之。清言微旨，抉出無遺。馬端臨《文獻通考》以爲淵明異代之知己。其所稱説，多與世本不同。如《擬古詩》‘聞有田子泰’句，《魏志》作‘泰’，今本多訛爲‘田子春’，惟此與《魏志》無異。其他佳處，尤不勝指。此從宋槧影寫，誠秘笈也。”（亦見《揅經室外集》卷五）周春跋曰：“《述酒》詩爲晋恭帝而作，其説略本韓子蒼；而‘芊勝’‘諸梁’，黄山谷亦嘗解之，非創於東澗也，特此注加詳耳……靖節時當禪代，雖同五世相韓之義，但不敢直言，而借廋辭以抒忠憤。向非諸公表微闡幽，烏能白其未白之志哉！朱子謂《荆軻》一篇，平淡中露出豪放本相。須知其豪放從忠義來，與《述酒》同一心事。《陶集》《祭程氏妹文》書‘義熙三年’，《祭從弟敬遠文》唯云‘癸亥’，《自祭文》唯云‘丁卯’，此與《宋書》本傳之説相合，但指所著文章而言，若詩則不然。大約晋時書甲子，如庚子至丙辰是也；入宋不書甲子，如《九日閑居》之類是也。自來辨此者，都未明晰……”唯“《祭從弟敬遠文》唯云‘癸亥’”之“癸亥”，此本和宋刻本《陶淵明集》均作“癸卯”，蓋偶誤。鄧小軍所論頗爲中允，曰：“湯漢首創陶詩注，以史證詩，發明陶詩微旨，使淵明品節志事昭然大白於天下後世，對宋庠、韓子蒼、黄山谷等人之説作出重大發展，亦使思悦甲子辨不攻自破。在陶詩學史上，實具有劃時代之意義。湯漢注陶，唯錢謙益注杜可以媲美。”（《陶集宋本源流》，《詩史釋證》）然亦偶有過分解讀之處。

此本卷首所載湯漢自序“繕寫模傳”云云，可見早在淳祐元年箋注完後即於印版，此時湯漢年方三十。但考此本之刻工及本人仕履，實爲湯漢官福建時所刻，蓋“重刻”而非淳祐元年初刻本也。《中國版刻圖録》曰：“刻工蔡慶、鄧生、吴清等，咸淳元年又刻《周易本義》，因推知此書當刻於建寧府。首淳祐元年漢陽自序，自淳祐元年初版迄咸淳元年，中歷二十五年。此本疑是咸淳元年前後重刻本，是年湯漢正官福州知府，在福建安撫使任，故有可能延建寧名工刻書。卷末疑原有刻書跋，歲久佚去，今不可考。”其中單字刻工吴、清所刻字體悉同，蓋即吴清一人。鄧升曾參與刻宋天台吴堅福建漕治本《龜山先生語録》和宋嘉定間建寧郡齋刻本《西漢會要》。蔡慶曾參與刊印宋本《詳註周美成詞片玉集》十卷，該本目録第三行低六格署“建安蔡慶之宗甫校正”，《中國版刻圖録》題刊地爲建陽，謂：“審其字體刀法，知是南宋中葉建本。”再考湯漢仕履，據《宋史》本傳可知，湯漢兩次知福州，但本傳并未言明具體時間。《宋史・理宗本紀》載，景定五年（1264）正月，太子諭德湯漢知福州，當爲首次。至咸淳元年，又改任京官。不久，又以龍圖閣待制知福州，當在咸淳元年之後。《宋史・理宗本紀》又載，咸淳四年夏四月，湯漢“三辭免刑部侍郎、福建安撫使”；十一月，“福建安撫使湯漢再辭免”；直至五年冬十月，以湯漢爲顯文閣直學士提舉玉隆宫。故知，自景定五年至咸淳五年的五六年裏，湯漢主要在福州任官。這期間，也是他最有條件聘請福建刻工刊梓自己作注的《陶詩》。故前人定此本爲“宋咸淳間福建刻本”，應無疑問。惟《中華再造善本總目提要》於卷首目録及正文書名下均誤注版本爲“宋淳祐元年湯漢刻本”，而正文《提要》又力證此爲“宋咸淳間福建刻本”，前後不一，實乃疏忽也。

關於此本之底本問題，諸家亦有探討。《陶集》之南宋刻本計有五種，諸本之底本亦各持一説，郭紹虞以爲各本以思悦本爲底本，鄧小軍則以爲宋庠本，此本亦然。愚意以爲鄧氏所持頗允。全書小字校注異文，書“宋本作某”，僅有兩處；書“一本作某”及“又作某”，共有一百六十四處。對照校語與正文可知，書“宋本作某”者，是表示此處異文從他本，不從宋庠本；反之，書“一本作某”及“又作某”者，則是表示此處異文從宋庠本，不從他本。湯漢注本絶大多數異文是從宋庠本，不從他本；僅有極少數異文是從他本，不從宋庠本。這表明，湯漢注本係出自宋庠本，是以宋庠本爲底本，而以他本爲參校本。宋庠本有校語，多存異文，湯漢注本出自宋庠本，由此可知，湯漢注本校語當基本上出自宋庠本。湯漢注本校語一百餘處，少於曾紘本七百餘處、曾集本八百餘處，亦少於蘇寫本二百餘處，當是由於湯漢注本未收陶文，及湯漢對於異文并非全部照録，而是有所取舍之故。同時，在今存《陶集》宋代刻本中，湯漢注本第一次將竄入《陶集》之詩從正文中删除，而附録於卷末。其中，《歸園田居》“種苗在東皋”爲江淹擬作，而竄入《陶集》者。《問來使》、《雜詩》“嫋嫋松標崖”、《聯句》作爲竄入《陶集》者，則嫌證據不足。但湯漢附録之於卷末，尚不失謹慎。湯漢注本不録思悦甲子辨及其《書後》，終於徹底扭轉了《陶集》宋代刻本以宋庠本爲底本而闌入思悦甲子辨及其《書後》的狀況。詳見鄧小軍《陶集宋本源流》。

此本版刻極精，大字悦目。周春題識云：“是書乃世間所希有，宋刻之最精者也。流傳日久，紙墨敝渝。偶從友人處得之，不勝狂喜，手自補綴，亟命工重加裝釘，分爲兩册，完好如新。余家舊藏有東澗選本，妙絶古今，此更出其上矣。”又云：“此本大字端楷，作歐陽率更體，頗便老眼，且校讎亦鮮‘形夭’‘庾鈞’之訛，裝後覆閲數過，誠可寶愛。”周叔弢《楹書隅録》批注曰：“黄紙天地頭甚小，字體極秀逸，初印，士禮居原櫝，孫延題簽。字體實近柳誠懸。”《四庫全書》未收，《百宋一廛賦》、《求古居宋本書目》、《楹書隅録》卷四、《文禄堂訪書記》卷四、《自莊嚴堪善本書目》皆著録。

湯漢注本之後世傳本，首爲乾隆五十一年（1786）吳騫《拜經樓叢書》本。該本卷末乾隆五十年吳騫跋曰：“歲辛丑，吾友鮑以文游吳趨，得之歸舟，枉道過予小桐溪山館，出以見眎。楮墨精好，古香襲人，誠宋槧佳本也……註中間有引宋本者，鮑君據吳氏《西齋書目》及僧思悅陶詩序，以爲湯氏蓋指宋元獻（宋綬之子，名敏求，字次道）刊定之本，因勸予重雕，以公同好。”按此，乾隆四十六年時，鮑廷博將其所藏宋本示以吳騫，“勸予重雕”，其底本似爲宋本。又，《藏園群書經眼録》卷十二著録吳騫校“陶靖節集八卷明萬曆四十七年楊時偉刊本”條，移録吳騫跋云：“湯文清注靖節詩乃宋刻精本。渌飲得而贈於文漁（張燕昌），予偶從文漁借觀，約日即返。周松靄知之，即從余借觀，竟乾没（丁案：侵呑），屢索不還。予無以對二君。幸初借時録出此本，因據之重刻陶詩以行世。其後乾没者復以售於吳中黄蕘圃主事，徒爲藝林所嗤也。辛未（1811）正月記。”此謂“幸初借時録出此本”，據之重刊，其重刊底本爲己録抄本。與乾隆五十年所跋不合。又顧自修跋曰“以文多方購覓，丙午始得一鈔本，苣堂慫恿葵里重行開雕。”此言似是吳騫重刊本底本又據鮑氏所得抄本。楊紹和《楹書隅録》卷四著録宋本時亦支持此觀點，曰：“蓋槎客據者，實以文所得之抄本，此本（宋本）自藏周松靄‘禮陶齋’，未嘗歸鮑氏也。吳本《跋》稱，辛丑歲歸舟過余，出以見示，乃以文初見此本之時。”吳騫於乾隆四十六年初見宋本後，并未立刻開雕。直至五年以後，亦即乾陵五十年時始刊印，五十一年刊成。期間，宋本一直藏於周春處，從未見借，吳騫重刊時，衹能以抄本爲底本，没有條件據宋本重刊。衹是，據顧自修、吳騫跋，有三處懸疑未解。一是吳騫跋謂周春從吳騫手中借之未還，與顧自修所記周春從張燕昌手中所借，兩者牴牾不合。二是吳騫前後兩跋，謂重刊本所據底本一爲宋本，一爲抄本，前後不合。三是，吳騫所據抄本亦有兩説，顧自修跋稱據鮑廷博所得抄本，而吳騫跋則又稱據自己所録本。但以吳騫所跋之前後不一來看，似吳騫所言不可信。故此，周春從張燕昌處借宋本不還，吳騫乃以鮑氏所得抄本重刊之，大體可信。吳騫兩屬之説，無非是想證明己刻本之珍，以獲高價；而張燕昌慫恿吳騫重刊此本，無非想使周春奪愛失去價值，一解心頭冤氣。郭紹虞《陶集考辨》分析合乎情理，曰：“其原本既爲周春巧取豪奪以去，則於續獲鈔本之後，勢必慫恿重雕，以使周氏所藏失去其價值，而吴氏又勢不能自言其重雕所據是鈔本而非宋槧原本，則變更事實以遷就其説亦事勢所必至矣。”

《拜經樓叢書》本，因所據抄本而出，故與原宋本稍有異文，如《酬丁柴桑》“屢有良由”之“由”字，《叢書》本作“田”；“實欣心期”之“實”字，《叢書》本作“寔”。《辛丑歲七月赴假還江陵夜行途中》“詩書敦宿好”之“宿”字，《叢書》本作“夙”。注文中，如《讀山海經》第十首注文“化爲精衛”之“化”字，《叢書》本作“故”。《贈羊長史》注“天下分裂”之“裂”字，《叢書》本作“崩”；補注“駟馬高蓋”之“駟”字，《叢書》本作“驅”字。可見，《叢書》本遠遜原宋本。其後，又有清光緒十一年（1885）會稽章壽康重刊《拜經樓叢書》七種本、光緒二十年吴縣朱氏校經堂重刊《拜經樓叢書》十種本、《叢書集成初編》第二二一八種據《拜經樓叢書》本排印本及1931年上海博古齋影印《拜經樓叢書》本，這些本子都沿襲了底本之誤，有的又添新誤，由於未見宋本，未能得到校正。湯注《陶集》的整理本較多，但都被輯録到箋注本中去，未能以單注本流傳，原因是湯注雖成系統亦較早，但篇幅較少，尚不能單獨成本。其中較著者有袁行霈《陶淵明集箋注》，逯欽立校注《陶淵明集》等。逯校本於《例言》中曰：“李公煥《箋注陶淵明集》是給全書作注最早的本子，所以本書校勘，即以李本爲底本。”此言以李本爲最早注本，實誤。

是書元明以前目録少見著録，惟《文獻通考》卷二百三十云“《靖節詩注》四卷，贈端明殿學士都陽汤文清公漢撰”。歷經明清諸家收藏，頗多佳話。自明中晚期，歷經三大名家遞藏。首爲董宜陽（1511—1572），宜陽字子元，别號七休居士、紫岡山樵，松江華亭（今上海松江）人。大理寺卿董恬之子。南渡後，先世從汴京遷居吴會。屢試不第，棄科舉業，日讀萬言，博覽先秦諸子百家、國家典故及郡縣文獻。日坐一室，手不釋卷，或校勘書史、臨摹古石刻，或吟詩作文，不問世俗事。詩法高、岑，晚嗜元白體。楷書仿永興，行草法智永，爲文徵明所推重。生平嗜好，惟書史、古石、刻名帖。於鄉邦文獻收輯甚豐，著輯有《皇明名臣琬琰録》《雲間詩文選》《皇明先哲金石録》《雲間近代人物志》《松志備遺》《上海紀變》《董氏族譜》等。其族人董其昌收藏頗富。次爲徐益孫。益孫字長孺、孟孺，明末萬曆、天啓間人，文學家。松江人，國子監生。禮部尚書、東閣大學士徐階之子。弇州“四十子”之一。王世貞後學，時與陳繼儒、屠隆、王世貞、沈嘉則等唱和。曾輯《東坡禪喜集》十四卷，王世貞《弇州山人續稿》卷一百六十載有《徐長孺詩卷》，曾爲屠隆《由拳集》作序。此書蓋由董氏族人傳於徐氏，不出松江，至明末流出，歸嘉興大藏書家項禹揆（？—1659）。禹揆，字子毗，號懷清道人，嘉興人。明崇禎間詩人、藏書家。項元汴季孫。太學生。善鑒藏。明亡後，被南明魯監國封爲職方司。清順治十六年（1659）與如皋李之春同遇害於南京。《明詩綜》有傳。書室名“清和草堂”，藏書處名“海野堂”。

至清，遞經多家收藏。此書先爲鮑廷博收藏，然鮑氏初不以爲然，送予張燕昌。及至與周春交談後方知其珍貴，悔之不已。周春得知後，便向張氏借之，賴之不還。張氏急索未果。後托張載華從中調停，周春出葉元卿“夢筆生花”大圓墨易之，此書方終歸周春。從“（乾隆四十六年，1781）重午日（端午日）”至“癸卯（乾隆四十八年，1783）五月”，期間訴訟長達兩年餘。這種得書之法，爲黄丕烈譏爲“巧取豪奪”。周春好友顧自修如實記下此事，跋曰：“辛丑四月晦日，武林鮑以文自蘇州回櫂，同新倉吴葵里（吴騫）過松靄先生著書齋。是夜，以文痁疾作，不能飲，燈下譚及於（以下缺十餘字）《陶淵明詩》，一本序末標湯漢，不知湯漢何許人也。先生便拍案稱好書，且告以《宋史》有傳，《文獻通考》著録。以文爽然若失。隨叩：《陶集》携行篋否？則答云：已送海鹽張芑堂（張燕昌）矣。重午日，先生即從芑堂借觀。芑堂見書雖破碎，而裝面用金粟箋，心疑其爲秘册，索還甚急。賴張佩兼調停互易，初以書畫銅瓷、端硯，俱不可。芑堂適需古墨，先生回出葉元卿‘夢筆生花’大圓墨易之，墨重一觔，值百金如數。至癸卯五月，閲兩年而議始定，此書迺爲先生所有。盖其得之之難如此。以文多方購覓，丙午始得一抄本，芑堂慫恿葵里重行開雕，共懺悔覿面失宋刻公案。則此書之流通，未始非先生功德也。余交先生久，知得書始末最詳，玆備述之，以見先生嗜書之篤，賞鑑之精。而吴、鮑、張三君子之好事，亦流俗中所罕覯云。丁未冬日，輝山顧自修記。”周春“借”得此書後，“不勝狂喜”，遂於乾隆四十六年冬至後三日作跋記之，曰：“湯文清事實，詳見《宋史·儒林傳》。《靖節詩注》四卷，惟馬氏《通考·經籍門》著於録，是書乃世間所希有，宋刻之最精者也。流傳日久，紙墨敝渝，偶從友人處得之，不勝狂喜，手自補綴，亟命工重加裝釘，分爲兩册，完好如新。余家舊藏有東澗選本，妙絶古今，此更出其上矣。乾隆辛丑長至後三日，内樂村農周春記。”并詳研其書之價值和版本，又述收藏者董宜陽生平事蹟。需要注意的是，原本爲借，而周跋則謂“偶從友人處得之”，并重新裝訂一新，儼然已爲己所有，根本就未打算還書。周春後得宋刻本《禮書》，與此并存一室，顔其藏書室爲“禮陶齋”，欲以殉葬。之後，《禮書》去之，改室名爲“寶陶齋”。再後，因生活所迫，此書不得已售去，遂改爲“夢陶齋”，去書之時，“泣下數行”。黄丕烈跋曰：“湯伯紀注《陶詩》宋刻真本，在海寧周松靄家，相傳與宋刻《禮書》并儲一室，顔之曰‘禮陶齋’。其書之得，近於巧取豪奪，故秘不示人，并云欲以殉葬”，“（吴東白）言中談及周公先去《禮書》，改顔其室曰‘宝陶齋’；今又售去，改顔其室曰‘夢陶室’。余聞此言，益歎周公之好書，惓惓于心而不能去矣。并聞諸他估，吴賈購此書，懷數十番而去。周初不知，但与論直。周索卅二番，云‘身边立有，决不悔言’。吴即如數与之，竟不能反。去書之日，泣下數行。余雖未面询诸吴，然聞屢易顔室之名，亦可想見其情矣”。

黄丕烈爲得此書亦頗費周折。其時復翁已得宋槧《陶淵明集》，格外希望二《陶集》能够聚合。先是此書從周家賣出後即追蹤購買，欲出四十兩銀子，没想到已爲海寧硤石人蔣夢華所得。後來黄丕烈又通過友人吴子修向其借來，久經磋商，嘉慶十四年（1809）纔以百金高價得之，“銀居太半，文玩副之”。嘉慶十四年中秋跋曰：“去歲夏秋之交，喧傳書賈某得此書，欲求售于吴門，久而未至。後嘉禾友人札致余，有此書，許四十金，未果，已爲峽石人家得去。聞此言甚怏怏，然已無可如何矣，遂恝置之。今夏有吴子脩侯余，余往答之。出所藏書示余，湯注《陶詩》在焉。開卷展視，其爲宋本無疑。詢所由來，乃知峽石人即伊相識，可商交易者，遂倩人假歸。議久始諧百金之直，銀居太半，文玩副之。此余佞宋之心，固結而不可解者，後人視之，毋乃訕笑乎?”①復翁購得此書及《陶淵明集》後，於嘉慶十四年冬，重新修葺所居，名曰“陶陶室”。然復翁獨好《陶詩》宋槧，又不僅僅滿足“佞宋”之心，更重要的是將陶淵明視爲異代知己。其同年好友、兒女親家王芑孫在爲其所作《陶陶室記》中曰：“今者托趣於陶陶，非獨喜其宋本之不一而足也，蓋蕘圃宜爲縣而不爲，略似陶公；其力耕校書，又大致仿佛，故因以自寓焉。”此爲黄丕烈“陶陶室”藏《陶詩》第二種，卷末黄丕烈題：“陶陶室藏《靖節集》第二本。”《求古居宋本書目》《百宋一廛賦注》《百宋一廛書録》均著録。此書散出後，爲汪士鐘所收，《藝芸書舍宋元本書目》著録。

楊紹和云：“余性愛蓄書，於述古、佞宋之癖，尤竊慕之。”② “佞宋”者所指即爲黄丕烈。而“爲詩宗王、孟而探源彭澤”的楊以增早就對黄藏“陶陶”傾慕已久，并於道光二十九年（1849）、三十年督南河時，先後將兩《陶集》收入閣中。《楹書隅録》卷四《陶淵明集》題云：“湯注本，先公於道光己酉獲之袁江。”汪氏藏書散出後，書賈攜書沿河北運至清江浦，此本遂爲楊以增購得。楊紹和於《楹書隅録》卷四題宋本《陶靖節先生詩》時，記述了得書原委，云：“先公爲詩，宗王、孟而探源彭澤，陶公諸作，莫不諷誦焉。宦游垂四十載，雖文書填委，軍報倥傯之際，退食少暇，未嘗廢吟詠，至老猶孜孜不倦。每惜《淵明集》無佳刻，近時陶文毅公《集註》，考訂頗稱詳博，然亦不免訛誤，刊手尤俗劣，未爲盡善。（先公）向聞黄蕘圃陶陶故事，心豔羡之而不可得也。洎道光己酉、庚戌間，來帥南河，訪之吴門，於是兩《陶集》始先後收弆之，不勝狂喜，以爲合璧重光，莫是過矣。”又謂：“先公愛讀《離騷》《陶詩》，每夕將眠，必擁被默誦一過始就枕，數十年以爲常。”可見，海源閣主人喜愛陶詩，與黄丕烈相較有過之而無不及。此本鈐有“四陶居”方印，蓋即所藏李伯時畫《靖節高風圖》、兩宋槧

① “硤石人即伊相識”者爲誰？據焦從海《陶陶室藏宋版〈陶集〉聚散流傳考》及李堅《宋版〈陶淵明集〉〈陶靖節先生詩注〉遞藏源流》兩文，均曰“蔣夢華”者。

② 宋本《脈經》，《楹書隅録》卷三。

《陶集》及蘇軾《和陶詩》四種。楊紹和曰："往得馬和之畫《屈子九歌圖》册，董思翁《跋》徵仲小楷書《離騷》《九歌》長卷……既又得李伯時畫《靖節高風圖》册。紹興癸丑，富直柔書陶詩於左方，乃明楊文敏公故物。嘗并兩《陶集》同儲，珍爲四寶，居恒置諸座右，以時展玩，皆平生第一銘心絕品也。"① 楊紹和并以此顔其室名曰"儀晋觀堂"，"儀晋"者，實指慕晋人王羲之、陶淵明也。"晋觀堂"是清代著名書法家、金石學家翁方綱（1733—1818）的齋名，因搜求到東晋王羲之所書的《大觀帖》而自題堂名。紹和於《楹書隅録》卷四宋本《陶靖節先生詩》題曰："紹和年來田居無事，惟與金石翰墨爲緣。家藏思陵內府本《太清樓帖》（即《大觀帖》）五卷，第二、第四、第六、第八、第十五卷。視北平翁氏第六卷右軍書，無毫髮異，皆南宋精拓。援竊取翁氏'晋觀名堂'之意，自署曰'儀晋觀堂'，復以兩《陶集》爲之配，藉於山陰彭澤寓景仰之思云。"紹和并將詩集名爲《儀晋觀堂詩抄》，於此景仰晋人之情可見一斑。

此書自海源閣藏書散出後，先爲藻玉堂主人王子霖收購，王子霖《日記選編》1931 年 4 月 21 日條著録此書，曰"周君 3650 元購之"，指此時以此價格賣給周叔弢。王氏《古籍善本經眼録》别集類（魏晋南北朝）亦著録此本。據周叔弢《歷年收得楊氏海源閣舊藏善本書目》載"1933 年（癸酉十一月），宋本湯注《陶詩》，藻玉堂王子霖"②，可知購書時間爲 1933 年 11 月。1935 年 4 月，周叔弢以此本校清拜經樓重刻本，於目録後題曰："宋本湯注《陶詩》，海源閣舊藏，數年前散出，爲北平藻玉堂書估所得。庚午歲三月，余以重值收之。"③ 庚午歲，即 1930 年。如此，三個購書時間不一致，不知何故。但最晚不遲於 1933 年。期間，文録堂主人王文進亦曾經眼，《文録堂訪書記》卷四亦著録。1952 年，周叔弢將其捐獻於北圖。《續修四庫》收録。《古逸叢書三編》收録，陳杏珍跋。《中華再造善本》收録，許逸民撰《提要》。

---

① 《陶靖節先生詩注》，《楹書隅録》卷四。

② 參見《弢翁藏書年譜》第 49 頁。

③ 同上，第 79 頁。

参考文獻：

〔越〕阮氏明洪：《湯漢注〈陶靖節先生詩〉研究》，2004 年首都師範大學博士論文。

其他参考文獻同《陶淵明集》。

二十五、陶靖節先生集十卷

晋陶潛撰。年譜一卷，宋吴仁傑撰。宋刻本，兩册，存集四卷，卷一至四，年譜一卷，殘損嚴重，各卷皆有首無尾，卷中亦多缺葉或每葉僅剩數行，蝶裝。無序跋及目録。卷端所題多殘缺不全，題“陶靖節先生集卷幾”。20.7×15厘米，九行十五字，小字雙行字數同，左右雙邊，白口，雙魚尾。版心殘損，題字不識。宋諱極謹，缺筆至“慎”字。書中夾有趙萬里簽條，謂“宋刻遞修本《陶靖節先生集》有九十個半葉（殘破）”。又有冀淑英手書附記，謂“六四年八月增入卷三第一葉”。鈐有“儲端華重”“東郡楊紹和字彦合鑒藏金石書畫之印”“王雨五十歲經眼善本”“長樂鄭振鐸西諦藏本”“長樂鄭氏藏書之印”諸印，清內閣大庫、海源閣、鄭振鐸舊藏。國圖（15789）、上圖（綫善816279）。

此本與上圖藏宋刻本《陶靖節年譜》原爲同帙，兩者合之，實際上是一個集譜合刻本。上圖藏本，無陶《集》，但卷首有蕭統撰《陶靖節先生集序》，《中國古籍善本書目》史部題“宋刻《陶靖節先生集》本”。國圖藏本雖有《陶集》，然亦不全，卷端題“陶靖節先生集第幾”依稀可辨，卷末附吴《譜》，《中國古籍善本書目》和《北京圖書館古籍善本書目》均題“陶靖節先生集十卷年譜一卷宋刻遞修本存四卷一至四”。經比對，兩本之版式、版框尺寸等悉同，字體仿佛，葉碼前後接合。原兩本實爲一本毋庸置疑。譜年均頂格，所附內容則低一格。審閲全書，殘破不堪，不僅缺葉，即使已有葉中亦常漫漶不清，知其蝕損嚴重。但細檢此本，并無修補痕迹，題“遞修”者，非是。無序跋及任何刻梓記録，不知刊刻之具體時地。其《詩集》部分，宋諱極謹，北宋皇帝及宋太祖之父、祖、始祖等均諱，如卷一《勸農》“敢不斂衽，敬贊德美”

之“敬”字缺末筆。“敬”字是宋太祖趙匡胤之祖諱。卷一《榮木》“貞脆慎由人”，“貞”字缺末筆，“貞”字乃北宋第四任皇帝仁宗趙楨之廟諱。卷一《命子》“桓桓長沙，伊勛伊德”之“桓”字，缺末三筆，實避北宋末帝欽宗趙桓之名諱。卷一《贈長沙公族孫》“於穆令族，允構斯堂”，“構”字缺末三筆。“構”乃南宋第一任皇帝高宗趙構之名諱。卷一《榮木》“貞脆慎由人”，“慎”字下注小字“一作御名同音”；卷一《命子》“肅矣我祖，慎終如始”之“慎”字則缺末筆。南宋第二任皇帝孝宗趙眘，嫌諱“慎”字。南宋第三任皇帝光宗趙惇諱“敦”字，如卷一《榮木》“匪道曷依，匪善奚敦”，“敦”字不避。南宋第四任皇帝寧宗趙擴諱“廓”字，如卷三《飲酒》之第十九首《疇昔苦長饑》“世路廓悠悠”之“廓”字不避。而《年譜》部分的諱字則不如詩集部分謹嚴，且均用別字代之，這與詩集部分均用缺筆或缺字的方法不同。如《年譜》之“十三年丁巳”條中，“桓玄”避作“亘元”，“亘”實避“桓”，“元”避宋太祖趙匡胤之始祖諱“玄朗”之“玄”字。“元熙二年庚申”條中，“當亘靈寶僭竊位號”之“亘”字亦避“桓”。“七年辛亥”條中，“商先作晋安南府長史掾”“又按商景仁傳”“則所謂商晋安”三句之“商”字，實避“殷”字。此爲避宋太祖趙匡胤父弘殷之諱。“恭帝元熙元年己未”條，“本傳王巨集”之“巨”字，避“弘”字。而如“七年辛亥”條中，“有《祭從弟敬遠文》”之“敬”字不避。從以上諱字來看，《詩集》部分，南宋孝宗以前皇帝名諱均避，孝宗之後又均不避，則知此本當刻於南宋孝宗之時，自然《年譜》亦刻於此時。又從詩集部分和年譜的避諱方法之異來看，當是詩集部分之前已有傳本作爲底本，係摹刻或重刻，而年譜則是單獨刊梓。

考宋本中，將吴仁傑《年譜》附於《陶集》之末的合刻本或是一個蜀刻本。《直齋書録解題》卷十六著録：“《陶靖節年譜》一卷、《年譜辨證》一卷、《雜記》一卷。吴郡吴仁傑斗南爲《年譜》，蜀人張縯季長辨證之，又雜記前賢論靖節語。此蜀本也，卷末有陽休之、宋庠序録、私記，又有治平三年思悅題，稱‘永嘉示以宋丞相刊定之本’。思悅者，不知何人也。”此是專指蜀本《年譜》《辨證》《雜記》三卷。殿本《直齋》是清四庫館臣自《永樂大典》所輯出，以聚珍字印行流傳。《四庫全書總目》卷八十五《直齋書録解題》提要云“此書久佚，僅《永樂大典》尚載其完帙，惟當時編輯潦草，訛脱宏多，又卷帙割裂，全失其舊”。固非原本面目也。現存世《直齋》最早可睹者，衹有元抄殘本四卷（四十七至五十卷），可校《大典》本。而《陶集》正在元抄殘卷中，元抄本著録時，於年譜前有“集十卷”三字。清盧文弨治《直齋》用力最甚，輯成五十六卷，今存稿本亦糾《大典》本之誤不少。此條盧校本亦著録有“集十卷”三字，并盧校注云：“當從館本去此三字，《通考》亦無之。”① 故而，這個蜀本應是《集》十卷附録《年譜》一卷、《辨證》一卷、《雜録》一卷。再者，從《直齋書録解題》此條的著録内容來看，專門著録了卷末附録題跋，包括陽休之序録、宋庠序録和私記、思悦題後，并引思悦“永嘉示以宋丞相刊定之本”云云。這顯然不是針對年譜的，而是就整個蜀本或者就蜀本中《陶集》十卷而言的。也就是説，此條著録必定包括《集》十卷的。如果僅就年譜而言，是没必要附録這些題跋的。再者，陶淵明集譜在宋代的合刻本，除《直齋》所録的這個蜀本外，還未見其他記載，也未見現存版本流傳。因而，殘宋本《陶靖節先生集》四卷和吴《譜》一卷極有可能就是蜀本《集》十卷和《年譜》一卷《年譜辨正》一卷《雜記》一卷的殘卷而已。又，許逸民《中華再造善本總目提要》曰：“此本諱字較爲少見，惟‘慎’字缺筆避孝宗諱，而‘敦’字完整不避光宗諱，據此，今存《陶靖節先生集》殘卷當刻於南宋孝宗淳熙一朝。不過此本印紙墨色、版式、風格不類宋代蜀刻諸本，則此本與陳氏著録是否同一版本仍待研究。”此可姑存一説。

關於其價值，許逸民《中華再造善本總目提要》曰：“此本雖破損已甚，但仍有其版本價值。例如：宋刻遞修本《陶淵明集》卷一《答龐參軍一首》所在葉乃後人抄寫配補，而此本存原刻，二者相校，異文殊多。其中‘去胡以親’句，前者僅於‘去’字下校：‘一作云。’而後者此句徑作‘云胡以親’，并於‘以’字下校：‘一作已。’又，‘棟宇惟鄰’句，前者無校，而後者於‘惟’字下校：‘一作爲’。此類情況尚多，不贅舉。”而《年譜》則更可校正傳本及整理本之誤。吴《譜》的最早傳本是明嘉靖二十五年（1546）蔣孝刻本《陶靖節集》十卷，卷末

① 徐小蛮、顧美華点校：《直齋書録解題》，上海古籍出版社，1987年，第464頁。

附吴《譜》一卷。在其卷首有虞守愚序，該序并未交代其所使用底本。但經過考察可知，自宋本刊刻之後至明嘉靖之前，還從未見有其他刻本，故而宋本就很有可能成爲明本的唯一來源。明刻尚有萬曆四十七年楊時偉集譜合刻本，卷首有楊時偉萬曆己未初夏題記，未言《年譜》所采底本。然萬曆本的異文如異體字、通假字以及訛誤倒脱等大都與嘉靖本相同，嘉靖本與殘宋本異文多達八十餘處，而萬曆本與嘉靖本異文則大多相同。可見萬曆本來源於嘉靖本應無疑問。清代有康熙四十四年（1705）拜經堂《陶詩彙注》本，吴《譜》置於卷首。吴瞻泰《序》云："世所傳《陶集》皆亡年譜，余友汪西亭立名録以見貽。"然亦未言明所據究竟是什麽本子。通過勘對，康熙本的異文主要是沿襲了明萬曆本，康熙本與之相同者有七十多處，其同源關係顯然。之後又有清光緒二十五年（1898）貴陽陳矩《靈峰草堂叢書》本，傅雲龑於光緒本卷首《序》云："頃寓陳君衡山所，示以吴東岩瞻泰《陶詩彙注》，校刊精深，注釋詳贍，所見箋陶善本無出其右。卷端具載斗南原譜，尤希世秘笈，考證精確，胥有根據。"則光緒本之底本實爲康熙本。吴《譜》的當代整理本主要有兩種，一是中華書局 1986 年版《陶淵明年譜》（許逸民校輯，以下簡稱《年譜》本）所録吴《譜》本，2006 年再版。所用底本爲清光緒本（《北京圖書館年譜珍本叢刊》收入），再以康熙本參校。二是中華書局 1962 年版《陶淵明資料彙編》（北京大學中文系、北京師範大學中文系編，以下簡稱《彙编》本）所録吴《譜》本，2005 年再版。所用底本爲清康熙本。可見，殘宋本、明嘉靖本、明萬曆本、清康熙本、清光緒本及中華書局兩整理本同屬一個系統，同一源流。經諸本與殘宋本對勘發現，清光緒本異文最多，清康熙本次之，明嘉靖本最少，但諸本訛誤的根源恰恰出在明本上。這些傳本由於校勘不精、未參校殘宋本，大部分的訛脱倒衍都沿襲了下來，雖然也更正前本極少訛誤，但新生訛誤更多，因而諸本愈是往後，訛誤越多。如以殘宋本校嘉靖本，訛誤竟有四十餘處；校康熙本則有五十餘處，清光緒本則更多。尤其是作爲通行的兩個當代整理本也大多以訛傳訛，應當引起學者的注意。今以殘宋本校《彙編》本，發現《彙編》本異文達一百零一處，其中脱文二十四處，衍文五處，倒文兩處，改字二十七處中，確屬訛誤者十三處；另有通假字、異體字等十九處，避諱字二十一處，另補墨釘四處。

其中可以校正《彙編》之訛脱等四十餘處。爲此，本文舍以篇幅加以校勘，以恢復吴氏研究成果之原貌，亦爲治《年譜》者提供參考。

《彙編》本改字中以避諱字最多，如“桓”避作“亘”，“殷”避作“商”等，當改。他如異體字、通假字，“槩”作“概”，“覆”作“復”，“邪”作“耶”，“蚤”作“早”等。還有一些改字如“未”作“無”，“赴”作“就”等，這些改字亦與字意影響不大，衹能説明版本之别，尚不足以判定宋本與整理本的優劣。但是有些改字則實屬訛誤，或使原句表意不清，或改變原意。如“十二年丙辰”條，殘宋本“僶俛六九年”之“俛”字，明嘉靖本作“仰”字。此爲陶淵明原詩《怨詩楚調示龐主簿鄧治中一首》之“結髮念善事，僶俛六九年”句，“僶俛（mǐn miǎn）”，勤勉努力之意。這個用法頗多，陶詩《連雨獨飲》中有“自我抱茲獨，僶俛四十年”。又《詩・小雅・十月之交》：“僶俛從事，不敢告勞。”賈誼《新書・勸學》：“然則舜僶俛而加志，我儃僈而弗省耳。”然自明嘉靖本誤寫之後，諸傳本均誤。又該條“以《周續之傳》考之，柳以是年到官云”之“柳”字，明本、康熙本均作“抑”，《彙編》本亦誤。吴仁傑所言是據《南史・周續之傳》，柳乃江州刺史劉柳之名。“文帝元嘉二年乙丑”條，殘宋本“史傳不著夏卒之歲月”之“傳”，諸本（指明嘉靖本、明萬曆本、清康熙本、清光緒本及兩個整理本）均作“雖”字，然文意已變。“恭帝元熙元年己未”條，殘宋本“嘗往廬山”之“嘗”字，諸本均作“當”字。是句出自沈約《宋書・隱逸傳》和蕭統《陶淵明傳》，均作“嘗”。“當”字不如“嘗”字於上下文意更適。“十三年丁巳”條，殘宋本“當亘元之世，先生不出仕，如避秦也”之“亘元”二字，實際是“桓玄”的避諱字，但清本作“桓、劉”，將“玄”妄改爲“劉”，《彙編》本亦然。諸本之“劉”字是指劉裕，以桓玄、劉裕代之“亘元”，這與吴仁傑所要表達的意思迥異，亦與史實不符。因三年之後亦即元熙二年劉裕始建劉宋王朝，在此之前一直爲桓玄稱晋，劉裕尚不能與桓玄并稱爲“世”。“仕”字，諸本均作“世”。陶淵明生活在晋宋易代之際，政治環境十分複雜，期間曾兩次退隱。淵明於是年所作《贈羊長史詩》，雖是一首贈别詩，但借此抒發的是一種懷念古隱者之情。《飲酒詩》之五則直接作了隱居不仕的表白：“行至千萬端，誰知非與是。是非苟相形，雷同共毀譽。三季多此事，達士似不爾。咄咄俗中惡，且當從黄、綺。”黄、綺分别是夏黄公、綺里季，《漢書·王貢兩龔鮑傳序》云：“漢興，有園公、綺里季、夏黄公、角里先生，此四人者，秦之世避而入商洛深山，以待天下之定也。”三季是指夏、商、周三代之末，蓋隱指晋末。此詩感歎晋末桓玄作亂之時，世俗不辨是非，雷同毁譽，自己當明達獨立，超乎是非，力避仕途，自甘隱居。所以此處吴仁傑著一“仕”字，準確具體，諸本改作“世”字則籠統模糊，難盡其意。

《彙編》本以脱文最夥，不少句子因脱字而表意不全。如“文帝元嘉二年乙丑”條，殘宋本“先生大父茂，亦侃子也，獨見於先生傳中”句，諸本均脱“茂”字。《晋書》卷九十四《陶潛傳》云：“陶潛，字元亮，大司馬侃之曾孫也。祖茂，武昌太守。”淵明《命子》詩云：“肅矣我祖，慎終如始。直方三台，惠和千里。”可見，陶淵明祖父茂亦是轄治千里的太守。而諸本將“茂”字佚去，這在交代其家世淵源上就出現了空白。據《晋書》卷六十六《陶侃傳》云：“侃有子十七人。”然究竟哪一個是淵明之祖，除《晋書》本傳有所交代外，吴《譜》所載是一個重要的參考依據。“六年庚戌”條，“九月有《西田獲早稻》詩”句，兩清本及《彙編》《年譜》本皆脱“早”字，致使詩題不完。諸宋本（此宋本指現存宋高宗時期遞修本《陶集》十卷、宋紹熙曾集刻本《陶淵明詩》一卷、《雜文》一卷、宋咸淳福州刻本湯漢注《陶靖節先生詩》四卷，吴《譜》中有引自此宋本者，下稱宋本者均同，“殘宋本”除外）均有“早”字。其他如“海西公太和六年辛未”條，“簡文帝即位”句，脱“帝”字。“太元元年丙子”條，脱“事見《集》中孟府君傳”句，上圖本是句漫漶，衹有“君傳”二字清晰，但原本爲全句無疑。“十六年辛卯”條，“《集》本作‘癸卯’之字，誤也”句，脱“之字”二字。“五年辛丑”條，“荆州刺史所治自隆安三年亘元襲殺商仲堪，即代其任”句，脱“所治”二字；本條“未嘗别授人”句，脱“嘗”字；“未論實爲元、裕與否”句，脱“與”字；“此豈區區一節之士可以窺其間哉”句，脱“此”字。“義熙元年乙巳”條，“由參軍爲彭澤，遂棄官歸”句，脱“由參軍”三字；“其知者以爲爲女弟之喪也”句，脱後一“爲”字。“三年丙寅”條，“《南史》載先生對檀道濟之言”句，脱“檀”字；“《祭妹文》，晋義熙三年所作”句，脱“妹”字；“顔延之作先生誄”句，脱“顔”字；“本傳當書曰”句，脱“本傳”“書”三字，致使意義不明。“元熙二年庚申”條，“矧詩中又無有標晋年號者”句，脱“有”字。此爲吴仁傑引用思悦論陶之語，原宋高宗時期遞修本《陶淵明集》卷三首即載此語，有此字。“文帝元嘉二年乙丑”條，“按《陶侃傳》：‘侃，封長沙郡公，贈大司馬。有子十七人。’”句，脱“侃”字。有的脱字，較原意大遜，如“元熙二年庚申”條，殘宋本“所作詩，但題甲子而自取異哉”之“但”字，諸本均脱。此句爲吴仁傑引用思悦論陶之語，其原文曰：“《文選》五臣注云‘淵明詩，晋所作者皆題年號，入宋所作，但題甲子而已，意者耻事二姓，故以異之’。思悦考淵明詩有題甲子者，始庚子，距丙辰凡十七年間，祇九首耳，皆晋安帝時作也。中有《乙巳歲三月爲建威参軍使都經錢溪作》，此年秋乃爲彭澤令，在官八十餘日，即解印綬。賦《歸去來辭》。後一十六年庚申，晋禪宋，恭帝元熙二年也。豈容晋未禪宋前二十年，輒耻事二姓，所作詩但題甲子，以自取異者？矧詩中又無標晋年號者，其所題甲子，蓋偶記一時之事耳。後人類而次之，亦非淵明本意。世之好事者，多尚舊説，今故著於三卷之首，以明五臣之失，且祛來者之惑焉。”（清陶澍集注《靖節先生集》卷三）此“但”字是前人爲有意突出陶淵明之“恥事二姓”所用，有無此字，其表意强弱大不相同。正因前人一意牽强類之，纔招致思悦極力反駁。吴仁傑亦於此條中舉例難之。

衍文如“十年乙酉”條，“按《晋紀》及《五行志》，太元八年春三月，始興、南康、廬陵大水，平地五丈”句，《彙編》本於“平地”前衍“南康”二字，將“丈”改爲“尺”，今檢宋本《晋書》卷九均同殘宋本，《彙編》本沿襲底本之誤，未作更改。倒文如“四年庚子”條，“各置屬掾”句，“屬掾”倒作“掾屬”。這些衍文倒文亦與原意不符。

這裡還需要指出的是《年譜》本除有四處糾正了《彙編》本之誤外，另有三處訛脱，如“文帝元嘉二年乙丑”條，殘宋本“亮没以歲庚子，實咸康六年，距興寧乙丑歲二十五年，時先生未生也”句，“二”字，光緒本作“一”字。咸康六年即公元340年，興寧乙丑即公元365年，相距爲二十五年。因而光緒本作“一十五年”，誤，《年譜》本未作更正。“十三年丁巳”條云：“《贈羊長史詩》：‘多謝綺與角’”，殘宋本“角”字實爲“甪”字，“甪”代指漢代隱士甪里。《年譜》本沿襲了光緒本之誤。《年譜》本還將此“義熙元年乙巳”條標題脱漏，致使本條內容與上一條“三年甲辰”之內容混同起來，給讀者閲讀設置了障礙。

不僅如此，一些研究者在引用吴《譜》時也不慎出現訛誤，即如治陶專家陶澍亦不能例外，如“恭帝元熙元年己未”條，“本傳：王宏欲識淵明而不能致，令人候。知嘗往廬山”句，陶澍《陶詩彙注》卷首將“知”字訛作“之”字，《年譜》本亦作“之”，并將句子斷爲“令人候之。嘗往廬山”，但依上下文意，則以“知”字更適。“二年庚申”條，“當亘靈寶僭竊位號與劉氏創業之初，未嘗一日出仕”句，陶澍《陶靖節年譜考異》引吴《譜》時將“初”誤作“後”，意義大變。“義熙元年”條，“初辭州府三命”之“初”字，誤作“幼”；本條“然淵明乙巳歲三月尚爲參軍”，脱“三月”兩字。“十三年丁巳”條，“當亘元之世，先生不出仕，如避秦也”之“仕”字，陶澍《年譜考異》亦作“世”字，沿襲了明本之誤。這些錯誤如用殘宋本對勘，均可得到糾正。

在對校中還發現，殘宋本也有訛誤。如“十九年甲午”條云：“《禮》‘三十曰壯，有宣’”，“宣”實爲“室”，《禮記·曲禮》有載。“（義熙）十三年丁巳”條云：“《贈羊長史詩》：‘多謝綺與角’”，“角”實爲“角”；又“是歲劉裕平關中，松齡以左軍長史御使秦川”之“御”字，當爲“銜”字，指羊松齡以左軍長史之銜出使秦川，諸本和宋本均作“銜”；“早當從黄、綺”之“早”字，明本、清康熙本作“且”，兩整理本亦然，宋本作“且”，此是殘宋本誤。“恭帝元熙二年庚申”條，“有初感而述之”之“初”字，宋本作“所”字。“宋高祖永初二年辛酉”條，“米失斜川遊”之“米”字，宋本作“未”字。此幾例均爲形近而誤。另有墨釘五處，有文字者四處，整理本已經補上。可見殘宋本亦有瑕疵，但就整體而言，殘宋本顯然要優於諸家傳本及整理本的。

梁啓超《陶集考證》、日人橋川時雄《陶集版本源流考》和郭紹虞《陶集考辨》等幾種研究《陶集》版本的專論均失載此集譜本。鄧小軍《陶集宋本源流》題云：“十卷……存四卷，一至四卷。二册……此本實爲殘本，僅存一至四卷，每葉紙破滅殆半。全書小字注異文等情況，已無從詳考。”故亦未對此本展開研究。袁行霈在撰寫《陶淵明年譜彙考》時，所見最早版本亦衹是明萬曆四十七年楊時偉刻本，在其《陶淵明集箋注》之附録主要參考書目中雖然也將其列入其中，但實際上并未用作校本。

對陶淵明的研究一是詩文思想藝術性的探討，古人多以詩話形式爲載體，近人則以專論爲主。二是對其仕履行止并詩文寫作年代的文獻整理與研究，其成果主要反映在歷代編撰的年譜中。殘宋本吴《譜》作爲傳世最早的《陶譜》刻本，保留了吴氏在這方面的最早研究成果。故而該本之發現與整理，於陶淵明文獻研究史中無疑具有重要意義。

國圖本卷末鈐有“儲端華重”“東郡楊紹和字彦合鑒藏金石書畫之印”“王雨五十歲經眼善本”“長樂鄭振鐸西諦藏本”“長樂鄭氏藏書之印”諸印。最早的藏印爲海源閣第二代主人楊紹和之印，蓋當初由楊紹和慧眼識藏。楊紹和收藏圖書主要是在清同治年間任職京官之時，一是大量收購怡府散出之書，二是在琉璃廠書肆等零星收之。因此本未鈐怡府之印，故當零星收藏。在楊紹和之前，此本蓋未經名家收藏，抑或一直藏於民間。故而并不見明清諸家書目題跋著録。現存宋刻本《陶集》僅有四種，而海源閣竟藏三種，以此可見楊氏慕陶之甚。海源閣藏書於民國間散出，此書散出後北平琉璃廠藻玉堂主人王雨（字子霖）於1946年曾經眼，後歸鄭振鐸。鄭振鐸於1949年後將其捐獻於北京圖書館。上圖本未見藏印，但通過楊紹和之藏書時間可以看出，其全本分拆時，至少在清同治以前。現在中華再造善本工程已將國圖藏本影印出版，如再將上圖藏本一并合訂影印，失散百餘年後“破璧重圓”，定會惠嘉學者，功德無量。

參考文獻：

丁延峰：《殘宋本吴仁傑〈陶靖節先生年譜〉考述》，《圖書館工作與研究》2009年第12期。

丁延峰：《殘宋本吴仁傑〈陶靖節先生年譜〉的文獻價值》，《文學遺産》2010年第6期。

二十六、鮑氏集十卷

南朝宋鮑照著。汲古閣毛氏影抄宋本，二册。卷四第一葉、卷六第七葉、卷九第十二葉抄補。卷首虞炎序，首行頂格題“鮑照集序”，次行低六格署“散騎侍郎虞炎奉教撰”，序文頂格，序後不空行翻葉，直接卷一，卷一首行頂格題“鮑氏集卷第一”，次行低四格餘題本卷目録，凡“舞鶴賦”“蕪城賦”“芙蓉賦”“遊思賦”“飛蛾賦”五篇，首篇題目低四格，正文頂格。卷一、二爲賦，卷三至八爲詩歌，卷九爲疏、表等，卷十爲銘、頌。19.6×14.1厘米，十行十六字，小字雙行字數多爲十六字，左右雙邊，白口，上單黑魚尾。魚尾下題“鮑集卷幾”，中題葉數，下題刻工姓名。刻工有華再興、曲釿、屈旻、劉廣、劉中。宋諱“玄”“弦”“殷”“朗”“筐”“亘”“恒”“讓”“樹”“丸”等缺筆，南宋諸帝不諱，“慜”“世”亦避。上册書簽題“鮑參軍集卷一至卷五　宋本影寫”，下册書簽題“鮑參軍集卷六至十　宋本影寫”。鈐有“宋本”“甲”“毛晋私印”“毛晋之印”“毛氏子晋”“汲古主人”“毛扆之印”“斧季”“汪士鐘讀書”“楊氏海原閣鑒藏印”“四經四史之齋”“楊以增字益之又字至堂晚號冬樵行一”“楊紹和藏書”“瀛海僊班”“紹和筑岩”“彦合”“楊承訓印”等，又卷四、卷七末有朱文大方印：“趙文敏公書卷末云：‘吾家業儒，辛勤置書，以遺子孫，其志何如？後人不讀，將至於鬻，頹其家聲，不如禽犢。若歸他室，當念斯言。取非其有，無寧舍旃。’”毛晋、毛扆、黄丕烈、汪士鐘、海源閣、張允亮、陳清華舊藏。國圖（18143）。

鮑照（414？—466），字明遠，祖籍東海（今山東聊城北），南朝宋文學家。出身寒微，少負文才，慷慨不羈。宋文帝元嘉中，因獻詩臨川王劉義慶，擢爲國侍郎。後歷官海虞令、太學博士兼中書舍人、秣陵令、永嘉令等。依臨海王劉子頊，任前軍參軍，世稱鮑參軍。後子頊反，兵敗，遂爲亂兵所殺。鮑照與顔延之、謝靈運并稱爲“元嘉三大家”。兼善詩賦駢文，詩風遒麗，操調閑急，辭賦、駢文寫景寓情，亦高出流俗。樂府詩成就尤著，沈德潛《古詩源》曰：“明遠樂府，如五丁鑿山，開人所未有。後太白往往效之。”鮑照作品散佚較多，直到南齊永明間虞炎奉齊武帝太子蕭長懋之命，始搜編成集。影宋抄本《鮑氏集》卷首虞炎序云：“身既遇難，篇章無遺。流遷人間者，往往見在。儲皇博採群言，遊好文藝，片辭雙韻，罔不收集。照所賦述，雖乏精典，而有超麗，爰命陪趨，備加研訪。年代稍遠，零落者多，今所存者，儻能半焉。”可見，虞炎所集僅爲辭賦，且不過半數，以見當時散佚之多。《隋書·經籍志》著録十卷，注曰“梁，六卷”。齊梁相接，這個六卷本爲虞炎集本的可能性較大。至隋及唐初時，已增纂爲十卷，新舊《唐書》均著録爲十卷本，蓋爲《隋志》著録者。自此這個十卷本便流傳下來，并在宋代付梓，《郡齋讀書志》《直齋書録解題》《宋史·藝文志》及《文獻通考·經籍考》等著録的都是十卷。宋刻十卷本直到清初還存於世，毛扆就曾於康熙十五年（1676）據此校勘明正德本，毛扆於校宋本卷首題云：“丙辰七夕後三日，借吴趨友人宋本比較一過。”説明當初宋本原藏蘇州友人。錢曾於康熙十七年亦曾用宋刻本校過明正德本①。之後，何煌亦曾用宋刻本校勘過明正德本②。何煌云：“假汲古閣宋槧本校”，又云：“宋本每幅廿行，行十六字，小字不等。”據毛扆在康熙十五年校明正德本時所言借校，以及毛扆於康熙三十八年至四十七年撰寫的《汲古閣珍藏秘本書目》亦未著録是本，都説明在康熙四十七年之前，毛扆并未購得是本。何煌乃何焯之子，與毛扆同時或稍晚，兩人曾有交往。故據何煌校跋可知，宋刻本當在毛扆撰成《汲古閣珍藏秘本書目》之後或爲在此之後的毛氏後人所得。或在康熙十五年之前，宋本曾爲汲古閣收藏，後來散出。此後盧文弨、顧廣圻、黄丕烈、瞿鳳起等人見到的就都是影宋抄本了。

據考，《鮑照集》在北宋元豐時尚刊梓問世。北宋晁説之（1059—

① 錢氏校本藏國圖，見錢氏校跋。

② 何氏校本藏國圖，見何氏校跋。

1129)《揚州三絕句》其一："客散平山堂上後，孰如子駿在揚州。解傳鮑照舊辭賦，輸盡蕪城千古愁。"自注曰："鮮于子駿守此州，刊鮑參軍集。"① 按《宋史》卷三四四《鮮于侁傳》，載其元豐二年（1079）知揚州，其刊《鮑照集》，或在此時。北宋本今已不存。現存爲汲古閣毛氏影抄宋本尚在，而原宋本亦不存。但由此影抄本可見宋本的"原貌"。毛氏據以影抄的這個宋本究竟刻於何時？檢其諱字，玄、弦、殷、朗、樹等缺筆，這些均爲北宋皇帝始祖、父皇或皇帝之避諱。又卷一《無鶴賦》"丸劍雙止"之"丸"字缺末筆，丸乃北宋末帝欽宗趙桓之諱。毛扆以宋本校明正德本時云："欽宗諱'桓'，故宋本書'丸'字，諱去一點，避嫌名也。然字形狹長，仍作'丸'字形，而缺一點，與'九'字不同。"何煌以汲古閣藏宋本校《六朝詩集》本時亦云："欽宗諱'桓'，故宋本書'丸'字，作'九'，避嫌名也。然字形狹長，與'九'字不同。雖闕一點，自可意會。"欽宗在位不到兩年，即爲南宋高宗趙構取代，而南宋皇帝均不諱。又，刻工都生活在北宋末、南宋初之間。其中屈旻曾參與刊刻宋紹興間淮南路轉運司本《史記集解》、宋紹興間本《後漢書》、宋紹興間本《臨川先生文集》，劉中曾參與北宋版《史記》的補版工作，亦曾刊刻宋紹興間本《後漢書》，并又刻宋紹興間贛州本《藝文類聚》等等。紹興爲南宋首任皇帝高宗年號。這些都説明，是本當刻於南北宋之間；又據諱字，則刻於北宋末欽宗時期的可能最大。

又，是本正文下雙行小字注文有"一本作某"或"一作某"云云，如卷三目録詩題"代東武吟"下注："一本已下并無'代'字。"本卷目録詩題"代邽街行"下注："一本作'去邪行'。"卷六《從庾中郎遊園山石室》中"雲崖隱靈室"之"靈"字下注"一作虚"。可見，在北宋還有其他本子。前考尚有北宋元豐間鮮于氏刊本，然是否此本之參校本，抑或其他本子，不得而知。又，此本"愍""世"亦避，表明此本之底本或許出於唐寫本，故存疑待考。

影抄宋刻的這個毛抄本極爲珍貴，楊紹和於《楹書隅録》卷四題是本云："是書宋刻久稀，惟汲古閣影宋鈔本最稱精善，即盧抱經學士據

① （清）汪應庚、趙之壁編，高小健點校：《平山攬勝志》，江蘇廣陵書社，2004 年。

校本也。顧近世收弆者，大抵轉相過録，非復毛氏之舊。此本乃汲古原書，紙白如玉，字法工雅絶倫，正如錢遵王所謂‘楮墨更精於槧本，洵縹囊中異物也’。”周叔弢於《楹書隅録》批注是本云：“白紙寬大精美，汲古原裝，士禮居原櫝。宣德箋書衣紙、書套，皆毛氏原物，完整如新。毛抄本余見二十餘種，當以此爲第一。”李致忠、徐自强云：“《鮑參軍集》係毛氏影宋精抄本，其摹寫之精，堪稱獨絶，此書宋刻本久已散佚，影宋抄本亦僅見此本，文字可校正通行本處甚多。世稱‘毛抄僅下宋本一等’，此本則是享有這種盛名的代表作。”① 然是本之珍遠不止其文物價值，更重要的是校勘價值。

據顏慶餘《鮑照集版本考》，《鮑集》在元代尚有刊梓，爲元至正末俞茂永新刻本《鮑參軍集》，淵源所自、卷數若干，皆不可考。明代現存最早刻本爲明正德五年朱應登刻本，十行十七字，白口，單尾，左右雙邊。據朱應登跋云，其底本得自於都穆家藏舊本，但是否宋本不得而知。朱本的卷次和篇目安排悉同宋本，衹是行款不同，故來源於宋本的可能性很大。因朱本爲現存刊刻最早的本子，故頗受重視，四庫館臣就將其作爲《四庫全書》之底本。但是其最大問題就是校勘不精，訛誤甚多，如果不用影宋本校勘，則令人不忍卒讀。國家圖書館就藏有三個校跋本，一是清周星詒校跋本，周星詒曾用仿宋本《玉臺新詠》、胡氏仿宋本《文選》、元本《樂府詩集》等校勘朱本，校出訛誤百餘處。二是佚名録錢曾校、瞿鳳起校跋本。錢曾於康熙十七年十月三日以宋刻本校過，并補録中缺二葉。其後，瞿鳳起亦曾校過。三是清毛扆校跋、繆荃孫跋本，毛扆據宋本校勘過的朱應登刻本，後被收録於《四部叢刊》，影響頗巨。毛扆校本卷首有鮑照集序，次署“散騎侍郎虞炎奉敕撰”。首卷首行頂格題“鮑氏集卷第一”，次行起低四格題本卷目録，正文低三格標題“舞鶴賦”，正文頂格。19.8×14.8 厘米，十行十七字，左右雙邊，白口，單魚尾。魚尾下題“鮑集卷幾”，下横綫上題葉次。鈐有“宋本”“甲”“毛晋私印”“毛晋之印”“毛氏子晋”“汲古主人”“毛扆之印”“斧季”“虞山毛斧季手校”“西河季子之印”“席玉照讀書記”

---

① 李致忠、徐自强：《周總理關懷下北京圖書館入藏的一批善本書》，《文獻》1979 年第 1 輯。

"席鑑""别字萸山""黄丕烈印""蕘圃""士禮居藏""愛日精廬張氏藏書記",又卷四、卷七末有朱文大方印:"趙文敏公書卷末云:'吾家業儒,辛勤置書,以遺子孫,其志何如?後人不讀,將至於鬻,頽其家聲,不如禽犢。若歸他室,當念斯言。取非其有,無寧舍旃。'"毛扆校并跋、繆荃孫跋,毛晋、毛扆、席鑑、張金吾、黄丕烈、涵芬樓舊藏,今藏國圖(18143)。卷末毛扆跋曰:"丙辰七夕後三日,借吴趨友人宋本比校一過。"《愛日精廬藏書志》著録此本,曰"毛氏從宋刊手校"。《涵芬樓燼餘書録》題此本爲"明覆宋刊本",曰:"愍、世二字,尚襲唐諱。《四庫》所録朱應登刊本,《提要》稱《行路難》第七首'蹲蹲'字下,注曰'集作樽樽';'啄'字下,注曰'集作逐',此本正作'樽樽'及'逐'字。孫淵如藏影寫本,亦據此證爲出自宋刊。然孫本序連卷一目録,與此不同。是本注有'一本作某'之語,則宋時必不止一刻。卷中訛奪,毛氏復據宋本用朱筆校正,且塗改點畫,鈎勒行款,均極精細,直可作宋本觀。"此本并無朱應登刊印標識,故張元濟亦爲識出此即朱氏刊本,祇能以《四庫》著録爲旁證。需要注意的是,毛扆校正德本,不僅校勘文字之魯魚亥豕,對版本之行款亦詳細描對,使我們不僅看到宋本的文字真面,尚能目睹其版刻面貌。

但朱本之訛脱嚴重,以毛氏影抄宋本校勘,可以證之。兹舉數例,其誤例如:卷五《從過舊宫》中"虎變由石紐,龍翔自鼎湖"之"紐""湖",分别誤作"細" "胡"。《周易》云:"大人虎變。"陳壽《三國志·蜀志》卷八云:"禹生石紐,今之汶山郡是也。"《史記》卷二十八《封禪書第六》云:"黄帝采首山銅,鑄鼎於荆山下。鼎既成,有龍垂胡髯下迎黄帝。黄帝上騎,群臣后宫從上者七十餘人,龍乃上去。餘小臣不得上,乃悉持龍髯,龍髯拔墮,墮黄帝之弓。百姓仰望黄帝既上天,乃抱其弓與胡髯號。故後世因名其處曰鼎湖,其弓曰烏號。"又本詩"採束謝生芻"之"束",誤作"東"。《後漢書》卷八十三《徐穉傳》云:"林宗有母憂,穉往吊之,置生芻一束於廬前而去。衆怪不知其故,林宗曰:'此必南州高士徐孺子也'。"據典所言,明本之誤毋庸置疑。其他如卷首虞炎《序》,"中書舍人"下雙行小字注文:"……趨侍左右,深達風旨,以此賦述不復盡其才思。""趨"誤作"照","風"誤作"夙","以"誤爲"作"。正文"大明五年"之"大",誤作"火"。

卷一《芙蓉賦》中"森紫葉以上擢，紛湘蕊之下傾"之"下"，誤作"不"。卷二詩題《觀漏賦并序》中"并序"，誤作"升內"；《觀漏賦》中"不可恃者年"之"年"，誤作"馬"；《觀漏賦》中"注沉穴而海漏"之"穴"，誤作"宂"；《觀漏賦》中"委天地之圓方"之"圓"，誤作"回"。卷三《代苦熱行》中"昌志登禍機"之"昌"，誤作"曷"。《代蒿里行》中"零露逼短晨"之"短"，誤作"結"；"結我幽山駕"之"結"，誤作"短"。《代淮南王二首》中"鸞歌鳳舞斷君腸"之"鳳"，誤作"凰"。《代陽春登荆山行》中"日氣映山浦"之"氣"，誤作"氛"。《代堂上歌行》中"結交曹與何"之"交"，誤作"友"。詩題"代邊居行"之"代"，誤作"伐"。《代白紵舞歌辭四首》第三首中"垂瑠散佩盈玉除"之"垂"，誤作"玎"。卷四《擬古八首》第四首中"衰暮反輕年"之"衰"，誤作"哀"，"反"，誤作"及"。《紹古辭七首》第五首中"往海不及群"之"群"，誤作"鄰"。《幽蘭五首》第三首中"抱梁輒乖忤"之"梁"，誤作"渠"。卷五《和王丞》中"銜協曠古願"之"古"，誤作"舌"。《觀圃人藝植》中"安得坐粱肉"之"粱"，誤作"梁"；"空識已尚淳"之"識"，誤作"織"。《建除》中"定舍後未休"之"舍"，誤作"含"。《從過舊宮》中"宮陛留前制"之"前"字下注雙行小字"一作昔"，"昔"，誤作"皆"。卷六目録《和傅大農與僚故别》中"傅大"，誤作"大傅"。《行京口至竹里》中"折志逢凋嚴"之"折"，誤作"斯"。《冬日》中"懷賢孰爲利"之"孰"，誤作"敦"。《登雲陽九里埭》中"流年抱衰疾"之"衰"，誤作"哀"。倒文如卷五《過銅山掘黄精》中"銅溪書沉森"之"書沉"倒作"沉書"。卷六《登翻車峴》中"知新有客慰"之"知新"倒作"新知"。脱文如卷四目録詩題《學陶彭澤體》，脱下小字注"奉和王義興"五字。《擬青青陵上柏》中"鶩服入秦川"，脱"入"字。《學古》中"首飾亂瓊珍"，脱"首"字。卷五《和王丞》中"朝望宿嵓煙"，脱"朝望宿"三字；"性好必齊逐"，脱"齊"字。卷五《詠採桑》中"宓賦笑湹洛"，脱"賦"。卷六《登雲陽九里埭》中"宿心不復歸"，脱"宿"。其他有組詩不分段者，如卷五《秋夜二首》兩首連在一起，未另起。卷七至卷十之誤則更多，如"衰"作"哀"，"夕"作"久"，"素"作"青"，"逸"作"益"，"公"作"都"，"雨"作"兩"，"月"作"丹"，"芳"作"勞"，"傅"

作“傳”，“一”作“二”，“發”作“登”，“詠”作“詩”，“興”作“與”，“手”作“年”，“博”作“恃”，“魂”作“魄”，“益”作“愁”，“沃若”作“妖治”，“餘”作“金”，“夜”作“時”，”醴”作“豔”，“春”作“春”，“已”作“起”，“起”又作“已”，“蒨”作“舊”，“暮”作“幕”或“慕”，“九”作“尤”，“光”作“先”，“洪”作“决”，“左”作“在”，“丁”作“雨”，“末”作“未”，“乎”作“平”，“大”作“文”，“圖”作“圍”，“召”作“名”，“踈”作“竦”，“工”作“上”，“含”作“舍”，“璹”作“玳”等等。脱文如“入黄泉”，“夫生世”，“官去”，“還”，“聖”，“慘慘”，“相”，“宿乏”，“園中秋散”，“固無豫，晨衿悵已單，氣交”，“不”，“崐”，“劍”等。倒文如“君同”倒作“同君”，“一歲”倒作“歲一”，“散憂”倒作“憂散”，“心愛”倒作“愛心”，“平運”倒作“運平”。衍字如“上”“不”等。移字如卷九《謝隨恩被原表》中“曾參殺人”之“殺”字，誤移至“曾”字前。本卷《登大雷岸與妹書》中“半山以下，純爲黛色”之“純”字，誤移至“以”字前等。綜上可知，朱本之訛誤可見一斑。

明本中，張溥《漢魏六朝百三家集》之《鮑參軍集》二卷本（九行十八字，白口，左右雙邊）爲通行本，篇目次第較朱本重新編過，增多詩歌數首，清代和民國間刻本多以此本爲底本，如清同治四年（1865）胡鳳丹退補齋《六朝四家全集》本、清光緒三年（1877）滇南唐友耕刻本、光緒十八年長沙謝氏翰墨山房刻本、民國十四年（1925）掃葉山房刻本等等。但張本雖較朱本有不少校正，然以影抄宋本校勘亦有訛誤，如卷六《冬日》中“懷賢孰爲利”之“孰”，誤作“敦”，“孰”乃人稱，“敦”字顯誤。“君今且安歌”之“歌”，誤作“歈”。《楚辭・九歌》有“疏緩節兮安歌”句，王逸注“徐歌也”。《送别王宣城》之“既逢青春獻”之“獻”，誤作“盛”。卷六内文詩題《登雲陽九里埭一作塚》”，脱“一作塚”。卷六《山行見孤桐》中“上倚崩峰勢，下帶洞阿深”中“峰”，誤作“岸”等等。清盧文弨曾以影宋抄本校勘一過，相異之處達三百餘，故有《鮑照集校補》一卷問世，盧氏於乾隆四十九年至嘉慶元年以《抱經堂叢書》刻本形式刊出，於還原宋本真面居功至偉。

明嘉靖刻《六朝詩集》之《鮑氏集》八卷本（十行十八字，白口，左右雙邊），曾流傳到日本，日人岡村繁對其進行過專題研究，并以包括靜嘉堂本在内的多本對勘，以爲“《六朝詩集》中所收《鮑氏集》誤字、脱字極多，且率爾妄改之處隨處可見。尤其從乙項（丁案：乙項指爲整合體裁而隨意修補之例）之①、②條看，爲彌補傳寫之漏洞，居然不考察内容而僅作表面的敷衍塞責。諸如此類都暴露出該集的杜撰已成不可救藥之痼疾。并且，這種無視學術良心的編撰態度并非僅止於《鮑氏集》，在整部《六朝詩集》中也多有所現，進而宏觀視之，可以認爲它還從側面暴露出明代文化根底中的一大精神空洞。”① 影響較大的本子還有明汪士賢《漢魏六朝諸名家集》之《鮑明遠集》十卷本（九行二十字，白口，左右雙邊），然亦訛誤不少，現存上海圖書館兩個汪本分别爲清胡𧇊臣校本和清周世敬校本。其他明刻尚有明萬曆十一年（1583）南城翁少麓《漢魏諸名家集》之《鮑明遠集》十卷本（九行二十字，白口，左右雙邊），明天啓崇禎間張燮《七十二家集》之《鮑參軍集》六卷附録一卷本（九行十八字，白口，左右雙邊），明崇禎十五年葉紹泰《增訂漢魏六朝别解》之《鮑參軍集》不分卷本（九行二十六字，白口，四周單邊），明末李賓明《八代文抄》之《鮑明遠文抄》一卷本（九行二十字，白口，左右雙邊）。清代則有清同治四年胡鳳丹退補齋《六朝四家全集》本、清光緒三年滇南唐友耕刻本等。這些本子或直接或間接源於朱本或張本，其訛誤多未得校正。

當然，影抄宋本亦有誤脱，如卷六《送别王宣城》中“舉爵自惆悵”之“爵”，誤作“簾”。“爵”，古代作三足飲酒器皿。又《扶風歌》一首、《吴歌》第一首、《詠老》一首、《贈顧墨曹》一首等，亦爲影宋本所無。然整體來看，與朱本相較，所誤不足比焉。

《鮑集》最早的注本爲清同治七年錢振倫的《鮑參軍集注》六卷，凡文二卷，詩四卷。其底本爲張溥本。近人黄節在錢注基礎上校以王伊校宋本和毛扆校宋本，加上補注，并輯録集説而成。今人錢仲聯又在以上基礎上再加以增補集説校勘而成，至此《鮑集》注本，以三家注本成爲最爲完備詳贍的注本。1959 年中華書局出版三家注本，1980 年上海

① ［日］岡村繁撰，陸曉光譯：《關於〈六朝詩集〉及其所收〈鮑氏集〉》，《漢魏六朝的思想和文學》第 13 章，《岡村繁全集》第 3 卷，上海古籍出版社，2002 年，第 511 頁。

古籍出版社又出版修訂本。其中黄節所用的“毛扆校宋本”之“宋本”，實際上就是毛氏影抄宋本的底本。由於黄節以“毛扆校宋本”校勘，張本之大量訛誤得到校正。其實，如果直接以影抄宋本爲底本，一些顯誤處可以省去，則校勘文字可簡不少。此亦一優化校勘成果之一端。

儘管原宋刻本早已不存，然據此影抄本却保存了下來，這是非常難得的。現存影宋抄本有三個，一爲陸心源所得，現存日本静嘉堂，《静嘉堂秘笈志》著録；二爲一殘本五卷，衹存六至十卷，今存國家圖書館；三爲毛氏影抄全本，亦存國圖。這兩種《中國古籍善本書目》皆著録，後者《祁陽陳澄中舊藏善本古籍圖録》著録。前引《涵芬樓燼餘書録》言及孫淵如舊藏本，《平津館鑒藏記書籍》卷三“影寫本”類著録，曰：“每卷前俱有目録，卷一即在序文後，不另葉起……宋諱俱有缺筆，是從宋刊本影寫。每葉廿行，行十六字。”當即與毛氏汲古閣影宋本同，此本不知下落。又，《鐵琴銅劍樓藏書目録》卷十九著録一部，有黄、顧二跋，今不知何所。陸本遠渡東瀛，國人目睹尚難；殘本又有缺憾；惟毛本成爲國人可望可及的佳本。毛本爲汲古閣原裝，從鈐印看出，是本在毛晋時所抄，毛氏徑以“宋本”待之，後傳與毛扆，并期之永世所有。毛扆《汲古閣珍藏秘本書目》著録“鮑參軍集二本，宋板影抄，三兩”，蓋即此本。此本當在毛扆之時或之後散出，直至爲汪士鐘購得，而是否在汪氏之前曾爲黄丕烈所得，應有所考，周叔弢《楹書隅録》批注是本云：“士禮居原櫝”，故弢翁以爲黄氏舊藏。弢翁所得黄氏善本頗多，對黄氏裝潢頗有研究，以此來斷爲黄氏所藏，或有所據。《士禮居藏書題跋記》著録一部影宋抄本，跋稱：“此影宋鈔本《鮑氏集》與余所藏本同，内缺兩葉半，倩澗蕢影寫補入，適五硯樓主人見之，謂余有一本在，可無需此，遂以五硯樓藏宋鈔《乾道臨安志》三卷相易。”顧廣圻《思適齋書跋》跋黄丕烈藏本曰：“此鈔本與讀未見齋所藏毛氏影宋本同，第二卷闕去兩葉半，余從彼補寫入。主人將以歸授階，授階其寶之。”缺葉與此本不同，但黄跋中又言及所藏另一本，故黄氏曾藏兩部，此本或爲其所藏另一本。海源閣主人楊以增官江南河道總督時，曾“極力訪求”，購得是本。楊紹和題云：“毛氏影抄，藝林咸愛重之，得輒什襲，頗少流傳。先公官江南時，極力訪求，所獲致佳者止數種。然浙吴兵燹垂十餘年，藏書之家，悉已蕩爲灰燼，即此箋箋者，未始非碩果之僅存矣，能勿寶諸?!"① 楊氏藏書在民國間散出，是本先歸張允亮，再歸陳清華，期間周叔弢曾經眼，其《〈楹書隅録〉批校》曰："此書爲庾丈收得，欲與余换書未果，今歸澄中，頗得善價也。"1965 年，在周恩來總理關懷下，包括此本在内的陳氏舊藏一批善本及碑帖善拓由香港購歸國内。

參考文獻：

錢仲聯增補集説校：《鮑參軍集注》，上海古籍出版社，1980 年。

中國國家圖書館、上海圖書館、中國嘉德國際拍賣有限公司合編：《祁陽陳澄中舊藏善本古籍圖録》，上海古籍出版社，2006 年。

顔慶餘：《鮑照集版本考》，《圖書館雜誌》2012 年第 5 期。

① （清）楊紹和：《影宋精抄本〈鮑氏集〉十卷提要》，《楹書隅録》卷四，光緒二十年楊保彝刻本。

二十七、常建詩集二卷

唐常建撰。宋臨安府陳宅書籍鋪刻本，一册。無序跋及目録。卷末牌記剜去，間有殘缺。上卷首行頂格題“常建詩集卷上”，尾題同，次行低三格題篇名“昭君墓”，正文頂格。17.4×13 厘米，十行十八字，左右雙邊，白口，單魚尾。魚尾下題“常建”“常建下”，下題葉次，無字數及刻工。宋諱“朗”“筐”缺筆，“殷”作“商”，“貞”作“正”或缺筆。鈐印“顧千里經眼記”“東郡楊紹和彦合珍藏”“周暹”等，海源閣、周叔弢舊藏。國圖。《名録一》(01020)。

常建，里籍生卒不詳，張學忠《常建生卒年考》定爲公元 699—753 年，又據傅璇琮《唐代詩人叢考·常建考》和張學忠《從唐詩考常建籍貫》定爲陝西秦中人。開元十五年（727）與儲光義等同登第。天寶中官盱眙尉，恃才浮誕，流落不偶，一生沉淪失意，耿介自守，不和名場通聲氣，交遊中無達官貴人。曾隱居鄂渚，與王昌齡、張僨同隱。其詩意境清迴，語言洗煉自然。殷璠《河嶽英靈集》論其詩曰：“高才無貴士，誠哉是言。曩劉楨死於文學，左思終於記室，鮑昭卒於參軍，今常建亦淪於一尉，悲夫！建詩似初發通莊，却尋野徑，百里之外，方歸大道。所以其旨遠，其興僻，佳句輒來。唯論意表，至如‘松際露微月，清光猶爲君’，又‘山光悦鳥性，潭影空人心’此例十數句，并可稱警策，然一篇盡善者。‘戰餘落日黄，軍敗鼓聲死’，‘今與山鬼鄰，殘兵哭遼水’，屬思既苦，詞亦警絶。潘岳雖云能叙悲怨，未見如此章。”《唐才子傳》亦謂“建屬思既精，詞亦警絶，似初發通莊，却尋野徑，百里之外，方歸大道。旨遠興僻，能論意表，可謂一唱而三歎矣。”評價甚高。

《常建詩集》，在宋有一卷本、二卷本、三卷本之分，但編者無考。

《新唐書·藝文志四》著録《常建詩》一卷，未知何人所集，可見在唐五代時期，常建詩已經結集。《郡齋讀書志》卷十七著録："《常建集》一卷。右唐常建也。開元十五年進士。歐陽永叔嘗愛'竹徑通幽處，禪房花木深'，乃建詩也。"《宋史·藝文志》《直齋書録解題》卷十九均作《常建集》一卷，元馬端臨《文獻通考》卷二三一《經籍》五十八著録《常建詩》一卷，卷二四二《經籍》六十九又著録《常建集》一卷。元辛文房《唐才子傳》稱常建"集一卷"。明焦竑《國史經籍志》亦著録《常建詩》一卷。諸目皆作一卷，説明在明中葉以前的傳本中當以一卷本爲主，其名或稱"詩"或"集"，當爲同一種。考與常建同時代的芮挺編選《國秀集》收録常建詩僅一首，稍後殷璠《河嶽英靈集》選詩十六首，《文苑英華》收録二十二首。然一卷本由於未見流傳，收録首數究竟多少，不得而知。在明代雖有兩個一卷本，但已非宋代最初流傳的本子。其一，明胡震亨編《唐音統籤》之《常建詩》一卷，十行十九字，以五古、七古、五律、七絶爲序編排，該本是從宋元明諸本集衆而成。其二，明萬曆間畢懋謙刻、畢效欽增訂本，九行十九字，其中南圖藏本有丁丙跋，跋曰："十家唐詩十卷，明萬曆刊本，新安畢效欽增訂，秣陵顧起元校正，前有萬曆辛卯新安方弘静序，又萬曆戊申江寧顧起元序、金陵朱之蕃序、萬曆壬辰新都畢力忠自序。所選十家，初唐爲李嶠、爲張説、爲張九齡、爲蘇頲，盛唐爲儲光羲、爲李頎、爲常建、爲崔顥、爲王昌齡、爲祖詠，所據之本，皆宋元刻，足備校讎異同。"一卷雖未見流傳，然以諸家著録較多來看，其後世流傳的二卷本、三卷本似皆據其拆分而成。

此本爲二卷本，經比對，其與臺北"故宫博物院"藏天禄琳琅舊藏本實爲同刻，雖亦有筆畫粗細之别，然爲同版刷印當無疑問，惟臺博本筆畫、版框綫較細，似刷印較早。兩本皆有殘缺之葉，可以互補。臺博本上卷末有牌記云："臨安府棚北大街睦親坊南陳宅刊印。"17.5×12.5厘米，十行十八字，左右雙邊，白口，單魚尾。魚尾下題"常建"，次下題葉次。宋諱"玄""絃""筐""貞"等字缺筆。鈐印"盧陵楊士奇印""東里草堂""有何不可""堯峯山莊""山光塔景樓""山莊""謙牧堂藏書記""兼牧堂書畫記""平陽季子珍賞圖書記""五福五代堂寶""八徵耄念之寶""太上皇帝之寶""天禄繼鑑""天禄琳琅""乾隆御覽之寶”“沅叔審定”等，楊士奇、汪琬、揆叙、清内府、汪士鐘舊藏。此本牌記不存，但爲宋臨安府陳宅書籍鋪刻本無疑。《天禄琳琅書目後編》卷六著録臺博本，曰：“上卷末刻‘臨安府棚北大街睦親坊南陳宅刊印’，即陳道人書坊也。《唐書·藝文志》載建集一卷，《書録解題》尚仍之。此本乃陳起宗之書肆所鐫，作二卷，蓋其所分。近毛晋汲古閣所刊乃三卷，其爲元明人所分，不可考矣。”臺灣《“國立故宫博物院”宋本圖録》著録曰：“按臨安陳起父子刻書，均刻有牌記，或於序後，或於卷末，文字詳略則各不同。葉德輝《書林清話》彙集各家藏書志或題跋所記叙，其款式達十七種之多。起子續芸所刻多説部及宋人集，起所刻則多唐人集，故周瑞臣挽起詩有‘詩刊欲遍唐’，則本書之爲起刻，殆無疑義。”此本《文禄堂訪書記》卷四著録爲宋陳氏書棚刻本。張秀民《中國印刷史》將其列入書棚本三十二種之一。《中華再造善本》收録，李致忠《提要》云：“版式規制、行款字數、字體風格、鐫刻刀法，都與有實證的南宋臨安府棚北睦親坊陳宅書籍鋪所刻唐人文集極爲相類，與當年天禄琳琅所藏的那一部陳宅所刻《常建詩集》蓋亦相同，因疑此本亦出於陳宅之手。”可見諸家皆以爲書棚本，當是。

此本作上下二卷，是否爲南宋末編刻者陳起所分，并無證據，館臣所言，雖爲猜度，然亦合理。其上卷三十七首，下卷二十首，共五十七首，編排順序較後世諸本稍嫌凌亂，五七相雜，不拘詩禮，與後世諸本以詩體分卷排序有所不同。從版本刊梓時間及保存詩篇數量上，此本無疑是現存版本中最早、收録詩篇最多的本子。明代編刊唐詩頗多，僅常建詩集即有十餘種，其中較爲著名者是明正德間銅活字排印本《唐五十家詩集》二卷本，九行十七字，版式寬展，按五古、七古、五律、七絕排列，上卷五古三十六首，下卷録七古三首、五律七首、七絕十一首；惟收録篇數五十七篇，與宋本合，異文、避諱等亦同，頗疑活字本據書棚本重新編排而出。活字本今存多部，國圖藏三部，其一瞿氏舊藏本，《鐵琴銅劍樓藏書目録》卷十九著録；其二涵芬樓舊藏本；其三爲無藏印本。次有明嘉靖三十三年（1554）黄貫曾浮玉山房刻《唐詩二十六家》五十卷《常建詩》二卷本，十行十九字，收録篇數及排列與活字本同。其他尚有嘉靖間朱警編《唐百家詩》本、《唐人詩》本，俱爲十行十八字，其異體字、避諱字亦同，當有淵源，然僅録三十首，并非全本。

三卷本現存最早的版本爲明嘉靖間王準仿宋刊本《唐十子詩》十四卷之《常建詩集》三卷。王準之仿宋刊本的統一版式爲十行十八字，四周單邊，白口，單魚尾。《常建詩集》以五古、五律、七古、七絕爲序，共五十七首詩。此本有嘉靖二十六年丁未孟秋王準《唐十子詩叙》，稱“余友周水部吴下得宋本《唐十子詩》，授余刊之。”可見王準翻刻的《唐十子詩》，所依據的底本是個總集宋刻本。嘉靖二十三年王準《刊唐十子詩叙》又曰：“吴下刊宋本《唐十子詩》内郎士元集有蜀本，劉、于詩有平陽本，其他雖摘見諸集，全本少見，獨于鄴即于武陵原本兩存，稱鄴者少詩三首，題目并一二字稍異，大要則同，校而合於一，常建本少傳，并刊之。嗟乎！良工獨苦泯没于也，高人達士固有欲見其全集弗可得者，於是惜焉，再刊關中，庶傳者廣矣！”傅增湘曾經眼過是本，并據王準甲辰《叙》云：“是原本十子無常建，王氏并于鄴、于武陵爲一家，遂加入常建，仍爲十子也……每卷後有‘石谷書院宋板重刻’。”[①] 可見，王準在編刊是本時還是作了調整。原宋刻《唐十子詩》今已不傳，《遂初堂書目》《郡齋讀書志》《直齋書録解題》等均不載，可見當時該本流傳并不廣。又傅氏所言“每卷後有‘石谷書院宋板重刻’”云云，并不屬實。是刻日本大蒼文化財團亦有藏本，嚴紹璗《日藏漢籍善本書録》著録[②]，嚴氏附和了傅氏説法。王準刻本國家圖書館有藏，南京圖書館則藏清光緒三十三年陶氏影抄王準本，但目驗這兩本後發現，《郎士元集》卷末有“石谷書院宋板重刻”書牌；于鵠、于濆、于武陵和伍喬諸集卷末均有“石谷書院宋板翻刻”書牌，而包括《唐魚玄機詩》在内的其他五種均未見此書牌。難道這五種的底本不是宋本？非也。因爲王準朋友周水部在蘇州得到的宋本是個含有十人的總集本，大概王準在刊刻時爲簡省起見，未在每集之後都附刻書牌。但非常遺憾的是，《常建詩集》并不在這十部書棚本之内。因此，《唐十子詩》收録的《常建詩集》三卷是否宋槧并未得到證實，雖然行款與其他相同，但

---

① 傅增湘：《藏園群書經眼録》卷十七，第 1452 頁。

② 嚴紹璗：《日藏漢籍善本書録》集部總集類（下册），中華書局，2007 年，第 1882 頁。

或爲統一行款而爲之。又明崇禎間汲古閣刻《六唐人集》時收録《常建集》三卷本，九行二十一字，依五、七言及詩體編次，其卷一、二録五古共三十七首，卷三依次爲五律七首、七古二首、七絕十一首，卷末附洪邁《萬首唐人絕句》所載《吴故宫》一首，故汲古閣本實有五十八首。毛晋跋曰："據《唐・藝文志》及《通考》俱云一卷，今流傳詩五十有七首，不知何人類而析之爲三卷。又見洪魏公載《吴故宫》一絕，因附焉。"但毛晋所輯《吴故宫》作者實爲孟遲，佟培基考曰："宋臨安本、明活字本《常建集》，俱不載此詩，汲古閣本附此篇作集外詩，跋云，見洪魏公載《吴故宫》一首，因附焉。今檢景明本洪邁《絕句》二二在作孟遲，并非常建，不知毛晋何所據？《四庫全書總目》一四九《常建集》提要云：'洪邁《萬首絕句》別載建《吴故宫》一首，此集不載，語亦不類。邁所編舛誤至多，不盡足據，今亦不復增入焉。'則四庫館臣以爲非建詩。"① 另外，其五古、七古篇數與銅活字本有一首出入，即《張公子行》一首，原缺二字，汲古閣本入五古，明銅活字本則誤爲七言。《四庫》本即據汲古閣本而出。汲古閣本與王準本行款不同，但收録詩篇排列順序完全一致，兩本對勘，知汲古閣本出於王準本當無疑問，衹是汲古閣本訛誤又甚於王準本。但將王準本與書棚本對勘，前者異文不多，當是一個不錯的本子，也優於銅活字本。

以此宋書棚本校明銅活字本，間有異字，卷上《題破山寺後禪院》"清晨入古寺，初日朗高林"之"朗"，活字本作"照"。《送楚十少府》"衛風吹霜氣，塞影流前除"之後句，活字本作"寒影明前除"。《張山人彈琴》"君去芳草緑，西峰彈玉琴"之"西"字，活字本作"四"，誤。《夢太白西峰》"貴我太白峰，寥寥辭垢氛"之"貴"，活字本作"遺"，誤。《春詞二首》之二"非但畏蠶飢，盈盈嬌路傍"之"畏"字，活字本作"爲"，誤。卷下《宿五度谿仙人得道處》"二人尋片雲，願宿秦人家"之"人"字，活字本作"月"，誤。《西山》"泠然夜遂深，白露霑人袂"之"袂"字，活字本作"衣"。比較兩本字異情況，多爲字形、音同而異，似并非有意爲之，活字本出於書棚本當可信。活字本换字後，或損詩意，或爲訛誤，雖較通行，然終不如書棚本。《楹書隅録》

① 《全唐詩重出誤收考》，陝西人民教育出版社，1996 年。

卷四著録曰："《四庫全書提要》所辨'曲徑通幽處'，謂《歐集》及《西溪叢語》誤作'竹徑'，此本原詩第四首固作'竹徑通幽'，不誤也。餘可證俗本之誤者尚廿餘字，古書之可寶如是。"在常建詩集諸本中，書棚本無疑是一個最佳本子。

《四庫全書》所收毛氏汲古閣本爲三卷，其《提要》一百四十九云："《唐書·藝文志》載《常建詩》一卷，此本三卷，乃毛晋汲古閣所刊，云不知何人類而析之。據《書録解題》作於宋末，尚稱一卷，則元、明人所分矣。殷璠作《河嶽英靈集》，去取至爲精核，肅、代之間所録僅二十四人，以建爲冠，載詩僅二百三十四首，而建詩居十五首。其序稱：'劉楨死於文學，左思終於記室，鮑照卒於參軍，常建亦淪於一尉，深用悲惋。'又稱其'松際露微月，清光猶爲君'，'山光悦鳥性，潭影空人心'諸句，而尤推《弔王將軍墓》一篇，以爲善叙悲怨，勝於潘岳。今觀其詩凡五十七首，所與贈答者率莫考其姓氏。其中最知名者，惟王昌齡一人。而僅有《宿其隱居》一篇，爲招與張賁共隱，則非惟宦途寂寞，守道無營，即倡和交遊，亦泊然於名場聲氣之外。不然則李白與昌齡最契，高適、王之渙等亦與昌齡旗亭畫壁，同作俊遊，建亦何難因緣牽附，以博一時之譽哉！其人品如是，則詩品之高，固其所矣。其詩自殷璠所稱外，歐陽修《題青州山齋》又極賞其'曲徑通幽處，禪房花木深'之句，稱欲效其語，久不可得（原注：修集本作'竹徑遇幽處'，蓋一時誤記，姚寬《西溪叢話》已辨之。今據建集改正，附識於此）。然全集之中，卓然與王、孟抗行者，殆十之六七，不但二人所稱也。"清代有季振宜《全唐詩稿本》收録《常建詩》一卷本，康熙間《全唐詩》收録《常建詩》一卷本，收詩皆爲五十八首，或源於汲古閣本。

這裡需要指出的是，署名"楊葆彝"者曾編刻"高遻閣本"《常建詩集》不分卷，録詩五十二首，十二行二十四字，卷末有《全唐詩》所載常建小傳及《四庫提要》，并有"楊葆彝"題記，云："予既顛沛十年，始重立家室於越州，僦城南沈氏挺之右而居之。閉户讀書，交遊絕尠。其明年之歲，新春無俚，乃以其單本叢殘合而訂之，得二十本。不以意爲後先，亦無所去取，但以案頭錯亂整齊之也。藏之不以示人。嗚呼！紅巾擾後，故家書籍罕有存者，而市賈持二三卷舊書，往往以之居奇，能讀書始知書之貴而難得，是二十本中大有可貴者，在後之人，勿以其無次第而忽之。春王正月三日訂成書此。陽湖楊葆彝遂阿氏識。”此本或刊於光緒間。但吴河清、劉慧敏《〈常建詩集〉版本源流考述》以爲此即海源閣第三世主人楊保彝（1852—1910）所刊，絕非。“陽湖楊葆彝”非“聊城楊保彝”，楊保彝字奭齡，號鳳阿。考楊保彝經歷，從未見其居“越州”，可參見筆者所撰《海源閣研究論集》附録《海源閣楊氏四世年譜》。

參考文獻：

張學忠：《常建生卒年考》，《文學遺產》1992 年第 3 期。

張學忠：《從唐詩考常建籍貫》，《陝西師範大學學報》1997 年第 2 期。

傅璇琮：《常建考》，《唐代詩人叢考》，中華書局，1980 年。

吴河清、劉慧敏：《常建詩集》版本源流考述，《蘇州大學學報》2007 年第 5 期。

二十八、岑嘉州集八卷

唐岑參撰。宋刻本，存四卷一册，卷一至四。卷中有朱筆圈點。卷首有杜確“岑嘉州詩序”，序曰：“……嗣子佐公復纂前緒，亦以文彩登名翰場。有公遺文，貯之筐篋，以確接通家餘烈，忝同聲後輩，受命編次，因令繕録，區分類聚，勒成□卷。儻後之詞人，有所觀覽，亦由聆廣樂者識清商之韻，遊名山者仰翠微之色，足以瑩徹心府，發揮高致焉。”首卷首行頂格題“岑嘉州詩卷第一”，尾題“岑嘉州詩集卷第一”，次行低六格小字題“嘉州刺史岑參”，第三、四行低三格題篇名，正文頂格。卷一第五葉字體方整，與其他葉不類。17.4×13 厘米，十行十八字，左右雙邊，白口，單魚尾。魚尾上題字數，下題“岑詩幾”，下題葉次，間記刻工名。刻工：子文。宋諱“敦”字缺筆。鈐印“袁褧印”“袁氏尚之”“商丘陳羣珍藏書畫印”“陳寅之印”“廬山陽陳澂印”“翰林待詔”“崇本”“陳崇本書畫印”“伯恭”“卍墨主人”“崇本私印”“崇本珍賞”“井養山房”“井養山房珍玩”“停雲生”“翰林學士”“東郡宋存書室珍藏”“宋存書室”“東郡楊紹和彦合珍藏”“協卿讀過”“儲端華重”“周暹”等，袁褧、陳羣、陳崇本、海源閣、周叔弢舊藏。國圖(8390)。《名録一》(01031)。

岑參（715？—770），唐棘陽（今屬河南南陽）人，遷居荆州江陵（今湖北荆州）。曾祖岑文本、伯祖岑長倩、伯父岑羲皆以文墨致位宰相，父岑植，仕至晋州刺史。玄宗天寶三年（744），登進士第，授右内率府兵曹參軍。天寶八年，充安西四鎮節度使高仙芝幕府掌書記。十年，回長安，與杜甫、高適等游。十三年，復入安西北庭節度使封常清判官，再次出塞。安史亂起，岑參東歸勤王，杜甫等推薦爲右補闕。由於“頻上封章，指述權佞”（杜確《岑嘉州詩集序》），乾元二年（759）

改任起居舍人。不滿一月，貶謫虢州長史。後又任太子中允，祠部考功二員外郎，虞部與庫部郎中。永泰元年（765），出爲嘉州刺史，故稱“岑嘉州”。杜鴻漸鎮蜀，表爲職方郎中兼侍御史，列在幕府。大曆三年（772）七月，罷嘉州任東歸，阻兵，流寓成都，遂終於蜀。岑參兩次出塞，使其成爲唐代著名的邊塞詩人，與高適齊名，詩歌富有浪漫主義特色，氣勢雄偉，造意新奇，風格峭拔，尤其擅長七言歌行。殷璠、杜甫、陸游等皆有贊譽，《唐才子傳》卷三“岑參”條云：“參累佐戎幕，往來鞍馬烽塵間十餘載，極征行離別之情，城障塞堡，無不經行。博覽史籍，尤工綴文，屬詞清尚，用心良苦。詩調尤高，唐興罕見此作。放情山水，故常懷逸念，奇造幽致，所得往往超拔孤秀，度越常情。與高適風骨頗同，讀之令人慷慨懷感，每篇絕筆，人輒傳詠。”《唐詩品》云：“嘉州詩一以風骨爲主，故體裁峻整，語亦造奇，持意方嚴，竟鮮落韻。五言古詩從子建以上，方足聯肩。古人渾厚，嘉州稍多瘦語，此其所不逮亦一間耳。其他乃不盡人意。要之，孤峰插天，凌拔霄漢，時華潤近人之態，終然一短。”杜確《岑嘉州詩集序》言其詩：“早歲孤貧，能自砥礪，遍覽史籍，尤工綴文。屬辭尚清，用意尚切，其有所得，多入佳境，迴拔孤秀，出於常情。每一篇絕筆，則人人傳寫，雖閭里士庶、戎夷蠻貊，莫不諷誦吟習焉。時議擬公於吴均、何遜，亦可謂精當矣。”可見岑參詩流傳之廣。

自此本杜確序可知，岑參遺文初由嗣子佐公纂輯，後又由京兆人杜確“區分類簇，勒成□卷”。岑參詩集，自唐宋流傳以來，有十卷本、八卷本、七卷本、四卷本、二卷本等。《日本國見在書目》（《古逸叢書》唐卷子本）別集家、《新唐書·藝文略》、《崇文總目》、鄭樵《通志·藝文志》、《文獻通考·經籍考》卷八十五、《宋史·藝文志》、焦竑《國史經籍志》皆著録爲《岑參集》十卷，宋尤袤《遂初堂書目》未著録卷數，題名同上，元辛文房《唐才子傳》卷三著録“有集十卷行於世”。《郡齋讀書志》卷十七著録《岑參集》十卷，并言“集有杜確序”。明代諸目中，《中州先儒遺著目録》著録“岑參集十卷”，胡震亨《唐音癸籤》卷三十著録“岑參集十卷”，陳第《世善堂藏書目録》卷下著録“岑嘉州集十八卷”，“十八”或爲“十”或“八”之誤。清代錢謙益《絳雲樓書目》卷三著録“岑嘉州集十卷，杜確序，陸放翁曾刻之蜀中，蓋攝官嘉州時也。”《藏園訂補郘亭知見傳本書目》卷十二“補”曰“岑嘉州詩集十卷”，著録本爲“昭文張氏有明初刻本，云較他明刻爲善。”昭文張氏即張金吾，其《愛日精廬藏書志》卷二十九著録“岑嘉州詩七卷，明初刊本”，曰：“金吾初藏明刊八卷本，繼得此本，反覆考核，確知此本爲原本，而八卷本爲重編本也。何以言之？歷考《唐書・藝文志》、《崇文總目》、《郡齋讀書志》、《通志》、《通考》、焦氏《經籍志》并云十卷，從無作八卷者。此本分類編次，與確序所云‘區分類聚’合，始五言古詩，終七言絕句，首尾完具，似無脱佚。意者詩七卷文三卷合十卷歟？此本或止刊詩集，或并刊文集，而後經散佚，均未可知。確序‘勒成□卷’，卷字上一字剜去，或者原作十卷，書賈得七卷本疑係不全，故剜去‘十’字以泯其迹歟？刊八卷本者，既析七卷爲八卷，又改‘勒成十卷’爲‘勒成八卷’，而原書面目遂致不可復識。通人碩彦且有以善本許之者，非未見原書之過歟？排律之名始於楊士宏，八卷本有排律一類而此本無之，則此本在八卷本前，尤顯然者也。卷四有《唐博陵郡安喜縣令岑府君墓銘》《果毅張先集墓銘》二首，八卷本俱未載。餘與八卷本互異者甚夥。《季滄葦書目》有《岑嘉州詩》七卷，與此本合。”張氏認爲：其一，十卷本乃由七卷詩、三卷文合成，三卷文其後佚去，故僅存此七卷詩。其二，“勒成□卷”之“□”，原爲“十”，後爲書賈改爲“八”字。其三，七卷本爲杜確所編原本，八卷本爲重編本，七卷本在八卷本之前。以上皆爲張氏推測，并無實證。據張氏著録“明初刊本”“始五言古詩，終七言絕句”云云，頗疑明正德十五年熊相、高嶼濟南刊本。是本有邊貢跋及熊相後序，此本未見著録，或佚去兩跋，或覆刻所據原本。而陳鐵民、侯忠義《〈岑嘉州詩〉版本源流考》則推測十卷本當由八卷本詩集和二卷本文賦構成，見下引證。因爲十卷本至今未見傳本，故上述推測無由得證，意者陳鐵民、侯忠義之説更可信。《藏園訂補郘亭知見傳本書目》卷十二所“補”“岑嘉州詩集十卷”本，乃爲傅增湘“補”者，非莫友芝所見，且傅氏亦認可張氏的推測。傅氏確曾收藏過一個“十卷本”，《藏園群書經眼録》卷十二著録：“《岑嘉州集》十卷，明正德漢嘉郡刊本，十行二十字（余藏）。”《双鑑樓善本書目》卷十一著録同，今不見所藏何所。漢嘉郡在今四川名山縣北，今存明正德十五年（1520）謝元良嘉州刻本，行款俱同以上兩目著録，嘉州所在地即今四川名山，謝本且有漢嘉安盤爲之序，或傅氏著録卷次十卷乃爲八卷之誤？陳耀東《〈岑嘉州集〉版本知見録》即作此推測。據宋代諸目著録可知，宋代流傳的主要本子是十卷本。

八卷本，《直齋書録解題》卷十九詩集類上著録作“岑嘉州集八卷”，《文獻通考·經籍考》卷六十九同。陳振孫《直齋書録解題》卷十九首“詩集類”總叙云“凡無他文而獨有詩及雖有他文而詩集復獨行者，别爲一類”。可見陳氏著録的是一個衹收詩歌的單行八卷本，抑或尚有文集（見下陳鐵民、侯忠義《〈岑嘉州詩〉版本源流考》）？楊氏收藏的這個宋本僅存卷一至四凡四卷，其足本究竟是八卷、十卷、七卷等，需要考證。楊紹和以爲四卷即足本，其《楹書隅録》卷四著録曰：“晁、鄭二家作十卷，陳氏作八卷，明正德熊相刊徐氏藏本作七卷，前有杜確序。此本四卷不分體，首尾完具，蓋趙宋時别行本也。”《文録堂訪書記》亦作足本著録。今考國圖藏一黄丕烈跋明抄本“岑嘉州詩八卷”，此本全帙八卷，不分體，前四卷收詩篇目及序次，全同楊氏所藏此本，惟卷四末增收《奉和春日幸望春宫應制》（此詩《全唐詩》作岑羲詩，是）一首，乃抄者妄加也。其文字和此本很接近，雖亦有不同之處，但多爲抄寫筆誤，如“磐豆”誤作“磐石”。此本十行二十字，四周雙邊，白口，與宋本不合，可知明抄本并非影抄宋本。意者此本當出自宋本，惟謄抄時又參考了别本，故文字基本相同，編次全同，除明抄本外，還找不到一個與宋本如此接近的本子。又，國圖藏一明刻本，吴慈培校并補目、周叔弢校并跋，十行十八字，周叔弢跋曰：“……余復取海源閣藏宋本四卷對勘一過，宋本序次與吴氏所鈔目録正同，唯卷四無《奉和春日幸望春宫應制》一首，《楹書隅録》稱爲首尾完具，實存八卷之半，但序中幾卷留墨釘，或當日刻書時衹獲前四卷也。”“吴氏不言所據，或從影宋本出。”經核，吴氏所據校之本及所抄目録亦源自此本。故《自莊嚴堪善本書目》《中國古籍善本書目》《北京圖書館古籍善本書目》皆著録此本之原本爲八卷，是。但此本因諸體雜陳，與杜確序“區分類聚”不同，并非是杜確序本，而是一個重編本，故杜確序“勒成□卷”之“□”字，究竟是“十”或“八”，難以確定。《中華再造善本總目提要》以爲“《郡齋讀書志》著録爲十卷，并説有杜確序，因知墨釘處當爲‘十’卷。”傅增湘於《藏園訂補郘亭知見傳本書目》卷十二上著録十卷本時云“其集《唐志》至《通考》及焦氏《經籍志》并云十卷，是編與杜確序合”，故傅氏以爲“十”卷。陳鐵民、侯忠義《〈岑嘉州詩〉版本源流考》曰：“……錢謙益《絳雲樓書目》也著録‘岑嘉州集十卷’。錢氏還見過十卷本，不知何時失傳。此本面貌，無從得知，筆者推測，可能是在杜編詩集八卷本的基礎上，外加文、賦各一卷，成爲十卷。杜確序名曰‘岑嘉州詩集序’，則所編八卷本當是詩集無疑。上述各書著録‘岑參集十卷’‘岑嘉州集十卷’，則有可能收録除詩之外的其他作品。今傳岑參的其他作品，有《招北客文》（載《文苑英華》，《唐文粹》録此文作獨孤及撰，當誤，説見聞一多《岑嘉州繫年考證》）、《感舊賦》（見《文苑英華》），現存岑詩的各種本子均不載，當年的十卷本，疑載有這類作品，又宋陳振孫《直齋書録解題》卷十九詩集類上著録‘岑嘉州集八卷’，編者稱：‘凡無他文而獨有詩及雖有他文而詩集復獨行者，別爲一類。’則宋時除收有文、賦的十卷本外，尚有八卷的詩集單獨流傳。”“宋刊八卷的詩集，一直傳留至今，這就是前面所列的第一個本子（丁案：即此宋刊四卷殘本）。”這個推測頗合情理，如此則“□”字更似“八”字。因杜確序是針對“詩”而作，故所題更當“八”卷。可以確定的是，書賈將其數字有意剜去，然又未填上“四”字，欲以殘充全，以索高價。如是却留下懸案，楊紹和、王文進等即被騙，以爲全本。

此本杜確序“其有敦尚風格”之“敦”字缺末筆，避南宋光宗趙惇嫌名諱，其刊印必在光宗或之後，其行世則在南宋中晚期。《文禄堂訪書記》卷四著録爲宋陳氏書棚刻本，張秀民《中國印刷史》未將其列入“書棚本”，但其書寫風格、版式等皆與現存書棚本相似。《中華再造善本》收録，李致忠《提要》云：“張氏《中國印刷史》所列棚本三十二種中雖然未明確列有岑集，但却列有《杜審言詩集》《常建詩集》，而岑集與這兩集在版式行款、字體風格、鎸刻刀法等方面如出一轍，因而疑此本亦是南宋臨安府棚北睦親坊陳起陳解元書籍鋪刻本。”此本與《杜審言詩集》《常建詩集》《皇甫冉詩集》共裝一函，《楹書隅録》卷四著録曰“四集同出一版”。《自莊嚴堪善本書影》著録曰“與《杜審言詩集》《常建詩集》行款版式全同”，前已證《常建詩集》爲陳氏書棚本，故此本亦當此著録。

殘宋本在清初時，似曾傳抄過録。錢曾《述古堂書目》卷二著録“岑參集四卷，一本，宋本影鈔”，或即此本而出。然此影抄本未見傳世，故亦難斷定。臺圖藏一部十行十八字本，臺灣《“國家圖書館”善本書志初稿》集部别集類著録“明覆刊宋書棚本”，左右雙邊，白口，卷首有杜確序，無目録，卷一至三爲五言古詩，卷四七言古詩，卷五至七五言律詩、五言排律，卷八七言律詩、五言絕句、七言絕句。但如以此與真正的書棚本殘四卷相較，一分體，一不分體，故兩者絕非覆版關係。此“明覆刊宋書棚本”有兩種可能，一是源自書棚本，但對其進行了重編，以成有序的分體編排格式；一是直接取自杜確序本或另有所取其他分體本。臺博亦藏此本，《故宫博物院圖書館善本書目》著録爲“唐十二家詩”，列爲第十二家。北大藏李盛鐸舊藏本、國圖藏吴氏校跋本之底本皆同此本。光緒十年（1884），上海同文書局據宋巾箱本影刻《唐人四集》本《岑嘉州集》八卷，該本爲石印本，行款、分體編次俱同“明覆刊宋書棚本”，當爲同源。光緒二十二年上海古香閣亦曾影印巾箱本。明正德十五年（1520）謝元良刻本《岑嘉州詩》八卷，亦十行十八字，今國圖有藏本，其首有漢嘉安磬《岑嘉州詩引》云：“州舊有刻本止七卷，近見别本亦止七卷。首卷至百篇，六卷、七卷僅八九篇，何多寡不倫也？間中頗加類次，散出諸集中《題關門》《古興》等詩三十五篇，舊本所無者悉收之；其《岑羲應制》之詩誤入者削去。於是，嘉州之詩凡八卷，凡二百七十一篇。”可見，此八卷本當以舊七卷本爲底本重加編定而成，非從書棚本出，亦非明覆宋本。然其篇數，僅有二百五十六首，與安磬《引》中少十五篇，不知爲何。另有明嘉靖刻本，亦十行十八字，前有杜確序，僅存原刻結尾若干行，餘皆抄補，分體編次，收録三百九十五首，今藏浙圖，亦爲後編本。明銅活字本《唐人詩集》本，九行十七字，細黑口，左右雙邊，分體編次，有杜確序，收録詩三百九十首，今藏國圖，原爲天一閣舊藏。日本寬寶元年（1741）刊本，九行二十字，今臺博有藏。清代有光緒十年遂寧書局本，但與明八卷本對校，異文較多，溢出多首。萬曼《唐集叙録》著録。

岑集之七卷本，見於著録者有《季滄葦藏書目》，其“宋元雜板文集”類著録“唐岑嘉州集七卷”；又“宋元雜板詩集”著録“岑嘉州詩七卷”，而《延令宋板書目》皆不著録。《愛日精盧藏書志》著録明初刊本《岑嘉州詩》七卷，《四庫簡明目録標注》著録《岑嘉州詩》七卷，亦著録張氏舊藏本。黄丕烈跋舊抄本時言及張氏本曰："余向藏唐人岑嘉州詩，以正德刻者爲最舊，古鹽張氏藏書也。"以上諸本未見傳世。流傳最多的是明正德十五年（1520）熊相、高嶼刻本《岑嘉州詩》七卷，十行十七字，四周單邊，白口。此本分卷與他刻不同，一卷一體。收詩更接近原詩，且訛誤較少。清阮元《四庫未收書目提要》卷四著録曰"是集有正德熊相所刻七卷本，猶是宋元相傳舊帙"。國圖藏兩部，其一爲瞿氏舊藏，《鐵琴銅劍樓藏書目録》卷十九著録曰："原出華泉邊貢所藏，猶是宋元以來相傳之舊本，較別本爲勝。"日本靜嘉堂文庫亦藏一部陸心源舊藏本，《儀顧堂題跋》卷十、《皕宋樓藏書志》卷六十八皆著録。《四部叢刊初編》二次印本據蕭山朱翼庵藏本影印，原本今藏上圖。其他尚有明成化本，葉德輝《觀古堂書目叢刻》之《別本結一廬書目》著録《岑嘉州詩集》七卷（明成化刊本，二册），未見傳本。明刊十行十七字黑口本，今藏北大，《木犀軒藏書題記及書録》著録《岑嘉州詩》七卷，序跋俱失，李氏以爲正德熊相刊本，誤也。據明正德十五年謝元良刻本安磬《岑嘉州詩引》可知，在正德十五年刻本之前，有兩個七卷本，或此本即爲其一。

此外，尚有四卷本，即明正德十五年沈恩刻本《岑嘉州詩》四卷，十一行二十字本，黑口，四周單邊。沈恩序曰："《岑嘉州詩》故集凡六卷，予乃編之爲四卷……予莅蜀數月，獲斯集於王浚川子，甚珍之，尚惜魯魚亥豕。或不能無，乃參訂而翻刻之。"可見此本之前尚有六卷本，沈氏所刻則據蜀中王廷相所藏舊本翻刻之。此本今存國圖，前有楊慎序，後有沈恩跋，依體編次，卷一五古，卷二七古，卷三五律、五言長律，卷四七律、五絶、七絶，收詩數量與北大所藏明黑口殘本同爲二百三十八首，陳耀東《〈岑嘉州集〉傳本知見録》考曰："沈跋謂此本據六卷本縮印，恐非，實乃據明黑口分體七卷殘本所爲也。王重民《中國善本書提要》有曰：'《四部叢刊》影印正德十五年蜀刻本四卷，沈恩跋謂從六卷本出，删節甚多（如《行軍》二首僅刻一首）。僅存原集五之三，最是惡本。'筆者曾據《世界文庫》本所出校證統計，'文庫'八卷影宋本總詩數三百八十九首，沈氏四卷本則缺一百五十六首，爲其五分之三耳。王氏不厚誣其書。"《藏園群書經眼録》卷十二著録一部四卷本，謂

"舊寫本。前有小傳，當是《全唐詩》底本。其中頗有異字，與蕘跋本不同，間有小注，亦出前本之外。"今不知何所。《全唐詩》本四卷，乃是一個後編本，依體編次，收詩四百零一首，爲歷代諸本之最，影響較大。另有二卷本，皆屬總集類，即嘉靖三十一年（1552）張遜業輯刻《十二家唐詩》本，收詩三百九十首，從八卷本而出。萬曆三十一年（1603）許自昌輯刻《前唐十二家詩》，序次與張遜業本有異，而與萬曆十二年楊一統刊本悉同，其分體編次又與張本同，當參校兩本而成。明萬曆間海陽汪應皋刻本，行款同張本，《中國善本書提要》著録，今藏美國國會圖書館。萬曆間鄭能重刻本《前唐十二家詩》，此本似據張本、許本參校刊梓，今臺圖、美國國會圖書館皆有收藏。一卷本者，即明萬曆十二年（1584）《唐十二名家詩》本，收詩篇目、序次基本同張本，當據其翻刻而成，今北大、國圖等皆有藏本。

宋代還有一個乾道本，未知卷數，據陸游《渭南文集》卷二十六《跋岑嘉州詩集》云："予自少時，絕好岑嘉州詩。往在山中，每醉歸，倚胡床睡，輒令兒曹誦之，至酒醒或睡熟乃已。嘗以爲太白、子美之後一人而已。今年自唐安別駕來攝犍爲，既畫公象齋壁，又雜取世所傳公遺詩八十餘篇刻之，以傳知詩律者，不獨備此邦故事，亦平生素意也。乾道癸巳八月三日，山陰陸某務觀題。"唐天寶初，犍爲郡改嘉州置，治所在龍游（今四川樂山），乾元初復改爲嘉州。陸游於乾道九年夏，攝知嘉州事，因少時"絕好岑嘉州詩"，遂繪岑參像於齋壁，并輯刻遺詩八十餘篇。但此本似僅爲"遺詩"，非全本，而未受到重視，故後世未能流傳下來，官私書目未見著録。

宋槧四卷殘本，雖非完帙，然是存世最早的岑參詩集了，故其版本價值甚高。周叔弢跋曰："其間字句頗有可校正正德本之誤者，誠佳刻也。"明正德十五年熊相、高嶼刻本《岑嘉州詩》七卷是一个較爲通行的本子，《四部叢刊初編》收録了此本，如兩本對校，宋本中的"一作某某"，正德本多有不存，如卷一《送許子擢第歸江寧拜親因寄王大昌齡》，"結交盡羣英"之"羣"字後注"一作時"三字；"五朝變人世"之"朝"字後注"一作湖"；"有時開道經"之"開"字後注"一作聞"三條正德本不見。而"閑眺北顧樓"之"樓"字後注"一作登江樓又云因登樓"，"今幸天地平"末注"一作天下"，"徘徊但悲鳴"之"但悲鳴”三字後注“悲且鳴”三條則存。這些注文，一方面對研究版本有重要意義，一方面對理解詩句文意有益。文字上，如卷一《武威送劉單判官赴安西行營便呈高開府》“白草磨天涯，胡沙奔茫茫”之“奔”字，正德本作“莽”，似不如宋本文意更適。卷三《武威送劉判官赴磧西行軍》之“威”字，正德本誤作“軍”，等等。再校國圖藏明抄八卷本，如卷四《夜過磐豆隔河望永樂寄閨中効齊梁體》之“豆”字，明抄本作“石”字，誤。據《〈岑嘉州詩〉版本源流考》考，“磐豆”即“盤豆”，在今河南靈寶縣西盤豆鎮，位於黄河南岸，與黄河北岸的永樂（今山西芮城縣西南永樂鎮）隔河相望。又如《寄韓樽》，各本題下多無注語，此本注曰：“韓時使在北庭，以詩代書干時使。”爲此詩編年提供了綫索。惟此本序次混亂，與杜確序“區分類聚”不合，或再輯之本。這裡需要指出的是，明抄八卷本因出自宋本，其價值亦應引起重視。如明抄本收詩三百九十六首，比《四部叢刊》所收七卷本多四首，即《送楊子》《送人赴安西》《送蕭李二郎中兼中丞充京西京北覆糧使》《同羣公題張處士菜園》，其中第三首爲現存諸本皆無。在宋本僅存四卷的情況下，此本的意義尤其重要。《〈岑嘉州詩〉版本源流考》曰：“此本亦頗有佳字，如《崔倉曹席上送殷寅充石相判官赴淮南》，唐代宰相無石姓，‘石’字當誤，李嘉言《岑詩繫年》謂‘石相疑當作元相，謂元載也’。岑仲勉《讀全唐詩札記》則曰‘石相乃右相之訛’，此本‘石’正作‘右’，證明岑仲勉的推斷是正確的。總之，這是一個現存最接近宋刊八卷本的本子，由于宋刊八卷本已經殘缺，通過它可以了解到宋刊八卷本的全貌。”而且，據《〈岑嘉州詩〉版本源流考》考校，張遜業本及其後的明刊《唐十二家詩》本、銅活字本、楊一統本、許自昌本、鄭能本及《全唐詩》本皆直接或間接出自此本，由此可見此本的價值非同一般。

此四卷殘本歷經明清名家收藏。明中葉曾爲藏書家、刻書家袁褧（1495—1573）收藏。褧字尚之，號謝湖，別號中皋子、謝湖居士。吴郡（今江蘇蘇州）人。書法與米芾、文徵明齊名。藏書樓、刻書處名“嘉趣堂”“石磐齋”“兩庚草堂”“昌安堂”“玉韻齋”等，以藏書、刻書精審著稱。家藏南宋廣郡裴宅刊本《文選》，最爲精善，故請工翻雕，從嘉靖十三年到嘉靖二十八年費時十六年，刻成《六臣注文選》，世稱精本。其嘉趣堂刻本《文選》跋稱“余家藏書百年，見購鬻宋刻本《昭明文選》，有五臣、六臣、李善本、巾箱本、白文、小字、大字殆數十種。家有此本，甚稱精善”。又曾翻刻南宋嚴州郡齋本《世説新語》、宋本《大戴禮記》，可與原版相媲美。又編刻《金聲玉振集》《四十家小説》《廣四十家小説》《後四十家小説》等。又刻宋、元、明人著述《世説新語》《楚辭集注》《大戴禮記注》《夏小正戴氏傳》《楚辭集注》《奉天刑賞録》等數十種。著有《奉天刑賞録》《石湖砭春稿》《遊都三稿》《田舍集》等。此本入清爲陳崇本收藏，崇本字伯恭，河南商邱人。著名金石學家，碑帖收藏家。乾隆四十年（1775）進士，官宗人府府丞。《四庫全書》纂修官。善書，與翁方綱友善，相與考訂金石。山水工淺絳，法黄公望。其後此書尚經陳羣、陳寅收藏，其人生卒事蹟不詳，或與陳崇本有關。又，《天一閣見存書目》卷四著録“岑嘉州詩八卷（缺，存卷一至四）。又一部八卷（全，與前八卷多寡迥殊）。”但未標明版本。陳耀東《〈岑嘉州集〉版本知見録》以爲“楊氏所藏此本，在明疑即天一閣庋藏之八卷殘缺本（存卷一至四。貌似‘首尾完整’）。”《天一閣見存書目》（薛福成撰，1838—1894）成於清末，而此時是本與其他三集正爲楊氏收藏，如僅依著録卷次相同，實難斷定此本爲范氏所藏。《楹書隅録》卷四著録曰：“余從都中故家得之，重事裝池，并考各本異同，附諸於後。”考楊紹和履歷，曾三次在京，分别爲咸豐元年（1859）、同治元年（1862）至二年、同治四年至光緒元年（1875），其中第三次爲官於京都達十一年之久，購書最多，也有條件從容“重事裝池”，故或爲這一時期所購。從著録來看，楊紹和得時已爲四家合函，其爲天一閣收藏可能性不大。此四種爲楊敬夫在天津出售二十六種之書，1927 年 11 月王君九抄單[①]標價 1500 圓，其後王獻唐書單標價 1800 圓[②]，1928 年 12 月，周叔弢得此四集，弢翁題曰：“戊辰（1928）十二月，得海源閣藏《四唐人集》，爲篤文校此《岑嘉州詩》一過。原書八卷，宋本實得其半……”其後，轉歸北圖。

---

① 見《張元濟傅增湘論書尺牘》，商務印書館，1983 年，第 181—182 頁。

② 參見《海源閣藏書之損失與善後處置》，《山東省立圖書館季刊》第一集第一輯，1931 年。

《自莊嚴堪善本書影》著録曰“卷下剜去牌記一行”；又著録有“鶴林書巢”“鐵琴銅劍樓”“虞山瞿紹基藏書之印”“瞿潤印”“良士經眼”“瞿秉沖印”等印，查未見。此與《杜審言詩集》《常建詩集》《皇甫冉詩集》合裝一函，清末同入海源閣，未經鐵琴銅劍樓收藏，其著録有誤。

參考文獻：

阮廷瑜：《〈岑嘉州集〉傳本叙録》，《書目季刊》第10卷3期，1976年12月。

廖立：《岑參版本源流及各本之評價》，《河南大學學報》1989年第5期。

陳耀東：《〈岑嘉州集〉傳本知見録》，《國學研究》2002年第9期。

陳鐵民、侯忠義校注：《〈岑嘉州詩〉版本源流考》，《岑參集校注》附録，上海古籍出版社，2004年。

二十九、孟浩然詩集三卷

唐孟浩然撰。宋蜀刻《唐六十家集》本，二册。清黄丕烈跋。卷首有宜城王士源序，次有韋滔重序，次標目，目録首行頂格題“孟浩然詩集標目”，次行低十格題“孟浩然字浩然”，第三行低一格題“第一卷”；首卷首行頂格題“孟浩然詩集卷上”，次爲分卷目録，次行低二格類題“詩”，第三行低三格起爲本卷目録，目後直接正文，正文首題低四格題“早發漁流潭”，正文頂格。20.5×14.5厘米，十二行二十一字，左右雙邊，白口，單魚尾。魚尾下題“孟上”“孟中”“孟下”，下題葉次。宋諱“驚”“恒”字缺筆。鈐印“翰林國史院官書”“復翁”“士禮居”“黄丕烈印”“百宋一廛”“蕘圃卅年精力所聚”“汪士鐘印”“閬源真賞”“文登于氏小謨觴館藏本”“東郡楊氏鑑藏金石書畫印”“東郡楊氏宋存書室珍藏”“東郡宋存書室珍藏”“宋存書室”“宋存書室珍藏”“世德雀環子孫潔白”“楊以增字益之又字至堂晚號冬樵行一”“以增私印”“楊氏伯子”“關西節度系關西”“東郡楊紹和字彦合藏書之印”“東郡楊紹和印”“楊紹和審定”“楊紹和讀過”“紹和筑岩”“紹和協卿”“協卿真賞”“協卿讀過”“楊氏協卿平生真賞”“彦合珍玩”“苓泉居士”“德化李氏凡將閣珍藏”“木犀軒藏書”“木齋”“木齋審定”“木齋真賞”“李盛鐸印”“李滂”“少微”等，元翰林國史院、金德輿、黄丕烈、汪士鐘、于昌進、海源閣、李盛鐸、潘宗周、周暹舊藏。國圖（8705）。《名録一》（01023）。

孟浩然（689—740），襄州襄陽（今屬湖北）人，世稱“孟襄陽”。少好節義，喜濟人患難，工於詩。年四十游京師，應進士不第，時與張九齡、王維、王昌齡交誼甚篤。傳説王維曾私邀入内署，適逢玄宗至，浩然驚避床下。王維不敢隱瞞，據實奏聞，玄宗命出見。浩然自誦其詩，至“不才明主棄”之語，玄宗謂：“卿自不求仕，朕未嘗棄卿，奈何誣我？”因放還未仕，返襄陽。後漫游吴越，窮極山水。開元二十二年（734），韓朝宗爲襄州刺史，邀請他參加飲宴，并向朝廷推薦他，但孟浩然因爲與朋友喝酒而錯過了與韓朝宗的約定。二十五年，張九齡爲荆州長史，招致幕府。不久，仍返故居。二十八年，王昌齡遭貶官途過襄陽，訪孟浩然，相見甚歡。因縱情宴飲，食鮮疾發逝世。著詩僅傳二百餘首，尤工五言，時與另一位山水田園詩人王維合稱爲“王孟”。兩《唐書》有傳。孟詩擺脱了初唐應制、詠物的狹窄境界，更多地抒寫了個人的情懷，給開元詩壇帶來了新鮮氣息。李白稱之“高山安可仰，徒此揖清芬”，杜甫云“清詩句句盡堪傳”。可見在當時之盛名。

《新唐書·藝文志》著録《孟浩然詩集》三卷，云：“弟洗然、宜城王士源所次，皆三卷也。士源别爲七類。”可見，孟浩然卒後，其集先後爲弟孟洗然、宜城王士源所編次過，均爲三卷本。所不同者，王士源所編已分爲七類，而孟洗然則不分類。今存此宋蜀本正爲不分類的三卷本，或源出洗然本。然宋蜀本却首載王士源序及韋滔重序。王氏序曰：“浩然凡所屬綴，就輒毁棄，無編録，常自歎爲文不逮意也。流落既多，篇章散逸，鄉里搆採，不有其半，敷求四方，往往而獲。既無他士爲之傳次，遂使海内衣冠縉紳經襄陽思覩其文，蓋有不備見而惜哉。今集其詩二百一十八首，别爲士（丁案：當作“七”字）類，分上中下三卷，詩或缺未成，而思清美，及佗人訓贈，咸次而不棄也。”宋蜀本載詩二百一十四首，卷一爲八十五首，卷二爲六十五首，卷三爲六十四首，且不分類，與王序所言不同。又韋滔重序曰：“天寶中，忽獲浩然文集，乃士源撰，爲之序傳，詞理卓絕，吟諷忘疲，書寫不一，紙墨薄弱……予今繕寫，增進其目，復士源之清，才敢自序於卷首。謹將此本，送上秘府，庶久而不泯，傳芳無窮。”韋氏重序顯然是針對王氏編次本而言。兩序所叙均與宋蜀本文本實際相悖，蓋兩序爲後人刊印此本時妄加，而未着意細審也。原洗然本是否有其序，已不得而知，然可以肯定的是，一定不會有王、韋二序的。但是這樣的序、文不合之本竟然流傳下來，《郡齋讀書志》卷十七著録《孟浩然詩》一卷，謂其“所著詩二百一十首，宜城處士王士源序次爲三卷，今併爲一。又有天寶中韋滔序”。今存蜀本雖有二百一十四首，但據佟培基《孟浩然詩傳箋注》之《前言》

及正文，其中“附有張子容二首、王維一首、王迥一首”，實有孟詩二百一十首，與《郡齋》正合。《郡齋》所著或即蜀本，衹不過此時已附王、韋二序，與現存蜀本相符。衹是晁氏著録時將卷次“今併爲一”。王士源編次本，竣工於天寶四年（745）末，九年再由集賢院修撰韋滔爲之序，并重新繕寫，藏於秘府。《直齋書録解題》卷十九著録《孟襄陽集》三卷，謂其“宜城王士源序之，凡二百十八首，分爲七類，太常韋滔重序”，即爲王氏編次本無疑，其標誌爲收詩數量二百一十八首，别爲七類，且又易名爲《孟襄陽集》。此宋本汲古閣毛氏曾收藏一部，《汲古閣書跋》“孟襄陽集”條著録曰：“余藏襄陽詩甚多，可據者凡三種：一宋刻三卷，逐卷意編，不標類目，共計二百一十首。一元刻劉須溪評者，亦三卷，類分游覽、贈答、旅行、送别、宴樂、懷思、田園、美人、時節、拾遺凡十條，共計二百三十三首。一弘治間閩中刻孟浩然者，卷數與宋本相合，編次互有異同，共計二百一十八首。”毛氏所藏第一種即爲孟洗然本，亦爲蜀本。第二種爲劉須溪評點本，此本實以王士源本爲底本進行評點，將原來的七類擴爲十類，并搜集浩然佚詩，共得“二百三十三首”，比原來多出二十三首[1]第三種即王士源本。毛晋并將三本合一，附以拾遺，共得二百六十六首，以《唐五人集》之名刊印出版。故就以上源流所知，孟浩然詩實源出兩個系統，一爲孟洗然所編二百一十首不分類本，一爲王士源所編二百一十八首分類本。其後出劉須溪本、汲古閣本、二卷本、四卷本等等，蓋不出以上兩本也。

又，張元濟和四庫館臣又對此本的底本進行了探討，張元濟《寶禮堂宋本書録》云：“卷首宜城王士源《序》，次韋滔《序》，次標目。王《序》謂其‘詩二百一十八首，分爲士（原注：“士”疑“七”之訛）類，分上中下卷。詩或缺未成，而《思清美》及《佗人詶贈》咸次而不棄。是本并未分類，即首數亦微有不符。上卷八十五首，中下卷各六十四首，總二百一十三首（丁案：實爲二百一十四首）。又附張子容二首，王維一首（丁案：尚有卷三王迥《白雲先生迥歌曰》一首），視王《序》所云尚缺其二。《四庫提要》謂所收‘無不完之篇，亦無唱和之作’，指

---

① （明）顧道洪：《孟浩然詩集·參校凡例》，明萬曆四年（1576）顧道洪刻本。

爲并非原本。此雖有張、王詶唱三首，而未成者却未見，且未分七類，故亦不能認爲原本……陳氏《解題》亦有分爲七類之説，楊守敬《日本訪書志》有元禄庚午刻本，分游覽、贈答、旅行、送别、宴樂、懷思、田園七類，明刊本又有以五古、七古、排律、五言律、七言律、五絕、七絕分類者，其數亦七，然余皆以爲後人附會王《序》，勉强配合，而原本亦恐不爾也。”張元濟從分類和數量上對其是否爲王士源底本提出了質疑，但惜無其他證據。如若知道孟集尚有孟洗然、王士源之兩個系統本時，則疑惑定會釋然。

關於此本之刊印時地，黄丕烈以爲刊印於南宋初期，跋曰：“至于此刻爲南宋初刻，類此版式，唐人文集不下數十種。”《藏園群書題記》卷十一《校蜀本孟浩然集跋》曰：“此襄陽集宋蜀刻本……與余所見鄭守愚、許丁卯、孟東野、劉長卿、姚少監、劉夢得、權德輿、元微之、陸宣公諸家爲同種，即相傳唐人集三十餘家之一也。”《寶禮堂宋本書録》著録曰：“是爲宋刻蜀本，鎸印甚佳，惜被書估剜割描畫，殊可惋惜。”《文録堂訪書記》卷四題“宋蜀刻本”。《中國版刻圖録》著録曰：“與明刻本分體編次、他本按題目内容分類不同，宋諱驚、桓二字缺筆。細審字體、刀法，當是南宋中期蜀刻本。”李致忠《中華再造善本總目提要》曰：“十二行本蜀刻唐人文集，書中光宗趙惇嫌名‘敦’字皆缺筆避諱，表明其刻已届南宋中葉。此三卷本《孟浩然詩集》便是其中的一種。因此，此本可定爲‘南宋中葉四川眉山地區刻《唐六十家集》本’。”此蜀刻十二行本系統，現存世者多種，如《孟東野文集》《劉夢得文集》等，驗其字體、紙墨及排印格式等幾類，故定其爲南宋中期蜀刻本不誤。

孟浩然卒於開元二十八年，其弟孟洗然編次是本，當不會很久，與王士源編輯是集當爲同時，王本成於天寶四年，則此時距浩然卒年僅有五年，故而據洗然本而出的宋蜀刻本也應是最接近原作的本子。同時該本也是存世惟一的最早刻本，用它來校勘其後傳本無疑具有無可替代的作用。黄丕烈曾將元刻劉辰翁評點《孟浩然集》本對勘，其跋曰：“余取舊藏元刻劉須溪批點本手勘一過，知彼此善惡，奚啻霄壤。非特强分門類，不復合三卷原次序，且脱所不當脱，如《晚歲歸南山作》，《新唐書》所云浩然自誦所爲詩也，元刻在所缺詩中。衍所不當衍，如《歲除夜有懷》，明知《衆妙集》中爲崔涂詩也。元刻在所收詩中，去取果何據乎？今得宋刻正之，如撥雲覩青矣。”又《百宋一廛書録》之《孟浩然集》條云：“（元刻本劉須溪評點本）不如宋刻遠甚。元刻但有宜城王士源序，‘宜’誤作‘宣’。序文首句云：‘孟浩字浩然。’開卷即錯，通序之錯不可枚舉。惟宋刻卷首題‘孟浩然詩集序，宜城王士源撰’，序首云‘孟浩然字浩然’，古人名與字多同者，此其可證。王序後多重序一篇，爲‘天寶九載正月初三日特進、行太常卿、禮儀使、集賢院修撰、上柱國、沛國郡開國公韋滔叙’。其每卷與元刻異同不可枚舉。即如……”傅增湘據楊壽枏影印本校明嘉靖間刻《四家集》本、明弘治閩中刻本、汲古閣《五唐人集》本，《藏園群書題記》卷十一《校蜀本孟浩然集跋》云：“今忽荷良友見投，乃檢匣中明嘉靖本手加勘正。明本分四卷，與王、韋、柳同刻，稱爲唐四家，審其行款，當從書棚本出，世亦推爲佳槧。今以蜀刻校之，分卷既殊，次第迥異，而字句差異乃改不勝改。自新正開手，迄於二月初旬宿秘魔崖袁氏别墅，始得蕆功，蓋前後錯雜、披檢殊難，不獨筆墨改正之勞也。開卷五序即改訂至一百餘字。卷中詞句最異者如《尋香山堪上人》詩‘谷口聞鐘聲’一聯在‘苔壁饒古意’下，《漢中漾舟》詩‘波影搖妓釵’一聯在‘日入須秉燭’下，《家園卧疾》詩末增‘顧予衡茅下’等四聯，《登總持浮圖》少‘累劫從初地’等二聯，《送崔遏》詩三四聯與一二聯互易。其他文字不同者幾於無首無之，多至不可勝計。余二十年來校唐人集至百種以上，其異同未有如此集之多也。然則此本之行世固不徒以版刻之古、流傳之稀爲足珍矣。”“此外，元刻劉須溪評者亦三卷……明弘治閩中刻本卷數雖與宋元合，而編次乃互有不同，計二百一十八首。至後來合刻本有二卷、四卷者，詮次更易，淆訛日滋，多不足據。故言《孟集》者以此本爲最古，其文字亦最善。”後世刻本的最大問題，除文字訛誤之外，在編排體例上亦加妄改，故宋本之原貌全然失去。《四庫提要》卷一百四十九著録明刻本，云：“排律之名，始於楊宏《唐音》，古無此稱，此本乃標排律爲一體。其中《田家元日》一首、《晚泊潯陽望香爐峯》一首、《萬山潭》一首、《渭南園即事貽皎上人》一首，皆五言近體，而編入古詩。《臨洞庭》詩舊本題下有‘獻張相公’四字，見方回《瀛奎律髓》，此本亦無之，顯然爲明代重刻，有所移改。至序中‘丞相範陽張九齡等與浩然爲忘形之交’語，考《唐書》，張説嘗謫岳州司馬，集中稱張相公、張丞相者凡五首，皆爲説作，若九齡則籍隸嶺南，以曲江著號，安得署曰範陽？亦明人以意妄改也。以今世所行别無他本，姑仍其舊録之，而附訂其舛互如右。”

當然，宋蜀刻本亦有訛誤之處，如卷上第一首《早發漁流潭》之“流”字，諸本均作“浦”字。考“漁浦潭”，唐代屬江南道越州蕭山縣境内，在今浙江蕭山西南。《輿地紀勝》卷十《紹興府景物》上：“魚浦，在蕭山西三十里，相傳以爲舜漁處也。”《嘉泰會稽志》卷十《水·蕭山縣》：“漁浦在縣西三十里。《十道志》云，漁浦，舜漁處也。”《文選》卷二十六謝靈運《富春渚》一首云：“宵濟漁浦潭，旦及富春郭。”李善注：“吴郴記曰，富春東三十里有漁浦。”可見宋蜀本“流”之誤。又如卷上《尋香山堪上人》之“堪”字，明活字本、凌濛初本、嘉靖本、《文苑英華》均作“湛”字。據佟培基考，“湛”疑爲開元時僧湛然，與孟浩然有交。“上人”爲佛家謂内有德智、外有勝行之在上之人，故名。“堪”字不通（參見佟培基《孟浩然詩集箋注》）。然整體來看，仍以宋蜀本爲貴。

《孟浩然詩集》之後世傳本頗多。其中元刻《須溪先生批點孟浩然》三卷本已不存，至明代刻本今有存世者至少八種。其一，明正德間銅活字《唐五十家詩集》之《孟浩然集》三卷本，收詩二百六十二首，分體編排，共分五古、七古、五律、五排、七律、五絕、七絕七類，是在宋蜀刻本和元刻劉辰翁評點本基礎上而成。民國盧靖輯《湖北先正遺書》收録此本，1981 年上海古籍出版社影印《唐五十家詩集》本。其二，明刻劉辰翁評點《孟浩然集》三卷本，分體編排，共分七類，銅活字本，收詩二百二十七首。其三，明嘉靖十九年朱警《唐百家詩》本，按題材分爲十類，卷數、篇數、分體等均與元刻劉須溪本同，以元刻《須溪先生批點孟浩然》三卷本爲底本，并參校明刻劉辰翁評點本和明吴下《唐十二家詩》本而成。附有《襄陽外編》一卷，收有傳記、序跋及歷代名人懷贈詩。正集三卷收詩二百一十首，補遺一卷收詩五十六首，共二百六十六首。其四，明萬曆四年顧道洪刻《孟浩然詩集》三卷本，以宋蜀刻本爲底本，參照劉辰翁評點本、明吴下《唐十二家詩》本，附有《襄陽外編》一卷，收有傳記、序跋及歷代名人懷贈詩。正集三卷收詩二百一十首，補遺一卷收詩五十六首，共二百六十六首。其五，劉須溪、李夢陽評點，凌濛初朱墨套印《盛唐四名家集》之《孟浩然集》三卷本，收詩二百六十二首，分體編排，共七類，銅活字本，首有劉氏、李氏跋。其六，明刻本，《孟襄陽集》二卷，有劉辰翁評點、袁宏道參評，卷分上下，上卷爲五古、七古，下卷爲五律、七律、五排、五絕、七絕。收詩二百六十七首，卷首附有殷璠、皮日休、黄庭堅、嚴羽、王世貞、黄天全、陳繼儒、楊慎、顧華玉等人評點文字。其七，明末汲古閣刻《五唐人集》之《孟襄陽集》三卷本，不分類，據《汲古閣書跋》載，此本“悉依宋刻，以元本、閩中本參之，附以拾遺，共得收詩二百六十六首”。實以宋蜀刻本爲底本，參以元刻劉辰翁評點本、明弘治閩中刻本而成。其八，明刻《孟浩然集》四卷本，收詩二百六十三首，分體編排：五古、七古、五排、五律、七律、五絕、七絕。傅增湘校跋。《四部叢刊》《四部備要》收録。以上除第五、第六兩種今藏中國社科院文研所外，其餘國圖均有收藏。清本有四種：其一，《四庫》本，《孟浩然集》四卷，江蘇蔣曾瑩家藏本，實爲傅增湘校跋的明刻四卷本。其二，清光緒五年刻《孟浩然詩集》二卷本，方功惠評點，有劉須溪、李夢陽評語，分體編排，上卷爲五古、五律詩九十六首；下卷爲五律、五排、七古、七律、五絕、七絕，共一百六十六首，兩卷共收二百六十二首。其三，清刻王立名輯録《唐四家詩》之《孟襄陽詩集》二卷本，卷首有尤侗、王立名序，無目録、評語，分體編排，上卷收五古六十三首，七古五首，五言排律三十七首；下卷收五律一百二十九首，七律四首，五絕十九首，七絕六首，共收詩二百六十三首。其四，清揚州詩局《全唐詩》本，《孟浩然集》二卷，此據汲古閣本刊刻，改編爲二卷，收詩同汲古閣本。1960年中華書局據揚州本校勘排印。

此書於元代流入元翰林國史院，明清藏於内府，清初流出宫外。其後，爲桐乡藏書家金德輿收藏，至嘉慶六年（1801），歸於士禮居，黄丕烈請汪辮雲繪圖以紀念。《百宋一廛書録》《百宋一廛賦注》《求古居宋本書目》均著录。黄丕烈跋曰：“余于五月杪自都門歸，聞桐鄉金氏書有散在坊間者，即訪之，得諸西山堂書凡五種：宋刻者，爲《孟浩然詩集》、錢杲之《離騷集傳》、《雲莊四六餘話》；影宋鈔者，爲岳板《孝經》、呂夏卿《唐書直筆新例》。索白鏹六十四金，急欲歸之，而議價再三，牢不可破。卒以京板《佩文韻府》相易，貼銀十四兩，方得成此交易。此《孟浩然詩集》即五種之最佳，而余亦斷不肯舍者也……得書之日，忻幸無似，書此以著緣起。近倩汪瀞雲主政作《續得書圖》，題此曰‘襄陽月夜’，蓋絕妙詩中畫景云。嘉慶辛酉冬孟九日書於太白樓下。”金德輿（1750—1800），清藏書家、詩人。字鶴年，一字少叔，號雲莊，一號鄂嚴、少權、仲權。浙江桐鄉人，金檀從孫。監生。嗜讀書，考求金石圖史，收藏宋元刻本、名人翰墨，兼工書畫。乾隆庚子年（1780）清高宗南巡，曾獻呈《太平歡樂圖册》和宋刻《禮記》等善本書多种，因而獲賜“文綺”，賜補刑部奉天司主事，官至刑部主事。於桐鄉城内祖居，筑“桐華館”“華及堂”藏書樓。校《東觀漢記》《後漢書·年表》等數種，名爲《桐華館史翼》并加以刊行。曾校刻《九經三傳沿革例》諸書，著有《桐華館詩鈔》《桐華館吟稿》等。此書自士禮居散出後，歸汪士鐘藝芸書舍，《藝芸書舍宋元本書目》著録《孟浩然詩》三卷即此。其後爲于昌進收得。于昌進，清道咸間藏書家，字仲樽，號秋溟，山東文登人，貢生出身，官署淮陽兵備道。早年曾得到黄丕烈、汪士鐘舊藏數十種。藏書樓爲“小謨觴館”。于氏與海源閣主人楊以增交往頗密，此書鈐有楊以增印，蓋爲其收藏時，必有典故。

楊以增父親楊兆煜愛讀孟詩，常吟誦賦诗。道光十五年（1835），楊以增觀察襄陽，次年迎養其父至官署。襄阳乃孟浩然所居之地，此地建有孟亭，已毁，清同治十三年《襄陽府志》云：“孟亭杜城内，供唐孟浩然像，久圮。乾隆間守道陳大文復構於道署東偏，并肖像刻石繫以詩，僚屬和之。道光間守道楊以增重建。”楊兆煜訪古蹟，鎸《贊》於石。時楊紹和六七歲，隨其左右。時隔二十九年（同治甲子，1864），楊紹和再睹此書，感慨繫之，曰：“道光乙未，先公觀察襄阳。丙申，迎養先大父至官署。先大父平生喜登臨，遇佳山水泉石，攀陟幽勝，盡意乃返。襄陽故多漢、唐名賢及詩人棲隱迹，如隆中、峴山、鹿門、習池諸勝，支筇攝屐，日游其間，賦詩觴詠以爲樂。嘗繪圖紀事曰：以續吾九水二勞之游也。署東偏有孟亭，供浩然先生石刻畫像，乃乾隆辛丑吴門陳公大文所葺，即毛會建詩‘一在襄陽一石城’者也。日久頹廢，先大父因重新之，并自爲《贊》，鎸石云：‘隱繼龐公，山登叔子。一代風流，青蓮知己。省中閣筆，疏雨微雲。誰其抗手，摩詰與君。踏雪尋梅，重陽就菊。神兮歸來，襄水之曲。’紹和時甫六齡，最爲先大父鍾愛，游躅所至，必追隨杖履以侍左右。緬想前塵，恍猶在目，而歲月不居，忽焉如駛，屈指於兹已二十有九年。先大父、先公之去世，或二十七年，或十年矣。紹和不肖，不能仰承先緒，老大悲傷，惟呼負負。今讀是集，悵懷舊夢，更不禁涕泗之滂沱也。爰濡淚敬書於後，以志和罪。”想必楊以增收藏此書，已足父親之願。楊氏對此書寶愛至極，自所鈐楊氏十九方藏印就可知道。1927 年，李盛鐸從楊敬夫處購得。傅增湘於 1927 年 2 月 23 日致張元濟信謂“二孟一黄，爲李木老所得”[①]。“二孟”指此本與宋本《孟東野詩集》。周叔弢《楹書隅録》批校亦云此書歸“德化李氏”。但此書藏於木犀軒時間當不太久，即轉歸潘宗周。《木犀軒藏書題記及書録》未及著録，《寶禮堂宋本書録》著録。1949 年後，潘氏後人捐獻於國家。此本卷上首葉欄外下尚鈐有“周暹”印，檢其《弢翁藏書年譜》《自莊嚴堪善本書目》等均不載此書，又周叔弢《〈楹書隅録〉批校》中對《楹書隅録》移録黄丕烈跋、楊紹和跋及楊紹和移録藏書印等文字之訛，均有糾正，如果没有目驗原本，則不可能有此批校。但弢翁借校之原委尚不得而知。民國間楊味雲曾影印出版。《藏園群書題記》卷十一《校蜀本孟浩然集跋》云：“同年楊味雲見而好之，因假以印行，裝成，寄一帙見惠。”楊壽枏（1868—1948），初名壽楲，字味雲，晚號苓泉居士，無錫人。光緒十七年（1891）舉人。喜藏書、刻書，所刊《雲在房叢書》，所收皆爲古籍善本。此本即鈐有“苓泉居士”白文方印。1935 年武進陶氏影印此帙。1982 年上海古籍出版社影印出版，薛殿璽跋。《中華再造善本叢書》收録，李致忠撰《提要》。

參考文獻：

王輝斌：《孟浩然集版本源流考》，《貴陽金築大學學報》2002 年第 3 期。

王輝斌：《孟浩然研究》，甘肅人民出版社，2002 年。

馬春暉：《〈孟浩然詩集〉版本比較研究及其評述》，《長沙通信職業技術學院學報》2009 年第 2 期。

① 《張元濟傅增湘論書尺牘》，商務印書館，第 183 頁。

呂正惠：《孟浩然詩集的版本問題》，《閩江學刊》2011年第5期。
佟培基箋注：《孟浩然詩集箋注》，上海古籍出版社，2005年。
李景白校注：《孟浩然詩集校注》，巴蜀書社，1988年。

三十、孟東野詩集十卷

唐孟郊撰。宋刻本，四册。清季振宜題款，清黄丕烈跋，傅增湘跋。原版僅存十一葉，内四葉又雜攙一部分補版。有剜圈點處。首有目録十卷，署名“山南西道節度參謀試大理評事平昌孟郊”。卷末有宋敏求後序，序曰：“東野詩，世傳汴吴鏤本甲（丁案：當作“五”）卷一百二十四篇。周安惠本十卷三百三十一篇。别本五卷三百四十篇。蜀人蹇濬用退之贈郊句纂《咸池集》二卷，一百八十篇。自餘不爲編秩，雜録之，家家自異。今總括遺逸，擿去重復，若體製不類者，得五百一十一篇，厘别樂府、感興、詠懷、遊適、居處、行役、紀贈、懷寄、酬答、送别、詠物、雜題、哀傷、聯句十四種，又以讚、書二繫於後，合十卷。嗣有所得，當次第益諸。十聯句見《昌黎集》，章章於時，此不著云。集賢校理常山宋敏求題。”末又有孟郊本傳及韓愈撰《貞曜先生墓誌》等。16.1×11厘米，十一行十六字，左右雙邊，白口，雙魚尾。上魚尾上題字數，下題“孟詩幾”，下魚尾上題葉次，葉排長號共一百六十八葉，補版間記卷數，而移葉數於下魚尾下，原版無刻工，補版有刻工。刻工有虞栱、虞羔、吴洪、吴光、江發、江翌、江淳、江陵、李仁、李諒、周升、周俊、余山、余彦、余松、余先、余盛、曾角、曾柏、官信及單字刻工若干。補版缺筆至“慎”字。鈐印“錢氏敬先”“存誠齋”“錢氏家藏子子孫孫永寶用”“季滄葦圖書記”“季振宜藏書”“振宜”“季振宜印”“滄葦”“徐健菴”“乾學”“陳氏悦巖寶玩”“晋昌”“毘陵唐良士藏書”“唐辰”“良辰”“唐于辰印”“于辰”“良士”“毘陵唐于辰良士鈔閲記”“安岐之印”“儀周之印”“儀周珍藏”“安麓村藏書印”“百宋一廛”“江夏”“書魔”“士禮居”“丕烈私印”“蕘圃”“蕘圃卅年精力所聚”“黄丕烈印”“復翁”“讀未見齋”“汪士鐘印”“閬源真賞”“宋存書室”“東郡宋存書室珍藏”“宋存書室珍藏”“東郡楊氏宋存書室珍藏”“聊攝楊氏宋存書室珍藏”“楊氏伯子”“以增私印”“東郡楊紹和鑒藏金石書畫印”“楊氏彦合”“彦合珍存”“臣紹和印”“楊紹和”“楊紹和鑒定”“紹龢”“協卿”“李盛鐸印”“木齋”“木齋珍玩”“木齋真賞”“木犀軒藏書”“木齋讀過”“李傳模印”“李滂”“周暹”等，錢敬先、季振宜、徐乾學、陳敬亭、唐仁、安岐、黄丕烈、汪士鐘、海源閣、李盛鐸、李滂、周叔弢舊藏。北京大學圖書館（LSB/9086）。《名録一》(01055)。

孟郊（751－814），字東野，湖州武康（今浙江武康縣）人，祖籍平昌（今山東臨邑縣），先世居洛陽（今屬河南）。屢試不第。貞元中張建封鎮守徐州時，郊曾往謁。貞元十二年（796），始登進士第。十七年(801)，任江南溧陽尉。其時以詩爲樂，不事曹務，還被罰半俸。不久棄官。元和初，河南尹鄭餘慶奏爲河南水陸轉運從事，試協律郎，定居洛陽。元和九年（814）鄭餘慶鎮守興元，又奏爲山南西道節度參謀、試大理評事。途中暴卒。友謚“貞曜先生”。唐人認爲孟詩是“元和體”的一種，“元和已後”，“學矯激於孟郊”（李肇《唐國史補》）。唐末張爲作《詩人主客圖》，以他爲“清奇僻苦主”。韓愈喜其詩之鈎章棘句，務求奇險，同開奇崛險怪的詩風，時人有“韓孟派詩”之説。曾稱其詩爲“雄驁”，韓愈《薦士》詩云：“横空盤硬語，妥貼力排奡。”并在《醉贈張秘書》中稱孟郊詩具有“天葩吐奇芬”才華。孟詩喜用“苦”“寒”“飢”“貧”“老骨”“老恨”等詞，頗多苦語，蘇軾則稱之“郊寒島瘦”（《祭柳子玉文》），後來論者便以孟郊、賈島并稱爲苦吟詩人代表，元好問甚至嘲笑他是“詩囚”（《論詩三十首》）。《四庫提要》卷一百五十《孟東野集》云：“郊詩託興深微，而結體古奥，唐人自韓愈以下莫不推之，自蘇軾詩：‘空螯’‘小魚’之誚，始有異辭；元好問《論詩絕句》乃有‘東野窮愁死不休，高天厚地一詩囚’之句。當以蘇尚俊邁，元尚高華，門徑不同，故是丹非素。究之郊詩品格，不以二人之論減價也。”

孟郊詩集，唐時尚無定本。北宋初葉，始有刻本。據宋敏求《孟東野詩集序》可知，北宋時傳世多本，有五卷本、十卷本、二卷本，篇數不一。直到宋敏求“總括遺逸，擿去重復，若體製不類者”，編爲十卷，得五百一十一篇，始成定本，餘即失傳。《新唐書·藝文志》著録《孟郊詩集》十卷，是否宋敏求本不得而知，歐陽修與宋敏求爲同時期人，當時周安惠本尚在世。《崇文總目》著録“孟郊詩五卷”，究竟是哪一個五卷亦不可知。元辛文房《唐才子傳》云“《咸池集》十卷”，但與蜀人蹇濬所纂《咸池集》卷數異。《郡齋讀書志》卷十七著録《孟郊詩集》十卷，曰：“集宋次道重編。先時傳汴吴鏤本五卷一百二十四篇……次道今總括遺逸，擿去重復，若體製不類者，得五百一十一篇，而十聯句不與焉，一贊二書附於後。郊集於是始有完書。”可見晁氏著録者當即宋敏求本。《直齋書録解題》卷十六著録《孟東野集》十卷，云：“惟卷末有書二篇，贊一篇，餘皆詩也。”當亦宋敏求本。《直齋》卷十九詩集類又收録詩集，作《孟東野集》一卷。或爲補遺，亦未可知。十卷本遂即成爲後世所據祖本。

此本卷一爲樂府上，卷二爲樂府下、感興上，卷三爲感興下、詠懷上，卷四爲詠懷下、遊適上，卷五爲遊適下、居處，卷六爲行役、紀贈，卷七爲懷寄、酬答、送别上，卷八爲送别下，卷九爲詠物、雜題，卷十爲哀傷、聯句、讚、書。從分卷内容來看，正與宋敏求所序相合，其淵源於宋敏求本當無疑問。關於此本之刊印時地，諸家以爲北宋槧，或南北宋之間，補版已在南宋初期或中期，刊於江西地區。《百宋一廛賦注》著録云：“每半葉十一行，每行十六字，北宋槧也。有集賢校理常山宋敏求後序及《本傳》《貞曜先生墓誌》各一首。”黄丕烈跋曰：“惟此集實北宋精刊，間有修補之葉，仍復瑕不掩瑜，較余向藏洪武間人影寫書棚本《東野集》，奚啻霄壤。”《百宋一廛書録》亦曰：“余向藏洪武間人影寫書棚本，與此殊别，蓋此猶北宋舊刻矣。”《求古居宋本書目》著録。《楹書隅録》卷四著録爲北宋本。《北大李氏書目》題宋刊本。《中國版刻圖録》題刊地爲江西地區，曰：“約刻於南北宋之際，餘均南宋初期補版。補版刻工姓名與《五朝名臣言行録》《樂全先生集》及撫州本《禮記》《唐百家詩選》多同，因推知此書當是江西某地官版。明嘉靖三十五年秦禾本多異字，可據此本是正。”其補版刻工都爲南宋初期，如周升、周俊、余山、江陵、官信等參刻宋淳熙間江西地區刊本《五朝三朝名臣言行録》，江翌、吴洪參與刊梓宋淳熙九年（1182）錫山尤袤江西漕臺刻本《樂全先生文集》，余彦、江陵等曾刻南宋初小字本

《王右丞文集》，曾柏、李仁曾刻宋撫州公使庫刊本《周易》，曾柏曾參與刊雕宋淳熙撫州公使庫刻紹熙四年（1193）重修本《春秋公羊經傳解詁》的原版和宋淳熙間撫州公使庫刻紹熙至嘉定間遞修本《鄭注禮記》的補版工作。因推知此書爲江西某地官版，當是。《藏園羣書經眼録》卷十二著録曰："此書書版斷爛已甚，一百六十七葉中，原版祇十許葉，餘均補版。審其刀法筆勢，當爲江右刊本。"《文録堂訪書記》著録爲宋蜀刻本，當誤。又周叔弢曰："宋本版刻精雅，字體不一，缺筆至慎字止，脱誤甚多，然因其形聲以求之，可十得八九，較之無知妄改失本意者，相去豈可以道里計哉？"① 補版"慎"字缺筆，乃南宋初期補版無疑。又丁世良《中華再造善本總目提要》曰："所謂補版是由南宋初、淳熙間，乃至南宋中期三次補刻而成，其中淳熙間補版最多。"淳熙爲孝宗年號。

宋槧《孟郊集》，除此本外，尚有蜀刻本（見下條著録）、書棚本、國材成德本，前兩本均存世，書棚本、國材本宋槧不存，然有抄本、翻刻本傳世。所謂國材本，即南宋景定壬戌年（1262）武康令國材成德據宋敏求本刊梓而成。國材跋曰"……因與共評其詩，用宋公敏求本鋟諸梓"（國圖藏葉德輝跋本、凌濛初本和弘治本均載此跋）。可見，此本實爲評點本。今存明末凌濛初刻本有國材及劉辰翁評點，以朱墨別之。凌濛初序曰："余既刻劉須溪所批諸家詩矣，已而思吾鄉孟東野，其奇險可與長吉鬼怪對壘。且須溪先生評詩爲最廣，而唐諸選集中亦時見評其數首者，意必有其本如諸家，而無從見也。遍索之，偶獲一宋雕本於武康故家，上有評點，以爲必須溪無疑。及閱其序，則宋景定時天臺國材成德以宰武康爲梓行其集而評之者。國於時無所表見，今世亦罕知之，宜其未必有當，乃字櫛句比，其雌黄處，亦時時得三昧焉。宋人不能詩而能言詩，亦其偏有所至耶？獨其劇貶休文之品而崇尚東野，謂其行吟溪曲，泊無宦情，然味其詩，亦未免感時傷世，幽憤過多……余梓其詩，以配長吉，亦因附其評，以佐須溪之未備，遂并言其所見如此。吴興凌濛初識。"凌本今藏國圖。明末毛晋亦據國材本仿刻，半葉九行，行十九字，卷首有東吴戈汕重書國材序，又有毛晋跋，曰："據舊跋：

① 李國慶輯：《弢翁藏書年譜》，紫禁城出版社，2007年，第39頁。

東野詩向有汴吴鏤本五卷一百二十餘篇，周安惠本十卷三百三十餘篇。悉泯没無存矣。近來雜刻，舛謬多遺，不及四百。既從吴興得一宋本，厘别樂府、感興十四類，共五百一十有奇，系以贊、書爲十卷，尾有常山宋敏求跋，真善本也。但聯句止《有所思》《遣興》《贈劍客》三章，而《城南》諸篇，因已見韓集，不復俱載。先輩云：‘此乃潤色退之耳！’何必不載之本集耶？至一贊二書，已章《英華》《文粹》册中，妄用削去云。湖南毛晋識。”宣統間，上海著易堂又據汲古閣本翻印，著易堂本鎸有牌記“宣統二年仲夏依汲古閣原本精校石印”。明嘉靖三十五年（1556），無錫人秦禾知武康時，得國材本於都穆處，并據之翻刻。秦禾叙曰：“宋學士敏求總括遺逸，擿去重復，彙爲十卷。東野，武康産也。宋景定間，武康令國成德氏用宋本刻之。曩得其集於都氏玄敬所，私識以印，蓋因其宋刻而寶之也。歷世已久，中多闕文訛字，予珍藏之舊矣……宰邑者刻之，姓名復湮没而不志，見修舉廢墜，責將安歸？予懼夫後之視今，亦猶今之視昔，爰畀杭士趙顒伯正其訛舛，捐俸而重鋟諸梓，併入國令姓名於志，廣其傳且俾文獻有徵也……嘉靖丙辰秋八月望日，賜進士第文林郎知武康縣事無鎮秦禾書。”秦禾本，除有秦氏序外，還有舒岳祥贈詩，國材序及宋敏求序。今存多本，國圖藏本有清戈襄、戈載批校及戈載跋，另一種有傅增湘校跋；北大藏本有清沈岩校跋并録朱育良、馮班題識；南京藏本有清丁丙跋。國圖藏一部清抄本（10226），出於國材本，附一卷，無格，九行十九字，卷首有國材跋，次爲目録，鈐印“南宫邢氏珍藏善本”“邢之襄印”“竹窗”等。卷末有葉德輝跋，云：“舊本《孟東野集》十卷，似是舊人校定將以付刻之本。中引宋刻、元刻、時刻作‘某云云’，所謂時刻多與汲古閣本相合，所謂宋、元刻間有與席刻《百家唐詩》本相合者，亦有不合者。世言席刻多據宋本，不盡然已。序首葉鈐有朱文‘簡齋’方印，此非袁枚之‘簡齋’印，袁印長方而小，非方印。詩首葉鈐有‘竹窗’橢圓朱文小印，竹窗爲高江村士奇别號，此或爲其收藏者。是可定此抄本之出於國初舊抄，非蘇、揚間書坊行貨也。光緒癸巳夏六月二十六日立秋節記。”《郎園藏書志》卷七著録是本。

南宋陳氏書棚本之抄本今存兩部，其一爲明初抄本，今藏國圖（9621），張文虎校并跋、韓應陛跋，題“孟東野詩集”，十行十八、十九字不等，四周雙邊，雙魚尾，黑口。卷中有朱墨校字，不署名，蓋張文虎氏校也。卷末有宋敏求跋，跋後空四行題“臨安府棚前北睦親坊南陳宅經籍鋪印”，可見出於書棚本無疑。鈐印“陳汸”“徐素私印”“徐素”“汝白氏”“士禮居藏”“甲子丙寅韓德均錢潤文夫婦兩度攜書避難記”“文虎私印”“拙急”“密韻樓”“蔣祖詒”“穀孫”“百耐眼福”“祁陽陳澄中藏書記”。張氏跋曰：“汲古毛氏及席刻《百家唐詩·東野集》皆即此本，惟傳抄多誤，當以彼二本正之，而亦有足以正彼本之誤者。”又曰：“此緑卿中翰藏本也。中翰得善本書必以見眎，借校不吝，且屬跋識。此集題識後兩月，郡垣遭寇，中翰所居煨燼，避難阮溪，得疾不起。此集留於我處，然鶴唳風聲，時虞波及，向嘗轉寄鄉間，幸逃劫外。今以歸語喆嗣，并係小詞，以誌今昔之感云：放豺狼、披猖南竄，腥氛污遍峰泖……”。“緑卿中翰”即韓應陛。可見此本先後遞經陳汸、徐素、黄丕烈、韓應陛、韓德均夫婦、蔣祖詒、陳清華收藏，藏於韓氏爺孫期間，曾爲張文虎保存過。《雲間韓氏藏書題識彙録》集部著録，題“明初人景宋書棚本抄本”。其二爲汲古閣影抄本，此本爲陸心源收藏，今藏日本靜嘉堂文庫。《儀顧堂續跋》卷十二《影宋孟東野集跋》曰：“《孟東野詩集》十卷，題‘山南西道節度參謀試大理評事平昌孟郊’。後有宋敏求題，題後有‘臨安府棚前北睦親坊南陳宅經籍鋪印’一行。前有目録。每葉二十行，每行十八字。版心有字數。汲古閣影宋精鈔本。前有‘宋本’‘甲’‘毛晋私印’‘子晋’‘汲古主人’‘毛扆之印’‘斧季’七印，後有‘虞山毛晋’‘子晋書印’‘汲古得修綆’三印。與明翻景定國材本互勘，大略多同，惟結銜‘平昌’二字改爲‘武康’二字。此本目録微有減字耳。”書棚本之首個翻刻本，爲明楊一清、于睿刊於明弘治十二年（1499），楊一清并囑後學强晟題識。强晟題曰：“提學楊按察邃庵先生以全集不多見，出所抄本屬商州梓行之。維時同知于君睿奉命惟謹，閲兩月工完……弘治己未春正月望日後學汝南强晟識。”此本存世較多，國圖藏兩本，一本有周錫瓚校跋、黄丕烈跋、周叔弢校，另一種有清徐鏖趾跋；北大藏本有清錢孫保跋；南京藏本有清丁丙跋，另一種有鄧邦述跋；上圖藏本有吴慈培、傅增湘題識。今《四部叢刊》本即依杭州葉氏所藏弘治本影印。明末毛晋亦曾據影抄本刊印。

除以上抄、刻本外，尚有明楊鶴刻本《孟東野集》十卷、明萬曆刻《晚唐十四家詩集》本《孟東野先生詩集》十卷、明嘉靖六年（1527）楊謙刻四十四年重修本《孟東野詩集》八卷、明刻本《孟東野詩集》四卷（有聯句一卷，清張紹仁校，上圖藏）等，清康熙十九年（1680）錦川連逢庥刻本《孟東野集》二卷（北大藏）、清龔賢輯《中晚唐詩紀》之《孟郊詩》一卷本等。抄本中，上圖藏一部清順治十七年（1660）張翼抄本；文淵閣《四庫全書》本今在臺北故宫博物院。通行本當爲弘治本。此外，海源閣尚舊藏清抄本一部，今藏國圖（908），黄丕烈校并跋，卷首有目録，十一行十六字，無格，有黄丕烈、周錫瓚跋。黄跋云："此書予從香嚴後人借歸，命三孫美鎬傳録香嚴手校本。宋本有二刻，香嚴已詳言之。今宋刻盡去，惟舊鈔存，故復借校宋本傳録，閲一寒暑而竣事。予覆勘，亦復兩殊，上下册未必一轍也。道光四年甲申五月十有日，燒燭跋。老蕘。"卷首目録下題跋"宋本每葉二十二字，每行十六字，宋時已修板。舊鈔照陳解元書棚本，每葉廿行，每行十九字，末卷有'臨安府棚前北睦親坊南陳宅經籍鋪印'十六字。又一本，黄題蜀本，每葉廿四行，每行廿一字，有元印記'翰林國史院官書'七字印，今有與宋本異字者，標明元藏本云，第五卷末亦有此印"。可見此抄本以三本校之，即宋本、蜀本、舊抄書棚本。天頭校字，以書棚本、宋本校之，校字：卷七"送別崔寅亮下弟"，"君子識不淺"之"識"字，書棚本作"誠"。鈐印"楊氏伯子""宋存書室""東郡楊氏鑒藏金石書畫印""以增之印""楊紹和讀過""墓田丙舍炳燭讀書""瀛海僊班""東郡楊紹和彦合珍藏""保彝私印"。

孟郊集的整理本，首爲今人華忱之校訂的無注本《孟東野詩集》十卷，人民文學出版社 1959 年初版，後曾重印。該本末附孟郊年譜、遺事輯録。以陶湘影印宋小字《孟東野詩集》十卷本爲底本，參校宋蜀刻殘本、明弘治己未（1499）刻本、清席啓寓《唐詩百名家全集》初刻本及季振宜《全唐詩》本，加以標點。衹有校記，未加注釋。但此本亦有失校之處，且未用影抄書棚本校之，可爲一憾。校注本之代表當爲韓泉欣校注《孟郊集》十卷（浙江古籍出版社 1995 年版），以明秦禾本爲底本，參校《四部叢刊》影印弘治本、凌濛初本、華忱之校定本、明崇禎烏程朱墨套印本及《全唐詩》本等。其他注釋本尚有陳延傑《孟東野詩注》（臺北新文豐出版公司1979年初版）、夏敬觀選注《孟郊詩》（臺灣商務印書館1965年版）、劉斯翰《孟郊賈島詩選注》（仁愛書局、遠流出版社1988年版）等。

從鈐印位置看，收藏此本最早者當爲錢敬先，但其生卒事蹟不詳。至清初，先後爲季振宜、徐乾學收藏，卷末有“泰興季振宜滄葦氏珍藏”題識一行，但《延令宋板書目》《傳是樓宋元本書目》均未著録。後爲陳敬亭（1639？—1712）收藏，敬亭字子端，號悦巖。澤州（今山西晋城）人。順治十五年（1658）進士，選庶吉士，授秘書院檢討，累官至文淵閣大學士，兼禮部尚書。充《三朝聖訓》《政治典訓》《明史》《一統志》總裁官，著有《三禮指要》《尊文堂集》《午亭文編》《陳悦巖詩》等。再後爲唐順之後人唐于辰收藏。《藏書紀事詩》卷二“唐順之”條曰“唐順之應德　孫宇昭孔明　唐仁良士”，唐順之（1507—1560）乃明代大儒、軍事家、文學家，武進人。其孫唐宇昭，字孔明，號雲客、半園居士，武進人。工於書畫，藏書頗富。又彭元瑞《知聖道齋讀書跋》“《盡忠録》”條云：“余見季滄葦所藏正德年初印《盡忠録》，尚無《補録》二卷，有滄葦手跋。其夫人唐氏，乃毗陵孔明父之女，荆川四世孫也。以是見貽……”今存國圖藏元刻本《孝經》鈐印“晋昌秘笈記”“唐辰”“良士”“毗陵唐良士藏書”等。“唐仁”蓋爲“唐辰”之誤，唐辰即唐于辰，字良士，唐順之後人，唐宇昭（1602—1672）次子，其藏書多從父繼承。安岐（1683—1742），清藏書家、鑒賞家。一名安七，字儀周，號麓村，別號松泉老人，朝鮮族。天津衛人。以經商爲主，早年曾經代納蘭明珠經營鹽業於淮南，擁資數百萬。極喜收羅古籍、書畫，精於鑒賞。收藏之富，甲於海内。卒後藏書和古玩部分歸於盛昱、端方等家。安岐除收藏此本外，還曾收藏多部宋本，如北宋刻本《大方廣揔持寶光明經》五卷（今存上圖）、宋臨安府陳宅經籍鋪刻本《甲乙集》十卷（今存國圖）、宋臨安府陳解元宅書籍鋪刻本《李羣玉詩集》三卷（今存臺灣“中央研究院”傅斯年圖書館）等。《百宋一廛賦注》著録云：“曾藏於延令季氏，亦入傳是樓，蓋疊爲真賞家所重矣。又有安麓村一印，安，賣骨董者。”清中葉，先後爲蔣賓嵎、黄丕烈收藏。黄丕烈跋曰：“余同年友蔣賓嵎于乾隆甲寅因學徒秋賦，偕遊白門，以五百青蚨從書攤易得刻本《孟東野集》，歸取示余。余曰：‘此宋刻之佳者。’賓嵎曰：‘予方買時亦知其爲宋刻，特欲就君一决其善否尔。如非善本，當擬燕石之藏，若果宋雕，即爲寶劍之贈。’余不敢重違其意，遂拜受之以貯諸讀未見書齋。因念余祖籍金陵，先塋在焉，今秋本擬附同人之舟登家山，躬掃松楸，藉斯游暇日，得以遍觀書市，廣采珍奇。後緣家務蝟集，未遂此願，心方悵然，何幸賓嵎爲余得是集以慰渴思也。且余儲宋刻唐人集亦不下數種，如許丁卯、羅昭諫以及《竇氏聯珠集》皆南宋刻本，惟此集實北宋精刊……爰誌數語于卷尾餘紙，一以感賓嵎贈遺之意，一以見賓嵎賞鑑之精，我子孫其念之哉。讀未見書齋主人黄丕烈識。”乾隆甲寅，即五十九年（1794），周錫瓚又於校宋舊抄本亦跋曰：“黄復翁於乾隆五十九年甲寅秋得小字宋刊《孟東野集》十卷於蔣賓嵎處。”黄丕烈於乾隆甲寅年得此書，十五年後，亦即嘉慶十四年又述其得書經過。一年後，又得蜀刻殘本《孟東野文集》五卷，至此，世存兩宋刻孟集均爲其收藏。此本其後爲汪士鐘收藏，《藝芸書舍宋元本書目》著録“孟東野集小字宋本，十卷”即此。

此書鈐有楊以增印，蓋首爲其收藏。楊紹和《楹書隅録》卷四著録此本，紹和并對黄丕烈《百宋一廛賦》中稱安岐爲“賣古董者”予以更正，言其“學問宏通，極精鑑賞”。其後傳至楊敬夫，迨海源閣遺書散出，1927 年，楊紹和將二十六種善本運抵天津後，包括此種在内的“二孟一黄”三種最先出售給李盛鐸。1928 年 10 月，傅增湘借之，傅增湘於卷二之後書衣題曰：“戊辰十月，從師門拜觀此帙，回假歸，取秦禾刻本校勘，凡五日而畢。乃知汲古閣所刻删削一讚二書，增入‘城南’以下聯句，輕改古書面目，實爲不知而妄作也。”1929 年正月，周叔弢從李盛鐸之子少微借之校勘明弘治本，曰：“己巳正月初四日，從李十兄少微借得海源閣舊藏宋小字本《孟東野集》，取校此册，凡四日而畢。”[①] 弢翁《楹書隅録》批注曰：“精美。”“白紙印，有刻工姓名，可與《王摩詰集》頡頏，僅差一等。余得殘宋蜀本而不得此書，可恨之至。”“有剜圈點處，小號通連共一百六十八葉，慎字缺筆。士禮居原匣，歸李氏後已破損，可惜之至。李氏惡印，爲書减色。”1934 年，陶湘向李盛鐸借之影印出版。王獻唐曾得影印本，其《雙行精舍書跋輯

① 李國慶：《弢翁藏書年譜》，紫禁城出版社，2007 年，第 39 頁。

存》著録曰："民國二十三年影印陶氏涉園本。四册。二十五年二月二十六日，蘭泉先生過濟南赴申，新印書成，以一部見惠。數年前，楊氏出宋槧精本二十種，售八萬圓，爲各家分有。李木齋得數種，此其一也，價五仟圓。"今存藏北京大學圖書館。沈乃文《藏園落英在北大》著録[1]。《中華再造善本》收録，丁世良撰《提要》。

參考文獻：

戴傳安、錢大成：《〈孟東野詩集〉板本考》，《國專月刊》第3卷第5期，1936年6月。

萬曼：《孟東野集》，《唐集叙録》，中華書局，1980年。

李德山：《明刻本〈孟東野詩集〉考述》，《古籍整理研究學刊》1988年第4期。

韓蓉：《孟郊詩的流傳與接受研究》，復旦大學碩士論文，2012年。

① 《版本目録學研究》第二輯，北京圖書館出版社，2010年。

三十一、孟東野文集十卷

唐孟郊撰。宋蜀刻《唐六十家集》本，二册，存五卷，卷一至五。清黄丕烈跋，傅增湘、勞健跋。原書無序跋，卷首有目録十卷，次行署名“孟郊字東野”；首卷首行頂格題“孟東野文集卷第一”，次行低一格類題“樂府上”，第三行低四格題篇名“列女操”，正文頂格。19.8×14.4厘米，十二行二十一字，左右雙邊，白口，單魚尾。魚尾下題“東目”“孟幾”及葉次。宋諱不謹，“弦”“貞”“恒”“殷”“講”等字缺筆，“溝”“敦”“郭”字不避。鈐印“翰林國史院官書”“黄丕烈”“百宋一廛”“汪士鐘印”“閬原父用”“郁松年印”“泰峰”“完顔金啓迪號如孫字仲吉别號金精子寶藏書畫文章”“啓迪”“周暹”“曾在周叔弢處”等，元翰林國史院、黄丕烈、汪士鐘、郁松年、海源閣、傅增湘、完顔景朴、周叔弢舊藏，卷一、二曾爲傅增湘收藏。國圖（8402）。《名録一》（01056）。

此本題名“文集”，乃據卷端所題，載詩同北大藏宋刻小字本《孟東野詩集》，惟據目録卷末附文四篇《上常州盧使君書》、《又上養生書》及《孟郊本傳》、韓愈撰《孟郊貞曜先生墓誌》，小字本僅存兩篇。云“文集”者，惟此蜀本之通稱也。他如《孫可之文集》《李長吉文集》《駱賓王文集》等，所載亦詩亦賦亦文。是本卷首所載目録，與前引小字本載宋敏求所序全合，説明其來源於宋敏求本，當無疑問。檢其僅存首五卷所載内容，與其首五卷目録所載悉合。北大藏本目録及内容所載與宋敏求本序亦全合。可見，此本與北大藏本爲同一底本（宋敏求本）或兩本互有淵源，可信。

觀此本之字體、刀法、行款等，當屬宋蜀刻之十二行二十一字本系統，約刻於南宋初或至中期。黄丕烈跋曰：“或云是蜀本，余以字形核之，當不謬也……獲觀者相傳卷中有‘翰林國史院官書’朱記，余即斷爲宋刻，盖余家藏有二劉及孟浩然，孟集獨全，周丈香嚴藏有姚合諸集，同此字形，并同此朱記，故信之也。”又跋稱北宋蜀本，云：“嘉慶十五年孟夏二十有八日，從錫山書友復得北宋蜀本，每葉二十四行，行二十一字，殘本一至五卷，目十卷。”又跋校宋舊抄本云：“字體殊古拙，相傳爲蜀本唐人集。”① 傅增湘跋其中卷一、二時題作“宋蜀刊本”，又云：“蜀刻唐人集與此種者甚多……各集中敦字已闕筆，《元微之集》序言刻於建安，則黄氏所言北宋蜀本者殆疏於考證而以意推之耳。”②《自莊嚴堪善本書目》題爲“南宋蜀刻本”。《中國版刻圖録》題“宋刻本　成都眉山地區”，謂“編次與北宋以下諸本均合”，未言及具體刊刻時間，蓋慎言之。李致忠《中華再造善本總目提要》云：“……此本亦可定爲‘南宋中葉四川眉山地區刻《唐六十家集》本’。”此本僅存五卷，有些避諱字未出現，今檢卷五《與王二十一員外涯游昭成寺》詩“玄講海嶽盡，淵詠文字新”之“講”字，缺末三筆，但此字非南宋趙構嫌名，據《禮部韻略》附載《淳熙重修文書式》所記高宗嫌名五十字未見此字，或爲刻書者家諱亦未可知；卷首目録第八卷“宋黄蕣擢第歸江南”之“蕣”字不避。“慎”字未見。卷二《織婦辭》“官家榜村路”之“村”字不避；卷五《藍溪元居士草堂》詩“讀書業雖異，敦本志亦同”之“敦”字不缺筆。“郭”字亦不避。總之，南宋諸帝均不避，以此判定版本尚不確定。而黄丕烈等以此爲北宋蜀本，或據北宋帝諱而南宋帝不諱。

黄丕烈獲此本後，對以宋刻十一行十六字小字本，曰“似較舊藏爲勝”，并曾以此本校舊鈔書棚本，跋曰：“……取對此刻，大同小異。彼有脱落，賴此正之，而抄本亦時有佳處可證宋刻之誤者，備參可耳。《東野集》全者，宋刻、舊抄各居其一，而此殘本不與，若統計之有三本矣，他日當合校一本爲《孟集考異》云。”舊抄書棚本亦爲海源閣收藏。傅增湘以此校之席刻本，《藏園羣書經眼録》卷十二著録此本卷一、二時云：“余嘗以此與席刻本相校，目録詳簡不同，次第略有變易，改正字亦復不少。其尤鉅者卷《征婦怨》四首，席刻乃誤合爲二首。昔黄

---

① 此兩跋見《黄丕烈藏書題跋集》，上海古籍出版社，2013 年，第 400、402 頁。

② 《藏園羣書經眼録》，中華書局，1983 年，第 1048 頁。

丕烈謂蜀本多誤字，不及小字本之佳，其實此本佳處已不勝舉矣。”此本所載傅跋亦詳及，文繁不録。可見其校勘價值頗高。今以此本校書棚本，書棚本無目録，卷一首行頂格題名“孟東野詩集”，次行署“山南西道節度使參謀試大理評事平昌孟郊”，五卷本目録署題“孟郊字東野”，卷一不署名。目録及卷一均題“孟東野文集”，卷一《灞上輕薄行》“疾起亦未歇”之“起”，書棚本作“走”字。《長安羇旅行》“野策藤竹輕”之“策”，書棚本作“荣”。《長安道》“胡風激秦樹”之“胡”字，書棚本作“湖”。《古薄命妾》“不惜十指弦（“弦”字缺末筆）”之“弦”字，書棚本作“絃”。書棚本諱字均不避。《古樂府雜怨》之二“人悲花自開”之“開”字，書棚本作“閑”；第三首末句“空成萬恨濃”之“萬”字，書棚本有“一作百”。《傷哉行》“春色捨芳蕙”之“色”字，書棚本作“光”字。《湘絃怨》“狂飈怒秋林”句，“狂”後“一作（缺字）”“怒”字“一作怨”，此本均無；此詩“靳尚爲良謀”之“謀”字，書棚本作“謨”。《楚竹吟酬盧處端公見和湘絃怨》“再驚鶴失群”之“失”字，此本注“一作出”，書棚本無。《遠愁曲》末兩句“願廻玄夜月一作靈，出視白日蹤”，書棚本脱去。《邊城吟》“志人仍賣泉”之“志”字，書棚本作“主”。《殺氣不在邊》“淮河又起兵”之“淮河”，書棚本作“河南”。《結愛》“結妾獨守志”之“守”字後有“一作悽”，書棚本無。《絃歌行》末句“射矢時獨叫”之“矢”字，書棚本妄改爲“天”。《覆巢行七言》，書棚本無“七言”二字，“陽和發生匀孕育”之“匀”字，書棚本作“均”。《湘妃怨》“二妃怨逾積”之“逾”字，書棚本作“愈”，誤。《塘下行》“那知來去鴉”之“知”字，書棚本作“棲”字。此僅校至卷一前半卷，異文如此之多，如全校則無疑異文更多。句中夾注“一作某某”者，兩本間有互脱者。書棚本避諱不如此本嚴。整體來看，就文字内容而言，書棚本不如蜀本更佳。

今再以此本對校諸本，亦頗有異同。以宋小字本與蜀本對校，目録標題署名不同，目録所題亦異，小字本每首題名下均有首數，如卷一《灞上輕薄行》“一首”，蜀本則無。蜀本正文卷一《殺氣不在邊》“淮河又起兵”之“淮河”二字，宋小字本作“河中”，明弘治本作“河南”。宋小字本《湘妃怨》“古廟收真魄”之“真”字，蜀本、弘治本作“貞”。蜀本詩題“閨怨”，宋小字本、弘治本均作“閑怨”。蜀本、宋小字本《嬋娟篇》“漢宫成寵不多時”之“成”字，弘治本作“承”。蜀本、宋小字本、弘治本《清東曲》“笑笑競攀折”之“笑笑”，席刻本作“含笑”。卷二蜀本、宋小字本《古意》“指氣入空房”之“指”字，弘治本、席刻本均作“揹”。蜀本《審交》“可與賢達論”之“與”字，宋小字本、弘治本等均作“以”。宋小字本《遣興》“浮聲與狂苑”之“苑”字，蜀本、弘治本作“葩”。蜀本、弘治本《堯歌二首》之一“污家如糞泥”之“污”字，宋小字本作“活”，當誤；蜀本、宋小字本本詩“父母吞聲瘦”之“瘦”字，弘治本作“哭”。蜀本、宋小字本卷三《投所知》第二首“清嶰竹”前無“一説”二字，弘治本有。蜀本、弘治本《病客吟》“愁思不復深”之“愁”字，宋小字本作“慈”。蜀本、宋小字本《夜憂》“洗濯空華鮮”之“空”字，弘治本作“生”。蜀本、弘治本《晚雪吟》“顧於堯琯中”之“中”字，宋小字本作“朝”。蜀本、弘治本《長安旅情》“下有千朱門”之“朱”字，宋小字本作“株”字，當誤。宋小字本《長安羇旅》末二句“幾廻羈旅情，夢覺殘燭光”脱，蜀本、弘治本有。蜀本、弘治本卷四《秋懷十五首》第十四首“失古劍亦折”之“亦”字，宋小字本作“上”。蜀本第十四首與第十五首之尾首直接相連，未另起行，當是疏忽。卷五蜀本、弘治本《看花五首》第二首“唯應待詩老”之“待詩”二字，宋小字本倒作“詩待”。蜀本、弘治本《與王二十一員外涯游枋口柳溪》“坐泛紅影低”之“紅影”二字，宋小字本脱“紅”字、“影”作“景”。蜀本《藍溪元居士草堂》“招我棲濛朦”之“濛朦”二字，弘治本作“蒙龍”。蜀本《生生亭》“置亭蟂螁頭”之“蟂螁”二字，宋小字本作“嶘嵲”。蜀本、宋小字本、弘治本《寒溪九首》第四首“彩雙飛飀零”之“雙”字，席刻本作“縷”。各本互有勝處，然蜀本較佳，惜殘缺不全；宋小字本較遜，然爲全本，故亦珍貴；而明、清諸本則非兩宋本可比。

此本四百多年間一直藏於元明清内府，清初散出宫外，其後輾轉流入江浙一帶。黄丕烈於嘉慶十五年（1810）夏從無錫故家購得是本。其跋北宋小字本《孟東野詩集》曰：“越歲庚午，是爲嘉慶十五年孟夏二十有八日，從錫山書友復得北宋蜀本。”又跋此本曰：“是書出於無錫故家，去夏已聞之。獲觀者相傳卷中有‘翰林國史院官書’朱記，余即斷以爲宋刻，蓋余家藏有二劉及孟浩然，《孟集》獨全。周丈香嚴藏有姚合諸集，同此字形并同此朱記，故信之也。迨今四月始見而購之，用白金五兩四錢，欣喜之至。越八日爲端午、芒種節，展讀一過，因記。”《求古居宋本書目》著録云：“孟東野集十卷，目全，詩存五卷，二册。”黄丕烈收藏孟集共三帙，除此本及宋小字本外，尚藏有明初抄南宋臨安府書棚本。期間，黄丕烈曾以之校宋小字本《孟東野詩集》及明初抄臨安府書棚本，因發現三本頗有異同，欲作《孟集考異》未逮。又書友周松靄曾借兩宋本以校其藏本。至道光四年（1824）五月時，兩宋本已轉出，僅存抄本。復借周松靄文孫所藏校宋本，命三孫美鎬移録原兩本之校語於抄本上。道光四年復翁跋曰：“今宋刻盡去，惟舊鈔存，故復借校宋本傳録，閲一寒暑而竣事。”黄丕烈跋周氏藏校本云：“古人藏書最重通假，非特利人，抑且利己。如予與香嚴居士爲忘年交，所藏書必通假。通假之妙，人知利人，我爲利己。此何以説？即如此集，余所藏共有三本，香嚴跋已詳言之。予自歲乙亥以來，百宋一廛中完璧斷珪一旦俄空焉，殆天與我以好，不與我以力耶！然書魔故智，未克盡除，故鈔寫校讎之力，亦可副我所好。前香嚴在日，曾借手録敝藏《陶淵明集》宋刻精本影寫一過，其籤題圖記無不影摹。兹《孟東野集》亦宋刊精本，未及假録而香嚴作古，因從其文孫處假歸，因珍重不便假手鈔，胥命三孫美鎬録之，閲歲始就。還書之日，重感故人子孫不忘通假高誼，俾余得鈔録以還舊觀，且多香嚴手校異同，尤得所指南云。”此書散出後，爲汪士鐘收藏，《藝芸書舍宋元本書目》著録“孟東野集小字宋本，十卷”；“又，存一之五卷”，後者即此本。汪氏藏書散出後，多歸上海郁松年（1799—1865）。松年，字萬枝，號泰豐。其父於道光年間在上海創“郁森盛沙船號”，曾擁有沙船近兩百艘，又有實業數十家。郁氏憑藉經濟實力，廣收海内秘册，凡宋人典籍，不惜重金，以羅置鄴架。時藝芸書舍、小讀書堆、五硯樓等故家之藏，盡歸所有，聚書數十萬卷，建宜稼堂儲之。此書即爲其一。

此本未見楊氏藏書印，海源閣《書目》五種均不著録，僅《楹書隅録》卷四著録校宋舊抄本《孟東野詩集》曰：“小字本已歸余齋。越四年甲寅，殘宋本亦歸余齋。”小字本即宋本《孟東野詩集》十卷，見上條著録；殘宋本即此本。這説明，早在咸豐四年（1854），楊以增已得此本，或因殘缺，未予正式著録。不知何故，六十多年後流入廠肆。意者海源閣藏書管理嚴秘，從未見流出記録。海源閣第三世主人楊保彝卒於宣統元年（1909），嗣子楊敬夫不滿十四歲，家中主政者爲夫人王少珊。1910年3月，山東巡撫孫寶琦奏保護海源閣藏書摺。1916年袁克文曾欲将海源閣藏書據爲己有，王少珊嚴辭拒絕。或許就在這一時期，此本流出閣外。其後，傅增湘於書肆得一、二卷，完顔景賢得三、四、五卷，這五卷後來又同歸周叔弢。傅增湘於《海源閣藏書紀要》云："甲寅之冬，余曾於廠肆得宋蜀刻本《孟東野集》一册，蕘圃題識，即爲閣中之物。"傅增湘跋此本曰："余於丙辰十二月入都，在廠市見此帙，驚其刊印精美，且重爲蜀本，急以高價收之。"（見此本卷末）甲寅即1914年，丙辰即1916年，兩説得書時間不一，又勞健跋此言其後者，似傅氏誤記"丙辰"爲"甲寅"。《藏園羣書經眼録》卷十二著録一、二兩卷，曰："《録》中附記謂'殘宋本'亦於甲寅歸海源閣，意者閣下扃鐍偶疏而流入廠肆耶。然原書存五卷，兹僅得首二卷，又不能無離析之憾也。"《藏園訂補郘亭知見傳本書目》卷十二下著録此本，曰："南宋中期蜀本……存卷一至五，海源閣佚出之書。余先得首二卷，後三卷旋亦佚出，爲景賢所得。"勞健《跋》云："宋本《孟東野集》，存目録卷一至卷五。遞藏士禮居黄氏、藝芸書舍汪氏、宜稼堂郁氏，後歸海源閣楊氏。不知何時散佚，目録及卷一卷二，丙辰冬歸江安傅沅叔，卷三至卷五爲完顔景朴孫所得。兩家互不相讓。丙寅春，叔弢得景氏所藏卷三至卷五，復從沅叔乞讓首册，逾年又在文德堂韓左泉處搜得卷二之第八頁。於是此書分裂三處者，復合而爲一。佛氏所謂因緣蓋在可知不可知之間，叔弢固佞佛者，或能默契於是乎。此書第二册仍士禮居原裝，惜沅叔得首册時殘破過甚，不能不損裝重修，遂難盡復舊觀，今叔弢更命工以卷二第八頁裝入書中，余因爲記書之離合於後云。""丙寅"即1926年，周叔弢於是年得首二卷及第三至五卷，1927年又得第二卷第八葉。至此，五卷全收。因殘破過甚，又重修裝池，恢復舊觀。1952年弢翁將其捐獻國家。《宋蜀刻本唐人集叢刊》收録，程有慶跋。《中華再造善本》收録，李致忠撰《提要》。

參考文獻：

同《孟東野詩集》卷。

三十二、唐求詩集一卷

唐唐求撰。宋刻本，一册，蝶裝。清季振宜題款，顧蒓題款，清黄丕烈跋。原書無序跋。首行頂格題“唐求詩集”，次行低三格題篇名，第三行頂格連屬正文。卷中有墨釘三處，卷末有黄丕烈抄補《茅亭客話》第三卷“味江山人”一則。17.3×12.9厘米，十行十八字，左右雙邊，白口，單魚尾。魚尾下題“唐求詩”，下題葉次。宋諱惟《贈楚公》“般若恒添持戒刀”之“恒”字缺末筆。鈐印“鹿頂山”“危氏太樸”“紫薇館印”“季振宜字詵兮號滄葦”“季振宜藏書”“顧湄之印”“陶廬”“蓋之印”“廣圻審定”“丕烈”“士禮居”“江夏”“蕘夫”“老蕘”“有竹居”“廣圻審定”“汪士鐘印”“閬源真賞”“平江汪憲奎秋浦印記”“憲奎”“秋浦”“平陽汪氏藏書印”“宋存書室”“四經四史之齋”“東郡楊氏宋存書室珍藏”“楊以增印”“至堂”“楊紹和鑒定”“彦合讀書”“紹和筑岩”“東郡楊二”“楊承訓印”“聊城楊承訓鑒定書畫印”“海源殘閣”“周暹”等，危素、顧湄、季振宜、楊振武、張燕昌、鮑廷博、金謂巖、顧廣圻、黄丕烈、汪士鐘、汪憲奎、海源閣、張允亮、周叔弢舊藏。國圖（8422）。《名録一》（01074）。

唐求（約906年前後在世），一作唐俅或唐球，字不詳，唐末蜀州青城縣味江（今屬四川省崇州市）人。兩《唐書》《五代史》均無傳，《唐才子傳》《茅亭客話》《唐詩紀事》均載其事蹟。《茅亭客話》卷三“味江山人”條稱：“唐末蜀州青城縣味江山人唐求，至性純慤，篤好雅道，放曠疎逸，幾乎方外之士也。每入市騎一青牛，至暮醺酣而歸。非其類不與之交。或吟或詠，有所得，則將稿撚爲丸，内於大瓢中，二十餘年，不知其數，亦不復吟詠。其贈送寄別之詩，布於人口。暮年，因臥病，索瓢致於江中曰：‘斯文苟不沈没於水，後之人得者方知我苦心耳。’漂至新渠江口，有識者云：‘唐山人詩瓢也。’探得之，已遭漂潤損壞，十得二三，凡三十餘篇，行於世。”時人稱爲“一瓢詩人”。時王建帥蜀，召爲參謀，不就，故又稱“唐隱居”。《唐詩紀事》載李洞《贈唐山人》詩曰：“長鬚長我髮，七十色如黧。醉眼青天小，吟情太華低。千年松繞屋，半夜雨連溪。邛蜀路無限，往來琴自攜。”絕念鐘鼎，出入山林，縱酒放歌，曠達瀟灑，行吟日月，完全是一脱俗出世的方外之士。

元人辛文房《唐才子傳》卷十論其詩曰：“方外物表，是所游心也。酷耽吟調，氣韻清新，每動奇趣，工而不僻，皆達者之詞。所行覽不出二百里間，無秋毫世慮之想。”作爲一名真正的隱士，没有現實的糾葛，完全擺脱了世俗的紛擾，“六根清淨”，其詩歌内容幾乎全爲隱士生活，風格清新自然，如《夜上隱居寺》云：“尋師擬學空，空住虎磎東。千里照山月，一枝驚鶴風。年如流去水，山似轉來蓬。盡日都無事，安禪石窟中。”“年如流去水”典出《論語・子罕》“逝者如斯夫，不舍晝夜”，唐求用典則濾去積極入世、時不待我的焦慮，反而表達了一種疏離世事、隨緣自適的道家思想。

《唐求詩集》，《新唐書・藝文志》《郡齋讀書志》《崇文總目》等均不載，《直齋書録解題》卷十五著録《唐求集》一卷，謂唐求“與顧非時同時，《藝文志》不載”。此本收録“邛州水亭夜讌送顧非熊之官”一詩，亦可證。《百川書志》卷十四著録《唐求集》一卷。此本字體精整，頗有歐、柳筆意，字畫筆力，與現存南宋臨安府棚北大街睦親坊南陳宅書籍鋪所刻諸本如《唐女郎魚玄機詩》《韋蘇州集》等在版式、字體、紙印墨色等均相同或相似，故定爲南宋書棚本可信。《楹書隅録》卷四著録曰：“此本與《韋蘇州集》同一行式，皆臨安府棚北大街睦親坊南陳宅書籍鋪刊行，所謂書棚本是也。”《中國版刻圖録》題宋杭州刻本，曰：“觀字體刀法，疑亦宋末書棚本。”李致忠《中華再造善本總目提要》曰：“審其版式風格、行款字數、字體刀法、印紙墨色，均似南宋臨安府棚北睦親坊陳宅書籍鋪所刻。”南宋臨安城中有御河，河有棚橋，有長街，分南棚、中棚和棚北，陳宅書籍鋪即在棚北睦親坊巷口。現存書棚本之目録或卷末一般刻有陳宅書籍鋪刻書牌記，此本目録已佚，當牌記亦佚。南宋末年，朝政衰微，故私家刻書已避諱不謹，此本惟

"恒"字缺末筆，其他均不避。此亦南宋末私家刊書之特徵。張秀民《中國印刷史》謂陳氏刻書可考者，大約有三十二種，其中就有《唐求詩》十八葉（丁案：實爲十葉）。周叔弢《楹書隅録》批注曰："黄紙精，黄氏蝶裝原匣。此書完美可愛玩。"

除宋本外，今傳其他刻本尚有：明朱警輯刻《唐百家詩》本；清初淮南劉雲份野香堂輯刻《十三唐人詩》本，題《中唐唐求詩》一卷；清康熙間洞庭席啓寓輯入《唐詩百名家全集》，題《唐隱居詩》一卷，1918年上海掃葉山房石印此本，題同；清刻本《唐隱居詩》不分卷。《全唐詩》卷七百二十四録詩三十五首、殘句一聯。清光緒二十年（1894）海源閣仿宋刊本，清光緒二十三年江標靈鶼閣影宋刊《唐人五十家小集》本。清初帶經堂抄《唐四家詩》本（今藏國圖）。諸家書目著録者如《絳雲樓書目》卷三著録《唐人雜集》中有《唐求集》，《述古堂藏書目》卷二著録《唐求集》一卷，《孫氏祠堂書目内編》卷四著録《唐隱居詩集》一卷，《補五代史藝文志》著録《味道山人詩》一卷。這些著録均非宋刻本。其中以揚州詩局《全唐詩》本影響最大，今與宋本對校，略有不同。宋本《酬友生早秋》在卷末，揚州本在卷首；揚州本卷末尚有《臨池洗硯》殘聯"恰似有龍深處臥，被人驚起黑雲生"，亦見《詩人玉屑》卷八，宋本無。宋本《題鄭處士隱居》"病翁顔亦紅"之"翁"字，揚州本作"夫"。宋本《秋寄■江舒公》"秋色■江濆"，揚州本前一墨釘未填字，後一墨釘填作"滿"字；"從交夢裏聞"之"交"字，揚州本作"教"。宋本《送友人江行之廬山肄業》"獸皮裁槈暖，蓮葉製衣馨"之"槈"字，揚州本作"褥"字，當是。宋本《山居偶作》"客許戴紗申"之"申"字，揚州本作"巾"。宋本《邛州水亭夜讌送顧非熊之官》"寂寞功城夜"之"功"字，揚州本作"邛"，當是，此與詩題相合。宋本《贈楚公》"雲間曉月應難■"之墨釘，揚州本作"染"。整體而言，宋本不如揚州本校勘精審，然宋本作爲世間僅存孤本，其文物價值不言而喻。

此本"鹿鼎山"印最古，楊紹和曰："'鹿鼎山'長印，予藏宋本《三《禮圖》》中亦有之，或宋人印，若建安余氏造紙之有'勤有'印也。"（《楹書隅録》卷四）果若此，則此印或與當時印紙者有關。"危氏太樸"爲危素之印。危素（1303—1372）字太樸，號雲林，金溪（今屬江西撫州市）人，元末明初歷史學家、文學家、書畫家、藏書家。元至正元年（1341），出任經筵檢討，負責編修宋、遼、金三朝國史及注釋《爾雅》。五年，改任國子助教。七年，改任翰林編修。十一年，升爲太常博士，後任兵部員外郎、監察御史、工部侍郎、大司農丞。十七年，升禮部尚書。十八年，參中書省事，專任甘肅平章事，總西部兵馬。至正二十年，官拜參知政事。二十四年，爲翰林學士，奉旨出任嶺北行省左丞。後棄官，隱居房山達四年，潛心史學著作。明洪武二年（1369），危素被任爲翰林侍講，與宋濂同修《元史》。因讒言被謫居和州（今安徽和縣）。五年，卒於和州含山縣寓所，後歸葬金溪高橋。學士宋濂爲其撰《墓誌銘》。博學善文辭，擅楷、行、草三體，尤精楷書。著有《吴草廬年譜》《元海運志》《危學士集》等。至正間，爲修三史，曾至元代大藏書家莊肅（字恭叔）購書五百卷。入清，首爲季振宜收藏，《延令宋板書目》於“唐詩八家”條下著録“唐求”之名，當此。其後爲顧湄收得。顧湄，清初學者、藏書家。字伊人，號抱山，江蘇太倉人，顧夢麟養子。早通經義，曾爲陳瑚高弟，徐乾學延館於家，助之校刊《通志堂經解》。藏書頗富，因得宋刻本蘇長公所書《陶淵明集》，遂命名其藏書處曰“陶廬”，并製橢圓朱印一方，此本所鈐即此印。錢謙益曾作《陶廬》一詩以誌其事。因和錢曾、徐乾學等藏書家交游極密，錢曾贈送宋槧佳本若干，收藏過《宣和畫譜》等。著有詩文集名《水鄉集》，編次《重修虎丘山志》十卷。此本在乾嘉間遞經多家收藏。嘉慶八年七月白露後一日黄丕烈跋曰：“此宋刻《唐求詩集》與《茅亭客話》同得於友人顧千里所，云是桐鄉金謌巖家物，而散入他人手者也。”又於嘉慶八年十一月跋曰：“十一月朔，往候海鹽張芑塘。芑塘愛古，年已七旬，所見古書甚多，與長塘鮑渌飲相友善。于數年前曾得楊振武家書籍，内有宋刊《唐求詩集》。渌飲易去，未知今歸何處。因余所好爲宋本，故尔談及，而不知此書之已爲余有也。歸而筆諸是集之副葉，以見古書源流，有不謀而相爲印證者。”可見，在黄丕烈得此書之前，已遞經楊振武、張燕昌、鮑廷博、金謌巖、顧廣圻等收藏，這些都爲黄丕烈書友，在同一時期於諸多名家之間第相傳遞，書之貴可知也。復翁收藏後，一是移録了《茅亭客話》之唐求事蹟，二是重裝題簽。嘉慶八年七月復翁跋曰：“通卷僅八葉，而收藏自元明以來，皆知寶貴，宜其珍祕若斯……又檢《茅亭客話》卷第三有'味江山人'一條，即論唐求事，爰影寫宋板之二十六行，附於此集後。非但可以考見其事蹟，且所載詩與此集間有異同，可以辨證，則此集之與《茅亭客話》必偕來者，豈非奇之又奇乎?""越日，余友洞庭鈕非石過訪，出示此書，云長方印文是'鹿鼎山'三字，記以俟考。士禮居命工重裝。"此本封面題"唐求詩　宋刻一卷　顧蒓題簽"，下鈐印"南雅手書"。蕘圃嘗購得宋刻百餘種，好友學士顧蒓爲之顔其室曰"百宋一廛"，顧千里爲之賦。《百宋一廛書録》著録，《百宋一廛賦注》著録爲"唐山人集一卷"，《求古居宋本書目》著録。黄氏之後，書歸汪士鐘，《藝芸書舍宋元本書目》著録"唐求詩集一卷"即此，傳於族人汪憲奎。咸豐初，楊以增任江南河道總督時收得，至楊敬夫時散出。期間，楊保彝於光緒二十年（1894）任職京官時，仿宋刊印此本，其封面題"海源閣叢書丁部"。據《弢翁藏書年譜》所載《弢翁歷年收書目》著録，此本於1936年5月由庾樓購得，價一千圓。張允亮（1889－1952），民國藏書家，字庾樓。河北豐潤人。北洋政府時在財政部任僉事。辛亥革命以後，任故宫博物院專門委員。自幼攻經史，後即專門從事古書版本目録研究，先後在故宫博物院、北平圖書館、北京大學圖書館，北平古物陳列所任職。喜收藏圖書，精於目録版本之學，先後編成《國立北京大學圖書館善本書目》《故宫善本書目》《故宫書影》等。與徐松玉、沈兆奎同爲傅增湘的"藏園三友"，曾收購海源閣遺書多部。1952年，周叔弢捐獻於北京圖書館。《續修四庫》收録，《中華再造善本》收録，李致忠撰《提要》。

又《藝風藏書再續記》載此書，題唐人撰，藏印有"危氏太樸""季振宜字詵兮號滄葦"等，惟題名作"唐球詩"，行款作每半葉十行，行十一字，口上署"唐球詩"三字，又與此不符。自藏印來看，當是同一部。但自楊以增收藏後，一直存至楊敬夫之时。期間未有散出，奈何繆氏曾有收藏？抑或又爲另一本？個中原委不得而知。

參考文獻：

房鋭：《唐求初探》，《四川師範大學學報》2001年第4期。

王定璋：《論晚唐詩人唐求》，《西華大學學報》2009年第2期。

三十三、註東坡先生詩四十二卷

宋蘇軾撰，宋施元之、顧禧注，施宿補注。宋嘉定六年（1213）淮東倉司刻本，存二卷二册，卷四十一、四十二（《追和陶淵明詩》）。（清）黄丕烈跋并題詩，（清）周錫瓚跋，（清）潘奕雋題詩。卷首有紹聖丁丑年（二十七年，1157）蘇轍撰《東坡先生和陶淵明詩引》，次目録，卷次被剜改爲卷上、卷下。卷四十一首行頂格題“註東坡先生詩卷上”，第二、三行低八格分題“吴興施氏”“吴興顧氏”，第四行低一格題“追和陶淵明詩五十四首”，第五行低三格題“飲酒二十首并引”，詩正文頂格。20.6×15.6 厘米，九行十六字，小注雙行字數同，左右雙邊，白口，單魚尾。魚尾下題“坡詩幾”，下題葉次及刻工姓名。刻工有羅振、阮瓊、范先、嚴鎬、張慶宗、吕拱、沈昌、林春、徐拱、羅文、成玘、潘雲、馬良、王遇、馬祖、周昇。宋諱“玄”“桓”“徵”“讓”等字缺筆，“郭”“廓”字不避，此兩卷未出現“敦”字。鈐印“思政軒收藏”“季振宜印”“滄葦”“宋本”“周錫瓚印”“仲漣”“黄丕烈”“復翁”“陶陶室”“無雙”“潘奕雋”“守愚”“花橋老圃”“汪厚齋藏書”“厚齋”“汪文琛印”“汪士鐘印”“汪士鐘曾讀”“民部尚書郎”“三十五峰園主人”“楊氏海原閣藏”“東郡楊氏鑒藏金石書畫印”“東郡楊氏海源閣珍藏”“東郡楊氏宋存書室珍藏”“聊攝楊氏宋存書室珍藏”“楊以增字益之又字至堂晚號冬樵行一”“墓田丙舍退思廬主人記”“楊冬樵讀過”“先都御史公遺藏金石書畫印”“關西節度系關西”“楊氏彦合”“協卿珍賞”“楊紹和讀過”“楊紹和審定”“宋存書室”“楊氏協卿平生真賞”“四陶居”“楊保彝藏本”“周暹”等，季振宜、周錫瓚、黄丕烈、汪文琛、汪士鐘、海源閣、周叔弢舊藏。國圖（8453）。

蘇轍《欒城後集》卷二十二《亡兄子瞻端明墓誌銘》云：“公（蘇

軾）詩本似李、杜，晚喜陶淵明，追和之者幾遍。凡四卷。”可見蘇軾《和陶詩》初編時爲四卷，當亦可獨立成集，單行於世。《百川書志》卷二十著録曰：“《東坡和陶詩》五卷，宋蘇子瞻謫居時和晋陶淵明之作也，各詩下間有子由及時人所和。”此著比四卷本《和陶詩》多一卷，多者蓋爲“時人所和”。五卷本未見流傳。王十朋集注《百家注分類東坡先生詩》二十五卷未將《和陶詩》收録進去，實以單行視之。但宋時所傳仍多屬集本，如《郡齋讀書志》卷十九著録曰：“蘇子瞻《東坡前集》四十卷、《後集》二十卷、《奏議》十五卷、《内制集》十卷、《外制集》三卷、《和陶詩》四卷、《應詔集》十卷。右皇朝蘇軾字子瞻，洵之長子也……平生遇事所爲詩、騷、銘、記、書、檄、論譔率皆過人。晚喜陶淵明詩，和之幾遍。”《直齋書録解題》卷十七著録曰：“《東坡集》四十卷、《後集》二十卷、《内制集》十卷、《外制集》三卷、《奏議》十五卷、《和陶詩》四卷、《應詔集》十卷。”又曰：“杭、蜀本同，但杭無《應詔集》。”可見當時集傳本之頗夥，今存宋蜀刻大字本《蘇文忠公文集》後收録《和陶淵明詩》四卷，國圖收藏（01200）。又，宋慶元間黄州刻集本亦收録《和陶詩》四卷，今存臺博（平圖 006890）。四卷本先陶詩，次東坡和詩，次潁濱和詩，可見是一個三家彙編本。明成化年間重編《東坡七集》（即《蘇軾全集》）時，《和陶詩》與東坡前、後集漏收詩者一起編入《東坡續集》。今傳四卷本蓋爲《郡齋讀書志》《直齋書録解題》著録或源於著録中的集本，而今傳的施宿刊本當是一個有注的合并二卷本，僅録東坡詩，刪去其餘兩家。首爲蘇軾《和陶詩》作注者或爲傅共，《文獻通考·經籍考》著録：“《和《陶集》》十卷。陳氏曰：‘蘇氏兄弟追和，傅共注。’”此《東坡和陶詩解》十卷，應是在四卷單行本《和陶詩》基礎之上加注重編而成。惜傳注本《和陶詩解》已失傳，其編注體例等，均不得而知。今傳《和陶詩》注本爲施元之、施宿父子及顧禧所撰，而施宿所刊的這個本子則成爲研究蘇軾《和陶詩》最爲珍貴的版本。

東坡《和陶詩》編排次序有三種：一是按詩體編排。清嘉慶間，溫汝能《陶詩彙評》本的《和陶合箋》，依《陶淵明集》編例，先四言詩，次五言詩，次雜言詩，最後是附録。二是，獨自編卷。即此施宿刊本卷四十一、四十二兩卷，此後明成化本《東坡續集》（卷三）、明萬曆間茅維改編本《百家注分類東坡詩集》（卷三十）等書所收《和陶詩》，皆獨立成卷。三是混合編年。清查慎行《補注蘇詩》五十卷將“和陶詩”與其他蘇詩混合編年，其後馮應榴的《蘇詩合注》、王文誥的《蘇詩編注集成》皆依次而行。據劉尚榮《宋刊〈東坡和陶詩〉考》云：黄州本《東坡和陶詩》四卷，基本上編年，但與通行的編年體《蘇詩編注集成》等編次不盡相同。兩相對照，應該説宋版《東坡和陶詩》編排得更合理，顯示了很多優點、特長。今舉一例：該書卷四《和陶西田獲早稻》詩前有小引："小圃栽植漸成，取淵明詩有及草木蔬谷者五篇，次其韻。"此引各本皆佚。所謂"有及草木蔬谷者五篇"，除《庚戌歲九月中于西田獲早稻》外，其餘四篇是：《丙辰歲八月中于下潠田舍獲》《五月旦作和戴主簿》《酬劉柴桑》《和胡西曹示顧賊曹》。蘇軾的五篇和詩，在宋版《東坡和陶詩》書中是依次連排的，對照上述小引，當爲同時所作。今傳其餘各本蘇軾詩集，包括宋刊《施顧注蘇詩》，都將這五篇和詩分散編排，又佚小引，因而失真。施宿刊本雖然大致亦有時間順序，但與黄州本又有異，似爲編者另有所爲，但整體上不如黄州更適。

施元之，生卒年不詳。字德初，吴興（今浙江吴興市）人。紹興二十四年（1154）進士，乾道二年（1166）二月除秘書省正字，三月罷。乾道五年五月爲秘書省著作佐郎；十月除起居舍人，十一月兼國史院編修，是月除左司諫；十二月放罷。乾道七年，任衢州刺史；淳熙三年（1176）繼知贛州。以文章著稱。史書無傳，《湖州府志》《長興縣志》《宋中興百官題名》及《宋會要》等間有記載，余嘉錫《四庫提要辨證》引《建炎以來朝野雜記》、《後村大全集》、朱嘉《晦庵集》及《語類》等書亦有詳考。顧禧，生卒年不詳。字景藩，吴郡（今蘇州市）人。禧少任俠，既壯，折節讀書，廣泛披覽，爲文輒千萬言，著書甚富，聲名遠播。紹熙間，郡以遺逸薦。閒居五十年不出，讀書以老。鄉人重之。參見顧禧《志道集》序及《吴郡府志·隱逸傳》等。施宿（1164—1213）字武子，元之之子。紹熙四年（1193）進士。慶元初知餘姚縣，旋通判會稽，并著《嘉泰會稽志》，累遷知盱眙軍。嘉泰間以朝散大夫提舉淮東常平倉，修築泰州城垣。施宿承家學，尤留心金石，廣搜碑帖名帙，參訂石鼓籀文。尤重東坡墨蹟碑帖，用以校訂《東坡集》。據《宋會要》，嘉定二年（1209）"新知吉州施宿罷新任，以臣僚言宿邀功避事”；嘉定七年正月二十一日，中書舍人范之柔又以“刻薄亭戶，規圖出剩，以濟其私”等罪名劾宿，致使“直秘閣施宿罷職與祠禄”。卒前施宿曾陳乞致仕恩澤，但因臣僚相繼論奏，於宿死一年之後行下抄籍。直到嘉定十五年，追復朝請大夫，其致仕及身後恩澤猶未盡復。《施顧注蘇詩》不得廣爲流傳，殆與此有關。其傳見《浙江通志·名宦傳》《宋會要·職官七十六》《湖州府志》等。

《施顧注蘇詩》凡四十二卷，其前三十九卷爲編年詩，卷四十收翰林帖子及遺詩，不編年，第四十和四十二兩卷爲《和陶詩》。爲蘇詩作注者實爲施元之、顧禧、施宿，而厘訂編次者爲施元之，刊行則爲施宿。關於三人作注之原委，嘉定二年中秋日施宿序曰：“東坡先生詩，有蜀人所註八家，行於世已久。先君司諫病其缺略未究，遂因閒居，隨事詮釋，歲久成書。然當無恙時，未嘗出以視人。後二十餘年，宿佐郡會稽，始請待制陸公爲之序。而序文所載在蜀與石湖范公往復語，謂坡公旨趣未易盡觀遽識，若有所謹重不敢者。宿退而念，先君於此書用力既久，獨不輕爲人出，意或有近於陸公之説。而先君末年所得未及筆之書者，亦尚多有，故止於今所傳。宿因陸公之説，拊卷流涕，欲有以廣之而未暇……故宿因先君遺緒，及有感於陸公之説，反覆先生出處，考其所與酬答賡倡之人，言論風旨足以相發，與夫得之耆舊長老之傳，有所援據，足裨隱軼者，各附見篇目之左。”① 《渭南文集》卷十五著録嘉泰二年（1202）正月五日陸游《施司諫注東坡詩序》曰：“……吴興施宿武子出其先人司諫公所注數十大編，屬游作序。司諫公以絕識博學名天下，且用工深，歷歲久，又助之顧君景蕃之該洽，則於東坡之意蓋幾可以無憾矣。”可見，詩注由施元之、顧禧於淳熙九年以前已經完成，初由元之作注，顧禧助之。至嘉泰二年，施宿請陸游序之，又至嘉定二年再記其事。陸序未及施宿所注，蓋此時尚未作注。自陸游作序至嘉定二年尚有八年時間，亦即在此時間內，施宿又作注并編定年譜。宿注“各附見篇目之左”，即題左注者，而元之、顧禧之注則在題下和句下。今傳宋刻本不署施宿名，蓋不能抹其功也。鄭騫曰：“試取陸游序與施

---

① 鄭騫：宋刊《施顧注蘇東坡詩提要·參考資料彙編》，臺北藝文印書館，1970年，第1—2頁。

宿自序細閲，即可發現放翁頗不滿於元之、顧禧的原註。他認爲原註專重典故，少註時事，未能闡發東坡作詩本旨。施宿受了放翁的暗示，於是向另一方向‘推廣’父書，專註人物及事實。”① 據鄭騫統計，題左注者，在現存三十六卷中，有三百五十餘條，五萬二千五百七十餘字，其内容以人物爲主，其他有時事、墨蹟等。其中有十三條於題左注中徑稱“宿”者，如卷十二《次韻李邦直感舊》曰“宿按：侯娟有送邦直赴史館詩”。

關於三注之價值，前人有不少論述，如清委宛堂刊本張榕端序曰：“援引必著書名，詮詁不乖本事。又於注題下務闡詩旨。引事徵詩，因詩存人，使讀者得以考見當日之情事。”對於施宿題注，鄭騫曰：“這些題註不僅有助於了解東坡詩，同時也可作爲宋代史料，因爲他所註的都是東坡當時的人物、掌故、朝政、時局；而且對於神哲兩朝的新舊黨争有他個人一貫的見解，雖主東坡及元祐諸人而甚爲持平。不像後來一般‘佞蘇’的人，誰要提到一點東坡的短處，他們就滿臉惡相的駡人。”② 同時，此書以編年爲次，較之《百家注分類東坡詩》的以類相從，更易體現出東坡一生行蹟及思想發展脈絡。但這個編年并非施顧所爲，而是全依“南宋時通行的東坡前後集自無疑問。不過，施顧註分卷却與前後集不同，而且每卷卷首都有一條編年提綱……後人遂以爲施顧不僅作註，而且編年，編次偶有錯誤也就以施顧爲攻擊對象……實則宋時通行的前後集大體上原是編年的，編年也偶有錯誤。”③

施宿不僅爲蘇詩作了題注，并且承擔了刊梓之務。施宿刊跋見於日本舊抄本《註東坡先生詩·蘇詩佚註附録》，今移録全文，亦見當時編刊情形，曰：“宿既略采國史譜先生之年，而系其詩於下。然篇目之先後，與今所刊或不盡合。蓋先生之文如大川洪河之注，方其淋漓汗漫，揮斥一世，或得於談諧戲謔之餘，不自靳惜，或落筆爲人取去，不復記

① 宋刊《施顧注蘇東坡詩》提要，第三節《施顧注性質分析及作者考證》，鄭騫，臺北藝文印書館，1970 年，第 6 頁。

② 宋刊《施顧注蘇東坡詩》提要，第二節《論施顧註的價值兼論其并未編年》，同上，第 4 頁。

③ 同上，第 15 頁。

省。故其散出於人間，所在而有，傳者不同。觀先生與劉沔書，大略可見。歲月既久，始合諸家之傳以成一集，於先後有不暇深考者。今所刊本，篇目次第蓋仍其舊；年譜雖稍加厘正，而各有所據，其間亦不能與之無異。覽者當自得之。嘉定六年中秋日，吴興施宿書。”[①] 可見當刊於嘉定六年之時，刊地則在其晚年任職地淮東倉曹。《直齋書録解題》卷二十著録曰：“《注東坡集》四十二卷，年譜、目録各一卷，司諫吴興施元之德初與吴郡顧景蕃共爲之，元之子宿從而推廣，且爲年譜，以傳於世。陸放翁爲作序，頗言注之難，蓋其一時事實，既非親見，又無故老傳聞，有不能盡知者。”《文獻通考》卷二百四十四著録同。所録當即此本。施宿卒於嘉定六年冬，卒後不到百日，臣僚彈劾其鹽政及修城之事，於是“死一年之後，行下抄籍，一家骨肉星散”[②]。且在施宿罪狀中，就有刻印此書之事，周密《癸辛雜識・别集上》“施武子被劾”條：“宿嘗以其父所注坡詩刻之倉司，有所識傅檞，字漢孺，窮乏相投，善歐書，遂俾書之鋟板，以賙其歸。因摭此事，坐以贓私。”故其生平隱晦不顯，所刊之書，亦流傳不多，更遠遜《王狀元集百家註分類東坡先生詩》。此書刊印至精，爲宋代著名書法家傅檞手寫上版，字大行疏，端莊秀美。傅檞，字漢孺，與施氏同里，善歐書，出入《醴泉銘》《化度寺》兩碑，秀美之極。周叔弢《楹書隅録》又批注曰“紙印極精”。

關於此本之刻年，各家著録多不一致，宋犖及翁方綱等認爲在嘉泰二年，馮應榴謂嘉定間。邵長蘅删補本宋犖序曰：“陸放翁序之，宋嘉泰間鏤版行世。”翁方綱跋曰：“據《渭南集》，是書之刻在嘉泰二年壬戌時。”《北京圖書館古籍善本書目》著録爲宋嘉泰淮東倉司刻本，屈萬里《跋“國立中央圖書館”藏宋刊本〈注東坡先生詩〉》題“嘉泰二年淮東倉司刊本”。清初錢謙益已指出此刻爲嘉定六年，其《初學集》卷八十五《跋東坡先生集》曰：“吴興施宿武子增補其父司諫所注東坡詩，而陸務觀爲之序，務觀序題嘉泰二年，是書刻於嘉定六年，又十二年而後出，故其考證人物，援據時事，視他注爲可觀。”然未舉出實據。鄭

---

① 宋刊《施顧注蘇東坡詩》提要，第 2 頁。

② 佘嘉錫：《四庫提要辨證》卷七，雲南人民出版社，2004 年，第 354 頁。

騫於《宋刊施顧注蘇東坡詩提要》第五節《施顧注的完成刊印與流傳》則有詳考，曰："翁説除陸序所署年月之外，别無佐證。作序之年未必即時開雕付印，序中又無'將付剞劂'之類的話語，翁説本身已經如此薄弱，而又有許多反證。一，題左注脱稿於嘉定二年，嘉泰時全書尚未完成。二，施宿自撰跋文云：'宿既略采國史譜先生之年，而系其詩於下。然篇目之先後，與今所刊或不盡合……今所刊本，篇目次第蓋仍其舊。'全文見《資料彙編》。跋中兩次説'今所刊'，而跋尾所署年月爲嘉定六年中秋日。三，據周密《癸辛雜識》别集上卷"施武子被劾"條，施宿刻此書於其晚年爲淮東倉曹時。按：此官職之正式名稱爲提舉常平茶鹽司，其治所在淮南東路之泰州。見《輿地紀勝》卷四十。而宿官淮東在嘉定五、六年，《資料彙編》中所收余嘉錫撰《四庫提要辨證》兩篇考證甚詳。四，原書卷三十八次韻鄭介夫詩題左注有'嘉定六年賜謚忠介'之語（原注：景定本缺嘉定六年之"定"字，嘉定本不缺。但即使嘉定本亦缺，也可以斷其爲嘉定六年。因宋朝年號有嘉字者共四個：仁宗嘉祐在鄭俠（字介夫）之前，嘉泰與理宗嘉熙俱無六年，所餘祇有嘉定），刊印自不能遠在其年之前。以上四項是翁説的反證，也就是馮説的確據。刊印此書，開工或在嘉定五年，完成則在六年無疑，翁説誤早十一年。"據諸序跋可知，施元之、顧禧所作爲"題下注"和"句中注"，約成於淳熙中；而施宿所作爲"題左注"，成於嘉定間，最晚至"嘉定六年"。又《上海圖書館藏宋本圖録》著録上圖藏景定三年鄭羽補刻本時，亦對此刻年及注者、注文位置等有考，曰："上世紀八十年代初，藏于日本之施宿所編《東坡先生年譜》舊抄本影印件傳入中國，凡所疑惑，始獲冰釋。該抄本分上下卷，凡兩册，宋諱避至'惇'字，係從宋本出。前有陸游、施宿序，後有施宿跋。序撰于嘉定二年中秋日，謂'宿因先君遺緒及有感於陸公之説，反覆先生出處，考其所與酬答賡倡之人，言論風旨足以相發，與夫得之耆舊長老之傳，有所援據，足裨隱軼者，各附見篇目之左'。是知該書句中與題下之注乃施元之、顧禧所爲，嘉泰二年陸游撰序之後，施宿更作題左注（卷十三《登望䃤亭》題左注云："此詩墨蹟乃欽宗東宫舊藏，今在曾文清家，宿嘗刻石餘姚縣治。"觀類是者尚多，正可與施宿序文相印證）。而宿之跋文撰於嘉定六年中秋日，余嘉錫《四庫提要辨證》卷七考其卒於嘉定六年之冬，則此書當刻於該年秋冬之間，前人或有依陸游序年而定版刻年代者，并不確切。”是此可與鄭騫所舉第二條相佐證。又《修訂本館善本書目解説——集部》① 從諱字及刻工上亦添佐證，就避諱而言，避至“敦”字，寧宗以下不避（丁案：此兩卷未出現“敦”“惇”“墩”等）；自刻工考之，如潘雲、吕拱等多見於寧宗、理宗時所刊刻或修版之諸本中（詳見《增訂中國訪書志》和《藏園群書題記》該條著録），故臺灣《“國家圖書館”善本書志初稿》著録爲嘉定六年刻梓，無可置疑。又，刻工丁諒、楊先、戴居仁、李信（亦見其他卷次中）等曾參與刊刻宋嘉定四年（1211）滁陽郡齋本《漢雋》，滁陽今屬安徽。張燕嬰《中華再造善本總目提要》曰：“刻工均爲南宋揚州地區刻工。”揚州正在滁州和泰州之間，可見這批刻工當時之活躍。

施宿刊印此書五十年之後，即景定三年，蘇州人鄭羽來到泰州提舉淮東常平茶鹽，發現其版片已有模糊不清者，於是召集工匠，補修重刊，是爲景定補修本。鄭定跋是本曰：“坡詩多本，獨淮東倉司所刊明淨端楷，爲有識所寶。羽承乏於兹，暇日偶取觀，汰其字之漫者大小七萬一千五百七十七，計一百七十九板，命工重梓。他時板浸古，漫字浸多，後之人好事必有賢於羽者矣。景定壬戌中元，吴門鄭羽題。”關於鄭羽本的修補情况，鄭騫有詳細比對，據其《宋刊施顧注蘇東坡詩提要》第五節《施顧注的完成刊印與流傳》曰：“全書四十二卷應爲一千六百八十頁，加上目録及年譜共約一千七百餘頁；補板恰爲原數十分之一。换句話説，景定本有十分之九還是原板。我曾把景定本板面刻工較新，看得出來是補刻的諸頁，跟嘉定本存卷之相同者勘對，還是一樣的整秀明淨，而且字句没有脱誤，全部衹有一二缺字，足見補修時是很忠實負責的。”

今存施宿刊本及鄭羽修補本共有五部，其一，宋犖舊藏二十一卷本，今存臺圖。原爲明安國、毛晋舊藏。康熙間爲宋犖收得，衹得三十卷。此本之後屢經劫難，今存臺圖者僅有二十一卷。其二，國圖尚收藏第四十二卷，《名録二》（03135）著録。其三，繆荃孫舊藏四卷本，今

---

① 李清志：《修訂本館善本書目解説——集部》，《“國立中央圖書館”館刊》第20卷第2期，1987年12月。

存國圖。《藝風藏書再續記》著録。以上三部原爲同帙，散出後分藏兩處。其四，海源閣藏二卷本，即本書著録本，今存國圖。其五，宋嘉定六年淮東倉司刻景定三年鄭羽補刻本，存三十三卷三十四册，今存上圖。

海源閣藏本，即此《和陶詩》第四十一（收録五十四首）、四十二卷（收録五十三首），凡一百零七首。是書多卷本今存臺圖，但此本與其并非同帙。當在清初或之前尚不止一部流傳，此兩卷即從另一傳本中析出兩卷單行，并將原卷題目中“第四十一”“第四十二”及版心均剜改成“卷上”“卷下”，以惑人耳目，欲充單刊完帙。再者，鄭羽本目録均在卷首，正文卷中分卷不載目録，此本將卷首目録移置兩卷卷首，目録卷端則題“卷上”和“卷下”，這與正文卷端所題一致。但衹要對勘今存鄭羽本，即可知道書賈之作僞。儘管書賈作僞，但并不影響此書的文字内容及價值。作爲施宿原刊本，雖有國圖藏另一第四十二卷本，但經六丁之禍，多有殘損，很多文字已不可識，而此兩卷保存完整，全無缺損，尤爲珍貴，第四十一卷則爲孤帙。關於此兩卷本收録數量，楊紹和又有考證，甚爲精當：“此本詩數，卷第四十一五十四首，卷第四十二五十三首，校之《詩引》百有九篇尚少二篇。當是《引》成，續經删益（原注：《詩引》成於丁丑十二月，而卷内諸詩尚有丁丑以後之作，自是續爲補入），抑刊時或有合併，均未可知。邵《註》第四十一分《答龐參軍》爲六，《時運》爲四，作六十二首；第四十二分《停雲》爲四，《勸農》爲六；又删《歸去來辭》，作六十首。翁氏《補註》謂六十二之數未合，蓋漏計《答龐參軍》之六首耳。至《歸去來集字》等篇，則明係後人羼入，此本固無之也。”（《楹書隅録》卷四）清康熙間委宛堂翻刻《施顧注蘇詩》，卷四十一收“和陶詩”，題作六十二首，卷四十二又收六十首，共一百二十二首，與施宿刊本的數字不合。翁方綱《蘇詩補注》考曰：“施原本追和陶淵明詩，五十四首，今刻本（丁案：指委宛堂刻本）作六十二首，按卷内實五十四首，《時運》四首原本作一首，若分之，亦不是六十二首也。原本卷第四十二追和陶淵明詩，五十三首，今刻本作六十首；按卷内詩實五十三首，新刻本分《停雲》爲四首，《勸農》爲六首，又删《歸去來》一首也。據各刻本，章數互異，大約諸家選輯，分合不同，故爾。”數量之異疑或可釋然。

將此本與鄭羽本對校可知，相同版刻者，鄭羽本不如此本版印清晰，且刷印在後。鄭羽本卷四十一首《東坡先生和陶淵明詩引》第三葉、正文首葉（似爲剜改卷次，此本刻工爲羅振；鄭羽本：明）、第六至十葉、十二至十八、二十一、二十二至二十六、二十九至三十三、三十五、三十七至三十九爲補版，即此卷《詩引》和本卷正文共四十四葉中凡二十九葉爲補版，其餘皆爲原版，與此本俱同。鄭羽本卷四十二全爲原版，其卷端、尾題所題"註東坡先生詩卷第四十二"之"第四十二"四字，此本剜改爲"下"；鄭羽本版心中題"坡詩四十二"之"四十二"三字，此本均剜改爲"下"。卷四十一亦作了相應剜改。此本卷下第三十三至三十六葉版心之刻工亦剜去（丁案：其他每葉版心均有刻工），鄭羽本所存原版均有刻工，衹是模糊不識而已。鄭羽本板框尺寸稍高於此本，這是由於保存時間較長，版片有所膨脹。需要强調的是，鄭羽補版，不僅字體酷似原本，且文字竟與原刻無一差訛，精審之至。意者，原版雖損壞或不存，然書葉已存，其影摹者當所據書葉，故肖妙如此。影摹之真，令人贊歎。蓋在南宋末期，其影摹技術已經達到了爐火純青的地步。

宋犖得此本後，曾囑邵長蘅、李必恒訂補芟正，又摭拾遺詩四百餘首交馮景補注，將其刊印出版。但宋犖刻本將施顧原注任意增刪，有舊有注而今無者，有舊有注而今易之者，有舊注短而引申之者，有易書名者，幾乎無一完篇。即便原文亦有訛誤。黄丕烈曾以此二卷校之宋犖本，跋謂："注語竟無一首完全者，豈向所收宋刻，雖非缺卷，而亦多殘損耶？抑係妄人之刪削耶？觀此，益信宋刻之可貴。蘇齋所藏，商邱昔得於吴中者，彼猶遜於此矣。"實際上，宋犖本已經失去了施宿刊本的原貌，諸家對其刊印之功過亦有評騭，此不贅述。

此本鈐印最早者爲"思政軒收藏"和"季振宜之印"，周叔弢《楹書隅録》批注曰"……思政軒及季氏二印皆僞"。思政軒爲明宫、清宫内室，此書是否曾爲兩宫舊藏，抑或散出後爲季振宜所得，存疑待考。此書所藏可確者爲吴縣藏書家周錫瓚（1742—1819），錫瓚亦名贊或漣，字仲漣，號香巖，又號漪塘，别號香巖居士。乾隆三十年（1765）副貢生。以富藏書知名，與黄丕烈同嗜宋槧，黄丕烈每購得一書，必向其借所藏秘本考證，時與袁廷檮、黄丕烈、顧之逵并稱乾嘉時"四大藏書家"。編有家藏書目《琴清閣書目》一册，著録宋元本、抄校本兩千餘種。另有《漱六樓書目》。藏書樓名"水月亭""香岩書屋""漱六樓"等。晚年家境漸落，藏書陸續散出，其中歸郁松年、黄丕烈者爲多。據周錫瓚、黄丕烈跋，可知此書早在乾隆三十六年已爲周氏購得，此後爲其收藏四十年，竟未引起注意。及證以徐用錫跋及黄丕烈校言，始知其珍貴。周氏跋曰："余藏宋刊施注東坡《和陶詩》四十年，以爲宋牧仲先生已版行世，視爲尋常習見之書，雖宋刻而不甚珎重。偶閲下相徐書堂先生（名用錫）《圭美堂集》内有《跋宋版施註和陶詩》，言宋公所註刊寥寥數行，未爲完善。邘上馬嶰谷有宋刊完註本，慫其重雕而未成。余始知新刊之未全，而信此本之可貴。黄主政蕘圃假校一過，極言商邱所刊與宋本迥異，其書可覆醬瓿，方悟徐公之言爲不謬，是雖尋常習見之書，而爲絕無僅有之本，當珍之重之。蕘圃藏書而能讀書者，因録徐《跋》于後，而以書歸之，勝於余之徒藏而不能讀者遠矣。時嘉慶十六年辛未十月，周錫瓚跋。時年七十。"周氏并移録徐氏《圭美堂集》之跋。黄丕烈跋曰："香嚴周丈，郡中藏書家之耆舊也，年已七十矣，猶拳拳於此。謂書之聚散不常，而必以得其人，肩付託之重，方爲書之得所。嘗爲余言：'昔年歸朱奂文游之書，朱亦以此相勗，故兹之轉歸于人，務守斯意也。'是書余得在前，而香嚴之跋在後，故余前跋先之。香嚴藏之四十年而未知其佳，及證以徐書堂之跋，又益以余校勘之功，方始信新刻之非，而知宋刻之妙。則藏書之難可見矣。爰筆而書之，以告後之讀是書者。辛未冬至日，求古居重裝并記。復翁。"黄丕烈購得是書時間是在乾隆辛未十六年立冬日，至冬至日，重裝并記。關於這一購藏經過，黄丕烈跋曰："惟《和陶詩》二卷，係全部之第四十一、四十二卷，雖不全，而自可單行。香嚴書屋中有之，主人亦肯割愛，而需直昂，且余謂非商丘本所缺卷，不急急購之，然往來于懷已三年矣。辛未立冬日，榕皋潘丈拉游天平觀紅葉，道出來鳳橋，順訪香嚴主人。榕丈云：'聞其有宋刻《東坡和陶詩》，可往借一觀乎？'余曰：'言借未必可得，吾當詭言得以取之。'既見，談及是書，并與議直。竟許可，遂携至舟中，與榕丈欣賞者累日。榕丈慫恿余得之。余亦以己巳冬新葺陶陶室，貯宋刻兩《陶集》，而此東坡《和陶》宋刻亦當并儲，以爲宋廛盛事。特因力有不足，故遲之三年而願未遂。兹一旦以旁人借觀之言，無意中成之，可爲奇事……蘇齋所藏商丘昔得于吴中者，彼猶遜于此矣。得之直未歸，得之意已决，乘興書此，謂三年宿願，一旦了之也。”

同年臘月十九，恰值蘇東坡生日，黄丕烈登門尋訪潘奕雋，欲同爲東坡生日修拜祭之禮。不巧，潘氏赴友人之請不在住所。“晚歸，意欲同修此典，獨居寡歡，不復爲此，因出此《和陶詩》諷誦一過，并題四絕句于後。蘇齋翁學士歲例出宋刻《注東坡詩》，于今日開筵宴客，致祝髯蘇，故詩及之。”是日又在櫝面云：“此書舊藏香嚴書屋，標題及分册俱未愜意，因櫝已製成，毀之可惜，且存之，以見授受源流，遂於櫝上聊誌數語，以諗來者。標題當云《註東坡先生詩》卷第四十一、卷第四十二；分册當云二册全函。蓋此係《東坡先生詩》宋刻殘本，不過《和陶淵明詩》爲全璧耳。余藏諸陶陶室中，尤爲兩美之合。向聞蘇齋於東坡生日陳書設筵，邀朋儕爲文字之飲，余媿未能。但開函拜讀，題詩紀事，而研有餘墨，并書是櫝。”詩曰：

東坡生日是今朝，媿未焚香与奠椒。却羨蘇齋翁學士，年年設宴話通宵。

東坡生日是今朝，一老衝寒赴友招。聞道春風來杖履，凌雲意氣正飄飄。

東坡生日是今朝，我獨閒居苦寂寥。但把和陶詩熟誦，樽無濁酒也愁消。

東坡生日是今朝，助我清吟興轉饒。谁復景蘇同此意，縣橋人又憶花橋。

潘奕雋後知此事，於臘月二十六日奉題和韻：

東坡生日是今朝，薊北蘇齋歲奠椒。何似宋廛人獨坐，和陶一卷詠深宵。

東坡生日是今朝，有客城南置酒招。早覺春風來杖履，篆烟濃傍鬢絲飄。

東坡生日是今朝，可有朝雲慰寂寥。想到六如亭下路，蠻風暖處雪全消。

東坡生日是今朝，斗室長吟興自饒。善本流傳期共賞，一瓻擬致縣東橋。

嘉慶十四年冬，黄丕烈新葺“陶陶室”，專儲宋槧兩《陶集》。三年後，宋槧《和陶詩》復又得之，至此，三《陶集》同歸士禮居。得此三書後，復翁邀同好暢飲慶賀，并囑書友王芑孫作《黄蕘圃陶陶室記》，云：“同年黄蕘圃得虞山毛氏藏北宋本《陶詩》，繼又得南宋本湯氏《注陶詩》，不勝喜，名其居曰‘陶陶室’。飲余酒，屬余爲紀。余未及爲也。後二年，又得南宋本施、顧兩家《注東坡和陶詩》，於是復飲蕘圃家，而卒爲之記……”① 可見，三《陶集》實乃“宋廛盛事”。《求古居宋本書目》著録“宋刻施顧兩家注和陶詩，二册”即此。

前已録海源閣楊氏“爲詩宗王、孟而探源彭澤”，并於道光二十九年（1849）、三十年先後將二《陶集》及《和陶詩》收入閣中。楊以增還曾爲得翁方綱舊藏施顧《註苏诗》搜訪數十年而未得②。紹和跋此本曰：“今宋槧本自蘇齋後，不知流傳何所，先公曾訪之數十年，杳弗可得，恐不絕如綫之殘編，幾成絕響矣。噫！使施、顧原書不能傳之千古，而後世之人徒深慨想，不獲一睹施、顧之真，所謂知其究竟，據以詳覈者，竟至茫如、昧如，果誰之過乎？邵固無足論，牧仲諸先生能免於責賢之義乎？此本雖衹《和陶》二卷，然是武子嘉定時初刻，尚可考見本來面目。翁本既無傳，而施、顧靈爽式憑，不至終歸磨滅，吉光片羽，實賴此碩果之僅存。六百餘年，滄桑屢變，獨未與劫火同銷，豈偶然哉。昔人云：‘鳳凰一毛，麒麟一甲，終是希世之寶。’信已……卷之首末鈐‘季振宜’‘滄葦’兩印，蓋延令舊物也。蕘圃藏兩《陶集》，已先此本歸予齋。予藏王氏《集注》，正無《和陶》，得此，尤兩美之合。墨緣勝事，爰書以志幸。”同治三年（1864），紹和并撰長篇題識對湯注

① 《淵雅堂全集》卷七，清嘉慶九年刻本。

② 案：楊紹和在《楹書隅録》卷四題《陶淵明集》時云：“湯注本，先公于道光己酉獲之袁江。又明年，此本及東坡《和陶》復來歸予齋，距蕘圃之藏已花甲一周。”惟作“花甲一周”乃誤，從黄丕烈收藏是書（嘉定十六年，1811），至楊以增道光三十年收得，相距實爲四十年。

《和陶詩》的版本源流及編年問題予以考介。此三書在現存各自的版本系統中，都是最早、最好的版本，其價值自不待言，如此宋槧能够在黄、楊大家中遞傳，實乃書緣勝事，亦是吾國文化之大幸。大約在1929年至1931年之間，周叔弢從楊敬夫手中直接得之，1952年捐獻於北京圖書館。《宋集珍本叢刊》收録。《中華再造善本》收録，張燕嬰撰《提要》。

參考文獻：

鄭騫：《宋刊〈施顧注蘇東坡詩〉提要》，臺北藝文印書館，1970年。

劉尚榮：《宋刊〈施顧注蘇詩〉考》，《蘇軾著作版本論叢》，巴蜀書社，1988年。

劉尚榮：《宋刊蘇軾〈全集〉考·附宋刊〈東坡和陶詩〉考》，《蘇軾著作版本論叢》，巴蜀書社，1988年。

袁行霈：《論和陶詩及其文化意藴》，《中國社會科學》2003年第6期。

余嘉錫：《施注蘇詩四十二卷》，《四庫提要辨證》，雲南人民出版社，2004年。

三十四、乖崖先生文集十二卷

宋張詠撰，附録一卷。宋咸淳五年（1269）伊賡崇陽縣齋刻本，四册，卷七至十二及附録均爲明賜書樓抄補，天頭有墨筆校語，行間有朱筆圈點。清黄丕烈抄補缺葉并跋。卷首有咸淳己巳五年朝散大夫、特差荆湖安撫大使司主管機宜文字、權澧州軍州事、賜緋龔夢龍序，序云："前令君天台郭公森卿嘗刊寘縣齋，己未兵燬，遂爲煨烬。今令尹左綿伊公賡以儒術飾吏，復鋟梓以壽其传，幸惠邦人，士德至渥也。抑事尤有可駭者。公遺像舊刻于縣之東齋，人多模本以祀，後因燬並不存。士有逃難山谷者，迺得墨本于叢棘中，雨露不濡。頃刻元所，大類昔年封像遺僧人之意。豈公之睠戀于崇者，尚欲因像而彰耶？今揭斯像，誦斯文，俾諸大夫國人皆有所矜式，豈曰小補之哉？蓋亦無忘令君之德云。"次有郭森卿序，次行署名"宣教郎前知鄂州崇陽縣主管勸農營田公事天台郭森卿題辭"。首卷首行頂格題"乖崖先生文集卷第一"，次行低二格類題"賦"，第三行低三格題篇名"聲賦并序"，正文頂格。19.5×14.2厘米，十行二十字，其中龔序七行十四字、手寫上版，郭序九行十六字。左右雙邊，白口，雙魚尾。上魚尾下題"第幾卷"，下魚尾上或下題"古詩""律詩""雜著"等及葉次，最下題刻工姓名。賜書樓抄本爲十行二十字，黑口或白口，四周單邊，其版心有"賜書樓"三字。刻工：閔、□翁。宋諱"廓"字缺筆，遇"國初"皆上空一格。第五卷末題"浦陽趙用章誦訖"，"晋陵蔣玉如志"，鈐印"樸學齋""平陽汪氏藏書""汪士鐘藏""汪憲奎印""秋浦""憲奎""海源閣""世德雀環子孫潔白""楊氏海原閣鑑藏記""聊攝楊氏宋存書室珍藏""宋存書室""勰卿讀過""秘閣校理""紹和筑岩"等，叶樹廉、黄丕烈、汪士鐘、汪憲奎、海源閣舊藏。國圖（885）。

張詠（946—1015）字復之，自號乖崖，又號九河生，濮州鄄城

（今屬山東）人。太平興國五年（980）進士，授大理評事，知鄂州崇陽縣。累擢樞密直學士，真宗時官至禮部尚書。歷經宋太祖、太宗、真宗三朝，仕宦生涯長達三十餘年。爲人剛直，爲官多有政績，兩度出知益州（今四川成都），尤以治蜀著稱。詠與寇準最善，每面折准過，雖貴不改。準知陝，詠適自成都罷還，將别，準問曰："何以教準？"詠曰："霍光傳不可不讀。"準歸取讀之，至不學無術，笑曰："張公謂吾矣！"卒謚忠定。見《宋史》本傳。張詠雖一生仕宦，然於詩文俱有創作，尤以詩聞名。如北宋宋祁《張尚書行狀》即稱張詠"雅好著文，深切警邁"，"尤善詩筆，必核情理"[①]。郭森卿《乖崖先生文集》序稱："讀其歌詩，有古樂府風氣，律句得唐人體。"胡仔《苕溪漁隱叢話·後集》則引無盡居士語，稱其詩歌"句清詞古，與郊、島相先後"[②]。元初方回在《送羅壽可詩序》中則説："宋剗五代舊習，詩有白體、昆體、晚唐體。白體如李文正、徐常侍昆仲、王元之、王漢謀，昆體則有楊、劉《西崑集》傳世，二宋、張乖崖、錢僖公、丁崖州皆是；晚唐體則九僧最逼真，寇萊公、魯三交、林和靖、魏仲先父子、潘逍遙、趙清獻之父凡數十家，深涵茂育，氣極勢盛。"[③] 可見方回將其列爲西崑體，於當時詩壇當有一定地位。

據宋祁《張尚書行狀》云："生平論著，仲氏詵集之成十卷以行黄丕烈和張其凡皆以爲此即首列。"可見，張詠卒後，其弟張詵曾集爲十卷，但是否刻梓，不得而知。《郡齋讀書志》卷十九、《宋史·藝文志》、《文獻通考》均作十卷，錢易《墓誌銘》曰"著文不雕飾，咸集實事，集十卷"。韓琦《張公神道碑銘》曰"有文集十卷"（《安陽集》卷五十），蓋此十卷本或即張詵所編者。至明末陳第《世善堂藏書目録》卷下、錢謙益《絳雲樓書目》卷三著録，此後不見著録，當已亡佚。南宋時，郭森卿於嘉定間知崇陽時，又集爲十二卷，并刻梓問世，今所傳即郭氏編輯本。此嘉定本今藏上海博物館，遞經顧從德、畢沅、梁清標、

---

① 《皇朝文鑑》卷一百三十六，《景文集》卷六十二，《中華再造善本》本。

② 廖德明校點：《苕溪漁隱叢話·後集》，人民文學出版社，1962年。

③ 《桐江續集》，《四庫全書》本，臺灣商務印書館，1983年。

潘祖蔭舊藏，潘祖蔭《滂喜齋藏書記》卷三著録。其卷首郭森卿序曰：“崇陽，本公遺民也，後之君子欲誦其詩，讀其書，將於是乎取而無傳焉，可乎？森卿初至邑，會舊尹三山陳侯樸授一篇書，乃公遺文，欲刊之縣齋而未果，屬使成之。讀其歌詩，有古樂府風氣，律句得唐人體。若《聲賦》之作，又其傑然雄偉者，因揭以冠編首。或者以《小英歌》等不類公作，然其詞豔而不流，政自不害爲宋廣平《梅花賦》耳。語録舊傳有三卷，今采摭傳記，僅爲一卷以附焉。遺事所載未備，輒以所聞增廣；又於石刻中增收詩八篇。好事者有爲公年譜，亦加删次，别爲一卷，尚論其世者，宜有取爾。舊本得之通城楊君津家，凡十卷，今爲十二卷。其會稡訂證，實屬之尉曹孫君惟寅，而使學生存中參焉。外有韓魏公所作《神道碑》，内翰王公送公《宰崇陽序》，李巽巖《祠堂記》，項平庵《北峯亭記》，此其文皆知公之深者，爰并録之，覽者得未詳焉。”可見郭氏所編實爲十二卷，又有張詠年譜一卷。此序未言時間，但卷末後附項安世《崇陽縣重建北峯亭記》，署題“嘉定三年正月十九日”，則嘉定三年以後刻也。又檢此本避諱至“廓”字，而南宋理宗趙昀之“昀”不諱，可知確爲寧宗時嘉定間所刻，《名録一》題作“宋嘉定郭森卿刻本”，《宋人别集叙録》亦考定在嘉定間。而張其凡則以爲大約在淳祐十年（1250）以前。《直齋書録解題》卷十七著録此本，曰：“《乖崖集》十二卷、附録一卷……近時郭森卿宰崇陽刻。此集舊本十卷，今增廣，并語録爲十二卷。”至咸淳間，伊賡知崇陽縣，復據郭氏本重刊再傳，即此本。李致忠《昌平集》著録該本云：“考崇陽縣，由五代吴順義七年（927）改唐年縣而來，治所在今湖北崇陽縣，時屬湖北。南唐又改爲唐年縣。北宋開寶八年（975）復改爲崇陽縣，仍屬鄂州。湖北的一個縣爲什麽一而再、再而三地刻印張詠的文集，蓋緣張詠於太平興國五年中進士後嘗初官於此，留有政績。”自嘉定至咸淳五年，已經五十餘年。按《宋史》卷四十四理宗四所載，開慶元年（1259），元軍大舉攻宋，忽必烈統兵圍鄂州。崇陽縣屬鄂州，此時被兵，殆屬當然。又按《宋史》理宗紀與度宗紀，自開慶元年元憲宗蒙哥死，忽必烈自鄂州退軍後，直至度宗咸淳三年（1267），元軍始又攻襄陽，九年，元軍攻陷襄陽。襄陽遠在鄂州之北，襄陽未陷時，元軍未南下至鄂州，地處鄂州之南的崇陽縣當無恙，此時再度刊印當有條件。龔序“己未

（縣齋）兵燬，遂爲煨燼”，即指此事。蓋原刻版片連同遺像版片均毀不存，故伊賡據嘉定本書葉重刻。從龔序可知，伊刻本除增加龔序外，未對郭刻本作任何變动。經與嘉定本對勘，雖然行款不一，字體亦有差異，但序目及内容編排均一致，咸淳本尚有郭森卿序，又兩本諱字亦同，如卷六《罵青蠅文》“廓唐堯之雍熙”之“廓”字均缺筆。將兩本對勘，卷首郭森卿序署名，咸淳本於“知鄂州崇陽縣主管勸農營田公事”前加“前”字，嘉定本無。咸淳本郭序“授一篇書”之“篇”字，嘉定本作“編”字。咸淳本卷一《聲賦并序》“羽足發動，不爲之末”之“發動”二字，嘉定本作“動發”。文字雖有小異，凡此皆咸淳本重刻時疏誤而致。黄丕烈跋咸淳本曰“是即郭本之重刻於崇陽者也”。《滂喜齋藏書記》卷三著録嘉定本曰：“此即森卿刻本。前有其序，後附項平叔（“叔”當爲“庵”字）《北峰亭記》，題嘉定三年九月。則嘉定三年以後刻也。黄蕘圃藏本‘咸淳乙巳（丁案：當爲“己巳”，即咸淳五年）左緜伊賡刻’，即出郭本。”《楹書隅録》卷五曰：“是即郭本之重刻於崇陽者也。”可見，咸淳本以嘉定本爲底本再度重刊，并無疑問。

此咸淳本，由於保存不善，字蹟亦有模糊。《藏園羣書經眼録》卷十三著録曰：“全書淡墨印，多模糊。”周叔弢《楹書隅録》批注曰“黄紙，不精”。卷七至十二及《附録》均爲補抄，抄補部分版心有“賜書樓”三字，則配明賜書樓抄本。黄丕烈跋云：“自‘右見巵史’已下從舊抄本補，抄本已於壬戌春攜贈蜀人張船山太史同年矣。”則卷十二末自“右見巵史”以下又爲復翁抄補。抄補部分與嘉定本對校，竟無異文，稍有一二漏字或錯字，亦於左旁加注補入漏字或正確之字，可見抄校精審之極。整體來看，此本不如嘉定本，然因其爲存世孤本，亦甚寶貴。《百宋一廛書録》曰：“……是此本又爲宋刻之第三本矣。惜僅存六卷，六卷以下爲賜書樓舊鈔本，然較外間傳本已有不同處，即如《青箱雜記》載詠贈官妓《小英歌》，時本以爲‘今不見集中’，然宋刻第二卷有云《筵上贈小英》，當即此首。而郭序云：‘或者以《小英歌》詩等不類公作，然其辭豔而不流，自不害爲宋廣平《梅花賦》耳。’則《小英歌》宋刻明明有之，時本豈以其不類而削去耶？然非其舊矣。”

《乖崖集》在元明未見刻梓。明弘治三年（1490），四川左右布政使邢表、劉忠遂命成、華二學教諭顏端、徐瀚讎校編輯張詠詩文及後人題詠等，編爲《張乖崖事文録》四卷刊行。内中張詠詩文，僅卷二一卷而已。又，清康熙間重刻此本，有黄丕烈識語，藏上海圖書館。其中咸淳本，今傳世者多本。清康熙十七年（1678）張位抄本，今藏浙圖。張位跋曰："戊午秋日，偶過可潛齋，見宋槧《乖崖集》，假歸，再録此一部。惜七卷以後仍是钞本。"張青芝，吴縣人，名位，號青芝。此本鈐有"玉海樓藏印"，蓋曾爲玉海樓孫貽讓之父孫衣言（1814—1894）收藏。清光緒八年（1882），莫祥芝於上海知縣任上得到張位抄本，便以校清孫星衍藏明抄本，據以刊版。莫祥芝跋其刊第源流，曰："余少讀公神道碑銘，載公歷官諸政，有儀於心，恒欲覓公文集讀之，久不可得。年來服官海上，桐城蕭敬孚持示新陽趙靜涵氏藏康熙間吴門張青芝仿宋本手抄《乖崖先生文集》兩册，知此書元明以來重刊者鮮，亟依原式重寫付梓，以廣流傳。第其書雖照宋本精寫，而字句尚時有脱譌。《四庫》著録衍聖公家藏本，卷數及附録，與此本悉合，第未詳爲宋槧舊抄耳。敬孚復假得陽湖孫淵如觀察舊藏明人影宋寫本，每頁十六行，每行十六字，格式異而卷帙合，其脱譌較此本尤夥。因互相讎校。兩本各有優劣，如卷首郭森卿序後，此本溢龔夢龍一序；第三卷此本有寄潭州劉郎中詩，明抄本未載；第四卷此本有庭竹、朝日蓮二詩，明抄本前後互脱，遂混而爲一；第八卷益州重脩公署記'竹樹花卉，所至畢臻'句下，此本舊有'自韋南康驕悍之餘'至'乃中外之所同也'，凡四百許字，是下篇昇州重脩轉運司公署記中之文羼入，今依抄本互爲删補，俾各成完篇。其餘字句，多擇善而從，至兩本字句脱譌相同者，的係宋本如是，一仍其舊，讀者以意會之可也。又《四庫提要》以趙希弁《讀書附志》所載爲十卷，陳振孫《書録解題》所載爲十二卷，因斷宋代有兩本。兹十卷本雖不得見，而此兩影宋本格式各殊，則宋代卷帙不同者有兩，而刊本有三矣。今由此兩本脱譌同處推之，知當時校刊實未能精，此兩寫本又復各增譌脱，更無他本参校。尚冀宇内藏書家别有宋槧及精校本，復爲讎勘，以成善本行世，則大幸矣。光緒八年，歲次壬午，立秋日，獨山莫祥芝謹識於上海縣署。"繆荃孫《藝風堂文集》卷七《乖崖先生文集跋》、王重民《中國善本書提要》集部均言及此本。清康熙四十九年（1710）吕無隱鈔、康熙六十一年蔣繼軾校本，今藏國圖。此本目録後有題款曰："庚寅三月，鈔監官馬寒中家鈔本，謬訛頗多，不敢逞臆改正，恐益失其真也。”“壬寅七月，京華寓齋，西圃居士校正。”庚寅，康熙四十九年；壬寅，康熙六十一年，西圃居士，即蔣繼軾。蔣繼軾，號西圃，江蘇江都人。康熙癸巳（五十二年，1713）進士，藏書萬卷，秘笈琳琅，甲於天下。又國圖藏清抄本（09413），版式同咸淳本，當出自此本。

又，清光緒十五年西安潞河李氏代耕堂刻《懷潞園叢刊》本《乖崖集存》六卷，其卷首李嘉績序曰：“……公政事文章，具見史乘，傳誦人口，後之學者竟莫由讀其全書，良可慨已。費莫星源觀察藏舊鈔六册，背有印記，爲江蘇巡撫采購備選本，惜殘闕不全，佚賦、詩二卷，文四卷。觀察去秦，存書簏於嘉績寓齋。今夏，啓鑰除蝨，得覩是編，丐樊子雲門輯存若干首，依舊鈔序次，厘爲六卷。爰付梓人，俾行於世。海内聚書之家，當有藏公全集者，它日儻見，不辭重鋟之役，願與樊子共竣之。光緒己丑秋七月，潞河李嘉績纂。”因底本已殘，故源於何本，已不可考。清宣統二年（1910），通州李氏又據以鉛印之。此本郭、龔二序皆無，其詩文無出十二卷本者。《四庫全書》收入《乖崖集》，乃衍聖公孔昭焕家藏抄本，有郭序，無龔序，當源於郭森卿刻本。由張其凡整理點校的《乖崖集》以《續古逸叢書》所收宋郭森卿刻本爲底本，以咸淳本、張位抄本、《四庫》本等爲校本，於2000年由中華書局出版。

此本最早收藏者爲明末清初著名藏書家葉樹廉（1619－1685）。樹廉，一作樹蓮，又名萬，字石君，號濳夫，别署鶴汀、清遠堂主人、南陽轂道人，葉奕從弟。吴縣（今江蘇蘇州）人，世居洞庭山，嘗游虞山，樂其山水，因家焉。博古好學，稱吴中第一。性嗜書，遇宋元善本，雖零缺單卷必購。常捐衣食之需用以聚書，多至萬卷。購得書籍，條别部居，分辨真僞，手記圖書由來。時兵亂四起，他獨身走還洞庭，與鄉人相與勞苦，曰：“資財無足言，散去還復來，獨惜我書爾！”鄉人皆笑。建“樸學齋”“歸來草堂”“懷峰山房”等藏書樓。藏書多歸孫從添，孫氏《藏書紀要》記其“葉石君鈔本，校對精嚴，可稱盡美。錢遵王抄録，書籍裝飾雖華，固不及汲古多而精，石君之校而備”，“石君所藏書，皆手筆校正……博古好學，稱爲第一。葉氏之書，至今爲寶，好古同嗜者賞識焉”[①]。清葉昌熾《藏書紀事詩》有詩贊曰：“金庭玉柱太

---

① 孫從添：《藏書記要》，古典文學出版社，1957年，第39、41頁。

湖東，述古精嚴未許同。石癖書淫成底事，驅雞牧彘作冬烘。”[①] 此書爲其所藏，可謂識家。此本大概於嘉慶間歸士禮居，其《百宋一廛賦》“讓《乖崖》於崇陽”者即此，《百宋一廛書録》《求古居宋本書目》亦著録。黄丕烈書友張問陶（號船山）曾購得明弘治三年刻本《張乖崖事文録》四卷，復翁曾借歸一閲，并跋及此本，曰：“嘉慶辛酉年，余遊京師，謁同年船山太史於飛鴻延年之室。船山知余性好異書也，即舉《張乖崖先生集》以問。余曰：‘此集有宋刻，係全本，家有其書。今問及此，得無有秘本乎？’船山曰：‘近偶得之。’匆匆晤語，未及請觀。越一日，遣奴子借歸。見題籤古雅，卷中朱墨精瑩，知爲勾漏山房披閲一過者。余惟忠定全集在宋有二刻，陳振孫《書録解題》所收，爲郭森卿宰崇陽時刻者，爲十二卷附録一卷，已非原刻十卷之舊矣。此爲明人摭拾梓行之本，於乖崖先生文行未覩其全，而綱羅參考，以傳信于後人，不可謂無功。然錢希白爲墓誌，韓魏公爲神道碑，直齋猶兩存之，而此所録有神道碑，無墓誌，則其他之散佚者，可勝言哉！船山喜讀全書，當舉家藏副本以贈。二月晦，书于都門寓館。蕘圃黄丕烈識。”[②] 黄丕烈曾將所藏抄本贈送於張氏，此事在本書跋中亦言之。之後，此本爲汪士鐘收藏，《藝芸書舍宋元本書目》著録。再後爲海源閣楊氏收藏，《楹書隅録》卷五著録。楊敬夫時，不能守，將包括此本在内的九十二種善本抵押於天津鹽業銀行，期間，傅增湘曾去津行觀書，《藏園群書經眼》卷十三著録。1945 年 11 月，這批書爲北圖整體收購。《宋人別集叙録》卷一著録。《增訂四庫簡明目録標注》著録之姑蘇黄氏藏宋龔氏刊本，亦即此本。《中華再造善本》收録，李致忠撰《提要》。

參考文獻：

張其凡：《北宋張詠〈乖崖集〉版本源流及其價值》，《古籍整理研究學刊》1988 年第 2 期。

王嵐：《張詠集》，《宋人文集編刻流傳叢考》，鳳凰出版社，2003 年。

李致忠：《昌平案》，上海古籍出版社，2012 年。

---

① 葉昌熾：《藏書紀事詩》，上海古籍出版社，1999 年，第 367 頁。

② 張其凡整理：《張乖崖集》，中華書局，2000 年。

三十五、花間集十卷

後蜀趙崇祚輯。宋刻遞修淳熙十一年（1184）、十二年鄂州公文紙印本，二册。清楊保彝題款。卷首唐廣政三年（940）夏四月大蜀歐陽炯序、卷一首四葉爲汲古閣毛氏抄補，無卷首總目録，各卷首均有本卷目録；原卷末三葉及毛晋三印缺佚，卷末亦無序跋。卷中有朱墨筆圈點，間有朱筆校改。卷六“顧太尉”之“虞美人”第三首“淺眉微斂炷檀香”之“香”字，朱筆改爲“輕”；本卷“玉樓春”第三首“懶展羅衾垂玉”之“玉”字後一字先是墨筆改爲“淚”，後又朱筆改爲“筯”。卷七“顧太尉”之“浣溪沙”第三首“薄情年少每思量”之“每”字，朱筆改爲“悔”字；本卷“酒泉子”第二首“登臨窻、花滿樹”之“登”字，朱筆改爲“月”字。卷八“河瀆神”第二首“數行斜雁聯翩”之“斜”字，朱筆改爲“征”字；本卷“虞美人”之“交人相憶幾時休”之“交”字，朱筆改爲“教”字。卷九“魏太尉”之“玉樓春”之“鶯囀一枝花影裹”之“枝”字，朱筆改爲“声”字。卷十“李恂”之“南鄉子”第四首“窈窕”二字前，朱筆添一“爭”字。以宋淳熙十一年、十二年鄂州公文册子紙印行，其紙背官銜有“儒林郎觀察支使措置酒務施”“成忠郎監在酒務賈”“成□郎本州指使差監拜斛場吴”“江夏縣丞兼拜斛場溫”“□□郎本州指使差監大江渡潘”“進□尉差監豬羊櫃董”“進義副尉本州指使監公使庫范”“鄂州司户參軍戴”“成義郎添差本州排岸差監本津開發收税劉”“信義郎本州準備差使監公使庫朱”等。首卷首行頂格題“花間集卷第一”，次行低一格題詞家姓名“溫助教”，下接小字雙行注文“庭筠五十首”，第三行低二格題篇目至第六行，第七行低四格題曲牌名“菩薩蠻”，下題“溫庭筠”，第八行正文頂格，不空行。17.4×12.8 厘米，十行十七至十八字不等，左右雙邊，白口，單魚尾。魚尾下題“花間集幾”，下題葉次及刻工名。刻工有陳彦、李浩、余浩、余岩、吴永年、吴、李、岩、浩、余、彦、良。鈐印“冬生草堂”“乾學之印”“健菴”“崑山徐氏家藏”“聽雨樓查氏有圻珍賞圖書”“海原閣藏”“宋存書室”“世德雀環，子孫潔白”“東郡楊氏鑑藏金石書畫印”“瀛海僊班”“東郡楊紹和彦合珍藏”“楊紹和藏書”“彦合珍玩”“臣紹和印”“保彝私印”“十二宋硯齋”“楊承訓印”“海源殘閣”“周暹”等，毛晋、徐乾學、查有圻、海源閣、周叔弢舊藏。國圖（8615）。《名録一》（01254）。

現存最早詞集爲敦煌石室《雲謡集雜曲子》，次即《花間集》。《花間集》爲晚唐五代詞選集，由後蜀趙崇祚編輯，其人生平事蹟不詳。據歐陽炯《花間集序》，此書成於後蜀廣政三年（940），當時趙崇祚爲衛尉少卿。五代十國六十年中，前蜀王氏、後蜀孟氏割據蜀中，無戰事之擾，沉湎於歌舞伎樂，曲子詞因之盛行。《花間集》爲當時供歌伎伶人演唱的曲詞選本，至南宋再度刊印時，其功能更趨文學化，成爲一種吟誦的範本。該書收録了晚唐到五代時期牛希濟、歐陽炯、和凝、顧夐等十八人詞作共五百首，分爲十卷，每卷五十首。其内容多描述女性生活、男女情愛及裝飾容貌等，歌詠旅愁閨怨、合歡離恨，文辭華麗，故稱“花間”。《四庫總目》卷一九九著録是書時稱：“詩餘體變自唐，而盛行於五代，自宋以後，體制益繁，選録益衆。而泝源星宿，當以此集爲最古。唐末名家詞曲，俱賴以僅存。”《花間集》的出現，標誌着文人詞派——“花間詞派”的形成，在中國古代詞曲發展史和文學史上占據着重要地位。

《花間集》在宋至少有三刻，現存兩刻。其一，宋紹興十八年（1148）建康郡齋刻本，今藏國圖（4979）。其二，此本卷末有紹興十八年晁謙之刻書跋，云：“建康舊有本，比得往年例卷，猶載郡將、監、司、僚幕之行，有《六朝實録》與《花間集》之贐，又他處本皆訛舛，迺是正而復刊，聊以存舊事云。”故亦簡稱晁本。宋刻淳熙十一年、十二年鄂州公文紙印本，即此本。其三，北宋刻本，今已不存。《楹書隅録》卷五著録宋刻淳熙十一年、十二年鄂州公文紙印本，曰：“此本爲宋淳熙十四年丁未鄂州使庫所刊，板印精良，其紙則皆鄂州使庫公文册也。《花間》一集爲詞家之祖，斯刻則又是《集》之祖也。溫庭筠以下十八人，凡詞五百首，與《直齋解題》所言合。”周叔弢《楹書隅録》批注曰“字體古拙，或是北宋，白紙，印不精”。《自莊嚴堪善本書目》《北京圖書館古籍善本書目》題宋刻遞修公文紙印本，不題具體刊印時地。但楊紹和以爲“宋淳熙十四年丁未鄂州使庫所刊”，頗有疑義。李一氓曰：“鄂本，淳熙十一、十二年册子紙印，這是在今武昌（鄂州）刊印的。從用淳熙册子紙來説，可以是淳熙以前的（假定北宋的）刊版，以後纔用淳熙册子紙來印的；印的時候必須等到這種册子已經失去時效，變成了作廢檔案以後纔行。這就是説北宋刊板，南宋印刷。但更可以是淳熙以後的刊板，把過了時的淳熙册子紙翻過來印的。假如是北宋刊板，爲甚麽不用比淳熙更早的作廢了的檔案紙？因此不能判定其必爲北宋刊版。其次就衹好看刊版的風格了。照原書的刊板的行格（每行十七、十八字不等）與字體來看，都已經比較草率了，應該認爲是南宋的。但楊紹和於《楹書隅録》中著録此書時，逕稱爲‘宋淳熙十四年丁未鄂州使庫所刊板’，則完全是臆定的。王鵬運寫四印齋覆刻本的跋時，也僅説‘此本其刻於鄂州乎？’連刊刻地方都出以謹慎懷疑的態度，怎麽可以因爲用了淳熙十一、十二年的册子紙，就把刊刻時間定在‘十四年’，刊者定爲‘鄂州使庫’？這個本子是南宋淳熙十二年以後在鄂州刷印的，但時間不能臆定爲‘十四年’，刊者不能臆定爲‘使庫’。楊氏又稱‘卷一前四葉，卷十後三葉及歐陽序、陸游二跋均佚，毛氏抄補極工’。此本是否被汲古閣藏過，關係不大，而現藏本上却衹有‘徐’‘查’‘楊’‘周’四家藏印，没有毛氏藏印。楊氏説後來把毛氏三印丟失了，殊不可信。何以毛鈐印不在抄補的叙葉上，第一卷第一葉上，下册的第六卷第一葉上，而僅鈐在全書尾葉？尤其是説毛氏把陸游兩跋抄補在這個本子上，就更加荒唐了。鄂本和陸游跋本肯定是毫無干涉的兩個本子，主要在文字上有極大的差别。又按陸跋在開禧元年，遲淳熙十二年之久，若謂印刷時用二十年前之册子紙，道理上説不通。這對楊氏淳熙十四年刊板之説，更自陷於矛盾了。”① 繆荃孫亦云：“册紙皆鄂州

① 《校後記——關於〈花間集〉的板本源流》，《花間集校注》卷末，人民文學出版社，1958年。

公文，此板其刻於鄂州乎？”① 又《中國版刻圖録》著録曰：“前人因定此書爲淳熙間鄂州公使庫刻本，恐不確。此書原版疑刻於北宋末，中雜南宋補版。刻工余岩、吴永年、李浩等，他書亦無徵。”余岩又見於宋嘉定間建寧郡齋刻本《西漢會要》，吴永年又見於南宋初覆刻北宋監本《史記集解》，其他刻工如陳彦又見於宋刻遞修本《禮記》《史記》及《唐百家詩選》等，這些刻工均爲南宋刻工。刻於何時、何地不好定奪，但題宋刻淳熙十一年、十二年鄂州公文紙印本，當無疑義。

又，《楹書隅録》卷五著録曰：“卷一前四葉、卷十後三葉及歐陽炯序、陸游二跋均佚，毛氏鈔補極工。惟卷尾三葉及子晋三印，辛酉之秋遭亂復失。世鮮宋槧，無由補寫，致可惜也。”據其著録，原書曾爲汲古閣毛氏所藏，且爲陸游跋本，沈曾植《海日樓題跋》卷一載紹興本“宋刻《花間集》跋”，云：“《花間集》，汲古所刻省精，其祖本今在聊城楊氏，四印齋影刻於京師，三百年間，與汲古閣後先輝映，不可謂非詞苑盛事也。”《汲古閣珍藏秘本書目》著録“北宋板花間集四本”，未知是否此本。楊保彝於《楹書隅録》卷五又題曰：“光緒乙酉（1885）十月重加手裝，鳳阿記。”此本或經楊保彝改裝爲二册？又，《汲古閣珍藏秘本書目》尚著録抄本一部，曰：“花間集二本，南宋板精抄”，其底本不知何本。然李一氓跋頗疑是否真爲毛氏所藏，按李氏推測，抑或楊氏誤記？因爲據陸游跋本刊印的汲古閣本與海源閣藏本差異很大，兩本非同源顯然，這一點李一氓所跋已清楚交代。如果此本不是汲古閣刻本的陸游跋底本，而且楊紹和没有誤記，那很有可能爲後人移録陸跋。

既然鄂本與晁本非一系統，其存在價值自然有之。首先，文字校勘上，紹興本略勝，如鄂本卷七首行頂格題“花間集卷第六”，“六”字實爲“七”。但此本亦有勝處，其他明清諸本較遜。如卷二溫庭筠《遐方怨》其二“花半坼”，晁本、毛氏汲古閣本、明萬曆八年（1580）茅氏靈霞山居翻刻正德本均作“折”，“坼”訓開，訓裂，“折”字當非。本卷《訴衷情》“蝶交飛”句，晁本、鄂本、毛本均作“蝶”，而正德本作“燕”，誤；茅本、湯顯祖本從之；萬曆三十年（1602）玄覽齋本、明末

① 宋刻鄂州本《花間集》跋，《藝風堂文集》卷七，清光緒二十六年江陰繆荃孫刻本。

雪艷亭活字本將“蝶”作“暗”，尤誤。韋莊《浣溪沙》其三“山月斜”，茅本、玄本、湯本、雪本等均作“三月斜”，非。就現代點校本而言，如李誼《花間集註釋》卷九首“魏太尉承斑”之“斑”，題目、正文中此字均誤作“班”，鄂本不誤，等等。其次，該本係用淳熙十一、十二年册子紙印行，其紙背官銜計有江夏縣丞、鄂州司户參軍二官，監酒稅者二，監拜斛場者二，監公使庫者一，監大江渡者一，監豬羊欄者一，监本津關發收稅者一，凡十人，這些都成爲考證宋代職官的重要史料，清四印齋本王鵬運跋對其有所考證，可供參考，文繁不録。再次，鄂本誅筆校語，爲紹興本等諸本所無。第四，該本爲孤本，其文物價值不可忽略。該本和紹興本是近現代乃至當今校注本的必備底本或參校本。光緒十九年（1893），臨桂王鵬運向楊保彝借刊此本，收入《四印齋所刻詞》中。民國二十五年（1936）《四部備要》本即據四印齋本收録。民國間中國書店亦影印四印齋本，《中華再造善本》亦收録。

據藏印可知，此書首爲徐乾學收藏，然其《傳是樓宋元本書目》未有著録。次爲鹽商查有圻購之。有圻字小山，浙江海寧人，乾隆中宦居京師，襲先世業，家既巨富，性復奢侈，京師人稱之“三膘子”，喜好收集硯石。《新世説》卷七載其豪奢事蹟云：“一生取精用宏，不下數百萬，飲食供張，視何曾、石崇不啻倍蓰。喜蓄硯，石資溫潤，琢磨精工，銘刻皆前代名人。雖真贋參半，要以物聚所好，又不惜重價，積數十年，選其尤者百方，裝潢藏弆，所費累巨萬矣。晚年家落，一日取所藏硯資千金，遍歷歌臺舞榭，金盡矣，歸入門，思贖硯無期，悲極號咷，既而曰：‘千古之能散財者，當以查小山爲第一人。’復縱聲狂笑不止。查敬禮名士，聞張船山太守詩名，延爲上客。張醉後，時詈之，不以爲侮。每送新詩一卷，輒餽五百金爲潤筆資。”① 由此書可知，查氏不僅藏硯，尚藏宋元佳槧。“水西莊”乃查氏後人藏書處。據《楹書隅録》卷五著録“咸豐己未獲於都門，水西莊故物也”。即楊紹和於咸豐九年（1859）購於京都，此後傳於其子楊保彝，楊保彝重裝并於題記下鈐有“保彝私印”“十二宋硯齋”及“海原閣藏”，其中“十二宋硯齋”

① 易宗夔撰：《新世説》卷七《汰侈》條，周駿富編輯：《清代傳記叢刊》，臺北明文書局，1985年影印民國刻本。

朱文方印爲此書所僅見。保彝傳之嗣子楊敬夫，後售於周叔弢，《弢翁藏書年譜》第 83 頁載 1934 年 12 月“從楊敬夫處借閲宋本《花間集》，取與是書的清光緒間四印齋影刻宋鄂州本對勘一過”，又第 49 頁載周叔弢於 1935 年 3 月購得。1952 年，弢翁將其捐獻於北京圖書館。

又，《中國版刻圖録》著録紹興十八年建康郡齋本曰：“紹興十年晁謙跋文：《花間集》建康舊有刻本，往年郡將監司僚幕之行，有《六朝實録》與《花間集》之贐，因復刊以存舊事。案《六朝實録》疑即《建康實録》，今《建康實録》建康郡齋本久佚，《花間集》僅存此帙。《景定建康志・文籍志・書版門》《花間集》一百七十七版，疑即此本。此本連序跋目録僅得一百二十五版，《建康志》所記，疑有誤字。刻工周清、章旼、毛仙、于洋又刻江東漕司本《後漢書》，章旼、黄祥又刻當塗本郭祥正《青山集》，此三書皆南宋初年南京地區官版，故刻工多同。此書紙墨瑩潔，字體娟秀，在宋版書中别具風格。”自晁謙之跋可知，是書自此之前已有刻本，或在北宋，亦刊於建康。又稱“舊有”云云，則此本當據之重刊於建康郡齋。此本流傳最廣，有明正德十六年（1521）陸元大覆刻本（國圖藏），校正建康本諸多訛誤，故明清均有翻刻。明萬曆八年（1580）茅氏靈霞山房翻刻正德本（國圖藏），此本又有明溫博補輯二卷，音釋二卷，故又獨成系統；以茅氏本爲底本翻刻者，有萬曆三十年玄覽齋本（上圖藏）、天啓四年（1624）鍾人傑刻本、明末雪艷亭活字本。至清代，有光緒十四年邵武《徐氏叢書》翻刻正德本；民國間，有 1914 年吴昌綬《雙照樓叢書》影刻正德本。《四部叢刊》所收爲玄覽齋刻本。

《讀書敏求記》卷四之下著録一部“宋槧本”，曰：“《花間集》十卷。趙崇祚集唐末才士長短句，歐陽炯爲之弁言，可繼孝穆《玉臺》序文。紹興十八年濟陽晁謙之刊正，題於後。鏤板精好，楮墨絕佳，宋槧本中之最難得者也。”《述古堂書目》《也是園書目》亦著録。《天禄琳琅書目續編》卷七著録一函二册一部，曰：“前有蜀廣政三年武德軍節度判官歐陽炯叙。後有紹興十八年晁謙之跋……蓋南宋重雕本。”天禄本今藏國圖，實爲明正德十六年陸元大刻本，至於錢曾著録本是否真宋本，亦頗有疑，因爲今藏國圖本并無錢氏藏印。1955 年文學古籍出版社據建康本影印。《中華再造善本》收録。

至於北宋本，尤袤《遂初堂書目》著録“唐花間集”，或許爲北宋本。紹興間建康本之晁謙之跋稱“建康舊有本”，亦極有可能是北宋本，并與《六朝實録》一起作爲來往官吏的餽贈禮品，可見當時此本之流行，今存紹興間建康本即以此“舊有本”爲底本刊印，并參校“他處本”。《汲古閣珍藏秘本書目》著録一部，曰“北宋板花間集四本”，未知是否指以上兩本。南渡初年，朝廷廢教坊，施行樂禁達十六年之久，晁謙之刊本刻於紹興十八年（1148），此時樂禁剛開放六年，樂禁時自然不會有刊印此書之舉。故而，晁氏刊本的底本必刻梓在北宋。而且，從現存兩宋本及毛本來看，文字、編排等均有差異，假如這三個本子的底本均爲北宋刊梓，那麼北宋時似乎就不止一本。晁跋中有“他處本”，刊本中亦有“一本”云云，故在北宋當非一本明矣。詞在北宋尚屬“詩餘”，其流傳場合更多是坊間，而刊印此書的也自然是坊間。但坊刻往往訛誤較多，爲人所棄，故流傳不廣。晁氏重刊此書，也是因“他處本皆訛舛，乃是正而復刊”。

此外，汲古閣毛氏曾翻刻帶有開禧元年（1205）陸游兩跋的宋本（《四庫全書》本即據毛本收録）。毛晋跋曰：“余家藏宋刻，前有歐陽炯序，後有陸放翁二跋，真完璧也。”毛氏未言其北宋、南宋本。陸游兩跋并未言及刊梓之事，僅爲讀書雜感，如其一曰：“花間集，皆唐五代時人作。方斯時，天下岌岌可危，生民救死不暇，士大夫乃流宕至此。可嘆哉！或者，出於無聊故耶！笠澤翁書。”故此本定刊於所跋時間之前，抑或北宋末？如是北宋槧，或爲《汲古閣珍藏秘本書目》著録者。尤袤、陸游同爲“南宋四大家”，又同爲南宋初期人，所著録及所跋者定爲南宋初期以前刊本。《直齋書録解題》著録一部“……放翁陸務觀之言云爾”，蓋即毛本之底本。但後人多以爲毛本底本即爲南宋刻本，值得商榷。李一氓曾對校毛本與晁本、鄂本，發現“與晁本、鄂本均有不同，但接近鄂本。它的好處是目録完備。雖然刊刻較晚，明末，但比起其它萬曆、天啓本子來，還算是規矩的，没有亂分卷帙，臆改字句之處”（《關於花間集的板本源流》）。此本當有别於兩種現存宋刻本，或獨立成一系統然需考解。

參考文獻：

李冰若：《花間集評注》，上海開明書店，1935 年。

華鍾彦：《花間集注》，商務印書館，1938 年；中州書畫社，1983 年。

李一氓：《花間集校・校後記——關於花間集的板本源流》，人民文學出版社，1958 年，1981 年再版。

李誼：《花間集註釋》，四川文藝出版社，1986 年。

陳紅彦：《花間集補》，遼寧教育出版社，1998 年。

李冬紅：《〈花間集〉版本變化與接受態度》，《中國韻文學刊》2006 年第 2 期。

三十六、東坡樂府二卷

宋蘇軾撰。元延祐七年（1320）葉曾南阜書堂刻本，二册。清黄丕烈跋。卷首有葉曾刊書序，曰："今之長短句，古三百篇之遺旨也。自風雅𣿅散，流为鄭衛侈靡之音，不能復古之淳厚久矣。東坡先生以文名于世，吟詠之餘，乐章數百篇，樂而不淫，哀而不傷，真得六義之體。觀其含意吐詞，非涉學窺測。好事者或爲之註釋，中間穿鑿甚多，爲識者所誚。舊板湮没已久，□有家藏善本，再三校正一新，刻梓以求流布。先生文章之光焰，復盛於明時，不亦幸乎！延祐庚申正月望日，括蒼雲深葉曾刻于雲間南阜書堂。"次爲東坡樂府目録。上卷首行頂格題"東坡樂府卷上"，次行低五格題"眉山蘇軾子瞻"，第三行低三格題名"水龍吟"，第四行頂格連屬正文。18.4×11.6 厘米，首序五行十字，手書上版，正文十行十八字，左右雙邊，白口，單魚尾。魚尾下題"坡上（或下）"，下題葉次。鈐印"竹塢"、"辛夷館印"、"玉蘭堂"、"竹塢"、"梅溪精舍"、"古吴王氏"、"石上題詩掃緑苔"、"振宜之印"、"滄葦"、"季振宜藏書"（季氏三印皆爲墨印）、"乾學"、"徐健庵"、"歙鮑氏知不足齋藏書"、"鮑以文藏書記"、"知不足齋藏書"、"顧廣圻印"、"顧澗薲藏書"、"思適齋"、"老堯"、"曾藏汪閬源家"、"楊氏海源閣藏"、"海源閣藏書"、"宋存書室"、"四經四史之齋"、"以增之印"、"紹和筑岩"、"東郡楊二"、"楊紹和藏書"、"聊城楊氏三世庋藏"、"楊保彝印"、"楊承訓印"、"海源殘閣"、"半塘老人"、"佑遐"、"王鵬運"、"周暹"等，文徵明、王寵、季振宜、徐乾學、鮑廷博、顧廣圻、黄丕烈、汪士鐘、海源閣、周叔弢舊藏。國圖（08620）。《名録一》（01248）。

蘇軾是宋代豪放派詞的代表。蘇詞在中國詞史上有非常特殊、非常重要的地位，它突破了詞爲豔科、僅供娱賓遣興的傳統藩籬，使其從花間、樽前走向社會、人生，大大豐富了詞的表現内容。同時，也使詞風從婉約走向豪放。劉辰翁評價蘇軾詞“詞至東坡，傾蕩磊落，如詩如文，如天地奇觀”（《辛稼軒詞》序）。趙萬里云：“東坡天才横溢，熱情奔放。其詞於抒情寫景外，有時發點議論，以散文句法入詞，别開生面。宋人謂坡詞乃曲子内縛不住者。又謂坡詞絶去筆墨畦徑，直造古今不到處，即指此等處。此本（指延祐本）詞題清俊隱秀，自然典雅，較曾本（曾慥刊本，見下）有很大不同。并世不乏知音，當能鑒我言也。”① 文學史上則把蘇詞與辛詞并稱“蘇辛”。

蘇詞自南宋以來，多以集外單行。陳振孫《直齋書録解題》、馬端臨《文獻通考·經籍考》均著録《東坡詞》二卷；《宋史·藝文志》著録《蘇軾詞》一卷，似均屬單行本。可惜書已失傳，其内容體例不得而知。現存白文坡詞可知者，曾慥輯《東坡先生長短句》二卷、拾遺一卷，《增訂四庫簡明目録標注》邵章續録題爲四卷，誤。曾慥本刊行於紹興二十一年（1151），今以抄本存世，黄丕烈舊藏毛晋汲古閣影宋抄本《東坡拾遺詞》後録有曾慥跋語，云：“《東坡先生長短句》既鏤板，復得張賓老所編，并載於蜀本者悉收之。江山麗秀之句，樽俎戲劇之詞，搜羅幾盡矣。傳之無窮，想像豪放風流之不可及也。紹興辛未孟冬，至游居士曾慥題。”可知曾慥刊本之前，已有張賓老本、蜀本等，曾慥原刊《東坡先生長短句》後，又得此兩本所未載者，復輯成拾遺一卷。明代吴訥所編《唐宋名賢百家詞》收録《東坡詞》二卷又拾遺一卷，係忠實抄録宋曾慥輯刊，按調編次不分類。吴訥編成《百家詞》後，似未及刊行，僅以抄本傳世。今存抄本凡兩部，一是天一閣抄本，其中第五十一種爲《東坡長短句》（收在該書第二十三册），其卷上收東坡詞一百四十首，卷下收一百五十七首；又東坡拾遺詞收四十首，中有誤入及重收者十一首，共收三百二十七首，存天津圖書館。二是明紫芝漫鈔本，原爲李盛鐸藏書，版心下記“紫芝漫鈔”四字。毛扆以朱筆通體校過，今藏國圖。1940 年，林大椿據吴訥編《唐宋名賢百家詞》校訂，由香港商務印書館排印出版，《東坡詞》編入第二册中。

---

① 趙萬里：《元延祐刻〈東坡樂府〉跋》，《東坡樂府》卷末，古典文學社，1957 年影印。

至元延祐七年，葉曾於松江刊《東坡樂府》二卷，即此本。全書按詞調編次，同調彙刻，上卷凡四十一調，收詞一百一十五首，下卷共二十七調，收詞一百六十六首，共二百八十一首。松江古稱雲間，即今上海松江，據《〔康熙〕松江府志》卷十八“官署志”記載：“元初立府，即縣爲治。越十六年甲午，知府强之翰撤而新之。大德癸丑嗣政周維惠遷譙樓於外。”葉曾，括蒼（今屬浙江麗水）人，生卒事蹟不詳。南阜書堂當爲其開設於松江的書坊。《中國版刻圖録》云：“元延祐七年葉曾刻於雲間南阜書室，雲間即今松江。《東坡詞》南宋初有蜀人曾慥輯本，收入吴訥《四朝名賢詞》。此本詞題清俊隱秀，自然典雅，較曾本有很大不同。毛氏汲古閣本《東坡詞》小注中所稱元本，即指此本。”周叔弢《楹書隅録》批注云：“白紙初印，似宋刻，白口，左右雙邊，黄氏原匣”，“白紙精。”《自莊嚴堪善本書目》《北京圖書館善本書目》均著録爲元延祐七年葉曾南阜書堂刻本。《楹書隅録》卷五著録爲元本。趙萬里跋 1957 年古典文學出版社影印本曰“爲今日所見坡詞最古刻本”“治坡詞者，自當以球璧視之矣”。葉德輝《書林清話》卷七《元刻書之勝於宋刻》云“元延祐庚申葉曾南阜書堂刻本《東坡樂府》，勝於宋紹興辛未曾糙刻本也。”《讀書敏求記》卷四之下云：“《東坡樂府》刻於延祐庚申，舊藏注釋宋本，穿鑿蕪陋，殊不足觀，棄彼留此可也。”趙萬里進一步坐實此論，其跋云：“所謂注釋宋本，實指宋人傅幹注坡詞，其書十二卷，《直齋書録解題》誤作二卷。二十年前，余於上海徐積餘先生處得見新鈔本，從范氏天一閣藏明鈔本傳録，注釋淺陋，誠有如遵王所譏者。”此本作爲現存最早的孤本，不僅可以校勘現存蘇詞其他刊本，亦成爲一些影印本必須之底本、整理本之底本與校本。

對校曾慥本與延祐本，收詩確有互異不同之篇，延祐本比曾慥本《東坡長短句》二卷多十首（比傅幹《注坡詞》多九首），延祐本無拾遺詞一卷。葉曾序云“舊板湮没已久，□有家藏善本，再三校正一新，刻梓以求流布”。此未言所采底本，故是否參用曾慥本實難斷定。趙萬里頗疑延祐本原有拾遺詞一卷，後“年久失去”。明焦竑編《東坡先生詩餘》所采底本爲曾慥本，毛氏汲古閣《宋名家詞》所收《東坡詞》所采底本爲焦本。毛本似參用延祐本校過，但失之疏忽，以此可見延祐本與曾慥本之價值。趙萬里跋影印延祐本有詳考，於版本考證頗資參考，故録之於此，曰："此本分上下卷，但後無拾遺詞。余疑此本原亦有拾遺詞。何以知之？考毛氏汲古閣刻本《東坡詞》，凡毛氏注'元刻逸'或'元刻不載'諸作，如《好事近》'煙外倚危樓'一闋，《玉樓春》'元宵似是歡游好'等三闋……此本均未收，知毛氏所謂元本當即此本。曾編拾遺詞四十一首，毛本除《江城子》'南來飛燕北歸鴻'一闋係秦淮海作不復出外，其餘四十首毛氏散編各調下，均未注明'元本逸'或'元本不載'。可見毛氏所見元本，當有此拾遺四十一首，而此本則因年久失去，固非不可能也。細檢毛氏所據元本，間有與此本則不符處，如《虞美人》'歸心正似三春草'一闋，毛本題云'元刻述懷'。案：此本無'述懷'二字，與毛舉元刻不同。又《江城子》'鳳凰山下雨初晴'一闋，毛本題云'元刻江景'。案：此本題作'湖上與張先同賦'，曾慥本則作'江景'。凡此疑皆毛氏刊書時校訂疏漏，未據元本覆勘之故，似非毛氏所據元本如此。""吾人據此本校毛本，據朱孝臧先生統計，除去《浣溪沙》'風壓輕雲貼水飛'一闋係李後主詞不重出外，此本有而毛本無者得《減字木蘭花》等八闋，此本無而毛本有者得《浪淘沙》等五十九闋。如此參差不齊，蓋亦有因。毛本所據之底本，據毛晋自跋，原出金陵本子。案：此金陵本子，疑即焦竑所編《東坡二妙集》本。焦本《東坡先生詩餘》原出曾慥本，更益以某本（此本現已失傳，疑是宋元時坊本），按調名類次混合編成。凡毛本有此本無者五十九闋，除《浣溪沙》'晚菊花前斂翠蛾'一闋，《永遇樂》'天末山横'一闋外，皆備於焦本，文字亦幾全同。此本有毛本無者八闋，則不見於焦本，可見焦氏實未見此本。毛氏編刊時，未將此本細細對看，僅於少數詞調下，記明'元本逸'或'元本失載'字樣，以自詡其本之善。其他異同，未遑從事比勘，疏誤百出，與毛刻他書情況正同。由此觀之，此本與曾慥本實爲傳世坡詞兩個最重要的本子。"

明抄本《東坡樂府》二卷，今僅存下卷一册。十行十八字，左右雙邊，白口，上下雙魚尾。鈐有"楝亭曹氏藏書"、"吴江凌氏藏書"、"凌淦字麗生一字礪生"、"學部圖書之印"滿漢合璧朱文大方印、"京師圖書館收藏之印"及繆氏藏書印，可知此書遞經曹寅、凌淦、清學部圖書館、北平圖書館甲庫、京師圖書館收藏。至抗日戰爭爆發後，戰局動蕩，包括此本在内的善本書籍先後運往天津、南京、上海保存。1940

年，太平洋戰爭爆發，王重民等從上海精選善本，將其運往美國國會圖書館，1965年又轉運臺灣"中央圖書館"，1985年移交臺北"故宫博物院"收藏至今。此本歷來著録爲影宋抄本，如繆荃孫《清學部圖書館善本書目》著録爲"摹宋本"，邵章《增訂四庫簡目標注續録》著有"影宋抄本《東坡樂府》二卷本"，亦即此本。臺灣《"中央圖書館"善本書目》和《"國立中央圖書館"典藏國立北平圖書館善本書目》亦均著録爲"影宋鈔本"，國家圖書館藏微縮膠捲，亦定爲"影宋抄本"。《中國善本書提要》詞集類著録爲"明抄本"，云："按《楹書隅録》卷五有黄丕烈舊藏元延祐庚申刻本，行款與此本相同，未知此本即從延祐本出否?"王重民因未能以延祐本校對抄本，所以雖疑出自延祐本，但終未敢確定。曹樹銘《東坡詞·東坡詞籍著録》亦未定論。專研蘇軾著作版本的劉尚榮詳勘兩本後云："今經仔細核對，方知諸家書目著録均謬，曹樹銘推測亦有誤。此書并非影宋抄本，而是據元延祐刊本《東坡樂府》影寫的。故其内容與編次、行款與版式，一如元刊，甚至連誤字、缺字情况都完全一致。因此這部明抄本《東坡樂府》應著録爲'摹元本'或'影元鈔本'。"（《蘇軾詞集版本綜述》）至此，終於真相大白。此外，上圖尚藏有一清抄本，王鵬運校。

光緒十四年（1888）春，王鵬運從海源閣第三世主人楊保彝處借到元延祐本《東坡樂府》和元大德本《稼軒長短句》兩種，經初校及江寧端木埰（子疇）復校後，重雕出版，收入《四印齋所刻詞》中。王鵬運於此本首序中談及借刊經過："光緒戊子春，鳳阿同年聞余有縮刻《稼軒長短句》之役，復出此册假我，遂借鈔合刻。中間字句間有訛奪與缺筆、敬避及不合六書字體者，悉仍其舊，略存影寫之意。文忠詩文傳刻極夥，《倚聲》一集，獨少別本單行，且蘇辛本屬并稱，而二書蹤跡始并見於季滄葦《延令書目》中，繼復同歸黄氏士禮居、汪氏藝芸書舍。余復從楊氏海源閣假刻以行。三百年來合并如故，洵乎藝林佳話。而鳳阿善與人同之量，亦良足多矣。越月刊成，志其緣起如此。"是年初夏，許玉瑑《蘇辛詞合刻叙》亦云："……暇日公宴，幼霞同年討論群籍，偶及《倚聲》。因出元延祐《東坡樂府》及大德信州本《稼軒長短句》二種，蓋即士禮居藏弆者。予嘗爲幼霞序《雙白詞》，遂慫恿借鈔合刻，以廣其傳。鏤板既成，乃命爲序。"此本卷首除葉曾原序及黄丕烈題識外，增刻許玉瑑序及王鵬運識語。王氏雖言“略存影寫之意”，實爲重雕縮印。《四印齋所刻詞》之蘇辛詞目録後均題有“臨桂王氏四印齋刻梓家塾”，知此兩種爲王氏家塾刻本。《東坡樂府》於卷上目録下題“重雕元延祐雲間本”，十行十八字，左右雙邊，白口，單黑魚尾，魚尾下題“東坡樂府上（下）”，次下題葉數，次下題“四印齋”。兩書行款版式均同原刻本，兩書版框相同，高廣均爲 13.4×9.5 厘米。但元本《稼軒長短句》版框高廣爲 22.7×16.5 厘米，元本《東坡樂府》爲 18.4×11.6 厘米，因而四印齋重刻本比起原刻本來又縮小了不少。王氏重刻本《花間集》（原海源閣舊藏）版式爲十行十七字，四周單邊，白口，單黑魚尾，魚尾下記“花間集卷幾”，次下題葉數。版框高廣爲 16×11.4 厘米。行款與版口均同原刻，但邊欄不同，原刻爲左右雙邊，版框原刻爲 16.2×11.8 厘米，亦比原刻稍小。王氏翻刻三種由於是縮刻，故宋版原貌頓失不少，趙萬里云：“雖行款未易，而原書面貌，不可復見。”① 但由於王氏校勘精審，其實用學術價值頗大，故其後多有據王本者。民國間中國書店據之影印。民國十五年（1926）中華書局出版由林大椿校輯的《東坡樂府》排印本，其底本爲四印齋本。元本雖然是按詞調編次，但亦成爲按年代編次的底本。清末民初，朱祖謀爲之編年校訂，輯爲《東坡樂府》二卷、《補遺》一卷，清宣統二年（1910）石印出版。民國十一年（1922）編入《彊邨叢書》，民國十七年（1928）上海商務印書館又排印出版，1960 年，臺北廣文書局影印排印本。朱本之底本亦是四印齋本，間取毛晋《宋六十名家詞本》之《東坡詞》等。龍榆生在此基礎上，撰成《東坡樂府箋》（商務印書館 1936 年初版，1958 年修訂重刊）。該書《後記》云：“曩從上虞羅子經先生假得南陵徐氏藏舊抄傅幹《注坡詞》殘本，取校毛氏汲古閣本、王氏四印齋影元延祐本、朱氏《彊邨叢書》編年本，時有勝義。而所注典實，多不標出原書，因爲博稽羣籍，更依朱本編年，作爲此箋，以便讀者。”民國二十六年（1937）上海商務印書館排印的唐圭璋《全宋詞》本，依朱本刪補得三百四十四首。1968 年由香港萬有圖書公司出版的曹樹銘校編本

① 趙萬里：《東坡樂府》跋，《元延祐刻〈東坡樂府〉跋》，《東坡樂府》卷末，古典文學社，1957 年影印。

《東坡詞》則以龍榆生本爲底本，并參校他本。這些校箋本均直接或間接地將四印齋本用作底本或參校本。

1957年，上海古典文學出版社縮印延祐本，與元本《稼軒長短句》合成五册一函發行，首册即《東坡樂府》，亦有單行本，印數較多。但遺漏藏印很多，再加縮印，故已失原貌。趙萬里撰跋，詳考此本與《東坡詞》之版刻關係源流，頗資參考。1979年5月，上海古籍出版社出版陳允吉點校本，即以此縮印本爲底本，其《出版説明》云："元延祐七年葉曾雲間南阜草堂刻本《東坡樂府》是今存蘇詞最早的刻本，一九五七年，古典文學出版社曾予影印出版。這次我們請復旦大學陳允吉同志用影印元刊本作底本，并以《宋六十名家詞》《四印齋所刻詞》及《彊邨叢書》等書中所收《東坡樂詞》作校，標點整理出版。"但葉曾跋、黄丕烈跋及趙萬里跋均未移録。1982年，臺北木鐸出版社重版陳允吉校本。鑒於古典文學社影印本之不類，1959年2月，中華書局上海編輯所又據延祐本原大影印，并附趙萬里跋。1959年6月，又重印一次。1975年，臺灣世界書局又據中華書局本影印，收入《中國詞學叢書》中。2004年，四川大學古籍所據延祐本影印，《宋集珍本叢刊》第二十册收録。2005年，中華再造善本工程據延祐本原大朱墨影印出版，此本最能保留原本面貌。

《讀書敏求記》卷四之下著録元延祐刻本，但是否即此本，并無確證，趙萬里疑錢曾藏本即此本，其跋影印本道："錢遵王所藏延祐庚申刻本與毛晋據校之元本，余疑皆即此本。此本前有'季振宜藏書'一印，知曾入《延令書目》。遵王晚年斥所藏宋元本及鈔本書，歸諸季氏，此書疑亦隨同出售。又遵王與隱湖毛氏往還甚密，毛晋父子嘗從遵王假讀，亦固其所。或疑此本前後無遵王印記，謂非遵王藏本。案：遵王藏書未鈐印即斥售者，數不在少，如脈望館鈔本《古今雜劇》亦無遵王印記，由此可知。明末迄今，年逾三紀，一脈相承，僅見此本。"季振宜《季滄葦藏書目·延令宋板書目》載"東坡樂府上下二卷，宋板"。徐乾學《傳是樓宋元板書目》"天字下格"載"東坡樂府上下卷，一本"，當均爲此本。此書自傳是樓散出後，黄丕烈雖手頭拮據，仍以三十金購得。黄丕烈跋云："近年無力購書，遇宋元刻又不忍釋手，必典質借貸而購之……今秋，顧千里自黎川歸，余訪之城南思適齋，千里曰：'聞子欲賣詞，余反有一詞欲子買之。’余曰：‘此必宋刻矣。’千里曰：‘非宋刻，却勝于宋刻。昔錢遵王已云宋刻殊不足觀，則元本信亦可寶。’請觀之，則延祐庚申刻《東坡樂府》也。其時需值卅金，余以囊澀未及購取。後思余欲去詞，《辛詞》本欲留存，且蘇、辛本爲并稱，合之實爲雙璧。因檢書一二種，售諸友人……復益以日本刻《簡齋集》，如前需數，而交易始成。”其後爲汪士鐘所得，《藝芸書舍宋元本書目》元本類載《東坡詞》二卷。此本未鈐有楊以增印，而有其子楊紹和之印，蓋爲紹和後收。《楹書隅録》卷五著録。1934 年 8 月，楊敬夫將此本與元大德三年（1299）廣信書院刻本《稼軒長短句》一起售與周叔弢，弢翁得兩書後遂各取書名首字以名其室曰“東稼草堂”，并請劉希淹治白文方印。1952 年，弢翁將其捐獻給北京圖書館。

參考文獻：

趙萬里：《元延祐刻〈東坡樂府〉跋》，古典文學出版社影印，1957 年。

曹樹銘：《東坡詞·東坡詞籍著録》，香港萬有圖書公司，1968 年。

王景鴻：《蘇東坡著述版本考（上、下）》，《書目季刊》1969 年 4 卷 2 期、1970 年 4 卷 3 期。

劉尚榮：《蘇軾詞集版本綜述》，《蘇軾著作版本論叢》，巴蜀書社，1988 年。

唐玲玲：《〈東坡樂府〉研究》，巴蜀書社，1993 年。

曾棗莊：《南宋蘇軾著述刊刻考略》，《三蘇研究》，巴蜀書社，1999 年。

陳紅彦：《元刻〈東坡樂府〉》，《人民日報（海外版）》2007 年 3 月 26 日第 8 版。

秦華英：《王鵬運〈四印齋所刻詞〉底本考識》，《圖書館研究與工作》2010 年第 4 期。

三十七、稼軒長短句十二卷

宋辛棄疾撰。元大德三年（1299）廣信書院刻本，四册。清黄丕烈、顧廣圻跋，清陶梁、瞿中溶、汪鳴鑾、王鵬運、許玉瑑題款。原書缺三葉，顧廣圻據黄丕烈藏毛氏汲古閣抄本，檢原書所有之字集而補抄卷四第十六葉，卷六第十葉，卷十一第四、五合一葉。卷十二尾題前鎸有“大德己亥中，吕月刊畢于廣信書院，後學孫粹然同職張公俊”二行，卷一第一葉版心下鎸“信鉛暢叔仁刊”六字。卷首有目録，首卷首行頂格題“稼軒長短句卷之一”，次行低三格題“哨遍”，第三行低四格題“秋水觀”，第四行正文頂格。22.7×16.5厘米，九行十六字，白口，左右雙邊，雙黑魚尾。上魚尾上題字數，下題“稼軒詞幾”，下魚尾上題葉數，下間題刻工：祝、周。鈐印“袁氏魚叔”“袁魚叔收藏”“夢鯉”“袁魚叔”“碧雲居”“道行仙”“朱之赤”“朱之赤鑒賞”“朱臥菴所藏印”“黄丕烈印”“書魔”“蕘圃”“廣圻審定”“澗蘋”“汪士鐘讀書”“曾藏汪閬源家”“鏡汀書畫記”“汪澂別號鏡汀圖章”“澂印”“東郡楊氏鑑藏金石書畫印”“禄易書，千萬值。小胥抄，良友詒。閣主人，清白吏。讀曾經，學何事。愧蠹魚，未食字。遺子孫，承此志”“宋存書室”“四經四史之齋”“以增之印”“至堂”“楊紹和讀過”“紹和筑岩”“彦合”“紹和彦合”“秘閣校理”“楊承訓印”“半塘老人”“鵬運”“王鵬運”“周暹”等，袁魚叔、朱之赤、黄丕烈、汪士鐘、汪澂、海源閣、周叔弢舊藏。國圖（08625）。《名録一》（01252）。

辛棄疾（1140—1207），南宋詞人，字幼安，號稼軒，歷城（今山東濟南）人。一生力主抗金，創作了大量與此有關的詩、詞、文作品，而以詞成就最大。其詞抒寫力圖恢復國家統一的愛國熱情，傾訴壯志難酬的悲憤，對南宋上層統治者的屈辱投降頗多譴責；亦有不少吟詠祖國河山的作品。題材廣泛，又善化用前人典故入詞。風格多樣，而以豪放爲主。慷慨悲壯，筆力雄厚，與蘇軾并稱爲“蘇辛”。今存詞六百二十九首，數量爲宋人詞之冠。《四庫全書總目提要》云：“其詞慷慨縱横，有不可一世之概，於倚聲家爲變調，而異軍突起，能於剪紅刻翠之外，屹然别立一宗。”吴衡照《蓮子居詞話》云：“辛稼軒别開天地，横絕古今，論、孟、詩小序、左氏春秋、南華、離騷、史、漢、世説、選學、李、杜詩，拉雜運用，彌見其筆力之峭。”《宋史》卷四百一《辛棄疾傳》云：“棄疾雅善長短句，悲壯激烈，有《稼軒集》行世。”

辛詞在宋代即已有多種版本，主要爲四卷本和十二卷本兩種，其他尚有長沙一卷本及全集本。一卷本即《直齋》著録者。據辛更儒《稼軒詞版本源流再探索》考證，稼軒詞全集本或即劉克莊《後村先生大全集》中著録者，其《後村先生大全集》卷一百七十六《詩話·後集》云“上饒所刊辛集有詞無詩，惜無好事者搜訪補足之。”而其後的信州本很可能淵源於這個全集本。1991 年，鄧廣銘於修訂本《稼軒詞編年箋注·增訂三版題記》曰：“細考這個版本（指廣信本）的淵源，知其必出自曾任京西南路提刑的稼軒嗣子所編定、由稼軒之孫辛肅請求劉克莊寫了序文，嗣即在上饒予以刊行的那部衹收詞而不收詩的《辛稼軒集》。既是如此，則凡收録於廣信書院本中的全部辛詞，自不至有贋品羼入；而其中對同調各詞的編置次第，對於辛詞的編年也具有極大的參考價值。”關於十二卷本，《宋史·藝文志》著録“辛棄疾長短句十二卷”，《直齋書録解題》卷二十一記載：“稼軒詞一卷。寶謨閣待制濟南辛棄疾幼安撰，信州本十二卷，卷視長沙爲多。”信州今屬江西上饒，蓋所指同爲信州刻本。信州本今已不傳，元大德三年鉛山廣信書院刻本，當即覆刻宋信州本。大德本首葉版心下題“信鉛暢叔仁刊”，“信鉛”蓋即信州鉛山之簡稱。辛棄疾南渡後，居鉛山、上饒兩地時間最久，并於開禧三年（1207）卒於鉛山。大德本淵源於信州本，信州本或出於《全集》本。卒地後人多次刊梓逝者作品以祭奠乃順理成章。大德本“范廓之”之“廓”字，作“先”字，“廓”字乃寧宗帝諱，可見，大德本在覆刊時忘記將避諱改過，也成爲覆刻信州本的證據。同時，“廓”字之避諱，也説明信州本一定刊於寧宗之後。該集中收有辛棄疾“丁卯八月病中作”的《洞仙歌》，該詞作後不滿一月，辛棄疾即去世

（宋寧宗趙擴開禧三年）。故可推斷十二卷本是辛棄疾去世之後編成的，故清代王鵬運在校刻《稼軒詞·記》中也說："《稼軒詞》向以信州十二卷本爲足本。"此本共收五百七十二首。趙萬里於此刻考之甚詳，云："稼軒南渡後，居鉛山、上饒最久，開禧三年卒於鉛山。鉛山期思渡有稼軒書院，原名瓢泉書院，乃稼軒故居。又上饒城北靈山門外有帶湖書院，淳熙間稼軒讀書於此，後燬於火，乃遷於鉛山之期思渡。此云廣信書院，疑即鉛山之稼軒書院。鉛山、上饒，宋時俱屬信州，信州刊印《稼軒詞》，自不足異。此本酬和贈送范先之詞前後共十首，四卷本中八首俱作廓之，餘二首題中不著姓名。案：范先之原名當作廓之。四卷本刊於宋寧宗趙擴即位前，故用本名。信州本則刊於寧宗朝，或已在稼軒身後，故刊時避寧宗諱嫌名，改廓之爲先之。《劉後村大全集》卷九十八有《辛稼軒集序》，序中盛稱其詞'横絶六合，掃空萬古，穠纖綿密，不在小晏、秦朗下'。是宋時辛集詩文外必兼載其詞。又稱'公嗣子故京西憲□欲以序見屬，未遣書而卒，其子肅具言先志，始述其梗概'。知稼軒卒後，其子裔曾刊行其集。疑信州本《稼軒詞》即據當時集本別行，或即其集之一部分。時移代遠，今已無從質言矣。""此本卷一第一葉版心下方有'信鉛暢叔仁刊'六字，'信鉛'者，宋時信州鉛山縣之簡稱。元至元二十九年升鉛山縣爲州，直隸江浙行省。此云'信鉛'，蓋仍前朝舊稱。""此本刻工體勢純乎元人風格，筆墨飛舞，如龍蛇際空，捉摸不定。在元刊書中，可稱別開生面之作。"黄丕烈跋是本云："是書舊刻，純乎元人松雪翁書。"又張訒庵跋校元本云："大德刊本，大字行書，流麗娟秀，如松雪翁體。"（今藏國圖）全書以行書寫刻上版，字畫圓潤秀麗，疏朗悦目，乃元代精品。元代所刻精善之本多出自書院，當時主持書院的山長多爲著名學者，他們親自校勘，再加上學田收入可作爲刻書經費保障，故書院刻書大都質量很高，從此書之精善可得領略。

此本與四卷本在編次上不同，且文字亦有異。關於《稼軒詞》四卷本，《文獻通考·經籍考》著録，現存世者有兩部，一爲吴訥《四朝名賢詞》本，今藏津圖（Z95）；一爲毛氏汲古閣影宋抄本，今藏國圖（07866）。毛抄十行十八字，趙萬里跋云"疑從宋時臨安陳氏經籍鋪刻本録出"。抄本"廓"字不諱，説明刊印或在寧宗之前。四卷本基本上保持了宋本的原貌，但丙丁二集所甄采未如甲乙二集精嚴，時有劣誤；收词除去自身重復，共得詞四百二十七首，較十二卷本少一百餘首，亦有二十首爲十二卷本所無。編次上，四卷本以撰作先後爲序，十二卷本則以詞調長短爲序，長調在先，短調在後。鄧廣銘於《書諸家跋四卷本稼軒詞後》曰："十二卷本編次體例頗精嚴，稍涉輕儇或拙濫之作，尚多擯而不録，更無論於贋鼎矣。"鄧氏曾對兩本有過比對，其《書諸家跋四卷稼軒詞後》云："十二卷本之題語及詞中字句，多經後來改定之處，改動後之字句大都較勝於四卷本，則當是稼軒晚歲所手訂者。然見於詞題中之辛氏友朋，其名姓、字號、官爵等亦間有通各卷各闋而悉改從一律者：如與傅先之唱和諸作，大多以'提舉'相稱，而傅氏曾充知縣，曾任通判，曾領漕事，各詞實不盡作於其充提舉之後；又如與徐衡仲唱和之作，其以'撫幹'相稱者，亦未必均作於徐氏充福建安撫司幹官之後。凡此等處，四卷本均一仍原作時所著之稱謂而未改。吾人於千載之下而欲對其各詞作年稍加鉤考，此實爲極好之資據。"當然，毛抄本亦有勝處，鄧氏跋曰："汲古閣影抄四卷本之精，由涵芬樓新印本所附《校記》及夏敬觀、張元濟《跋文》中已可概見。其餘勝處，梁啓超亦已言之綦詳。"夏敬觀有跋（附録《增訂本稼軒詞編年箋注》）已詳，文繁不録。鄧氏之《增訂本稼軒詞編年箋注》之校記更詳，可參見。兩本互校，可證勝遜。故兩本亦成爲整理辛詞的必備之本。

此本作爲辛詞存世最早刻本，學者頗爲重視，常作底本及校勘他本之用。清光緒十四年（1888），王鵬運自海源閣第三世主人楊保彝處借出大德本縮刻出版，收録《四印齋所刻詞》中。清吴重熹石蓮庵輯入《山左人詞》中，光緒二十七年刊於金陵，所據底本爲四印齋本。抄本中，明晋安謝肇淛小草齋烏絲欄影寫元大德本，今藏臺北"國家圖書館"。民國間陶湘涉園影刻小草齋抄本，收録《景刊宋金元明本詞·續編》中。1961 年，中華書局影印陶湘涉園影刻小草齋抄本，同年，由中國書店合輯、影印的《影刊宋金元明本詞五十種》第三函第十八、十九册亦載有小草齋抄本《稼軒長短句》十二卷。

1957 年，上海古典文學出版社曾據海源閣藏本《東坡樂府》和《稼軒長短句》縮印出版，并將兩集合裝爲五册一函發行，亦有單行本。趙萬里爲兩集撰寫了題跋，考訂兩集與其他詞刊本的源流和相互關係，甚爲詳切。縮印本缺點是諸家藏書印漏收頗多，對考訂版刻源流不利，因是縮版，原版面貌不見。但印數較多，流傳廣。鑒於文學社影印之缺憾，中華書局上海編輯所於 1959 年 2 月又據北圖所藏海源閣藏本原大照相影印兩集，黄丕烈題識及諸家藏書印亦悉照原樣，書後附録趙萬里 1957 年跋。1959 年 6 月此兩書又重印一次，印數頗多，各大圖書館均有收藏。由於中華書局影印效果甚好，臺灣世界書局據其底本影印，於 1959 年印行的《中國詞學叢書》收入兩集，但世界書局本主要是在臺灣地區發行，大陸少見。1974 年，上海書畫社（朵雲軒）又以大德本爲底本，覆刻行世。大德本於 1934 年冬爲藏書家周叔弢自楊敬夫處購得，弢翁先後四次爲其題識，詳記行款、印章、版刻情况等，弢翁於《〈楹書隅録〉批校》該目下題云："元刻中甲觀。大字寬行，行楷古雅，黄紙，黄氏原匣，上黑綫口，下白口。"弢翁曾於 1934 年 8 月購得海源閣藏元本《東坡樂府》，得兩集後他將自己的藏書室命名爲"東稼草堂"，可見弢翁對這兩部書的喜愛。1952 年，弢翁將兩書捐獻給北京圖書館。時隔二十二年後，上海書畫社又將此本以木刻影印出版，刻印十分精美。弢翁買了一部，并在一封家書中說："昨見木刻《稼軒詞》，名爲仿元，實是自成一格，寫刻殊佳。我眼饞，竟費二十八元買了一部。"① 遂又寫信給當時的上海圖書館館長顧廷龍先生，詳細詢問了書手刻工姓名，并寫成題記，記在書上，以示表彰。題識云："雕版印刷是我國流通書籍所用之傳統方法。始於隋唐，盛於趙宋，元明以降至清末而漸衰。辛亥革命以後，南北藏書家曾提倡仿宋元，其他諸書仍沿用横細直粗所謂宋體字，不脱劉文奎、劉文模之規模。今見此書秀麗精美，直欲上繼康熙時揚州詩局之遺風，不禁驚喜。惜仍承襲輕視勞動人民之舊習，不著書手刻工姓名。因函詢顧君起潛，請示其詳。旋得復書，録示書手刻工姓名，并告我刻書原委。上海書畫社前身是朵雲軒，曾感木刻書籍之技術已將告絶，因訪求老工人并招集知識青年加以訓練，數年之久，乃有此成績。後因主其事者以無利可圖，遂解散此機構。中國雕版一綫之傳不得復蘇，殊可惋惜。兹録書手刻工姓名於書

① 轉引自李國慶編著《弢翁藏書年譜》，黄山書社，2000 年，第 210 頁。

端，以彰其藝術之精湛，後之讀是書者或不以我爲多事而笑我也。一九八零年三月弢翁記，時年九十。書手：李成勛。刻工：羅旭浩、古曉堤、王健偉、徐敏、褚家琦、顧惠華、李華、古春琴、戎英、金青雲、祝君波、矛子良。修字：周樹根。拉綫：夏宏泰。”① 由於現代出版技術的發達，傳統雕印已經消失，《稼軒長短句》的雕印出版有着特殊的意義。

此本也是後人編纂蘇辛詞的最爲常用的底本。元大德信州本《稼軒長短句》十二卷，中華書局 1927 年出版了由林大椿校點的該本排印本。林大椿跋曰：“以元刻爲主，取毛氏汲古閣本互校。”1975 年，上海人民出版社又出版了由陳允吉點校的現代點校本，其卷首《出版説明》云：“辛棄疾的詞數量較多，現僅存六百多首，元大德年間廣信書院刊印的《稼軒長短句》是辛詞中較爲完備的一個本子……現以大德本爲底本，同涵芬樓影印汲古閣影抄四卷本《稼軒詞》等進行對校……”其他如由俞樟華校注的嶽麓書社 2005 年版《稼軒詞注》，由徐漢明編校的長江文藝出版社 1990 年版《稼軒集》等亦將其作爲底本。

明末汲古閣刻《宋六十名家詞》之《稼軒詞》雖并爲四卷，而編次與信州本同，文字謬誤亦與嘉靖本多合，衹是删去了李濂序及批點，實據嘉靖本覆刻。《四庫全書》本即據汲古閣本收録，《四庫總目提要》卷一百九十八云：“此本爲毛晋所刻，亦爲四卷，而其總目又注原本十二卷，殆即就信州本而合併之歟？其集舊多譌異，如二卷内《丑奴兒近》一闋，前半是本調，殘闕不全，自‘飛流萬壑’以下，則全首係《洞仙歌》。蓋因《洞仙歌》五闋即在此調之後，舊本遂誤割第一首以補前詞之闕，而五闋之《洞仙歌》遂止存其四。近萬樹《詞律》中，辨之甚明，此本尚未及訂正。其中‘歎輕衫帽幾許紅塵’句，據其文義，‘帽’字上尚有一脱字，樹亦未經勘及，斯足證‘掃葉’之喻矣。今并詳爲勘定，其必不可通而無別本可證者，則姑從闕疑之義焉。”館臣未見元本，故無由校勘。王鵬運以元本校過毛本，其《校刻稼軒詞記》曰：“光緒丁亥九月，從楊鳳阿同年假元大德信州書院十二卷本，校毛刻一過。按毛本實出元刻，特體例既別，又并十二卷爲四，爲不同耳。元本所缺三

---

① 周珏良：《我父親和書》，《文獻》第 21 輯，1984 年 6 月。

葉，毛皆漏刻，又無端奪去《新荷葉》《朝中措》各一闋。尤可笑者，元本第六卷缺處，《丑奴兒近》後半適於《洞仙歌》'飛流萬壑'一首相接，毛遂牽連書之，幾似《丑奴兒近》有三疊，令人無從句讀。又《鵲橋仙》壽詞'長貼在兒兒額上'句，校者妄書'下兒字當作孫'，爲顧澗薲、黄蕘圃所嗤，毛刻於此正改作'兒孫'，是以確知其出於此也。中間訛奪，觸處皆是。"元本《四部備要》排印本據光緒十四年錢塘汪氏重刻汲古閣本收録。

此外，宋代信州本曾傳至明代李濂手中，明嘉靖十五年（1536）王詔於開封翻刻《稼軒長短句》十二卷本，嘉靖二十四年何孟倫亦曾翻刻，名曰《辛稼軒詞》十二卷，兩本均出於宋信州本，前者由李濂批點，李濂在《批點稼軒長短句》序中云："余家藏《稼軒長短句》十二卷，蓋信州舊本也。"其"歸田多暇，稍加評點"，而"開封貳郡歷城王侯詔讀而愛之……'請壽諸梓，願惠一言以爲觀者先'。"應王詔之請，李濂將自己評點的《稼軒長短句》交與王詔，在開封校刊重刻，并寫序一篇。王詔刻本，今藏國圖，其中一部有張訒菴居士跋，云："黄蕘翁所藏大德刊本，大字行書，劉麗娟秀，如松雪翁體，以卷數考之，當出於信州本。此嘉靖歷城王詔刊本，似即出於元本，以元本所闕三葉，此本皆同也。惟中間每多訛謬不合，或因流傳抄寫，妄有改竄歟？今借黄氏元本一一校正補闕，有可疑者，則兩存之，亦成一善本矣。"今核對大德本與此本，所缺正合，抑或原宋信州本亦缺三葉歟？然又有所不同，或大德本有所校改？此兩部明本，刊印不精，訛誤亦多，以大德本校正，是正良多。

此本入明曾爲袁夢鯉所藏。夢鯉（1527—1588），字孔趨，一字化徵，號魚叔。明代蘇州名門望族袁氏六俊（表、褧、衮、褒、袠、裘）之一袁裘長子，自幼從學伯父袁袠，經史百家融會貫通，十五歲入蘇州府學生，不久補增廣生。曾赴試，不第。遂於桃花塢中辟建種植，吟詠其間。收聚書籍、古玩，把玩貯藏，終其一生。藏書室曰涵碧軒，一曰碧雲居。清初爲蘇州朱之赤收藏。之赤，字守吾，號臥庵，別署煙雲逸叟。祖籍安徽休寧，遷居江蘇吴縣。入清後，爲南京朝天宫道士。學問淵博，通天文術數。喜收藏書畫，并精於鑒别。早年曾向葉奕、毛扆商討藏書及版本，宋槧元抄充棟，其法書名畫及名人手稿本多精品。葉奕、毛扆均曾訪其藏書處，見其床榻亂書一堆，殘帙中有完整圖書一册，乃是影宋精抄本《西崑酬唱集》。其藏書處有“臥庵”“水鏡堂”“留耕草堂”“二知齋”等。藏書印有“朱之赤印”“朱之赤鑒藏”“三天鏑吏”“寒士精神”“休寧朱之赤珍藏圖書”“安貧樂道”“守吾過眼”“擇木亭印”“正氣堂狂奴”“煙雲逸史”“臥庵道士”“水鏡堂居士”“休寧千秋里人”等幾十枚。嘉慶時，爲黄丕烈所得，此本卷首有嘉慶四年（1799）黄丕烈跋，曰：“余素不解詞，而所藏宋元諸名家詞獨富。如《汲古閣珍藏秘本書目》所載原稿皆在焉。然皆精鈔舊鈔，而無有宋元槧本。頃從郡故家得此元刻《稼軒詞》，而歎其珍秘無匹也。《稼軒詞》卷帙多寡不同，以此十二卷者爲最善，毛氏亦從此鈔出（丁案：此非，毛氏影抄乃從宋本四卷本出），惜其行款體例有不同耳。澗薲據毛鈔以增補闕葉，非憑空撰出者可比，而《洞僊歌》中缺一字，鈔本亦無，因以墨釘識之。其十一卷中四之五一葉，亦即是卷七之八一葉之例，非文有脱落而故强就之也。是書得此補足，幾還舊觀。至于是書精刻，純乎元人松雪翁書，而俗子不知，妄爲描寫，可謂浮雲之污。甚至强作解事，校改原文，如卷十中《爲人慶八十席上戲作》有云：‘人間八十最風流，長貼在兒兒額上。’校者云：‘下兒字當作孫。’澗薲以爲兒兒或是家奴之稱，二語之意；當以八字作眉字解。如此則改兒爲孫，豈不大可笑乎。本擬滅此幾字，恐損古書，故凡遇俗手描寫處，皆不滅其痕，後之明眼人當自領之。”當時顧廣圻館於黄丕烈家，書中原缺三葉，顧氏據黄丕烈藏毛氏汲古閣抄本補足。期間好友陶梁、瞿中溶皆得寓目。此本自黄氏手中散出，爲汪士鐘所得，《藝芸書舍宋元本書目》著録“《辛稼軒長短句》十二卷，元刻本”即此。此本鈐有海源閣第一世主人楊以增之印，可見，當爲其首藏，傳至第三世楊保彝時，光緒九年秋，好友汪鳴鑾曾登閣觀書，并借出以飽眼福，兩年後歸還。四年後，王鵬運、許玉瑑同觀此書，并借之縮刻入《四印齋所刻詞》。1934 年，楊敬夫售與周叔弢，後捐北京圖書館。《續修四庫》、《宋集珍本叢刊》第 64 册、《中華再造善本》均收録。

參考文獻：

范開：《稼軒詞序》，鄧廣銘：《增訂本稼軒詞編年箋注》，上海古籍出版社，2007 年。

劉克莊：《辛稼軒集序》，同上。

鄧廣銘：《書諸家跋四卷稼軒詞後》，同上。

梁啓超：《跋四卷本稼軒詞・跋稼軒集外詞》，同上。

王鵬運：《校刻稼軒詞記》，《稼軒長短句》卷末，光緒十四年四印齋縮刻本。

冀淑英：《元大德三年廣信書院刻本〈稼軒長短句〉》，《冀淑英文集》，北京圖書館出版社，2004 年。

陳紅彦：《稼軒長短句》，《人民日報（海外版）》2005 年 10 月 28 日第 7 版。

徐漢明：《辛棄疾詩詞版本研究》，《華中理工大學學報（社會科學版）》2000 年第 2 期。

辛更儒：《稼軒詞版本源流再探索》，《中國典籍與文化》2005 年第 3 期。

徐漢明：《稼軒詞版本簡介》，《齊魯學刊》1986 年第 4 期。

鄧廣銘：《治史叢稿》，北京大學出版社，2010 年。

吴則虞：《稼軒詞版本考》，《辛棄疾選集・附録三》，上海古籍出版社，1999 年。

三十八、脩辭鑑衡二卷

元王構撰。元至順四年（1333）集慶路儒學刻本，二册，缺卷一第五、六葉，卷中有墨釘十六處二十一字，出處以墨豎者代之者五處。卷中有朱筆標點，卷頭有校字。卷首有王理序，云："……監察御史東平劉君起宗，始以歲貢山東廉訪司，爲其書吏，居濟南；故翰林承旨王文肅公爲濟南總管，固其鄉先生也，君以諸生事之。文肅教之爲文，出書一編，即此書也！劉君愛之不忘，俾刻之。理命李君晋仲、李君伯羽校之，厘正其次叙，論詩爲首，文爲後，四六以附，凡一百九十餘條，俾學者知其難焉，因命儒學正戚君子實掌板，鄭楙刻之于集慶路學。至順四年七月望日，文林郎、江南諸道行御史臺監察御史，王理叙。"下附刻墨印兩方"王理""伯循"。首卷論詩，次卷論文。首卷首行頂格題"脩辭鑑衡卷之一"，次行頂格題"詩"，第三行正文頂格；卷二首行亦頂格題"脩辭鑑衡卷之一"，而次行頂格則題"文"。19.9×14 厘米，十行二十字，左右雙邊，白口，雙魚尾。上魚尾下題"文法一（或二）"，下魚尾上題葉次。鈐印"安樂堂藏書記""海源閣藏書""東郡宋存書室珍藏""宋存書室""楊氏鑑藏金石書畫印""東郡楊紹和字彦合藏書之印""臣紹和印""彦合珍玩""上海圖書館藏"等，清怡府、海源閣、上海市文物保管委員會舊藏。上圖（762616—17）。

王構（1245—1310），字肯堂，號野安，東平人。《元史》本傳云："構少穎悟，風度凝厚，學問該博，文章典雅。弱冠以詞賦中選，爲東平行臺掌書記。"至元十一年（1274）授翰林編修。宋亡，被旨至杭取回兩宋圖籍禮器儀仗。累升治書侍御史，改翰林侍講，兼任經筵。大德元年（1297），擢翰林學士，修世祖實録。二年，參議中書省事，七年，以疾歸。九年，復起爲濟南總管。武宗立（1308），拜翰林學士承旨，復修兩朝實録。至大三年（1310）卒，歸葬於東平祖塋瓠山之原。追贈大司徒魯國公，謚文肅。時與袁桷有交，袁氏《清容居士集》載有《翰林學士承旨贈大司徒魯國王文肅公墓誌銘》《王承旨畫像贊》《翰林承旨王公請謚狀》《祭王瓠山承旨》等，交代事蹟行實頗多，《元史》亦有本傳。構能詩能文，有《文集》三十卷藏於家，今佚。於作文之法頗有心得，撰《脩辭鑑衡》二卷。其他作品散見於元蘇天爵編《元文類》、清顧嗣立編《元詩選癸集》等，《全元文》《全元詩》均載。

王構任濟南總管時，將此書授予門人劉宗起，劉"愛之不忘，俾刻之"。於是時任監察御史的王理命李晋仲、李伯羽厘正次序，戚子實刻版，鄭楙刊印於集慶路（今南京市）儒學。集慶路屬江浙等處行中書省，至元十四年升建康路，天曆二年（1329）改爲集慶路，所轄南京長江以南及西南地區，經濟富饒，文化發達，於元初中葉刊印多種，如元大德間刻本《五代史記》《玉篇》，至正間刻本《樂府詩集》《金陵新志》《樂書》等，此本亦其中之一。今著録爲元槧者有三，其中一部存疑：首爲上圖藏本，保存完好，品相較好，初刻。其次爲臺灣"國家圖書館"藏本（14823），間有殘缺，悉以墨筆描摹補入，經比對書影，實與上圖本同刻，首有王理序，第五、六葉不缺，但刷印較晚，筆劃變粗。原爲來青閣楊氏舊藏。再次，2004年秋季中國嘉德國際拍賣有限公司拍賣藏本，題元至順四年集慶路集儒學鄭楙刊本，原從海外流入。但經比對書影，與上圖藏本不同，筆劃差異較大，不如上圖本清整勁秀；此本王理叙後有豎格，兩印間距較近，而拍賣本則無豎格，兩印間距較遠，且印字筆劃亦稍異；又此爲四周雙邊，與元本左右雙邊、上下單邊不同。當爲翻刻本。傅增湘曾經眼并收藏一部，《藏園訂補郘亭知見傳本書目》卷十六下著録，《藏園群書經眼録》卷十九又著録曰："明翻元至順集慶路刊本，十行二十字，黑口，四周雙闌，版心上魚尾下題'文法'二字。前有江南諸道御史臺監察御史王理序。按：此書各家著録皆鈔本，舊刻本至爲罕覯，余乙卯遂得之蘇州來青閣，蓋天一閣佚出者也。"從著録看，拍賣本與傅氏著録本當爲同刻。另外，傅氏曾於1917年在京都琉璃廠書肆文德堂見一元至順四年刻本，《經眼録》卷十九著録此本，以傅氏之鑒力，兩本比對，當不會有誤。或來青閣楊氏曾經手兩部，一元本，即今藏臺圖者，葉德輝曾借出影寫一部；一明翻元本，即傅氏購藏者，或今嘉德拍賣本。

《脩辭鑑衡》是中國歷史上第一部以“脩辭”題書名的著作，“鑑衡”即爲寫作詩文的語言運用提供借鑒和衡量的標準。通過采集宋人詩話、雜文、筆記等有關詩文創作的脩辭學資料彙編成書，條分縷析，按内容編排，以脩辭、寫作的術語名題繫文。内容包括詩歌之起源與演變、風格、體制、作詩原則與方法，用事、形式、因襲、轉易、佈置含蓄、奪胎換骨、説情、説事、寫物、紀事等，以及文的體制及作文之法等，可以説將脩辭學的基本理論及寫作的基本規律和方法都涵蓋進去了。從每段標題來看，其文學創作主張重視立意、强調風骨、反對雕琢，尊黄庭堅詩派。王理在《序》中明確該書之用：“所以教爲文與詩之術也。”可見，王構編此書有明確的目的。陳望道云：“最初用脩辭這個熟語正名本學的，却是元代的王構（肯堂），他曾著有《脩辭鑑衡》一書，雖不甚精，似乎還是可以算作脩辭書的濫觴。”① 王構本人“學問該博，文章典雅”，但不知爲何，此書僅在下卷末收録其“夏英公”一條。

關於其文獻價值，《四庫全書總目提要》卷一百九十六著録此書云：“上卷論詩，下卷論文，皆采宋人詩話及文集、説部爲之。構所附論者，惟下卷結語一條而已。所録雖多習見之語，而去取頗爲精核。《元史》稱構：弱冠以詞賦中選，至元十一年，爲翰林國史院編修，草伐宋詔書，爲世祖所賞。又稱：構練習臺閣故事，凡祖宗謚議、册文，皆所撰定。又稱：其子士熙、士點皆能以文學世其家。則構在當時實以文章名世，宜是編所録具有鑒裁矣。其中所引，如《詩文發源》《詩憲》《蒲氏漫齋録》之類，今皆亡佚不傳，賴此書存其一二。又世傳吕氏《童蒙訓》，非其全帙，此書所采凡三十一條，皆今本所未載，亦頗足以資考證。較《詩話總龜》之類浩博而傷猥雜者，實爲勝之，固談藝家之指南也。此書久無刊本，傳寫多訛。而卷中不著書名者凡十條，又上卷佚其第五頁，序文僅存末頁，中亦時有闕字。今檢其可考者補之，其無可考者則姑仍原本，以存其舊焉。”葉德輝跋《麗廔叢書》本曰：“然則此書非僅論詩論文，沾溉後學，而宋人不傳之書亦藉以存留，是固不可不亟

---

① 《脩辭學發凡》，上海教育出版社，1997 年，第 15 頁。

爲傳録者也。”從引書來看，通觀全書，引説凡二百零一條，其中不著出處者八條，出處著墨者四條，通計引書四十六種。引書現僅存節本、殘本或輯佚本者有《王直方詩話》《潛溪詩眼》《李希聲詩話》《古今詩話》《童蒙訓》《藝苑雌黄》《詩憲》《吕氏雜記》《泊宅編》《步里客談》等，如所引《童蒙訓》三十四條，現存宋刻三卷本皆無。今不存者有《古今類總詩話》《蒲氏漫録齋》《周小隱詩話》《孫氏《詩譜》》《麗澤文説》《朱景文雜誌》《南昌文集》等，如所引《麗澤文説》有八條，今考宋吕祖謙門人編《麗澤論説集録》，并無此八條。而《麗澤論説集録》皆雜録吕祖謙之説，其内容爲《易説》二卷、《詩説拾遺》一卷、《周禮説》一卷、《禮記説》一卷、《孟子説》一卷、《史説》一卷、《雜説》二卷，并無《文説》。即便引書已存者，亦常有補缺或異文，頗資參考。如《鑑衡》卷一“詩去陳腐，不可奇怪，不可難解”條，見今存宋蜀本《韻語陽秋》（上圖藏）卷一首條，首句“謝朝華之已披，起夕秀於未振”之“起”字，《鑑衡》作“啓”，此句出自陸機《文賦》，本作“啓”；本條蘇軾跋李端叔詩卷“暫借好詩消永夜，每逢佳處輙參禪”之“夜”字，《鑑衡》及《叢書集成初編》排印本（據《指海》本）均作“日”，此詩首句“玉堂清冷不成眠”，“夜”對“眠”，甚合，言“日”者實誤；本條“乃渾然天成”之“乃”字，《鑑衡》作“所謂”。《鑑衡》卷一“五言第三字七言第五字并要響”末條，引《韻語陽秋》云：“老杜‘飛星過水白，落月動沙虚’，是鍊中間第三字；‘地坼江帆隱，天清木葉聞’，是鍊末後一字。《酧李都督早春》詩云：‘紅入桃花嫩，青歸柳葉新’，是鍊第二字；若非‘入’與‘歸’二字，則與兒童詩何異。”《歷代詩話》所收《韻語陽秋》亦未收，與宋蜀本亦有異文，首句“中間第三字”，宋本作“中間一字”；第三句“是鍊第二字”，宋本脱去。如上者不勝枚舉，以此可見此本之文獻校勘價值。

該書另一元槧本爲臺圖所藏，卷首有至順四年七月望日文林郎、江南諸道行御史臺、監察御史王理叙，卷上第五、六葉不缺。鈐印“延古堂李氏珍藏”“壽祺經眼”“國禎私印”。楊壽祺即書肆來青閣主人。葉德輝跋《鑑衡》影元寫本曰：“浙中天一閣書散出，余從坊友楊來青閣借鈔之，凡半月而鈔畢。時丙辰十二月小除夕也。此半月中，十日嚴寒冰雪，墨池凍合，以罏火炙硯，筆又堅腹，惟末後五日天氣晴和，差不窘手耳。故老云此二十年來未見之光景，以余驗之，殆亦北京近四五年所未有。然卒能寫畢，字畫間不見有涷墨痕，亦可知余鈔書之樂矣。”丙辰即 1916 年，即葉德輝曾於此年十二月中旬從來青閣借出影抄，故知在此之前曾存於楊壽祺處待售。1917 年傅增湘曾經眼於京都琉璃廠書肆文德堂韓逢源處，《藏園群書經眼録》卷十九著録曰“丁巳歲文德堂見”，可知此書此時已由來青閣轉歸文德堂。海源閣藏本自同治間楊紹和收藏以後，直至 1949 年散出，期間一直爲楊氏收藏，從未現於世間。故傅氏經眼者必非海源閣藏本。據以上梳理，可知臺圖本原爲天一閣舊藏，散出後歸入李之郇延古堂，民國間先後爲楊壽祺、韓逢源收藏，最後爲史學家謝國楨所有。李之郇，清藏書家。字伯雨，號蓮隱，安徽宣城人。同治初年（1862）游於京師，官兵部武選司郎中。家富藏書，晚年其藏書散後，多被丁氏八千卷樓收藏。其後，傅增湘、羅振常亦有收藏。建有藏書樓“佞漢齋”“江城如畫樓”“瞿硎石室”等，藏書印有“宣城李氏瞿硎石室圖書記”“宛陵李之郇藏書印”“佞漢齋藏宋元槧經籍記”“李伯雨校定”“江城如畫樓”“行行萬里”“伯雨手校”“延古堂李氏珍藏”等。

此書刊印不多。明代所刊或即翻元至顺四年本，即傅增湘經眼本，今不知去向。至清中葉，道光二十二年（1842）錢熙祚守山閣校刊《指海叢書》，《鑑衡》收爲第十一集中，首有《四庫提要》，無王理序，缺第五、六葉，與《四庫》本所缺同，經魏王妙櫻校勘，實以《四庫》本爲底本，《四庫》本卷首有王理殘序，則《指海》本未收録。1937 至 1939 年，《叢書集成初編》收録排印本，書前附題“本館據《指海》本排印，初編各叢書僅有此本”字樣，故《集成》本首亦有《四庫提要》，而缺王理序及卷上第五、六葉。1918、1935 年，葉德輝輯《麗廔叢書》（第八册）、《郋園叢書》（第一百三十三册）均收録其中，而底本則爲影寫元本，影元寫本之底本即今藏臺圖者。《麗廔叢書》本卷末附有葉氏跋（《郋園藏書志》卷十六亦載），該跋交代借抄原委，見上引葉跋。

抄本存世者現知有七部。其一，《四庫全書》底本，原爲文淵閣校理、翰林院編修汪汝藻家藏本，此本今存北京大學圖書館。文淵閣《四庫》抄録本，今存臺北“故宫博物院”；文津閣《四庫》抄録本，今藏國圖。此《四庫》本序僅保留末葉，正文首卷缺第五、六葉。可見汪氏藏本之底本或即上圖藏元本。其二，静嘉堂文庫藏有陸心源舊藏本，《静嘉堂文庫漢籍分類目録》集部詩文評類載“《脩辭鑑衡》元王構撰寫（影元），十八函十一架”。《静嘉堂秘笈志》卷四十九著録爲影元抄一本。《皕宋樓藏書志》卷一百十八題爲“二卷”“舊鈔本”，并移録王理序、黄丕烈跋。黄跋曰：“王文定公《脩詞鑑衡》，見《絳雲樓書目·文説類》，不載卷數。錢竹汀《補元史·藝文志·文史類》云二卷。頃郡城賜書樓□散出，中有是書舊鈔，今審定影元鈔本，擬購之，而苦其索直昂，業置不復問矣。後因論他書，直未之定，必得番餅□□金，余遂檢此，而□其數，往反再四，交易始諧。蓋他書或名人手校及手録，或影宋精鈔，皆爲世所通行之書，唯此行世希有。《四庫》雖收，讀其《提要》，語序文缺第一葉，以致始受書於王公之劉某不知其名，且云缺第五葉。今劉起宗之名固在，而□義都全，此本居然全本矣。二卷之説，細玩□，原作卷一，而後添爲上下者。卷之結尾，卷之下無次第，展視紙本，有補綴痕，或尚不止此。然案□□所之，無（丁案：《蕘圃藏書題識》作“其”字）次敘，論詩爲首，文爲後，□附，凡一百九十餘條，今本無一失者，是可無疑其缺失也。書之希有，而不敢交臂失者以此。王謚文肅，錢舊云，文定者誤耳。重陽前五日，復翁燒燭書。”（《蕘圃藏書題識》所載略同）據葉德輝跋影元槧本云“黄丕烈《士禮居藏書題跋記》有舊鈔本，無缺葉。其書後歸湖州陸氏皕宋樓，陸氏後人盡以藏書售於日本，今不可復見矣”。兩本當爲同一帙。又案黄跋，陸氏藏本王理序全，亦不缺葉，所據底本當爲元槧全本，或即臺圖藏本。其三，葉德輝影寫元槧本，今藏北京師範大學圖書館。此本不缺第五、六葉，實以楊壽祺、臺圖藏本爲底本抄出，由葉德輝於丙辰（1916）六月抄寫於北京，亦見上引葉德輝跋《鑑衡》影元寫本。該本扉頁有陰文“葉德輝煥彬用藏閲書”及朱文“觀古堂印”，末有葉德輝、楊圻兩跋。據跋，該本校勘蓋分兩次，一爲墨筆，葉氏所爲；二爲朱筆，蓋爲楊圻所爲。《四庫》本亦有校勘，但仍有失校或校錯之處，此本則不僅校之《四庫》本，尚對其失校之處加以補校，對《四庫》已校之處，又有不同之處。此本是一部校勘價值極高的本子，其校勘成果被其後來的《麗廔叢書》本原樣保留下來。其四，國圖藏抄本，一册（106550）。其五，國圖藏本，題明抄本（05424），清黄丕烈跋。其六，中國書店 2011 年秋季書刊資料拍賣會拍賣傅增湘影寫本，封面墨筆書“脩辭鑑衡藏園影寫元刊本”十一字，依樣元版摹寫，字體版式一絲不苟。美濃紙薄如蟬翼，墨色沉厚濃重，字體清健有力。底本當爲臺圖藏本。其七，南圖藏本。此本原爲丁丙收藏，上有丁丙跋，王理序佚，《善本書室藏書志》卷三十九著録，從《四庫》本出。

元槧《脩辭鑑衡》問世後，清代學者先後三次校勘過，一爲四庫館臣，二爲葉德輝、楊圻，三爲《指海》本刊校者。《四庫》本常爲學者詬病，但亦有不少經過校勘的精審之本，此書即爲其一。今以文淵閣《四庫》本卷一校之，其貢獻有二。一是校正了元槧訛誤，有些不常用的異體字、古今字等改爲常用字、規範字。如元本卷一首葉“略舉教事”，《四庫》本“教”改“數”。第二葉題名“詩以意爲主”，“意”後補“義”，據文中語境所補當是；本條正文“盧同有云不唧嵧鈍漢”，《四庫》本“唧嵧”作“鯽溜”；本條正文“至其律詩雖可稱善”，《四庫》本“其”改爲“于”。第七葉“對偶切不切之失”條，“對偶不切則失之麁”，《四庫》本“麁”改“粗”。第七、八葉“詩不煩繩削而自合”條，“淵明之詩，要當一邱一壑者共之耳”，《四庫》本“一邱”之前有“與”字。第八葉“詩不可斧鑿粘皮骨”條，“辯杏有青枝”，《四庫》本“辯”改作“辨”；本葉“詩非怒鄰罵座之爲”條，“其發於訕謗侵凌”，《四庫》本“於”改作“爲”。第九葉“八句要訣”條，“格見成於篇”，《四庫》本作“格見于成篇”。第九葉“詩體”條，“謂之景聯”，《四庫》本“景”改爲“頸”。第十葉“五言第三字七言第五字并要響”條，“足見吟詩要一字西字工也”句，《四庫》本“西”改爲“兩”；“歸雲擁木失山村”，“木”改爲“樹”；“圓河浮小葉”，《四庫》本“河”改爲“荷”。第十一葉“七字對偶之工”條，《四庫》本“字”改爲“言”；本條“殆不見有牽牽排比處”，《四庫》本“牽牽”改作“牽合”，“細數落花知坐久”，《四庫》本“知”改作“因”。第十二、十三葉“用俗語尤見工夫”條，“‘持伴’、‘羞明’皆俗語”，《四庫》本“持”改作“待”；“今日江頭風色惡”，《四庫》本“風”改作“天”。第十五葉“用事”條，“謂山濤阮咸薦吏部郎”，《四庫》本作“謂山濤薦阮咸爲吏部郎”。第十六葉“形似　激昂”條，“不以辭害意”，《四庫》本“意”改爲“志”；本葉“布置　含蓄”條，“冷齋詩話”，《四庫》本“詩”改作

"夜"。第十八葉"奪胎　換骨"條，"朱暐逢年云"，《四庫》本"暐"改作"皐"；本葉"白馬去盡青天回"，《四庫》本"馬"改作"鳥"，"一日居家把酒盃"，《四庫》本"居"改作"君"；"山虛鍾響徹"，《四庫》本"鍾"改作"鐘"。第二十葉"寫物"條，"故有'輕燕受風斜'之語"，《四庫》本"有"字前有"又"字，"林木亂鳴蟬"，《四庫》本"林"改作"森"。第二十一葉"説情　説事"，"兼葭詩"，《四庫》本"兼"改作"蒹"。第二十二葉"紀事"條，"憶惜霓旌下南苑"，《四庫》本"惜"改作"昔"。第二十四葉"詩才有高下"條，"萬境人蹤滅"，《四庫》本"境"改作"逕"。第二十五葉本條"終不若'院落深沉杏花雨'爲其"句，"其"改作"優"；"木記花名玉篆牌"，《四庫》本"木"改作"樹"。第二十六葉"評前賢詩"條，"謝康樂一字百煉乃出治"，《四庫》本"治"改作"至"。第二十七葉本條"'……無賴恃恩私'云云"，《四庫》本"云云"改作"一篇"；"吾友黄价讀李杜優劣論曰……"，《四庫》本"价"改作"介"。第二十八葉"榆揚九重萬乘主"，《四庫》本"榆"改作"揄"；"金章紫綬寧相超，一朝蹉跎朝市間，青雲之交不可救，歸來入咸陽，談笑皆王侯"，《四庫》本"寧"改作"來"，"超"改作"趨"，"朝"改作"别"，"救"改作"攀"，"侯"改作"公"；"翰林供奉"，元本"奉"字，似有塗改之處，原字似誤作"拳"，《四庫》本改作"奉"，是。第二十九葉"及矣退朝花底散"，元本"矣"字似作此字，又似塗改作"夫"，《四庫》本改作"云"，是；"未聞夏商衰"，"未"改作"不"，"商"作"殷"；"堂堂太宗業"，《四庫》本"堂堂"改作"煌煌"；"上有欝藍天"，《四庫》本"欝"改作"蔚"；"暮把東皇表"，《四庫》本"表"改作"衣"。第三十葉"叙事如杜老……"，"杜老"改作"老杜"，"我之曾老姑"，《四庫》本"老"改作"祖"，"■氣照户牖"，"■"填作"真"，"照"改作"驚"。第三十一葉"蒼皮溜雨四十圍"，《四庫》本"蒼"改作"霜"。第三十三葉"郊島熟貧"，《四庫》本"熟"改爲"孰"，"山谷聞東坡和淵明《飲酒詩》"，《四庫》本"聞"改作"見"。第三十四葉"談多詩屢謔"，《四庫》本"詩"改作"時"；"直可拍肩挽袂矣"，《四庫》本"挽"改作"把"；"山谷作爲古律"，《四庫》本"爲"改作"詩"；本葉三個"后山"，《四庫》本皆作"後山"。可見，校改頗多。二是補寫墨釘缺文，據統計，元槧共有墨釘十六處，缺文一處，《四庫》本僅有兩處墨釘和一處缺文凡三處未補上。如卷一第十二葉“意遠而中潛貫者高”條，“■彦合”，《四庫》本墨釘填作“劉”，“■■道”，兩墨釘填作“張安”。第十三葉“用全語有氣格”條，“後因讀■浩然詩”句，《四庫》本墨釘填作“孟”字。第十五葉“聲律末流”條，“渾然天成，■■外意”句，《四庫》本兩墨釘填作“出塵”。第十七葉“奪胎　換骨”條，“雖不盡爲因襲，又■不至於轉易”句，《四庫》本墨釘填作“能”字。第二十二葉“紀事”條，“蓋附離不■鑿枘”句，《四庫》本墨釘填作“以”字。第二十八葉“評前賢詩”條，“李太白以英偉絕世之姿，凌跨百■”句，《四庫》本墨釘填作“家”字。第三十葉“■氣照戶牖”，《四庫》本墨釘填作“真”。第三十三葉本條“讀至前山正可數，■■且勿驅”句，《四庫》本兩墨釘填作“後騎”二字。卷二第六葉“兩漢之文”條，“如敘霍氏■官相失之由”，墨釘填作“上”。第八葉“東坡之文”條，“世皆謂公身貴賤名，孰知其功■聖人之清”，墨釘填作“侔”；“曾子固”條之“曾子固答李■書最見抑揚反復處”，第十三葉“文字用意爲上”條“及曾子固答李■書”句，《四庫》本兩個墨釘皆填作“汰”字。第九葉“文有三多”條，“此公以其嘗試■告人，故尤有味”句，《四庫》本墨釘填作“過”。卷一第二十葉“寫物”條，“又闕中瀕溪與客納涼”，《四庫》本此處“闕”文未補。卷二第三葉“六經之文易曉”條，“可以播管絃，薦宗廟，■■■所熟也”，卷二第五葉“左氏之文”條，“如此等處皆是學文■■之本”句，《四庫》本兩處墨釘未補。這些校補，對研讀文本、揣摩文意起到了很大的作用。

在《四庫》本基礎上，葉德輝、楊圻亦曾校勘一過，葉德輝跋影元槧本曰：“此影寫元至順四年集慶路刻本，全書無缺葉，末葉損，破缺九字，上卷原缺八處，凡九字，下卷原缺亦八處，凡十一字，多可取原引書補之。至其中訛誤亦正不少，如上卷一葉‘略舉數事’，‘數’誤‘教’，未改。五葉‘詩取平淡’，‘淡’誤‘談’，未改。九葉‘謂之頸聯’，‘頸’誤‘景’，未改。十葉‘圓荷浮小葉’，‘荷’誤‘何’，已改。十一葉‘牽率排比處’，‘率’誤‘牽’，已改。十三葉‘待伴’，‘待’誤‘持’，已改。十八葉‘山虛鐘響徹’，‘鐘’誤‘鍾’，未改。二十一葉‘蒹葭詩’，‘蒹’誤‘兼’，未改。二十八葉‘翰林供奉’，‘奉’誤

‘拳’，已改。二十九葉‘及云退朝花底散’，‘云’誤‘矣’，未改。三十葉‘吴楚東南拆’，‘坼’誤‘拆’，未改。此字‘坼’‘拆’皆不能定。三十三葉‘郊、島孰貧’，‘孰’誤‘熟’，已改。下卷四葉‘豐不餘一言’，‘豐’誤‘豊’，已改。五葉‘簡易如天地’，‘天’下脱‘地’字，未補。六葉‘漢高祖紀詔令’，‘詔’誤‘紹’，已改。十一葉‘韋氏子弟’，‘弟’誤‘第’，已改。十二葉‘終爲人之臣僕’，‘僕’誤‘樸’，已改。十六葉‘文章蓋自建安以來’，‘自’誤‘此’，未改。十七葉‘此亦倒法也’‘亦倒法也’，二‘倒’字均誤作‘例’，已改。凡十九處，亦可取原引書改之。此可見初刻是書亦甚草草也。”① 檢以上葉氏校勘記，如第十一葉“牽牽排比處”，第二個“牽”字，改作“率”，與《四庫》本作“合”字不同。第三十葉“吴楚東南拆”，《四庫》本仍作“拆”，此作“坼”。核上海圖書館藏宋刻本《杜工部集》卷十八所載此詩，亦作“坼”，今諸家整理本皆作此字，“坼”有裂開之意，與“拆”字稍異，詩境意義不同。可見葉氏校改十九處中，有十七處與《四庫》本同，有兩處不同，然頗有可取之處。又，于天池《題葉德輝影寫元刻〈脩辭鑑衡〉》云：“（元影寫本）同時又在正文中校出許多錯字。第十頁‘五言字七言第五字并要響’條，‘足見吟詩要一字西字工也’朱筆眉批云‘庫本作西疑訛’，并改‘西’字爲‘兩’（丁案：文淵閣本已改爲“兩”）字。原文‘王介甫嘗讀杜詩云：無人覺往來，下得覺字大好’，朱筆改‘往來’爲‘來往’。第十八葉‘奪胎换骨’條，‘朱皡逢年云’，眉批云‘按皡當作槔’。‘荆公云一日君家把酒杯，六年波浪與塵埃”，朱筆改‘君’爲‘居’字。第二十葉‘寫物條’，‘此少陵所謂晚凉看洗馬，林木亂鳴蟬’，朱筆改‘林’爲‘森’字。第二十九葉‘評前賢詩’條，‘愛其清曠如此。信（丁案：元本作“及”）夫退朝花底散’，朱筆改‘夫’爲‘云’。《脩辭鑑衡》上卷論詩下卷論文。論詩既有‘卷一’，在論文處，自當爲《脩辭鑑衡》卷之二。影寫本徑改‘卷之一’爲‘卷之二’。卷二第一葉‘文’條，“形容盛德，揚厲休功爲之訟”，朱筆改‘訟’爲‘頌’。卷二第四葉‘春秋之文’條，‘趙唊

① 此跋見影元寫本卷末，今藏北京師範大學圖書館；亦見《郋園藏書志》卷十六，上海古籍出版社，2010年，第733、734頁。

曰：春秋明白如日月，簡易如天’。朱筆補脱字‘地’字。卷二第十七葉‘結語’條，‘余既重柳請，人嘉浮屠能喜文辭’，朱筆改‘人’爲‘又’。這些校改均極得當。”核《四庫》本，第十葉“王介甫嘗讀杜詩云：無人覺往來，下得覺字大好’，《四庫》本仍作“往來”。第十八葉“朱皡逢年云”，《四庫》本作“皐”；“荆公云一日君家把酒杯”，《四庫》本仍作“君”。其餘皆同《四庫》本，可知校改大多出於《四庫》本，而與《四庫》不同者僅三處，故而所謂“校出許多錯字”云云，實并非一己之功。但從與《四庫》本不同來看，校者顯然有所權衡，有的異文或可爲一説。這從下面的填補墨釘内容之異也可看出。影元本所補墨釘亦有與《四庫》本不同之處。如第十三葉“後因讀■浩然詩”句，墨釘填作“孟”字，同《四庫》本。第十五葉“渾然天成，■■外意”句，兩墨釘填作“有句”，與《四庫》本不同。第十七葉“雖不盡爲因襲，又■不至於轉易”句，墨釘填作“盡”字，與《四庫》本不同。第二十二葉“盖附離不■鑿枘”句，墨釘填作“見”字，與《四庫》本不同。第二十八葉“李太白以英偉絕世之姿，凌跨百■”句，墨釘填作“家”字，與《四庫》本同，元本朱筆填作“代”。第三十三葉“讀至前山正可數，■■且勿驅”句，兩墨釘填作“云云”二字，《四庫》本、《集成》本皆作“後騎”。卷二第三葉“可以播管絃，薦宗廟，■■■熟也”，三墨釘填作“由其純”三字，《四庫》本未補。第五葉“左氏之文”條，“如此等處皆是學文■■之本”句，兩墨釘填作“措詞”二字，《四庫》本未補。卷二第六葉“如叙霍氏■官相失之由”，墨釘填作“上”，同《四庫》本。第八葉“世皆謂公身貴賤名，孰知其功■聖人之清”，墨釘填作“侔”，同《四庫》本。第八葉“曾子固文”條之“曾子固答李■書最見抑揚反覆處”句、第十三葉“文字用意爲上”條“及曾子固答李■書”句，兩個墨釘皆填作“諸”字，與《四庫》本不同。第九葉“文有三多”條，“此公以其嘗試■告人，故尤有味”句，墨釘填作“語”，與《四庫》本不同。可見，所補與《四庫》本大多不同，且對《四庫》本未補的兩處進行了填補。

《叢書集成初編》本是近代較通行的排印整理本，其校改之處悉依《指海》本，《指海》本雖依《四庫》本，但校改《四庫》之處頗有，有的又改回元本。今以元本校《集成》《四庫》本，如元本第十一葉“七字對偶之工”條，《集成》本“字”改爲“言”，同《四庫》本；本條“殆不見有牽牽排比處”，《四庫》本“牽牽”改作“牽合”，而《集成》本則作“牽扯”；“細數落花知坐久”，《四庫》本“知”改作“因”，《集成》本仍作“知”。第十二、十三葉“用俗語尤見工夫”條，“‘持伴’‘羞明’皆俗語”，《四庫》本“持”改作“待”，《集成》本同；“今日江頭風色惡”，《四庫》本“風”改作“天”，《集成》本仍同元本。第十五葉“謂山濤阮咸薦吏部郎”，《四庫》本作“謂山濤薦阮咸爲吏部郎”，《集成》本同元本。第二十六葉“評前賢詩”第三條“謝康樂一字百煉乃出治”句，《四庫》本“治”改作“至”，《集成》本則作“冶”，當是。第三十葉“吴楚東南拆”，元本、《四庫》本皆“拆”，《集成》本作“坼”，與影元本同。所補墨釘亦有與諸本不同之處，如第十五葉“渾然天成，■■外意”句，《四庫》本兩墨釘填作“出塵”，《集成》本作“有言”。第十七葉“雖不盡爲因襲，又■不至於轉易”句，墨釘填作“盡”字，與《四庫》本不同。第二十二葉“盖附離不■鑿枘”句，“離”作“麗”，墨釘填作“相”字，與《四庫》本、《集成》本皆不同。第三十三葉本條“讀至前山正可數，■■且勿驅”句，兩墨釘填作“後騎”二字，與《四庫》本同。卷二第六葉“如叙霍氏■官相失之由”，墨釘填作“上”。第八葉“世皆謂公身貴賤名，孰知其功■聖人之清”，墨釘填作“侔”。第八葉“曾子固答李■書最見抑揚反復處”、第十三葉“及曾子固答李■書”句，兩個墨釘皆填作“廌廌”。第九葉“此公以其嘗試■告人，故尤有味”句，墨釘填作“者”。卷二第三葉“六經之文易曉”條，“可以播管絃，薦宗廟，■■■所熟也”，三墨釘填作“讀之易”三字；卷二第五葉“左氏之文”條，“如此等處皆是學文■■之本”句，改作“如此等處皆是學爲文章之本”。以上兩處《四庫》本未補。卷一第二十葉“寫物”條，“又□中瀨溪與客納涼”，此處“□”文未補。從以上校勘可見，此本亦有很大校勘價值。

概言之，元至順四年刻本刊印最早，其中上圖藏本字畫清晰，然缺首卷第五、六葉，中有墨釘、缺字，今有 1958 年中華書局影印本及《中華再造善本》本；臺圖藏本墨釘、缺字同上圖本，然有第五、六葉，惜品相稍遜。上圖、臺圖所藏文物價值最高，然文中錯誤、脱文頗有。元刻本在流傳過程中，形成兩個樣本，其一爲缺第五、六兩葉本；其二不缺葉本。缺葉本，首有汪汝藻家抄本，依次有《四庫》本、《指海》本、《叢書集成初編》本（排印本），其中《四庫》本首次對原本之訛脱進行了校補，其校補頗有可取之處，并成爲其後諸本的校勘底本或校本，最爲通行。不缺葉本，首有葉德輝影寫元本，即以此臺圖藏本爲底本。此本參校《四庫》本，校勘精審，一是基本補全元本缺字；二是訂正誤字；三是第五、六葉俱全。其次爲葉氏以影元本爲底本的《麗廔叢書》《郎園叢書》本。葉氏影寫本及刊本之學術價值較高。再次爲静嘉堂藏本，當亦據此全本抄寫而出。另外，尚有據元本翻刻之明刻四周雙邊本，今存於世。該書由程觀林整理點校出版，以《四庫全書》本爲底本，以《叢書集成》本參校，但由於未參校葉德輝影寫本，故而葉氏、楊氏的校勘成果未能收録進去，這也是該本的遺憾之處。由於元槧存在諸多訛誤之處，而後世傳本多有校改之處，但所改又有不同，其勝遜參差。因此，整理本或可以《四庫》本作爲底本，以兩部元槧、《指海》本、《集成》本、影元槧本等諸本參校，方可合成一個可供讀者擁有多個選擇的最佳校本。

此書原爲清怡府收藏。同治初，“祺祥政變”，怡府端華得罪被誅，府藏散出，楊紹和此时任官京師，乘机收購了怡府樂善堂、明善堂部分藏書。傅增湘云：“怡府書散，其時朱子清、潘伯寅、翁叔平爭相購致，而勰卿亦頗得精秘之本。”[①] 楊紹和在《楹書隅録》卷三宋本《證類本草》題識中則記録了收書情形：“今春明善堂書散出，予得明刊宋元人集及各子書善本百餘種，而宋元本獨鮮，惟此與《韓》、《柳》二集、元槧《爾雅》可稱珍籍。”其實，紹和收藏樂善堂宋元本不祗上述四種，如宋本《愧郯録》十五卷及此書等，這些宋元善本或爲後收，故《楹書隅録》未收。《海源閣藏書目》元本類著録爲“元本脩詞鑑衡二卷二册”，《海源閣宋元秘本書目》集部元本類著録同，惟“辭”作“詞”。1930年前後，此書并未散出。至1948年秋，楊敬夫欲出售家藏最後一批藏書，委托書賈王子霖將其寄存於北京法源寺，其中大部分爲普本，一些善本則存放於王子霖家中。因子霖與敬夫相熟，便由子霖出面組織琉璃廠藻玉堂、文奎堂、文淵閣、多文閣、東來閣、修文堂等六家書店

① 《海源閣藏書紀略》，《大公報》1931年5月24日第3版。

合股買下，共計兩千萬法幣。六家店主的大部分資金爲銀行貸款，因此急需出手。於是在王子霖主持下，在文昌會館組織了一次拍賣活動，歷時一周，參拍者多爲圖書館和書店，北平圖書館館長趙萬里選定了十種書，其中有宋本《范文正公奏議》、元本《文則》、元本《脩辭鑑衡》、明本《集杜句詩》、宋本《禮記釋文》、抄本《説文解字韻譜》等。當時定價爲一千萬法幣。趙萬里知道書店大部分爲貸款，急於收回資金還貸，於是將價格壓低至六百萬。由於給價過低，終未成交。之後，六家商定把此部分書合價分給個人保存①。這批書後來大都散出。元本《脩辭鑑衡》則爲上海市文物保管委員收藏，後轉歸上圖。1957 年編《上海圖書館善本書目》卷四著録，説明此时已經寄存該館。1958 年，中華書局據此影印，其《出版説明》云："現在是據上海市文物保管委員會藏元至順集慶路學刊本影印的。諸本卷首的王理叙文的第一葉和上卷的第五、六兩葉都已殘缺。這一個集慶路學刊本的叙文却保持完整，但上卷的五、六兩葉仍闕（丁案：影印本爲了節省篇幅，未補列白葉）。有了這完整的叙文，我們可以知道本書編刊的經過，而王構的門人劉君，《四庫全書提要》以爲不可考的，也從而解決了。"該本影印時，將楊氏藏書印悉數割去。

參考文獻：

魏王妙櫻：《王構〈脩辭鑑衡〉研究》，《古典文獻研究輯刊》第 8 編第 9 册，臺灣花木蘭文化出版社，2009 年。

于天池：《題葉德輝影寫元刻〈脩辭鑑衡〉》，《北京師範大學學報》2001 年第 1 期。

程觀林整理：《脩辭鑑衡》，山東畫報社，2004 年。

陳丹暉：《〈脩辭鑑衡〉的歷史評價》，《脩辭學習》1997 年第 5 期。

① 事見魏广洲口述，王書燕整理：《海源閣藏書流失輯録補》，《王子霖古籍版本學文集》第三册，上海古籍出版社，2006 年，第 137 頁。

後記

藏書家研究是一個系統、綜合工程，它應該包括藏書家生平事迹、交游、著述，藏書緣起與源流、保藏與管理，藏書思想與特點，整理編目、鑒定、校勘、抄刻、利用、散佚等。祇有對以上進行深入的全方位研究，方能立體地還原出藏書家的整體風貌和真實狀況，但是這樣的綜合研究在以前并不多見，有的可能照顧到了面，但覆蓋并不全面，有的則在點上很少有所突破。没有微觀上點的突破，又不能從宏觀上俯視，是很難觸摸到藏書家的真實底藴的。海源閣藏書樓在中國藏書史上是一個典型代表，對其展開綜合、深入、系統的個案研究是極有價值的。我從事海源閣研究，首先，從點上取得突破，所以先後撰寫了三十餘篇論文，這些論文解决了困擾海源閣研究的諸多問題。其次，在這個基礎上，又進行了綜合性的研究，從藏書史、文獻史、文化學術史上考量其應該擁有的地位和價值。同時也想藉此構建一個研究範式，欲爲今後的類似研究起到一個抛磚引玉的作用。再次，又回到原點上再度進行點的研究，對一些最爲重要的點進行深入探究。藏書研究歸根結底還是要研究藏書本身，這也是針對特定對象最爲本質的核心研究。因爲他究竟收藏了哪些好書，這些書的學術價值究竟怎樣，畢竟是讀者、學者們最爲關心的問題。這個問題解决了，藏書家的研究應該是解决了一大部分。因此，抱着這樣的想法，我又對其所藏最爲珍貴的善本進行個案探討。

傳統意義上，對版本的研究一般有兩種流派，一是圖書館派，一是學院派。前者由於長期工作在圖書館或收藏機構，擁有資源優勢，出於工作性質需要，大多注重版本的“皮相”之學，較少涉及版本的文字内容。鑒定版本、判定版本的文物價值多以紙墨、書口、行款、字形、刻工、避諱、序跋等手段，從外觀形式入手。虽然也偶及内容文字，但并非系統，起到的衹是輔助作用。其實，明清及民國間的書賈亦應屬早期的“皮相”研究專家，這些人士由於所見經手之多，歷練閲久，精於版本，已經達到爐火純青的程度，如黄丕烈、陶珠琳、孫殿起、王文進等，并取得了豐碩的鑒定成果。一些日本專家如阿部隆一、尾琦康等亦屬此類。後者則多爲高校教師及科研院所科研人員，限於條件，很難親自目驗手觸到原本，雖也曾目驗過原本，但所用大多是影印本或翻刻本；再者出於教學需要，多從文字内容上判定版本價值。後者由於多爲個案研究，更加系統，其對内容學術價值的判斷，無疑最具説服力。但以上兩種研究方式既有優勢，亦有劣勢，如將以上兩種研究方式之優勢結合起來，既注重“皮相”又重視内容、内外兼具地研究版本，當是最佳研究途徑，其鑒定成果亦當更有權威性。這方面的專家如張麗娟的十三經版本、崔富章的《楚辭》版本等，其研究非常有代表性，應該體現了未來的研究趨勢。筆者曾對海源閣所藏善本進行過長期的跟蹤、調查與研究，期間通過各種方法和途徑，目驗手觸了一些宋刻本、元刻本、明刻本及抄本等，本書收録的這些善本筆者全都有影印本和電子版。正是基於此，并根據海源閣所藏善本的情況，筆者亦試圖做這兩方面的結合研究，故本書叙録主要包括版刻面貌、編刻原委、内容、價值及遞藏文化，以全面、客觀地反映每部善本的文物價值及學術價值。但究竟能取得什麽樣的效果，亦待方家雅正。

關於海源閣所藏善本的基本情況，本書開首序言中已有明言，在此不再贅述。本書所選善本近四十種，基本上都是孤本珍籍。當然，海源閣善本絕不僅僅是這些，有些孤本善本這次未能選入，是因爲筆者精力有限，再者有的因不能目驗手觸，不敢下筆妄言。但是，要想徹底研究透每部善本也是一件非常困難的事情，儘管經過努力，仍然有些版本未能見到，一些原本更無法目驗，這無疑給研究帶來了局限。因而，就本書而言，其中仍然有很多不盡如人意之處。隨着閱讀條件的改善，一是對本書涉及的每部善本研究進行補充、擴大研究範疇，二是對海源閣所藏其餘善本進行研究，應是未來努力的方向。

我於2009年至2012年在國家圖書館作博士後期間，導師陳力先生提供了很多善本資料，給予指導，并爲閱覽善本提供了方便。同時，也得到國家圖書館古籍館陳紅彦先生、趙前先生、劉明先生的幫助。國家圖書館出版社的耿素麗、景晶两位老師爲本書的出版花費了心血，賢弟周廣騫亦協助校稿。在此一并致謝。

丁延峰書於海源書屋

2014年10月